I0889670

L'HOMME SOUS LE REGARD DE LA PROVIDENCE

BIBLIOTHÈQUE THOMISTE
Directeur : L.-J. BATAILLON, O. P.
L

L'HOMME SOUS LE REGARD DE LA PROVIDENCE

Providence de Dieu et condition humaine selon l'*Exposition littérale sur le Livre de Job* de Thomas d'Aquin

par

Denis CHARDONNENS

PARIS
LIBRAIRIE PHILOSOPHIQUE J. VRIN
6, Place de la Sorbonne, V[e]
1997

La loi du 11 mars 1957 n'autorisant, aux termes des alinéas 2 et 3 de l'article 41, d'une part, que les «copies ou reproductions strictement réservées à l'usage privé du copiste et non destinées à une utilisation collective» et, d'autre part, que les analyses et les courtes citations dans un but d'exemple et d'illustration, «toute représentation ou reproduction intégrale, ou partielle, faite sans le consentement de l'auteur ou de ses ayants droit ou ayants cause, est illicite» (Alinéa 1er de l'article 40).

Cette représentation ou reproduction, par quelque procédé que ce soit, constituerait donc une contrefaçon sanctionnée par les Articles 425 et suivants du Code pénal.

© *Librairie Philosophique J. VRIN,* 1997

Printed in France

ISBN 2-7116-1327-5

INTRODUCTION

L'Université du XIIIe siècle permet aux « intellectuels » la production d'un savoir, leur offrant un espace de recherche et de confrontation. Leur labeur est marqué fondamentalement par le rapport à un texte qui fait autorité : tels sont Donat et Priscien en grammaire, Cicéron et son *De inventione*, Quintilien et l'*Institutio oratoria*, en rhétorique; Porphyre, Boèce, et surtout Aristote, en dialectique, en physique et en éthique; Capella en arithmétique; Hygin et Ptolémée en astronomie; Galien et Constantin l'Africain en médecine; le *Corpus iuris*, le *Décret*, en droit. Le texte est alors lu, expliqué, exposé, exploité. On passe successivement de la *littera* au *sensus*, puis à la *sententia*. D'abord vient en effet l'explication littérale des mots et des phrases suivant leur enchaînement immédiat, dans la construction de la phrase. Les obscurités ou difficultés de vocabulaire étant résolues, on dégage ensuite le *sensus*, la signification que donne à première vue la *littera;* il s'agit en fait de la traduction en langage clair du passage étudié. On aboutit enfin à la *sententia*, qui est le sens plus profond que l'auteur a voulu attacher à son texte. C'est lui que l'on recherche par tous les moyens de l'étude : rapprochements, confrontations, explications[1].

Ce procédé de lecture *(lectio)* ne se comprend bien que dans son milieu vital qui est celui de l'enseignement et dont il constitue la base. Pour reprendre une expression d'Alain de Libera éclairante à cet égard, si l'intellectuel — qu'il soit maître ou étudiant, « artien » ou « théologien » — est voué au texte, il reste toujours en même temps un homme de paroles, face à d'autres hommes[2]. Ainsi le maître a-t-il pour première tâche de lire, s'adonnant par ailleurs à un exercice non moins important, celui de la *disputatio*, et dans la mesure où il est théologien

1. Ces trois épaisseurs sont fort bien décrites par Hugues de Saint-Victor : *Expositio tria continet : litteram, sensum, sententiam. Littera est congrua ordinatio dictionum, quam etiam constructionem vocamus. Sensus est facilis quaedam et aperta significatio, quam littera prima fronte praefert. Sententia est profundior intelligentia, quae nisi expositione vel interpretatione non invenitur* (cf. *Didascalion*, lib. III, cap. 9 / *PL* 176, 771). Voir à ce sujet P. GLORIEUX, « L'enseignement au Moyen Age, Techniques et méthodes en usage à la Faculté de Théologie de Paris, au XIIIe siècle », *AHDLMA* 35 (1969) 65-186, ici p. 108.

2. Cf. *La philosophie médiévale*, « Collection Premier Cycle », Paris, 1993, p. 376.

il devra aussi s'acquitter de la *praedicatio*[1]. Dire que la *lectio* est la première tâche ne signifie pas qu'elle soit toujours prépondérante. Selon la conception qu'a le maître du travail et de la formation des étudiants, selon ses affinités intellectuelles et ses traditions, il pourra accorder plus ou moins d'importance, par exemple à la dispute qu'il jugera plus formatrice, ou à la collation ou au sermon; de même dans l'enseignement, pourra-t-il privilégier celui qu'il dispense personnellement et celui qui est donné par ses bacheliers. Cela expliquerait, note Palémon Glorieux, la réserve gardée par les Statuts de l'Université de Paris sur les normes de l'enseignement magistral, la fréquence et la durée des leçons, leur teneur même. On sait pourtant que le maître ne lit pas entre la fête des Apôtres Pierre et Paul et l'Exaltation de la Croix, que sa leçon se situe au début de la journée, à prime de Saint-Jacques (de 7 à 9 heures du matin); de plus lorsqu'il doit soutenir une dispute l'après-midi, il est le seul de toute la faculté à donner sa leçon le matin[2].

A la faculté de théologie, le texte qui s'impose entre tous est l'Ecriture que le *magister in sacra pagina* expose à l'aide des commentaires autorisés, ceux des Pères en qui s'exprime la Tradition, à l'aide aussi de la Glose qui reprend ou condense ces derniers ainsi que de la réflexion et de l'ordonnancement des théologiens, sans oublier l'éclairage apporté par les philosophes[3]. Son exégèse du texte sacré

1. Les trois fonctions du maître en théologie sont énoncées dès la fin du XIIe siècle par Pierre le Chantre : *In tribus igitur consistit exercitium sacrae Scripturae : circa lectionem, disputationem et praedicationem. Cuilibet istorum mater oblivionis et noverca memoriae est nimia prolixitas. Lectio autem est quasi fundamentum, et substratorium sequentium; quia per eam caeterae utilitates comparantur. Disputatio quasi paries est in hoc exercitio et aedificio; quia nihil plene intelligitur, fideliterve praedicatur, nisi prius dente disputationis frangatur. Praedicatio vero, cui subserviunt priora, quasi tectum est tegens fideles ab aestu, et a turbine vitiorum* (cf. *Verbum abbreviatum*, cap. 1 / *PL* 205, 25). Cela sera confirmé par les statuts de la Faculté de théologie de Paris (cf. *Chartularium Universitatis Parisiensis*, éd. H. DENIFLE et E. CHÂTELAIN, t. II, Paris, 1889, n°1185, p. 683). L'étude la plus au point aujourd'hui sur la *quaestio disputata* théologique est celle de B. BÁZAN, « Les questions disputées, principalement dans les facultés de théologie », dans B. C. BÁZAN, G. FRANSEN, J. F. WIPPEL, D. JACQUART, *Les questions disputées et les questions quodlibétiques dans les facultés de théologie, de droit et de médecine*, « Typologie des sources du Moyen Age occidental 44-45 », Turnhout, 1985, p. 13-149; pour une étude très fouillée d'un exemple de question disputée, nous renvoyons à S.-Th. BONINO, *La question 2 des "Quaestiones disputatae De veritate" de Thomas d'Aquin*, Introduction, traduction et commentaire, Diss. dactyl., 2 vol., Fribourg, 1992; pour le texte publié, cf. *Thomas d'Aquin, De la vérité, Question 2 (La science en Dieu)*, Introduction, traduction et commentaire, avec une préface de R. IMBACH, « Vestigia 17 », Fribourg-Paris, 1996. Concernant la prédication au XIIIe siècle, cf. L.-J. BATAILLON, « Les instruments de travail des prédicateurs au XIIIe siècle », dans *Culture et travail intellectuel dans l'Occident médiéval*, éd. G. HASENOHR et J. LONGÈRE, Paris, 1981, p. 197-209; « De la *lectio* à la *praedicatio*, Commentaires bibliques et sermons au XIIIe siècle », *RSPT* 70 (1986) 559-575; également l'étude de J.-P. TORRELL, « La pratique pastorale d'un théologien du XIIIe siècle : Thomas d'Aquin prédicateur », *RT* 82 (1982) 213-245.

2. Cf. « L'enseignement au Moyen Age », p. 109-110.

3. Cela était déjà bien mis en lumière par H. DENIFLE, « Quel livre servait de base à l'enseignement des maîtres en théologie dans l'Université de Paris? », *RT* 2 (1894) 149-161; voir également M.-D. CHENU, *Introduction à l'étude de saint Thomas d'Aquin*, Paris, ³1974, chap. VII, p. 199-212 en particulier; E. PANELLA, « La *Lex nova* tra Storia ed

débouche le plus souvent sur un exposé proprement doctrinal, à la différence de la lecture du *baccalaureus biblicus* qui se fait *cursorie;* exposé ou critique textuelle seulement, cette dernière n'aborde pas les problèmes de doctrine posés par le texte, et n'entre pas dans le détail des diverses interprétations possibles. Le *cursor biblicus*, s'attachant à dégager le sens littéral, n'a pas à viser à l'originalité, mais bien plutôt à la précision et à la clarté[1].

La connaissance de cet enseignement sur la Bible — plus spécialement celui dispensé par le *magister in sacra pagina* — est nécessaire à qui s'intéresse de près au travail théologique effectué au XIIIe siècle tant dans le cadre de la *quaestio disputata* que dans celui de la rédaction des synthèses doctrinales, car il en constitue le fondement. L'importance qui lui est accordée — indépendamment de la préférence donnée à tel ou tel type de production du savoir — traduit le fait que la théologie est tout entière finalisée et mesurée par sa relation à la Parole de Dieu exprimée dans l'Ecriture et véhiculée par la Tradition dans l'Eglise. Elle cherche en effet à comprendre cette Parole et c'est en elle qu'elle puise les normes qui commandent sa réflexion sur les réalités humaines. Point de départ initial et référence ultime, la Parole de Dieu est pour le théologien le lieu de vérification de sa démarche réflexive[2].

Notre étude se propose de considérer le premier enseignement du *magister in sacra pagina*, afin de mesurer sa portée dans le champ de l'investigation théologique et de mettre ainsi en lumière un type de structuration herméneutique. Pour ce faire, nous nous arrêterons à l'exemple de Thomas d'Aquin qui tient une place non négligeable dans l'histoire de l'exégèse doctrinale et de la théologie du Moyen Age. Si son *Exposition sur le livre d'Isaïe* est le fruit de l'activité du *cursor biblicus*[3], ses autres commentaires — des *reportationes* pour la plupart — sont par contre l'œuvre du maître[4]. C'est l'*Exposition littérale sur le Livre de Job*[5] qui retiendra toute notre attention pour deux raisons principales : d'une part, elle est très représentative de l'enseignement que nous cherchons à appréhender, puisqu'elle constitue un commentaire de caractère théologique abordant le thème de la Providence à

Ermeneutica, Le occasioni dell'esegesi di s. Tommaso d'Aquino », *Memorie Domenicane* n. s. 6 (1975) 11-106, ici p. 11- 29.

1. Pour des indications plus développées à ce sujet, nous renvoyons en particulier à P. GLORIEUX, « L'enseignement au Moyen Age », p. 109-120.

2. Cf. J.-P. TORRELL, *La théologie catholique*, « Que sais-je? 1269 », Paris, 1994, p. 77.

3. Ce commentaire, souvent daté des premières années de l'enseignement de Thomas à Paris, fut probablement composé vers la fin du séjour à Cologne : cf. J.-P. TORRELL, *Initiation à saint Thomas d'Aquin*, Sa personne et son œuvre, « Vestigia 13 », Fribourg-Paris, 1993, p. 40-52; voir également J.-P. TORRELL, D. BOUTHILLIER, « Quand saint Thomas méditait sur le prophète Isaïe », *RT* 90 (1990) 5-47. Le *Super Isaiam* est consigné dans le tome XXVIII de l'édition léonine.

4. Pour la liste des commentaires scripturaires, nous renvoyons à J.-P. TORRELL, *Initiation*, p. 493-498.

5. Le titre latin est le suivant : *Expositio super Iob ad litteram.*

l'égard des réalités humaines; d'autre part, dans l'histoire de l'exégèse du livre de Job, elle ouvre une nouvelle perspective par sa priorité accordée au sens littéral, ce qui fera son succès à en juger par sa diffusion et son influence[1].

Le *Super Iob* appartient, selon Ptolémée de Lucques[2], à la période d'Orvieto et aurait été rédigé précisément entre 1261 et 1264. Des auteurs tels que Pierre Mandonnet[3], Palémon Glorieux[4] et Marie-Dominique Chenu[5] ont refusé cette donnée, parce qu'elle ne s'accordait pas avec une induction d'ordre historique qui est néanmoins de caractère extra-scientifique. La durée du second séjour parisien paraît postuler en effet un ouvrage d'une étendue égale à celle de l'*Expositio*. En fait, cette correspondance demeure très fragile car on ne connaît pas suffisamment la réalité concrète du déroulement de la vie scolaire au Moyen Age. Ces auteurs ont alors vu une justification de la date qu'ils proposent dans le contenu théologique de l'œuvre : Thomas aurait choisi d'exposer le livre de Job afin de contrer l'erreur des averroïstes parisiens qui niaient le gouvernement de la providence divine dans les réalités humaines[6]. Le commentaire du frère dominicain, répond Antoine Dondaine, fait abstraction des conjonctures idéologiques de l'époque parisienne[7]. De plus, il faut reconnaître que si Thomas avait voulu combattre l'erreur en question, il aurait fait en sorte que l'*Expositio* fût publiée très tôt après son achèvement : l'enseignement scolaire n'atteignait que les étudiants fréquentant le cours de Saint-Jacques; pour que le but poursuivi fût atteint, l'ouvrage devait être édité et mis en circulation, sinon il restait lettre morte[8]. Or la tradition manuscrite prouve qu'il fut mis en circulation à Naples; du moins est-ce de Naples que tirent leur origine les plus anciennes copies et les groupes de la tradition les plus sûrs[9]. Une telle origine,

1. Cf. Léon., t. XXVI, Introduction, p. 1*-14* et 33*-43*; également, L.-J. BATAILLON, « La diffusione manoscritta dei commenti biblici di San Tommaso d'Aquino », *Angelicum* 71 (1994) 579-590, en particulier p. 586.

2. Cf. *Ptolomaei Lucensis Historia ecclesiastica nova*, lib. XXII 24, dans L. A. MURATORI, *Rerum italicarum scriptores*, t. 11, Milan, 1724 (éd. critique partielle par A. DONDAINE, « Les *Opuscula fratris Thomae* chez Ptolémée de Lucques », *AFP* 31 (1961) 142-203, ici p. 151).

3. Cf. « Chronologie des écrits scripturaires de saint Thomas d'Aquin », *RT* 33, n. s. 11 (1928) 27-45; 116-155; 211-245; ici p. 146-150.

4. Cf. « Essai sur les commentaires scripturaires de saint Thomas et leur chronologie », *RTAM* 17 (1950) 237-266, p. 259-260 en particulier.

5. Cf. *Introduction à l'étude de saint Thomas d'Aquin*, p. 210.

6. A ce sujet, voir M.-R. HAYOUN et A. DE LIBERA, *Averroès et l'averroïsme*, « Que sais-je? 2631 », Paris, 1991; R. IMBACH, « L'averroïsme latin du XIIIe siècle », dans *Gli Studi di filosofia medievale fra otto e novecento*, Roma, 1991, p. 191-208.

7. Cf. Léon., t. XXVI, Introduction, p. 17*-18*.

8. Il est à noter que l'*Expositio super Iob* ne se trouve pas sur la liste de taxation des *exemplaria* d'un libraire parisien (cf. *Chartularium universitatis parisiensis*, éd. H. DENIFLE et E. CHATELAIN, t. I, Paris, 1889, n° 530, p. 646), qu'il faut placer entre 1275 et 1286. J. Destrez a fait remarquer que cette liste ne connaît pas encore la *Tertia pars* et qu'il faut donc la rapprocher davantage de la première de ces deux dates (cf. Léon., t. XXIII, p. 3, n. 8 cité par J.-P. TORRELL, *Initiation*, p. 296, n. 22).

9. La copie qui porte la date la plus proche de l'époque de S. Thomas est un manuscrit conservé à la Bibliothèque nationale de Paris (lat. 606, ff. I^{r}-107 bis^{v}) et dont la

plutôt que de laisser penser à une date de composition plus tardive, fait soupçonner que le *Super Iob* fut mis en circulation après la mort de Thomas quand Réginald de Piperno et les autres secrétaires transcrirent en écriture claire et publièrent les ouvrages qui ne l'avaient pas été par leur auteur. Pour ces diverses raisons, l'indication de Ptolémée paraît tout à fait fiable et l'on peut y ajouter encore un *confirmatur* : la Providence est en effet le thème central du troisième livre du *Contra Gentiles* écrit également à Orvieto; il est donc cohérent que notre auteur ait retenu le livre de Job pour la *lectio* afin de ne pas trop disperser sa réflexion[1].

Thomas exposa ce texte parallèlement à un enseignement régulier de morale pastorale auprès de ceux que l'on appelait les *fratres communes* pour les préparer au mieux aux deux missions principales confiées aux dominicains par le Pape Honorius III : la prédication et la confession. Il le fit en tant que lecteur du couvent St-Dominique d'Orvieto, charge qui lui avait été confiée par le chapitre de la province romaine le 14 septembre 1261; elle consistait à assurer ce qu'on appelle aujourd'hui la « formation permanente », dans la perpective des recommandations du chapitre général de Valenciennes deux ans plus tôt[2]. Même si le *Super Iob* est le fruit d'un enseignement donné hors du cadre universitaire et donc adapté à un auditoire moins bien formé que celui des *studia generalia* ou même *provincialia*, il n'en a pas moins les caractéristiques du commentaire magistral. Le Maître d'Aquin put d'ailleurs affiner son *Expositio* puisqu'il en fit une rédaction définitive après son enseignement, ce qui n'est pas le cas du *Super Isaiam* qui est une préparation de cours[3].

Aux deux raisons principales qui justifient le choix de cette œuvre, une autre peut être ajoutée : malgré sa qualité et son importance, elle n'a pas fait l'objet de nombreuses études, y compris depuis sa parution dans l'édition léonine en 1965 (cf. tome XXVI)[4]. Ainsi, avant de préciser

transcription fut achevée à Foggia, près de Naples, le 1er janvier 1280. Ce texte fut copié par un scribe de l'Italie méridionale qui ajouta la suscription (fol. 107 bis^{v}) : « Scriptus fogie. Anno domini. M°C°C°. Octogesimo, primo mensis Januar ». Au folio I^{r} se trouve inscrit le titre : « Expositio littere Libri Iob secundum fratrem (*corrigé en* sanctum) Thomam de Aquino Ordinis predicatorum » (cf. Léon., t. XXVI, Introduction, p. 7*; 15*; 19*).

1. Cf. J.-P. TORRELL, *Initiation*, p. 176.

2. Cf. J.-P. TORRELL, *Initiation*, p. 172-175. L'Auteur souligne l'intense activité littéraire de la période d'Orvieto : une série d'opuscules, une bonne partie de la *Catena aurea*, l'Office du *Corpus Christi*, et peut-être le commentaire sur les *Noms divins*, sans oublier la poursuite et la fin de la rédaction du *Contra Gentiles* (cf. p. 178-206).

3. Cf. L.-J. BATAILLON, « La diffusione manoscritta e stampata dei commenti biblici di San Tommaso d'Aquino », p. 580.

4. C'est à cette édition que nous aurons recours tout au long de notre étude. Les références aux autres œuvres de Thomas d'Aquin renvoient généralement à l'édition léonine (*Sancti Thomae Aquinatis doctoris angelici opera omnia iussu Leonis XIII P. M. edita*, cura et studio fratrum praedicatorum, Romae, 1882 s.). Pour les œuvres n'ayant pas encore paru dans la Léonine, nous renvoyons à l'édition Marietti, Turin, Rome; pour la *Somme de théologie* : cf. *Sancti Thomae de Aquino , Summa theologiae*, Editiones Paulinae, 1988.

en quoi va consister notre démarche, il convient de mentionner les travaux qui lui ont été consacrés.

***

A partir du texte de l'édition critique, appréciée favorablement par différents recenseurs[1], plusieurs traductions ont été effectuées : une en français par Joseph Kreit, destinée à un public plutôt large[2]; une autre en anglais, plus littérale que la première et plus technique, signée par Anthony Damico; elle est précédée d'une introduction de Martin D. Yaffe qui suit de manière linéaire le contenu de l'*Expositio*[3]. A. Quiros Herruzo a accompli avec Alfonso Guijarro et Lope Carvajal une traduction espagnole — non encore parue à notre connaissance —. Une traduction italienne a été faite par Lorenzo A. Perotto[4].

Les études portant sur le *Super Iob* concernent prioritairement les dimensions doctrinales de l'œuvre, tout en ayant soin d'en préciser la méthode d'exposition. Il en est une qui s'attache spécialement à ce dernier aspect, celle de P. Zerafa[5]. L'Auteur compare l'approche thomasienne à celle de Grégoire et des modernes du point de vue de la méthode et de la technique du commentaire et il en tire des conclusions au plan de l'orientation doctrinale : selon lui, alors que Grégoire a une préoccupation avant tout morale, Thomas dégage du livre sacré des données dogmatiques, celles qui ressortissent au mystère de la Providence, tandis que les modernes privilégient la lecture proprement historique. Même si cette brève étude n'est pas sans simplification — surtout pour ce qui touche à l'exégèse moderne et contemporaine —, elle a l'avantage de souligner que l'exégèse du Maître d'Aquin est fondamentalement théologique. P. Zerafa indique, par ailleurs, que l'interprétation de Job adoptée par Thomas dans son

1. Cf. notamment P. Michaud-Quantin, « L'Edition critique de l'*Expositio super Iob ad litteram* de saint Thomas d'Aquin », *RSPT* 50 (1966) 407-410; I. Colosio, « La prima edizione del Commento di San Tommaso al libro di Giobbe », *Osservatore Romano* 4 genn. 1967, p. 5; L. Mezzadri, « La Commissione Leonina per l'edizione critica delle opere di S. Tommaso, L'*Expositio super Iob ad litteram* », *DTP* 71 (1968) 330-336.

2. Cf. *Job, Un homme pour notre temps*, De saint Thomas d'Aquin, exposition littérale sur le Livre de Job, trad. de J. Kreit, Paris, 1982. Cette traduction souffre d'un manque de précision.

3. Cf. Thomas Aquinas, *The Literal Exposition on Job*, A Scriptural Commentary Concerning Providence, Translator : A. Damico, Interpretative Essay and Notes : M. D. Yaffe, Atlanta, 1989.

4. Cf. S. Tommaso d'Aquino, *Commento al Libro di Giobbe*, A cura di L. A. Perotto, Bologna, 1995, 523 p. A cela, nous pouvons ajouter que I. Colosio a proposé la traduction italienne de quelques brefs passages du commentaire thomasien : cf. « Florilegio del Commento di S. Tommaso al libro di Giobbe », *Rivista di ascetica e mistica* 12 (1967) 566-572.

5. Cf. « Il commento di San Tommaso al libro di Giobbe tra esegesi antica e esegesi contemporanea », *Angelicum* 71 (1994) 481-507. A cet article, nous pouvons joindre celui d'Alberto Colunga qui présente le *Super Iob* dans sa configuration générale (cf. « El comentario de Santo Tomás sobre Job », *Ciencia tomista* 46 (1917) 45-50), de même que celui de L. J. Elders (cf. « El Comentário de Santo Tomás de Aquino sobre el Libro de Job », *Studi tomistici* 61 (1996) 37-64).

commentaire est également celle présente dans la *Summa contra Gentiles* et la *Summa theologiae*[1].

L'enseignement central de l'*Expositio* est abordé par Santiago Ausín dans un long article traitant de la providence divine à partir du commentaire de Jb 38-42,6 en particulier[2]. Avant d'en venir au *Super Iob*, l'Auteur considère le thème de la Providence dans les écrits systématiques (cf. 1 *Sent.*, d. 39, q. 2; *De ver.*, q. 5; 3 *CG*, cap. 64-110; *Summa theologiae*, Ia, q. 22). Il s'attache d'abord à retrouver dans ces œuvres la mention des erreurs que Thomas dénonce dans le Prologue de son commentaire scripturaire : certaines proviennent de systèmes philosophiques faux et d'autres sont la conséquence de difficultés métaphysiques qui paraissent surgir de la doctrine de la Providence[3]. Ensuite, S. Ausín présente les lignes de force de la théologie thomasienne de la Providence selon qu'elle est universelle, ordonnatrice de toutes choses, immédiate, certaine et indéfectible, eschatologique[4]. Il essaie alors de retrouver ces lignes de force dans l'*Expositio*, en suivant de très près le texte[5]. Peut-être sa démarche eût-elle été plus satisfaisante s'il était parti du commentaire lui-même et qu'il l'avait éclairé par les autres œuvres.

Roberto Coggi propose deux études dont la première veut donner un point de vue synthétique sur l'*Expositio*[6] : l'Auteur résume dans une première partie le contenu de l'œuvre[7] et dans une deuxième[8], il montre la validité permanente de l'interprétation thomasienne, marquée par une grande richesse théologique, et il la confronte à l'interprétation moderne. Selon lui, le commentaire sur Job exprime fort bien la conception chrétienne de la vie ordonnée à la résurrection et à la rétribution dans la gloire. Une telle perspective, fait-il remarquer, n'est pas sans susciter des réserves de la part de lecteurs contemporains du livre de Job : Thomas respecte-t-il suffisamment le contenu du livre sacré ? L'Auteur examine cette question, non sans succomber parfois à la tentation d'une apologie malvenue de Thomas, et parvient à la conclusion que l'interprétation du frère dominicain est acceptable non seulement du point de vue théologique mais également du point de vue exégétique : son exégèse, se situant dans le sillage de celle des

1. Cf. art. cit., p. 502-506.

2. Cf. « La providencia divina en el libro de Job, Estudio sobre la "Expositio in Job" de Santo Tomás de Aquino », *Scripta theologica* VIII, 2 (1976) 477-550. Du même Auteur, on verra une étude qui recouvre celle de l'article qui vient d'être cité : « Santo Tomás, Magister in "Sacra Pagina", Doctrina de la Providencia y método exegético en la "Expositio in Iob" de Santo Tomás », dans *Excerpta e dissertationibus* III, n° 3, Pamplona, Eunsa, 1977, 92 p.

3. Cf. art. cit., p. 479-485.

4. Cf. art. cit., p. 487-493.

5. Cf. art. cit., p. 493-550.

6. Cf. « Dolore, Providenza, Risurrezione nel libro di Giobbe, Validità di un'intuizione esegetica di S. Tommaso », *Sacra Doctrina* (Bologna) 27 (1982) 215-310.

7. Cf. art. cit., p. 223-257.

8. Cf. art. cit. 258-299.

Pères et représentative de celle des docteurs scolastiques, ne cherche pas tant le sens littéral historique que celui qui est discernable à la lumière de la révélation pleine et définitive[1]. Nous ne serons pas sans faire nôtre cette conclusion, mais il nous faudra l'affiner par une analyse plus précise de l'orientation de l'exégèse médiévale. Dans une deuxième étude[2], Roberto Coggi met en lumière la preuve de l'immortalité de l'âme fondée sur la nécessité d'une sanction après la mort : Thomas en ferait la clé interprétative de sa lecture du livre de Job, ce sur quoi nous reviendrons dans notre deuxième partie.

Marcos F. Manzanedo a publié deux articles portant respectivement sur l'anthropologie philosophique et l'anthropologie théologique dans l'*Expositio*[3]. Ils ont l'avantage d'identifier un grand nombre de textes, mais ils souffrent d'un manque de synthèse autour de la vision thomasienne de l'homme devant Dieu qui dans sa providence l'ordonne à la béatitude. A cet égard, la distinction entre anthropologie philosophique et théologique ne nous paraît pas faire suffisamment droit à la cohérence interne du *Super Iob*.

Antonio Quiros Herruzo réunit, dans une étude soignée, l'ensemble des éléments de démonologie présents dans le commentaire du Maître d'Aquin et montre que pour lui l'action maléfique de Satan doit être appréhendée dans le cadre de l'économie du salut[4]. L'Auteur souligne que d'après l'*Expositio* le thème central du livre sacré n'est pas d'abord la patience de Job, mais la liberté humaine placée entre la machination du démon et la providence divine.

Les autres auteurs à être intervenus jusqu'ici dans l'étude du *Super Iob* ont abordé des points plus particuliers, mais non moins importants : ainsi, le thème de la souffrance[5], celui de la tristesse et de l'espérance[6], ou encore l'espérance de la résurrection à partir du commentaire de Jb 19,25-27[7]. Carmelo Pandolfi offre une bonne

1. Cf. art. cit., p. 302.

2. Cf. « La prova morale dell'immortalità dell'anima nel commento di S. Tommaso al libro di Giobbe », *Sacra Doctrina* 35 (1990) 612-619.

3. Cf. « La antropología filosófica en el comentario tomista al libro de Job », *Angelicum* 62 (1985) 419-471 ; « La antropología teológica en el comentario tomista al libro de Job », *Angelicum* 64 (1987) 301-331.

4. Cf. *Demonología en la "Expositio super Job" de Santo Tomás de Aquino*, Extracto de la Tesis Doctoral presentada en la Facultad de Teología de la Universidad de Navarra, dans *Excerpta e dissertationibus in Sacra Theologia*, XII, Pamplona, 1987, p. 281-367.

5. Cf. L. A. PEROTTO, « La mistica del dolore nel *Commento* di S. Tommaso al *Libro di Giobbe* », *Studi tomistici* 60 (1995) 191-203.

6. Cf. J. I. SARANYANA, « Entre la tristeza y la esperanza, Santo Tomás comenta el libro de Job », *Scripta theologica* VI, 1 (1974) 329-361.

7. Cf. notre petite étude : « L'espérance de la résurrection selon Thomas d'Aquin, commentateur du livre de Job, "Dans ma chair, je verrai Dieu" (Jb 19,26) », dans *Ordo sapientiae et amoris*, Image et message de saint Thomas d'Aquin à travers les récentes études historiques, herméneutiques et doctrinales, Hommage au Professeur Jean-Pierre TORRELL OP à l'occasion de son 65e anniversaire, éd. C.-J. PINTO DE OLIVEIRA, « Studia friburgensia n. s. 78 », Fribourg, 1993, p. 65-83.

présentation du prologue du commentaire[1] : après quelques considérations introductives, l'Auteur traite d'une part des diverses opinions sur la Providence rapportées par Thomas, lesquelles constituent « une très brève histoire de la philosophie »[2]; il compare cet exposé à celui de la *Prima pars*, q. 44, a. 2. D'autre part, il aborde trois questions relatives au livre de Job et leur répercussion dans l'*Expositio*[3] : d'abord la souffrance du juste et la Providence, ensuite le degré de certitude des raisons du livre et le niveau exégétique du commentaire, enfin le problème de l'historicité. Le traitement du deuxième point présente un intérêt particulier : Carmelo Pandolfi explique que les *rationes probabiles* apportées par le livre sacré pour montrer que les réalités humaines sont soumises au gouvernement de la providence divine[4] témoignent de la progressivité de la révélation : Dieu respecte les conditions de possibilité de la connaissance humaine. Or, ces raisons ne font-elles pas moins autorité quand il s'agit à partir d'elles d'élaborer une théologie de la Providence[5].

Par ailleurs, plusieurs études ont cherché à comparer la lecture maïmonidienne de Job et la lecture thomasienne, une comparaison d'autant plus justifiée si l'on sait que le Maître d'Aquin n'est pas sans avoir subi l'influence du philosophe juif : il faut mentionner celle de Martin D. Yaffe[6] de même que deux très bons travaux d'Avital Wohlman auxquels nous nous référerons[7].

L'acquis précieux de ces différentes études appelle en quelque sorte un travail plus ample qui approfondisse les points mis à jour surtout au plan doctrinal et les ressaisisse dans un essai de synthèse de l'enseignement de l'*Expositio* : c'est la tâche à laquelle nous allons nous dédier et que nous tenterons de mener à bien.

***

L'homme sous le regard de la Providence, tel est le titre que nous retenons pour rendre compte de l'enseignement théologique du *Super Iob*. Dans son approche du texte sacré, Thomas met en lumière le mystère de la Providence montrant une sollicitude spéciale à l'égard de l'homme appelé à vivre de la vie même de Dieu. Le théologien

1. Cf. « Il prologo al commento a Giobbe di San Tommaso d'Aquino », *Aquinas* 37 (1994) 597-620. Du même Auteur, on verra également *San Tommaso filosofo nel Commento ai Salmi*, Interpretazione dell'essere nel modo "esistenziale" dell'invocazione, Bologna, 1993.
2. Cf. art. cit., p. 600.
3. Cf. art. cit., p. 610-619.
4. Cf. *Super Iob*, Prol., p. 3, lin. 55-57.
5. Cf. art. cit., p. 614-616.
6. Cf. « Providence in Medieval Aristotelism : Moses Maimonides and Thomas Aquinas on the Book of Job », *Hebrew Studies* 20-21 (1979-1980) 62-74.
7. Cf. *Thomas d'Aquin et Maïmonide*, Un dialogue exemplaire, Préface d'Isaïe LEIBOWITZ, Paris, 1988, spécialement p. 250-266; *Maïmonide et Thomas d'Aquin*, Un dialogue impossible, Avec une préface de Yeshayahou LEIBOVITZ, « Dokimion 16 », Fribourg, 1995 (voir pour notre propos les pages 69 à 99).

dominicain, pénétrant plus avant dans la profondeur du mystère, dégagera une vision de l'homme dont la vocation et la condition ne se comprennent bien que dans son insertion dans le dessein éternel de la Providence, un dessein trouvant sa réalisation progressive dans le gouvernement divin du monde.

Afin d'approfondir cet enseignement, nous ferons en sorte d'une part de retrouver les lignes de force de l'*Expositio* et d'en respecter ainsi la cohérence interne, d'autre part, de la replacer dans l'ensemble de la théologie thomasienne; si, comme l'affirme Antoine Dondaine, elle « doit être considérée comme un des lieux majeurs où le docteur angélique traite des thèmes chrétiens essentiels de la Providence et du gouvernement divin »[1], elle ne saurait être isolée des autres œuvres, car elle s'inscrit dans un itinéraire de réflexion théologique. Elle peut donc bénéficier de leur éclairage, spécialement des livres 2 et 3 de la *Summa contra Gentiles* et elle peut à son tour les éclairer. Précisons que la mise en parallèle des textes se fera au niveau doctrinal, et non point — sauf à quelques reprises — au plan de l'interprétation de Job dans les différentes œuvres, ce qui pourrait faire l'objet d'un autre travail.

Par ailleurs, nous veillerons à identifier les sources du commentaire, qu'elles soient explicites ou implicites. Nous serons amené également à établir des points de comparaison entre Thomas et d'autres auteurs, devanciers ou contemporains, tant pour ce qui concerne l'exégèse du livre sacré — nous pensons à Albert le Grand en particulier — que pour ce qui touche à la réflexion proprement théologique. Notre propos va ici plus loin que celui des éditeurs léonins qui montrent une discrétion volontaire dans l'apparat des sources. Ils estiment en effet qu'à faire état d'une érudition qui n'était pas celle de Thomas, son éditeur fausserait les perspectives de la réalité historique[2]. En fait, l'étude du commentaire nous a fait découvrir des éléments plus précis du point de vue des sources et nous a montré que s'il était l'œuvre d'un théologien, il l'était aussi d'une époque; à cet égard, le Maître d'Aquin gagne à être comparé à d'autres auteurs. Une telle démarche vise à la mise en perspective de l'*Expositio* selon ses diverses dimensions historico-doctrinales.

Par là, nous voudrions manifester la densité d'un texte redevable à d'autres textes et qui n'en est pas moins original. Cette étude devrait faciliter, nous l'espérons, la prise en compte de l'*Expositio* sur deux plans : d'une part celui de l'histoire de l'exégèse du livre de Job au Moyen Age ainsi qu'à l'époque moderne, d'autre part celui de l'histoire de la pensée relative à la Providence et plus largement à la causalité divine. Il suffit de songer à l'importance de cette pensée chez des

1. Cf. Léon., t. XXVI, Introduction, p. 141*. A. Dondaine signale que l'édition léonine a voulu être sobre dans l'éclairage du texte par des passages parallèles, car un ouvrage tel que l'*Expositio* a valeur en soi. Nous pensons cependant qu'il est permis de proposer une plus grande mise en parallèle des textes thomasiens.

2. Cf. Léon., t. XXVI, Introduction, p. 140*-141*.

auteurs tels que Guillaume d'Ockham, Duns Scot[1] ou plus tard Calvin. Au-delà de l'intérêt historique que représente l'enseignement du *Super Iob*, nous n'oublions pas sa valeur dans la réflexion croyante menée aujourd'hui sur l'existence d'un Dieu qui est providence et la condition d'un homme aux prises avec la souffrance qui cherche la vérité.

Notre étude comportera trois parties : la première examinera le rapport qu'entretient l'exégèse littérale pratiquée par Thomas sur le livre de Job avec la théologie de la Providence qu'il en dégage. A partir d'une analyse de la méthode et de la technique du commentaire replacées dans le cadre de l'exégèse scolastique, nous serons mieux à même de montrer le caractère doctrinal de l'exégèse de l'*Expositio*. Une attention spéciale sera portée à la recherche thomasienne de l'*intentio auctoris* de Job, car c'est elle qui fonde en définitive ce caractère.

Après ce qui peut être considéré comme les prolégomènes de notre étude, nous pourrons entrer de plain-pied, avec la deuxième partie, dans l'enseignement théologique du *Super Iob* : nous traiterons alors de la sollicitude de la Providence — entendue comme *ratio ordinis rerum in finem* — à l'égard de l'homme ordonné à une autre vie où bien et mal seront sanctionnés. Nous pénétrerons ainsi plus avant avec Thomas dans le mystère de ce Dieu qui appelle l'homme, représenté par Job, à le rejoindre malgré la fragilité de sa condition, ce qui sera rendu pleinement possible par la résurrection au dernier jour. Cette partie permettra de mettre en relief la perspective centrale du commentaire qui est téléologique et eschatologique.

Le juste affligé qu'est Job n'est pas sans s'interroger sur la sollicitude de Dieu à son égard et il entreprend toute une recherche de la vérité de la providence divine : ce sera l'objet de notre troisième partie. Une telle recherche peut être identifiée, à partir de l'*Expositio*, à un véritable itinéraire de l'homme vers Dieu, comprenant des étapes successives qui le conduisent à sa totale conversion. Thomas en distingue trois correspondant à trois types de discours de Job : celui-ci est d'abord entraîné par sa sensibilité, il dispute ensuite rationnellement avec ses amis sur la cause de son adversité au regard de la vérité de la Providence, il cède enfin à l'inspiration divine.

Une conclusion générale rassemblera les principaux résultats de notre travail : l'enquête menée sur les différents plans que nous venons d'évoquer devrait préciser certains traits de la physionomie de Thomas, *magister in sacra pagina*, et permettre même d'avancer jusqu'au cœur de son labeur théologique, lequel peut être une référence privilégiée pour notre pratique contemporaine de la théologie.

1. Voir par exemple à ce sujet A. DE MURALT, « La métaphysique thomiste de la causalité divine », dans *L'enjeu de la philosophie médiévale*, Etudes thomistes, scotistes, occamiennes et grégoriennes, « Studien und Texte zur Geistesgeschichte des Mittelalters 24 », Leyden, 1991, p. 331-351.

***

Nous tenons à exprimer ici toute notre gratitude au Père Jean-Pierre Torrell O.P., Professeur de théologie dogmatique à l'Université de Fribourg (Suisse), qui nous a accompagné dans ce travail et qui l'a fait bénéficier de sa remarquable pénétration de l'œuvre de Thomas d'Aquin et de la théologie médiévale.

PREMIÈRE PARTIE

EXÉGÈSE ET THÉOLOGIE DE LA PROVIDENCE

SELON

L'EXPOSITIO SUPER IOB AD LITTERAM

L'*Expositio super Iob* est marquée par une approche exégétique dont la démarche fondamentale consiste à traiter le texte selon l'ordre interne qui commande son développement et l'agencement de ses parties. Tandis que les gloses traditionnelles portaient attention à tel ou tel mot difficile, les exégètes du XIIIe siècle s'efforcent maintenant de saisir les ensembles, de déterminer les enchaînements de la pensée grâce à une analyse poussée jusqu'à la minutie[1]. Dans cette tâche d'analyse, ils ont recours avant tout aux instruments qui sont en usage à la faculté des Arts, la grammaire et la dialectique. La grammaire leur permet d'apprécier le sens exact des mots, concordances et *distinctiones* facilitant à cet égard des rapprochements éclairants. Le commentaire scripturaire est structuré selon une ordonnance dialectique, c'est-à-dire qu'il est divisé et subdivisé en autant d'éléments qu'il est nécessaire pour mettre en relief l'*intentio auctoris*[2]. Dans ce sens, Thomas identifie les trois sortes de discours de Job évoqués préalablement, mais il est plus discret quant au recours aux divisions et subdivisions dans le *Super Iob* qu'il ne l'est dans ses autres commentaires.

Le type de commentaire qu'effectue le frère dominicain sur le livre de Job s'inscrit dans un courant où l'exégèse littérale augmente en importance, sans eclipser pour autant l'approche spirituelle[3] : au

1. L'exégèse du XIIIe siècle renforce la perspective qui se met en place dès le XIIe siècle, perspective selon laquelle le texte sacré est abordé de façon analytique et discursive. Passant du cloître à l'école, elle est soucieuse de fonder sur la vérité même du texte biblique l'autorité dogmatique et morale dont l'Eglise imprègne son action pastorale.

2. Cf. J. VERGER, « L'exégèse de l'Université », dans *Le Moyen Age et la Bible*, éd. P. RICHE-G. LOBRICHON, « Bible de tous les temps 4 », Paris, 1984, p. 199-232, ici p. 213; par ailleurs, on verra M.-D. CHENU, *Introduction à l'étude de S. Thomas d'Aquin*, Paris, ^{3}1974, p. 213-216; M. M. ROSSI, « La "divisio textus" nei commenti scritturistici di S. Tommaso d'Aquino : un procedimento solo esegetico? », *Ang.* 71 (1994) 537-547.

3. C. Spicq a cherché à expliquer cette permanence de l'exégèse spirituelle en invoquant le fait que le courant allégorique issu des Pères et du haut Moyen Age était

niveau de la pratique de l'exégèse scolastique, se produit en effet, à l'intérieur de l'organisme des sens de l'Ecriture, un rééquilibrage qui consiste à donner au sens littéral sa place de premier sens de l'Ecriture et de fondement des autres sens. A cela, il faut ajouter le fait que les préoccupations propres à l'enseignement — exposition rationnelle, argumentation — s'accommodent très mal d'exégèses allégorisantes. On y remédie par l'adoption, dans les écoles, des méthodes d'analyse textuelle des auteurs antiques, basées sur les arts du *trivium*[1]. Le déclin de l'exposition spirituelle — expression empruntée à Beryl Smalley[2] — nous paraît davantage voulu que subi par les auteurs universitaires du XIIIe siècle, contrairement à ce qu'affirme Jacques Verger[3] : ils optent véritablement pour une exégèse qui, fondée sur le sens littéral, se déploie totalement en direction de l'investigation théologique. Parmi eux, il faut citer Guerric de Saint-Quentin, Albert le Grand et Bonaventure. Ce dernier commente entre 1254 et 1257 un livre sapientiel[4], l'Ecclésiaste, mettant fortement en lumière le sens littéral et offrant une postille de caractère proprement théologique. Comme l'*Expositio* thomasienne, elle connaîtra un grand succès et sera copiée durant tout le Moyen Age de manière anonyme[5].

Le livre de Job tient cependant une place à part dans l'histoire de l'exégèse médiévale, car il alimente plus que les autres l'interprétation spirituelle, patronnée par l'autorité de S. Grégoire, et ce jusqu'à l'époque du Maître d'Aquin. A cet égard, l'*Expositio super Iob ad litteram* constitue une nouveauté repérable dans l'ouverture qu'aménage l'exégèse à la théologie, ici celle de la Providence.

trop fort pour qu'il pût s'arrêter net. Par ailleurs, l'exégèse littérale assimilée à l'exégèse juive put être volontairement délaissée par certains commentateurs chrétiens, prisonniers qu'ils étaient de la polémique anti-juive (cf. « Pourquoi le Moyen Age n'a-t-il pas davantage pratiqué l'exégèse littérale? », *RSPT* 30 (1941-42) 169-179, en particulier p. 176-178). On peut toutefois penser que l'exégèse juive ne fut pas sans influencer celle qui se développait en milieu scolastique chrétien et cela expliquerait en partie l'attrait pour l'interprétation selon le sens littéral de certains passages de l'Ecriture tout au moins : un des exemples les plus frappants est peut-être celui de l'interprétation des préceptes cérémoniels de la loi ancienne renouvelée sous l'influence du *Guide des égarés* de Maïmonide (à ce sujet, on verra A. SCHENKER, « Die Rolle der Religion bei Maimonides und Thomas von Aquin, Bedeutung der rituellen und liturgischen Teile der Tora nach dem *Führer der Unschlüssigen* und der *Theologischen Summe* », dans *Ordo sapientiae et amoris*, p. 169-193). En fait l'influence fut réciproque, puisque, du côté juif, on s'est approprié le travail des concordances effectué en milieu chrétien.

1. Cf. E. PANELLA, « La *Lex nova* tra Storia ed Ermeneutica, Le occasioni dell'esegesi di s. Tommaso d'Aquino », *Memorie Domenicane*, n. s. 6 (1975) 11-106, ici p. 13-16.

2. Cf. *The Study of the Bible in the Middle Ages*, Oxford, [3]1983, p. 281.

3. Cf. « L'exégèse de l'Université« , p. 210.

4. Cf. B. SMALLEY, « Some thirteenth-century Commentaries in Sapiential books », *Domin. Stud.* 2 (1949) 318-355; 3 (1950) 41-77.

5. Cf. B. SMALLEY, *The Study of the Bible in the Middle Ages*, p. 298; l'Auteur va jusqu'à dire : *The postill, prologue included, is a magnificent monument to the literal interpretation of a book having a specific aim and raising specific problems. Its popularity showed that Bonaventure's approach gave his readers what they wanted* (op. cit., p. 298). J.-G. Bougerol fait remarquer que ce commentaire est influencé par la postille d'Hugues de Saint-Cher (cf. *Introduction à saint Bonaventure*, Paris, 1988, p. 180), ce que souligne également B. Smalley (cf. op. cit., p. 273).

CHAPITRE I

INTENDIMUS LIBRUM ISTUM QUI INTITULATUR « BEATI IOB » SECUNDUM LITTERALEM SENSUM EXPONERE

(cf. Prol., p. 4, lin. 96-99)

L'option déjà prise dans le *Super Isaiam* en faveur de la priorité du sens littéral connaît, semble-t-il, un affermissement au long de la carrière thomasienne, à en juger par la finale du Prologue du *Super Iob*[1] :

> Confiant dans le secours divin, notre intention est d'exposer brièvement dans la mesure du possible ce livre intitulé du *Bienheureux Job* selon le sens littéral; le bienheureux pape Grégoire nous ouvrit en effet à ses mystères d'une manière si subtile et si disserte que rien ne paraît devoir y être ajouté[2].

Un auteur aussi averti en la matière que Beryl Smalley reconnaissait à la fin de sa vie qu'elle n'avait pas accordé tout son poids à la formule du Prologue[3], laquelle sanctionne une nouvelle perspective exégétique

1. Cf. J.-P. TORRELL, *Initiation à saint Thomas d'Aquin,* Sa personne et son œuvre, « Vestigia 13 », Fribourg-Paris, 1993, p. 84.

2. Cf. p. 4, lin. 96-102 : *Intendimus enim compendiose secundum nostram possibilitatem, de divino auxilio fiduciam habentes, librum istum qui intitulatur* Beati Iob *secundum litteralem sensum exponere; eius enim mysteria tam subtiliter et diserte beatus papa Gregorius nobis aperuit ut his nihil ultra addendum videatur.*

3. L'Auteur donne une explication probante du fait que Thomas fournit régulièrement des sens spirituels dans la *Catena aurea* et dans ses commentaires sur Matthieu et Jean, alors qu'il ne le fait pas pour Job : *I have left until now the subject of Thomas's treatment of the four senses in the practice of exegesis, in contrast to his theory on their functions. His principles are well-known. The literal sense included the inspired writer's whole intention, whether he used forms of speech such as metaphor or whether he prophesied. God, who inspired the writer, put spiritual significance into the events, persons and things mentioned by the writer of which he was not aware, for the benefit of readers living afterwards, recipients of a fuller revelation than God had vouchsafed to the human author. It would seem to follow that the exegete ought to focus on the literal sense instead of downgrading it as a mere foundation or outer rind of spiritual sweetness. Thomas's brilliant literal exposition of the book of Job (1263-1264) underlined the point. I plead guilty to having drawn this conclusion, which goes much too far. Thomas gave spiritual senses to his text both in his* Catena aurea

en regard de la tradition grégorienne. Ce point de vue ne doit pourtant pas nous faire oublier que l'enseignement de Grégoire demeure une référence dans les développements doctrinaux de l'*Expositio*. C'est en considérant la théorie et la pratique thomasienne de l'exégèse littérale que nous serons mieux à même de mesurer la nouveauté que représente l'*Expositio* dans l'histoire de l'interprétation du livre de Job au Moyen Age.

L'émergence d'une nouvelle perspective exégétique en regard de la tradition grégorienne

L'auteur des *Moralia* n'effectue pas un commentaire *stricto sensu* du livre de Job, ni d'ailleurs non plus un exposé synthétique de théologie. Il ne porte donc pas son attention sur la structure du livre en tant que tel, y distinguant un prologue, plusieurs parties comprenant chacune des cycles de discours de forme poétique, un épilogue en prose. Désirant pour sa part aider ses lecteurs dans leur itinéraire de foi, appelés qu'ils sont à la contemplation, il s'attache prioritairement à la signification morale et spirituelle du texte sacré :

> C'est assurément, dit-il dans sa lettre dédicatoire, pour me conformer aux invitations [de mes frères], tantôt par une exégèse littérale, tantôt par l'interprétation plus élevée que donne la contemplation, tantôt par une leçon morale, que j'ai achevé en six volumes cet ouvrage de trente-cinq livres. Dans ce commentaire, je puis paraître souvent sacrifier ce qui touche à l'exégèse littérale pour m'appliquer un peu plus longuement au vaste champ du sens moral et du sens mystique. Mais quiconque parle de Dieu, doit regarder comme nécessaire toute enquête qui rend meilleurs ceux qui l'écoutent, et donc celui-là peut estimer avoir bien ordonné son discours qui, lorsque le demande l'occasion du bien à faire, s'éloigne utilement de son premier sujet[1].

and in his lectures on Matthew and John. Why then the exposition of Job ad litteram*? The answer lies in his prologue to Job; I did not take it seriously enough. St. Gregory had given such a thorough exposition of the spiritual senses that nothing more needed to be added. Thomas expounded Job* ad litteram *as a supplement to the* Moralia*, also presumably because the literal content of a provocative book fascinated him. The Gospels had no such authoritative spiritual exposition as Job; therefore the exegete ought to supply one, if not as full as Gregory's, at least serviceable* (cf. *The Gospels in the Schools c. 1100-c. 1280*, London and Ronceverte, 1985, p. 265). H. de Lubac estime également que lorsque Thomas nous dit que Grégoire nous ouvrit aux mystères du livre de Job d'une manière si subtile que rien ne paraît devoir être ajouté, il vaut mieux l'en croire lui-même ; ce n'est pas là l'effet d'un souci critique ou d'une moindre estime pour le sens spirituel (cf. *Exégèse médiévale*, Les quatre sens de l'Ecriture, « Théologie 59 », t. 4 / 2, 2, Paris, 1964, p. 298).

1. Cette traduction, que nous empruntons à A. de Gaudemaris (cf. *SC* 32, p. 117), ne rend pas suffisamment compte des termes exacts employés par Grégoire pour désigner les différents sens de l'Ecriture ; c'est pourquoi nous restituons l'intégralité du texte latin : *Quibus nimirum multa iubentibus dum parere modo* per expositionis ministerium, *modo* per contemplationis ascensum, *modo* per moralitatis instrumentum *volui, opus hoc per triginta et quinque volumina extensum in sex codicibus explevi. Unde et in eo saepe quasi*

Son intention n'est pas moins de considérer les trois sens, comme l'atteste un autre passage de sa lettre dédicatoire, dans lequel il souligne qu'il va poser d'abord les fondements de l'histoire (*fundamenta historiae*), pour ériger ensuite l'édifice de l'esprit par la signification typique (*per significationem typicam*) et revêtir enfin l'édifice par la grâce de la moralité (*per moralitatis gratiam*)[1]. Pour cette raison, on ne peut imputer à S. Grégoire l'allégorisme parfois exacerbé qui interviendra dans certains commentaires médiévaux. Chez lui, l'allégorie ou *typica investigatio*, en renchérissant sur l'interprétation littérale, prépare l'interprétation morale; elle est en quelque sorte le gros-œuvre de l'édifice, mais elle n'est qu'une étape dans la construction complète[2].

Héritier d'une tradition qui remonte à Origène[3], Grégoire distingue donc un double niveau de signification, l'un qui est textuel ou littéral et l'autre qui est mystérieux ou spirituel; il l'explicite dans un texte sur lequel s'appuiera d'ailleurs Thomas dans la *Summa theologiae*[4] : lorsque l'Ecriture dit en effet des faits passés (*praeterita*), elle prédit avec les mêmes mots des faits à venir (*futura*); de plus, par les mêmes mots, elle décrit des actes passés (*anteacta*) et elle annonce des actes à accomplir[5]. On reconnaît aisément ici la subdivision du sens spirituel en sens allégorique ou typologique et en sens moral ou tropologique. Or, venant en premier lieu, le sens textuel du livre de Job consiste en un examen des faits de l'histoire sacrée[6]. Ensuite, selon le sens allégorique, Job, par ses paroles et son comportement, est une figure du Christ souffrant[7]. Enfin, le sens moral apparaît en ce que l'agir de

postponere ordinem expositionis invenior et paulo diutius contemplationis latitudini ac moralitatis insudo. Sed tamen quisquis de Deo loquitur, curet necesse est, ut quicquid audientium mores instruit rimetur, et hunc rectum loquendi ordinem deputet, si, cum opportunitas aedificationis exigit, ab eo se, quod loqui coeperat, utiliter derivet.

1. Cf. *SC* 32, p. 118.

2. R. WASSELYNCK, « L'influence de l'exégèse de S. Grégoire le Grand sur les commentaires bibliques médiévaux (VIIe-XIIe s.) », *RTAM* 32 (1965) 157-204, ici p. 202-203.

3. Selon H. de Lubac, S. Grégoire dépend davantage, dans sa théorie des sens de l'Ecriture, d'Origène que d'Augustin. Certains mots ou tournures de phrase caractéristiques de Grégoire évoquent en effet directement le Maître d'Alexandrie, au moins sous la forme de la traduction de Rufin (cf. *Exégèse médiévale*, t. 2, p. 198-212).

4. Cf. Ia, q. 1, a. 10, sc. : *Sacra Scriptura omnes scientias ipso locutionis suae more transcendit : quia uno eodemque sermone, dum narrat gestum, prodit mysterium.* M. Aillet note que Thomas emploie le terme *gestum* de préférence à *textum* chez Grégoire pour mieux souligner la référence nécessaire du sens spirituel au *fundamentum historiae* : le mot *gestum* dit en effet mieux que *textus* la référence de l'herméneutique de l'Ecriture à l'ordre de la réalité historique (cf. *Lire la Bible avec S. Thomas*, Le passage de la *littera* à la *res* dans la Somme théologique, « Studia friburgensia, n. s. 80 », Fribourg, 1993, p. 66).

5. Cf. *Moralia*, lib. XX, cap. 1 (*PL* 76,135).

6. Cf. *Moralia*, Praefatio, II, 4 (*SC* 32, p. 126) : *Sed jam debemus ista postponere, et ad consideranda sacrae historiae gesta properare.*

7. Cf. *Moralia*, Praefatio, VI, 14 (*SC* 32, p. 136) : *Quem electi omnes dum bene vivendo praeeunt, et rebus et vocibus prophetando promiserunt. Nullus etenim justus fuit, qui non ejus per figuram nuntius extiterit. Dignum quippe erat ut in semetipsis bonum omnes ostenderent, de quo et omnes boni essent et quod prodesse omnibus scirent. Unde et sine cessatione promitti debuit, quod et sine aestimatione dabatur percipi, et sine fine retineri : ut simul omnia saecula dicerent, quid in redemtione communi saeculorum finis exhiberet. Unde et necesse fuit,*

Job est non seulement signe du Rédempteur mais encore figure de l'Eglise, Corps du Christ[1]. Grégoire précise que l'épouse de Job préfigure, quant à elle, les hommes charnels qui mènent dans l'Eglise une vie déréglée et que ses amis désignent les hérétiques qui, dans leur exhortation, font œuvre de tromperie[2].

Privilégiant le niveau de signification spirituelle, l'auteur des *Moralia* juge — ce point nous intéresse au premier chef — certains passages du livre de Job incompréhensibles selon la lettre[3]. C'est le cas en particulier du chapitre 3 (v. 3) :

> Lorsque Job dit : Périsse le jour où je suis né, et la nuit en laquelle il fut dit :« un homme a été conçu ». Et peu après il ajoute : Que ce jour soit couvert de ténèbres et enveloppé d'amertume. Puis continuant à maudire cette même nuit : Que cette nuit soit solitaire. Certes, le jour de sa naissance, emporté par le cours du temps, ne pouvait subsister : comment donc souhaitait-il qu'il fut enveloppé de ténèbres? Une fois écoulé, dès lors, il n'était plus rien. Et quand bien même il eût encore subsisté parmi les choses créées il eût été absolument incapable d'éprouver un sentiment d'amertume. Il apparaît donc clairement que ce n'est en aucune façon le jour physique, insensible, que Job souhaite voir affligé d'un sentiment d'amertume. Et si la nuit où il fut conçu s'en était allée, unie aux autres nuits, comment peut-il désirer qu'elle devienne solitaire? Pas plus qu'elle n'a pu être immobilisée par le temps qui s'enfuit, elle n'a pu être séparée du reste des nuits[4].

Une telle interprétation sera par la suite sans cesse reprise par des auteurs qui, le plus souvent, répéteront et résumeront les *Morales*, contribuant ainsi au développement d'une tradition grégorienne.

C'est à R. Wasselynck que l'on doit d'avoir identifié les représentants de cette tradition dont nous retiendrons quelques noms parmi les plus significatifs, en nous appuyant sur les diverses études qu'il consacre au sujet[5]. Nous ne pouvons pas ne pas mentionner le *Liber Testimoniorum* de Paterius qui constitue jusqu'au XIIe siècle une référence de premier

ut etiam beatus Job, qui tanta incarnationis ejus mysteria protulit, eum quem voce diceret, ex conversatione signaret : et per ea, quae pertulit, quae passurus esset, ostenderet; tantoque verius passionis illius sacramenta praediceret, quanto haec non loquendo tantummodo, sed etiam patiendo prophetaret.

1. Cf. *Moralia*, Praefatio, VI, 14 (*SC* 32, p. 136-137) : *Sed quia Redemtor noster unam se personam cum sancta Ecclesia, quam assumsit, exhibuit — de enim dicitur : « Qui est caput omnium nostrum »; et de Ecclesia ejus scriptum est : Corpus Christi, quod est Ecclesia —, quisquis eum in semetipso significat, modo hunc ex capite, modo ex corpore designat, ut non solum vocem capitis, sed etiam corporis teneat.*

2. Cf. *Moralia*, Praefatio, VI, 15 (*SC* 32, p. 137).

3. Cf. *Moralia*, Epistola, 3 (*SC* 32, p. 118).

4. Cf. *Moralia*, Epistola, 3 (*SC* 32, p. 119).

5. Cf. *L'influence des « Moralia in Job » de S. Grégoire le Grand sur la théologie morale entre le VIIe siècle et le XIIe siècle*, Diss. dactyl., 3 vol., Lille, 1956; « Les compilations des "Moralia in Job" du VIIe au XIIe siècle », *RTAM* 29 (1962) 5-52; « Les "Moralia in Job" dans les ouvrages de morale du haut Moyen Age latin », *RTAM* 31 (1964) 5-31; « L'influence de l'exégèse de S. Grégoire le Grand sur les commentaires bibliques médiévaux », *RTAM* 32 (1965) 157-204; « Présence de S. Grégoire le Grand dans les recueils canoniques (X^e-XIIe siècles), *Mélanges de Science Religieuse* 13 (1965) 205-219; « La présence des "Moralia" de S. Grégoire le Grand dans les ouvrages de morale du XIIe siècle », *RTAM* 36 (1969) 31-45.

plan[1] : il côtoie en effet S. Grégoire sur les rayons des bibliothèques médiévales. Odon de Cluny, par exemple, vante l'ouvrage et son auteur et laisse entendre qu'il est fort connu[2]. Paterius, notaire apostolique auprès du Pape Grégoire, avait remarqué que les *Morales sur Job* étaient chargées d'un grand nombre de citations de l'Ancien et du Nouveau Testament et que la plupart d'entre elles étaient elles-mêmes commentées. Il conçut alors le projet de les extraire avec leur commentaire et de présenter, en les rassemblant dans l'ordre de la Bible, une anthologie scripturaire des œuvres grégoriennes[3]. S'il constitue une chaîne exégétique dans sa présentation, il n'en est pas moins, par les matériaux qu'il a conservés, un recueil de morale pénétré de l'enseignement grégorien.

L'*Epitome moralium* d'Odon de Cluny (880-942), dont l'influence est beaucoup moins étendue que celle du *liber Testimoniorum* — elle se limite en effet aux monastères d'obédience clunisienne — a l'intérêt de laisser fortement transparaître la physionomie des *Moralia*[4]. Odon fait un choix des passages et les reprend mot à mot, réussissant ainsi à présenter une copie de l'œuvre grégorienne, plus dépouillée certes, mais fort exacte. Fidèle à la ligne qu'il s'est fixé dans sa Préface, il met surtout en évidence le sens moral, esquissant à peine une explication littérale, s'attardant un peu plus longuement à l'explication allégorique qu'il dénomme *typice* ou *mystice*[5].

1. R. Wasselynck signale également, parmi les toutes premières compilations, celles du VIIe siècle, les *Sententiarum libri quinque* de Tayon de Saragosse qui fournissent une synthèse doctrinale des *Moralia*, ainsi que l'*Egloga* du moine irlandais Lathcen qui est un recueil d'exégèse, limité au sens allégorique donné par S. Grégoire. Ces deux ouvrages ne connurent pas la bonne fortune du *Liber Testimoniorum* de Paterius, mais ils contribuèrent, dans l'espace et le temps qui furent les leurs, à la diffusion des *Morales* (cf. *L'influence des "Moralia in Job" de S. Grégoire le Grand entre le VIIe siècle et le XIIe siècle*, t. 1, p. 39-54; « Les compilations des "Moralia in Job" du VIIe au XIIe siècle », p. 5-15).

2. Cf. *Epitome Moralium*, Praefatio (*PL* 133, 107) : ... *quas [sententias] nempe norunt quibus sacra non latet Scriptura a sancto viro Paterio nomine mirabili opere abstractas, propriisque voluminibus redditas.*

3. Le *Liber* comporte deux parties relatives aux commentaires de l'Ancien Testament, et une troisième sur le Nouveau Testament. On ne connaît aujourd'hui, note R. Wasselynck, que la première partie, consignée dans le tome 79 de la *Patrologie Latine* de Migne : ce tome présente deux autres parties attribuées au *Liber*, mais elles n'ont pas à vrai dire Paterius pour auteur; elles proviennent, selon les recherches de A. Wilmart (cf. « Le recueil grégorien de Paterius et les manuscrits wisigothiques de Paris », *Revue bénéd.* 39 (1927) 81-104; on consultera aussi à ce propos F. STEGMÜLLER, *Repertorium biblicum Medii Aevi*, t. IV, Madrid, 1954, p. 172 s.), d'un manuscrit du Mont-St-Michel (Avranches 104) dont l'auteur est anonyme. R. Wasselynck fait remarquer dans ce sens que chez les théologiens postérieurs, on ne trouve aucune citation de Paterius en dehors de la première partie du *Liber*. On serait tenté de se demander si Paterius a jamais achevé son travail (cf. « Les compilations des "Moralia in Job" du VIIe au XIIe siècle », p. 6-7, note 6).

4. R. Wasselynck va jusqu'à dire qu'elle « reste de toutes les compilations celle qui trahit le moins la physionomie des *Moralia* » (cf. Les compilations des "Moralia in Job" du VIIe au XIIe siècle », p. 18).

5. Cf. *Epitome moralium*, Praefatio (*PL* 133, 108 D) : *Lectionis causae compendio, unicuique sententiae mysticum moralemque sicut reperi, subjecti sensum, ne vagans animus dum huc illucque quaereret sensum, ut saepe assolet, amitteret intellectum. Libuit etiam primas historiae litteras discretionis causa minio scribere, ut dum historia agnoscitur,*

Dans la seconde moitié du xe siècle, peu de temps après la mort d'Odon de Cluny, paraît un nouveau résumé des *Moralia* rédigé par Adalbert de Metz qui cède au désir de condenser l'œuvre grégorienne en un volume plus maniable. Au xiie siècle, outre trois compilateurs qui se donnent pour tâche de compléter le *Liber Testimoniorum* de Paterius — Alulfe de Tournai, l'Anonyme du Mont-Saint-Michel et Brunon —, il faut mentionner Philippe de Champeaux qui exerce une influence certaine sur l'école victorine, Walter d'Aversa, Pierre de Londres et son *Remediarium conversorum* qui introduit les textes de Grégoire dans une configuration originale.

La tradition grégorienne régnera jusqu'au milieu du xiiie siècle et inspire encore les commentaires effectués à cette époque par les professeurs des chaires parisiennes : chez les franciscains, Alexandre de Halès et Guillaume de Méliton, chez les dominicains, Hugues de Saint-Cher, Guerric de Saint-Quentin, Guillaume d'Altona. Hugues de Saint-Cher — dont nous citerons à plusieurs reprises la *Postilla super librum Iob* — rédige des postilles ou commentaires sur l'*Histoire scolastique* et sur l'ensemble de la Bible, postilles simples et assez traditionnelles qui se présentent comme un complément et une mise à jour de la Glose, précisément par de larges emprunts aux auteurs du xiie siècle; il est dans ce sens un de ceux qui assure la continuité entre le xiie et le xiiie siècle dans la pratique de l'exégèse scolastique[1]. Ses postilles, comme le fait remarquer Beryl Smalley, connaissent un grand succès : elles sont reprises en particulier par Guerric de Saint-Quentin, Bonaventure, Albert le Grand dans son commentaire sur les évangiles[2].

Thomas, qui ne nous paraît pas être directement redevable à Hugues de Saint-Cher dans son commentaire sur Job, s'engage sur une autre voie en optant pour une exégèse littérale de tout le livre — y compris donc des passages jugés incompréhensibles selon la lettre au sein de la tradition grégorienne[3] —. Certes, peu avant lui, Roland de Crémone, premier maître dominicain à Paris, s'est essayé à exposer le livre de Job en accordant une large place au sens littéral; cependant son commentaire, qui ne répondait peut-être point à l'exigence de rigueur et de clarté que l'on attendait, est tombé dans l'oubli[4]. Celui du Maître

expositio historiae utilius carpatur, ne forte dum a rudibus ignoratur sensus patenter expressus, obscurius implicetur.

1. Cf. J. Verger, « L'exégèse de l'Université », p. 202-203; Léonine, t. XXVI, p. 26*. B. Smalley précise que Hugues semble avoir rédigé ses *Postilles sur toute la Bible* entre 1230 et 1235, période de son enseignement à Paris; il le fait avec l'aide d'un groupe de frères travaillant sous sa direction (cf. *The Study of the Bible in the Middle Ages*, p. 271-273).

2. Cf. *The Study of the Bible in the Middle Ages*, p. 273.

3. Nous analyserons, au cours de notre travail, l'interprétation que donne le Frère Thomas de ces passages.

4. Cf. A. Dondaine, « Un commentaire scripturaire de Roland de Crémone, "Le livre de Job" », *Archivum Fratrum Praedicatorum* 11 (1941) 109-137; au sujet de l'itinéraire de Roland, cf. M.-H. Vicaire, « Roland de Crémone ou la position de la théologie à l'Université de Toulouse », dans *Les Universités du Languedoc au xiiie siècle*, « Cahiers de Fanjeaux 5 », Toulouse, 1970, p. 145-178. Compte tenu des indications données par ces deux auteurs,

d'Aquin, par contre, exerce une influence certaine sur des auteurs tels que Matthieu d'Aquasparta, Pierre-Jean Olivi, Nicolas de Lyre, pour ne mentionner que les plus anciens[1]. Ce sont, à n'en point douter, les qualités de la méthode exégétique du *Super Iob* qui fournissent la raison de son succès. Plutôt que de parler, avec Henri de Lubac rejoignant Ceslas Spicq[2], du caractère tout relatif de la « nouveauté » de la méthode thomasienne, nous préférons accorder davantage de consistance à cette nouveauté, faisant nôtre l'appréciation plus positive de Beryl Smalley qui souligne que Thomas et Albert sont les deux seuls auteurs pour qui elle n'a pu trouver de source principale[3].

L'ensemble des indications qui précède n'avait pour but que de donner en quelque sorte un cadre à la nouveauté représentée par l'*Expositio* thomasienne au sein de l'histoire de l'exégèse du livre de Job. Une telle démarche demande à être complétée par la caractérisation de cette nouveauté à partir de l'étude de l'exégèse du frère dominicain.

Sensus litteralis est qui primo per verba intenditur, sive proprie dicta sive figurate

(cf. Super Iob 1,6, p. 7, lin. 233-234)

C'est en commençant de commenter Jb 1,6 que Thomas propose une définition du sens littéral qu'il va mettre en œuvre dans son *Expositio* :

> Après l'énumération de la prospérité du bienheureux Job, il est question de son adversité et d'abord en est donné le motif. Et pour que l'on ne pense pas que les épreuves des justes échappent à la providence divine et que l'on n'estime pas de la sorte que les réalités humaines ne sont pas soumises à la Providence, est exposée au préalable la façon dont Dieu en prend soin et les gouverne. Or cela est présenté symboliquement et par manière d'énigme selon l'habitude de l'Ecriture Sainte, qui décrit les réalités spirituelles sous la figure de choses corporelles, comme cela est manifeste en Is VI,1 « J'ai vu le Seigneur assis sur un trône haut et élevé », de même qu'au début d'Ezéchiel et en d'autres endroits. Bien que les réalités spirituelles soient proposées sous la figure de choses corporelles, cependant ces réalités spirituelles signifiées par des choses sensibles ne relèvent pas du sens mystique, mais du sens littéral, parce que le sens littéral est celui qui est visé d'abord par les mots, soit de manière propre, soit de manière figurée[4].

on peut penser que le commentaire sur Job effectué par Roland est le fruit de son enseignement donné à Toulouse entre 1231 et 1233.

1. Cf. Léonine, t. XXVI, p. 33*-44*.

2. Cf. H. de Lubac, *Exégèse médiévale*, t. 4 / 2, 2, p. 285-302, en particulier, p. 286 et 296; C. Spicq, *Esquisse d'une histoire de l'exégèse latine au Moyen Age*, « Bibliothèque thomiste 26 », Paris, 1944, p. 315.

3. Cf. *The Gospels in the Schools*, p. 274.

4. Cf. *Super Iob 1,6*, p. 7, lin. 216-234; nous donnons le texte latin du passage qui intéresse prioritairement notre propos : *Et quamvis spiritualia sub figuris rerum corpora-*

Cette définition lapidaire et précise comporte des expressions équivalentes tant dans le *Quodlibet* VII, antérieur au *Super Iob*, que dans le commentaire de Ga 4,24 et dans la question 1 de la *Prima pars*[1]. Dans ces différents textes, notre auteur distingue chaque fois la première signification selon laquelle les mots employés signifient certaines choses et la seconde où les choses exprimées par les mots signifient à nouveau d'autres choses; or le premier niveau de signification est le fondement du deuxième[2]. Il paraît emprunter cette explication technique du sens littéral ou historique et du sens spirituel à Hugues de Saint-Victor qui recourt aux catégories augustiniennes des *res et signa* ou *verba*[3] — présentes d'ailleurs en filigrane dans notre passage de l'*Expositio* — et qui ne s'appuie pas moins sur le livre XX des *Moralia in Job* mentionné ci-dessus[4]; c'est ainsi qu'il définit en particulier le sens littéral :

lium proponantur, non tamen ea quae circa spiritualia intenduntur per figuras sensibiles ad mysticum sensum [pertinent] sed litteralem, quia sensus litteralis est qui primo per verba intenditur, sive proprie dicta sive figurate (cf. lin. 229-234).

1. Cf. *Qdlb.* VII, q. 6, a. 1-3 [14-16] (il appartient très vraisemblablement au premier séjour parisien : cf. J.-P. TORRELL, *Initiation*, p. 304-306); *In ad Gal 4,24*, lect. 7, n° 254; Ia, q. 1, a. 10, c.

2. Cf. *Qdlb.* VII, q. 6, a. 1 [14], ad 3 : *Sicut dicit Augustinus in lib. De doctrina christ., nihil est quod occulte in aliquo loco sacrae Scripturae tradatur quod non alibi manifeste exponatur; unde spiritualis expositio semper debet habere fulcimentum ab aliqua litterali expositione sacrae Scripturae; et ita vitatur omnis erroris occasio*; cf. par ailleurs, *Qdlb.* VII, q. 6, a. 1 [14], ad 1; Ia, q. 1, a. 10, c. Bonaventure, à propos du miracle de Cana, souligne également très bien cela, en s'appuyant sur Grégoire : *Notandum, quod quando Christus fecit miraculum de conversione aquae in vinum, non statim dixit : fiat vinum, nec fecit de nihilo; sed voluit, quod ministri implerent hydrias aqua, ut dicit Gregorius* (Homil. in Ezech., *VI, n° 7 / PL 76, 831). Ad litteram, quare sic fecit, ratio reddi non potest; sed secundum spiritualem intelligentiam reddi potest ratio : quia Spiritus sanctus non dat spiritualem intelligentiam, nisi homo impleat hydriam, scilicet capacitatem suam, aqua, scilicet notitia litteralis sensus, et post convertit Deus aquam sensus litteralis in vinum spiritualis intelligentiae* (cf. *In Hexaemeron*, coll. XIX, n° 8 / Quar. V, p. 421). Albert n'affirme pas autre chose : cf. *Sum.*, Ia, tract. 1, q. 5, cap. 4, c.

3. Cf. en particulier *De doctrina christiana*, lib. I, cap. 2 (*PL* 34, 19-20) : *Omnis doctrina vel rerum est vel signorum, sed res per signa discuntur*; Augustin précise que les *verba* sont des signes qui ne servent qu'à signifier : *Sunt autem alia signa quorum omnis usus in significando est, sicuti sunt verba. Nemo enim utitur verbis, nisi aliquid significandi gratia. Ex quo intelligitur quid appellem signa; res eas videlicet quae ad significandum aliquid adhibentur. Quamobrem omne signum etiam res aliqua est; quod enim nulla res est : non autem omnis res etiam signum est.* Concernant le principe de division bipartite des sens de l'Ecriture à la lumière de la théologie augustinienne des *res et signa*, on verra notamment M. AILLET, *Lire la Bible avec S. Thomas*, p. 77-86.

4. Cf. *De sacramentis*, Prol., cap. 5 (*PL* 176, 185). Au sujet de l'influence du Maître victorin, nous renvoyons à H. de LUBAC, *Exégèse médiévale*, t. 3, p. 287-336; M. AILLET, *Lire la Bible avec S. Thomas*, p. 74-76. R. Wasselynck fait remarquer que dans les *Adnotationes* sur le Pentateuque (cf. *PL* 175, 29-86) qui consistent en des explications littérales, Hugues de Saint-Victor ne se réfère pas à Grégoire. Celui-ci entre timidement dans ses *Adnotationes* sur les Lamentations de Jérémie : ce n'est pas suffisant pour parler de véritable influence. Par contre, dans ses ouvrages didactiques, Hugues affiche beaucoup plus de dépendance et de fidélité à l'égard de S. Grégoire. Son enseignement sur les sens de l'Ecriture découle en effet en droite ligne des *Moralia* (cf. « L'influence de l'exégèse de S. Grégoire le Grand sur les commentaires bibliques médiévaux (VIIe-XIIe siècles) », *RTAM* 32 (1965) 157-204, ici p. 192). Lorsque, dans le *Didascalicon*, il vient à étudier le profit que l'on doit retirer de l'Ecriture pour la formation morale, Hugues recommande tout particulièrement la lecture de S. Grégoire : *Inter quae [dicta] beatissimi Gregorii singulariter*

Prima expositio est historia, in qua consideratur prima verborum significatio ad res ipsas de quibus agitur[1].

A travers le Maître victorin, Thomas retrouve donc deux sources auxquelles il ne manque pas — il ne faut point l'oublier — de puiser directement pour la formulation de sa théorie des sens de l'Ecriture. Bonaventure ne fait pas autrement lorsqu'il renvoie directement dans son Prologue du *Breviloquium* (1254-1257)[2] — un texte important dans l'histoire de l'herméneutique médiévale de l'Ecriture — au *De doctrina christiana*[3] pour exprimer la triple règle selon laquelle l'Ecriture doit être exposée; nous retenons, dans le cadre de notre propos, la première règle spécialement qui concerne la place du sens littéral :

Partout dans cette Ecriture où le sens premier des mots signifie la réalité de la création ou les actes singuliers de la vie humaine, les choses signifiées par les mots sont signifiées en premier, et ensuite seulement les mystères de notre salut. Là où le premier sens des mots exprime la foi et la charité, il ne faut chercher aucune allégorie[4].

Thomas, comme Bonaventure[5], considère qu'il est au pouvoir de Dieu d'employer à l'expression de quelque vérité non seulement des mots — ce que peut faire tout homme —, mais également des choses. Ainsi rend-t-il compte de la bipartition des sens scripturaires en sens littéral et sens spirituel à partir de l'affirmation fondamentale selon laquelle Dieu est l'auteur de l'Ecriture ainsi qu'*auctor rerum*, auteur des choses dans leur création et dans leur histoire. Comme tel, il commande la signification de chaque réalité historique ponctuelle, signification rendue par le sens littéral et il ordonne, en tant qu'auteur de l'histoire du salut, toutes ces réalités à leur accomplissement dans le

scripta amplexanda existimo, quae, quia mihi prae ceteris dulcia et aeternae vitae amore plena visa sunt, nolo silentio praeterire (cf. lib. V, cap. 7 / *PL* 176, 795).

1. Cf. *De scripturis et scriptoribus sacris*, cap. 3 (*PL* 175, 2).

2. Pour une présentation de ce Prologue, nous renvoyons notamment à J.-G. Bougerol, « Introduction générale, introduction au Prologue et notes » à *Saint Bonaventure, Breviloquium* (texte latin de Quaracchi et traduction française), « Bibliothèque bonaventurienne, Série "Textes" », Paris, 1967, p. 61-80; *Introduction à saint Bonaventure*, Paris, 1988, p. 161-175; Th. Reist, *Saint Bonaventure as a Biblical Commentator: a Translation and Analysis of his "Commentary on Luke, XVIII,34-XIX,42"*, New York, 1985, p. 29-65. Th. Reist considère également le *De reductione artium ad theologiam* (1254-1257) et les *Collationes in Hexaemeron* (1273), où Bonaventure expose assez largement sa doctrine sur l'herméneutique biblique.

3. Cf. lib. II, cap. 10 (*PL* 34, 42).

4. Cf. *Breviloquium*, Prol., § 6 (cf. « Bibliothèque bonaventurienne, Série "Textes" », Paris, 1967, p. 114-115) : *Ubicumque in hac Scriptura prima verborum significatio significat res creationis, sive singulares actus humanae conversationis, ibidem res significatae per verba primo significantur, deinde nostrae reparationis mysteria; ubi vero prima significatio verborum exprimit fidem sive caritatem, ibi nulla est allegoria quaerenda.*

5. Cf. *Breviloquium*, Prol., § 4 (« Bibliothèque bonaventurienne », p. 106 et 108) : *Competit etiam principio a quo est, quia est a Deo per Christum et Spiritum sanctum loquentem per ora Prophetarum et aliorum, qui hanc doctrinam scripserunt. Quoniam autem Deum non tantum loquitur per verba, verum etiam per facta, quia ipsius dicere facere est, et ipsius facere dicere, et omnia creata tanquam Dei effectus innuunt suam causam, ideo in Scriptura divinitus tradita non tantum debent significare verba, verum etiam facta.*

mystère du Christ en leur donnant une nouvelle signification, celle-ci étant alors apportée par le sens spirituel[1].

Sensus litteralis est quem auctor intendit, affirme alors Thomas sous l'influence de S. Augustin[2], ce qui veut dire qu'il est le sens visé par Dieu, auteur principal de l'Ecriture, à travers le sens perçu par l'auteur sacré. Il faut lui rattacher à la fois le *sensus proprius* et le *sensus principalis*[3] qui constituent le sens strictement visé par l'auteur sacré pour traduire, dans une culture et sur un registre langagier déterminé, l'expérience d'une *res* révélée par Dieu. Selon le frère dominicain, l'intention du l'auteur principal peut aller au-delà de l'intention consciente de l'auteur humain qui lui sert d'instrument; les sens non prévus par l'auteur sacré sont alors des « sens adaptés » qui ne méritent pas moins d'être considérés comme des sens de l'Ecriture[4].

Si jusqu'ici nous nous sommes efforcé d'expliciter la première partie de la définition du sens littéral proposée dans le *Super Iob — sensus litteralis est qui primo per verba intenditur —*, c'était dans le but de manifester sa valorisation; la deuxième partie de la définition vient la confirmer en mettant en évidence l'ampleur qu'accorde Thomas au sens littéral : *sive proprie dicta, sive figurate.* Le sens parabolique ou métaphorique est en effet inclus dans le sens littéral, car par les mots, quelque chose peut être signifié au sens propre ou au sens figuré, et dans ce dernier cas, le sens littéral ne désigne pas la figure elle-même, mais ce qu'elle représente[5]. Que la Bible décrive les choses spirituelles

1. Nous nous appuyons ici sur le *Quodlibet* VII (cf. q. 6, a. 1 [14], c.) dont l'enseignement sera repris par la suite (cf. *In ad Gal. 4,24,* lect. 7, n° 254; Ia, q. 1, a. 10, c.); ce texte important mérite d'être cité intégralement : *Manifestatio autem vel expressio alicuius veritatis potest fieri de aliquo rebus et verbis; in quantum scilicet verba significant res, et una res potest esse figura alterius. Auctor autem rerum non solum potest verba accommodare ad aliquid significandum, sed etiam res potest disponere in figuram alterius. Et secundum hoc in sacra Scriptura manifestatur veritas dupliciter. Uno modo secundum quod res significantur per verba : et in hoc consistit sensus litteralis. Alio modo secundum quod res sunt figurae aliarum rerum : et in hoc consistit sensus spiritualis. Et sic sacrae Scripturae plures sensus competunt.*

2. Cf. *Conf.*, lib. XII, cap. 18 (*PL* 32, 835-836).

3. Au sujet du *sensus proprius,* on verra en particulier *Qdlb.*, VII, q. 6, a. 1 [14], arg. 5; pour le *sensus principalis,* cf. 4 *Sent.*, d. 21, q. 1, a. 2, sol. 1, ad 3 : *In sacra Scriptura praeter principalem sensum quem auctor intendit, possunt alii sensus non incongrue aptari. Et sic Hieronymus per adaptationem quamdam loquitur, et non secundum intentionem Apostoli.* La formulation de cette distinction est pour ainsi dire identique chez Bonaventure (cf. 4 *Sent.*, d. 21, dub. 1 / Quar. IV, p. 558).

4. Thomas semble admettre, à la suite de S. Augustin (cf. *Conf.*, lib. XII, cap. 31 / *PL* 32, 844), une certaine pluralité du sens littéral dont rend compte la loi de l'instrumentalité de l'auteur humain (cf. *De pot.*, q. 4, a. 1, c.; Ia, q. 1, a. 10, c.). Le Maître d'Aquin ouvre déjà la voie à cette assertion dans son *Commentaire aux Sentences : Auctoritati Scripturae in nullo derogatur, dum diversimode exponitur, salva tamen fide : quia majori veritate eam Spiritus sanctus fecundavit quam aliquis homo adinvenire possit* (cf. 2 *Sent.*, d. 12, a. 1, a. 2, ad 7). Nous renvoyons à l'étude de M. Aillet qui aborde la question sur la base d'une bonne analyse des textes du dossier (cf. *Lire la Bible avec S. Thomas,* p. 99-127); par ailleurs, cf. H. DE LUBAC, *Exégèse médiévale,* t. 4 / 2, 2, p. 279-285.

5. Cf. Ia, q. 10, a. 1, ad 3; *Qdlb.* VII, q. 6, a. 3 [16], c.; *In ad Gal. 4,24,* lect. 7, n° 254 : *Per litteralem autem sensum potest aliquid significari dupliciter, scilicet secundum proprietatem locutionis, sicut cum dico « homo ridet »; vel secundum similitudinem seu metaphoram, sicut cum dico « pratum ridet ». Et utroque modo utimur in sacra Scriptura, sicut cum dicimus,*

sous des figures empruntées aux réalités corporelles, cela convient au mode d'expression de l'auteur inspiré puisqu'il est naturel pour l'homme de s'élever à l'intelligible par le sensible. Ainsi le sens figuré, comme le sens littéral propre, manifeste l'*intentio auctoris* et s'enracine en elle[1].

Cet enseignement, qui ne comporte pas d'originalité dans l'*Expositio*, est directement commandé par le souci de la mise en pratique : le commentateur dominicain rencontre en effet dans le livre de Job de très nombreuses métaphores, ce qui s'explique par le genre littéraire du texte sacré défini dans l'exposition du chapitre 3 :

> Il faut considérer, comme le dit S. Jérôme dans son Prologue, que « depuis les paroles par lesquelles Job s'exclame *Que périsse le jour où je suis né* jusqu'à l'endroit où avant la fin du volume il est écrit *C'est pourquoi moi-même je me repens*, il y a des vers hexamètres, avec dactyles et spondées ». Il est alors manifeste que ce livre est rédigé sous forme de poème, c'est pourquoi à travers tout le livre est-il fait usage de figures et d'images. Les poètes ont l'habitude d'introduire diverses façons de parler pour exprimer la même idée[2].

Il suffit de songer en particulier aux chapitres 40 (v. 10 s.) et 41 qui décrivent la malice de Satan sous la figure des deux monstres Béhémoth et Léviathan. Voici à titre d'exemple l'interprétation de Jb 40,10b :

> Après avoir décrit la ressemblance de Béhémoth avec l'homme, [le Seigneur] en vient à ses propriétés, et pour que nous référions cela d'abord à la figure, il semble décrire trois choses au sujet de Béhémoth : en premier lieu sa nourriture quand il dit *il mange de l'herbe comme le bœuf*: littéralement ce n'est pas un animal qui mange des viandes, mais des herbes et d'autres choses de ce genre comme le bœuf. Et parce que les herbes poussent sur la terre, par cela est figuré le fait que Satan paît, c'est-à-dire se délecte en la possession des choses terrestres, d'où il dit avec jactance de lui-même en Luc IV,6 « M'ont été livrés » à savoir les royaumes de la terre, « et je les donne à qui je veux »[3].

Nous pouvons par ailleurs prendre un exemple dans le commentaire du célèbre chapitre troisième, dans lequel Thomas indique sa méthode d'exposition du sens métaphorique :

quantum ad primum, quod Iesus ascendit, et cum dicimus quod sedet a dextris Dei, quantum ad secundum. Et ideo sub sensu litterali includitur parabolicus seu metaphoricus.

1. M. Arias Reyero confirme ce point de la doctrine thomasienne et le commente : *Die Unterscheidung zwischen eigentlichem und metaphorischem Literalsinn ist zuerst einmal durch die Frage nach der* intentio auctoris *grundgelegt, dann aber auch durch die Verschiedenheit der Erkenntnisweisen. Die* intentio *eines Verfassers ist haüfig in einer bestimmten literarischen Form oder einer Sprachfigur ausgedrückt. Um die Aussageabsicht zu erkennen, müssen also diese Formen untersucht werden* (cf. *Thomas von Aquin als Exeget*, Die Prinzipien seiner Schriftdeutung und seine Lehre von den Schriftsinnen, « Sammlung Horizonte, Neue Reihe, 3 », Einsiedeln, 1971, p. 169).

2. Cf. *Super Iob 3,4*, p. 21, lin. 129-139.

3. Cf. *Super Iob 40,10*, p. 216, lin. 312-322. Nous reviendrons largement sur le commentaire de Jb 40,10-41 dans notre troisième partie (cf. chap. VII).

> [Job] expose d'une double façon le mode d'obscurcissement qui est évoqué plus haut : premièrement quant à sa disposition en disant que *l'obscurité s'en empare* : le jour est envahi par l'obscurité lorsque les ténèbres s'introduisent de manière subite et sans qu'on s'y attende dans le jour d'abord resplendissant, ce qui apparaît également dans la vie de Job lui-même; deuxièmement quant au genre de ténèbres par ce qu'il affirme *et qu'il soit enveloppé d'amertume* : par là, il donne à entendre que tout ce qui a été dit de l'obscurcissement doit être référé aux ténèbres de la tristesse : il semble observer l'usage selon lequel on expose une métaphore par ce qui la suit. Par tout ceci, il a en effet pour unique intention d'affirmer que le jour de sa naissance ne doit pas être considéré comme un jour de joie, mais d'affliction, puisque par sa naissance il est entré dans une vie soumise à l'adversité[1].

L'exégèse littérale du livre de Job, selon le sens propre et selon le sens figuré, est l'objet d'une recherche constante de la part de Thomas, ce qui ne fait que confirmer son option de départ. On en a une illustration dans le commentaire de Jb 1,21 : *Nudus egressus sum de utero matris meae, nudus revertar illuc;* Job veut dire qu'il est sorti de la terre qui est la commune mère de tous et qu'il y retournera. On peut entendre ce verset plus littéralement, selon notre auteur, dans le sens où Job est sorti du sein de la femme qui l'a engendré. Quant à l'expression « nu j'y retournerai », elle désigne une simple relation : personne ne retourne à proprement parler dans le sein de sa mère, mais retrouve l'état qui était le sien en elle, c'est-à-dire qu'il était étranger à la société des hommes[2]. Pourtant une lecture attentive de l'*Expositio* ne laisse pas de nous surprendre du point de vue de son option exégétique : Thomas propose en effet un sens mystique, précisément typologique, dans son interprétation de Jb 40,19 qui traite de la chasse faite à Béhémoth. La chasseur y désigne le Christ remportant la victoire sur le diable. Notre auteur aurait-il en cela dérogé à son intention d'exposer Job selon le sens littéral? Nous ne le pensons nullement, car la mise en relief de ce sens spirituel est très bien fondée sur le sens littéral : le Maître d'Aquin commence d'expliquer le verset *In oculis eius quasi hamo capiet eum, et in sudibus perforabit nares eius* en mentionnant deux manières habituelles de chasser l'éléphant[3]. Il en va de même pour les sens moraux qui peuvent être identifiés, par exemple lorsqu'à plusieurs reprises Thomas fait référence à la satisfaction[4]. Cela manifeste une fois de plus que le sens littéral est le

1. Cf. *Super Iob 3,5*, p. 22, lin. 197-212.
2. Cf. *Super Iob 1,21*, p. 14, lin. 791-807. La juxtaposition de ces deux interprétations serait une preuve que Thomas met en œuvre sa conception de la pluralité du sens littéral.
3. Cf. *Super Iob 40,19*, p. 218-219, lin. 475-508.
4. Cf. *Super Iob 1,5*, p. 7, lin. 183-186; *7,20*, p. 51, lin. 444-458; *8,5*, p. 54, lin. 96-99; *42,6*, p. 228, lin. 43-49; *42,8*, p. 229, lin. 72-83 : *Quia infideles per fideles Deo reconciliari debent, subdit* et ite ad servum meum Iob, *ut scilicet eo mediante mihi reconciliemini*, et offerte pro vobis holocaustum, *ut scilicet vos satisfaciatis qui peccastis. Sed vestra satisfactio indiget fidelis viri patrocinio, unde subdit* Iob autem, servus meus, orabit pro vobis, *qui scilicet dignus est exaudiri propter suam fidem, unde subdit* Faciem eius, *scilicet deprecantis,* suscipiam, *scilicet exaudiendo eius orationem,* ut non imputetur vobis stultitia, *scilicet*

premier sens de l'Ecriture et que — selon un principe énoncé par Thomas dans la *prima pars* — « rien de nécessaire à la foi n'est contenu dans le sens spirituel qui ne soit contenu clairement, ailleurs, dans le sens littéral »[1]. Dans le cas de l'*Expositio*, nous irions plus loin en affirmant que les sens spirituels ne sont pas tant identifiés pour eux-mêmes que mis en lumière pour éclairer les développements doctrinaux fondés sur le sens littéral.

Cela fait dire au Père de Lubac que « le sens littéral auquel se tient Thomas dans ce commentaire n'est pas tout à fait celui de l'exégèse moderne : c'est celui d'une étude doctrinale et théologique »[2]. Le texte sacré y apparaît intelligible dans sa littéralité même, laquelle cependant, plutôt que de se suffire à soi-même, renvoie au-delà d'elle-même, c'est-à-dire non point aux sens spirituels traditionnels mais au contenu dogmatique de la foi constitutif de la vérité de la lettre[3].

L'horizon théologique ainsi dessiné dans le *Super Iob* par une exégèse littérale s'explique à partir du fait que seul le sens littéral peut soutenir de manière certaine l'argumentation dogmatique. Thomas affirme déjà cela dans son Prologue du *Commentaire aux Sentences* où il présente les diverses manières d'entendre le *modus exponendi sacram Scripturam* : selon que l'on considère la vérité de la foi elle-même, il y a le *sensus historicus;* selon qu'on vise l'*instructio morum*, il y a le *sensus moralis;* si l'on recherche la *contemplatio veritatis* de réalités qui relèvent d'ici-bas (*eorum quae sunt viae*), on a le *sensus allegoricus;* pour les réalités qui appartiennent à la Patrie, il y a le *sensus anagogicus;* pour la réfutation des erreurs (*ad destructionem errorum*) on ne peut se servir que du *sensus litteralis* car tous les autres mettent en œuvre des *similitudines* et l'on ne peut argumenter à partir d'elles. Comme le dit Denys, la théologie symbolique n'est pas argumentative[4]. On voit alors

infidelis dogmatis; et hoc exponit subdens Neque enim locuti estis coram me rectum sicut servus meus Iob. Ces textes sont présentés par R. Cessario dans une étude qu'il consacre à la satisfaction du Christ (cf. *Christian Satisfaction in Aquinas*, Towards a Personalist Understanding, Washington, 1982, p. 39-43 en particulier; *The Godly Image : Christ and Salvation in Catholic Thought from Anselm to Aquinas*, Petersham, 1990).

1. Cf. Ia, q. 1, a. 10, ad 1 : *Nihil sub spirituali sensu continetur fidei necessarium, quod Scriptura per litteralem sensum alicubi manifeste non tradat.* Cela n'est pas une manière de dévaloriser les sens spirituels qui restent *de necessitate sacrae Scripturae* (cf. *Qdlb* VII, q. 6, a. 2 [15], arg. 5). S. Ausín invoque ce principe à propos du commentaire de Jb 40,19 (cf. « La providencia divina en el libro de Job : Estudio sobre la "Expositio in Iob" de Sto. Tomás de Aquino », *Scripta theologica* VIII-2 (1976) 477-550, ici p. 526).

2. Cf. *Exégèse médiévale*, t. 4 / 2, 2, p. 298.

3. Cf. J. Verger, « L'exégèse de l'Université », p. 216-217. A propos du commentaire de Jb 19,25-27, G. B. M. W. Valkenberg émet un point de vue semblable : *As a theologian Aquinas proceeds from the assumption that there is no contradiction in God's revelation through Scripture; because of his higher hope in God, Job truly foresaw future redemption by the Son of God who is the same yesterday, today and in the future. The literal sense of his words, therefore, is their theological sense* (cf. *"Did not our heart burn?" Place and Function of Holy Scripture in the Theology of St. Thomas Aquinas*, Utrecht, 1990, p. 261).

4. Cf. 1 *Sent.*, Prol. q. 1, a. 5, sol. Cf. également Ia, q. 1, a. 10, ad 1 : *Cum omnes sensus fundentur super unum, scilicet litteralem; ex quo solo potest trahi argumentum, non autem ex iis quae secundum allegoriam dicuntur, ut Augustinus dicit in epist. [93] contra Vincentium donatistam.*

Thomas, dans son *Expositio*, développer sur la base de son exégèse une argumentation concernant par exemple la résurrection de la chair et réfuter dans ce cadre des positions erronées[1].

L'exégèse littérale, telle qu'elle est pratiquée dans le *Super Iob*, fait montre de toute son amplitude, puisqu'elle est complètement orientée vers la connaissance théologique de la *res*, à savoir la réalité de Dieu lui-même comme principe et fin de toutes choses. Le Maître d'Aquin y a toujours en vue la vérité de ce qui est affirmé, c'est-à-dire la relation d'un *verbum* ou d'une *vox* à la *res* que Dieu veut nous révéler ou nous communiquer et qui nous devient accessible dans la foi. Sans éluder le sens immédiat de même que les références factuelles qu'il approche avec les instruments dont il dispose, il recherche et scrute cette vérité qu'il identifie à l'*intentio auctoris*[2].

1. Cf. *Super Iob 14,18-22*, p. 94-95, lin. 247-335; *19,25-27*, p. 116-117, lin. 245-337 (ces textes seront étudiés dans notre deuxième partie, chap. IV).

2. S. Pinckaers traduit bien cela en parlant de deux niveaux ou de deux espèces de vérités : d'une part la vérité du contenant, c'est-à-dire l'établissement du texte, de son auteur, de son matériel d'idées, situées dans leur époque et dans leur milieu ; il s'agit dans ce cas de la vérité "historique", "factuelle" ou "positive". D'autre part, il y a la vérité du contenu d'après la question : ce que dit le texte, ce qu'écrit l'auteur, est-il vrai ? Le Père Pinckaers la nomme vérité "réelle", parce qu'elle nous fait atteindre la réalité profonde derrière les mots, les "faits" ou les phénomènes. Cette qualification de "réelle", précise-t-il, paraît correspondre à la définition du sens littéral ou historique donnée par S. Thomas dans la première question de la *Somme de théologie* (cf. *Les sources de la morale chrétienne*, « Etudes d'éthique chrétienne 14 », Fribourg-Paris, 1985, p. 319-320 et note 5).

CHAPITRE II

EXÉGÈSE LITTÉRALE DU LIVRE DE JOB

ET

THÉOLOGIE DE LA PROVIDENCE

Afin de découvrir davantage le rapport qu'entretient, selon Thomas, l'exégèse littérale avec l'investigation théologique, il nous faut centrer notre attention sur l'*intentio auctoris* du livre de Job : c'est à partir d'elle en effet que le frère dominicain propose un commentaire doctrinal sur la Providence à l'égard des réalités humaines. Une comparaison avec la recherche albertinienne de cette *intentio* dans un commentaire postérieur à celui du Maître d'Aquin nous révélera des similarités, significatives de l'exégèse pratiquée dans le milieu scolaire.

L'« intentio auctoris » du livre de Job, fondement d'une théologie de la Providence à l'égard des réalités humaines

Dans le Prologue de son *Expositio*, Thomas dévoile l'intention profonde du livre de Job : montrer par des raisons probables que les réalités humaines sont régies par la providence divine, étant présupposé à ce propos le fait que les choses naturelles sont gouvernées par Dieu[1]. Le commentateur dominicain précise davantage :

> Ce qui semble le plus s'opposer à la providence de Dieu à l'égard des réalités humaines, c'est l'affliction des justes : car le fait que de bonnes choses arrivent parfois aux mauvais, bien que cela soit à première vue irrationnel et contraire à la Providence, peut cependant avoir de quelque manière que ce soit une justification au regard de la miséricorde divine; mais le fait que des justes soient affligés sans raison semblent totalement renverser le fondement de la Providence. Est donc proposée en vue de cette

1. Cf. *Super Iob*, Prol., p. 3, lin. 55-60. Voir au sujet du Prologue, le commentaire de C. PANDOLFI, « Il prologo al commento a Giobbe di San Tommaso d'Aquino », *Aquinas* 37 (1994) 597-620.

question, comme sous forme de thèse, l'épreuve multiple et lourde d'un homme parfait en toute vertu dont le nom est Job[1].

Bien que Thomas n'ordonne pas directement son Prologue selon la classification aristotélicienne des quatre causes[2] — comme c'est devenu l'usage depuis Guerric de Saint-Quentin[3] —, il dégage néanmoins la matière du livre sacré, après en avoir précisé la forme, l'ayant placé parmi les hagiographies qui viennent après la Loi et les prophètes[4]. Il aborde dans la suite la question de l'existence réelle de Job ainsi que de l'auteur du livre, ce qui concerne la cause efficiente :

> Il y en eut pour qui, semble-t-il, ce Job n'exista pas réellement, mais il était une sorte de parabole inventée afin d'être le thème d'une discussion sur la Providence, comme souvent les hommes inventent des faits pour discuter de ce qui les touche[5]. Et bien qu'il n'importe pas beaucoup pour l'intention du

1. Cf. *Super Iob*, Prol., p. 3-4, lin. 60-70.

2. On a une très bonne illustration de cette ordonnance dans le *Super Psalmos*.

3. Cf. B. SMALLEY, *The Study of the Bible in the Middle Ages*, p. 296-297 ; J. VERGER, « L'exégèse de l'Université », p. 213. Voici un bel exemple de structuration d'un prologue selon les quatre causes, celui du commentaire de Bonaventure sur l'Ecclésiaste : *Sic igitur patet, quis sit* finis *libri Ecclesiastes. Et quoniam "finis imponit necessitatem his quae sunt ad finem". Cum finis sit contemptus praesentium, de eis tractat, non ea ratione, qua attrahunt, sed ea ratione, qua contemnuntur : attrahunt sub specie boni, sed contemnuntur sub specie vani. Ideo sequitur ex hoc, quod* materia *huius libri sunt rerum praesentium vanitates, sive ipsae res, secundum quod vanae, ut melius dicatur, quia vanitatem quasi passionem probat in rebus, primo proponens, secundo probans, tertio concludens. Unde procedit persuadendo et probando illam, scilicet triplicem vanitatem, [...], scilicet naturae, culpae et miseriae. Et ex hoc patet* modus agendi *sive* forma. *Habet enim modum agendi singularem inter alios libros; procedit enim ut concionator, diversorum sententias proponendo, modo sapientis, modo stulti, ut ex plurium sententiis una clarescat veritas in animis auditorum. Ex praedictis concluditur, quis debuit esse* efficiens. *In isto enim libro docentur contemni voluptates, divitiae, honores et curiositates tanquam vanitates. Et quia non creditur de contemptu talium nisi experto — non enim creditur pauperi, qui non habuit divitias, de ipsarum contemptu, quia non* est expertus, *et ideo non* recognoscit *(cf. Eccli. 34,10) — oportuit, quod esset talis, qui omnium haberet experientiam horum, scilicet qui esset potens, dives, luxuriosus et curiosus sive sapiens. Nullum alium legimus nec audivimus in tanta excellentia haec habuisse, sicut Salomon; ideo ipse prae ceteris fuit talis libri convenientior auctor* (cf. Quaracchi, t. VI, p. 5-6). Hugues de Saint-Cher, quant à lui, conserve dans ses prologues la méthode de division qui était en vigueur au XIIe siècle et que l'on trouve par exemple chez Etienne Langton. Ainsi distingue-t-il la *materia*, l'*intentio* (*litteralis, spiritualis*), le *modus agendi* (dans le cas du commentaire du livre de Job : cf. *Postillae super totam Bibliam*, t. I, Lyon, 1645, fol. 396 r°).

4. Cf. *Super Iob*, Prol., p. 3, lin. 52-55. L'utilité du livre de Job, quant à elle, qui ressortit à la cause finale, consiste, d'après Thomas, à enlever du cœur des hommes l'opinion selon laquelle les réalités humaines échappent au gouvernement de la providence divine (cf. p. 3, lin. 48-51).

5. Cette opinion est celle de Maïmonide qui affirme dans le *Dux neutrorum* : *Ratio mirabilis de Iob attinet rationi in qua sumus, scilicet quod est parabola, ad ostendendum opiniones hominum in cura. Tu vero scis quod dixerunt quidam de sapientibus quod Iob non fuit ens, sed fuit exemplum. Illi vero qui crediderunt quod fuit creatura, nesciverunt quo tempore fuit. Quidam autem illorum dixerunt quod fuit in diebus patriarcharum. Alii vero dixerunt quod fuit tempore Moysi. Alii quod tempore David. Alii vero dixerunt quod fuit de Sapientibus Babylonis. Istud autem corroborabat verba dicentis quod non fuit creatura. Generaliter, sive fuit, sive non fuit in ratione sua quae invenitur : semper titubant omnes qui intelligunt vel intendunt in scientia Creatoris et cura eius, secundum quod antea dixi, scilicet quod sit homo justus, perfectus, intelligens, in omnibus operibus suis timens Creatorem suum : et contingunt ei multae tribulationes et adversitates in his quae possidet, et in filiis suis, et in

livre qu'il en soit ainsi ou autrement, il faut tenir compte autant que possible de la vérité. Il est dit en Ezéchiel 14,14 au nom du Seigneur : « Si ces trois hommes — Noé, Daniel, Job — se trouvent au milieu de ce pays, ils libéreront leurs âmes par leur justice »; or il est manifeste que Noé et Daniel existèrent, c'est pourquoi l'on ne doit pas non plus émettre de doute au sujet du troisième qui est compté parmi eux, à savoir Job. Il est également affirmé en Jacques 5,11 « Voici que nous proclamons bienheureux ceux qui ont soutenu l'épreuve; vous avez entendu parler de la souffrance de Job et vous avez vu le terme que le Seigneur y a mis ». Il faut donc croire que Job exista. A quelle époque vécut-il ou de quels parents tint-il son origine, quel fut l'auteur de ce livre, Job lui-même l'écrivit-il, parlant de lui-même comme d'un autre, ou un autre rapporta-t-il cela de lui, ce n'est pas notre intention présente d'en discuter[1].

Si, du point de vue de l'historicité, Thomas se range à l'opinion de S. Grégoire[2], il ne le fait pas au sujet de l'*intentio auctoris*. Ce dernier indique dès la Préface aux *Morales* la manière dont il envisage le sens du livre de Job :

> Pour que la lumière des étoiles, dit-il, les unes après les autres, et chacune en son temps, perce les ténèbres de notre nuit, Abel est venu faire paraître l'innocence, Enoch apprendre la pureté des mœurs, Noé enseigner la persévérance dans l'espoir et dans les actes, Abraham manifester l'obéissance, Isaac montrer la chasteté dans le mariage, Jacob enseigner la constance dans le travail, Joseph rendre le bien pour le mal, Moïse faire paraître la douceur, Josué figurer la confiance dans l'adversité, Job faire paraître la patience au milieu des épreuves[3].

S'il fut permis que Job connût l'épreuve, c'était afin de manifester sa fidélité radicale à Dieu[4] :

> Le malheur est en effet la pierre de touche de la sincérité de l'amour témoigné dans la prospérité[5].

corpore suo, non pro peccato quod fecerit (cf. lib. III, cap. 23 / éd. A. Justinianus, Paris, 1520, fol. 84 v°).

1. Cf. *Super Iob*, Prol., p. 4, lin. 72-96.
2. Cf. *Moralia*, Praefatio, I, 1-3 (*SC* 32, p. 124-126).
3. Cf. *Moralia*, Praefatio, VI, 13 (*SC* 32, p. 135-136) : *Ut ergo noctis nostrae tenebras suo tempore editus, vicissimque permutatus stellarum radius tangeret, ad ostendendam innocentiam, venit Abel; ad docendam actionis munditiam, venit Enoch; ad insinuandam longanimitatem spei et operis, venit Nöe; ad manifestandam obedientiam, venit Abraham; ad demonstrandam conjugalis vitae castimoniam, venit Isaac; ad insinuandam laboris tolerantiam venit Jacob : ad rependendam pro malo bonae retributionis gratiam, venit Joseph; ad ostendendam mansuetudinem, venit Moyses; ad informandam contra adversa fiduciam, venit Josue; ad ostendendam inter flagella patientiam, venit Job.* La référence aux étoiles comme figures des justes de l'ancienne Alliance n'est pas sans rappeler ce que dit Origène dans ses *Homélies sur la Genèse* (cf. I, 7 / *PG* 12, 151-152).
4. Cf. *Moralia*, Praefatio, III, 7 (*SC* 32, p. 129) : *Cum igitur omnia virtutum mandata perficeret, unum ei deerat, ut etiam flagellatus agere gratias sciret. Notum erat, quia servire Deo inter dona noverat : sed dignum fuerat, ut districtio severitatis inquireret, utrum devotus Deo et inter flagella permaneret.*
5. Cf. *Moralia*, Praefatio, III, 7 (*SC* 32, p. 129) : *Poena quippe interrogat, si quietus quis veraciter amat.*

Le propos de Grégoire n'étant donc pas la mise en lumière de la providence divine à l'égard des réalités humaines, il est à remarquer à cet égard que le terme *Providentia*, fréquent chez S. Ambroise et S. Augustin, n'est employé que très rarement par lui[1]; certes des expressions équivalentes telles que *Deo regente, gubernatio, dispensatio* apparaissent, mais il reste qu'elles ne structurent pas la thématique des *Moralia*.

Si l'interprétation grégorienne du livre de Job se maintient jusqu'à Thomas, on perçoit néanmoins chez certains auteurs de la première moitié du XIIIe siècle — des dominicains en particulier — des changements d'orientation sensibles, dus fondamentalement, comme nous l'avons vu, à une attention plus grande portée au sens littéral : c'est le cas de Roland de Crémone et d'Hugues de Saint-Cher[2] qui considère dans sa *Postilla super Iob* non seulement le thème traditionnel de la patience, mais aussi celui de la condition du genre humain, que l'on retrouvera dans le commentaire thomasien[3]. Cependant, on se méprendrait si l'on songeait ici à quelque rupture d'avec la tradition interprétative issue des *Moralia*, ce qui met d'autant plus en évidence la nouveauté de l'*intention auctoris* proposée par Thomas. Comment expliquer cette nouvelle orientation? A. Dondaine souligne que « l'inspiration initiale de l'*Expositio* vient incontestablement de la lecture de quelques chapitres du *Dux neutrorum* de Moyses Maïmonide »[4].

Il semble que Thomas soit entré très tôt en contact avec le pensée du philosophe juif, sans doute dès ses études à Naples, entre 1239 et 1244. L'étude de Maïmonide y était déjà à l'honneur dans certains cercles savants[5]. La pénétration de son enseignement fut permise par la

1. Cf. R. GILLET, « Introduction et notes » à *Grégoire le Grand, Morales sur Job*, Livres 1 et 2, « Sources chrétiennes 32 », Paris, 1952, p. 106.

2. Cf. A. JUTRAS, « Le "Commentarium in Iob" d'Albert le Grand et la disputatio », *Etudes et Recherches* 9 (1955) 9-30, ici p. 9.

3. Cf. Prol., fol. 395 v° et 396 r° : *Scriptus est liber Iob, ut eius patientiam imitemur, ac finem patientiae consideremus, consideratumque per patientiam consequamur [...]. Materia vero duplex est, generalis et specialis. Generalis, misera generis humani conditio. Unde inf. 14 : « Homo natus de muliere, etc ». Specialis, miseria Iob. Intentio eius est, ut ad patientiam nos invitet. Unde sicut Iob per patientiam restituta sunt cuncta duplicia, sic et nobis, si patientiam habuerimus, dabitur duplex stola.*

4. Cf. Léon., t. XXVI, Introduction, p. 26*-27*. Rabbi Moshé b. Maïmon, Maïmonide (1138-1204) est un des penseurs juifs les plus marquants parmi ceux qui jouèrent un rôle dans la rencontre entre la tradition religieuse du judaïsme et la « philosophie ». On retrouve chez eux des problématiques très voisines de celles qui caractérisent la réflexion islamique, à tel point qu'ils sont assimilés à la *Falsafa*. Cela s'explique par le fait que l'intense activité philosophique de l'Islam ne pouvait pas ne pas rejaillir sur les communautés juives dispersées dans le monde arabe et vivant avec lui en étroite symbiose. C'est ainsi que les rapports entre la révélation et la philosophie, l'intégration de la pensée aristotélicienne sont autant de questions fondamentales qui dessinent l'horizon de la spéculation juive médiévale (cf. S.-Th. BONINO, *La Question 2 des « Quaestiones disputate De veritate » de Thomas d'Aquin*, Introduction, traduction et commentaire, Diss. dactyl., 2 vol., Fribourg, 1992, ici t. 1, p. 69-70; A. DE LIBERA, *La philosophie médiévale*, « Collection Premier Cycle », Paris, 1993, p. 213-222).

5. Cf. A. WOHLMAN, *Thomas d'Aquin et Maïmonide*, Un dialogue exemplaire, Paris, 1988, p. 19. S.-Th. Bonino note dans ce sens que dans son *Commentaire des Sentences*, rédigé

traduction latine du *Guide des égarés*, effectuée aux alentours de 1230[1]. Le *Guide* (*Dalalat al-Hayirin*), rédigé en arabe avec des caractères hébreux, fut traduit en hébreu par Samuel Ibn Tibbon, élève de Maïmonide, et portait alors le titre de *Moreh Nebukhim;* après 1204, le poète al-Harizi entreprit une autre traduction, qui n'égalait pas en concision et en exactitude celle d'Ibn Tibbon[2]. Or, une investigation textuelle sérieuse indique que la traduction latine utilisée par Thomas et ses contemporains se fondait sur la version hébraïque d'al-Harizi[3], une traduction correspondant à celle qu'édita A. Justinianus en 1520 à Paris[4]. Selon W. Kluxen, cette traduction, dont on ne connaît point l'auteur, aurait été faite en France[5]. G. Sermonetta par contre, redonnant vigueur à une thèse plus traditionnelle et plus fiable à notre point de vue, estime qu'elle proviendrait de l'Italie méridionale, de la cour de Frédéric II précisément, et qu'elle serait le fruit d'une collaboration entre le savant juif Jacob Anatoli et le traducteur chrétien Michel Scot[6]. Sans entrer plus avant dans ce débat, nous

entre 1252 et 1256, Thomas cite fréquemment le *Guide des égarés* de Maïmonide; nul doute qu'il n'ait lu attentivement cet ouvrage (cf. la Question 2 des « Quaestiones disputatae de veritate » de Thomas d'Aquin, t. 1, p. 170).

Concernant la présence de Maïmonide chez Thomas, on verra l'excellente étude de R. IMBACH, « Alcune precisazioni sulla presenza di Maimonide in Tommaso d'Aquino », *Studi* n. s. 2 (1995) 48-64; du même Auteur, « "Ut ait Rabbi Moyses", Maimonidische Philosopheme bei Thomas von Aquin und Meister Eckhardt », *Collectanea franciscana* 60 (1990) 99-115.

1. W. Kluxen identifie 14 manuscrits de la traduction latine du *Guide* entre le XIIIe et le XVIe siècle; le plus ancien, copié à Rome (Biblioteca Apostolica Vatican, Ottob. Lat. 644 / membr., 291 fol., 246 + 197 mm, 2 col.), date de 1234 (cf. « Literargeschichtliches zum lateinischen Moses Maimonides », *RTAM* 21 (1954) 26-30).

2. W. KLUXEN, « Literargeschichtliches zum lateinischen Moses Maimonides », p. 23-24; M.-R. HAYOUN, *L'exégèse philosophique dans le judaïsme médiéval*, Tübingen, 1992, p. 173.

3. Cette donnée est un acquis depuis l'étude de J. PERLES, *Die in einer Münchener Handschrift aufgefundene erste lateinische Uebersetzung des Maimonidischen « Führers »*, in FRÄNKEL-GRAETZ, *Monatsschrift für Geschichte und Wissenschaft des Judentums*, Bd. 24, Breslau, 1875. Elle est reprise par bon nombre d'auteurs, par exemple A. Dondaine (Léon., t. XXVI, Introduction, p. 27*, note 1), G. Sermoneta (*Un glossario filosofico ebraico-italiano del XIII secolo*, Roma, 1969, p. 37, note 25), A. Wohlman (*Thomas d'Aquin et Maïmonide*, p. 18), G. Dahan (*Les intellectuels chrétiens et les juifs au Moyen Age*, Paris, 1990, p. 315).

4. Cette traduction porte le titre *Dux seu director dubitantium aut perplexorum*; J. Perles fait remarquer qu'au Moyen Age le titre usuel est *Dux neutrorum* (cf. *Die in einer Münchener Handschrift aufgefundene erste lateinische Uebersetzung des Maimonidischen « Führers »*, p. 18, note 9). Il existe une autre traduction latine imprimée, ayant pour titre *Doctor perplexorum* et qui est basée, quant à elle, sur la version d'Ibn Tibbon; elle fut publiée à Bâle en 1629 par J. Buxtorf. Pour la traduction française, effectuée sur la version d'Ibn Tibbon, cf. *Le Guide des égarés*, trad. S. MUNK, 3 vol., Paris, 1856-1866 (nouvelle édition, 3 vol., Paris, Maisonneuve, 1963); cf. également *Le Guide des égarés* suivi du *Traité des huit chapitres* (les dix paroles), nouvelle édition en un volume revue par C. MOPSIK, Paris, 1979.

5. Cf. « Literargeschichtliches zum lateinischen Moses Maimonides », p. 32-34.

6. Cf. *Un glossario filosofico ebraico-italiano del XIII secolo*, Roma, 1969, p. 37-39, note 25 : *Secondo il Kluxen la versione fu fatta in Francia, ma gli argomenti portati a sostegno della tesi non sembrano convincenti. Già il Kaufman, il cui lavoro sembra sfuggito al Kluxen, rivelava che « nei primi decenni del tredicesimo secolo una cooperazione giudeo-cristiana, condizione necessaria per l'opera di traduzione, non era possibile colà » (Der « Führer » Maimûni's in der Weltliteratur*, in *Gesammelte Schriften von David Kaufmann*, vol. II, Francoforte sul Meno, 1910, p. 171), *mentre si hanno palesi testimonianze sul lavoro a*

retenons le fait qu'elle servit de base, vers 1240, aux premières analyses consistantes de la pensée maïmonidienne, celles qu'on trouve chez les dominicains Moneta de Crémone et Albert le Grand[1]. L'intérêt pour la réflexion du philosophe juif est caractéristique du milieu intellectuel qui, à cette époque, s'ouvrait à l'œuvre d'Aristote et rencontrait le difficile problème de l'accord entre la raison et la foi. Dans le débat qui agitait l'intelligence chrétienne, les lecteurs dominicains reconnurent dans le *Dux neutrorum* une contribution à leur propre tentative[2]. Albert introduisit Thomas aux grands thèmes théologiques du *Guide* qu'il lisait lui-même de façon cursive. L'ouvrage de Maïmonide retint l'attention de notre auteur sur deux points notamment : d'une part la théorie des attributs divins que l'on trouve au livre I, d'autre part, l'enseignement dispensé au livre III (chapitres

coppie di traduttori nell'Italia meridionale, proprio nel periodo nelle prima diffusione della Guida. *I circoli di filosofi e di traduttori operanti presso Federico e presso Manfredi trovavano nella* Guida *argomento per la possibile conciliazione tra filosofia e fede su basi aristoteliche : un fenomeno del genere poteva verificarsi solo in ambienti dove la* Guida *era ben conosciuta e benevolmente accolta. Una conferma storica di questa diffusione ci è data dalla particolare influenza avuta dalla* Guida *sugli Ebrei d'Italia : qui il trattato non solleva opposizioni, ma la dottrina in esso esposta diviene ufficiale e universalmente riconosciuta, mentre in Francia dà luogo a polemiche e a condanne. Più convincente dunque supporre che l'iniziativa della versione sia nata nei circoli tolleranti e maimonidei che operavano nel meridione d'Italia, piuttosto che dall'Inquisizione occupata a debellare le eresie nel sud della francia e desiderosa di constatare quanto ci fosse di eretico nell'opera, come propone Kluxen. Secondo lo stesso metro anche la traduzione dei commenti di Averroè sarebbe dovuta nascere dalle velleità di censura dell'Inquisizione, piuttosto che dai propositi di divulgazione scientifica, caratteristici di Federico e di Michele Scoto. In quanto all'obbiezione che Anatoli sarebbe stato il meno propenso a volgere in latino la versione di Alcharizi che era concorrente del suocero, non ci sembra questio un argomento probante : il più antico manoscritto della versione alchariziana fu copiato a Roma nel 1234, e se non Anatoli direttamente, un altro traduttore ebreo avrebbe potuto preferire la versione dell'Alcharizi, per il suo stile più comprensibile e per il suo maggior valore letterario. La vecchia ipotesi di una traduzione nata nella corte di Federico ci sembra la più plausible; qui la collaborazione tra studiosi ebrei e studiosi cristiani si era istituzionalizzata, qui operavano anche i Domenicani che avevano un evidente interesse ideologico e dottrinale alla diffusione dell'opera.*

1. Cf. Moneta Cremonensis, *Summa adversus Catharos et Valdenses*, V, cap. 11 (éd. Thomas Aug. Ricchinius, Roma, 1743, 483 b); Albertus Magnus, *De resurrectione*, tr. I, q. 3 (Colon., 244). A. Wohlman fait observer que la référence à Maïmonide a d'abord été assez discrète : on la voit apparaître vers la troisième décade du XIIIe siècle dans des écrits d'Alexandre de Halès (cf. « Glossa », dist. 37, in *Quatuor libros Sententiarum Petri Lombardi*, éd. Quaracchi, 1954, p. 471 s.). Il s'agit chez l'un et l'autre d'un traité de la loi ancienne et il semble que chacun d'eux ait trouvé la source de sa réflexion dans un manuscrit où l'on rencontre, entre autres textes, une traduction du 3e livre du *Guide des égarés*. Ni l'un ni l'autre ne désignent le philosophe juif par son nom; Alexandre l'appelle *quidam expositor, licet non sanctus*, afin de désigner, non point le fait qu'il n'est pas chrétien comme le pense A. Wohlman, mais qu'il n'est pas un Père de l'Eglise. Ce n'est qu'après 1230 que Maïmonide est cité sous son nom : *Rabbi Moyses*. Il apparait pour la première fois sous cette identité dans la *Summa* de Roland de Crémone (cf. *Thomas d'Aquin et Maïmonide*, p. 17-18).

2. Cf. A. Wohlman, *Thomas d'Aquin et Maïmonide*, p. 19.

17 à 24)[1] sur la providence et la connaissance que Dieu a des créatures[2].

Dans les chapitres 23 et 24 plus particulièrement, Thomas découvre la lecture que fait Maïmonide du livre de Job : d'une part, quant à son genre littéraire, le livre est structuré par une discussion entre sages d'un problème où la démonstration n'est pas possible; d'autre part, du point du vue de son intention, il a pour but d'exposer les opinions des hommes sur la Providence[3]. Notre auteur s'approprie cette perspective et l'introduit, dans son Prologue, par un exposé rapide des opinions concernant le gouvernement de la providence divine, exposé qui a d'ailleurs son parallèle plus développé dans le *Dux neutrorum* (cf. lib. III, cap. 18)[4].

L'énoncé de ces positions, marqué par le souci de mettre en lumière la découverte graduelle de la vérité, n'est pas propre au *Super Iob* : il apparaît dans des œuvres plus anciennes, comme le *Commentaire des Sentences* et le *De veritate*, et on le retrouve dans des écrits contemporains ou postérieurs[5].

La première opinion est celle des anciens naturalistes qui attribuaient tout au hasard et éludaient de la sorte la place revenant à la providence divine dans le gouvernement des réalités du monde. Ils ne reconnaissaient en fait que la causalité matérielle et posaient la rareté et la densité comme premières affections de la matière, celles-ci étant causes de toutes les autres qualités[6]. Ils niaient fondamentalement la cause finale, sans laquelle on ne saurait concevoir la providence qui dit l'ordre à la fin. Les tenants de cette position, les *antiqui naturales*, étaient des philosophes « primitifs » de la Grèce, à l'égard desquels

1. Nous nous référons ici à la numérotation des chapitres de l'édition latine de Justinianus (1520).

2. Maïmonide traite également de la Providence en d'autres endroits du *Guide*, par exemple au livre I où il attire l'attention sur l'homonymie du mot providence (S. MUNK, t. I, chap. 24, p. 85s.; chap. 37, p. 141; chap. 44, p. 154). Par ailleurs, au chapitre 51 du troisième livre, l'auteur procède à une sorte de classification des hommes selon leurs capacités dianoétiques. Au sujet du thème de l'omniscience divine et de la Providence on pourra retenir l'étude de C. TOUATI, *Prophètes, talmudistes, philosophes*, Paris, 1990.

3. Cf. *Dux neutrorum*, lib. III, cap. 22 (in fine)-23, fol. 84 v° : *In hac autem quaestione et in omnibus aliis quaestionibus quae non possunt demonstrari, necesse est ut disputetur de eis et procedatur de eis talibus viis qualis est ista quam disputavimus in illa quaestione, scilicet in scientia creatoris quantum ad omnia quae sunt extra ipsum. Ratio mirabilis de Iob attinet rationi in qua sumus, scilicet quod est parabola ad ostendendum hominum opiniones in cura.*

4. Pour une présentation des opinions sur la Providence dans le *Guide des égarés*, on consultera notamment M. R. HAYOUN, *L'exégèse philosophique dans le judaïsme médiéval*, Tübingen, 1992, p. 203-212; J. LEVINGER, « Maimonides exegesis of the book of Job », in *Creative biblical exegesis* (Journal Study Old Testament, Suppl. 49), 1988, p. 82-85; A. WOHLMAN, *Thomas d'Aquin et Maïmonide*, p. 228-230.

5. Cf.1 *Sent*., d. 39, q. 2, a. 2, sol.; *De ver*., q. 5, a. 2 et 3. Parmi les écrits contemporains, mentionnons par exemple 3 *CG* , cap. 64 et 75, et parmi les œuvres postérieures, *Sum. theol.*, Ia, q. 22, a. 2, c.

6. Cf. *Super Iob*, Prol., p. 3, lin. 8-15; également 2 *CG*, cap. 39 : *Excluditur opinio antiquorum naturalium, ponentium causam materialem solam et unam, ex qua omnia fiebant raritate et densitate : hos enim necesse est dicere distinctionem rerum quas in universo videmus, non ex alicujus ordinante intentione provenisse, sed ex materiae fortuito motu.*

Thomas se montre particulièrement sévère, se faisant l'écho d'Aristote[1]; celui-ci, dans les exposés de la *Physique* et de la *Métaphysique* ne les a guère ménagés[2]. Maïmonide attribue cette première opinion à Epicure, soulignant qu'elle fut professée en Israël par les incrédules dont le prophète Jérémie disait :

> Ils ont nié l'éternel, disant qu'il n'existe pas (Jr 5,12).

Il s'empresse de récuser cette position en s'appuyant sur Aristote qui démontra que l'existence des choses ne saurait provenir du hasard mais qu'au contraire un être les ordonne et les gouverne (cf. *Phys.*, II, 5-6; *Metaph.*, XI, 8)[3].

A la suite des *antiqui naturales*, certains, comme Empédocle et Démocrite, estimaient que la plupart des choses étaient le fait du hasard[4]. Selon Démocrite, de par le mouvement des atomes, le ciel et le monde entier furent constitués au hasard[5]. Alors que dans le *Commentaire des Sentences*, Thomas plaçait Démocrite parmi ceux qui niaient purement et simplement la providence divine, ici il nuance sa position[6].

1. Le Père Chenu fait remarquer la relativité du mot *antiquus* dans la langue de S. Thomas (cf. « *Antiqui, moderni.* Notes de lexicographie médiévale », *RSPT* 17 (1928) 82-94). En fait, le terme *antiquus* s'emploie pour désigner le début de séries chronologiques multiples; de plus il connote très souvent un jugement de valeur, tantôt laudatif, tantôt péjoratif comme c'est le cas dans notre passage du commentaire de Job. La meilleure traduction en est alors « primitif », soit que le « primitif » s'oppose à l'achevé, au « classique », soit qu'il s'oppose au dégénéré, au « décadent ». L'expression d'*antiqui Gentiles* n'oppose pas les « Païens de l'Antiquité » à des « Païens modernes » que Thomas ne connaissait pas; elle oppose les Païens des temps les plus anciens de l'Antiquité aux Païens des époques plus récentes de cette même Antiquité. Pour parler des philosophes « primitifs » de la Grèce, Thomas utilise l'expression *antiqui,* quelquefois *antiqui philosophi* ou *antiquissimi philosophi*; plus souvent, il les appelle *naturales* ou *philosophi naturales*, en précisant *primi philosophi naturales* ou *antiqui naturales* (cf. R.-A. Gauthier, « Introduction » à *Saint Thomas d'Aquin, Somme contre les Gentils*, « Philosophie européenne », Paris, 1993, p. 113-114, notes 10 et 12).
2. Cf. *Phys.*, I, 4, (187 a 12); *Metaph.*, I, 4, (983 b 7).
3. Cf. *Dux neutrorum*, lib. III, cap. 18, fol. 80 r° : *Opinio prima est illius qui putat quod cura non est omnino in aliqua parte universi esse : et quicquid est in mundo a summo caelorum usque ad terram, fuit casu : nec est ibi ordinator nec rector : neque qui curam habet in universis rebus. Haec autem est opinio Epicuri, et idem credit atomos esse, dicens quod miscentur casu : et quod erit ex eis quicquid acciderit casu. Hanc opinionem tenuerunt blasphemi de populo Israel, de quibus dictum est. Negaverunt Dominum, et dixerunt quia non est. Aristoteles autem probavit destructionem huius opinionis : et quod non oportet quod omnia eveniant per accidens : sed habent ordinatorem et rectorem.*
4. Cf. *Super Iob*, Prol., p. 3, lin. 15-17.
5. Cf. *In Phys.*, II, lect. 7, n° 203 : *Quidam dixerunt casum esse causam caeli et omnium partium mundi; et dicebant quod revolutio mundi, et motus stellarum distinguens et statuens totum universum inferius secundum hunc ordinem, sit a casu. Et haec videtur esse opinio Democriti, dicentis quod ex concursu atomorum per se mobilium, caelum et totus mundus casualiter constitutus est.*
6. 1 *Sent.*, d. 39, q. 2, a. 2, sol. : *Sciendum est ergo primo, quod quidam posuerunt, nullius rei esse providentiam, sed omnia casu contingere : et ista fuit positio Democriti, et quasi omnium antiquorum, qui negaverunt causam materialem.* Dans le *De veritate*, Thomas précise que selon Démocrite, Empédocle et Pythagore et les autres philosophes de la nature, tout procède de la nécessité des causes antécédentes : *Negantium autem causam finalem antiquitus duplex fuit positio : quidam enim antiquissimi philosophi posuerunt*

Les philosophes qui suivront, pénétrant avec une plus grande acuité la vérité, montreront par des indices et des raisons évidentes que les réalités naturelles sont régies par la Providence : le cours si sûr dans le mouvement du ciel et des astres et dans les autres effets naturels ne pourrait exister et se dérouler s'il n'y avait une intelligence suréminente qui ordonne et gouverne toutes choses[1]. Parmi ces philosophes, se trouvent Cléanthe, Chrysippe et Zénon, selon ce que nous en dit Cicéron, dans le *De natura deorum* (cf. lib.II, cap. 5-8) auquel se réfère implicitement Thomas. Dans le Prologue de l'*Expositio*, à la différence du *Commentaire des Sentences* notamment, n'apparaissent pas ceux qui considèrent que la providence divine s'étend aux réalités naturelles selon leurs espèces, mais non point prises individuellement à moins qu'elles ne soient nécessaires comme les corps célestes. Ainsi les singuliers du monde sublunaire, qui sont soumis à la génération et à la corruption, ne relèvent pas de la providence divine.

Maïmonide signale cette position et la place sous l'égide d'Aristote : il précise que les individus de chaque espèce ne sont pas voués à un abandon absolu; dès que la matière sublunaire est assez pure pour recevoir la forme de la croissance, elle est aussi douée de forces qui la conservent un certain temps, en attirant à elle ce qui lui convient et en expulsant ce qui ne lui est pas utile. Si elle est plus pure, de manière à recevoir la forme de la sensibilité, elle est douée d'autres forces qui la conservent et la gardent, et d'une autre faculté qui lui donne le mouvement pour se diriger vers ce qui lui convient et fuir ce qui lui est contraire. Dans la mesure où la matière sublunaire, en raison d'une pureté plus grande encore, est capable de recevoir la forme de l'Intelligence, elle est pourvue alors d'une force plus noble, celle qu'on trouve en l'homme et qui lui permet de gouverner, de penser et de réfléchir sur ce qui peut servir à prolonger la durée de l'individu et à conserver l'espèce. Quant aux autres mouvements qui surviennent en tous les individus d'une espèce, ils sont l'effet du hasard, et non pas l'œuvre d'un être qui ordonne et gouverne[2]. L'opinion opposée à celle d'Aristote est, selon Maïmonide, celle des Asharites pour qui rien

tantum causam materialem, unde cum non ponerent causam agentem, nec finem ponere poterant qui non est causa nisi in quantum movet agentem; alii autem posteriores ponebant causam agentem, nihil dicentes de causa finali. Et secundum utrosque omnia procedebant ex necessitate causarum praecedentium vel materiae vel agentis (q. 5, a. 2, resp.).

1. Cf. *Super Iob*, Prol., p. 3, lin. 17-23.

2. Cf. *Dux neutrorum*, lib. III, cap. 18, fol. 80 r° : *Opinio secunda est illius qui credit quod quaedam res habent cura, et sunt in regimine rectoris, et in ordine ordinatoris. Aliae vero res sunt derelictae secundum quod accidit eis. Haec autem est opinio Aristotelis. [...]. Universaliter autem quoniam radix opinionis eius est, quod quicquid regitur regimine recto non corrumpitur, et eius consuetudo non variatur : sicut sunt diversitates caelorum, vel quod quicquid cedit secundum ordinem, et non regreditur super terminos suos nisi propter magnam renovationem, sicut res naturales : Dicit quod cura specialis conservat illa. Quicquid autem vident quod non procedit per viam sensus, non custodit ordinem in diversitatibus singularium cuiuscumque speciei plantarum, et animalium, et hominum, dicit quod casu accidit, et non provenit ex regimine rectoris, idest non sustentat ipsum cura specialis : quia videtur ei quod auxilium curae in his rebus est impossibile.*

n'arrive fortuitement, tout étant « l'effet d'une volonté, d'une intention et d'un gouvernement »[1]. Ainsi Dieu tout-puissant et omniscient est la cause de tout ce qui arrive. Il n'y a à leurs yeux ni lois naturelles, ni libre arbitre, ni hasard. Par là, ils entendent sauvegarder la totale liberté de l'initiative divine. Les Motazilites (Mo'tazales) mettent, quant à eux, l'accent sur la sagesse divine. Ils admettent que Dieu sait tout et que sa providence porte sur tous les êtres, mais ils soulignent en même temps la liberté de l'homme qui n'est point absolue. Si Dieu connaît tout, il ne saurait être injuste. Toutes les créatures, jusqu'aux insectes les plus infimes, ont droit à une compensation dans l'autre vie. Ainsi, selon cette doctrine, l'affirmation de l'omniscience et de la toute-puissance de Dieu exigent aussi celle d'une juste rétribution, et éventuellement, d'une compensation[2]. En face de ces opinions, Maïmonide présente la doctrine qu'il tient de la loi de Moïse : elle affirme à la fois que Dieu est juste et que l'homme est libre. Dans le prolongement immédiat de cela, les biens et les maux qui adviennent à l'homme sont proportionnés à ses mérites et sont l'objet d'une justice équitable.

Le philosophe juif reprend, non sans introduire des modifications, l'énoncé de ces opinions à l'occasion de sa présentation du livre de Job, au chapitre 24[3]. La position attribuée à Job, avant l'intervention divine, est celle d'Aristote, l'opinion d'Eliphaz, celle de la loi de Moïse; Baldad représente les Motazilites et Sophar les Asharites. La position juste est ici celle d'Eliud et de Job après la théophanie. Cet exposé se distingue de celui du chapitre 18 sur deux points : d'une part, alors que dans la première énumération, initiale et provisoire, l'opinion juive traditionnelle et l'opinion juste — celle de Maïmonide lui-même — apparaissent comme des sous-espèces de la position mise en lumière par la Loi de Moïse, dans la seconde par contre, terminale et décisive, le point de vue de la Loi est expressément distingué de l'opinion juste. D'autre part, dans la première énumération, l'opinion d'Epicure est mentionnée en toutes lettres, mais elle est peu après éludée sans mot dire, comme n'étant pas digne d'être rapportée; dans la seconde énumération, Epicure n'est pas du tout cité . Le procédé selon lequel le

1. Cf. *Dux neutrorum*, lib. III, cap. 18, fol. 80 v° : *Opinio tertia est contraria opinioni secundae. Et est opinio illius qui credit quod in universo esse nihil contingit per accidens ullo modo, nec in singularibus, nec in universalibus : sed omnia sunt ex voluntate et intentione et regimine. Palam autem est quod omnis rector cuiuscumque rei scit illam. Haec autem est opinio scientium Maurorum. Hanc opinionem sequuntur inconvenientia fortia, et ipsi recipiunt ea.* Notons que cette version parle des Maures et non des Asharites qui eux sont explicitement mentionnés dans la traduction française de S. MUNK (cf. t. III, chap. 17, p. 119-121).

2. Cf. *Dux neutrorum*, lib. III, cap. 18, fol. 80 v°-81 r° : *Opinio quarta est illius qui credit quod homo habet potestatem : et idcirco procedit ordinate in eo quod convenit legi in prohibitione et in praemio secundum sententiam eorum. Et isti credunt quod omnia opera Creatoris sequuntur sapientiam ipsius, et quod iniustitia in eo non est, et quod non punit bonos. Separati etiam credunt in hanc opinionem : quisquis potentia hominis non definita sit super opera quae facit secundum sententiam ipsorum.* Les Mot'azales sont ici les *separati*.

3. Cf. *Dux neutrorum*, lib. III, cap. 24, fol. 85 v°-86 r°.

point de vue initial est répété avec quelque discordance en apparence peu conséquente, mais à la vérité décisive, est mis en œuvre par Eliud qui énonce la position de référence à laquelle se rallie Maïmonide[1]. Or d'après ce dernier, les êtres corruptibles sont soumis à la Providence seulement quant à leurs espèces, à l'exception de l'homme toutefois.

C'est au sujet de l'homme et de sa relation à Dieu que de nouvelles questions se posent. Si bon nombre de penseurs, affirme S. Thomas à la suite du philosophe juif, admettent le gouvernement de la providence divine à l'égard des choses naturelles, providence repérable à l'ordre qui apparaît en elles, il n'en est pas de même des actions humaines. Dépendent-elles du hasard ou sont-elles ordonnées à leur fin par la disposition d'un être qui leur est supérieur? Il semble n'y avoir en elles aucun ordre certain. Des biens et des maux peuvent en effet advenir indifféremment aux bons et aux mauvais[2]. Certains estiment que les choses humaines sont le fait du hasard, à moins que n'interviennent quelque prévision ou conseil de la part des hommes; d'autres attribuent les événements de notre existence à une fatalité céleste.

Cette thèse, insiste notre auteur, cause de grands dommages, car si l'on en vient à nier la providence divine, ne subsisteront plus chez les hommes le respect et la crainte de Dieu qui sont le gage de la réalisation de ce à quoi l'homme est appelé. Or, ce fut le rôle des livres sapientiaux écrits sous l'inspiration de l'Esprit-Saint pour l'enseignement des hommes, de contrer cette erreur et d'affirmer que les réalités humaines n'échappent point au gouvernement de la providence divine : le premier d'entre eux est celui de Job[3].

Ce livre porte moins sur la réalité de la providence divine que sur la nature de l'exercice de la Providence :

> *Intentio hujus libri tota ordinatur ad ostendendum qualiter res humanae providentia divina regantur*[4].

1. Cf. L. STRAUSS, *Maïmonide*, Paris, 1988, p. 190-191, note 20; A. WOHLMAN, *Thomas d'Aquin et Maïmonide*, p. 228-230.
2. Cf. *Super Iob*, Prol., p. 3, lin. 24-35. Maïmonide, quant à lui, exprime cela dans le *Dux neutrorum*, lib. III, cap. 17, fol. 79 v° : *Philosophi locuti sunt contentione in scientia Creatoris quantum ad alia extra se : et evagati sunt in evagatione in qua non potest eis succedere : nec aliis qui secuti sunt eos in illa scientia. Adhuc autem faciam te audire dubitationes quae induxerunt eos in hunc errorem : et faciam te audire dubitationes quae induxerunt eos in hunc errorem : et faciam te audire opinionem nostrae legis in hoc : et quod nos contradicimus eis in eorum pravis opinionibus : quae longe distant a scientia Creatoris. Quod autem fecit eos evagari, et induxit eos in hoc, primo est illud quod apparet in principio cogitationis de malitia ordinis diversitatum hominum : et quod quidam hominum sancti scilicet sunt in afflictione : quidam vero malorum ducunt vitam in delectatione.*
3. Cf. *Super Iob*, Prol., p.3, lin. 41-57.
4. Cf. *Super Iob 1,1*, p. 5, lin. 2-4. Le Père Dondaine retrace les étapes d'une discussion qui s'ouvrit avec le postillateur franciscain du XIVe siècle, Nicolas de Lyre, au sujet de l'intention du livre de Job; il reprochait à Thomas d'avoir beaucoup plus en vue la réalité de la Providence que son mode d'exercice (Léon., t. XXVI, p. 40*-41*). Nicolas n'a pas en fait accordé tout son poids au texte que nous venons de citer du Maître d'Aquin, ce que souligne Denys le Chartreux : *Dicit autem [...] Thomas : "Tota intentio libri istius circa hoc*

Le *qualiter* comporte précisément la question du moment de la rétribution des actes humains, ce que Thomas explicite dans son commentaire de Jb 2,11 qui synthétise sa manière d'envisager l'ensemble de la discussion du livre :

> Les trois amis de Job apprenant tout le mal qui lui était arrivé vinrent chacun de leur endroit ; Eliphaz de Théman, Baldad de Shouah et Sophar de Naamah. Et parce que c'est entre eux que va se dérouler toute la discussion de ce livre, il faut considérer que ces trois hommes étaient en partie d'accord avec Job, c'est pourquoi ils sont dits ses amis et en partie ils divergeaient avec lui, tout en étant d'accord entre eux, d'où il sont comptés ensemble et distingués de Job. Ils convenaient en effet avec Job sur le fait que non seulement les choses naturelles, mais aussi les réalités humaines sont soumises à la providence divine ; ils s'écartaient de lui en estimant que Dieu rémunère l'homme pour le bien qu'il accomplit par la prospérité temporelle et qu'il punit par l'adversité temporelle le mal qu'il fait, comme si les biens temporels étaient la récompense des vertus et les maux temporels les propres peines des péchés. Or chacun d'eux défendait cette opinion à sa manière, selon que son génie propre le lui suggérait ; pour cela, on dit qu'ils sont venus chacun de leur endroit. Job n'était pas de leur avis, mais il croyait que les œuvres bonnes des hommes étaient ordonnées à la rémunération spirituelle future, après cette vie, et que de manière semblable les péchés devaient être punis par des châtiments futurs[1].

Thomas d'Aquin et Albert le Grand autour de l'« intentio auctoris » du livre de Job

On est accoutumé à placer le disciple après le maître : le cas particulier du commentaire de Job des deux *magistri in sacra pagina* oblige à renverser l'ordre de succession temporelle. Le *Commentarium in Iob* de S. Albert est en effet postérieur à celui de S. Thomas : selon la tradition manuscrite, il daterait de 1272 ou 1274[2]. De ce fait, on pourrait conclure que l'œuvre thomasienne a influé sur celle d'Albert. En admettant une réponse affirmative, il faudrait alors supposer que

versatur, ut per rationes probabiles ostendatur res humanas a divina providentia regi. Sed istud dictum b. Thomas cuidam non placet, eo quod totus hic liber procedat per modum disputationis inter Iob et ejus amicos : intentio autem contra alium disputantis, non est probare aut declarare id in quo cum eo concordat; sed illo pro vero supposito, id in quo ab eo dissentit. Quum ergo omnes isti contra Iob disputantes, concesserint actus hominum divina providentia regi, intentio Iob non est id declarare, sed aliquid in quo ab eis dissentit, videlicet, quod non sic reguntur a Deo ut illi putabant. Verum objectio ista (Nicolae Lyrani) procedit contra verba, non contra mentem Thomae, qui in principio expositionis primi capituli dicit : "Intentio tota libri huius ordinatur ad ostendendum qualiter res humanae providentia divina regantur". Ex quo clarissime constat quod Thomas non voluit simpliciter dicere intentionem auctoris seu libri huius esse ostendere quod humana regantur a Deo, sed qualiter gubernentur ab eo (cf. *Opera omnia*, t. IV, *Enarratio in librum Iob*, art. II, Monstrolii, 1897, p. 297).

1. Cf. *Super Iob 2,11*, p. 18, lin. 195-219.

2. Cf. M. Weiss, *B. Alberti Magni... Commentarii in Iob...*, Friburgi Brisgoviae, Sumptibus Herder, 1904, p. IX-X.

des copies de l'*Expositio* de Thomas ait circulé avant son décès et qu'ainsi Albert ait pu en prendre connaissance, ce qui n'est pas certain; une exception en sa faveur ne serait toutefois pas impossible. La mise en parallèle des deux commentaires, quant à leur contenu, peut nous aider à y voir plus clair. L'étude que nous en avons faite ne nous interdit pas d'affirmer une relation entre eux, spécialement au niveau de l'*intentio auctoris*, mais nous ne plaiderions pas en faveur d'une influence de Thomas sur Albert[1]. Ce dernier a pu avoir connaissance du travail de son disciple déjà à Orvieto — puisqu'il s'y trouvait, semble-t-il, de l'automne 1262 jusqu'en février 1263[2] — sans pour autant s'en inspirer. Même si le commentaire albertinien porte prioritairement sur le sens littéral et s'il fait une large place aux explications des philosophes, il s'inscrit plutôt dans la ligne des postilles traditionnelles par son armature de références scripturaires en particulier. Cela n'est pas étonnant si l'on sait qu'Albert expose l'Ecriture dans le cadre de son enseignement donné à Paris et à Cologne entre 1240 et 1260, tandis que la rédaction définitive de ses commentaires datent de la fin de sa vie. Beryl Smalley indique dans ce sens qu'ils sont représentatifs de la génération des postilles se situant entre Hugues de Saint-Cher et Guerric de Saint-Quentin d'une part, et Thomas d'Aquin, d'autre part[3]. Qu'en est-il alors de l'*intentio libri Iob* vue par Albert et comparée à celle de Thomas?

A la différence du Maître d'Aquin, Albert ne se réfère pas d'entrée de jeu à l'idée d'une discussion sur le thème de la Providence; il retient bien plutôt l'interprétation grégorienne[4], lorsqu'il considère dans son Prologue, sur la base de l'épître de Jacques (5,10-11), à la fois l'utilité, la fin et la matière du livre sacré[5] : Job, aux prises avec la souffrance qui constitue la matière du livre, nous donne un exemple de patience et nous montre que le juste, qui aura su persévérer, sera récompensé et connaîtra la consolation[6]. Mais, quand Albert présente, au début du

1. Nous tenons une position plus assurée que celle d'Antoine Dondaine pour qui, « l'influence, si influence il y a eu, de l'*Expositio* de saint Thomas sur celle d'Albert a été restreinte : elle ne s'est pas traduite par des emprunts littéraires indiscutables » (cf. Léon., t. XXVI, Introduction, p. 33*).

2. Cf. J. A. WEISHEIPL, « Albert der Grosse Leben und Werke », dans M. ENTRICH, éd., *Albertus Magnus*, Sein Leben und seine Bedeutung, Graz-Wien-Köln, 1982, p. 9-60, ici p. 40.

3. Cf. *The Study of the Bible in the Middle Ages*, p. 298.

4. Un auteur tel que J. M. Vosté a souligné à juste titre l'importance de Grégoire le Grand dans le Commentaire d'Albert, mais n'a pas tenu compte de l'influence de Maïmonide que nous mettrons en lumière ci-dessous (cf. « Sanctus Albertus Magnus in librum Iob », *DTP* 36 (1933) 3-17).

5. Nous renvoyons ici au prologue personnel d'Albert; on trouve par ailleurs un commentaire des deux prologues de S. Jérôme. A. Jutras fait remarquer que cette double introduction est tout à fait dans la ligne de l'exposition biblique du Moyen Age (cf. « Le "Commentarium in Iob" d'Albert le Grand et la disputatio », *Etudes et recherches* 9 (1955) 9-30, ici p. 11).

6. Cf. B. Alberti Magni O. Praed., *Commentarii in Iob*, ed. M. WEISS, Prologus B. Alberti, Friburgi Brisgoviae, 1904, col. 1-4 : "*Exemplum accipite, fratres, exitus mali et longanimitatis, laboris et patientiae, prophetas, qui locuti sunt in nomine Domini. Ecce beatificamus eos, qui*

chapitre 1, la division générale du livre, il s'oriente déjà de quelque manière vers le point de vue maïmonidien que s'approprie aussi Thomas : il indique que la deuxième partie concerne la *disputatio de causa tentationis*, la première et la troisième partie traitant de la situation de Job respectivement avant et après la tentation[1]. Au chapitre troisième, qui ouvre les dialogues entre Job et ses amis, Albert achèvera de rejoindre le philosophe juif dans sa visée :

> *Praemittendum est in libro isto, quod disputatio, quae est inter quinque, videlicet : Iob, Eliphaz, Baldach, Sophar et Eliu, tota est de providentia sive cura, qua Creator regit res humanas et gubernat; et omnes in hoc conveniunt, quod apud Deum creatorem et gubernatorem perfecta notitia est omnium humanorum. [...]. Item in hoc, quod in cura et regimine et gubernatione sua nulla prorsus est iniquitas vel peccatum. Item in hoc , quod actus humanos magis intus considerat, quam homo ipse, qui agit, et ideo in eis defectum aliquando comprehendit, qui etiam ipsum hominem latet*[2].

Quelques lignes plus loin, alors qu'Albert expose sans s'y attarder les opinions divergentes de Job et de ses amis, il se fait également l'écho de ce qu'affirme le philosophe juif[3] : après la détermination divine, Job reconnaît en effet que l'*ordo iustitiae divinae* n'est pas le même que l'*ordo iustitiae humanae*[4]. D'après Eliphaz, le gouvernement divin des

sustinuerunt. Sufferentiam Iob audistis, et finem vidistis Domini", Iac V (10-11). In verbo isto quinque accipiuntur, quae ante quemlibet librum inquiri solent. Quorum primum est utilitas, quae notatur in hoc, quod dicitur : "Exemplum accipite, fratres, exitus mali". Ad hoc enim utilis est liber, ut malum exibit (exeat), hoc est finietur, in bonum et consolationem. [...]. Et adiungit utilitatem aedificationis ad virtutem, sc., in specie in vita, in animi continentia, in bonorum societate et similitudine, in specie longanimitatis. Longanimitas enim longa est adversorum tolerantia cum spe vicendi. [...]. Laboris, in quo tota vita expendenda est, cum enim ars et virtus sint circa difficile et bonum illius, qui virtutem et sapientiam attingere vult, tota vita in labore est. [...]. Et patientiae alios sc. aequanimiter sustinendo. "Est enim" ut dicit Tullius, "patientia aequanimis tolerantia adversorum". [...]. Unde beatus Iob damnum rerum despiciens, orbitatem prolis aequanimiter dolens vicit, percussionem carnis patienter toleravit, convicium uxoris sapienter docens correxit. [...] Nomen autem auctoris et materia simul tangitur, cum dicitur : "Sufferentiam Iob audistis". Secundum enim verissimam sententiam Iob ipse haec descripsit. Sufferentia autem ipsius materia est, quam tanto certius descripsit, quanto eandem didicit per experimenta. [...]. Finis autem et certitudo notatur per hoc, quod dicit : "Finem Domini vidistis" hoc est : finem, quem sanctorum tribulationibus imposuit Dominus. In quo notatur etiam modus et ordo, qualiter sc. per tribulationes primo perpessas venitur ad duplicis gloriae in corpore et anima promissionem.

1. Cf. *Commentarii in Iob 1,1*, col. 16 : *Liber iste in tres partes dividitur : in prima describitur status Iob ante tentationem; in secunda disputatio de causa tentationis, infra III, (1) ibi : "Post haec aperuit Iob os suum"; in tertia status Iob post tentationem, infra XLII, (1) ibi : "Respondens autem Iob Domino dixit".*

2. Cf. *Commentarii in Iob 3,1*, col. 50-51. Il y a dans ces mots d'Albert des accents proprement maïmonidiens (cf. *Dux neutrorum*, lib. III, cap. 23, fol. 84 v° et cap. 24, fol. 85 v° : *Omnes (Iob et amici sui) convenerunt in hoc quod superbia non invenitur in Creatore nec iniquitas est in operibus eius. Et invenies illa in multis verbis Iob.*

3. Cf. *Dux neutrorum*, lib. III, cap. 24.

4. Cf. *Commentarii in Iob 3,1*, col. 51 : *Quia ex determinatione Domini cognovit postea Iob, quod ordo iustitiae divinae penitus dissimilis est ordini iustitiae humanae; homo enim ex luto factus vilior est, quam quod Deus respiciat ipsum ad ordinem iustitiae humanae. Ideo rediens ad intellectum verum in fine dicit (Iob XLII, 5) : "Auditu auris audivi te", quasi praedicatum ex ordine iustitiae humanae (Iob XLII, 5) : "Nunc autem oculus meus videt te", ac si dicat : ex tua determinatione rediens ad intellectum, cognovi gubernationem tuam dissimilem esse humanae.*

affaires humaines s'effectue au travers des mérites, à savoir que les biens vont aux bons et les maux aux impies : cela rappelle le point de vue de la loi de Moïse décrit par Maïmonide[1]. Baldad, par contre, ne retient pas tant les mérites que l'ordre le meilleur à la fin de l'homme, tandis que pour Sophar le gouvernement de Dieu dépend de sa seule volonté : ces deux positions rejoignent respectivement celle des Motazilites et des Asharites[2]. Comment interpréter cette dépendance à l'égard du *Guide des égarés*, laquelle n'a pas toujours son parallèle dans le commentaire thomasien? Il n'est pas invraisemblable, comme le dit A. Dondaine, que la lecture de ce dernier ait mis Albert sur la voie du *Dux neutrorum* et l'ait aidé à considérer plus attentivement l'enseignement du philosophe juif sur le livre de Job[3]. Cependant, il nous paraît plus juste d'affirmer que S. Albert s'est approprié par lui-même le contenu du *Guide*, car, comme nous le signalions préalablement, il en avait une connaissance suffisante pour l'enseigner à d'autres. Il n'empêche que l'*Expositio* de Thomas a pu confirmer son approche.

Ce détour par le commentaire d'Albert — que nous retrouverons d'ailleurs par la suite — ne fait que souligner davantage l'importance de la recherche de l'*intentio auctoris* comme fondement d'une investigation théologique dans le cadre d'un commentaire scripturaire. L'*Expositio* thomasienne va nous permettre de suivre tout le déploiement de cette investigation portant sur la providence divine à l'égard de l'homme.

1. Cf. *Commentarii in Iob 3,1*, col. 52 : *Eliphaz autem ponit, quod gubernatio divina in rebus humanis est secundum merita, quod bonis bona, malis mala fiant. Sed quod aliquando latet hominem, quod mala sunt sua merita, et quod propter vilitatem naturae homo sine peccato esse non potest, unde dicit (Iob V, 6), quod "nihil in terra sine causa fit" et quod (Iob IV, 18-20) : "in angelis reperit pravitatem; quanto magis, qui terrenum habent fundamentum, consumuntur velut a tinea et quia nullus intelligit, omnes similiter peribunt." Et ab hac intentione nunquam recedit.*

2. Cf. *Commentarii in Iob 3,1*, col. 52 : *Baldach autem ponit, quod gubernatio non fit secundum merita, sed secundum ordinem optimum ad finem humanae felicitatis. Et ideo, si Deus aliquando bonis mala facit, hoc in fine multiplicibus bonis recompensat, et si malis bona, hoc fit, ut iustior sit condemnatio eorum et hoc sonat in verbis suis. [...]. Sophar autem ponit quod gubernatio sit secundum solam Dei voluntatem et illius causa querenda non est, quia ab homine cognosci non potest.*

3. Cf. Léon., t. XXVI, Introduction, p. 34*.

DEUXIÈME PARTIE

LA SOLLICITUDE DE LA PROVIDENCE DIVINE A L'ÉGARD DE L'HOMME

S. Thomas, en rédigeant l'*Expositio*, a constamment en vue le problème que pose l'adversité du juste qu'est Job au regard de l'affirmation de la providence divine à l'égard des réalités humaines. Il aborde ce problème dans le cadre d'une réflexion théologique sur le mystère même de la Providence entendue comme *ratio ordinis rerum in finem*. Toute l'élaboration théologique de notre auteur porte sur le fait que Dieu ordonne l'homme à une autre vie où bien et mal seront sanctionnés, comme il le souligne dans le commentaire de Jb 10,22 :

> Ainsi donc en cherchant la cause de son adversité, Job a montré qu'elle ne vient pas d'un impie aux mains duquel serait livrée la terre; elle ne vient pas de Dieu qui opprimerait injustement, ni de Dieu s'enquérant d'une faute, ni de Dieu punissant les péchés, ni de Dieu se plaisant dans les peines : d'où la cause de sa tribulation demeure encore sujette au doute. Or Job a traité de tout cela pour forcer [ses adversaires] à poser une autre vie où les justes seront récompensés et les mauvais punis. Si l'on n'admet pas cette vie, on ne peut rendre compte de l'adversité des justes, qui, il est certain, sont parfois éprouvés en ce monde[1].

Alors que l'on s'attendrait à rencontrer dans ce contexte la notion de prédestination, Thomas n'y renvoie qu'une seule fois, précisément dans le commentaire de Jb 7,21 où il emploie le verbe *praedestinare*[2]; il ne s'y réfère d'ailleurs guère davantage dans le *Contra Gentiles*, comparati-

1. Cf. p. 74, lin. 495-506 : *Sic igitur Iob inquirendo causam suae tribulationis ostendit hoc non esse ab aliquo impio in cuius manu data sit terra, non esse a Deo calumniose opprimente, non esse a Deo culpam inquirente, non esse a Deo peccata puniente, non esse a Deo in poenis sibi complacente : unde adhuc remanet sub dubio causa tribulationis eius. Quae omnia prosequitur Iob ut de necessitate inducat eos ad ponendum aliam vitam in qua et iusti praemiantur et mali puniuntur, ex quo ea non posita non potest reddi causa tribulationis iustorum, quos certum est aliquando in hoc mundo tribulari.*

2. Cf. *Super Iob 7,21*, p. 52, lin. 509-511. Thomas emploie précisément le gérondif à l'ablatif *praedestinando*.

vement au *Commentaire des Sentences* et à la *Somme de théologie*[1]. Cela ne signifie pas que les éléments d'une théologie de la prédestination en soient absents, mais ils sont ressaisis à l'intérieur de la réflexion sur la Providence[2].

Ainsi, quand le frère dominicain, dans le *Super Iob*, affirme à maintes reprises l'existence d'une autre vie après la mort, il y voit la preuve d'une sollicitude spéciale de la providence divine à l'égard de l'être humain qui n'est pourtant pas sans grande fragilité. C'est à partir de là que pourront être dégagés selon la vision thomasienne les traits de la condition humaine. Dans ce sens, le présent chapitre abordera le thème de la *divinae providentiae circa hominem sollicitudo*[3], non sans considérer fondamentalement — si l'on veut faire droit à la cohérence interne de l'*Expositio* — l'ordination de toute chose à sa fin par la Providence.

1. L'*Index Thomisticus* identifie 14 emplois de *praedestinatio* dans le *Contra Gentiles* (11 appartiennent au vocabulaire thomasien) et 10 emplois du verbe *praedestinare* (2 relèvent du vocabulaire thomasien). Dans le premier livre du *Commentaire des Sentences*, on trouve 173 occurrences de *praedestinatio* (151 appartiennent au vocabulaire thomasien) et 70 de *praedestinare* (59 relèvent du vocabulaire thomasien); dans la *Prima Pars*, 145 emplois de *praedestinatio* sont identifiés (129 sont du vocabulaire thomasien) et 87 de *praedestinare* (75 sont du vocabulaire thomasien); la *Prima secundae* comporte 1 occurrence de *praedestinatio* et 4 de *praedestinare* (une relève du vocabulaire thomasien); la *Secunda secundae*, 6 occurrences de *praedestinatio* (4 relèvent du vocabulaire thomasien) et 6 occurrences de *praedestinare* (2 relèvent du vocabulaire thomasien). La *Tertia pars* totalise 86 emplois de *praedestinatio* (75 relèvent du vocabulaire thomasien) et 81 de *praedestinare* (47 appartiennent au vocabulaire thomasien).

2. Thomas définit ainsi la prédestination dans le *Contra Gentiles* (cf. lib. III, cap. 164) : *Quia vero ostensum est quod divina operatione aliqui diriguntur in ultimum finem per gratiam adjuti, aliqui vero eodem auxilio gratiae deserti ab ultimo fine decidunt, omnia autem quae a Deo aguntur ab aeterno per ejus sapientiam provisa et ordinata sunt, [...], necesse est praedictam hominum distinctionem ab aeterno a Deo esse ordinatam. Secundum ergo quod quosdam ab aeterno praeordinavit ut dirigendos in ultimum finem, dicitur eos praedestinasse; unde Apostolus dicit (Ephes. I,5) : "Qui praedestinavit nos in adoptionem filiorum [...], secundum propositum voluntatis suae".*

3. Cf. *Super Iob 14,3*, p. 89, lin. 460-465. Thomas souligne fortement cette *sollicitudo divina* dans l'ensemble de son commentaire du chapitre 14.

CHAPITRE III

LES REALITES CRÉÉES SONT DISPOSÉES ET ORDONNÉES A LEUR FIN PAR LA PROVIDENCE DIVINE

Faisant écho à ce qu'il disait dans le Prologue de l'*Expositio*, Thomas, à propos de la terre et des autres éléments dont parle Jb 38,4, mentionne certains philosophes anciens qui attribuaient tout à la nécessité de la cause matérielle; ils déniaient par là sa place à quelque *ratio ordinans*[1]. Or tenir une telle position revient à nier la cause finale, et par voie de conséquence la providence qui dit l'ordre à la fin : cette affirmation de Thomas, présente en filigrane dans l'exposition du chapitre cinquième du livre de Job[2], ne l'est pas moins dans ses autres œuvres, notamment dans le *Contra Gentiles*[3] et dans le *De veritate* où notre auteur s'appuie sur le commentaire du deuxième livre de la *Physique* d'Averroès[4].

1. Cf. *Super Iob 38,4*, p. 200, lin. 96-99 : *Est autem considerandum quod quidam antiquorum situm terrae et aliorum elementorum non attribuerunt alicui rationi ordinanti sed necessitati materiae, secundum quod gravia levibus succident.*

2. Cf. *Super Iob 5,8-9*, p. 36, lin. 148-152 : *Est autem sciendum quod illi qui providentiam negant omnia quae apparent in rebus mundi ex necessitate naturalium causarum provenire dicunt, utpote ex necessitate caloris et frigoris, gravitatis et levitatis et aliorum huiusmodi.*

3. Cf. 3 *CG*, cap. 64 : *Per hoc excluditur error antiquorum Naturalium, qui dicebant omnia ex necessitate materiae provenire : ex quo sequebatur omnia casu accidere, et non ex aliquo providentiae ordine.*

4. Cf. *De ver.*, q. 5, a. 2, resp. : *Providentia respicit ordinem ad finem, et ideo quicumque causam finalem negant oportet quod negent per consequens providentiam, ut Commentator dicit in II Physicorum.* Le texte d'Aristote commenté par Averroès est le suivant : *Oportet nunc igitur loqui primo de hoc, quod natura est de causis, quae agunt propter aliquid, deinde post loquemur de necessario....* Le philosophe arabe dit à ce propos : *Quia ista propositio est maxima et fundamentum in hac scientia, et in scientia divina : quoniam, si Naturalis non concesserit eam, negat principium finale, et negat materiam esse propter formam, ex quo sequitur ipsum negare agens : generans enim non generat, nisi propter aliquid, et similiter movens movet, propter aliquid : et, cum sequitur formam, sequitur necessario materiae*

Il est des choses dont on n'est pas en mesure de rendre compte par des principes naturels, en particulier la grandeur déterminée des corps de ce monde : on ne peut en effet, en vertu d'un principe naturel, assigner de raison pour laquelle le soleil ou la lune ou la terre ont telle quantité et pas davantage; cette disposition dans la quantité ne peut provenir que de l'ordination de quelque intelligence dont parle Eliphaz quand il dit :

> C'est pourquoi je supplierai le Seigneur et je mettrai mon langage devant Dieu, lui qui fait de grandes choses (Jb 5,8-9)[1].

Si tout provenait de la nécessité des principes naturels, nous serions en mesure de rechercher en quoi consistent toutes choses de ce monde, car ces principes nous sont connus. Or certaines réalités dans le monde échappent à notre connaissance quelle que soit notre investigation : c'est le cas de la profondeur du ciel étoilé, ou des substances spirituelles. Il apparaît donc que tout procède d'une intelligence supérieure, et non point de la nécessité des principes naturels[2].

Il en est d'autres qui, selon Thomas à propos de Jb 5,9, avancèrent un certain ordre numérique dans la disposition des choses à partir de Dieu : du premier et unique ne procède qu'un effet premier dans lequel se trouve quelque chose de la composition et de la pluralité; de lui procèdent alors quelques êtres qui sont moins simples et ainsi graduellement progresse la multitude des choses. Il n'y a pas en d'autres termes de « contact » causal direct entre le Premier et les êtres singuliers, c'est-à-dire les formes universelles qui définissent chaque singulier. Il n'en demeure pas moins que Dieu les connaît par déduction. Pour qu'elle soit possible, il faut un lien entre l'essence divine et les singuliers : ce lien est celui d'une longue chaîne de nécessités, d'un déterminisme radical. Ainsi Dieu, cause première, ne peut connaître les singuliers que dans la mesure où les formes universelles qui les définissent dérivent de façon contraignante de sa propre causalité nécessitante. Il y a là un émanatisme nécessitariste, selon lequel la disposition de l'univers n'est pas le fait de l'ordination d'une

naturam : et si non, nascitur casu, et sic non erit agens : aut, si erit, erit frustra : [...] si Divinus non concesserit eam, non poterit probare quod Deus habet sollicitudinem circa ista, quae sunt hic, ideo incoepit Arist. dicere quod natura agit propter aliud, et quod ab hoc debet incipere hic, et postea loquetur de necessitate, ad quam Antiqui reducebant generationem (Comm. 75 / IV, 75 K-M).

1. Cf. *Super Iob 5,8-9*, p. 36-37, lin. 152-163

2. Cf. *Super Iob 5,8-9*, p. 37, lin. 163-173 : *Rursus si omnia ex necessitate principiorum naturalium provenirent, cum principia naturalia sint nobis nota haberemus viam ad inquirendum omnia quae in hoc mundo sunt; sunt autem aliqua in hoc mundo ad quorum cognitionem nulla inquisitione possumus pervenire, utpote substantiae spirituales, distantiae stellarum et alia huiusmodi; unde manifestum est non procedere omnia ex necessitate principiorum naturalium sed ab aliquo superiori intellectu res esse institutas, et propter hoc addit* et inscrutabilia. Ces données qui confirment le point de vue de Thomas se présentent selon la structure d'un syllogisme. C'est le propre de l'exégèse littérale pratiquée par Thomas que d'intégrer notamment des figures syllogistiques.

intelligence supérieure mais bien plutôt d'une nécessité naturelle[1]. Cette position est notamment celle d'Avicenne (Ibn Sina : 980-1037), présentée dans le *Liber de philosophia prima sive scientia divina*[2], que notre auteur cite habituellement sous le nom de *Metaphysica*[3]. Bien que, dans l'*Expositio*, nous n'ayons pas trouvé mention explicite du philosophe arabe à ce propos, ce dernier est cependant présent dans d'autres œuvres thomasiennes, par exemple le *Commentaire des Sentences*[4], la question disputée *De potentia*[5] ou la Prima Pars de la

1. Cf. *Super Iob 5,9*, p. 37, lin. 184-194 : *Sciendum est etiam quod aliqui posuerunt dispositionem rerum secundum quendam ordinem numeri a Deo procedere, utpote quod a primo uno simplici procedit tantum unus effectus primus in quo iam aliquid compositionis et pluralitatis habetur, et sic ex ipso procedunt duo vel tria quae sunt adhuc minus simplicia, et sic gradatim secundum eos progreditur tota rerum multitudo; secundum quam quidem positionem tota universi dispositio non est ex ordinatione intellectus divini sed ex quadam necessitate naturae.*

2. Cf. *Liber de philosophia prima sive scientia divina*, t. 1, tract. IX, cap. 4, fol. 104 vb, éd. S. Van Riet, Louvain, 1977, p. 481-482 : *Necesse est ut ex primo causatis propter esse eorum sint alia in quibus oportet esse necessitatem et multitudinem, quomodocumque evenerit. Intelligentiis enim separatis non potest esse aliqua multitudo nisi quemadmodum dicam, quoniam causatum per se est possibile esse in seipso, propter primum autem est necessarium esse. Sed necessitas sui esse est secundum quod est intelligentia, et intelligit seipsum et intelligit primum necessario. Unde oportet ut sit in eo multitudo ex hoc quod intelligit se quod est possibile esse quantum in se, et ex hoc quod intelligit necessitatem sui esse a primo quod est intellectum per se [...]. Non est autem ei multitudo ex primo. Nam possibilitas sui esse est ei quiddam propter se, non propter primum, sed est ei a primo necessitas sui esse, et deinde multiplicatur per hoc quod intelligit primum et per hoc quod intelligit seipsum, tali multiplicatione quae est comitans esse suae unitatis ex primo. Nos autem non prohibemus ex uno esse essentiam unam, quam postea sequatur multitudo relativa quae non est ei in principio sui esse nec est intrans in principio suae constitutionis; et potest concedi esse unum ex quo proveniat unum, et deinde hoc unum comitetur iudicium et dispositio, vel proprietas vel causatum, et illud etiam fit unum. Sed, propter communicationem illius comitantis, sequatur ex eo aliquid propter quod proveniat multitudo omnis varians eius essentiam. Oportet igitur ut huiusmodi multitudo sit causa possibilitatis essendi aliam multitudinem simul a causato primo. Si enim non esset haec multitudo, profecto non esset possibile esse ab eo nisi unum, nec esset possibile esse ab eo corpus, et omnino non esset ibi possibilitas multitudinis nisi hoc modo tantum. Iam autem manifestum est nobis ex praedictis quod intelligentiae separatae sunt plures numero. Igitur non habent esse simul ex primo, sed necesse est ut excellentior omnibus illis sit esse quod primum est ex eo, post quod sequitur intelligentia et intelligentia.*

3. Selon le texte critique arabe, le traité avicennien s'appelle *fi 'l-ilahiyyat* (*De divinis* ou *De scientia divina)*. Le titre global de la traduction latine renvoie directement à celui du chapitre initial, *De philosophia prima*, et est explicité par l'appellation *scientia divina* se référant au titre arabe. L'intitulé *Metaphysica* apparaît dans certains manuscrits, surimposé au titre précédent, ce qui donne à l'ensemble un caractère composite, par exemple : *incipit metaphysica Avicenne de prima philosophia sive scientia divina* (cf. Manuscrit de Nürnberg, Stadtbibl. Cent. V. 21, folio 126 r° : Avicenna Latinus, *Liber de philosophia prima sive scientia divina*, introduction doctrinale par G. Verbeke, p. 123*-124*). Le *Liber de philosophia prima* est l'une des quatre parties d'un ouvrage monumental intitulé le *Shifa* (Kitab Al-Shifa : Livre de la guérison). L'Occident connut encore le *Canon*, qui est une encyclopédie médicale.

4. Alors que la référence à Avicenne est implicite en 2 *Sent.*, q. 1, a. 3, sol., elle est explicite en 4 *Sent.*, d. 5, q. 1, a. 3, qla. 3, arg. 1 : *Plus enim Deus potest facere quam homo possit intelligere; quia "non est impossibile apud Deum omne verbum", ut dicitur Luc. I,37. Sed quidam Philosophi posuerunt in aliquibus creaturis potentiam creandi, sicut Avicenna qui dicit quod intelligentia prima producit secundam, et sic deinceps. Ergo Deus posset hoc creaturae communicare.*

5. Cf. *De potentia*, q. 3, a. 16, resp. : *Alii pluritatem rerum et modos diversos earum ex necessitate causae efficientis ponebant, sicut Avicenna [lib. IX* Met., *cap. IV], et eius sequaces.*

Summa theologiae[1]. Eu égard à la place de chacune de ces œuvres dans le temps, il apparaît que Thomas, dès le début de sa carrière, connaît la doctrine cosmologique d'Avicenne et qu'il s'y référera par la suite. Cela n'est point surprenant, si l'on sait que le philosophe arabe, dont la *Métaphysique* fut traduite à Tolède, au XIIe siècle, sans doute après 1150[2], exerce encore une influence prépondérante dans le contexte intellectuel des années 1250.

A y regarder de plus près, la doctrine que Thomas attribue au représentant de la « première » *falsafa*[3], marquée par un néo-platonisme teinté d'aristotélisme, est aussi bien celle d'Al-Farabi que d'Algazel : ce dernier, par exemple, mentionne dans sa *Metaphysica* ce qui constitue l'axiome de cette position, *ab uno non provenit nisi unum*, un axiome qui deviendra monnaie courante aux XIIIe et XIVe siècles[4]. Elle intervient

Posuit enim, quod primum ens, in quantum intelligit se ipsum, producit unum tantum causatum, quod est intelligentia prima, quam necesse erat a simplicitate primi entis deficere, utpote in quantum potentialitas incepit admisceri actui, in quantum esse recipiens ab alio non est suum esse, sed quodammodo potentia ad illud. Et sic in quantum intelligit primum ens, procedit ab ea alia intelligentia ea inferior, in quantum vero intelligit potentiam suam procedit ab ea corpus caeli, quod movet; in quantum vero intelligit actum suum, procedit ab ea anima caeli primi; et sic consequenter multiplicantur per multa media res diversae.

1. Cf. Ia, q. 45, a. 5, c. : *Contingit autem quod aliquid participet actionem propriam alicuius alterius, non virtute propria, sed instrumentaliter, inquantum agit in virtute alterius; sicut aer per virtutem ignis habet calefacere et ignire. Et secundum hoc, aliqui opinati sunt quod, licet creatio sit propria actio universalis causae, tamen aliqua inferiorum causarum, inquantum agit in virtute primae causae, potest creare. Et sic posuit Avicenna quod prima substantia separata, creata a Deo, creat aliam post se, et substantiam orbis, et animam eius; et quod substantia orbis creat materiam inferiorum corporum.*

2. Dominique Gundisalvi ou Gundissalinus est désigné comme traducteur dans les manuscrits de Rome (Vat. Lat. 4428), d'Oxford (Bodl. Digby 217), et de Cues (Hospital-bibl. 205). Le manuscrit de Venise (Bibl. S. Marc 2665) attribue par contre la traduction à Gérard de Crémone (cf. *Liber de philosophia prima sive scientia divina*, Introduction doctrinale par G. VERBEKE, p. 123*).

3. La *falsafa* peut être comprise comme la spéculation philosophique qui prolongea, dans le monde musulman et dans le judaïsme, la tradition philosophique hellénistique. Parmi les représentants de la « première » *falsafa*, il y a, outre Avicenne, Al-Kindi, Al-Farabi, pour ne citer qu'eux.

4. Cf. *Metaphysica*, tr. V, éd. J. T. MUCKLE, Toronto, 1933, p. 119-120 : *Tractatus iste quasi flos divinorum qui est id quod acquiritur ex eis, et quod ad ultimum queritur ex eis post cognicionem proprietatem primi, et veri; primum autem, quod hic involutum est, hoc est, scilicet, quoniam predictum est quod primus unus est omni modo absolute, et quod ab uno non provenit nisi unum. Ea vero que sunt, multa sunt, nec potest dici quod alia ex eis sint ordinata post alia ex eis; hoc enim non continget in omnibus. Verum est autem quod potest dici quod corpora celestia priora sint elementis naturaliter, et celestia simplicia priora sint compositis; hoc autem non evenit in omnibus quoniam in quatuor naturis non est successio, nec inter equum, et hominem, nec inter palmam, et vitem, nec inter nigredinem, et albedinem, nec inter calorem et frigiditatem, sed sunt equalia in esse; quomodo igitur proveniunt ex uno? Si autem provenerunt ex aliquo composito in quo est multitudo, tunc ipsa multitudo unde provenit? Ad ultimum autem necesse est ut multitudo recurrat ad unum, et hoc impossibile. Refugium autem in hoc est, ut dicatur quod a primo non provenit nisi unum sed quod consequitur quiddam aliud, non tamen ex hoc quod est ex primo. Evenit igitur in eo multitudo propter illud quod est in eo, et hoc erit principium proveniendi multitudines coequevas, et deinde ordinatas alias post alias; postea vero coequeva, et ordinata coniunguntur in unum; igitur hoc unum propter multitudinem que in eo est, fecit debere esse multitudinem, et ob hoc multiplicata sunt ea que sunt, nec potest esse aliter nisi sic, sed modus proveniendi hanc multitudinem est hic, quoniam primus est unus et verus, eo quod esse eius est esse purum.*

également chez Averroès, dans sa *Destructio destructionis* (*Tahafut al-Tahafut*)[1]. On doit ainsi parler d'arabisme à son endroit, comme l'indiquent Maurice Ruben Hayoun et Alain de Libera[2]. En fait, il faut remonter au-delà du monde intellectuel arabe, car la doctrine de « l'unicité de l'effet immédiat de Dieu » est l'expression de la pensée néoplatonicienne de l'émanation. Thomas n'est pas sans connaître l'attribution de cette pensée à divers auteurs, car il emploie l'expression *quidam Philosophi, sicut Avicenna,* dans le *Commentaire des Sentences,* ou *aliqui,* dans le *Super Iob.*

Au XIIIe siècle, l'enseignement en question est attesté chez certains commentateurs anonymes d'Aristote[3] de même que chez Siger de Brabant qui lui consacre la première partie du *De necessitate* sans pour autant y souscrire, d'après ce qu'affirme R. Hissette[4]. Il y explique comment, selon les *Philosophes,* la Cause première, cause de tout ce qui existe, est la cause immédiate de la seule intelligence première, laquelle lui est coéternelle[5]. Dans les *Quaestiones in Metaphysicam,* Siger met en lumière non seulement l'unicité (*unus tantum*) de l'effet immédiat de Dieu, mais aussi — et davantage que dans l'œuvre précédente — sa similitude maximale (*maxime similis*) avec la Cause Première[6]. Cette thèse fera partie des articles condamnés le 7 mars

1. Cf. disp. 3 (IX, 52 E). Il faut noter que Thomas ne connaît pas la *Destructio destructionis.*

2. Cf. *Averroès et l'averroïsme,* « Que sais-je? 2631 », Paris, 1991, p. 102.

3. On peut citer par exemple les *Quaestiones in Metaphysicam* de Cambridge, Petershouse 152 (fol. 291vb). L'auteur y pose la question : *Utrum a Primo Ente immediate possint procedere plura vel unum tantum?* Il répond : *dicendum secundum intentionem Aristotelis et Avicennae et Algazel et fere omnium Peripateticorum, quod tantum* ab eo immediate procedit unum (cf. J. J. DUIN, *A la recherche du commentaire de Boèce de Dacie sur la Métaphysique d'Aristote,* Paris, 1963, p. 450).

4. S'appuyant sur J.-J. Duin (cf. *La doctrine de la providence dans les écrits de Siger de Brabant,* Paris, 1954, p. 395s et 408), R. Hissette insiste sur le fait que dans la première partie du *De necessitate,* l'intention de Siger de Brabant est d'exposer la doctrine des philosophes (cf. *Enquête sur les 219 articles condamnés à Paris le 7 mars 1277,* Louvain-Paris, 1977, p. 44-45; 71).

5. Cf. éd. J.-J. DUIN, *La doctrine de la providence,* p. 19-21, l. 29-57 : *Causa Prima, totius esse causa, est causa* primae intelligentiae *per se, immediata, necessaria, et* qua posita simul et ponitur causatum eius primum*; et hoc dico secundum intentionem philosophorum [...]. Dico quod est causa eius* immediata, *quia illud est eius primum causatum [...], et dico cum hoc, quod est necesse quod semper simul est cum suo effectu causato [...]. Cum et sit causa necessaria super illud suum causatum, simul erunt secundum durationem [...]. Causa Prima non est causa praedictorum (intelligentiarum separatarum, orbium, et suorum motuum, et universaliter ingenerabilium) nisi secundum quemdam ordinem, et non omnium illorum immediata, cum* ab uno simplici non procedat nisi immediate *et non multa nisi quodam ordine.*

6. Siger répond à la question : *Utrum forma sit causa materiae quantum ad essentiam vel e converso* (V, 10) : *Nec Primum Movens est causa immediata materiae, quoniam secundum intentionem Aristotelis et Avicennae* effectus Primi immediatus est unus tantum*; idem enim manens idem, semper est natum facere idem, ut dicitur II* De generatione, et illum effectum oportet esse similem Causae Primae*; unde, cum Primum Movens sit maxime in actu et causa omnium entium,* oportet effectum eius immediatum esse similem *causae maxime in actu inter omnia causata; et cum Prima Causa non sit* causa immediata nisi unius, *oportet quod eius effectus immediatus sit causa omnium aliorum entium; sed materia non est maxime*

1277; elle sera consignée précisément dans l'article 33 intitulé *Quod effectus immediatus a Primo debet esse unus tantum et simillimus Primo.* R. Hissette note que « la doctrine néoplatonicienne condamnée par la proposition 33 a certainement fait l'objet de nombreux exposés. Aucun texte n'a été retrouvé cependant qui permettrait de reconnaître en son auteur un adepte convaincu de cette doctrine hétérodoxe. Les censeurs en ont sans doute jugé autrement et n'ont vu que des formules de prudence dans les déclarations rassurantes des maîtres ès arts »[1].

Thomas, pour sa part, rejette cette pensée à partir de Job 5,9 :

> [Deus] qui facit mirabilia absque numero.

Ce verset signifie soit que toutes choses furent produites sans un ordre numérique nécessaire soit que Dieu les produisit en très grand nombre immédiatement, ce qui apparaît principalement dans le premier ciel qui comporte une multitude d'étoiles[2].

Dans le cadre de sa lecture de l'Ecriture, notre auteur — on le voit ici fort bien — discute un point doctrinal relatif à la théologie de la création et de la providence et n'hésite pas, pour ce faire, à se référer aux philosophes. C'est une pratique qui se fit jour d'abord timidement dans les commentaires scripturaires du XIIIe siècle : elle intervint en effet vers 1220 chez Guillaume d'Auvergne et Philippe le Chancelier. Roland de Crémone, formé en arts à Bologne avant son entrée chez les Dominicains, ouvrit largement les portes de l'exégèse aux auteurs païens. Ainsi dans son commentaire de Job, on trouve la présence d'Aristote, nommé *Magnus Philosophus*, d'Algazel, d'Avicenne, de Macrobe, de Platon, de Ptolémée, pour n'en citer que quelques-uns[3]. A l'égard d'Aristote et de ses disciples les *aristotelici*, Roland prend quelque distance : il leur reproche d'être tenants de l'éternité du

similis Causae Primae, *immo inter omnia entia dissimile; et iterum, non est materia causa omnium aliorum a Primo; quare materia non est immediate causata a Primo.*

1. Cf. *Enquête sur les 219 articles*, p. 72.

2. Cf. *Super Iob 5,9*, p. 37, lin. 194-201. Dans le *De potentia*, rédigé peu après le *Super Iob* — c'est-à-dire entre 1265-1266 —, Thomas réfute cette doctrine de la manière suivante : *Haec etiam positio stare non potest. Primo, quia ponit potentiam divinam terminari ad unum effectum, qui est intelligentia prima. Secundo, quia ponit alias substantias praeter Deum esse aliarum creatrices, quod esse impossibile in alia quaestione, art. 4, ostensum est. Sequitur etiam ad hanc positionem, sicut et ad primas, quod decor ordinis universi sit casualis, ex quo rerum diversitatem non adscribit intentioni finis, sed terminationi potentiarum activarum ad suos effectus* (cf. q. 3, a. 16, c.).

3. A. Dondaine dresse la liste des auteurs païens qu'il a rencontrés dans le commentaire de Job de Roland de Crémone : Aristote (ou Magnus philosophus) : *De anima, De animalibus, De celo et mundo, Ethica, Metaphysica* (ou bien *Alta philosophia et Philosophia prima*), *Meteora, Physica, De somno et vigilia, De proprietatibus elementorum, De vegetalibus.*- Albumasar (astrologus), Algazel (qui erravit in multis), Astrologi toletani, Avicenna (Philosophus et magnus medicus), Boetius, Galienus, Hali (expositor Ptolemei), Macrobius, Martianus (in sua astrologia), Ovidius, Plato, Ptolemeus (summus astrologus) : Algorismus, Amalgestus (vel auctores amalgesti secundum Aristotelem), Geomantia, De iudiciis sive prognosticis astrorum, Quadripartitus (cum glossa), De occultis nigromantie, De ymaginibus.- Hippocrates (Ypocras). Liber Clemens de Simone Mago (cf. « Un commentaire scripturaire de Roland de Crémone. Le livre de Job », *AFP* 11 (1941) 109-137, ici p. 128).

monde. Le Stagirite n'est pas excusable, car il pouvait lire ce qu'affirme Moïse :

> Au commencement, Dieu créa le ciel et la terre.

Mais les philosophes méprisèrent cet enseignement de l'Ecriture, car elle ne procède pas par voie de démonstration et de syllogisme[1]. Cela ne diminue en rien toutefois l'estime que Roland accorde à Aristote et l'attention qu'il porte à d'autres auteurs profanes avec lesquels il n'est pas toujours en accord. Son commentaire de Job constitue une pierre d'attente dans le développement de l'exégèse universitaire; après lui, Thomas d'Aquin, Albert le Grand, les oxfordiens et d'autres iront dans le même sens. Cette affirmation ne doit cependant pas être comprise dans le sens d'une dépendance directe de ces maîtres vis-à-vis de Roland de Crémone. L'éditeur léonin de l'*Expositio* thomasienne n'en fait d'ailleurs pas état, suivi en cela par le Père Louis-Jacques Bataillon[2]. Une question de première importance demeure : comment légitimer la référence aux philosophes dans l'investigation de l'Ecriture? Jacques Verger apporte une réponse éclairante :

> L'idée même que la Bible était le livre suprême, à la fois fondement de l'Eglise et achèvement de toute science et de toute sagesse, justifiait qu'on usât de toutes les disciplines de l'esprit humain, de toutes les ressources des sciences profanes pour élucider les significations historiquement voulues par les auteurs inspirés[3].

Si l'on veut résumer le contenu de la discussion que nous avons mise à jour à partir de l'*Expositio* et d'autres œuvres thomasiennes, on doit affirmer que, selon notre auteur, Dieu donne l'être à tout ce qui est, non par nécessité de nature, mais par son intelligence et sa volonté. Or à celles-ci, aucune autre fin ultime ne peut être assignée que la bonté divine elle-même communiquée aux créatures. Ce qui est bon dans les choses, c'est non seulement ce qui se rapporte à leur substance, mais aussi ce qui concerne l'ordre à leur fin, principalement la fin ultime qu'est la bonté de Dieu. Le bien de l'ordre de l'univers, lequel fut créé par Dieu, constitue la plus haute perfection de la création, d'après Aristote au livre douzième de la *Métaphysique*[4]. Or, puisque Dieu est cause des choses par son intelligence, de telle sorte que la raison

1. Cf. fol. 82 vb (cité par A. Dondaine, art. cit., p. 130) : *Nec philosophi de suis herroribus excusationem habebant. Potuerunt enim habere prophetas et viros sapientes et libros eorum, sed contempserunt, quia ibi sillogismos demonstrativos non viderunt. An non poterat videre Aristoteles librum Moysis, qui dixit "In principio creavit Deus celum et terram"? Sed contempserunt, ut dictum est, superbia dominante. Quod de quibusdam intelligendum est, non de omnibus. Et ideo Deus neglexit eos; cum enim Deum aliquatenus cognovissent, non sicut Deum glorificaverunt, sed in suis cogitationibus vani facti sunt.*

2. Nous avons demandé le point de vue du Père Bataillon à ce sujet : il nous a confirmé par lettre la position d'A. Dondaine. Les sondages que nous avons pu faire nous-même dans le commentaire de Roland n'infirment pas ce point de vue.

3. Cf. « L'exégèse de l'Université », p. 214.

4. Cf. *Metaph.*, XII, 10 (1075 a 11-15).

formelle de ses effets doit préexister en lui, il est nécessaire que le plan d'ordination des choses à leur fin préexiste dans la pensée divine, un plan qui n'est autre que la providence divine[1].

Avant d'apporter des précisions sur cette *ratio divina ordinans* qui retient toute l'attention de Thomas dans son commentaire, il importe de s'arrêter quelque peu — c'est un préalable nécessaire — au dynamisme de la causalité finale exercé par Dieu à l'égard de l'ensemble des créatures.

Omnia quae in terra fiunt sunt propter finem

(cf. Super Iob 5,8, *p. 36, lin. 140-141)*

Dans le chapitre 5, Eliphaz souligne que toute condition humaine est marquée par l'inclination au péché et qu'à cause de lui des adversités adviennent en ce monde. Cependant, il y a à cet égard deux objections : d'une part, beaucoup de justes sont éprouvés; à cela, on peut répondre que les hommes tombent facilement dans le péché. D'autre part, les mauvais connaissent la prospérité, mais elle conduit en fait à leur malheur[2].

Or tout ce qui arrive sur terre provient de causes propres et déterminées; si des épreuves interviennent, il y a à cela une cause déterminée qui ne peut être que le péché. Dans ce sens, Eliphaz affirme :

> Nihil in terra sine causa fit (Jb 5,6a).

Tout en effet dans l'univers créé a une disposition naturelle conforme à sa propre opération. Il ressort de là que les dispositions naturelles des choses ne sont pas sans cause, mais en vue d'une fin déterminée. C'est pourquoi il est dit en Jb 5,7 :

> L'homme est né pour le travail et l'oiseau pour voler.

1. Cf. 3 *CG*, cap. 64 constitue un parallèle de ce qu'affirme notre auteur dans le *Super Iob* : *Deus res omnes in esse produxit non ex necessitate naturae, sed per intellectum et voluntatem. Intellectus autem et voluntatis ipsius non potest esse alius finis ultimus, nisi bonitas ejus, ut scilicet eam rebus communicaret, sicut ex praemissis apparet. Res autem participant divinam bonitatem per modum similitudinis in quantum ipsae sunt bonae. Illud autem quod est maxime bonum in rebus creatis est bonum ordinis universi, quod est maxime perfectum, ut Philosophus dicit decimo secundo Metaph., cui etiam consonat Scriptura divina (Gen 1,31), cum dicitur : « Vidit Deus cuncta quae fecerat, et erant valde bona », cum de singulis operibus dixisse simpliciter quod erant bona. Bonum igitur ordinis rerum creaturarum a Deo est id quod est praecipue volitum et intentum a Deo. Nihil autem aliud est gubernare aliqua quam eis ordinem imponere. Ipse igitur Deus omnia suo intellectu et voluntate gubernat.* Cf. *In Metaph.*, XII, lect. 12, n° 2631 (éd. Marietti) : *Totus enim ordo universi est propter primum moventem, ut scilicet explicatur in universo ordinato id quod est in intellectu et voluntate primi moventis. Et sic oportet, quod a primo movente sit tota ordinatio universi.*

2. Cf. *Super Iob 5,2-3*, p. 35, lin. 1-59.

Puisque le mouvement requis par la nature de l'oiseau est le vol, il doit avoir les instruments appropriés à son vol, à savoir des ailes et des plumes. L'homme, quant à lui, est doué de raison; grâce à elle, il peut par son propre labeur se procurer ce dont il a besoin[1].

Thomas ressaisit ces données à l'intérieur de son approche du mystère de la Providence : le fait que les réalités créées soient disposées en vue d'une fin apparaît comme l'argument le plus fort en faveur du gouvernement de la providence divine[2]. Cette argumentation n'est pleinement compréhensible que si elle est fondée sur l'affirmation selon laquelle Dieu, en sa bonté souveraine, est la fin ultime de tout être. Pour en rendre compte et en expliciter le sens, nous considérerons successivement le fait que la nature agit en vue d'une fin, que toute créature, appartenant à cette nature, est ordonnée à la perfection de sa forme, et plus encore que l'ensemble des créatures est ordonné à la perfection de l'univers. Une telle démarche, plus objective que subjective à y regarder de près, permettra de dégager les composantes d'une téléologie transcendante.

La nature agit en vue d'une fin

Dans le prolongement de ce qui est affirmé dans l'exposition du chapitre 5, Thomas redit, au chapitre neuvième, que « la nature agit en vue d'une fin »[3]; il est, quant à cela, redevable au Stagirite, pour qui « la finalité se rencontre dans les changements et les êtres naturels »[4]. L'action appelle la fin comme la détermination ontologique appelle la forme. Un mouvement qui ne tendrait pas à une fin déterminée serait aussi inintelligible qu'une essence indéterminée. En d'autres termes, le principe de finalité est aussi nécessaire que le principe d'identité : de même que tout étant est ce qu'il est par sa forme, de même tout agent agit pour une fin par son action[5].

1. Cf. *Super Iob 5,6-7*, p. 36, lin. 92-126.

2. Cf. *Super Iob 5,8*, p. 36, lin. 127-147 : *Quia Eliphaz proposuerat omnia quae in terris fiunt determinatam causam habere et hoc probaverat per hoc quod res naturales apparebant esse dispositae propter finem, hoc autem, scilicet quod res naturales sunt propter finem, potissimum argumentum est ad ostendendum mundum regi divina providentia et non omnia agi fortuito, idcirco Eliphaz statim ex praemissis concludit de regimine divinae providentiae. Sciendum est autem quod providentia divina sublata, orationis fructus tollitur et cognitio Dei circa res humanas, quae tamen necesse est ponere ei qui regimen providentiae concedit; et ideo Eliphaz concludens dicit : ex quo omnia quae in terra fiunt sunt propter finem, necesse est concedere regimen providentiae,* Quamobrem ego deprecabor Dominum, *quasi oratione fructuosa existente utpote Deo disponente res humanas,* et ad Deum ponam eloquium meum, *utpote Deo cognoscente facta et dicta et cogitata humana; ad cuius confirmationem subiungit ea quae maxime divinam providentiam ostendunt.*

3. Cf. *Super Iob 9,5*, p. 59, lin. 113-114.

4. Cf. II *Phys.*, 8 (199 a 7) : Ἔστιν ἄρα τὸ ἕνεκά του ἐν τοῖς φύσει γινομένοις καὶ οὖσιν. Cf. également II *Phys.* 5 (196 b 21). Dans la Ia-IIae, q. 1, a. 2, sc., Thomas renvoie explicitement à ce dernier passage d'Aristote.

5. Cf. J.-H. NICOLAS, « L'univers ordonné à Dieu par Dieu », *RT* 91 (1991) 357-376, ici p. 358. Nous renvoyons également à *Synthèse dogmatique*, De l'univers à la Trinité (complément), Fribourg-Paris, 1993, p. 48-65.

La causalité de la fin consiste à attirer : autrement dit, toute réalité créée désire sa fin. Les nuées, par exemple, désirent le froment, selon Jb 37,11, dans le sens où elles sont ordonnées à lui comme vers une fin. Elles sont utiles au froment, car la pluie descendant des nuages irrigue la terre et la féconde pour la production du blé. En d'autres circonstances, les nuées peuvent donner de l'ombre afin d'empêcher que la terre se dessèche sous les continuelles ardeurs du soleil[1]. Les catégories relatives à l'attirance et au désir ne sont-elles pas inadéquates pour rendre compte du rôle et de l'influence de la causalité finale à l'égard des réalités de la nature? Le recours à ces catégories appartenant au registre langagier de la psychologie et de l'affectivité ne signifie-t-il pas que l'homme projette dans la nature un processus de finalisation qu'il expérimente en lui-même. Une telle expérimentation, comme nous le verrons plus amplement dans la suite de notre étude, est d'ailleurs loin d'être ignorée par Thomas qui souligne que l'homme, comme insatisfait du présent, désire des choses futures; quand, par contre, sa volonté aura atteint sa fin ultime, elle se reposera et ne sera plus sollicitée par d'autres désirs[2]. A partir de là, doit-on inférer que notre auteur établit le point d'ancrage de sa réflexion téléologique sur une base insatisfaisante, ne prenant pas assez en compte la complexité de la configuration de la nature? Cette critique formulée par certains philosophes et scientifiques modernes et contemporains mérite qu'on s'y arrête quelque peu[3].

A vrai dire, si le frère dominicain use de ce type de notions au sujet de la finalisation de la création, c'est afin d'accorder tout son poids aux conditions de possibilité de la connaissance humaine de l'univers en même temps que des choses divines : il est en effet de la nature de l'homme de partir de son expérience pour s'efforcer de connaître ce qui dépasse sa saisie immédiate et directe. L'expérience vient des sens et sa valeur dépend de leur perception, principalement de l'ouïe et du goût. L'ouïe apparaît comme le sens le plus discipliné et en tant que tel il contribue beaucoup à la connaissance contemplative; le goût, quant à lui, apprécie les aliments, lesquels sont nécessaires à la conservation de la vie humaine : par lui, est signifiée l'expérience que l'on a des choses de la vie active; il renvoie fondamentalement à la connaissance pratique. Pour cette raison, « chez les vieillards, dit le livre de Job, se trouve la sagesse et dans l'âge avancé, la prudence ». Les vieillards qui ont beaucoup écouté tout au long de leur existence et qui ont goûté à de nombreuses choses utiles et nocives également, sont davantage rompus à une connaissance à la fois spéculative et pratique[4]. Compte tenu de ce mécanisme propre à la connaissance humaine, non soumis

1. Cf. *Super Iob 37,11*, p. 195, lin. 156-166.
2. Cf. *Super Iob 7,1-2*, p. 47, lin. 58-63; cf. également *Super Iob 14,21*, p. 95, lin. 318-320.
3. Le P. J.-H. Nicolas fait état de cette critique dans « L'univers ordonné à Dieu par Dieu », *RT* 91 (1991) 357-376, ici p. 359.
4. Cf. *Super Iob 12,11-12*, p. 81, lin. 168-187.

à quelque déviation, il n'y a pas lieu de voir de la part de l'homme la projection d'un processus de finalisation dans les mouvements naturels; c'est bien plutôt la raison humaine qui suit et imite la nature en finalisant son action. Si l'agent rationnel occupe une place à part dans l'ensemble des créatures de l'univers, c'est en vertu de sa liberté : elle confère à l'action humaine non pas une direction déterminée, une fin dont elle dépend, mais elle lui donne d'être finalisée par l'agent lui-même. L'être humain a donc le pouvoir de se donner à soi-même une fin et de la poursuivre par une série ordonnée d'actions, de mouvements naturels contrôlés par lui. Cependant, il faut préciser, sous peine de se méprendre, que le privilège de l'agent libre n'est point de pouvoir choisir la fin qui correspond à sa forme mais les fins particulières, multiples et diverses par lesquelles il s'efforcera d'atteindre cette fin; celle-ci lui est assignée par sa nature qui apparaît comme première par rapport à sa liberté. Le processus rationnel de la finalisation confère alors une modalité singulière à la finalisation qui est commune à tous les mouvements de la nature.

Toute créature est ordonnée à la perfection de sa forme

Dans le cas des substances composées, la forme a pour rôle propre la détermination essentielle ou quidditative d'un étant ainsi que celui d'être *principium essendi* en tant qu'elle est réceptrice de l'*ipsum esse*. Elle constitue la substance comme substance : elle est, selon Thomas, le *complementum substantiae*, ce qui en assure la complétion. Ainsi conçue, la forme est ce par quoi la substance est un *quod est*. Or, par-delà la forme, qui fait qu'un être est tel être rentrant dans telle espèce déterminée, il faut considérer l'*esse* ou acte d'exister, qui fait que la substance ainsi constituée est un *ens* :

> L'être même est acte à l'égard de la forme. Car si l'on dit que dans les composés de matière et de forme, la forme est principe d'existence *(principium essendi)*, c'est parce qu'elle accomplit la substance dont l'acte est l'être même[1].

En ce sens, elle est *principium quo* d'existence et d'intelligibilité du *quod est* qu'est la substance totale composée de matière et de forme, mais elle est comme suspendue dans son existence au *principium quod* qu'est l'*ipsum esse*[2].

Dans les substances intellectuelles ou substances simples, la forme est le *quod est*, car c'est elle qui est la substance subsistante; l'*ipsum*

1. Cf. 2 *CG.*, cap. 54 : *Ad ipsam etiam formam comparatur ipsum esse ut actus : per hoc enim in compositis ex materia et forma dicitur forma esse principium essendi, quia est complementum substantiae, cujus actus est ipsum esse.*

2. Cf. 2 *CG*, cap. 54 : *In compositis ex materia et forma, nec materia nec forma potest dici ipsum quod est, nec etiam ipsum esse; forma tamen potest dici quo est, secundum quod est essendi principium : ipsa autem tota substantia est ipsum quod est, et ipsum esse est quo substantia denominatur ens.*

esse est, quant à lui, l'acte et ce par quoi la chose est, c'est-à-dire le *quo est.* Il n'y a ainsi dans ces substances qu'une seule composition de puissance et d'acte, celle de la substance elle-même et de l'*ipsum esse;* dans les substances concrètes, par contre, qui sont objets d'expérience sensible, deux compositions métaphysiques s'étagent en profondeur : celle de la matière et de la forme et celle de la substance constituée en sa substantialité avec l'acte d'exister[1].

Il y a corrélation entre la forme d'un étant et le principe, à savoir la fin, par lequel il est l'agent de telle action déterminée. Cette corrélation consiste en ce que chaque étant agit selon ce qu'il est, c'est-à-dire selon sa forme. La même forme apparaît alors comme ce par quoi un étant est tel et ce par quoi il est agent, en d'autres termes ce par quoi il est ordonné à telle fin. Celle-ci n'est pas la forme, sinon virtuellement. Par l'ensemble de ses actions, l'étant s'efforce de rejoindre cette fin où se trouve l'accomplissement, la perfection de ce qu'il est déjà, mais incomplètement par sa forme. Cela ne concerne que les étants corporels, évolutifs par nature, et qui parviennent par l'action seulement à leur réalisation plénière. Cependant, en tant que corporels, ces êtres sont corruptibles et ils disparaissent totalement sans espoir de retour :

> L'ordre de la nature veut en effet que tout ce qui est engendré naturellement soit soumis à la corruption à un moment déterminé[2].

Les montagnes, par exemple, pourtant fort solides, se désagrègent petit à petit : leur corruption est appelée translation en ce que leur désagrégation s'opère par une sorte de transfert de leurs parties. La terre également, bien que des plus stables, change peu à peu d'aspect :

> Sous les alluvions, elle disparaît insensiblement, dit le livre de Job (Jb 14,19b)[3].

1. Nous renvoyons à la réflexion d'Etienne Gilson, éclairante à ce propos : cf. *L'être et l'essence*, Paris, ^{2}1981, p. 81-123; *Le thomisme*, Introduction à la philosophie de saint Thomas d'Aquin, Paris, ^{6}1972, p. 169-189.

2. Cf. *Super Iob 9,5*, p. 59, lin. 104-106 : *Hoc enim habet naturae ordo ut omne quod naturaliter generatur etiam determinato tempore corrumpatur.* Cette affirmation de Thomas trouve son point d'ancrage dans le *De Caelo* d'Aristote (I, 28 / 282 b 4). Thomas cite explicitement ce passage en 2 *Sent.*, d. 20, q. 1, a. 1, arg. 2 : *Secundum Philosophum, omne generabile est corruptibile, et e converso, ut probat in I Caeli et mundi, text. 102. Sed corpora humana in primo statu erant incorruptibilia. Ergo videtur quod per generationem in esse non producerentur.*

3. Cf. *Super Iob 14,18-19*, p. 94, lin. 248-264 : *Postquam Iob suam sententiam de futura resurrectione posuerat, hic probabilibus rationibus eam munit, et prima ratio sumitur ex comparatione hominis ad inferiores creaturas, quae totaliter consumuntur absque spe reparationis. Omnia enim quae generantur corruptioni subiecta sunt, unde et montes, licet videantur firmissimi, tamen ex certis causis post aliqua temporum curricula dissolvuntur, et hoc est quod dicit* Mons cadens defluit*; saxa etiam, licet videantur fortissima, tamen vel per violentiam vel ex aliqua causa naturali exciduntur, et hoc est quod sequitur et* saxum transfertur de loco suo*; lapides etiam, licet videantur durissimi, tamen aquis excavantur, et hoc est quod subditur* lapides excavant aquae*; terra etiam, licet videatur stabilissima, tamen a*

Le mouvement de ces créatures vers leur fin est donc interrompu avant qu'elles n'aient pu atteindre leur terme : celui-ci est alors pour elles un objectif, un horizon. Parmi elles, l'homme constitue une exception : s'il se corrompt en son corps, l'être humain demeure pourtant le même, quant à son âme, laquelle transcende le genre des corps; c'est ainsi qu'un espoir de renouveau demeure. C'est là pour Thomas le sens des mots :

> Perdrais-tu donc aussi les hommes? (cf. Jb 14,19c)[1].

Ces données apparaissent comme des raisons probables alléguées en faveur de la résurrection au dernier jour, qui rend possible à la personne humaine son accomplissement dans la possession de la fin vers laquelle tend son existence.

Quand notre auteur dit que « tout a une disposition naturelle conforme à sa propre opération », cela signifie bien l'ordination foncière de l'étant, en raison de sa forme, à la fin pour laquelle il est fait. Tout étant est en effet ordonné à soi-même opérant, c'est-à-dire à soi-même enrichi par la fin, dans la mesure où par son action il l'atteint[2].

En tant qu'il est ordonné à la fin, c'est-à-dire à sa perfection, l'étant est bon. C'est en raison de sa forme, par quoi il est ce qu'il est, qu'il est bon, puisque le bien est une propriété de l'étant en tant que tel. Cependant, il est bon, non en tant que puissance à l'être, mais comme tendant vers la perfection que sa forme porte virtuellement en elle, c'est-à-dire vers le devenir par quoi il sera peu à peu enrichi de cette perfection.

Peut-on dire alors que la perfection de sa forme est pour l'étant sa fin dernière? Il faut ici se rappeler que chaque créature est partie d'un tout qu'est l'univers. Or son action, immédiatement ordonnée à son développement et à son accomplissement individuels, ne saurait être envisagée que comme insérée dans l'ensemble des actions effectuées par les autres parties de l'univers. Sa fin immédiate est par conséquent une partie de la fin totale qu'est la perfection de l'univers. C'est la fin de ce dernier qui, au-delà des fins particulières et immédiates des créatures, attire et fait agir tous les étants.

L'ensemble des créatures est ordonné à la perfection de l'univers

L'univers rassemble les actions de ses composantes en une finalité commune, qui est sa propre perfection. Celle-ci est constituée de

sua dispositione paulatim immutatur, et hoc est quod subditur et abluvione paulatim terra consumitur. Cf. également *Super Iob 9,5*, p. 59, lin. 106-111.

1. Cf. *Super Iob 14,18-19*, p. 94, lin. 265-275.

2. Le Père J.-H. Nicolas considère avec Cajetan que l'opération n'est pas à proprement parler la fin, mais que celle-ci est soi-même opérant (cf. « L'univers ordonné à Dieu par Dieu », p. 362).

l'ordre interne des choses qui sont ordonnées les unes aux autres : les moins nobles sont faites en vue des plus nobles comme le sens pour l'intellect. La fin ultime de tout agent naturel est alors le bien de l'univers, un bien parfait, nous dit S. Thomas dans son commentaire de l'*Ethique à Nicomaque*[1]. Ce bien est supérieur à celui de chaque partie car il est le bien du tout[2]. Or tout ce qui se trouve et tout ce qui intervient dans le monde est dépendant du bien de l'univers créé : il est voulu pour lui-même par Dieu et en tant que tel, toutes les créatures lui sont ordonnées[3].

On peut se demander en quel sens la perfection et l'ordre de l'univers constituent une fin. Il faut répondre que la création apparaît comme une fin à un double titre : au titre de *finis efficiendus* et à celui de *finis communicandus*[4]. En d'autres termes, elle est une fin qui résulte du bien de ses parties, et qui en même temps contribue à leur bien[5]. Quoique la perfection de l'univers, précise Thomas, dépende nécessairement de biens inhérents aux parties qui lui sont essentielles, cependant elle bénéficie également de la bonté de parties qui ont une place seconde : il n'y pas dans ce dernier cas de dépendance nécessaire[6]. A cette considération, ajoutons que le bien de l'ordre de la création est profitable, pourrait-on dire, à ses composantes, en tant qu'il est un bien commun. Selon cette perspective mise en lumière dans le *Super Iob*, les biens particuliers sont alors ordonnés au bien commun de l'univers, comme la partie au tout, comme l'imparfait au parfait. Cela doit être sérieusement pris en compte quand on essaie de saisir tant soit peu la façon dont les choses sont disposées par la providence divine : bien que toutes les réalités créées soient soumises à la providence divine et que de Dieu elles obtiennent leur grandeur en fonction de leur état, elles sont pourtant disposées selon des

1. Cf. *In Ethic.*, lib. 3, lect. 15 : *Finis autem ultimus agentis naturalis operantis est bonum universi quod est bonum perfectum.*

2. Cf. *De Subst. separat.*, cap. 10 : *Bonum universi potius esse quam bonum cujusque particularis naturae invenitur.* Cf. également 1 *CG*, cap. 70 : *Bonum ordinis universi nobilius est qualibet parte universi, cum partes singulae ordinentur ad bonum ordinis, qui est in toto sicut ad finem ut per Philosophum patet decimo secundo Metaph.*.

3. Cf. *Super ad Rom. 8,28*, lect. 6, n° 696 : *Quidquid fit in mundo, etiam si malum sit, cedit in bonum universi : [...] quia bonum universi est a Deo volitum secundum se, et ad ipsum ordinantur omnes partes universi.*

4. La distinction entre *finis efficiendus* et *finis communicandus* est empruntée à l'exposé de J. H. WRIGHT, *The Order of the Universe in the Theology of St. Thomas Aquinas*, Roma, 1957, p. 84.

5. Cf. J. H. WRIGHT synthétise ce point de vue : *The good of the universe exceeds every other created good. This good is found formally in the order of the universe which makes an integral good of all the parts of the universe. The good of this order is an end both in the sense that it results from their individual contributions and in the sense that it is a common good which is a source of goodness for its parts* (cf. *The Order of the Universe*, p. 86). Cf. aussi O. BLANCHETTE, « The Four Causes as Texture of the Universe », *LTP* 25 (1969) 59-87, ici p. 78-80.

6. Cf. 1 *CG*, cap. 86 : *Perfectio autem universi, licet ex aliquibus particularibus bonis ex necessitate dependeat, quae sunt essentiales partes universi, ex quibusdam tamen non dependet ex necessitate, sed tamen ex eis aliqua bonitas vel decor accrescit universo : sicut ex his quae sunt solum ad monimentum, vel decorem aliarum partium universi.*

modalités différentes; celles-ci sont liées au rapport que les choses entretiennent avec l'univers[1].

La perfection de l'univers suffit-elle à expliquer sa finalisation ou est-il lui-même ordonné à une autre fin qui lui serait extrinsèque? En d'autres termes, la bonté qu'est l'ordre universel se déploie-t-elle par elle-même et pour elle seule ou tire-t-elle sa bonté de son ordination à un autre bien, supérieur? Ce questionnement, précisons-le, ne concerne pas la finalité de l'acte créateur, mais bien plutôt celle de toute créature dans l'univers. Or, selon Thomas d'Aquin, « il est manifeste que dans l'universalité totale des créatures il n'en est pas une qui ne soit bonne par participation. Il faut donc que ce bien qui est la fin de tout l'univers soit extrinsèque à l'univers lui-même »[2]. Il s'agit là du bien divin auquel tend chaque être pour lui ressembler et dans le cas des créatures rationnelles pour lui être unies par la connaissance et par l'amour. La perfection intrinsèque de l'univers ne peut donc être la fin dernière de toutes les réalités qui le composent, parce qu'il n'est qu'un bien participé, c'est-à-dire tout ordonné à la bonté souveraine de Dieu.

Dieu, en sa bonté souveraine, est la fin ultime de tout être

L'*Expositio super Iob* est marquée en profondeur par la thématique, fondamentale selon la foi chrétienne, de la finalisation de toutes choses à Dieu, une thématique particulièrement développée également dans la *Summa contra Gentiles*. Notre auteur introduit au gré de son commentaire la considération d'un ordre du bien, c'est-à-dire d'une hiérarchie des biens et des fins selon un ordre de participation au bien souverain : en cela, il n'est pas sans être redevable à la tradition néoplatonicienne. Il développe sa réflexion en prenant en compte deux notions connexes, le bien et l'appétit, dont il emprunte l'étude à Aristote.

Cette thématique, avec toutes ses implications, ne saurait être dégagée à sa juste mesure si elle n'est pas envisagée dans le cadre de ce que l'on pourrait appeler une herméneutique générale, affleurante au commentaire de Job. Celle-ci est structurée par deux jugements fondamentaux, inséparables l'un de l'autre : Dieu est principe de tout être et Dieu est bonté suprême de tout être; autrement dit, c'est du double registre de la causalité efficiente et de la causalité finale qu'il s'agit ici[3]. Pour signifier le premier jugement, Thomas se référera de

1. Cf. *Super Iob 7,17*, p. 50, lin. 362-371.

2. Cf. Ia, q. 103, a. 2, c. : *Manifestum est autem quod in tota universitate creaturarum nullum est bonum quod non sit participative bonum. Unde illud bonum quod est finis totius universi, oportet quod sit extrinsecum a toto universo.*

3. Si la perspective de cette herméneutique est présente dans le commentaire de Job, elle ne l'est pas moins dans les livres 2 et 3 du *Contra Gentiles* : le livre 2 traite de la « sortie » ou de la procession des créatures à partir de Dieu. Après quelques réflexions préliminaires (1-4), est annoncé au chapitre 5, un plan tripartite : d'abord la production

préférence, dans l'*Expositio*, au Dieu créateur et auteur du monde (*factor mundi*); il dira par exemple que « Dieu ayant tout créé et gouvernant toute chose, tous les hommes reçoivent de lui quelque chose comme en héritage de leur père »[1]. Sur le registre de la causalité finale, prédomine la ligne conceptuelle du *summum bonum*[2].

En tant que bonté souveraine, Dieu est la fin transcendante de chaque créature et il lui donne sa perfection spécifique. Cette dernière est à la ressemblance de la perfection divine qui est sa cause efficiente et formelle. La conjonction de ces deux causalités s'explique par l'exigence propre de la causalité efficiente selon laquelle toute efficience tend à assimiler l'effet à sa cause[3]. Il faut néanmoins préciser que la similitude que l'on reconnaît entre Dieu et les créatures ne consiste pas tant en la communauté d'une forme semblable selon la perfection générique ou spécifique, mais selon un rapport analogique : Dieu est par essence, alors que les créatures sont par participation. De cette façon, elles lui sont assimilées comme au premier et universel principe de tout être[4]. Le concept de ressemblance est de grande importance pour notre propos, car il établit le lien entre les concepts de principe et de fin ou de bonté : il apparaît de la sorte comme le point d'insertion d'une théologie existentielle qui retiendra particulièrement notre attention.

Approfondissement de la notion de bonum

Quand Thomas d'Aquin précise la notion de bien, il se réfère à la définition du premier livre de l'*Ethique à Nicomaque* :

des êtres (6-38), ensuite leur distinction (39-45), enfin la nature de ces êtres créés et distincts (46-101). Le thème général du livre 3 est celui de la providence de Dieu (cf. J.-P. TORRELL, *Initiation*, p. 166-169).

1. Cf. *Super Iob 27,13*, p. 149, lin. 147-149 : *Est autem considerandum quod cum Deus sit creator omnium et gubernator, omnes ab eo suscipiunt aliquid quasi hereditatem suam a patre.* De nombreuses autres références pourraient être citées qui désignent Dieu comme Créateur, comme *factor mundi*, ayant produit toute chose par sa sagesse; par exemple *Super Iob 34,13*, p. 180, lin. 126-141 : *Quod autem in Deo non sit iniustitia probat primo quidem ex hoc quod si ipse iniustus esset nusquam iustitia reperiretur, quia ad ipsum pertinet universale iudicium omnium, unde subdit* Quem constituit alium super terram?, *quasi dicat : numquid credendum est quod aliquis sit constitutus a Deo qui iuste iudicet omnem terram, si apud ipsum sit iniquitas? Ideo autem dicit credendum non esse quod alius terram iudicet quia idem est factor mundi et gubernator, ita nullum alium praeposuit gubernationi mundi, et hoc est quod subdit* Aut quem posuit super orbem quem fabricatus est, *idest totius orbis gubernatorem? quasi dicat « nullum », quia sicut ipse per se ipsum orbem fabricatus est, ita etiam per se ipsum orbem gubernat et iudicat.*

2. A propos du registre de la causalité finale, comme pour celui de la causalité efficiente, de nombreuses occurrences peuvent être mentionnées; elles seront identifiées progressivement au cours de notre étude. Retenons, en guise d'illustration, un passage du commentaire de Jb 10,3 : *Deus qui est summe bonus odit ea quae contra se fiunt et ipsa disperdit* (p. 69, lin. 102-103).

3. Cf. B. MONDIN, « Il principio "omne agens agit simile sibi" e l'analogia dei nomi divini nel pensiero di S. Tommaso d'Aquino », *DTP* 63 (1960) 336-348.

4. Cf. Ia, q. 4, a. 3, ad 3 : *Ad tertium dicendum quod non dicitur esse similitudo creaturae ad Deum propter communicantiam in forma secundum eandem rationem generis et speciei : sed secundum analogiam tantum; prout scilicet Deus est ens per essentiam, et alia per participationem.*

Le bien est ce que toutes choses désirent[1].

De cette définition, il retient la connexion entre le bien et l'appétit. Par exemple, au sujet du verset, « Que périsse le jour où je suis né et la nuit au cours de laquelle il a été dit qu'un homme fut conçu » (Jb 3,3), le frère dominicain note qu'être et vivre constituent un bien désirable en soi ; toutefois, être et vivre dans la misère doit être en un certain sens repoussé, bien que parfois se trouver dans une condition de misère puisse avoir un attrait en vue d'une fin déterminée. Il n'en demeure pas moins qu'une existence traversée par le malheur, dans la mesure où elle n'est pas ordonnée à une fin bonne, ne saurait d'aucune manière être désirée[2].

Au point de départ de la théorie de l'appétit et du bien, il y a l'expérience du désir dans l'homme, qui, nous l'avons vu, est d'ordre psychologique. Cela ne signifie cependant pas que cette théorie soit la projection dans les choses d'une expérience psychologique ; c'est en fait d'une analyse métaphysique de cette expérience que naît la conception de l'appétit, envisagé comme l'inclination d'un étant vers sa fin qui est un bien. Cela justifie l'extension à tout étant de ce principe universel du mouvement qu'est l'appétit[3]. Tout étant corporel est évolutif : entre le moment où il est et le moment où il est achevé dans l'être, il s'écoule un intervalle durant lequel il se meut vers sa propre perfection. Par ses opérations, il développe les virtualités qui se trouvent en lui, précisément dans la forme par laquelle il est ce qu'il est et par laquelle il est ouvert à devenir parfait dans la ligne de ce qu'il est déjà. A la source de ce mouvement, il y a l'ordination à la fin inscrite en la forme même selon laquelle il est, étant actualisé par l'être substantiel.

Le verbe *appetere*, présent dans la définition *bonum est quod omnia appetunt*, doit donc être traduit par « tendre vers » : il signifie alors une tendance inscrite au cœur de l'étant, en sa forme constitutive. Le terme *appetibile*, « être attirant », rencontré dans l'exposition de Jb 3,3, se laisse plus aisément dépouiller de la note psychologique qui l'affecte dans le langage courant. En outre, même sur le registre langagier de la psychologie, il apparaît quelque peu restreint pour décrire le bien : le désir en effet s'arrête quand il est comblé, alors que ce qui était désiré, dont on jouit maintenant, demeure un bien.

1. Cette définition est présente par exemple en 1 *CG*, cap. 37, ou encore dans la Ia, q. 5, a. 1, c. : *Ratio enim boni in hoc consistit, quod aliquid sit appetibile : unde Philosophus in I* Ethic., *dicit quod bonum est « quod omnia appetunt »*. Le texte d'Aristote est le suivant : Διὸ καλῶς ἀπεφήναντο, οὗ πάντ' ἐφίεται (cf. *Ethic.*, I, 1 /1049 a 3). Thomas le commente ainsi : *Considerandum est, quod bonum numeratur inter prima : adeo quod secundum Platonicos, bonum est prius ente. Sed secundum rei veritatem bonum cum ente convertitur. Prima autem non possunt notificari per aliqua priora, sed notificantur per posteriora, sicut causae per proprios effectus. Cum autem bonum proprie sit motivum appetitus, describitur bonum per motum appetitus, sicut solet manifestari vis motiva per motum. Et ideo dicit, quod philosophi bene enunciaverunt, bonum esse id quod omnia appetunt* (*In Ethic.*, I, 1, 9).

2. Cf. *Super Iob 3,3*, p. 21, lin. 79-89.

3. Cf. Ia, q. 5, a. 1, note 1 (t. 1, éd. du Cerf, Paris, 1990, p. 186-187).

Le deuxième pôle, celui du *bonum*, doit être appréhendé en fonction de la signification du premier pôle, celui de l'*appetere* et de l'*appetibile*. Dans le cas où la notion de perfection est liée au *bonum* et où l'on considère la tension des étants vers cette perfection, le terme du mouvement appétitif est non pas précisément la chose qui attire, mais l'étant lui-même, rendu parfait par elle. Tendre vers sa perfection n'implique pas que ce vers quoi l'on tend soit parfait en lui-même : l'étant vise sa perfection dans le sens où il recherche son accomplissement dans l'être. Il faut donc traduire *bonum* par « le bon » ou « l'étant bon ». Dans cette ligne notamment, peut être comprise l'expression thomasienne « toute chose désire sa fin »[1]. Cependant, *bonum* peut désigner la chose même qui attire l'étant : il est traduit alors par le mot « bien ». C'est ce à quoi renvoie Thomas quand il dit que « l'homme par son intelligence saisit le bien éternel, d'où il le désire naturellement »[2].

Le passage de l'être au bien est possible si l'on considère que le bien est l'être en tant qu'il exerce un attrait à l'égard d'une volonté ou, plus généralement, d'un appétit. Au plan de la réalité (*secundum rem*), le bien est constitué par l'être, surtout par la perfection de l'être; la distinction entre l'être et le bien se trouve par conséquent uniquement au niveau de la raison. La raison forme ainsi le concept complexe de ce qui existe et qui, en tant que tel, possède une relation de valeur à l'égard d'un appétit[3].

Dans ce cadre-là, la tradition néoplatonicienne a soulevé une question que reprend S. Thomas dans la *Somme de théologie*, en particulier :

> Le bien est-il logiquement *(secundum rationem)* antérieur à l'être ?[4].

La question concerne l'ordre qu'il faut établir entre les pensées, un ordre qui corresponde aux exigences de la raison.

> On doit dire premier en raison, répond le frère dominicain, ce qui vient en premier dans la conception de notre intelligence. Or tel est l'être[5].

Puisque rien n'est susceptible d'être connu que selon qu'il est en acte, l'être, étant l'actualité de toutes choses, est l'objet de l'intelligence et donc intelligible premier : il précède ainsi le bien. Cette approche est fondamentalement tributaire de la façon qu'a Thomas de comprendre

1. Cf. *Super Iob 37,11*, p. 195, lin. 159.
2. Cf. *Super Iob 14,21*, p. 95, lin. 318-320.
3. Cf. Ia, q. 5, a. 1, c. : *Manifestum est autem quod unumquodque est appetibile secundum quod est perfectum : nam omnia appetunt suam perfectionem. Intantum est autem perfectum unumquodque, inquantum est actu : unde manifestum est quod intantum est aliquid bonum, inquantum est ens : esse enim est actualitas omnis rei, ut ex superioribus patet (cf. Ia, q. 3, a. 4; q. 4, a. 1, ad 3). Unde manifestum est quod bonum et ens sunt idem secundum rem : sed bonum dicit rationem appetibilis, quam non dicit ens.*
4. Cf. Ia, q. 5, a. 2 : *Utrum bonum secundum rationem sit prius quam ens ?.*
5. Cf. Ia, q. 5, a. 2, c. : *Illud ergo est prius secundum rationem, quod prius cadit in conceptione intellectus. Primo autem in conceptione intellectus cadit ens.*

le concept de bien : parce qu'il ajoute une relation au concept d'être, il est secondaire et plus complexe.

La tradition néoplatonicienne, représentée notamment par le Pseudo-Denys, a insisté quant à elle sur la bonté de Dieu : cette position théologique qui ne contredit pas nécessairement l'affirmation philosophique de la primauté de l'être, est intégrée dans la réflexion thomasienne[1]. Denys estime, d'après Thomas, que le premier nom de Dieu est celui de bonté[2]. Il considère également Dieu comme la cause

1. Parmi les théologiens grecs, le Pseudo-Denys est celui qui exerça la plus grande influence sur Thomas d'Aquin et ses contemporains (cf. J. A. WEISHEIPL, *Friar Thomas d'Aquino*, His Life, Thought and Works, with Corrigenda and Addenda, Washington, 1982, p. 173). Notre auteur découvrit très tôt les écrits de Denys, puisque très vraisemblablement il assista aux cours d'Albert le Grand qui commenta le corpus dionysien, alors qu'il était à Paris et à Cologne entre 1245 et 1252. Les commentaires dionysiens d'Albert nous furent transmis dans un manuscrit de Naples (cf. Bibl. Naz. I. B. 54), dont la particularité est d'avoir été écrit par S. Thomas lui-même qui était durant quelques années secrétaire d'Albert (G. THÉRY, « L'autographe de S. Thomas conservé à la Biblioteca Nazionale de Naples », *AFP* 1 (1931) 15-86; M. GRABMANN, « Die Autographe von Werken des hl. Thomas v. Aquin », *Hist. Jahrb.*, t. LX, 1940, p. 514-537). A Paris, Thomas aurait suivi le cours sur la *Hiérarchie céleste*, comme en témoigne la configuration de ce commentaire dans le manuscrit de Naples : lui seul en effet est divisé en *peciae*, c'est-à-dire en cahiers destinés à accélérer la reproduction par les copistes, selon un usage déjà en vigueur à Paris avant 1250, mais inconnu à Cologne dont l'université n'était pas encore fondée. La manière dont les « pièces » sont identifiées est d'ailleurs typiquement parisienne : on trouve une inscription en grosses lettres dans la marge supérieure du premier feuillet de chacune (cf. J.-P. TORRELL, art. « Thomas d'Aquin », *DS*, t. 15, 1991, col. 723-724; *Initiation à saint Thomas d'Aquin*, p. 31-33). Thomas présenta donc le commentaire d'Albert selon la manière parisienne. A Cologne, il mit au net ses notes de cours sur les *Noms divins*. Lui-même rédigea plus tard un commentaire de l'œuvre dyonisienne : d'aucuns, tels Walz, considèrent que ce commentaire fit l'objet d'un cours donné au couvent St-Dominique d'Orvieto en 1261, auquel cas il serait pour ainsi dire contemporain de l'*Expositio super Iob* (cf. A. WALZ, *Saint Thomas d'Aquin*, adaptation française par P. NOVARINA, « Philosophes médiévaux 5 », Louvain-Paris, 1962, p. 132-134); pourtant, faut-il plutôt envisager que Thomas composa ce commentaire à Rome entre 1265 et 1267 (cf. J.A. WEISHEIPL, *Friar Thomas d'Aquino*, p. 174 et 382; J.-P. TORRELL, *Initiation à saint Thomas d'Aquin*, p. 185-186). Dans le commentaire thomasien du livre de Job, l'édition léonine identifie 14 références au corpus dionysien, dont 7 aux *Noms divins*. Le nombre limité de références ne signifie cependant pas qu'il faille minimiser l'influence dionysienne dans le *Super Iob* : Denys y apparaît en effet comme un interlocuteur de Thomas, même s'il n'est pas mentionné explicitement : cela est repérable dans la mise en lumière que fait l'Aquinate de la hiérarchie des fins et des biens (cf. F. O'ROURKE, *Pseudo-Dionysius and the metaphysics of Aquinas*, Leiden-New York, 1992; cf. également I. E. M. ANDEREGGEN, *La metafisica de santo Tomás en la Exposicíon sobre el "De Nominibus" de Dionisio Areopagita*, Diss. PUG, Roma, 1988; M. B. EWBANK, « Remarks on Being in St. Thomas "Expositio de divinis nominibus" », *AHDLMA* 56 (1989) 123-149).

2. Cf. Ia, q. 5, a. 2, arg. 1 : *Ordo enim nominum est secundum ordinem rerum significatarum per nomina. Sed Dionysius, inter alia nomina Dei, prius ponit bonum quam ens, ut patet in 3 cap.* De Div. Nom. *Ergo bonum secundum rationem est prius quam ens.* Notons que Thomas, à la suite d'Albert, utilisait comme traduction de base du corpus dionysien, celle de Jean Sarrazin (vers 1167). Par ailleurs, il avait recours à la *vetus translatio* de Jean Scot Erigène datant de 860-862, celle d'Hilduin, abbé de Saint-Denys, n'ayant pas eu de diffusion. En fait, notre auteur se trouvait devant un ensemble désormais aggloméré de versions, de scolies, de gloses interlinéaires ou marginales, de résumés (*extracta*), de commentaires (*expositiones*) qui, se recoupant les uns les autres, constituaient un matériau très dense; le commentaire d'Hugues de Saint-Victor sur la *Hiérarchie céleste*, par exemple, faisait autorité. La multiplication des versions et des traductions des œuvres de Denys fut favorisée par la diffusion très étendue dont celles-ci jouirent dans le cadre du renouveau des lectures patristiques orientales au XIIe siècle (cf. M.-D. CHENU,

de tout être et comme cause, Dieu n'est connu qu'en tant qu'il produit des effets. Il se place ici au plan existentiel de la création actuelle : c'est la bonté divine qui met en mouvement le tout. La création est donc insérée dans un dynamisme dont Dieu est la source et le but[1].

Il ne reste pas moins vrai que si l'on veut réfléchir sur ce dynamisme, les exigences de la raison doivent être respectées. Ainsi, *secundum rationem*, la notion de bien doit être réduite à celle d'être. Au niveau de Dieu, sa bonté s'enracine dans son être auquel participe l'homme en vertu de la création et de la grâce[2]. C'est dans cette ligne que S. Thomas approfondit l'intuition néoplatonicienne.

Notre auteur met en relief, dans la *Prima pars*, q. 5, a. 4, la définition du bien qui, comme objet de désir, est cause finale : les conditions selon lesquelles s'exerce la causalité finale retiennent plus spécialement son attention. Leur examen montre que la bonté ne s'achève pleinement que si elle dispose de la capacité de se communiquer aux autres selon la structure de son être. Elle présuppose donc la causalité efficiente et la causalité formelle[3].

Ce qui est premier dans l'exercice de la causalité est dernier dans le résultat; par exemple le feu échauffe le bois avant de lui communiquer sa forme de feu, bien que, dans le feu, la chaleur soit une émanation de sa forme substantielle. Or, dans l'ordre de causalité, ce qui est premier c'est le « être bon », la fin, qui met en action la cause efficiente; ensuite, l'action de cette cause meut à la forme; enfin intervient la forme. Dans l'effet, par contre, l'analyse révélera un ordre inverse : on trouvera d'abord la forme, par laquelle l'étant est ce qu'il est; dans cette forme, on discerne ensuite une vertu active, qui appartient à l'être en tant

Introduction à l'étude de saint Thomas d'Aquin, Paris, ³1974, p. 192-196; J.A. WEISHEIPL, *Friar Thomas d'Aquino*, p. 173-174; cf. aussi H.-F. DONDAINE, *Le Corpus dionysien de l'Université de Paris au XIIIe siècle*, Rome, 1953).

1. Cf. Ia, q. 5, a. 2, ad 1 : *Ad primum ergo dicendum quod Dionysius determinat de Divinis Nominibus secundum quod important circa Deum habitudinem causae : nominamus enim Deum, ut ipse dicit (cf.* De Div. Nom., *cap. 4, § 7), ex creaturis, sicut causam ex effectibus. Bonum autem, cum habeat rationem appetibilis, importat habitudinem causae finalis : cuius causalitas prima est, quia agens non agit nisi propter finem, et ab agente materia movetur ad formam : unde dicitur quod finis est causa causarum. Et sic, in causando, bonum est prius quam ens, sicut finis quam forma : et hac ratione, inter nomina significantia causalitatem divinam, prius ponitur bonum quam ens.*

2. Thomas, à la différence de Denys et des néo-platoniciens, ne voit pas dans l'être une participation du bien, mais il considère le bien comme un aspect de l'être. C'est ainsi que dans son commentaire du *Liber de Causis*, il souligne que Dieu est cause première en tant qu'*ipsum esse infinitum* : *Causa prima secundum Platonicos quidem est supra ens, in quantum essentia bonitatis et unitatis, quae est causa prima, excedit etiam ipsum ens separatum; sed, secundum rei veritatem, causa prima est supra ens, inquantum est ipsum esse infinitum* (cf.Prop. 6, lect. 6, n° 175).

3. Cf. Ia, q. 5, a. 4, c. : *Cum bonum sit quod omnia appetunt, hoc autem habet rationem finis; manifestum est quod bonum rationem finis importat. Sed tamen ratio boni praesupponit rationem causae efficientis, et rationem causae formalis.* Dans le *De ver.*, q. 21, a.1, ad 4, Thomas indique ce qu'il faut entendre par notion de bien (*ratio boni*); il compare pour cela la cause efficiente et la cause finale : *Effectus participat causam efficientem secundum assimilationem formae tantum, sed finem consequitur res secundum totum esse suum, et in hoc consistebat ratio boni.*

qu'il est achevé, car un être n'est achevé que lorsqu'il peut produire son semblable; enfin il en résulte la bonté, par laquelle l'étant est établi dans sa perfection[1].

Cela comporte une double application : d'une part, un être n'est parfaitement bon que s'il possède la consistance de sa propre nature, que s'il est pleinement actif — ce qui veut dire idéalement qu'il est capable de produire un autre être semblable à lui-même — et que s'il s'achève ainsi dans la perfection de son être. D'autre part, dans le domaine du procès vers la perfection, c'est-à-dire vers le bien à réaliser, l'ordre est inverse : la fin domine tout le mouvement; c'est elle qui incite l'agent à agir et qui détermine quelle sera la nature de l'effet produit par cet agent afin d'obtenir la fin.

Cette conception se trouve cristallisée dans une expression que notre auteur emprunte à Denys tout en modifiant son sens :

> *Bonum est diffusivum sui esse* (« Le bien est communicatif de soi »)[2].

Dire cela, c'est faire allusion non pas directement à une action effective, mais à l'influence d'une fin; car c'est la fin qui porte à agir et ainsi se répand le bien[3]. Selon F. O'Rourke, lorsque Thomas interprète l'axiome *bonum est diffusivum sui esse* dans le sens de la causalité finale, il souligne peut-être plus fortement que Denys le point de vue de la primauté du bien. C'est en effet comme cause finale, c'est-à-dire

1. Cf. Ia, q. 5, a. 4, c. : *Videmus enim quod id quod est primum in causando, ultimum est in causato : ignis enim primo calefacit quam formam ignis inducat, cum tamen calor in igne consequatur formam substantialem. In causando autem, primum invenitur bonum et finis, qui movet efficientem; secundo, actio efficientis, movens ad formam; tertio advenit forma. Unde e converso esse oportet in causato : quod primum sit ipsa forma, per quam est ens : secundo consideratur in ea virtus effectiva, secundum quod est perfectum in esse (quia unumquodque tunc perfectum est, quando potest sibi simile facere, ut dicit Philosophus in IV* Meteor. *(III, 1/ 380 a 12) : tertio consequitur ratio boni, per quam in ente perfectio fundatur.*

2. cf. Ia, q. 5, a. 4, arg. 2 : *Praeterea, bonum est diffusivum sui esse, ut ex verbis Dionysii accipitur, quibus dicit quod « bonum est ex quo omnia subsistunt et sunt » (cf.* De Div. Nom.*, cap. 4, § 4 /* PG *3, 700). Sed esse diffusivum importat rationem causae efficientis. Ergo bonum habet rationem causae efficientis.* L'expression *bonum est diffusivum sui esse* ne se trouve pas telle quelle chez le Pseudo-Denys, mais tous les auteurs médiévaux, pour ainsi dire, l'attribuent au théologien grec. D'ailleurs les éditeurs de S. Thomas, ceux d'Albert le Grand, et les Franciscains de Quaracchi pour Alexandre de Halès, renvoient à propos de cet axiome au chapitre 4 du *De Div. Nom.* de Denys (cf. J. PÉGHAIRE, « L'axiome « bonum est diffusivum sui » dans le néoplatonisme et le thomisme », *Revue de l'Université d'Ottawa*, 1, 1932, Section Spéciale, p. 6). Cette formule est vraisemblablement frappée à partir des lignes qui ouvrent le chapitre 4 du *De Div. Nom* : « ...agathon hôs ousiôdes agathon eis panta ta onta diateinei tèn agathotèta » (cf. § 1, no 95). La traduction latine de ce passage, utilisée par Albert le Grand et Thomas, est la suivante : *...ea quae est bonum ut substantiale bonum, ad omnia existentia extendit bonitatem.* Dans la *prima pars*, q. 5, a. 4, arg. 2 que nous venons de citer, Thomas explicite l'axiome en question par une référence empruntée au chap. 4, § 4 du *De Div. Nom.* Cela tendrait à prouver que Thomas a conscience que cette formule est dérivée de Denys plutôt que prise directement de ses œuvres (cf. F. O'ROURKE, *Pseudo-Dionysius and the metaphysics of Aquinas*, Leiden-New York, 1992, p. 242). On verra également à ce sujet P. FAUCON, *Aspects néoplatoniciens de la doctrine de saint Thomas d'Aquin*, Diss. Univ. Strasbourg (1970), Paris-Lille, 1975, p. 107-163 en particulier.

3. Cf. Ia, q. 5, a. 4, ad 2 : *Bonum dicitur diffusivum sui esse, eo modo quo finis dicitur movere.*

en tant qu'instance suprême de bonté identique à la plénitude de l'être, que Dieu crée et aime toutes choses. Si Thomas peut incorporer la primauté néoplatonicienne du bien dans sa propre perspective marquée par la priorité accordée à l'être, c'est par référence au concept de Dieu comme *ipsum esse per se subsistens*, cause efficiente et cause finale[1].

Dieu est la bonté suprême de tout être

Dans le contexte du chapitre 11 du livre de Job, où Sophar montre ce que la sagesse divine contient d'incompréhensible, Thomas fait remarquer que dans la création on trouve des traces de Dieu — des *vestigia Dei* — par lesquelles l'homme a une certaine connaissance du Créateur. Sophar s'adresse d'ailleurs à Job en ces termes :

> Peut-être comprendras-tu les traces de Dieu ? (Jb 11,7a).

La métaphore des *vestigia* appliquée aux œuvres divines signifie qu'elles sont comme la route de Dieu et que la production des créatures apparaissent comme une marche de Dieu vers elles. Or le motif de la production de toutes choses n'est autre que la bonté de Dieu qui procède à partir de lui-même, où elle existe de façon absolue (*simpliciter*) et suprême, en dérivant graduellement vers ses effets[2].

Ces données, loin d'être isolées dans l'ensemble du commentaire thomasien, expriment ce qu'est l'ordre de participation des créatures à la bonté de Dieu qui est l'objet de l'universelle tendance de tout être, en d'autres termes fin ultime de tout être.

> La bonté divine est le bien suprêmement désirable parce qu'il est le rayonnement d'une perfection qui s'est montrée infiniment dynamique, qui a choisi de se communiquer et se communique effectivement selon une mesure dont elle est elle-même la raison dernière[3].

Par nature, le bien de tout être est son acte et sa perfection. Dans la mesure où un être agit, il est en acte et il répand l'être et la bonté sur d'autres étants. Le signe de la perfection pour un être réside dans le fait qu'il est capable de produire son semblable, comme l'enseigne Aristote dans le quatrième livre des *Météores*. L'agent comme tel est pour son effet un attirant et a de la sorte raison de bien. Celui-ci constitue une fin qui pousse l'agent lui-même à agir : dans ce sens le

1. Cf. *Pseudo-Dionysius and the metaphysics of Aquinas*, p. 245 : *In his concept of God as* Ipsum Esse Subsistens, *efficient and final cause, Aquinas can incorporate the Neoplatonist primacy of Good into his own priority of Being by attributing causal priority to God as universal end of all things. Indeed, by giving priority precisely to finality, he emphasises even more strongly Dionysius" own view of the primacy of the Good. For Aquinas, it is as final cause, i.e. as the supreme instance of Goodness (because identical with the fullness of Being) that God creates and loves all things. Indeed, Aquinas thus goes further than Dionysius in giving precedence universally to goodness by interpreting the diffusion of the Good as the principle of finality itself — the first and final reason why beings are created.*

2. Cf. *Super Iob 11,7*, p. 76, lin. 103-114.

3. Cf. G. LAFONT, *Structure et méthode dans la Somme Théologique de S. Thomas d'Aquin*, Paris, 1961, p. 53.

bien est diffusif de soi. Puisque Dieu, l'être lui-même subsistant par soi, est cause efficiente de tous les êtres, il lui appartient de répandre le bien sur eux tous, en tant qu'il est bon souverainement et qu'il est leur fin ultime[1].

Le bien est donc attribué à Dieu de telle sorte que les perfections désirables par tous les êtres découlent de lui comme de leur cause première. Si elles découlent de Dieu, ce n'est pas comme d'un agent univoque mais comme de celui qui ne se rencontre avec ses effets ni dans la communauté de la forme spécifique ni dans celle de la forme générique. Dans une cause univoque, la similitude de l'effet se trouve au même niveau de perfection formelle, ce qui n'est pas le cas dans une cause équivoque où la similitude apparaît selon un mode plus excellent. Cela permet de rendre compte du fait que la bonté, étant en Dieu comme dans la cause première non univoque de toutes choses, se trouve en lui souverainement :

> *Deus est ipsa essentia bonitatis*[2].

Il ne saurait ainsi y avoir quelque mal que ce soit en celui qui est le bien souverain, comme le souligne le commentaire thomasien de Jb 10,3 :

> Te semble-t-il bon de me chercher querelle et de m'opprimer, moi l'œuvre de tes mains, et d'accorder ton aide aux desseins des impies ?.

Ce sont là les termes dans lesquels Job, affligé, s'exprime à l'égard de Dieu, cherchant à découvrir le motif de l'épreuve qui l'assaille. Dans quelle mesure Dieu est-il intervenu dans le déploiement de la souffrance de Job ? Agirait-il de la même manière que les juges humains qui condamnent des innocents ? En fait, la calomnie, l'abus de pouvoir et l'intervention d'un tiers, trois éléments requis pour condamner un non-coupable, ne se trouvent point en Dieu. Tout être repousse en effet ce qui lui est nuisible ; or Dieu, le bien suprême, rejette le mal, qui lui est contraire, et il ne fait jamais rien qui ne lui paraisse bon, ce dont Job a une vive conscience : l'homme, étant œuvre divine, n'est donc d'aucune manière rejeté. De plus, Dieu tient à accomplir la volonté des justes et il n'encourage pas les entreprises des méchants qui calomnient et oppriment l'innocent surtout quand ils agissent

1. Cf. 1 *CG*, cap. 37 : *Communicatio esse et bonitatis ex bonitate procedit, quod quidem patet ex ipsa natura boni, et ex ejus ratione; naturaliter enim bonum uniuscujusque et actio est perfectio ejus. Unumquodque autem ex hoc agit quod actu est : agendo autem esse et bonitatem et alia diffundit. Unde et signum perfectionis est alicujus quod simile sibi possit producere, ut patet per Philosophum in quarto Meteororum. Ratio vero boni est ex hoc quod est appetibile, quod est finis, quae etiam movet agentem ad agendum; propter quod dicitur bonum esse diffusivum sui esse. Haec autem diffusio Deo competit; ostensum est enim supra (cf. cap. 13), quod Deus est aliis causa essendi, sicut per se ens necesse. Est igitur vere bonus.*

2. Cf. *Super Iob 17,3*, p. 106, lin. 55 ; *36,5*, p. 188, lin. 50.

délibérément. Ainsi Job, qui a fait montre de son innocence, n'est pas affligé par Dieu[1].

Si le mal ne peut donc avoir place en Dieu c'est parce qu'il est contraire à la bonté qui est l'essence divine. Ce qui est opposé à l'essence d'une chose ne peut absolument pas coexister avec elle tant qu'elle subsiste. Dans ce sens, ni l'être, ni la bonté et rien de ce qui est dit par essence ne peuvent admettre quelque mélange, bien que ce qui existe ou ce qui est bon puisse avoir quelque chose en dehors de l'acte d'être et de celui de la bonté; autrement dit, le sujet d'une perfection peut l'être d'une autre. En Dieu qui est la bonté même, il n'y a rien qui ne soit bon[2].

> Ce serait contraire à sa divinité, souligne notre auteur à propos de Jb 34,10, que Dieu soit en faveur de l'impiété et contraire aussi à sa toute-puissance qu'il incline à l'injustice[3].

L'Etre divin lui-même, considéré dans son infinie perfection et dans sa souveraine bonté, veut nécessairement cet être et cette bonté, et il ne saurait vouloir ce qui leur est contraire. Il veut son être et sa bonté à titre d'objet principal, et comme la raison qu'il a de vouloir les autres choses. Par conséquent, dans tout ce que Dieu veut, il veut son être et sa bonté. Mais il est impossible, par ailleurs, que Dieu ne veuille pas quelque chose d'une volonté actuelle, car il n'aurait alors la volonté qu'en puissance seulement; cela n'est pas envisageable parce que sa volonté est son exister. Dieu veut donc nécessairement son exister propre et sa propre bonté[4]. Les volontés des autres natures, qui ne sont pas le bien lui-même, sont à ce bien comme la puissance à l'acte et plus elles y adhèrent plus elles sont stables dans le bien. Ainsi les anges sont-ils plus stables dans le bien que les autres créatures parce qu'ils sont plus proches de Dieu, le contemplant plus profondément et adhérant davantage à celui qui est la bonté même[5].

Dire que « Dieu est l'essence même de la bonté », c'est affirmer que celle-ci n'est pas surajoutée à sa substance, mais que sa substance est sa bonté[6]. Dieu seul a selon son essence la perfection totale, ce en quoi

1. Cf. *Super Iob 10,3*, p. 68-69, lin. 68-118.

2. Cf. 1 *CG*, cap. 39 : *Manifestum apparet quod in Deo non potest esse malum; esse enim et bonitas, et omnia quae per essentiam dicuntur, nihil praeter se habent admixtum, licet id quod est bonum possit aliquid praeter esse et bonitatem habere. Nihil enim prohibet hoc quod est uni perfectioni suppositum, etiam alii supponi : sicut quod est corpus, potest esse album et dulce; unumquodque autem intra suos rationis terminos concluditur, ut nihil extraneum intra se capere possit. Deus autem est bonitas, non solum bonus, ut ostensum est (cf. cap. 37 et 38) : non potest igitur in eo esse aliquid non bonitas, et ita malum in eo omnino esse non potest.*

3. Cf. *Super Iob 34,10*, p. 180, lin. 114-118 : *Contra divinitatem eius esset si impietati faveret, et ideo dicit* Absit a Deo impietas*; esset etiam contra dominium omnipotentiae eius si ad iniustitiam declinaret, unde subdit* et ab Omnipotente iniquitas, *scilicet absit.*

4. Cf. 1 *CG*, cap. 80.

5. Cf. *Super Iob 4,18*, p. 32, lin. 420-436.

6. Cf. 1 *CG*, cap. 38 : *Perfectio uniuscujusque est bonitas ejus, ut ostensum est (cf. cap. 37); perfectio autem divini esse non attenditur secundum aliquid additum supra ipsum, sed quia*

il est la bonté même. Or la perfection de tout étant comporte trois niveaux structurants : elle est d'abord constituée dans son être; elle a ensuite, en plus de sa forme constitutive, des accidents qui sont nécessaires à l'accomplissement d'une opération donnée; il appartient enfin à la perfection d'un être d'atteindre quelque chose d'autre, comme une fin pour lui. Or d'après ces trois niveaux, la perfection convient à Dieu selon son essence : il est le seul dont l'essence est son être et tout ce qui est attribué accidentellement aux créatures lui est essentiel; de plus, il est ordonné à lui-même comme à sa fin : c'est lui qui est la fin ultime de toutes choses[1].

Dans le troisième livre du *Contra Gentiles*, au chapitre 17, Thomas souligne que « dans la hiérarchie des biens, chacun a sa place sous l'unique souverain bien, cause de toute bonté; le bien ayant raison de fin, tous les êtres se hiérarchisent au-dessous de Dieu, comme sous la fin dernière s'ordonnent celles qui la précèdent. Dieu est donc nécessairement la fin de toutes choses »[2]. La fin dont il s'agit ici est antécédente non seulement dans l'ordre de la causalité mais aussi dans l'ordre de l'existence : Dieu est la fin des choses comme un objectif dont chaque être doit s'approcher selon sa modalité propre. En d'autres termes, chaque créature a une fin immanente, laquelle est ouverte à la fin transcendante, parce que dépendant d'elle; c'est du bien parfait en effet que provient la spécificité de tout bien particulier en tant que bien.

Tous les êtres, produits immédiatement par Dieu ou par l'intermédiaire de causes secondes, sont ordonnés à Dieu, comme à leur fin ultime. De même que le premier agent meut tous les agents seconds, de même toutes les fins de ces agents doivent se ranger sous la fin de l'agent premier, celui-ci opérant toujours en vue de sa propre fin. Il influe sur l'agir de toutes les causes subalternes en les mouvant à leur agir et par conséquent à leurs fins respectives. Pour signifier cet influx divin, Thomas a recours, dans le commentaire de Job, à une comparaison : les causes secondes, dans le cas présent les vertus célestes, ne se conduisent pas à la manière de chefs ou de princes faisant tout selon leur arbitraire; tels des soldats obéissant à l'ordre d'un chef, elles dépendent de la volonté divine. Elles sont orientées par une illumination divine, comme les hommes pour qui se lève la lumière du soleil[3]. Il s'ensuit que les fins des agents seconds sont

ipsum secundum seipsum perfectum est, ut supra (cf. cap. 28) ostensum est. Bonitas igitur Dei non est aliquid additum suae substantiae, sed substantia est sua bonitas.

1. Cf. Ia, q. 6, a. 3, c.

2. Cf. 3 *CG*, cap. 17 : *Omnia inveniuntur in diversis gradibus bonitatis ordinata sub uno summo bono, quod est causa omnis bonitatis; ac per hoc, quum bonum habeat rationem finis, omnia ordinantur sub Deo sicut fines praecedentes sub fine ultimo. Oportet igitur quod omnium finis sit Deus.*

3. Cf. *Super Iob 25,3*, p. 142, lin. 41-58 : *Commendat [Baldath] divinam potestatem ex his quae operatur in inferioribus creaturis, in quibus operatur per ministerium superiorum creaturarum, quarum multitudo homini est ignota, unde subdit* Numquid est numerus

ordonnées par l'agent premier vers sa propre fin. A l'ordre des agents correspond ainsi l'ordre des fins[1].

Dieu, la première cause des êtres, n'agit pas en vue d'acquérir quelque bien mais de le communiquer[2]. Les êtres ne vont donc pas à Dieu comme à une fin à laquelle ils apportent quelque enrichissement, mais sous son influx, afin de s'enrichir de lui, autrement dit pour participer de son bien. En vertu de sa bonté si large, Dieu distribue ses bienfaits à tous. Ne convient-il pas en propre à la bonté divine d'opérer le bien et de faire miséricorde, affirme le frère dominicain dans son commentaire de Jb 40,14[3].

Or, c'est graduellement que la bonté de Dieu dérive vers ses effets : compte tenu de cet ordre de participation au bien qui existe en Dieu simplement et souverainement, les réalités supérieures dépassent en bien les inférieures[4]. Selon cette perspective, les créatures supérieures, à la différence des inférieures, sont conservées dans une très grande paix; celles-là, par contre, sont soumises à la discorde : on a en ceci l'exemple tant des créatures raisonnables, comme il ressort des mouvements contraires dans les volontés humaines, que des créatures corporelles marquées constitutivement par la contrariété due au processus de génération et de corruption. Dans les corps supérieurs, ne réside point cette contrariété, de sorte qu'ils sont incorruptibles et vivent dans la concorde. Celle-ci procède de la puissance divine qui les place dans une participation plus parfaite de son unité. Les créatures supérieures apparaissent de cette manière comme plus proches de

militum eius? *Milites quidem Dei vocat omnes caelestes virtutes quae divinum nutum sequuntur sicut milites oboediunt imperio ducis; harum autem caelestium virtutum numerus ignotus est homini, et simile est quod habetur Is. XL,26 « Qui educit in numero militiam eorum ». Et ne aliquis crederet quod caelestes virtutes non se haberent sicut milites parentes alieno imperio sed sicut duces et principes ex suo arbitrio cuncta agentes, sicut aestimaverunt multorum deorum cultores, subiungit* Et super quem non surgit lumen eius?, *quasi dicat : omnes caelestes virtutes per illuminationem divinam diriguntur sicut homines per hoc quod super eos surgit lux solis.*

1. Cf. 3 *CG*, cap. 17.

2. Cf. Ia, q. 44, a. 4, c. : *Primo agenti, qui est agens tantum, non convenit agere propter acquisitionem alicuius finis; sed intendit solum communicare suam perfectionem, quae est eius bonitas. Et unaquaeque creatura intendit consequi suam perfectionem, quae est similitudo perfectionis et bonitatis divinae. Sic ergo divina bonitas est finis rerum omnium.* Bonaventure affirmait dans le même sens : *Finis conditionis rei sive rerum conditarum principalior est Dei gloria sive bonitas quam creaturae utilitas. Sicut enim patet Proverbiorum decimo sexto : « Universa propter semetipsum operatus est Dominus »; sed non propter suam utilitatem vel indigentiam, quia Psalmus (XV,2) : « Dixi Domino, Deus meus es tu, quoniam bonorum meorum non eges » : ergo propter suam gloriam; non, inquam, propter gloriam augendam, sed propter gloriam manifestandam et propter gloriam suam communicandam; in cujus manifestatione et participatione attenditur summa utilitas creaturae, videlicet ejus glorificatio sive beatificatio* (2 *Sent*, d. 1, q. 2, a. 2, qla. 1, resp.).

3. Cf. *Super Iob 40,14*, p. 217, lin. 395-400 : *Considerandum est autem quod Deo unum solum opus est proprium suae bonitati conveniens, scilicet benefacere et miserere; quod autem puniat et adversitates inducat, hoc contingit propter malitiam creaturae rationalis, quae primo est in diabolo inventa et per eius suggestionem est ad homines derivata.*

4. Cf. *Super Iob 11,7*, p. 76, lin. 103-114.

Dieu que les autres créatures[1]. Pour l'homme cependant, Dieu peut devenir un objet d'amour choisi librement, puisqu'il est l'unique bien capable d'accomplir ou de satisfaire l'exigence incluse dans le vouloir. Toutes les réalités créées étant ordonnées aux spirituelles, l'homme, capable de la béatitude, peut, en usant convenablement de ces autres créatures, les ordonner à sa fin spécifique qui est Dieu :

> Tout ce qui advient en effet à la créature corporelle rebondit en utilité pour les hommes[2].

Dans la mesure où tous les êtres vont à Dieu comme à leur fin dernière en participant à sa bonté suprême, ils lui deviennent semblables : la ressemblance avec Dieu est alors leur fin dernière. Un agent est la fin de son effet en ce que ce dernier tend à lui ressembler : la forme du générateur n'est-elle pas la fin de l'engendré. Or Dieu, qui est la fin de toutes choses est aussi leur principe. En conséquence, les créatures recherchent bel et bien, comme leur fin dernière, d'être assimilées à Dieu[3].

Le concept de ressemblance permet d'établir le lien entre le souverain bien et les créatures :

> Puisque Dieu est l'essence même de la bonté, il ne peut rien y avoir qui ne lui soit semblable dans le bien[4].

Par leur forme, les créatures sont assimilées, certes très partiellement, à Dieu, en tant que par cette forme, elles sont telles. Cette dernière, qui les fait être telles, est aussi une richesse à laquelle elles sont attachées, en d'autres termes un bien par quoi elles sont bonnes. Dans le cas des créatures corporelles, l'attachement à leur forme est le principe des actions par lesquelles elles s'efforcent de se conserver

1. Cf. *Super Iob 25,2*, p. 142, lin. 17-40 : *Et quasi immemor verborum Iob quibus dixerat non sibi sufficere si contra eum ex Dei fortitudine contendatur, a divina potestate disputationis suae sumit [Baldath Suites] exordium, et proponit magnitudinem divinae potestatis dupliciter : primo quidem quantum ad hoc quod potentiam exercet in superiores creaturas in summa pace eas conservans, unde dicit « Potestas et terror », idest ex qua timeri debet, « apud eum est », scilicet Deum, « qui facit concordiam in sublimibus suis ». In inferioribus enim creaturis discordia multiplex invenitur tam in creaturis rationalibus, ut patet per contrarios motus humanarum voluntatum, quam in creaturis corporalibus, ut ex earum contrarietate apparet per quam generationi et corruptioni subduntur; sed in superioribus corporibus nulla contrarietas reperitur, unde et incorruptibilia sunt : similiter etiam et superiores intellectuales substantiae in summa concordia vivunt, unde absque miseria sunt. Haec autem summa concordia superiorum creaturarum ex potestate divina procedit, quae superiores creaturas in perfectiori suae unitatis participatione constituit quasi sibi propinquiores, et ideo signanter dicit « in sublimioribus suis », idest sibi magis conformibus.*

2. Cf. *Super Iob 38,13*, p. 202, lin. 270-271 : *Omnia vero quae accidunt in corporali creatura in utilitatem hominum redundant.* Dans ce sens, S. Thomas d'Aquin dit en 3 *CG*, cap. 71 : *Res aliae, et praecipue inferiores ad bonum hominis ordinantur sicut ad finem.*

3. Cf. 3 *CG*, cap. 19 : *Agens dicitur esse finis effectus, in quantum effectus tendit in similitudinem agentis; unde forma generati est finis generationis. Sed Deus ita est finis rerum quod est etiam primum agens earum. Omnia igitur tendunt, sicut ad ultimum finem, Deo assimilari.*

4. Cf. *Super Iob 36,5*, p. 188, lin. 50-51 : *Cum Deus sit ipsa essentia bonitatis, non potest esse quod aliquid simuletur ei nisi in bono.*

dans l'être et de se développer. La forme devient alors fin en vue de laquelle ces créatures agissent. Par leur action, elles tendent à préserver leur ressemblance initiale à Dieu qui est pour elles la fin pour laquelle elles agissent. Leur ressemblance avec Dieu résultera ainsi de leur perfection entitative, c'est-à-dire de la possession de leur forme et de leur lieu propre[1].

La finalisation des créatures consiste donc essentiellement en ce que la forme divine, en tant qu'elle est la bonté infinie, attire à elle toutes les créatures, chacune selon sa forme; elle attire l'univers entier où se trouve la ressemblance divine, sinon parfaite, du moins complète, dans le sens où toutes les perfections de Dieu y sont incluses, même si elles sont représentées de façon très lointaine. Par la finalisation, la ressemblance des créatures à Dieu n'est pas seulement selon la forme comme provenant de la cause exemplaire, mais aussi selon le bien, ce qui constitue un complément nécessaire. Ainsi les choses tendent à être assimilées à Dieu en cela proprement qu'il est bon. De là résultent deux conséquences d'importance majeure : d'une part, si le principe premier et primordial de la bonté des créatures est la bonté divine, il n'en demeure pas moins cependant que les choses sont bonnes elles-mêmes. La bonté souveraine de Dieu les rend bonnes d'une bonté propre, créée, par laquelle, précisément, elles sont assimilées à Dieu. D'autre part, elles sont bonnes non seulement en tant que rendues bonnes par Dieu, mais aussi comme communiquant aux autres la bonté qui se trouve en elles. En cela, la créature participe véritablement à la bonté du Créateur qui est pour lui un attribut par lequel il est infiniment bon et qui constitue également la raison pour laquelle il est cause communicatrice de bonté[2].

De plus les êtres, du point de vue de leur causalité sur les autres, tendent à ressembler à Dieu en raison de sa bonté. Il appartient à la bonté divine de dispenser l'être : chaque créature, par ressemblance avec Dieu, agira alors dans la mesure de l'actualité de sa perfection et par son opération elle sera cause d'une autre créature[3]. Du fait qu'un être est cause d'un autre, il est engagé dans la ligne du bien, car seul le bien est causé pour lui-même, le mal ne l'est qu'accidentellement. Donner l'existence à d'autres est donc pour un être un couronnement de perfection.

1. Cf. 3 *CG*, cap. 22 : *Corpora inferiora, secundum quod moventur motibus naturalibus, considerantur ut mota tantum, non autem ut moventia, nisi per accidens; accidit enim lapidi quod descendens aliquod obvians impellat; et similiter est in alteratione et aliis motibus. Unde finis motus eorum est ut consequantur divinam similitudinem quantum ad hoc quod sint in seipsis perfecta, utpote habentia propriam formam et proprium ubi.*

2. Cf. J.-H. Nicolas, « L'univers ordonné à Dieu par Dieu », p. 376.

3. Cf. 3 *CG*, cap. 21 : *Res intendunt in divinam similitudinem, in quantum Deus est bonus, ut supra dictum est (cf. cap. 20). Ex bonitate Dei est quod aliis esse largitur; unumquodque enim agit in quantum est actu perfectum. Desiderant igitur generaliter res in hoc Deo assimilari ut sint aliorum causae.*

Les corps célestes, par exemple, tendent à la ressemblance divine par leur propre perfectionnement d'une part, et d'autre part en exerçant leur causalité sur d'autres êtres. Ils sont causes en présidant à la génération, à la corruption et à d'autres mouvements des êtres inférieurs. Cela est explicable par le fait que la providence divine gouverne les choses selon un ordre qui va de ce qui est supérieur à ce qui est inférieur. De même que les esprits inférieurs rationnels, unis à un corps mortel, sont dépendants de l'action des esprits supérieurs incorporels, de même les corps engendrés et corruptibles sont soumis au mouvement des corps célestes[1].

Ainsi, Thomas fait observer, dans le troisième livre du *Contra Gentiles*, que les corps célestes, d'une perfection plus haute que les corps inférieurs, ont pour fin, mais non pour fin dernière, la génération de ces derniers. C'est par leur action sur ces autres êtres, qu'ils tendent, comme à leur fin dernière, à la ressemblance divine[2]. Le générateur, en effet, ne se limite pas, comme à sa fin dernière, à la forme de l'engendré, qui est le terme de la génération ; en perpétuant l'espèce et en communiquant de son bien, il tend à ressembler à Dieu, par le fait même qu'il imprime en d'autres êtres sa forme spécifique et qu'il en est la cause.

Conclusion : une téléologie transcendante

A la suite du développement préalable, il nous apparaît que Thomas met en lumière les harmoniques majeures d'une téléologie transcendante, se démarquant de la perspective esquissée en particulier dans le deuxième livre de la *Physique* aristotélicienne qui est celle d'une téléologie immanente[3].

1. Cf. *Super Iob 1,6*, p. 7, lin. 235-241. Concernant les corps célestes, on verra T. Litt, *Les corps célestes dans l'univers de S. Thomas d'Aquin*, Louvain-Paris, 1963 ; également L. Elders, « Les cosmologies médiévales », *RT* 93 (1993) 97-110.

2. Cf. 3 *CG*, cap. 22 : *Corpora coelestia, licet sint digniora inferioribus corporibus, non tamen intendunt generationem eorum et formas generatorum in actum educere per suos motus, quasi ultimum finem; sed per hoc ad divinam similitudinem tendentes quasi ad ultimum finem, in hoc quod causae aliorum exsistant.*

3. Cf. *Phys.*, lib. 2, cap. 8 (198 b 10-34) / cf. commentaire de Thomas, lect. 12. P. Brunner insiste sur le passage qu'effectue Thomas d'une téléologie immanente à une téléologie transcendante. Il rappelle pour ce faire le contenu de la cinquième voie de l'existence de Dieu, présentée en Ia, q. 2, a. 3, c. et dont le contenu est également évoqué dans le *Super Iob 9,5*, p. 59, lin. 111-127 : *Thomas vollzieht den Übergang von einer immanenten zu einer transzendenten Teleologie. Wir sahen, dass Zweck und Bewusstsein miteinander verbunden sind. Wir sahen aber auch, dass die Dinge der Natur, die doch keine ratio haben und so von einem Zweck überhaupt nichts wissen können, doch höchst zweckmässig handeln. Der Zufall erklärt hier nichts, da es sich um Erscheinungen handelt, die immer oder fast immer eintreten. Die einzig mögliche Erklärung, die auch schon in der gennanten Kommentarstelle (cf.* In phys., *lib. 2, cap. 8, lect. 12) vorgetragen wird, ist die, dass die bewusstlosen Naturdinge von einem bewussten, Zweck und Ziel erkennenden Intellekt, von Gott, ihre Zielstrebigkeit empfangen, so wie der leblose Pfeil durch den Schützen auf ein Ziel hingerichtet wird, das dem Pfeil selbst unbekannt ist. So wird die gesamte unvernünftige Natur gleichsam ein Werkzeug in den Händen Gottes* (cf. P. Brunner, *Probleme der Teleologie bei Maimonides, Thomas von Aquin und Spinoza*, Neuden (Lichtenst.), 1979, p. 32-33).

En cela, notre auteur se situe dans la même ligne que Maïmonide[1]. Le philosophe juif, pourtant, ne considère pas de la même façon que lui le lien entre l'ordre de l'univers et le rôle de Dieu comme fin : il vaut la peine de s'arrêter à la position de Maïmonide et de la comparer à celle de Thomas, une comparaison qui ne manquera pas d'éclairer notre propos.

Dans le troisième livre du *Guide des égarés*, au chapitre 13, il estime que l'on ne peut chercher de but final à l'univers, dût-on professer ou non l'éternité du monde :

> Souvent les esprits des hommes parfaits ont été embarrassés par la question de savoir quel est le but final de cet univers; mais je vais montrer que, selon tous les systèmes, c'est une question oiseuse[2].

Dans le cas où l'on postule l'éternité de l'univers — c'est la position adoptée par Aristote —, on ne peut trouver une cause finale dernière pour aucune des parties du monde. Certes, chaque espèce a une fin particulière qui consiste dans la permanence et la continuité de la forme, à travers la succession des naissances et des corruptions; la perfection de chaque individu est alors la génération d'un être nouveau dans la transmission de la forme spécifique. Parmi les êtres naturels, l'homme est le plus parfait, mais au regard de Maïmonide, sa finalité particulière n'est discernée qu'au niveau de la continuité indéfinie du cycle des naissances :

> Si l'on disait que tous les êtres sublunaires existent à cause de lui, ce serait vrai à ce point de vue, je veux dire (en admettant) que le mouvement des choses variables a lieu en vue de la naissance (perpétuelle), afin d'arriver au degré le plus parfait. Mais on ne saurait demander à Aristote, vu sa doctrine de l'éternité (du monde), quelle est la cause finale de l'existence de l'homme. En effet la fin première de chaque individu *né* étant, selon lui, le perfectionnement de la forme spécifique, tout individu, dans lequel les actions résultant de cette forme sont parfaites, a parfaitement et complètement atteint son but final; et la fin dernière de l'espèce est de perpétuer cette forme au moyen d'une suite continuelle de naissances et de corruptions, de sorte qu'il arrive toujours une nouvelle naissance ayant pour but un plus grand perfectionnement[3].

1. Nous reprenons ici le point de vue de P. Brunner et nous y souscrivons (cf. *Probleme der Teleologie*, p. 32).

2. Cf. *Guide des égarés*, III, chap. 13, p. 82. Dans l'édition parisienne de 1520, on a le texte latin suivant : *Multum titubant sensus hominum perfectorum quaerendo causam universi esse. Ego vero ostendam tibi ablationem istius quaestionis ex omni parte* (*Dux neutrorum*, lib. III, cap. 14, fol. 77 r°).

3. Cf. *Guide des égarés*, III, chap. 13, p. 88; *Dux neutrorum*, lib. III, cap. 14, fol. 77 v° : *Licet autem dicatur quod omnia entia quae sunt sub sphaera Lunae, sunt propter ipsum (hominem) : verum est secundum hunc modum ut sit motus variationis propter necessitatem generationis ut inveniatur perfectum secundum quod possibile est esse. Nec debet quaeri ab Aristotele secundum opinionem suam in antiquitate mundi quis est finis esse his : quia primus finis secundum ipsum cuiuslibet singularis novi est perfectio ipsius formae specialis. In quocumque vero singulari cuius perfectae sunt operationes necessariae ipsi formae, inventus*

S'il est donc difficile, voire impossible, de découvrir la fin ultime des espèces physiques, y compris celle de l'homme, à plus forte raison le sera-t-il de l'univers entier[1].

Parmi ceux qui admettent la création du monde, il en est qui, cherchant la cause finale de l'univers, estiment qu'il n'a pour fin que l'existence de l'espèce humaine destinée à adorer Dieu. Ainsi tout ce qui a été fait ne l'a été que pour elle, de sorte que les sphères célestes elles-mêmes n'accompliraient leur mouvement circulaire que pour lui être utiles et pour produire tout ce dont elle a besoin[2]. Si le but final est l'existence de l'homme, note Maïmonide, le Créateur aurait-il alors pu produire l'être humain sans les autres réalités créées, ou bien l'homme ne pouvait-il être créé qu'à leur suite? Si Dieu avait produit l'homme sans qu'il y eût d'autres créatures, quel aurait été le rôle des créatures qui n'étaient pas le but final et qui ne furent faites qu'en faveur de l'homme pouvant exister sans elles? Même si l'on en vient à admettre que tout fut créé en fonction de l'homme et que son but est d'adorer Dieu, à quelle fin Dieu doit-il être adoré, puisque sa perfection ne peut s'accroître. Si l'on répond qu'il ne s'agit pas de son propre perfectionnement, mais de celui de l'homme[3], surgit une nouvelle question : à quelle fin devons-nous exister avec cette perfection? Cela nous conduira à répondre que Dieu l'a voulu ainsi ou que sa sagesse l'a exigé de la sorte[4]. Le philosophe juif prolonge ce propos et achève de l'expliciter :

> La seule opinion vraie selon moi, celle qui est conforme aux croyances religieuses et d'accord avec les opinions spéculatives, est celle-ci : il ne faut point croire que tous les être existent en faveur de l'homme, et au contraire, tous les autres êtres (ont été créés) également en vue d'eux-mêmes, et non pas en faveur d'autre chose. Ainsi, même selon notre opinion qui admet la création du monde, on ne saurait chercher la cause finale de toutes les espèces des êtres; car nous disons que c'est par sa volonté que Dieu a créé toutes les parties de l'univers, et que les unes ont leur but en elles-mêmes,

est finis eius in omni perfectione sua. Ultimus vero finis speciei est permanentia sempiterna ipsius formae per sempiternitatem generationis et corruptionis, adeo quod non deficit generatio in qua requiratur : quod convenit complemento. Ostensa est ergo ratio secundum opinionem antiquitatis : ablata est quaestio finis ultimi universi esse.

1. Cf. *Dux neutrorum*, lib. III, cap. 14, fol. 77 v° : *Omnis vero qui locutus est de natura dixit quod essentia finis postremi cuiuslibet speciei sic est quod nihil potest esse fini ipso : sed eius cognitio est nimis occulta quanto magis finis universi esse.*

2. Cf. *Guide des égarés*, III, chap. 13, p. 88-89; *Dux neutrorum*, lib. III, cap. 14, fol. 77 v°.

3. Dans cette réponse, on discerne la distinction proposée par Aristote dans le livre XII de la *Métaphysique* où il est question de l'application de la causalité finale au premier moteur immobile : « Que la cause finale puisse résider parmi les êtres immobiles, c'est ce que montre la distinction de ses significations. La cause finale, en effet, est l'être pour qui elle est une fin, et c'est aussi le but lui-même; en ce dernier sens, la fin peut exister parmi les êtres immobiles, mais non au premier sens » (cf. XII, 7, 1072b, 1-4). L'être pour qui la cause finale est une fin correspond au *finis cui* (*to ô*) et le but constitue le *finis qui* (*to hou*) : cf. Aristote, *La métaphysique*, t. 2, Introduction, notes et index par J. TRICOT, Paris, 1992, p. 678, note 2.

4. Cf. *Guide des égarés*, III, chap. 13, p. 89-91.

tandis que les autres existent en faveur d'une autre chose qui a son but en elle-même. De même donc qu'il a voulu que l'espèce humaine existât, de même il a voulu que les sphères célestes et leurs astres existassent, et de même encore il a voulu que les anges existassent. Dans tout être, il a eu pour but cet être lui-même, et toutes les fois que l'existence d'une chose était impossible sans qu'elle fût précédée d'une autre chose, il produisit celle-ci d'abord, comme par exemple la sensibilité qui précède la raison[1].

De même que l'on ne saurait chercher la cause finale de l'existence de Dieu, ajoute Maïmonide, de même celle de sa volonté, en vertu de laquelle tout ce qui est né et naîtra est tel qu'il est[2]. Cette perspective est-elle conciliable avec celle du premier livre du *Guide* (chapitre 69) où l'auteur juif présente Dieu comme la cause suprême, selon les trois dimensions de la causalité aristotélicienne, en particulier comme fin des fins ?

Il n'y a, selon A. Wohlman, malgré l'apparence, aucune contradiction, il semble plutôt que ce qu'il énonce ici (dans le troisième livre) vient tout ensemble expliquer, compléter et confirmer ce qu'il a dit dans le premier livre[3].

Au chapitre 69, Maïmonide tient que si l'on remonte de motivation en motivation toute une série de causes finales, on est conduit inévitablement à poser une ultime réponse à la série des « pourquoi ». Les uns répondront :

C'est ainsi que Dieu l'a voulu ;

d'autres :

C'est ainsi que sa sagesse l'a exigé.

La série de toutes les fins aboutira, d'après ces deux opinions, à la volonté et à la sagesse de Dieu. Or, celles-ci sont identiques à l'essence divine. Elles sont comme l'essence elle-même au-delà des prises de notre raison. Dieu connaît le pourquoi de ses œuvres, mais celui-ci

1. Cf. *Guide des égarés*, III, chap. 13, p. 92 ; cf. *Dux neutrorum*, lib. III, cap. 14, fol. 77 v°-78 r° : *Propter hoc igitur apud me recta opinio secundum credulitates legis : et convenit cum scientiis speculativis : ut non credamus neque dicamus quod omnia creata sunt propter hominis esse : sed unumquodque est propter substantiam suam, non propter aliud. Et tollitur quaestio finis in omnibus speciebus entium : licet secundum fidem nostram in novitate mundi dicamus quod universa entia fecit esse propter suam voluntatem in quibus est intentio propter substantiam suam : in aliis vero propter aliud illud aut aliud est intentio creationis suae propter suam substantiam. Sicut aut voluit quod species hominis esset ens, ita voluit quod coeli et stellae ipsorum essent entia : et sic voluit quod angeli essent. In omni vero ente intentio propter eius substantiam ipsius entis : cuius autem esse non oportet ut sit nisi propter aliud quod praecedit : primum invenietur praecedere in sensu locutionis.*

2. Cf. *Guide des égarés*, III, chap. 13, p.95 ; cf. *Dux neutrorum*, lib. III, cap. 14, fol. 78 r° : *Necesse autem habemus credere quod universum esse est propter intentionem Creatoris secundum voluntatem suam, neque quaeremus aliam rationem in finem in hoc ullo modo : sicut nec quaeremus finem sui esse : ita non quaeremus finem voluntatis suae ex qua renovata sunt omnia nova secundum quod sunt.*

3. Cf. *Thomas d'Aquin et Maïmonide*, p. 76.

nous dépasse[1] : il y a donc bel bien convergence de point de vue dans l'enseignement des livres I et III du *Guide*.

Pour Maïmonide, Dieu n'est pas la fin de l'homme et des autres créatures à titre de terme de leur désir — ce qui est la position de S. Thomas —, mais comme celui qui assigne à chacun sa fin spécifique. Il y a, selon lui, un ordre des fins que Dieu seul connaît et en lequel toute créature, dont l'être humain par son choix libre, doit s'insérer pour correspondre à la perfection inscrite dans sa nature et pour être fidèle à la volonté et à la sagesse de celui qui préside à l'ordre du tout[2].

Thomas, par contre, introduit, dans le cadre de sa réflexion téléologique, la considération d'un ordre du bien, c'est-à-dire d'une hiérarchie des biens et des fins selon un ordre de participation à Dieu qui est l'essence même de la bonté. Cette réflexion constitue un effort de saisie de la relation que le monde entretient avec la providence divine.

La Providence en tant que « ratio divina ordinans »

L'approfondissement de notre réflexion sur la Providence comme *ratio divina ordinans* comportera d'abord une attention au commentaire du chapitre 9 de Job dans lequel Thomas souligne que les réalités naturelles sont ordonnées à leur fin par une intelligence supérieure. L'ordination accomplie par elle renvoie au dessein divin de sagesse à l'égard de toute la création : c'est ce dont nous traiterons ensuite à partir de la lecture thomasienne de Jb 38 notamment. Une telle approche de la Providence permettra enfin de préciser son rôle envers toutes les réalités créées : elle les dispose et les ordonne non seulement dans l'universalité de leur nature mais aussi dans leur singularité.

Les réalités naturelles sont dirigées vers leur fin par une intelligence supérieure

Job montre dans sa réponse à Baldad de Shouah, au chapitre 9, qu'il n'entend pas contredire la justice divine ni ne veut lutter contre Dieu, comme ses amis l'en soupçonnaient :

> Vraiment, dit-il, je sais qu'il en est ainsi — à savoir que Dieu ne fait pas défaut à la justice et qu'il ne rejette pas celui qui est simple — et que l'homme comparé à Dieu n'est pas justifié (Jb 9,2)[3].

1. Cf. *Guide des égarés*, I, chap. 69, p. 321-322.
2. Maïmonide n'évoque pas la fin comme étant un bien et il ne rattache pas l'appétit naturel du bien, présent en toute créature, et singulièrement au cœur de l'homme, au terme de tout désir qu'est Dieu comme bien suprême (cf. A. WOHLMAN, *Thomas d'Aquin et Maïmonide*, p. 77).
3. Cf. *Super Iob 9,2*, p. 58, lin. 17-21.

L'homme en contestant ne saurait d'aucune façon accéder à Dieu dont Job affirme :

> Son cœur est sage et forte est sa vigueur (Jb 9,4a).

Il y a en effet deux sortes de contestations : celle qui se fait dans la discussion et elle est alors sagesse et une autre, prenant place dans la lutte, qui est puissance; or Dieu excède en chacune. C'est l'un des nombreux lieux de l'*Expositio* où notre auteur dégage les attributs divins de sagesse et de puissance[1]. Sur ce même verset 4 : *Sapiens corde est et fortis robore,* Albert adjoint à la considération de ces deux attributs celle de l'*ordinatio* — ce que Thomas fera dans le commentaire du verset suivant —. Dieu, en sa sagesse, ordonne toute chose, car c'est le propre du sage, dit Aristote dans le premier livre de la *Métaphysique,* que d'ordonner et non point d'être ordonné. Par ailleurs, la puissance divine exécute en toute œuvre ce qui est ordonné selon le dessein de sagesse[2].

Après avoir mis en lumière la supériorité de la puissance divine sur celle des hommes[3], Job montre combien elle dépasse également celle des réalités naturelles[4]; c'est le sens du verset 5a :

> *Qui transtulit montes.*

Les montagnes sont parmi les corps mixtes les plus stables et les plus fermes, stabilité à laquelle est comparée celle des saints, comme l'exprime le psaume 124,1 :

> *Qui confidunt in Domino sicut mons Sion.*

Il n'empêche qu'elles sont mues par la puissance divine. Cela peut être le fait d'un miracle qui paraît être promis à la fermeté de la foi, selon ce que nous lisons en Mt 21,21 : *Si habueritis fidem et non haesitaveritis, si monti huic dixeritis : Tolle et iacta te in mare, fiet,* et en 1 Co 13,2 : *Si habuero omnem fidem ita ut montes transferam.* Cependant, Thomas, fidèle aux exigences herméneutiques qu'il s'est fixé, estime plus convenable (*congruentius videtur*) de s'en tenir au cours naturel des choses[5], ce que ne retient pas Hugues de Saint-Cher, car de son point de vue, le verset 5a ne permet pas une interprétation selon le sens littéral, mais seulement d'après le sens mystique. Les montagnes

1. Cf. *Super Iob 9,4,* p. 58, lin. 51-59.
2. Cf. *Commentarii in Iob 9,4,* col. 131 : *« Sapiens corde est » et ideo perfectus ad ordinandum iusta, unde Aristoteles in primo Primae Philosophiae : Sapientis est ordinare, non ordinari. Ps 103,24 : « Omnia in sapientia fecisti». « Et fortis robore», ad exsequendum sc. in opere, quidquid ordinaverit. Nm 23,22 et 24,8 : « Fortitudo eius sicut rhinocerontis », cui sc. nihil resistit. Is 9,6 : « Vocabitur : Admirabilis, Deus, Fortis ».*
3. Cf. *Super Iob 9,4,* p. 58-59, lin. 60-83.
4. Cf. *Super Iob 9,5,* p. 59, lin. 84-87.
5. Cf. *Super Iob 9,5,* p. 59, lin. 90-104.

sont alors les puissants de ce monde que le Seigneur transfère d'ici-bas à la peine des enfers[1].

Notre auteur, par contre, fait remarquer que les montagnes, dont la naissance est naturelle, disparaissent naturellement : l'ordre de la nature veut en effet — selon le *De caelo* auquel se réfère implicitement Thomas — que tout ce qui est engendré naturellement soit également détruit à un moment déterminé[2]. Or la disparition des montagnes est appelée translation, parce qu'elle s'opère par une sorte de transfert de leurs parties[3].

Or il n'est pas irrationnel d'attribuer à la puissance divine ce qui arrive naturellement, puisque la nature agit en vue d'une fin[4]. La preuve que les corps naturels sont mus vers une fin réside dans le fait que toujours ou le plus souvent ils évoluent dans le sens le meilleur et que leur comportement ne serait pas différent s'il était le fruit d'un art quelconque[5]. Or tout ce qui est ordonné à une fin se dirige soi-même vers cette fin ou y parvient par un autre qui le dirige. Il est nécessaire

1. Cf. *Postilla super librum Iob 9,5*, fol. 408 v° : *« Transtulit montes ». Hic nihil ad litteram, sed mystice tantum exponitur de potentibus saeculi quos transtulit Dominus de gloria mundi ad poenam inferni, Psal. 45 Transferentur montes in cor maris. Vel ad compunctionem poenitentiae. Psal. 103. Qui tangit montes et fumigant. Vel de Angelis, quos peccantes transtulit Dominus de coelo in infernum. 2 Petr. 2. Deus Angelis peccantibus non pepercit, etc. Greg. exponit de illis, qui primo receperunt radios fidei, de quibus Psal. Suscipiant montes pacem, etc. Quos transtulit de Iudaeis ad gentes, Act. 13. Vobis oportebat primum, etc. Et hoc nescierunt Iudaei excaecati, vel potentes saeculi. Unde Psal. 81. Nescierunt neque intellexerunt* etc..

2. Cf. *Super Iob 9,5*, p. 59, lin. 104-106 : *Hoc enim habet naturae ordo ut omne quod naturaliter generatur etiam determinato tempore corrumpatur.* Cela renvoie à *De caelo et mundo*, I, 28 (282 b 4), que Thomas cite explicitement en 2 *Sent.*, d. 20, q. 1, a. 1, arg. 2 : *Secundum Philosophum, omne generabile est corruptibile, et e converso, ut probat in I* Caeli et mundi. Dans le commentaire de ce passage datant de 1272-1273, le théologien dominicain est plus disert : *Et primo ostendit [Philosophus] quod genitum sequatur ad corruptibile, ita scilicet quod si aliquid sit corruptibile, ex necessitate sit genitum. Oportet enim id quod est corruptibile aut esse genitum aut ingenitum, quia de quolibet existentium alterum horum oportet praedicari : si ergo aliquid sit corruptibile quod non sit genitum, sequitur quod sit ingenitum. Supponimus autem quod ingenitum et incorruptibile convertantur : et ita si aliquid est ingenitum, erit incorruptibile. Si ergo aliquod corruptibile non sit genitum, sequitur quod aliquod corruptibile sit incorruptibile* (cf. *Sententia super librum de caelo et mundo*, lib. I, lect. 28, n° 268 / éd. Marietti).

3. Cf. *Super Iob 9,5*, p. 59, lin. 106-111 : *Cum generatio montium sit naturalis, necesse est quod quandoque montes naturaliter destruantur; et hanc quidem naturalem montium corruptionem translationem vocat, eo quod dissolutio montium et ruina cum quadam translatione partium eius accidit.*

4. Cf. *Super Iob 9,5*, p. 59, lin. 111-114.

5. Cf. 3 *CG*, cap. 64 : *Corpora naturalia moventur et operantur propter finem, licet finem non cognoscant, ex hoc quod semper vel frequentius accidit in eis quod melius est; et non aliter fierent si fierent per artem.* Cela est une reprise de ce qu'affirme notre auteur en 3 *CG*, cap. 3 : *Quod provenit ex alicujus agentis actione praeter intentionem ipsius, dicitur a casu vel fortuna accidere. Videmus autem in operibus naturae, vel semper, vel frequentius quod melius est; sicut in plantis folia sic esse disposita ut producant fructus, et partes animalium sic disponi ut animal salvari possit. Si ergo haec eveniunt praeter intentionem naturalis agentis, hoc erit accidens a casu vel fortuna. Sed hoc est impossibile; nam ea quae accidunt semper vel frequenter non sunt casualia neque fortuita, sed quae accidunt in paucioribus. Naturale ergo agens intendit ad id quod melius est, et multo manifestius quod agit per intellectum. Omne agens intendit bonum in agendo.*

en conséquence que les réalités naturelles qui ne connaissent pas leur fin y soient ordonnées par un être supérieur intelligent[1]. Pour expliciter ce point, notre auteur a recours à une comparaison que l'on trouve dans le premier livre de l'*Ethique à Nicomaque*[2] :

> Toute l'opération de la nature est rapportée à l'intelligence dirigeant les choses naturelles vers leur fin, que nous disons être Dieu, comme le mouvement de la flèche à l'archer : ainsi de même que le mouvement de la flèche est attribuée à l'archer, de même il convient d'attribuer toute l'opération de la nature à la puissance divine; si donc les montagnes sont ébranlées par l'opération de la nature, il est manifeste que la puissance divine l'emporte sur leur stabilité[3].

Ces données ont leur parallèle exact dans le chapitre 64 du troisième livre du *Contra Gentiles*[4], mais elles n'interviennent pas moins dans des œuvres antérieures telles que le *Commentaire des Sentences*[5] et le *De veritate*[6]. Dans chacun de ces exposés, apparaît une expression que

1. Cf. *Super Iob 9,5*, p. 59, lin. 115-119 : ... *necesse est quod res naturalis, quae finis notitiam non habet ut se in ipsum dirigere possit, ab aliquo superiori intelligente ordinetur in finem.*

2. Cf. *Ethique*, I, 2 (1094 a 23) : « Ar'oun kai pros ton bion hè gnôsis autou mégalen échei ropèn, kai kathaper toxotai skoton échontes mallon an tugchanoimen tou déontos » (« N'est-il pas exact que, par rapport à la vie humaine, la connaissance de ce bien [la fin dernière] a une importance considérable et que la possédant, comme des archers qui ont sous les yeux le but à atteindre, nous aurons des chances de découvrir ce qu'il convient de faire? »).

3. Cf. *Super Iob 9,5*, p. 59, lin. 119-127 : *Comparatur igitur tota naturae operatio ad intellectum dirigentem res naturales in finem, quem Deum dicimus, sicut comparatur motus sagittae ad sagittatorem : unde sicut motus sagittae convenienter sagittatori attribuitur virtuti divinae; unde si per operationem naturae montes subruuntur, manifestum est quod a virtute divina montium stabilitas superatur.*

4. Cf. 3 *CG*, cap. 64 : *Impossibile est autem quod aliqua non cognoscentia finem operentur propter finem et ordinate perveniant in ipsum nisi sint mota ab aliquo habente cognitionem finis : sicut sagitta dirigitur ad signum a sagittante. Oportet ergo quod tota operatio naturae ab aliqua cognitione ordinetur. Et hoc quidem vel mediate vel immediate oportet reducere in Deum.*

5. En 1 *Sent.*, d. 35, a. 1, Thomas se demande si la science convient à Dieu (*Utrum scientia conveniat Deo*). Dans la solution, il considère les trois voies par lesquelles, selon Denys (cf. *De div. nom.*, cap. 7, § 3), on parvient à la connaissance de Dieu à partir des créatures (*per remotionem, per causalitatem, per eminentiam*). C'est au sujet de la deuxième voie que notre auteur dégage ce qu'il reprendra dans le *Super Iob* et le *Contra Gentiles* : *Secunda via, quae est per causalitatem, est haec. Omne enim agens habet aliquam intentionem et desiderium finis. Omne autem desiderium finis praecedit aliqua cognitio praestituens finem, et dirigens in finem ea quae sunt ad finem. Sed in quibusdam ista cognitio non est conjuncta ipsi tendenti in finem; unde oportet quod dirigatur per aliquod prius agens, sicut sagitta tendit in determinatum locum per determinationem sagittantis; et ita est in omnibus quae agunt per necessitatem naturae; quia horum operatio est determinata per intellectum aliquem instituentem naturam; unde Philosophus, II* Phys., *dicit, quod opus naturae est opus intelligentiae. In aliquibus autem ista cognitio est conjuncta ipsi agenti, ut patet in animalibus; unde oportet quod primum non agat per necessitatem naturae, quia sic non esset primum, sed dirigeretur ab aliquo priori intelligente. Oportet igitur quod agat per intellectum et voluntatem; et ita, quod sit intelligens et sciens.* Cf. aussi 2 *Sent.*, d. 25, a. 1, sol.

6. Quand Thomas aborde la question du gouvernement de la providence divine à l'égard du monde (cf. *De ver.*, q. 5, a. 2, resp.), il mentionne les éléments auxquels nous faisons référence : *Id quod intellectu caret vel cognitione, non potest directe in finem tendere nisi per aliquam cognitionem ei praestituatur finis et dirigatur in ipsum : unde oportet, cum res naturales cognitione careant, quod praeexistat aliquis intellectus qui res naturales in finem ordinet ad modum quod sagittator dat sagittae certum motum ut tendat ad determinatum*

Thomas attribue communément à Aristote ou aux philosophes et qui synthétise son présent propos :

> *Omne opus naturae dicitur esse opus intelligentiae*[1].

C'est Dieu qui, par son intelligence, meut toutes choses à leur fin. Or mouvoir des êtres à leur fin par l'intelligence n'est rien autre que les régir et les gouverner par sa providence, ce que fait Dieu à l'égard de toutes créatures[2]. Cette action divine *ad extra* en quoi consiste le gouvernement procède d'un projet divin éternel embrassant la totalité des réalités créées et les ordonnant toutes et chacune aux deux fins ordonnées l'une à l'autre de l'univers : sa fin intrinsèque, qui est sa propre perfection, et sa fin extrinsèque, qui est la gloire de Dieu. La providence divine est alors plus précisément ce dessein éternel dont le gouvernement du monde est la réalisation progressive dans le temps ; c'est ce que veut signifier Thomas quand il parle de *ratio ordinis* et de *ratio divinae dispositionis* à propos de la providence et d'*executio ordinis* pour le gouvernement divin[3].

La création et le dessein de sagesse de la providence divine

Thomas, dans son commentaire de Jb 38, se réfère aux *rationes aedificatoris* ou *artificis* pour signifier le plan de sagesse selon lequel fut réalisée la fondation de la terre :

> Le Seigneur compare en effet la fondation de la terre à la construction d'un édifice qui est faite d'après les plans (*rationes*) d'un architecte : de

finem; unde sicut percussio quae fit per sagittam non tantum dicitur opus sagittae sed proicientis, ita etiam omne opus naturae dicitur a philosophis opus intelligentiae. Et sic oportet quod per providentiam illius intellectus qui ordinem praedictum naturae indidit, mundus gubernetur.

1. Outre les références que nous signalons ci-dessus, il y a par exemple aussi *De ver.*, q. 3. a. 1, resp. : *Videmus etiam quod aliquid propter finem dupliciter operatur : uno modo ita quod ipsum agens determinat sibi finem, sicut est in omnibus agentibus per intellectum; aliquando autem agenti determinatur finis ab alio principali agente, sicut patet in motu sagittae quae movetur ad finem determinatum sed hic finis determinatur ei a proiciente; et similiter operatio naturae quae est ad determinatum finem praesupponit intellectum praestituentem finem naturae et ordinantem ad finem illum naturam, ratione cuius omne opus naturae dicitur esse opus intelligentiae.* L'expression apparaît également chez Albert le Grand, par exemple dans son *De animalibus* : *Naturae est etiam intelligentiae opus unumquodque ordinantis sapientissimae* (cf. lib. I, tract. 2, cap. 12 / éd. Borgnet, p. 69).

2. Cf. 3 *CG*, cap. 64 : *Ostensum est (lib. 1, cap. 13) quod Deus est primum movens non motum. Primum autem movens non minus movet quam secunda moventia, sed magis : quia sine eo non movent alia. Omnia autem quae moventur, moventur propter finem, ut supra (cap. 2) ostensum est. Movet igitur Deus omnia ad fines suos. Et per intellectum : ostensum enim est supra (lib. 1, cap. 81; lib. 2, cap. 23 sqq.) quod non agit per necessitatem naturae, sed per intellectum et voluntatem. Nihil est autem aliud regere et gubernare per providentiam quam movere per intellectum aliqua ad finem. Deus igitur per suam providentiam gubernat et regit omnia quae moventur in finem : sive moveantur corporaliter; sive spiritualiter, sicut desiderans dicitur moveri a desiderato.*

3. Cf. Ia, q. 22, a. 1, ad 2 : *Ad curam duo pertinent : scilicet ratio ordinis, quae dicitur providentia et dispositio; et executio ordinis, quae dicitur gubernatio. Quorum primum est aeternum, secundum temporale;* cf. aussi 1 *Sent.*, d. 39, q. 2, a. 1, ad 1.

manière semblable, la fondation de la terre fut effectuée selon la providence divine que l'intelligence humaine n'est pas à même de comprendre[1].

Le contenu des versets 4 à 6 permet au théologien dominicain un tel développement :

> *Ubi eras quando ponebam fundamenta terrae? Indica mihi, si habes intelligentiam, quis posuit mensuras eius, si nosti, vel quis tetendit super eam lineam; super quo bases illius fundatae sunt, aut quis dimisit lapidem angularem eius.*

L'analogie entre Dieu et l'artisan ou l'architecte est puisée aux sources mêmes de la révélation biblique[2]. La production artisanale constitue un analogué approprié pour parler de la réalité *sui generis* qu'est la création. Le Créateur est alors souvent présenté comme un artisan qui dirige son activité d'après un modèle ou une idée qu'il porte en lui-même et qu'il connaît; Thomas cite par exemple Sg 7,21 dans le premier livre du *Contra Gentiles* (cf. chap. 93) :

> *Omnium artifex docuit me sapientia.*

Dieu est également comparé à un potier dont les doigts semblent suivre les contours d'une image intérieure, pour lui seul visible (cf. Is 29,16 ou 64,7).

L'artifex divinus et sa ratio dispositionis

Le thème de l'*ars divina* est classique chez les théologiens du XIIe et du XIIIe siècles qui reprennent et développent ce qui fut mis à jour par S. Augustin[3]. L'expression *Deus artifex* était commune dans la littérature patristique; Augustin se l'est appropriée en identifiant l'*ars divina* à la Sagesse de Dieu — ce en quoi réside son originalité par rapport à ses devanciers —[4]. Le texte du *De Trinitate*, VI, 10, 11[5] est particulièrement

1. Cf. *Super Iob 38,4*, p. 200, lin. 100-105 : *Dominus [...] comparat fundationem terrae fundationi aedificii quae fit secundum aedificatoris rationes : et similiter fundatio terrae facta est secundum providentiam divinam quam humana intelligentia comprehendere non valet.*

2. Cf. L. B. GEIGER, « Les idées divines dans l'œuvre de S. Thomas », *St. Thomas Aquinas 1274-1974 Commemorative studies*, I, Toronto, 1974, p. 175-209, ici p. 184; cf. S.-Th. BONINO, *La Question 2 des « Quaestiones disputatae De veritate » de Thomas d'Aquin*, t. 2, Fribourg, 1992, p. 447-448.

3. Cf. H. MERLE, « Ars », dans *Bulletin de philosophie médiévale* 28 (1986) 96-133.

4. On retiendra par exemple *De libero arbitrio*, III, 15, 42 (*PL* 32, 1292) : *Et si ars ipsa per quam facta sunt omnia (cf. Ioh. 1,3), hoc est summa et incommutabilis Sapientia Dei, uere summeque est, sicuti est, respice quo tendat quidquid ab illa discedit*; cf. également *Contra Faustum*, XXI, 5 (*PL* 42, 391), *In Iohannis evangelium tractatus*, I, 17 (*PL* 35, 1387), *De civ. Dei*, XI, 7 (*PL* 41, 322).

5. Cf. *PL* 42, 931 (*BA* 15, 496-499) : *Quidam cum vellet brevissime singularum in Trinitate personarum insinuare propria,* Aeternitas, *inquit,* in Patre, species in Imagine, usus in Munere. *[...]. In qua imagine speciem nominavit, credo propter pulchritudinem, ubi jam est tanta congruentia, et prima aequalitas, et prima similitudo, nulla in re dissidens, et nullo modo inaequalis, et nulla ex parte dissimilis, sed ad identitatem respondens ei cujus imago est. Ubi est prima et summa vita, cui non est aliud vivere et aliud esse, sed idem est esse et vivere : et primus ac summus intellectus, cui non est aliud vivere et aliud intelligere, sed id quod est intelligere, hoc vivere, hoc esse est, unum omnia : tanquam Verbum perfectum, cui non desit aliquid, et ars quaedam omnipotentis atque sapientis Dei, plena omnium rationum viventium*

présent aux esprits; Pierre Lombard, par exemple, le cite dans ses *Libri sententiarum* et en assure la diffusion[1]. Au XIIIe siècle, l'influence augustinienne s'exerce surtout dans l'école franciscaine. Ainsi Alexandre de Halès, dans sa *Glossa in IV libros Sententiarum*[2], retient le texte d'Augustin cité par le Lombard et Bonaventure, quant à lui, le commente mot à mot[3]. Du côté dominicain, le thème est loin d'être ignoré : ainsi Albert le Grand, dans son *Commentaire des Noms divins* (VII, 2), le rattache à Augustin[4] et — ce qui n'est pas sans surprendre — à Aristote[5].

Thomas d'Aquin, dès le début de sa carrière[6], dégage de la réflexion autour de l'art divin une analogie entre la science divine des créatures et la science que l'artisan possède de ses œuvres[7]. Il en fait un modèle opératoire pour rendre compte de la science en Dieu et de sa providence. Pour ce faire, il l'investit de tout ce qu'apporte la notion aristotélicienne de connaissance pratique : la science que Dieu a des choses est en effet comparable à la science d'un artisan parce qu'elle est la cause de toutes choses comme l'art est la cause des produits de l'art; en d'autres termes, l'une et l'autre sont pratiques[8].

incommutabilium; et omnes unum in ea, sicut ipsa unum de uno, cum quo unum. Ibi novit omnia Deus quae fecit per ipsam, et ideo cum decedant et succedant tempora, non decedit aliquid vel succedit scientiae Dei. Non enim haec quae creata sunt, ideo sciuntur a Deo, quia facta sunt : ac non potius ideo facta sunt vel mutabilia, quia immutabiliter ab eo sciuntur.

1. Cf. lib. 1, d. 31, cap. 2 (2ème éd., Quaracchi, p. 226, 16). La réflexion autour de l'*ars divina* au XIIe siècle se combine à celle concernant le *mundus archetypus* platonicien chez Achard de Saint-Victor (cf. J. CHÂTILLON, *Théologie, spiritualité et métaphysique dans l'œuvre oratoire d'Achard de Saint-Victor*, Paris, 1969, p. 281-282) et dans l'école de Chartres représentée notamment par Guillaume de Conches, particulièrement dans ses *Gloses sur le Timée. Ars* signifie aussi le plan rédempteur chez Thomas de Vaucelles (*In cantica canticorum commentarius*, X, /*PL* 206, 692 AB). Il peut figurer le Père, par exemple dans les *Sententiae berolinenses* (éd. STEGMÜLLER, *RTAM* 11 (1939) 41).

2. Cf. lib. 1, d. 31, 11 (éd. Quaracchi, p. 302) : *Ars Patris. Quaeritur, si Filius dicatur ars Patris et artifex dicatur sapiens per suam artem, an concedendum sit quod Pater sit sapiens per Filium. Respondeo : non, eo quod haec propositio "per" notat rationem principii, Filius autem habet sapientiam a Patre et non e converso. Unde hic est sensus : Filius est ars Patris, id est ars a Patre. Cum autem dicitur : haec est ars hominis, constructio est formae cum subiecto et ideo ibi dicitur quod homo est sapiens per suam artem.*

3. Cf. *Commentaria in IV libros sententiarum*, lib. 1, d. 31, pars 2, dub. 2 (éd. Quaracchi, t. I, p. 550) : *Item quaeritur de hoc quod dicit, quod est ars quaedam omnipotentis et sapientis, [...]. videtur enim male dicere, quia unusquisque, non intellecta arte, est iners : ergo si Filius est ars Patris, non intellecto Filio esse, Pater est iners; ergo videtur, quod rationabiliter operari habeat Pater a Filio suo. Respondeo dicendum, quod facienda est vis in verbo, quia non dicit, quod sit ars simpliciter, sed quod sit ars quaedam, quia non est ars qua Pater novit, sed ubi novit; non est ars Patris, qua Pater sit sapiens, sed quae est a Patre sapiente...*; cf. aussi lib. 1, d. 10, a. 1, q. 1 (p. 196) et d. 27, pars 2, q. 4 (p. 490); *Breviloquium*, pars 1, cap. 8 (t. V, p. 216); *De reductione artium ad theologiam*, 20 (t. V, p. 324).

4. Albert renvoie au *Tract. in Ioan.*, I, 17 (*BA* 71, p. 162 s.).

5. Cf. *Les parties des animaux*, I, 5 (645 a 7-15).

6. Cf. 1 *Sent.*, d. 36, q. 1, .a. 1, sol.

7. Cf. S. —Th. BONINO, *La Question 2*, t. 2 p. 448-451; F. KOVACH, « Divine art in Saint Thomas Aquinas », dans *Arts libéraux et philosophie au Moyen Age*, Actes du IVème Congrès international de Philosophie médiévale, Montréal-Paris, 1969, p. 663-671.

8. Cf. 1 *Sent.*, d. 39, q. 2, a. 1 : *Cum enim Deus de rebus creatis scientiam quasi practicam habet, ad modum scientiae artificis eius scientia consideranda est*; cf. *De ver.*, q. 2, a. 5, resp. : *Scientia divina quam de rebus habet comparatur scientiae artificis eo quod est causa omnium*

Le schéma aristotélicien de la connaissance impliquée dans l'œuvre de l'artisan offre à Thomas et aux médiévaux un outil conceptuel permettant d'échappper au dilemme auquel doit faire face la réflexion sur la création et la connaissance du Créateur : ou bien l'émanation intellectuelle ou bien la souveraine initiative d'une *potentia absoluta*[1]. Avant Thomas, Maïmonide est l'un de ceux qui exploita ce modèle, n'étant pas sans exercer une influence sur le théologien dominicain[2]. Il expose le thème en question dans le chapitre 21 du troisième livre du *Guide des égarés* :

> Il y a une grande différence entre la connaissance que l'artiste possède de l'œuvre qu'il a produite et celle qu'un autre possède de cette même œuvre. En effet, si l'œuvre a été exécutée conformément à la science de l'artiste, alors celui-ci, en exécutant son œuvre, n'a fait que suivre sa science; mais pour tout autre qui contemple cette œuvre et en acquiert une connaissance parfaite, la science suit l'œuvre[3].

Cela vaut de l'ensemble de l'univers et de son rapport à notre science et à celle de Dieu. Ce que les hommes connaissent, ils le tiennent de l'étude des êtres, aussi leur science ne s'étend-t-elle point sur le futur ni l'infini; leurs connaissances se renouvellent et se multiplient au gré de leur expérience. Pour Dieu, au contraire, ce n'est pas des choses que lui vient la connaissance qu'il en a, si bien qu'il y aurait multiplicité et renouvellement, mais ces choses dépendent de sa science qui les a précédées et les a établies telles qu'elles sont, soit êtres séparés, soit individus matériels et permanents, soit être matériels, individuellement variables, mais suivant un ordre impérissable et inaltérable[4]. Il ressort de là une distance et une équivocité entre la connaissance divine et la

rerum sicut ars artificiatorum; cf. 1 *CG* , cap. 66 : *Cognitio divini intellectus comparatur ad res alias sicut cognitio artificis ad artificiata : cum per suam scientiam sit causa rerum.*

1. Cf. D. Burrell, *Knowing the Unknowable God : Ibn. Sina, Maimonides, Aquinas*, Notre-Dame, 1986, p. 74 (cité par A. Wohlman, *Thomas d'Aquin et Maïmonide*, p. 214).

2. Outre l'influence maïmonidienne, il y a également celle d'Averroès. En 2 *Sent.*, d. 15, q. 1, a. 2, abordant la question de l'effet des corps célestes sur les corps inférieurs, Thomas cite le philosophe arabe comme ayant aussi recours à l'analogie de l'artisan (cf. *Metaph.* XII comm. 16 / VIII, 318 M) : ... *dicendum est corpora caelestia causare generationem et corruptionem in inferioribus, inquantum motus eorum est causa omnium inferiorum mutationum. Sed cum omnis motus sit actus motoris et moti, oportet quod in motu relinquatur virtus motoris et virtus mobilis : unde ex ipso mobili, quod corpus est, habet virtutem movendi inferiora corpora ad dispositiones corporales. Ex parte autem motoris, qui est substantia spiritualis, quaecumque sit illa, habet virtutem movendi ad formas substantiales, secundum quas est esse specificum, quod divinum esse dicitur. Relinquitur autem virtus spiritualis substantiae in motu corporis caelestis, ad modum quo virtus motoris relinquitur in instrumento : et per hunc modum omnes formae naturales descendunt a formis quae sunt sine materia, ut Boetius dicit, I* De Trin., *cap. 2, et Commentator in XI* Metaph., *sicut formae artificiatorum ab artifice.* S. Albert renvoie à ce passage du commentaire d'Averroès (cf. *Summa*, I, tr. 15, q. 61 m. 2).

3. Cf. III, p. 155 (trad. de Munk); dans l'édition latine de 1520, nous avons le texte suivant : *Differentia magna est inter scientiam artificis eius rei quam operatur, et scientiam alterius de eadem re. Opus enim illud cum fit ex intentione factoris, est opus secutum scientiam. Alius vero qui consideravit illud iam factum, et sciverit illud : scientia eius sequitur ipsum factum* (cf. *Dux neutrorum*, lib. III, cap. 22, fol.84 r°).

4. Cf. *Dux neutrorum*, lib. III, cap. 22, fol. 84 r°.

connaissance humaine des choses. Le point d'application de la négation porte sur le fait que la science divine ne peut consister, comme chez Avicenne, en une vision spéculative de l'ordre des essences, mais en une connaissance intérieure à un agir :

> En connaissant toute la réalité de son essence inaltérable, Dieu connaît par là même tout ce qui doit nécessairement résulter de ses actions[1].

En d'autres termes, le regard que Dieu porte sur la création n'est pas une contemplation de l'ordre intelligible des *eidei*, il est celui qui guide l'initiative créatrice dans le don, fait à chaque être, de sa cause formelle comme *morphè*. Si, pour le philosophe juif, rien absolument n'est donc inconnu de Dieu, l'homme cependant ne saurait avoir accès à cette connaissance divine; la seule manière tant soit peu adéquate de la décrire est l'analogie de l'artisan, mais celle-ci ne permet guère de cerner le comment de la science divine[2].

Quand Thomas, dès le *Commentaire des Sentences*, traite de la science divine des singuliers, il s'appuie sur Maïmonide affirmant, dans le chapitre 17 du troisième livre du *Guide*, que Dieu connaît très parfaitement les singuliers[3] et se réfère comme lui à la connaissance pratique de l'artisan[4]. Pourtant, notre auteur prend du recul par rapport à son devancier sur deux points qui manifestent la différence entre leurs métaphysiques : d'une part, contre la thèse de l'équivocité, il avance la possibilité d'une considération analogique de la science divine[5], d'autre part, il précise en quoi consiste la *causa factiva* ou *productiva rerum* lorsqu'il s'agit de la connaissance impliquée dans l'œuvre créatrice de Dieu[6].

1. Cf. t. III, chap. 21, p. 157 (trad. de MUNK); *Dux neutrorum*, lib. III, cap. 22, fol. 84 r° : *Cum scit veritatem substantiae suae quae non mutatur, scit quicquid provenit et sequitur ex omnibus operibus suis.*
2. Cf. *Dux neutrorum*, lib. III, cap. 22, fol. 84 r°et v°.
3. Cf. 1 *Sent.*, d. 36, q. 1, a. 1, sol. : *Ideo alii dixerunt, sicut Rabbi Moyses, lib. III sui* Directorii, *cap. XVII, quod Deus scit perfectissime singularia.*
4. Cf. 1 *Sent.*, d. 36, q. 1, a. 1, sol. : *Quia nos ponimus Deum immediate operantem in rebus omnibus, et ab ipso esse non solum principia formalia, sed etiam materiam rei; ideo per essentiam suam, sicut per causam, totum quod est in re cognoscit, et formalia et materialia; unde non tantum cognoscit res secundum naturas universales, sed secundum quod sunt individuatae per materiam; sicut aedificator si per formam artis conceptam posset producere totam domum, quantum ad materiam et formam, per formam artis quam habet apud se, cognosceret domum hanc et illam : sed quia per artem suam non inducit nisi formam, ideo ars sua est solum similitudo formae domus; unde non potest per eam cognoscere hanc domum vel illam, nisi per aliquid acceptum a sensu.*
5. Cf. 1 *Sent.*, d. 36, q. 1. a. 1, sol. : *Videlicet, quod quamvis scientia Dei sit alterius modi a scientia nostra, tamen per scientiam nostram aliqualiter devenimus in scientiam Dei; et sic scientia nostra non est penitus aequivoca scientiae Dei, sed potius analogica, ut dictum est (cf. d. 35, q. 1, a. 4).* Cf. à ce propos I. FRANCK, « Maimonides and Aquinas on Man's Knowledge of God : a twentieth Century Perspective », *The Review of Metaphysics* 38 (1985) 591-615; N. A. STUBBENS, « Naming God : Moses Maimonides and Thomas Aquinas », *The Thomist* 54 (1990) 229-267, en particulier 231-265.
6. Concernant la façon dont Maïmonide et Thomas ont abordé l'analogie de la connaissance pratique de l'artisan, nous renvoyons à A. WOHLMAN, *Thomas d'Aquin et Maïmonide*, p. 213-225.

L'art a chez Thomas[1] le sens précis que lui donne Aristote[2] : il s'agit de la *technè*, c'est-à-dire de la vertu de l'intelligence pratique, distincte qu'elle est de l'*épistèmè*, science de l'intelligence théorique. L'art adapte aux cas particuliers les données générales de l'intelligence théorique et il tend à la réalisation d'une *poièsis*, œuvre extérieure à l'artiste (*technitès*)[3]. Parmi les vertus de l'intellect pratique, Thomas distingue, à la suite du Stagirite, la prudence qui est *recta ratio agibilium* et l'art, *recta ratio factibilium*[4]; celle-ci est « une certaine disposition à produire, accompagnée de règle »[5]. Cette distinction repose sur l'opposition entre les deux domaines d'activité que peut diriger l'intellect pratique : d'une part le domaine de l'agir, dont le terme est immanent au sujet agissant; le résultat de cette activité proprement pratique (*praktikè*) est chez Aristote l'*eupraxia*. D'autre part, le domaine du faire (*poiètikè*) ou de l'activité transitive, dont le terme est extérieur au sujet[6]. L'art est donc, parmi les cinq vertus dianoétiques qu'identifie Aristote[7], celle qui a pour objet la direction de la production des réalités extérieures au sujet[8]. Comme tel, il est cause de l'œuvre produite au titre de

1. Cf. F. KOVACH, « Divine art in Saint Thomas Aquinas », p. 664-665.

2. H. Merle (cf. art. cit., p. 115) note qu'au XIIIe siècle la réflexion sur *ars* est dominée par la lecture et les commentaires des textes d'Aristote qui fournissent une problématique nouvelle : *experimentum-ars-scientia* (*Metaph.*, I, 1); *ars-prudentia* (*Eth.*, VI, 3-4); *ars-natura* (*Phys.*, II, 8).

3. Cf.ARISTOTE, *Ethique à Nicomaque*, Nouvelle traduction avec introduction, notes et index par J. TRICOT, Paris, ^{7}1990, p. 31, note 1.

4. Cette distinction, que notre auteur mentionne notamment en Ia-IIae, q. 57, a. 4, c., se trouve dans l'*Ethique à Nicomaque*, VI, 4 (1140 a, 1 s.) : *Les choses qui ne peuvent être autres qu'elles ne sont comprennent à la fois les choses qu'on fabrique et les actions qu'on accomplit. Production et action sont distinctes (sur leur nature nous pouvons faire confiance aux discours exotériques); il s'ensuit que la disposition à agir accompagnée de règle est différente de la disposition à produire accompagnée de règle. De là vient encore qu'elles ne sont pas une partie l'une de l'autre, car ni l'action n'est une production, ni la production une action.*

5. Cf. *Eth*, VI, 4 (1140 b, 5 s.) : « Epei d'è oikodomikè technè tis estin kai hoper hexis tis méta logou poiètikè,... » (cf. *Ethique à Nicomaque*, Texte, traduction, préface et notes par J. VOILQUIN, Paris, 1950, p. 260, n° 3). Cf. Ia-IIae, q. 57, a. 3, c. : *Ars nihil aliud est quam ratio recta aliquorum operum faciendorum.*

6. Cf. Ia-IIae, q. 57, a. 4, c. : *Differt autem facere et agere quia, ut dicitur in IX* Metaph., *factio est actus transiens in exteriorem materiam, sicut aedificare, secare, et huiusmodi; agere autem est actus permanens in ipso agente, sicut videre, velle, et huiusmodi. Sic igitur hoc modo se habet prudentia ad huiusmodi actus humanos, qui sunt usus potentiarum et habituum, sicut se habet ars ad exteriores factiones : quia utraque est perfecta ratio respectu illorum ad quae comparatur.*

7. Les cinq vertus dianoétiques sont l'art (*technè*), la science (*epistèmè*), la prudence (*phronèsis*), la sagesse (*sophia*) et la raison intuitive (*nous*) (cf. *Eth.*, VI, 3 /1139 b, 15 s.). S. Thomas reprend à son compte ces cinq vertus (cf. par ex. Ia-IIae, q. 57). Au sujet des activités de l'intellect spéculatif en particulier, il fait sienne la distinction aristotélicienne en trois catégories : l'intelligence (raison intuitive) qui habilite le sujet à faire un bon usage des premiers principes; la science qui perfectionne les multiples processus de l'intelligence et qui se diversifie en divers habitus à raison de la diversité de ses objets; la sagesse où s'achève le développement de l'intelligence devenue habile à porter un jugement définitif et universel sur les choses. Les deux premiers de ces habitus sont des parties « potentielles » de la sagesse (cf. A. PLÉ, « Introduction et notes » à *Thomas d'Aquin, Somme théologique*, Les habitus et les vertus (I-II, qq. 49-67), t. 2, Paris, 1984, p. 348, note 5).

8. Cf. Ia-IIae, q. 57, a. 3, c.

principium quo de la production, le *principium quod* étant l'artisan lui-même.

En un sens dérivé, l'art désigne la forme même que conçoit l'intellect pratique qualifié par l'habitus artistique et qui est le modèle, l'idée, le principe formel extrinsèque de l'œuvre à réaliser[1]. Ainsi l'artisan connaît l'œuvre qu'il va produire ou qu'il a produite grâce à cette forme qui est *ratio* de l'œuvre préexistant en lui sur un mode intelligible[2]; il s'agit ici d'une application particulière de l'axiome selon lequel les effets préexistent dans leur cause[3]. « Or l'artisan ne produit que la forme, car c'est la nature qui a préparé la matière aux productions de l'art »[4]. L'activité de l'artisan s'exerce en effet toujours sur une matière préexistante dont il n'est point la cause et dans laquelle il introduit une forme accidentelle[5].

Pour cette raison, l'artisan, au moyen de son art, ne connaît ses œuvres que du point de vue de la forme. Celle-ci est de soi universelle, c'est-à-dire apte à exister en plusieurs et même en une infinité d'individus[6] : cela est le fait de toute forme « naturelle », à savoir de toute forme d'un être dont la définition inclut la matière. Dès lors, la forme ne saurait être le principe de l'individualité des étants corporels :

> Il est manifeste en effet que ce qui donne à un étant singulier d'être le singulier qu'il est, n'est en aucune façon communicable à plusieurs[7].

1. Cf. 1 *CG*, cap. 93 : *Ratio autem rei fiendae in mente facientis, ars est : unde Philosophus dicit in sexto Ethic. quod ars est recta ratio factibilium;* cf. Ia-IIae, q. 93, a. 1 : *Ratio rerum fiendarum per artem vocatur ars vel exemplar rerum artificiatarum.*

2. Cf. Ia-IIae, q. 93, a. 1, c. : *In quolibet artifice praeexistit ratio eorum quae constituuntur per artem;* cf. IIa-IIae, q. 57, a. 1, ad 2 : *Eorum quae per artem exterius fiunt quaedam ratio in mente artificis praeexistit, quae dicitur regula artis.*

3. Cf. Ia-IIae, q. 102, a. 4, ad 6 : *...rationes effectuum clauduntur in suis causis, et rationes artificiorum in artifice.*

4. Cf. *De ver.*, q. 2, a. 5, resp. : *Artifex autem non producit nisi formam quia materiam ad artificialia praeparavit natura.* La comparaison de l'art et de la nature est, comme nous le mentionnions avec H. Merle, un thème aristotélicien emprunté à *Physique*, II, 2 (194 a 21) : *Si l'art imite la nature et si, dans une certaine limite, il appartient à une même science de connaître la forme et la matière (par exemple, au médecin la santé, et la bile et le phlegme dans lesquels est la santé; de même, à l'architecte, la forme de la maison et la matière, à savoir tuiles et bois; de même pour les autres arts) alors il doit appartenir à la physique de connaître les deux natures* (trad. par H. Carteron, Paris, 1926, p. 63). Cette comparaison intervient à deux niveaux : soit on veut souligner que l'art imite la nature dans le sens où l'un ou l'autre mettent en œuvre un processus finalisé; soit on veut marquer — c'est le cas ici — la différence et la subordination en manifestant que l'art présuppose l'activité de la nature (cf. S.-Th. Bonino, *La Question 2*, t. 2, p. 449, note 40).

5. *In De anima*, II, 1 : *Corpora naturalia sunt principia artificialium : ars enim operatur ex materia quam natura ministrat, forma autem quae per artem inducitur est forma accidentalis, sicut figura vel aliquid huiusmodi; De principiis naturae*, § 1 : *Ars enim non operatur nisi supra id quod iam constitutum est in esse perfecto a natura; Qdlb.* VII, q. 1, a. 3 : *Artifex homo per formam artis non producit materiam, sed materia praesupposita inducit formam artis.* Ces données sont également présentes dans le *Commentaire aux Sentences* de Bonaventure (lib. II, d. 7, a. 2, q. 2).

6. Cf. Ia, q. 3, a. 2, ad 3 : *Forma vero, quantum est de se, nisi aliquid aliud impediat, recipi potest a pluribus.*

7. Cf. Ia, q. 11, a. 3 : *Manifestum est enim quod illud unde aliquod singulare est* hoc aliquid, *nullo modo est multis communicabile.*

En fait, le principe d'individuation qui multiplie et individualise la perfection formelle ne peut être que la matière.

> Si la forme de l'art produisait la matière comme elle produit aussi la forme, l'artisan connaîtrait grâce à elle le produit de l'art, à la fois quant à la forme et quant à la matière. Par conséquent, la matière étant principe d'individuation, il le connaîtrait non seulement selon sa nature universelle mais aussi en tant qu'il est un certain singulier. Puis donc que l'art divin produit non seulement la forme mais aussi la matière, il y a dans cet art divin non seulement la similitude de la forme mais aussi celle de la matière et c'est la raison pour laquelle Dieu connaît les choses à la fois quant à leur forme et quant à leur matière. Il connaît donc non seulement les choses universelles mais aussi les singulières[1].

L'exposé thomasien concernant la science divine du singulier repose fondamentalement sur cette affirmation que la matière est une certaine participation de la perfection divine, une certaine imitation de l'essence de Dieu, parce qu'elle est créée ou mieux concréée avec la forme[2]. La matière est en effet causée par Dieu dans la mesure où elle n'est point un contre-principe qui s'opposerait à l'être, mais *quodammodo* de l'être. Considérée en elle-même, dit notre auteur, elle possède « un être imparfait, au dernier rang de l'être, qui est l'être en puissance »[3]. Mais ce degré inférieur de l'être est encore de l'être, ce que n'est plus, par exemple, la pure privation. L'être en puissance est de l'être « car l'étant est de quelque manière commun à la puissance et à l'acte »[4]. Il y a ainsi une communauté analogique certes mais réelle entre Dieu, l'Etre qui est Acte pur, et la matière, l'être qui n'est que puissance. Cette communauté, si ténue soit-elle, suffit toutefois à poser une certaine similitude entre Dieu et la matière[5]. Puisqu'il y a par conséquent en Dieu la *ratio* de la matière, Dieu est capable de la connaître en se connaissant et par là de connaître le singulier dont elle est le principe.

1. Nous nous référons à la traduction française de *De ver.*, q. 2, a. 5, resp., faite par S.-Th. Bonino (*La Question 2*, t. 1, p. 254) : *Sed si forma artis esset productiva materiae sicut est et formae, per eam cognosceret artificiatum et ratione formae et ratione materiae, et ideo, cum individuationis principium sit materia, non solum cognosceret ipsum secundum naturam universalem sed etiam in quantum est singulare quoddam. Unde cum ars divina sit productiva non solum formae sed materiae, in arte sua non solum existit similitudo formae sed materiae, et ideo cognoscit res et quantum ad formam et quantum ad materiam, unde non solum universalia sed et singularia cognoscit.*
2. Cf. S.-Th. Bonino, *La Question 2*, t. 1, p. 200-202 ; t. 2, p. 451, note 42.
3. Cf. 1 *Sent.*, d. 36, q. 2, a. 3, ad 2 : ... *esse imperfectum secundum ultimum gradum essendi, qui est esse in potentia.*
4. Cf. *De pot.*, q. 3, a. 1, ad 12 : *Nam ens, commune est quodammodo potentiae et actui.*
5. Cf. 2 *Sent.*, d. 3, q. 3, a. 3, ad 2 : *Essentia divina quamvis sit actus purus, tamen est similitudo materiae, secundum quod omne ens, quantumcumque imperfectum, a primo ente exemplariter deducitur;* Ia, q. 14, a. 11, ad 3 : *Materia, licet recedat a Dei similitudine secundum suam potentialitatem, tamen in quantum vel sic esse habet, similitudinem quandam retinet divini esse.*

Or comme la connaissance de Dieu a le même rapport aux choses que celle de l'art créateur à ses œuvres, il est nécessaire que toutes choses soient soumises à l'ordre conçu par lui de même que tous les objets fabriqués sont soumis à l'ordre conçu par l'artisan[1].

Ainsi la fondation de la terre est dépendante de l'ordre conçu par l'*artifex divinus* qui n'est autre que le dessein de sa providence : c'est ce que précise Thomas dans le commentaire de Jb 38,5-6.

Un architecte dispose quatre choses dans la construction d'un édifice : le fondement, l'emplacement précis de celui-ci, ce sur quoi le fondement peut être solidement placé, la pierre d'angle. De manière semblable, Dieu disposa d'abord une certaine quantité de terre; or la nature spécifique de la terre ne requiert pas nécessairement telle quantité, mais cette dernière fut imposée à la terre par la seule *ratio divina.* Ensuite la position de la terre au sein des parties de l'univers fut fixée par la *ratio divinae dispositionis,* laquelle correspond au cordeau permettant à l'architecte de mesurer l'emplacement de l'édifice; cela est signifié par les mots du verset 5b : *quis tetendit super eam (terram) lineam.* Puis Dieu disposa ce sur quoi sont établies les bases de la terre, à savoir le centre du monde[2]. Enfin fut placée la pierre angulaire, c'est-à-dire le centre de la terre, auquel sont liées ses différentes parties[3].

Lorsque l'homme interroge les créatures, c'est-à-dire quand il les considère attentivement, il perçoit que la si grande ordonnance qu'il y a en elles et dans l'agencement de leurs parties n'existerait pas sans

1. Cf. Ia, q. 22, a. 2, c. : *Et cum cognitio eius comparetur ad res sicut cognitio artis ad artificiata, [...], necesse est quod omnia supponantur suo ordini, sicut omnia artificiata subduntur ordini artis.*

2. Thomas se réfère ici au *De caelo*, II, 26 (296 b 6 et 21).

3. Cf. *Super Iob 38,5-6*, p. 200, lin. 108-137 : *Est autem considerandum quod artifex in aedificii fundatione quatuor disponit : primo quidem quantum debeat esse fundamentum, et similiter divina ratione dispositum est quod tanta debeat esse quantitas terrae, et non maior vel minor, et quantum ad hoc subdit* quis posuit mensuras eius, *scilicet secundum omnes dimensiones; et signanter dicit* posuit : *non enim species terrae ex necessitate talem quantitatem requirit, sed haec quantitas est terrae imposita ex sola ratione divina, quam homo cognoscere non potest, et ideo subdit* si nosti, *quia scilicet hoc homo nec nosse nec indicare potest. Secundo artifex per suam rationem disponit determinatum situm fundamenti, quem comprehendit per extensionem lineae mensuralis, unde subdit* vel quis tetendit super eam lineam, *per quam scilicet significatur ratio divinae dispositionis designans determinatum situm terrae in partibus universi. Tertio excogitata quantitate fundamenti et ubi collocandum sit, disponit artifex in quo possit fundamentum firmiter collocari, et quantum ad hoc subdit* super quo bases illius, *scilicet terrae,* fundatae sunt, *quia fundata est super centrum mundi. Quarto autem praedictis tribus excogitatis, artifex iam incipit iacere lapides in fundamentum, et primo lapidem angularem ad quem diversi parietes congregantur, et quantum ad hoc subdit* aut quis demisit, *idest deorsum misit,* lapidem angularem eius, *per quem scilicet significatur ipsum centrum terrae cui diversae partes terrae conectuntur.* S. Ausín fait remarquer que dans le commentaire de Jb 38,4-6 Thomas explicite le concept théologique de providence par la référence à la *ratio fundationis* (lin. 93), la *ratio ordinans* (lin. 97), les *rationes aedificatoris* (lin. 102), la *ratio divina* (lin. 113), la *ratio divinae dispositionis* (lin. 124) (cf. « La providencia en el libro de Job : estudio sobre la "Expositio in Iob" de Santo Tomás de Aquino », *Scripta theologica* VIII-2 (1976), p. 496-497 et note 63).

une sagesse supérieure qui les y dispose et dont elles dépendent radicalement, comme l'œuvre fabriquée par l'artisan :

> Interroge les animaux, est-il affirmé dans le chapitre douzième du livre de Job (vv. 7-10), ils t'enseigneront; les oiseaux du ciel, et ils t'indiqueront; parle à la terre et elle te répondra et les poissons de la mer te raconteront. Qui ignore que toutes ces choses furent faites par la main du Seigneur? En elle se trouve l'âme de tout vivant et l'esprit de toute chair d'homme[1].

Thomas, au cours de l'*Expositio* — en particulier au sujet de Job 38-39 —, revient avec insistance sur le thème de la sagesse qui est au fondement du dessein providentiel de Dieu à l'égard de toutes créatures.

Un dessein de sagesse

Si dans son étude de Jb 38-39, notre auteur indique que Dieu manifeste sa sagesse à l'égard des créatures, il faut se reporter à son exégèse du chapitre 28 pour découvrir un développement de cette thématique. Ce chapitre — auquel Thomas se réfère du reste en d'autres de ses œuvres quand il parle de la sagesse divine — veut montrer la noblesse du bien spirituel que les justes reçoivent de Dieu, même en ce monde, un bien consistant en la sagesse. Il décrira son origine et son prix en tirant parti de l'analogie que nous offre le spectacle des choses précieuses et cachées afin de parvenir à l'affirmation de sa transcendance[2].

La sagesse étant incomparable et son origine mystérieuse, Job s'interroge sur son principe, à partir duquel les hommes participent à la lumière de l'intelligence :

> D'où vient donc la sagesse et quel est le lieu de l'intelligence? (Jb 28, 20).

Or ce principe excède toute connaissance humaine :

> La sagesse est en effet cachée aux yeux de tous les vivants (Jb 28,21a), car selon le livre de l'Ecclésiastique (1,5) « sa source est la Parole de Dieu au plus haut des cieux ».

Par ailleurs, « elle est dissimulée aux oiseaux du ciel » (Jb 28,21b) : Thomas évoque ici les oiseaux d'augures dont on disait qu'ils participaient à l'action d'une sagesse supérieure aux hommes, dans le

1. Cf. *Super Iob 12,7-10*, p. 80, lin. 133-151 : Nimirum interroga iumenta et docebunt te, et volatilia caeli et indicabunt tibi; loquere terrae et respondebit tibi, et narrabunt pisces maris; *quid autem omnia ista interrogata respondeant, ostendit subdens* Quis ignorat quod omnia haec manus Domini fecerit? *Hoc ergo est quod omnia confitentur se a Deo esse facta; tunc autem homo creaturas interrogat quando eas diligenter considerat, sed interrogatae respondent dum per considerationem ipsarum homo percipit quod tanta ordinatio quae invenitur in dispositione partium, in ordine actionum, nullo modo posset esse nisi ab aliqua superiori sapientia dispensante. Si autem huiusmodi creaturae a Deo factae sunt, manifestum est quod in Dei potestate sunt sicut artificiata in potestate artificis, et ideo subdit* In cuius manu, *idest potestate*, est anima omnis viventis, *et non solum aliorum animalium sed* et spiritus universae carnis hominis.

2. Cf. *Super Iob 28,1*, p. 151, lin. 1-9.

sens où par eux on connaissait l'avenir[1]; pourtant, la sagesse surpasse cette conjecture. On saisit par là qu'elle est supérieure aux corps célestes qui meuvent ces oiseaux. Certains cherchaient à connaître l'avenir par les morts, mais cela ne peut non plus rendre compte de l'origine de la sagesse :

> La perdition et la mort ont dit : nos oreilles ont entendu sa renommée (Jb 28,22).

La perdition et la mort impliquant un recul à l'égard des biens qui résultent de la sagesse, Job leur attribue à juste titre sa renommée. Par manière de métaphore, ajoute S. Thomas, ces trois choses peuvent se rapporter aux trois genres de créatures rationnelles pour lesquelles le principe de la sagesse demeure caché : les hommes, les anges et les démons qui, éloignés de Dieu par leur damnation, connaissent la sagesse de Dieu de très loin comme par la seule renommée[2].

« C'est Dieu qui connaît la voie de la sagesse, dit alors Job, et qui sait le lieu où elle se trouve » (Jb 28,23); ce lieu est Dieu lui-même auprès de qui réside la plénitude de la sagesse comme dans son origine première. Or elle dérive de lui dans toutes les créatures, comme l'art dérive de la pensée de l'artiste dans son œuvre[3]. De même que l'artiste donne l'existence à ses œuvres par l'ordre de sa sagesse et de son intelligence, de même Dieu crée toutes choses par l'ordre de son intelligence[4]. « Il revient au sage d'ordonner » *(ordinare sapientis est)*, affirme Thomas — reprenant ici une sentence du Philosophe —[5], quand

1. Selon notre auteur, qui s'inspire d'Isidore de Séville (cf. *Etymol.*, VIII, cap. 9 / *PL* 82, 310-313), les augures constituent l'un des trois genres de divination, celui qui s'effectue par simple considération de la position ou du mouvement de certaines choses (les astres, les mouvements et les cris des oiseaux ou d'autres animaux); le nom d'augure vient de *avium garritus* qui signifie gazouillement des oiseaux. La nécromancie est un autre genre de divination qui fait intervenir l'invocation des démons; les sorts, quant à eux, mettent en œuvre certaines pratiques en vue de découvrir ce qui est caché. Chacun de ces genres se divise lui-même en espèces nombreuses (cf. IIa-IIae, q. 95, a. 3, c.; a. 7).

2. Cf. *Super Iob 28,20-22*, p. 154, lin. 249-281.

3. Cf. *Super Iob 28,23*, p. 154, lin. 282-292 : « *Ut ergo ostendat sapientiae radicem subdit* Deus intelligit viam eius, *idest totum sapientiae processum, dum et ipse est et origo sapientiae et locus intelligentiae »; et quia ipse se ipsum perfecte novit ideo subdit* et ipse novit locum illius, *idest se ipsum in quo plene sapientia invenitur sicut in prima origine. Derivatur autem sapientia ab ipso in omnes creaturas quae per Dei sapientiam fiunt, sicut ars derivatur a mente artificis in opere eius, unde dicitur Eccli. 1,10 quod « Deus effundit sapientiam super omnia opera sua ».*

4. Cf. 2 *CG*, cap. 24 : *Comparantur omnes res creatae ad Deum sicut artificiata ad artificem. Sed artifex per ordinem suae sapientiae et intellectus artificiata in esse producit; ergo et Deus omnes creaturas per ordinem sui intellectus facit.*

5. Cette sentence, fait remarquer R.-A. Gauthier (cf. *Introduction*, p. 97-98), ne se trouve pas à vrai dire telle quelle chez Aristote. Ce n'est pas tout à fait ce que l'on lit dans la traduction de la *Métaphysique* de Jacques de Venise, la seule qui existait alors de ce passage et qu'utilisait Thomas lui-même : *Non enim oportet ordinari sapientem, sed ordinare* (*Aristoteles Latinus*, XXV 1, p. 8, 12). Dans ce texte de la *Métaphysique*, Aristote joue subtilement du double sens du mot grec *épitattein* « donner des ordres » ou « mettre de l'ordre »; la raison, selon lui, donne des ordres dans le but de mettre de l'ordre : *Une science dominatrice est, à nos yeux, plus une sagesse que la science qui lui est subordonnée : ce n'est pas, en effet, au sage à recevoir des lois, c'est à lui d'en donner; ce n'est pas lui qui doit*

il expose, en 2 *CG* cap. 24, que Dieu agit par sa sagesse. On ne saurait ordonner si l'on ne connaît pas la relation et la proportion des êtres les uns par rapport aux autres, et par rapport à quelque chose qui les dépasse et qui constitue leur fin; l'ordre des choses entre elles s'effectue en fonction de la fin à laquelle elles sont ordonnées. Or une telle *ordinatio* ne peut relever que de la sagesse d'un être intelligent. Dans le domaine des arts mécaniques, par exemple, ceux qui agencent, selon un plan ordonné, les différentes parties d'une œuvre sont appelés sages par rapport à cette œuvre réalisée. Ainsi Dieu, qui créa toutes choses en les ordonnant, le fit par sa sagesse[1].

La sagesse de Dieu se recommande en trois choses, expose Thomas au sujet de Jb 9,8-9; le Seigneur mesure d'abord de grandes choses par son intelligence et sa sagesse :

> Seul il étend les cieux, dit Job (Jb9,8a),

parce qu'il est le seul qui ait pu donner aux cieux une telle grandeur que sa sagesse a mesurée. Ensuite, la sagesse divine dispose dans un

obéir à autrui, c'est à lui, au contraire, que doit obéir celui qui est moins sage (cf. *Metaph.*, I, 2 / 982a 15; trad. J. Tricot, t. 1, p. 13). Notre passage de la *Summa contra Gentiles* retient, par contre, le deuxième sens, « mettre de l'ordre » : son interprétation est univoque. L'expression *ordinare sapientis est* est en fait un adage consacré : Thomas l'a déjà employé dans ses œuvres antérieures (cf. 3 *Sent.*, d. 4, q. 1, a. 1, sol. 3; d. 34, q. 1, a. 2; *Super Boet. de Trin.*, q. 2, a. 2) et il le cite en d'autres endroits du *Contra Gentiles* (cf. 1 *CG*, cap. 1; 3 *CG*, cap. 77), de même que dans des écrits postérieurs. Or cet adage, avec son sens restreint, apparaît chez S. Albert dans son cours sur les *Noms divins*, reporté qu'il fut par Thomas alors qu'il était à Cologne; cela ne signifie pas qu'Albert ait forgé lui-même l'expression en question, mais il n'est pas invraisemblable qu'il l'ait empruntée à une tradition plus ancienne, car on la trouve aussi chez Bonaventure (cf. 1 *Sent.*, d. 44, a. 1, qu. 3, fund. 4 / éd. Quaracchi, t. I, p. 706a). Or il rencontre chez Denys l'affirmation que c'est par sa justice que Dieu met de l'ordre dans les choses; Denys n'est-il pas en contradiction avec Aristote, pour qui c'est là œuvre de sagesse : *Sicut dicit Philosophus in principio Metaphisice, sapientis est ordinare et ita uidetur quod non sit actus iustitie.* Albert répond de la manière suivante : *Sapientiae est ordinare sicut disponentis per modum artis, sed iustitiae sicut exsequentis et ponentis ordinem in rebus ipsis* (cf. *Opera omnia edenda curavit Institutum Alberti magni Coloniense Bernhardo Geyer praeside*, t. XXXVII 1, Münster, 1972, p. 374, 3-5). Il perçoit les deux sens du mot *ordinare* : disposer les choses en artiste et imposer aux choses cet ordre. Il revient en d'autres termes au sage de montrer quel est le bel ordre des choses et au juste de passer à l'exécution et de faire régner cet ordre dans les choses. Thomas retiendra l'explication d'Albert lorsqu'il voudra expliciter la formule *sapientis est ordinare* (cf. par exemple Ia-IIae, q. 100, a. 7; *In Eth.*, IV, 8, 39-40). Peut-être avons-nous en 1 *CG* cap. 1 un écho de la distinction d'Albert : *Multitudinis usus, quem in rebus nominandis sequendum Philosophus censet, communiter obtinuit, ut sapientes dicantur qui res directe ordinant et eas bene gubernant.*

1. Cf. 2 *CG*, cap. 24 : *Secundum Philosophum in primo* Metaph., *ordinare sapientis est. Ordinatio enim aliquorum fieri non potest, nisi per cognitionem habitudinis et proportionis ordinatorum ad invicem, et ad aliquid altius, quod est finis eorum : ordo enim aliquorum ad invicem est propter ordinem eorum ad finem. Cognoscere autem habitudines, et proportionem aliquorum ad invicem, est solius habentis intellectum : judicare autem de aliquibus per causam altissimam sapientiae est : et sic oportet quod omnis ordinatio per sapientiam alicujus intelligentis fiat; unde et in mechanicis ordinatores artificiorum, sapientes illius artifici dicuntur. Res autem omnes quae sunt a Deo productae, ordinem ad invicem habent non casualem, cum sint semper, vel ut in pluribus; et sic patet quod Deus res in esse produxit eas ordinando. Deus igitur per suam sapientiam res in esse produxit.*

ordre certain les choses variables, fluctuantes et comme incertaines et les soumet à son gouvernement :

> Il marche sur les flots de la mer (Jb 9,8b);

ceux-ci paraissent en effet les plus désordonnés, étant projetés çà et là par les vents, mais il n'en demeure pas moins que Dieu marche sur eux en tant qu'il les soumet à son gouvernement. Enfin Dieu, par sa sagesse, fait tant de choses admirables aux yeux des hommes et dont ils ne peuvent scruter la raison; cela apparaît surtout dans l'emplacement et la disposition des étoiles[1] :

> Il crée Arcturus, Orion, les Hyades et les Chambres du Sud (Jb 9,9).

Arcturus est une constellation du ciel appelée la grande Ourse et qui a sept étoiles brillantes; elles ne nous sont jamais cachées, mais elles tournent autour du pôle nord. Orion est très apparente par sa dimension et la clarté des étoiles qui se trouvent dans le Taureau et les Gémeaux[2]. Les Hyades ont leur place sur la poitrine du Taureau ou sur son front. Les chambres du Sud, quant à elles, sont des étoiles proches du pôle austral et qui ne sont pas visibles aux habitants de l'hémisphère nord en raison de leur éloignement de l'Equateur. Pour ceux qui en sont distants dans la direction du nord, le pôle nord s'élève au-dessus de l'horizon, tandis que le pôle sud ainsi que les étoiles dont nous parlons disparaissent en quelque sorte sous l'horizon[3].

En s'arrêtant à la description de ces réalités — et de nombreuses autres tout au long de l'*Expositio* —, S. Thomas, dans le cadre d'une démarche de foi, veut souligner que la totalité des créatures est comme un lieu second de la sagesse, le premier étant Dieu :

> *Ipsa universitas creaturarum est quasi quidam secundarius sapientiae locus*[4].

Cet enseignement est l'écho de ce qu'affirmait déjà le frère dominicain, de façon plus développée, dans le *Commentaire des Sentences*. Prêtons attention à ce premier enseignement de Thomas pour le mettre en parallèle avec celui de l'*Expositio* dont le sens théologique s'en trouvera par là explicité. La notion de sagesse y est interprétée en référence à la théologie trinitaire[5]. Le Père, le Fils et l'Esprit-Saint sont sagesse unique, puisque les trois Personnes sont une essence unique.

1. Cf. *Super Iob 9,8-9*, p. 60, lin. 213-238.
2. Thomas a recours implicitement aux données apportées par Isidore de Séville (cf. *Etymol.*, III, cap. 71 / *PL* 82, 179).
3. Cf. *Super Iob 9,9*, p. 61, lin. 240-267.
4. Cf. *Super Iob 28,23*, p. 154, lin. 292-294.
5. Cf. F. RUELLO, « Saint Thomas et Pierre Lombard, Les relations trinitaires et la structure du Commentaire des Sentences de saint Thomas d'Aquin », dans *San Tommaso, Fonti e riflessi del suo pensiero*, « Studi tomistici 1 », Rome, 1974, p. 176-209, ici p. 184. On verra également l'étude remarquable de G. EMERY, *La Trinité créatrice*, Trinité et création dans les commentaires aux *Sentences* de Thomas d'Aquin et de ses précurseurs Albert le Grand et Bonaventure, « Bibliothèque thomiste 47 », Paris, 1995, p. 252-301 et 531-535 en particulier.

Dans le prologue général[1], notre auteur veut toutefois suggérer avec force que le Christ est sagesse de Dieu et qu'il l'est également pour nous; il le fait en associant en une seule phrase deux versets de la première épître au Corinthiens (1 Co 1,24 et 30) :

> *Christum Dei virtutem et Dei sapientiam, qui etiam factus est nobis sapientia a Deo.*

Il a recours à la doctrine de l'appropriation qui se fonde dans le cas présent sur la convenance entre ce qui est propre au Fils et les œuvres de la sagesse[2].

> En tant qu'il est notre sagesse, le Christ nous fait saisir la sagesse, certes commune aux trois Personnes divines, mais à lui appropriée, et par cette appropriation, il nous donne de l'atteindre comme sagesse du Père dont il procède en tant que Verbe.[3]

Il convient ainsi au Verbe de manifester les *abscondita Dei*, les secrets divins, qui sont les processions trinitaires, et non point en rigueur de termes, ce qui peut nous être connu par les créatures. Thomas dit alors que l'on attribue à juste titre au Fils ces mots de l'Ecclésiastique, qu'il place d'ailleurs en exergue de son prologue :

> *Ego sapientia effudi flumina* (Eccli., 24,40)[4].

Le terme *flumina* renvoie au flux de la procession éternelle par laquelle le Fils procède du Père et l'Esprit, de l'un et de l'autre, selon un mode ineffable. Par procession, il faut entendre une relation d'origine ou le rapport du « principié » à son « principe »[5]. La manifestation du flux des processions divines consiste, de la part du Verbe, à les publier, c'est-à-dire à exposer librement ce qui jusqu'alors était caché, quoique d'une certaine manière répandu dans les similitudes des créatures[6] et les énigmes des écritures[1].

1. F. Ruello note que le prologue général fut rédigé à l'occasion de l'édition définitive du *Commentaire*, c'est-à-dire entre 1256 et 1258, et que les prologues spéciaux répondent à des questions que font naître certaines thèses avancées dans le prologue général (cf. « Saint Thomas et Pierre Lombard », p. 176). Le P. Torrell considère que cette observation de F. Ruello est « pour le moins fort vraisemblable » (cf. *Initiation à saint Thomas d'Aquin*, p. 62, note 26).

2. Cf. 1 *Sent.*, Prol. : *Inter multas sententias quae a diversis de sapientia prodierunt, quid scilicet esset vera sapientia, unam singulariter firmam et veram Apostolus protulit dicens* Christum Dei virtutem et Dei sapientiam, qui etiam factus est nobis sapientia a Deo, *I ad Corinth., 1,24 et 30. Non autem hoc ita dictum est, quod solus Filius sit sapientia, cum Pater, et Filius, et Spiritus sanctus sint una sapientia, sicut una essentia; sed quia sapientia quodam speciali modo Filio appropriatur, eo quod sapientiae opera cum propriis Filii plurimum convenire videntur.*

3. Cf. F. Ruello, « S. Thomas et Pierre Lombard », p. 185.

4. Le verset complet est le suivant : *Ego sapientia effudi flumina; ego quasi trames aquae immensae de fluvio; ego quasi fluvius Diorix, et sicut aquaeductus exivi de paradiso : Dixi : Rigabo hortum plantationum, et inebriabo partus mei fructum.*

5. Cf. 1 *Sent.*, d. 13, q. 1, a. 2-3.

6. Cf. 1 *Sent.*, d. 3, q. 2, a. 1-3 : cela constitue un écho de l'enseignement d'Albert en 1 *Sent.*, d. 3, a. 13-16.

Cette « publication » est liée à la venue du Fils de Dieu sur la terre :

> *Venit Filius Dei,*

affirme S. Thomas[2]. Ce dernier en rend compte par l'application au Christ d'un verset du livre de Job :

> *Profunda fluviorum scrutatus est et abscondita in lucem produxit* (Jb 28,11).

Dans l'*Expositio*, par contre, il interprète le verset dans le sens où Dieu connaît les choses cachées dans les profondeurs des fleuves aussi parfaitement que s'il les scrutait ; le signe en est qu'il les met en lumière, c'est-à-dire qu'il les manifeste aux hommes. Thomas veut signifier que la sagesse divine connaît toutes choses[3]. Notons que Bonaventure, dans le prologue qui ouvre son *Commentaire des Sentences* (1250-1252)[4], se réfère également à Jb 28,11 qu'il choisit même pour exergue. Dans ce qui peut être considéré comme une leçon inaugurale[5], Bonaventure explique les quatre causes du *Liber Sententiarum*. Selon lui, le terme *flumina* désigne la cause matérielle : il y a donc quatre fleuves correspondant aux quatre livres. L'expression *abscondita*, s'opposant à *profunda*, se définit en fonction de la cause finale car chaque livre révèle un *absconditum*. Chacun permet aussi de scruter un *profundum* selon les requêtes de la cause formelle. Quant à

1. Cf. 1 *Sent.*, d. 3, q. 1, a. 4.

2. cf. 1 *Sent.*, Prol. : *Recte ergo dicitur ex persona Filii* : Ego sapientia effudi flumina. *Flumina ista intelligo fluxus aeternae processionis, qua Filius a Patre, et Spiritus sanctus ab utroque, ineffabili modo procedit. Ista flumina olim occulta et quodammodo infusa erant in similitudinibus creaturarum, tum etiam in aenigmatibus scripturarum, ita ut vix aliqui sapientes Trinitatis mysterium fide tenerent. Venit Filius Dei et infusa flumina quodammodo effudit, nomen Trinitatis publicando, Matth., ult., 19* : Docete omnes gentes, baptizantes eos in nomine Patris, et Filii, et Spiritus sancti.

3. Cf. *Super Iob 28, 10-11*, p. 152, lin. 131-144 : *Et sicut potentia sua (Dei) se extendit ad omnia magnifica facienda, ita eius sapientia se extendit ad omnia pretiosa cognoscenda, unde subdit* Et omne pretiosum vidit oculus eius *: si enim ipse potest montes subvertere, si potest petras excidere et similem potestatem exercere in totam terram, consequens est quod pretiosa videat quae ibi latent quamvis oculus hominis ea videre non possit; et non solum ea quae latent in terris oculus eius videt, sed* profunda quoque fluviorum scrutatus est, *idest ea quae in profundis fluviorum latent ita perfecte cognoscit sicut <si> ea scrutaretur, et huius signum est quia* abscondita producit in lucem, *idest manifestationem hominum.* Albert, pour sa part, recourant à une interprétation sensiblement identique à celle de Thomas, éclaire Jb 28,11 à l'aide d'Eccli. 24,40-41 ; il retient par ailleurs non seulement le sens littéral, mais aussi le sens spirituel (cf. *Commentarii in Iob 28,11*, col. 315) : Profunda quoque fluviorum scrutatus est, *Deus sc. per sapientiam suam scrutari facit, hoc est profunda, ex quibus iugibus emanationibus fluunt flumina vel aquarum litteraliter vel scripturarum spiritualiter. Eccli XXIV, (40-41) : « Ego sapientia effudi flumina. Ego quasi trames aquae immensae de fluvio »* et abscondita produxit in lucem, *hoc est, produci fecit. Mt X, (26) : « Nihil opertum, quod non reveletur, neque absconditum, quod non sciatur ».*

4. J.-G. Bougerol fait remarquer que ce *proemium* précède le commentaire du prologue de Pierre Lombard et qu'il est donné dans tous les manuscrits importants, à la place même où les Editeurs l'ont disposé dans l'édition critique des *Opera omnia* (cf. *Introduction à saint Bonaventure*, Paris, 1988, p. 190-191).

5. Cf. J.-G. Bougerol, *Introduction*, p. 191.

la cause efficiente, elle est comprise dans les expressions *scrutatus est* et *produxit in lucem*[1].

Selon Thomas, la manifestation des *abscondita divinorum* par la sagesse divine constitue la matière du premier livre, alors que les trois autres concernent respectivement la production des choses, leur restauration et leur plein accomplissement selon un ordre de perfection, lesquels sont également l'œuvre de la Sagesse[2]. La matière du deuxième livre retient prioritairement notre attention car on la retrouve dans le commentaire de Jb 28. S'il convient de traiter d'abord de l'unité de l'essence divine et de la trinité des Personnes et ensuite des créatures, c'est qu'il existe un certain rapport entre la sagesse divine et les créatures : ce rapport est celui de la production[3]. Cela signifie que Dieu n'a pas seulement une connaissance sapientielle spéculative, mais aussi opérative, comme l'est celle que l'artisan possède des produits de son art[4]. Dieu a donc tout créé dans sa sagesse, comme l'affirme le Ps 103 :

> *Omnia in sapientia fecisti.*

1. Cf. 1 *Sent.*, Proemium : *Verbum istud, quod sumtum est ex Iob vigesimo octavo, diligentius consideratum nobis aperuit viam ad praecognoscendum quadruplex genus causae in liber Sententiarum, scilicet* materialis, formalis, efficientis *et* finalis. *Causa namque materialis innuitur in nomine* fluviorum, *causa formalis in perscrutatione* profundorum, *causa finalis in revelatione* absconditorum, *causa vero efficiens intelligitur in supposito duorum verborum, scilicet* scrutatus est *et* produxit in lucem.

2. Cf. 1 *Sent.*, Prol. : *Per sapientiam enim Dei manifestantur divinorum abscondita, producuntur creaturarum opera, nec tantum producuntur, sed restaurantur et perficiuntur : illa, dico, perfectione qua unumquodque perfectum dicitur, prout proprium finem attingit.*

3. Dans le prologue au deuxième livre des *Sentences*, Thomas précise à quel type de considération des créatures se réfère le théologien, une considération différente de celle du philosophe : *Creaturarum consideratio pertinet ad theologos et ad philosophos, sed diversimode. Philosophi enim creaturas considerant, secundum quod in propria natura consistunt : unde proprias causas et passiones rerum inquirunt; sed theologus considerat creaturas, secundum quod a primo principio exierunt, et in finem ultimum ordinantur qui Deus est : unde recte divina sapientia nominatur, quia altissimam causam considerat, quae Deus est. Unde dicitur Eccli., XLII, 17 :* Nonne Deus fecit sanctos suos enarrare omnia mirabilia sua? *Per modum istum in hoc secundo libro de creaturis agitur.*

4. Cf. 1 *Sent.*, Prol. : *Secundum quod pertinet ad Dei sapientiam est creaturarum productio : ipse enim de rebus creatis non tantum speculativam, sed etiam operativam sapientiam habet, sicut artifex de artificiatis.* Thomas développe cela notamment en 1 *Sent.*, d. 38, q. 1, a. 1, sol., où il parle de la science de Dieu comme étant cause des choses : *Sciendum est ergo, quod scientia secundum rationem scientiae non dicit aliquam causalitatem, alias omnis scientia causa esset : sed inquantum est scientia artificis operantis res, sic habet rationem causae respectu rei operatae per artem. Unde sicut est causalitas artificis per artem suam, ita consideranda est causalitas divinae scientiae. Est ergo iste processus in productione artificiati. Primo scientia artificis ostendit finem; secundo voluntas ejus intendit finem illum; tertio voluntas imperat actum per quem educatur opus, circa quod opus scientia artificis ponit formam conceptam. Unde scientia se habet ut ostendens finem, et voluntas ut dirigens actum et informans opus operatum; et ideo constat quod quidquid accidit in effectu per defectum a forma artis, vel a fine, non reducitur in scientiam artificis sicut in causam. Patet etiam quod principalitas causalitatis consistit penes voluntatem quae imperat actus. Unde patet quod malum, quod est deviatio a forma et a fine, non causatur per scientiam Dei; sed tantum causalitatem habet respectu bonorum, secundum quod consequuntur formam divinae artis et finem; non tamen ita quod respectu horum dicat perfectam rationem causalitatis, nisi secundum quod adjungitur voluntati; et in* Littera *dicitur, quod scientia beneplaciti est causa rerum.*

L'appropriation au Fils intervient également ici en tant qu'il est l'image du Dieu invisible selon la forme duquel tout a été formé; c'est dans ce sens que Thomas interprète Col 1,15 : *Qui est imago Dei invisibilis, primogenitus omnis creaturae, quoniam in ipso condita sunt universa* et Jn 1,3 : *Omnia per ipsum facta sunt.* C'est donc à bon droit que sont attribués au Fils ces mots de l'Ecclésiastique (24,40), qui signifient à la fois l'ordre et le mode de la création :

Ego quasi trames aquae immensae de fluvio.

Il existe en effet entre le chemin et le fleuve un ordre d'origine puisque le chemin est tracé par le fleuve et qu'il en vient. De même y a-t-il un ordre entre le « chemin » des créatures et les processions éternelles, car la procession temporelle des créatures dérive de la procession éternelle des personnes divines. Or cette procession-ci est la cause et la raison de celle-là[1] : cette thèse est récurrente dans le *Commentaire* du premier livre des *Sentences*, pour ne pas dire dans l'ensemble de la doctrine thomasienne[2]. Quant au mode de la création, il peut être envisagé par rapport au Créateur qui, bien qu'il emplisse tout, ne se mesure toutefois à rien : il est mesure non mesurée en raison de sa souveraine perfection. La création tient aussi son mode de la créature elle-même, car celle-ci procède de Dieu hors de l'unité de l'essence divine[3].

Dans le *Super Iob*, Thomas met en lumière ce même rapport de production entre la Sagesse divine et les créatures, bien que ce ne soit pas explicitement par référence à la théologie trinitaire. Cela se comprend, car le frère dominicain travaille dans un espace interprétatif fondé sur le sens littéral d'un texte vétérotestamentaire; de

1. Cf. 1 *Sent.*, Prol. : *Recte ergo dicitur ex persona Filii :* Ego quasi trames aquae immensae de fluvio*; in quo notatur et ordo creationis et modus. Ordo, quia sicut trames a fluvio derivatur, ita processus temporalis creaturarum ab aeterno processu personarum : unde in Psalmo CXLVIII, 5, dicitur :* Dixit, et facta sunt. *Verbum genuit, in quo erat ut fieret, secundum Augustinum,* Sup. Genes. ad litteram, *lib. I, cap. 2, col. 248, t. III. Semper enim id quod est primum est causa eorum quae sunt post, secundum Philosophum, II* Metaph., *text. 4; unde primus processus est causa et ratio omnis sequentis processionis.* Le principe, formulé par Aristote (Livre a , 1, 993 b 24-994 a 1) et selon lequel ce qui est premier est cause de ce qui vient ensuite, est fréquemment repris par Thomas dans le *Commentaire des Sentences.* Concernant la façon dont notre auteur use de ce principe, on se référera à V. DE COUESNONGLE, « La causalité du maximum, L'utilisation par saint Thomas d'un passage d'Aristote », *RSPT* 38 (1954) 433-444; « La causalité du maximum : pourquoi saint Thomas a-t-il mal cité Aristote? », *RSPT* 38 (1954) 658-680.

2. Cf. G. EMERY, « Le Père et l'œuvre trinitaire de la création selon le Commentaire des *Sentences* de S. Thomas d'Aquin », dans *Ordo sapientiae et amoris*, Fribourg, 1993, p. 85-117, ici p. 86, note 4. L'auteur donne quelques références : 1 *Sent.*, d. 10, q. un., a. 1; 1 *Sent.*, d. 2, div. text.; d. 10, q. un., a. 1; d. 14, q. 1, a. 1; q. 2, a. 2; d. 26, q. 2, a. 2, arg. 2 et ad 2; d. 27, q. 2, a. 3, ad 6; d. 29, q. un., a. 2, qla 2; d. 32, q. 1, a. 3; d. 35, div. text.; par ailleurs *De pot.*, q. 2, a. 6, sc. 2; q. 10, a. 2, arg. 19 et ad 19; *Resp. de art. CVIII*, q. 24; Ia, q. 45, a. 6-7.

3. Cf. 1 *Sent.*, Prol. : *Modus autem signatur quantum ad duo : scilicet ex parte creantis, qui cum omnia impleat, nulli tamen se commetitur; quod notatur in hoc quod dicitur,* Immensae. *Item ex parte creaturae : quia sicut trames procedit extra alveum fluminis, ita creatura procedit a Deo extra unitatem essentiae, in qua sicut in alveo fluxus personarum continetur. Et in hoc notatur materia secundi libri.*

plus, ce type d'approche exégétique conditionne en quelque sorte le propos théologique du commentaire scripturaire qui n'est point sans similarité — nous le verrons davantage encore par la suite[1] — avec celui des trois premiers livres de la *Summa contra Gentiles* :

> Nous proposant donc de suivre par la voie de la raison ce que la raison humaine peut découvrir de Dieu, nous aurons à étudier tout d'abord ce qui est le propre de Dieu en lui-même. Nous étudierons ensuite la sortie des créatures à partir de Dieu. En troisième lieu nous verrons l'ordonnance des créatures à Dieu comme à leur fin[2].

Sont visées ici les vérités accessibles à la raison, c'est-à-dire celles qui trouvent en Aristote un point d'appui même éloigné, mais qui n'en sont pas moins professées par la foi. Elles seront manifestées à l'aide d'arguments démonstratifs et d'arguments probables dont certains seront fournis par les œuvres des philosophes et des Pères (*sancti*)[3].

C'est ainsi que dans l'exposition du chapitre 28, notre auteur établit que par la considération actuelle de sa sagesse Dieu produit les choses dans l'être. Or de lui la sagesse est dérivée aux anges, à toutes les créatures qui sont disposées dans un ordre et aux hommes ; ceux-ci ne percevant pas la sagesse de la vérité par simple appréhension, comme les anges, mais y parvenant par une *inquisitio rationis*, Dieu la leur fait rechercher[4].

Les réalités créées, étant disposées par la providence divine selon ce plan de sagesse, ne sont donc pas l'effet d'une volonté absolue, comme le pensaient les théologiens du *kalâm* (les *loquentes in lege Saracenorum*) : il est indifférent, selon eux, que le feu réchauffe ou refroidisse, si ce n'est que Dieu le veut ainsi. Thomas reprend, en 3 *CG* cap. 97 —

1. Cf. notre troisième partie.

2. Cf. 1 *CG*, cap. 9 : *Intentibus igitur nobis per viam rationis prosequi ea, quae de Deo ratio humana investigare potest : primo occurrit consideratio de his, quae Deo, secundum seipsum, conveniunt. Secundo vero, de processu creaturarum ab ipso. Tertio autem, de ordine creaturarum in ipsum, sicut in finem* (la traduction française est celle de Bernier-Corvez, revue par J.-P. Torrell, *Initiation*, p. 162).

3. Cf. 1 *CG*, cap. 9 : *Modo ergo posito procedere intendentes, primum nitemur ad manifestationem illius veritatis, quam fides profitetur et ratio investigat, inducendo rationes demonstrativas et probabiles, quarum quasdam ex libris philosophorum et sanctorum collegimus, per quas veritas confirmetur et adversarius convincatur.*

4. S. Thomas donne ces indications à partir du verset 27 *Tunc vidit illam et enarravit et praeparavit et investigavit* : *Quia vero ex ipsis creaturis sapientiam non acquirit sicut nos sed potius ex sua sapientia creaturas produxit, ideo subiungit* Tunc, *scilicet quando creaturas faciebat,* vidit illam, *scilicet sapientiam in se ipso, inquantum per actualem suae sapientiae considerationem res in esse produxit. Ab ipso autem sapientia derivata est primo quidem ad angelos qui facti sunt participes sapientiae divinae, et quantum ad hoc dicit* et enarravit, *scilicet sapientiam suam eis manifestando; secundo vero ad universitatem creaturarum eam per sapientiam suam disponendo, et ad hoc pertinet quod subdit* et praeparavit, *scilicet in sapientia sua orbem terrae; tertio ad homines qui non per simplicem apprehensionem percipiunt sapientiam veritatis, sicut angeli quibus enarratur, sed per inquisitionem rationis ad eam perveniunt, unde subdit* et investigavit, *idest homines eam investigare fecit* (p. 155, lin. 327-344).

texte parallèle au *Super Iob* —[1], la critique qui leur est adressée par Maïmonide[2].

La providence divine dispose toutes choses non seulement dans l'universalité de leur nature mais également dans leur singularité

La *dispositio* concerne précisément l'ordre selon lequel les choses sortent de leur principe : elles sont disposées dans le sens où elles sont placées par Dieu à différents niveaux sur l'échelle des êtres; il en est de même de l'artisan qui agence les diverses parties de son œuvre. L'ordre visé prioritairement dans le cadre de la *dispositio* est donc celui des parties les unes par rapport aux autres. Différant de *l'ars divina* qui touche à la production des choses et de la *dispositio* ayant rapport à l'ordre des réalités produites, la providence, quant à elle, signifie l'ordre à la fin. Or, parce que l'artisan qui conçoit son œuvre considère d'abord la fin, l'ordre à la fin est plus proche de la fin que l'ordre des parties entre elles et en constitue d'une certaine manière la cause. En conséquence, la providence est de quelque façon cause de la *dispositio*[3].

1. *Manifestum igitur fit quod providentia secundum rationem quandam res dispensat : et tamen haec ratio sumitur ex suppositione voluntatis divinae. Sic igitur per praemissa duplex error excluditur. Eorum scilicet qui credunt quod omnia simplicem voluntatem sequuntur absque ratione. Qui est error Loquentium in lege Saracenorum, ut Rabbi Moyses dicit : secundum quos nulla differentia est quod ignis calefaciat et infrigidet, nisi quia Deus ita vult.* Les théologiens musulmans sont désignés par l'expression *loquentes in lege Saracenorum*, expression que Thomas préfère à celle de *loquentes in lege Maurorum*; celle-ci apparaît cinq fois (*De ver.*, q. 5, a. 9, ad 4; 3 *CG*, cap. 65; cap. 69; 3 *CG*, chap. barré après le chap. 112; *De pot.*, q. 3, a. 7), tandis que la première revient 21 fois dont deux pour le *Contra Gentiles* (cf. 1 *CG*, cap. 23 et 3 *CG*, cap. 97; pour les autres références, on consultera R.-A. GAUTHIER, *Introduction*, p. 120). Le P. Gauthier note que Thomas ne critique pas la religion de ces théologiens mais leur philosophie. Il ne le fait pas de lui-même, mais s'appuie sur Maïmonide et Averroès. Ces derniers parlent des *Mutakallimûm*, que leurs traducteurs latins ont rendu par la périphrase *Loquentes in lege Maurorum* (cf. *Introduction*, p. 127). On consultera également à ce sujet : E. GILSON, « Pourquoi saint Thomas a critiqué saint Augustin. I. La critique thomiste des *Motecallemin* », *AHDLMA* 1 (1926-1927) 8-25; L. GARDET, « Saint Thomas et ses prédécesseurs arabes », dans *St. Thomas Aquinas 1274-1974. Commemorative Studies*, t. I, Toronto, 1974, p. 419-448; id., « La connaissance que Thomas d'Aquin peut avoir du monde islamique », dans *Aquinas and Problems of his Time*, « Mediaevalia Lovaniensia, series I / studia V », Leuven-The Hague, 1976, p. 139-149; S. VAN RIET, « La Somme contre les Gentils et la polémique islamo-chrétienne », dans *Aquinas and Problems of his Time*, « Mediaevalia Lovaniensia, series I / studia V », Leuven-The Hague, 1976, p. 150-160.

2. Cf. *Dux neutrorum*, lib. III, cap. 26, fol. 88 r° : *Et opinio philosophorum est quod in rebus naturalibus non est aliquid quod fit pro nihilo : quia omnia opera quae non sunt ex artificiis hominum in ipsis est intentio propter aliquem finem sive sit notus ille finis, sive non sit notus. Secta vero magistrorum speculationis, qui dicunt quod Creator non facit unum propter aliud : neque sunt in eo causae vel causata : sed etiam opera Creatoris sunt secundum voluntatem ipsius, nec est querendus finis in eis : nec est dicendum cur hoc fecit : sed facit quod vult : et quod ista non sequuntur sapientiam ipsius. Ergo secundum sententiam istorum erunt opera Creatoris in ea parte quae dicta est pro nihilo : quoniam qui facit quod est pro nihilo, non est eius intentio ad aliquem finem : nec apponit animum ad illud quod facit. Creator vero secundum sententiam istorum scit quod facit : et habet intentionem illo : et non propter finem aliquo modo, nec propter aliquam utilitatem.*

3. Cf. *De ver.*, q. 5, a. 1, ad 9 : *In rebus potest considerari duplex ordo : unus secundum quod egrediuntur a principio, alius secundum quod ordinantur ad finem. Dispositio ergo pertinet ad*

Cette dernière, étant fréquemment attribuée à la providence, désignera alors tant l'ordre d'une chose à une autre selon qu'elles s'aident mutuellement à rejoindre leur fin ultime que celui de tout l'univers à Dieu lui-même[1]. C'est la signification que dégage Thomas de la définition forgée par Boèce au sujet de la providence — définition citée dans les œuvres de jeunesse comme dans celles de la maturité :

> *Providentia est ipsa divina ratio in summo omnium principe constituta, quae cuncta disponit*[2].

Affirmer que la providence divine dispose toutes choses revient à dire qu'elle s'étend non seulement aux choses incorruptibles mais aussi aux corruptibles. Or certains estiment que Dieu ne connaît ni ne

illum ordinem quo res progrediuntur a principio : dicuntur enim aliqua disponi secundum quod in diversis gradibus collocantur a Deo sicut artifex diversimode collocat partes sui artificii, unde dispositio ad artem pertinere videtur. Sed providentia importat illum ordinem qui est ad finem et sic providentia differt ab arte divina et dispositione quia ars divina dicitur respectu productionis rerum, sed dispositio respectu ordinis productorum, providentia autem dicit ordinem in finem. Sed quia ex fine artificiati colligitur quicquid est in artificiato, ordo autem ad finem est fini propinquior quam ordo partium ad invicem et quodam modo causa ei, ideo providentia quodam modo est dispositionis causa, et propter hoc actus dispositionis frequenter providentiae attribuitur. Quamvis ergo providentia nec sit ars, quae respicit productionem rerum, nec dispositio, quae respicit ordinem rerum ad invicem, non tamen sequitur quod non pertineat ad practicam cognitionem.

1. Dans un passage éclairant du *Commentaire des Sentences*, Thomas précise la distinction qu'il y a entre la science, la disposition et la providence : *Ista tria, dispositio, scientia et providentia, se habent per additionem unius ad alterum. Cum enim Deus de rebus creatis scientiam quasi practicam habeat, ad modum scientiae artificis ejus scientia consideranda est. Sciendum est ergo, quod artifex praeconcipiendo artificiatum suum considerat finem primo; et deinde considerat ordinem rei quam facere intendit, ad finem illum, et ordinem etiam partium ad invicem, sicut quod fundamentum sit sub pariete, et paries sub tecto; et iste ordo partium ad invicem ordinatur ulterius ad finem domus. Tertio oportet quod consideret ea quibus promoveatur ad consecutionem finis, et ut tollantur ea quae possunt impedire finem; unde excogitat sustentamenta domus per aliquas appendicias et fenestras et hujusmodi, quibus domus sit apta ad habitationem. Ista ergo excogitatio nominatur nomine scientiae, ratione solius cognitionis et non ratione alicujus operationis. Unde est et finis, et eorum quae sunt ad finem. Sed ratione ordinis excogitati in re operanda, vocatur nomine dispositionis : quia dispositio ordinem quemdam significat; unde dispositio dicitur generationis ordinatio. Sed ratione eorum quae promovent in finem, dicitur providentia : providus enim dicitur qui bene conjectat de conferentibus in finem, et de his quae impedire possunt. Unde etiam in Deo scientia dicitur, secundum quod habet cognitionem et sui ipsius, et eorum quae facit. Sed dispositio dicitur ratione duplicis ordinis quem ponit in rebus; scilicet rei ad rem, secundum quod juvant se invicem ad consequendum finem ultimum; et iterum totius universi ad ipsum Deum : sicut etiam Philosophus ponit (in 11* Metaph.*), ubi etiam ponit exemplum de ordine partium exercitus ad invicem, et ad bonum ducis. Providentia autem dicitur secundum quod rebus ita ordinatis attribuit ea quae ordinem conservant et propellit omnium inordinationem* (cf. 1 *Sent.*, d. 39, q. 2, a. 1, sol.).

2. Cf. Ia, q. 22, a. 1, c. : *Ipsa [...] ratio ordinis rerum in finem, providentia in Deo nominatur. Unde Boetius, IV* De consol., *dicit quod* providentia est ipsa divina ratio in summo omnium principe constituta, quae cuncta disponit. *Dispositio autem potest dici tam ratio ordinis rerum in finem, quam ratio ordinis partium in toto.* La définition de Boèce, tirée du *De consolatione philosophiae* (IV, Prosa 6 / *PL* 63, 814 B), intervient également en 1 *Sent.*, d. 39, q. 2, a. 1, arg. 4; *De ver.*, q. 5, a. 1, arg. 8); on ne la trouve pas mentionnée cependant dans le *Super Iob*.

gouverne les réalités inférieures, en particulier les réalités humaines[1]. Cela s'explique par l'élévation de sa substance à laquelle est proportionnée sa science, de sorte qu'il ne se connaît que lui-même; sa science viendrait à s'avilir si elle s'étendait aux créatures du monde sublunaire[2]. Cette interprétation défectueuse est, d'après notre auteur, celle qu'Eliphaz, dans le chapitre 22, attribue à Job qui paraît avoir nié la providence divine en ne reconnaissant pas que l'on est puni pour ses péchés; ne pas souscrire à cela c'est considérer que Dieu ne porte pas attention aux affaires humaines[3].

Eliphaz s'adresse alors à Job en ces termes :

> Et tu dis : que connaît donc le Seigneur (Jb 22,13a).

Cela ne signifie pas que soit retirée à Dieu la connaissance des choses, mais que, disent les tenants de la position dont Job est crédité, il les connaît en général. Dieu connaît autrement dit la *natura entis* qui se trouve en toutes choses ainsi que les causes universelles, ce qui renvoie, par manière d'allusion, à la doctrine d'Averroès et à celle d'Avicenne sur la science divine des singuliers[4]. En d'autres de ses œuvres, notre auteur s'attarde davantage sur le contenu de cette doctrine et en développe la critique.

Ainsi dans le *De veritate* (q. 2, a. 5, resp.), Thomas écrit que « certains, comme le Commentateur au livre XI de la *Métaphysique*, ont nié purement et simplement que Dieu connaisse les singuliers, sauf peut-être en général »[5]. La position d'Averroès est présentée de façon plus radicale que celle d'Avicenne qui admet une certaine connaissance universelle du singulier. Thomas le réfute en s'appuyant sur Aristote

1. Cf. Averroès, *Metaph.*, XII, comm. 51 (VIII, 335 I). Dans son commentaire des *Noms divins* (cf. chap. 3, leçon unique), Thomas note que cette opinion est celle de certains Péripatéticiens (*opinio quorumdam Peripateticorum*).

2. Cf. *Super Iob 22,12*, p. 129, lin. 110-116 : *Est autem considerandum quod aliqui negant Deum habere cognitionem et providentiam rerum humanarum propter altitudinem suae substantiae, cui proportionari dicunt suam scientiam ut nihil sciat nisi se ipsum, putantes quod scientia eius vilesceret si se ad inferiora extenderet.*

3. Cf. *Super Iob 22,12*, p. 129, lin. 103-110.

4. Cf. *Super Iob 22,13*, p. 129, lin. 120-125 : Et dicis : Quid enim novit Dominus, *scilicet de istis inferioribus rebus? Non tamen huiusmodi homines rerum cognitionem Deo totaliter subtrahunt, sed dicunt quod eas cognoscit in universali, puta cognoscendo naturam entis vel universales causas.*

5. *Quidam enim, ut Commentator in XI Metaphysicae, simpliciter negaverunt Deum singularia cognoscere nisi forte in universali, volentes naturam intellectus divini ad mensuram nostri intellectus coartare.* Thomas expose et réfute également la position présumée d'Averroès en 1 *Sent.*, d. 36, q. 1., a. 1, sol. : *Commentator enim, in XI* Metaph., *text. com. 51, videtur expresse negare Deo particularium cognitionem, nisi inquantum cognoscit essentiam suam, quae est principium omnis esse. Sed cum Deus non tantum sit causa esse rerum, sed omnium quae in rebus sunt, oportet ut cognitionem rerum non tantum in eo quod sunt habeat, sed etiam in eo quod sunt talia vel talia* (la traduction française est empruntée à S.-Th. Bonino, *La question 2*, t. 1, p. 252). En Ia, q. 14, a. 11, le frère dominicain ne fait plus mention d'Averroès comme négateur de la science des singuliers, et porte son attention sur Avicenne.

lui-même ; il veut par là mettre le Commentateur en contradiction avec ses affirmations d'orthodoxie aristotélicienne[1] :

> Cette erreur peut être détruite au moyen de l'argument par lequel le Philosophe attaque Empédocle au livre I *De l'âme* et au livre III de la *Métaphysique*. Si, en effet, comme l'impliquaient les affirmations d'Empédocle, Dieu ignorait la haine alors que les autres êtres la connaissaient, il s'ensuivrait que « Dieu serait le plus insensé alors qu'il est le plus heureux » et, partant, le plus sage. Il en irait donc de même si l'on admettait que Dieu ignore les singuliers que nous tous nous connaissons[2].

Thomas, dès le début de sa carrière, a vu la négation du caractère propre de la science divine des créatures dans un texte quelque peu obscur d'Averroès, emprunté au commentaire du livre XII de la *Métaphysique* (chap. 9) :

> *Et veritas est quod primum scit omnia, secundum quod scit se tantum scientia in esse, quod est causa eorum esse*[3].

Ce passage se comprend dans le sens où Dieu connaît toute chose en se connaissant lui-même comme cause de l'existence de tout. Le théologien dominicain, suivant de près le texte du philosophe arabe, affirme alors :

> Dieu connaît avec la plus grande certitude les natures propres des choses. Mais il faut savoir que le Commentateur, au livre XI de la *Métaphysique*, prétend que Dieu ne connaît les choses autres que lui que dans la mesure où elles sont des étants. Puisqu'en effet son être est cause de l'être pour toutes les choses, dans la mesure où il connaît son être, il n'ignore pas la *natura essentiae* qui se trouve dans toutes les choses. Par exemple, celui qui connaîtrait la chaleur du feu n'ignorerait pas la nature de la chaleur existant dans tous les corps chauds, mais il ne connaîtrait pas la nature de ce corps chaud-ci ou de celui-là. Pareillement, Dieu, du fait qu'il connaît son essence, connaît certes l'être de toutes choses en tant qu'elles sont des étants, mais ne connaît pas les choses en tant qu'elles sont celle-ci ou celle-là[4].

1. S.-Th. Bonino (cf. *La Question 2*, t. 2, p. 447, note 35) fait remarquer que cette manière qu'a Thomas de réfuter Averroès ne fera que s'accentuer dans les œuvres postérieures au *De veritate*. Quand, au cours du second séjour parisien, le conflit avec l'averroïsme aura connu une orientation très polémique, Thomas n'hésitera pas à dénoncer dans le *Commentator* un véritable *philosophie peripatetice depravator* (*De unitate*, II ; p. 302). Cf. également R.-A. GAUTHIER, Préface à l'édition léonine de la *Sentencia libri de anima*, p. 224*-225*.

2. Cf. *De ver.*, q. 2, a. 5, resp. : *Sed hic error per rationem Philosophi destrui potest qua contra Empedoclem invehitur in I* De anima *et in III* Metaphysicae *: si enim, ut ex dictis Empedoclis sequebatur, Deus odium ignoraret quod alia cognoscebant, sequeretur « Deum esse insipientissimum cum tamen ipse sit felicissimus » ac per hoc sapientissimus; similiter ergo et si ponatur Deus singularia ignorare quae nos omnes cognoscimus.*

3. Cf. *In Met.*, XII, com. 51 (VIII, 337 A).

4. Cf. 1 *Sent.*, d. 35, q. 1, a. 3, sol. : *Deus certissime proprias naturas rerum cognoscit. Sciendum tamen, quod Commentator in XI* Metaph., *text. 51, dicit, quod Deus non habet cognitionem de rebus aliis a se, nisi inquantum sunt entia : quia enim esse suum est causa essendi omnibus rebus, inquantum cognoscit esse suum, non ignorat naturam essentiae inventam in rebus omnibus; sicut qui cognosceret calorem ignis, non ignoraret naturam*

Au regard de ces lignes, on constate que le conflit entre Thomas et le commentateur arabe se noue autour de la *natura essentiae* ou de la *natura entis*, pour reprendre l'expression utilisée dans le *Super Iob*. Averroès, pour sa part, ne s'attarde guère sur cette question, mais s'empresse de conclure au caractère purement équivoque de la notion de science appliquée à l'homme et à Dieu[1]. Cette équivocité est peut-être un moyen d'éviter de poser que Dieu ignore purement et simplement les singuliers.

Dans l'*Expositio*, notre auteur fait également référence à la thèse avicennienne quand il parle de la connaissance divine des causes universelles, une thèse dont on trouve notamment l'explicitation dans le *De veritate* (cf. q. 2, a. 5, resp.) :

> D'autres, comme Avicenne et ses partisans[2], ont affirmé que Dieu connaît chacun des singuliers mais comme de façon générale, en connaissant toutes les causes universelles à partir desquelles le singulier est produit. Par exemple, si un astrologue connaissait tous les mouvements du ciel et toutes les distances entre les corps célestes, il connaîtrait chaque éclipse qui se produirait d'ici cent ans. Cependant, il ne la connaîtrait pas en tant qu'elle est un singulier, c'est-à-dire de manière à connaître son existence ou sa non-existence actuelle, comme la connaît un paysan au moment où il la voit. De cette manière, ils posent que Dieu connaît les singuliers non parce qu'il verrait leur nature singulière mais par la connaissance de leurs causes universelles[3].

caloris existentis in omnibus calidis : non tamen sciret naturam hujus calidi et illius, inquantum est hoc et illud. Ita Deus per hoc quod cognoscit essentiam suam, quamvis cognoscat esse omnium rerum inquantum sunt entia, non tamen cognoscit res inquantum est haec et illa.

1. Cf. *In Met.*, XII, com. 51 (VIII, 337 B) : *Et ideo hoc nomen scientia aequivoce dicitur de scientia sua et nostra. Sua enim scientia est causa entis : ens autem est causa nostrae scientiae.*

2. Parmi les partisans d'Avicenne, Thomas, en 1 *Sent.*, d. 36, q. 1, a. 1, mentionne Algazel. Son œuvre « philosophique » comporte deux parties : la première consiste en un exposé des doctrines des philosophes, spécialement celles d'Al-Farabi et d'Ibn Sina et la deuxième est une réfutation de leurs positions qu'il juge incompatibles avec la foi révélée. Or, seule la première partie fut traduite en latin. Cela eut pour conséquence qu'Algazel fut considéré par les théologiens latins, dont Thomas, comme un disciple d'Avicenne. C'est ainsi que l'on trouve chez Al-ghazali un exposé de la thèse avicennienne concernant la science divine des singuliers (cf. *Metaph.*, p. I, tr. 3, sent. 6 / éd. J. T. Muckle, Toronto, 1933, p. 71-72). Cf. D. Salman, « Algazel et les latins », *AHDLMA* (1935-1936) 103-127 ; T. Hanley, « St. Thomas's use of al-Ghazali's Magasid al-Falasifa », *Medieval Studies* XLIV (1982) 243-270.

3. *Et ideo alii dixerunt, ut Avicenna et sequaces eius, quod Deus unumquodque singularium cognoscit sed quasi in universali dum cognoscit omnes causas universales ex quibus singulare producitur, sicut si quis astrologus cognosceret omnes motus caeli et distantias caelestium corporum, cognosceret unamquamque eclipsim quae futura est usque ad centum annos, non tamen cognosceret eam in quantum est singulare quoddam ut sciret eam nunc esse vel non esse sicut rusticus eam cognoscit dum eam videt : et hoc modo ponunt Deum singularia cognoscere non quasi singularem eorum naturam inspiceret sed per cognitionem universalium causarum* (cf. la traduction française de S.-Th. Bonino, *La Question 2*, t. 1, p. 253). Cet exposé thomasien de la thèse d'Avicenne apparaît dans les lieux parallèles qui traitent de la science divine du singulier (cf. 1 *Sent.*, d. 36, q. 1, a. 1 ; Ia, q. 14, a. 11), ainsi que de la connaissance angélique (cf. 2 *Sent.*, d. 3, q. 3, a. 3 ; *De ver.*, q. 8, a. 11 ; Ia, q. 57, a. 2).

La théorie d'Avicenne[1], dont nous retenons avant tout la compréhension qu'en a Thomas, présuppose la distinction entre deux manières de connaître le singulier : l'une de façon universelle, l'autre de façon singulière, particulière ; dans ce dernier cas, le philosophe arabe parle d'une intellection temporelle (*intellectu temporali*), située donc dans le temps. La connaissance singulière du singulier consiste à le connaître avec toutes ses particularités, spécialement son existence ou sa non-existence à un moment donné. Or, ce type de connaissance, selon Avicenne, n'est possible que dans le cadre d'une activité sensitive. Si une telle connaissance est refusée à Dieu, c'est fondamentalement en raison de son caractère variable. La science que l'on a en effet de l'existence actuelle d'un événement singulier ne reste vraie qu'autant que l'événement lui-même le reste ; lorsque l'objet se modifie, la science cesse d'être vraie. Le sujet de cette science est alors lui aussi nécessairement soumis au changement, ce qui ne saurait nullement être le fait de Dieu[2]. La connaissance universelle du singulier par contre, laquelle intervient en Dieu, consiste à connaître le singulier par et dans ses causes universelles, c'est-à-dire en le déduisant *a priori* de ses causes[3].

1. Cf. C. FABRO, « Avicenna e la conoscenza divina dei particolari », *Bolletino filosofico* 1 (1935) 45-54 ; L. GARDET, *La pensée religieuse d'Avicenne*, « Etudes de philosophie médiévale 41 », Paris, 1951, p. 71-85 ; M. E. MARMURA, « Divine Omniscience and Future Contingents in Alfarabi and Avicenna », dans T. RUDAVSKY, éd., *Divine Omniscience and Omnipotence in Medieval Philosophy, Islamic, Jewish and Christian Perspectives*, « Synthese historical Library 25 », Pays-Bas, 1985, p. 81-93.

2. Cf. *Metaph.*, VIII, cap. 6 C (f. 100 rb), p. 417-418 (éd. S. VAN RIET) : *Sed quia ipse est principium omnis esse, tunc intelligit ex seipso id cui ipse est principium, et quod ipse est principium eorum quae sunt perfecta in singularitate sua, et eorum quae sunt generata corruptibilia, secundum suas species, uno modo, et secundum sua individua, alio modo. Non potest autem esse ut ipse sit intellector istorum variorum cum sua variatione secundum quod sunt variabilia, intellectu temporali individuali, sed alio modo quem ostendimus. Non enim potest esse ut ipse aliquando intelligat intellectu temporali quaedam ex eis esse, et aliquando intelligat intellectu temporali quaedam ex eis non esse, quia tunc unicuique istorum duorum esset forma intelligibilis per se; nulla enim duarum formarum remanet cum secunda; tunc igitur necesse esse esset variabilis essentiae. Item si corruptibilia non intelliguntur nisi secundum quidditatem spoliatam et secundum quod sequitur ea id per quod non individuantur, tunc non intelliguntur secundum quod sunt corruptibilia. Cum enim apprehenduntur secundum quod commiscentur materiae et accidentibus materiae et tempori et individualitati, tunc non sunt intellecta, sed sensata vel imaginata : nos autem iam ostendimus in aliis libris quod omnis forma sensibilis et imaginabilis non apprehenditur secundum quod est sensibilis et imaginabilis, nisi cum instrumento divisibili. Et, sicut attribuere aliquas ex multis actionibus ei quod est necesse esse est ei imperfectio, sic etiam attribuere ei multa ex modis intelligendi.* Thomas reprend ces données en 2 *Sent.*, d. 3, q. 3, a. 3 et en *De ver.*, q. 8, a. 11.

3. Cf. *Metaph.*, VIII, cap. 6 C (f. 100 rb), p. 418-419 (éd. S. VAN RIET) : *Sed necesse esse non intelligit quicquid est, nisi universaliter, et tamen cum hoc non deest ei aliquod singulare, et ideo « non deest ei id quod minimum est in caelis et in terra », et hoc est de mirabilibus quod non potest imaginare nisi qui fuerit subtilis ingenii. Sed quomodo sit hoc, ratio haec est : quia enim ipse seipsum intelligit et quod ipse est principium omnis quod est, utique intelligit principia eorum quae sunt ab eo et quicquid nascitur ab eis, et quod quicquid est ex rebus omnino est necessarium esse propter eum; et iam ostendimus hoc. Igitur istae causae reducentur ad ea quae proveniunt ex eis, quousque proveniant ex eis res particulares. Quia enim primus novit causas et quae continentur sub eis, tunc etiam novit necessario id ad quod reducuntur, et tempora quae sunt inter ea, et quotiens reducuntur; impossibile est enim ut sciat*

Thomas, critiquant cette possibilité même d'une connaissance du singulier par l'intermédiaire de l'universel, fait observer en 1 *Sent.*, d. 36, q. 1, a. 1, que « les causes universelles ne conduisent à la connaissance des choses particulières que dans la mesure où les choses particulières participent de la nature commune »[1], ce à quoi Avicenne ne peut que souscrire. Cependant, quand celui-ci soutient qu'une connaissance exhaustive des causes universelles (les genres et les espèces) permet une véritable connaissance de chaque singulier, le théologien dominicain manifeste son désaccord, révélateur d'une option métaphysique :

> Un singulier n'est pas constitué par le regroupement de formes universelles, car le regroupement de ces formes peut encore être pensé comme existant dans plusieurs choses. Voilà pourquoi, si quelqu'un connaissait une éclipse de la manière susdite, c'est-à-dire par les causes universelles, il ne connaîtrait rien de singulier mais seulement un universel, car à une cause universelle correspond un effet universel et à une cause particulière un effet particulier[2].

Pour Thomas, le singulier n'est constitué comme tel que par un principe d'individuation, c'est-à-dire un principe qui met en quelque sorte un terme à la communication des formes. Ce principe, du moins pour les substances hylémorphiques, est la matière signée (*materia designata*)[3]. Ainsi la connaissance du singulier passe par celle de la matière : de cette connaissance, Dieu n'est point dépourvu.

La connaissance que Dieu a des choses, selon la thèse d'Averroès et celle d'Avicenne exposées par Thomas dans les œuvres que nous venons de mentionner, est jugée en quelque sorte obscure dans le commentaire de Jb 22,13b : *Et quasi per caliginem iudicat [Dominus]*. Cette connaissance est obscure comme celle que l'on aurait d'un homme vu de loin mais dont l'on ne saurait pas qui il est. Le théologien dominicain — comme d'ailleurs son confrère Albert le Grand[4] — interprète dans le même sens le verset 14a : *Nubes latibulum*

illa et nesciat ista; est igitur apprehendens res particulares inquantum sunt universales, scilicet inquantum habent proprietates. Cf. 1 *Sent.*, d. 36, q. 1, a. 1 ; *De ver.*, q. 8, a. 11.

1. *Universales enim causae non ducunt in cognitionem particularium, nisi secundum quod particularia participant naturam communem.*

2. Cf. *De ver.*, q. 2, a. 5, resp : ... *ex formis autem universalibus congregatis, quotcumque fuerint, non constituitur aliquod singulare quia adhuc collectio illarum formarum potest intelligi in pluribus esse; et ideo, si aliquis modo supradicto per causas universales eclipsim cognosceret, nihil singulare sed universale tantum cognosceret : universalis enim effectus proportionatur causae universali, particularis autem particulari.*

3. Cf. *In Met.*, VII, lect. 15, n° 1626 : *Sciendum est autem quod per hanc eamdem rationem sufficienter ostenditur etiam nullum singulare in hos inferioribus definiri posse per aliquas proprietates vel formas adunatas, quaecumque fuerint. Sicut enim quaelibet idea, ita et quaelibet forma, quantum est de se, nata est in pluribus esse. Et ita, quantumcumque aggregentur, non erit certa assignatio huius singularis nisi per accidens, inquantum contingit omnia insimul collecta in uno solo inveniri. Unde patet quod collectio accidentium non est principium individuationis, ut quidam dicunt, sed materia designata, ut Philosophus dixit.*

4. Le commentaire de Jb 22,14 est l'un des lieux où l'on observe, chez Albert et Thomas, une interprétation très voisine, à ceci près que Thomas souligne davantage la

eius nec nostra considerat[1]. Dieu nous est en effet caché, comme dérobé à nos regards par les nuées, c'est-à-dire que ce qui se trouve au-dessus d'elles ne nous est pas connu ; inversement, Dieu ne voit pas ce qui existe en dessous des nuées, ce qui signifie qu'il ne considère pas les réalités terrestres, selon les mots d'Ez 9,9 :

> *Dereliquit Dominus terram, Dominus non videt*[2].

Corrélativement à la question de l'extension de la science divine, Thomas en vient à celle de l'universalité de la Providence à propos du verset 14b : *et circa cardines caeli perambulat*. Pour lui, comme pour ses contemporains, l'universalité de la providence est une donnée fondamentale de la révélation ; lui est intrinsèquement liée l'omniscience divine qui en représente la condition nécessaire : un Dieu qui ne connaîtrait pas jusqu'aux plus petites déterminations des étants de ce monde, ne saurait être le rémunérateur de tous biens.

Or certains enseignent que les choses qui se trouvent sur la terre, parce qu'elles sont soumises à des limites et à des désordres nombreux, ne sont pas régies par la providence divine. Par contre les corps célestes le sont, dont l'ordonnance n'est en rien déficiente. C'est ce que signifie le verset « Il déambule autour des gonds du ciel ». Un gond étant ce autour de quoi une porte tourne, la providence divine meut le ciel et de ce mouvement, comme d'une porte, elle descend vers les choses inférieures. Dans ce sens, ces auteurs pensent que Dieu gouverne les réalités humaines par les causes universelles de même qu'il les connaît de façon générale[3]. Thomas précise dans le *Commentaire des Sentences* que cette opinion est attribuée à tort au Stagirite et

corrélation entre science divine et providence divine. Par ailleurs Albert mentionne explicitement — ce que ne fait pas Thomas — les tenants de la thèse qu'il récuse et qui porte sur la providence de Dieu à l'égard des réalités inférieures : il s'agit d'Alexandre d'Aphrodise, d'Averroès et de certains autres Péripatéticiens : Nubes latibulum eius, *hoc est, providentia eius non extenditur, nisi usque ad nubes exclusive. Ps (XVII,12) : « Posuit tenebras latibulum suum ». Et hoc est quod sequitur :* nec nostra considerat, *sc. facta et dicta et cogitata, et ad litteram hoc fuit quorundam philosophorum opinio sive error, quod providentia Dei ultra motum caelorum non extenderetur, et ad inferiora non veniret nisi per aliud et per accidens; per aliud, per partes, sc. periodi; per accidens, quia per impressiones accidentales inferioribus. Et videntur in hunc errorem consentire et Alexander et Averrois et quidam alii Peripateticorum* (cf. cap. 22, col. 265).

1. Dans le *De veritate* (q. 5, a. 3, resp.), Thomas se réfère également à Jb 22,14 quand il fait mention de ceux qui n'admettent pas le gouvernement de la providence divine à l'égard des choses corruptibles (cf. lin. 60-72) : l'interprétation de ce verset dans l'*Expositio* n'est donc pas nouvelle. On la retrouve d'ailleurs en 3 *CG*, cap. 75 et en Ia, q. 22, a. 2, c.

2. Cf. *Super Iob 22,14*, p. 129-130, lin. 125-141.

3. Cf. *Super Iob 22,14*, p. 130, lin. 141-154 : *Ponebant enim quod quia ea quae in terris sunt multis defectibus et inordinationibus subiacent, divina providentia non reguntur, sed solum caelestia, quorum ordo indeficiens perseverat, unde sequitur* et circa cardines caeli perambulat*; dicitur autem cardo in quo volvitur ostium, unde per hoc designat per Dei providentiam caelum moveri, ex cuius motu sicut ex quodam ostio providentia divina usque ad haec inferiora descendat : sicut enim dicunt quod Deus cognoscit humana sed in universali, ita dicunt quod gubernat humana sed per universales causas quas per se gubernat; et forte ad hoc referre voluit quod supra dixerat Iob « Qui excelsos iudicat ».*

qu'elle relève en fait de l'enseignement d'Averroès (cf. *Metaph.* XII, comm. 37 et 52 / VIII, 320 K et 338 E)[1].

Maïmonide, l'un de ceux qui place cette thèse sous l'égide d'Aristote[2], la récuse en partie seulement, selon notre auteur : il excepte en effet des choses corruptibles les hommes à cause de la splendeur de l'intelligence dont ils participent; cependant il rejoint la position en question pour ce qui touche les autres individus corruptibles[3]; Thomas a donc saisi la signification et l'importance de la doctrine de l'épanchement (*splendor intellectus*), sur laquelle nous reviendrons. Tout en partageant la perception de l'excellence singulière de l'homme sous le regard de la Providence, il reproche pourtant au philosophe juif d'avoir limité à cet être une sollicitude qui s'étend en fait à tous les êtres non seulement dans l'universalité de leur nature mais en leur singularité :

> Cette erreur, répond notre auteur au philosophe juif, attribue à Dieu une très grande imperfection : il est, en effet, impossible qu'il connaisse les actes singuliers des animaux sans raison et qu'il ne les oriente pas, puisqu'il est souverainement bon et qu'il répand pour cela sa bonté sur toute chose. Par conséquent, cette erreur porte atteinte soit à la science divine en lui retirant

1. Cf. 1 *Sent.*, d. 39, q. 2, a. 2, sol. : *Quaedam enim positio est, quod providentia Dei non se extendit nisi ad species, et non ad individua, nisi quae necessaria sunt; eo quod ponebant, illud quod exit cursum suum, providentiae legibus non subiacere; et ideo ea quae frequenter deficiunt a cursu ordinato, non sunt provisa, sicut particularia corruptibilia et generabilia; et ista opinio imponitur Aristoteli : quamvis ex verbis suis expresse haberi non possit, sed Commentator suus expresse ponit eam in 11 Metaph. Dicit enim, quod non est fas divinae bonitati habere sollicitudinem de singularibus nisi secundum quod habent communicationem in natura communi, sicut quod aranea sicat facere telam, et hujusmodi. Sed haec opinio expresse tollit judicium Dei de operibus hominum.* En 3 *CG*, cap. 75, Thomas dédouane également Aristote de cette position erronée.

2. Cf. *Dux neutrorum*, lib. III, cap. 18, opinio 2a, fol. 80 r°. S. Munk note que « dans le sens de la doctrine d'Aristote, il ne peut être question d'une Providence telle que nous l'entendons. Ce que Maïmonide appelle ici Providence, en parlant d'Aristote, n'est pas autre chose que la loi éternelle de l'univers, dont Dieu est la cause première. Cette loi est absolue et immuable pour tout ce qui concerne les sphères célestes, où rien ne se produit au hasard et irrégulièrement, tandis que dans les réalités du monde sublunaire il y a beaucoup d'effets du hasard, et il n'y a de stabilité que pour ce qui est sous l'influence directe des sphères célestes, comme les éléments et les espèces des plantes et des animaux » (cf. *Guide des égarés*, III, p. 116, note 1).

3. Cf. 1 *Sent.*, d. 39, q. 2, a. 2, sol. : *Alia positio fuit, quod Deus providentiam habet de omnibus quae dicta sunt, et ulterius de individuis hominum, non tantum secundum quod communicant in specie, sed etiam secundum particulares actus eorum; et hanc ponit Rabbi Moyses (lib. 3, cap. 18, prop. fin.), et rationem assignat ex eo quod in homine etiam particulari invenitur natura intellectualis, per quam comprehendit intellectu suo formam speciei, inquantum est species : quia intellectus attribuit intentionem universalitatis naturae apprehensae, quam non habet in rebus extra animam; et ideo individuum hominis etiam non deseritur a providentia quae est specierum, et praecipue quia communicat cum substantiis perpetuis, quarum etiam est per se providentia et secundum individua, et hoc quantum ad nobiliorem partem ejus, quae est intellectus;* cf. Ia, q. 22, a. 2, c. Cf. *Dux neutrorum*, lib. III, cap. 18, fol. 81 v°.

la connaissance des choses particulières, soit à la bonté divine en lui retirant l'orientation des choses particulières en tant qu'elles sont particulières[1].

Puisque tout agent agit en vue d'une fin, fait-il observer, l'ordination des effets à la fin, en quoi consiste la providence, doit s'étendre aussi loin que la causalité du premier agent. Or la causalité de Dieu, qui est l'agent premier, s'étend à tous les étants, et quant à leurs éléments spécifiques et quant à leurs caractères d'individus, aussi bien à ceux des réalités incorruptibles qu'à ceux des corruptibles. Toutes choses, pour autant qu'elles participent à l'être, sont de la sorte soumises à la providence divine[2].

Dans l'exposition de Jb 11,6 : *Ut ostenderet [Deus] tibi secreta sapientiae et quod multiplex sit lex eius*, Thomas insiste sur le fait que nous ne pouvons saisir pleinement l'ordre même des créatures selon qu'elles sont disposées par la Providence : le gouvernement des hommes ne saurait représenter une analogie suffisamment fiable pour parler du gouvernement divin. Plus exerce-t-on un pouvoir important dans une société humaine, plus générales sont les dispositions que l'on prend, laissant aux subalternes le soin des choses particulières; l'*ordinatio divina*, par contre, s'étend aux plus petites choses. Pour cette raison, la loi de son gouvernement est non seulement secrète, si l'on considère la grandeur de celui qui gouverne, laquelle dépasse notre appréhension, mais aussi multiple, puisqu'elle dispose toutes les créatures sous un ordre déterminé[3] .

1. Cf. *De ver.*, q. 5, a. 6, resp. : *Hic error maximam imperfectionem Deo attribuit : non enim potest esse quod sciat singulares actus brutorum animalium et eos non ordinet, cum sit summe bonus et bonitatem suam per hoc in omnia diffundens; unde praedictus error vel derogat divinae scientiae subtrahens ei particularium cognitionem, vel divinae bonitati subtrahens ei ordinationem particularium in quantum sunt particularia.*

2. Cf. Ia, q. 22, a. 2, c.

3. Cf. *Super Iob 11,6*, p. 75-76, lin. 59-74 : ... *ipsum creaturarum ordinem ad plenum comprehendere non possumus secundum quod a divina providentia dispensatur; aliter enim est in humano regimine et aliter in divino : nam apud homines quanto aliquis est superior in regendo tanto eius ordinatio ad universaliora solum se extendit, particularia vero relinquit inferioribus rectoribus dispensanda, et sic lex regiminis superioris rectoris est universalis et simplex; sed Deus quanto est superior in regendo tanto eius ordinatio etiam usque ad minima se extendit : unde lex sui regiminis non solum est secreta, si respiciamus ad altitudinem rectoris excedentem universam proportionem creaturae, sed etiam est multiplex, universa etiam singularia et minima sub certo ordine dispensans, et ideo addidit* et quod multiplex sit lex eius. Cet enseignement a son parallèle dans le chapitre 76 du troisième livre du *Contra Gentiles* qui considère le fait que la providence divine s'étend à tous les singuliers immédiatement : *In his quae humana providentia reguntur, invenitur quod aliquis superior provisor circa quaedam magna et universalia per seipsum excogitat qualiter sint ordinanda, minimorum vero ordinem ipse non excogitat, sed aliis inferioribus excogitandum relinquit. Et hoc quidem contingit propter eius defectum : inquantum vel singularium minimorum conditiones ignorat; vel non sufficit ad omnium ordinem excogitandum, propter laborem et temporis prolixitatem quae requireretur. Huiusmodi autem defectus longe sunt a Deo : nam ipse omnia singularia cognoscit; nec in intelligendo laborat, aut tempus requirit, cum intelligendo seipsum, omnia alia cognoscat, sicut supra (lib. 1, cap. 46) ostensum est. Ipse igitur omnium et singularium ordinem excogitat. Eius igitur providentia est omnium singularium immediate.*

Cela est affirmé des choses naturelles et des réalités humaines également. Une comparaison est établie, par manière d'explicitation, entre les lois humaines et la loi de Dieu. Les législateurs, ne pouvant prendre en considération tous les singuliers, portent leur attention sur ce qui arrive le plus souvent, selon ce que dit un juriste connu de notre auteur, Justinien[1]; il est alors laissé à la prudence de l'exécutif le soin d'appliquer les statuts généraux aux faits particuliers. L'homme peut ainsi s'écarter de la rectitude de l'agir sans pour autant enfreindre la loi humaine en vigueur. Il n'en est pas de même de la loi divine qui s'étend, quant à elle, à tous les actes humains : cela a pour conséquence que les hommes agissent contre la loi de Dieu quand ils n'adoptent pas un comportement droit. Comme ils ne parviennent pas à pénétrer cette loi telle qu'elle se trouve dans le secret de la sagesse divine et selon son extension, ils peuvent ne pas avoir conscience de s'opposer à elle[2].

Si tout est donc soumis à la providence divine et obtient sa grandeur selon son état, il faut cependant apporter des distinctions : puisque les biens particuliers se trouvant dans le monde sont ordonnés au bien commun de l'univers, comme la partie au tout et l'imparfait au parfait, les choses sont disposées par la Providence dans leur rapport à l'univers. Or selon qu'elles participent à la perpétuité, elles ont un rapport essentiel à la perfection universelle et selon qu'elles y font défaut, leur rapport est accidentel et non pour soi. Dieu dispose et gouverne donc pour soi ce qui est perpétuel selon l'espèce et selon l'individu; par contre ce qui est corruptible individuellement et perpétuel selon l'espèce seule, est disposé pour soi selon l'espèce, mais individuellement l'est en vue de l'espèce. C'est le cas du bien et du mal qui arrivent chez les animaux : Dieu ne veut pas par exemple que cette brebis soit dévorée par ce loup en raison du mérite ou du démérite de l'un ou de l'autre animal, mais pour le bien de l'espèce, parce qu'à chaque espèce la Providence destine sa nourriture[3]. Elle prend par contre soin de l'homme pour son propre bien et pas seulement pour celui de l'espèce[4].

L'ensemble du parcours théologique qui vient d'être effectué à partir de l'*Expositio* montre combien pour Thomas l'homme, dans sa vocation et sa condition, prend place dans la grande ordination de toutes choses à leur fin par la Providence. Toutefois, notre auteur ne cesse de souligner conjointement qu'il fait l'objet d'une sollicitude spéciale de la part de Dieu.

1. Cf. I *Digesta* tit. 3, lege 3 (éd. Mommsen 34).Thomas cite explicitement Justinien dans la Ia-IIae, q. 96, a. 1, sc. : *Sed contra est quod Iurisperitus dicit, quod* iura constitui oportet in his quae saepius accidunt : ex his autem quae forte uno casu accidere possunt, iura non constituuntur. L'intitulé de l'article 1 de la question 96, consacrée au pouvoir de la loi humaine, est : *Utrum lex humana debeat poni in communi magis quam in particulari?* Cf. aussi *Eth.*, V, lect. 16.

2. Cf. *Super Iob 11,6*, p. 76, lin. 75-102.

3. Cf. *Super Iob 7,17*, p. 50, lin. 362-390.

4. Cf. *Super Iob 7,17*, p. 50, lin. 390-394.

Chapitre IV

LA PROVIDENCE DIVINE ENTOURE L'HOMME D'UNE SOLLICITUDE SPÉCIALE MALGRÉ LA FRAGILITÉ DE SA CONDITION

Thomas, en commençant d'exposer le chapitre 7, indique le sens de la réponse de Job à Eliphaz qui, voulant l'arracher au désespoir, lui avait promis une certaine béatitude terrestre s'il ne rejetait pas les avertissements du Seigneur (cf. chap. 4-5). Après avoir évoqué les raisons de sa tristesse (cf. chap. 6), Job souligne (cf. chap. 7) que la consolation liée à la promesse d'une félicité terrestre est inconvenante; elle le conduit en fait au désespoir et au désir de la mort, ce qu'il va montrer selon la condition de la vie présente commune à tous les hommes et eu égard à la sienne propre[1].

Le commentaire de Jb 7,17-18 : *Quid est homo quia magnificas eum, aut quia ponis erga eum cor tuum? Visitas eum diluculo et subito probas illum;* révèle particulièrement la façon dont notre auteur envisage la condition humaine :

> *Qu'est-ce que l'homme,* c'est-à-dire combien petit et infirme selon le corps, *que tu le magnifies* d'un honneur parmi les autres créatures, *ou pourquoi places-tu ton cœur près de lui,* en l'entourant d'un soin spécial et en le protégeant? [...]. De quelle manière [Dieu] place son cœur près de lui, il le montre quand il ajoute *Tu le visites dès l'aurore,* c'est-à-dire que depuis sa naissance tu lui fournis dans ta providence ce qui est nécessaire à sa vie et à sa croissance, à savoir tant les choses corporelles que spirituelles; *et aussitôt tu l'éprouves* par des adversités dans lesquelles apparaît comment il se montre vertueux, parce que, comme le dit l'Ecclésiaste (XXVII,6), « La fournaise éprouve les vases du potier et la tentation de la tribulation les hommes justes ». Or on dit que Dieu éprouve l'homme non pour apprendre lui-même qui est l'homme mais afin de le faire connaître aux autres et pour que [l'homme] lui-même se connaisse. Ces paroles de Job ne doivent pas être comprises dans le sens d'une désapprobation de la sollicitude divine à

1. Cf. *Super Iob 7,1*, p. 46, lin. 1-10; *7,15-16a*, p. 50, lin. 321-342; *7,16b*, p. 50, lin. 343-350.

l'égard des hommes mais comme une recherche et un étonnement : ce qui en effet apparaît extérieurement de l'homme est petit, fragile et caduc, d'où il semble étonnant que Dieu ait une si grande sollicitude pour lui à moins que ne soit cachée en lui une aptitude à la perpétuité. Par cette recherche et cet étonnement est exclue la sentence d'Eliphaz, parce que s'il n'y avait point pour l'homme d'autre vie que celle de la terre, il n'apparaîtrait pas digne de la si grande sollicitude de Dieu : la sollicitude même que Dieu manifeste spécialement à l'égard de l'homme démontre qu'il y a pour lui une autre vie après la mort du corps[1].

Deux points de ce passage nous paraissent devoir être retenus qui sont repris avec insistance par notre auteur en d'autres endroits de l'*Expositio* quand il veut dire quelque chose de l'homme devant Dieu : d'une part la faiblesse de la condition de l'être humain, d'autre part, malgré cela, le soin dont il fait l'objet de la part de la providence divine, en raison de sa capacité au bien éternel. Ce deuxième point, exprimant au regard du théologien dominicain en quoi consiste la dignité humaine, constitue le fondement sur lequel doit être considéré le premier aspect.

Homo tam fragilis et miserae condicionis

(cf. Super Iob 14,5, *p. 91, lin. 3)*

L'*Expositio* totalise 36 emplois du terme *condicio*, dont 34 appartiennent au vocabulaire proprement thomasien[2]. A l'exception de deux occurrences se rapportant à la condition des démons, les autres

1. Cf. *Super Iob 7,17-18*, p. 50-51, lin. 358-419. Thomas développe des considérations similaires dans son commentaire du Ps 8,4 : *Quid est homo quod memor es ejus, aut filius hominis quoniam visitas eum?* et il cite à plusieurs reprises le livre de Job : *Primo Psalmista commemorat parvitatem hominis ex conditione* quid est homo *tam parva res?* Job 14 : *« Homo natus de muliere »* et 25 : *« Homo putredo, et filius hominis vermis ». Secundo quantum ad originem : quia etiam vilis : Job 14 : « Quis potest facere mundum de immundo conceptum semine? »* et 10 : *« Nonne sicut lac etc. ». Et ideo dicit,* Aut filius hominis? *Sed isti sic parvo, sic vili, dicit quod duo facit : scilicet quod memoratus est ejus, et quod visitat eum. Primum pertinet ad curam. Secundum ad familiaritatem specialem. Et est talis modus loquendi : sicut si aliquis artifex fecisset magna, et inter aliqua unum minimum, scilicet acum, et quando fecit acum ostendit se habere ejus scientiam. Sed quod in dispositione operum curaret de acu, esset valde mirabile; et ideo dicit,* Quid est homo, *quod inter magnas creaturas recordaris ejus?* Eccl. 16 : *« Ne dicas, a Deo abscondar etc. et quae est anima etc. » Quia propter parvitatem Deus non obliviscitur tui. Sed qui magnum est hoc? Deus enim habet curam de omnibus :* Sap. 12 : *xxx"Nec est enim alius "quam tu, cui cura est de omnibus". Dicendum, quod de homine habet specialem curam, scilicet quod in judicio remunerentur actus ejus :* Job 14 : *"Dignum ducis super hujuscemodi aperire oculos etc." Item non curam solum habet de homine, sed familiaritatem habet cum eo; et hoc est quod dicit,* Quoniam visitas eum. *Sola natura rationalis est capax Dei, cognoscendo et amando, inquantum ergo Deus nobis praesens efficitur per amorem vel cognitionem, visitat nos :* Job 10 : *"Visitatio tua custodivit etc." Sic ergo magna clementia Dei est in comparatione hominis ad Deum.*

2. Selon l'*Index Thomisticus*, les 36 occurrences de *Condicio* représentent 0,0312 % de l'ensemble des mots du *Super Iob*. Outre les 34 occurrences propres au vocabulaire thomasien, 1 fois *condicio* apparaît dans une référence, 1 fois dans une citation *ad sensum*.

concernent l'homme et désignent fondamentalement la situation dans laquelle se trouve le sujet, la position qu'il occupe dans l'échelle des êtres, ce qu'il est, de même que ses caractéristiques qui lui assignent cette situation au plan de la nature et par rapport à son Auteur; *condicio* est alors proche du terme *status* — dont Thomas use également[1] —, à la différence que ce dernier n'implique pas une configuration de références particulières.

Sur la base de ce registre sémantique, nous avons pu déceler deux sens principaux : *condicio* signifie premièrement « nature » et tend simultanément à s'assimiler le sens de création, traditionnel depuis l'Antiquité chrétienne[2]. Deuxièmement, le terme est employé prioritairement dans un contexte marquant la faiblesse de l'homme, ce qui semble s'inscrire dans tout un courant où la *condicio humana*, comme

1. Cf. par exemple *Super Iob 1,7*, p. 9, lin. 397-402 : *Triplex enim est status viventium : quidam sunt super terram, idest in caelo, ut angeli et beati omnes, quidam in terra sicut homines mortali carne viventes, quidam autem sub terra ut daemones et damnati omnes*; cf. par ailleurs *3,11*, p. 23, lin.325; *17,3*, p. 106, lin. 57-64; *19,26*, p. 117, lin. 308-309.

2. Le sens de création que comporte *condicio* provient étymologiquement du verbe *condere*. Ce vocable spécifiquement chrétien est largement utilisé par les Pères et les auteurs ecclésiastiques occidentaux : il correspond au grec *ktisis*, avec son double sens, actif, le geste créateur, et passif, l'ensemble des créatures appelées à l'être. Le Moyen Age retiendra surtout le sens actif. Au XIIe siècle, le concept est analysé avec plus de précision : on insiste sur l'origine que connotent cette production première et cet appel des choses à l'existence. Pierre Lombard, par exemple (cf. 2 *Sent.*, 3, 1 et 2, 10), s'interrogeant sur la création de l'homme, dit que Dieu a voulu, par l'union de l'âme et du corps, « montrer dans la condition humaine un nouvel exemple de la bienheureuse union qui existe entre Dieu et l'esprit » *(ut in humana ostenderet conditione novum exemplum beatae unionis quae est inter Deum et spiritum)*. C'est l'école victorine qui approfondit le mot le plus soigneusement, avec et après Hugues. Elle distingue l'*opus conditionis* pour l'opposer à l'*opus restaurationis*, l'œuvre créatrice et l'œuvre rédemptrice; la première est *illud quo factum est, ut quod non erat esset et quo informia sunt formata et formata disposita* (cf. *De sacramentis* / *PL* 176, 183). Après l'effort victorin, cette notion, bien élaborée et stable, paraît être susceptible de s'intégrer au vocabulaire des scolastiques, ce qui n'est pas le cas, du moins dans les œuvres spéculatives. Elle a en effet toujours comporté une certaine ambiguïté et le traitement par lequel les Victorins l'enrichissent ne peut que l'accentuer : à l'idée de production dans l'être, elle connote celle d'organisation, de disposition des êtres ainsi produits; elle représente l'ensemble de l'opération divine dans ses réalisations, celles-ci étant successives si on les envisage dans le temps où elles s'accomplissent. Les médiévaux n'oublient pas par ailleurs que *condicio* peut s'appliquer à des œuvres purement humaines, acception largement présente dans les textes antiques. Cette polyvalence du vocable tout à fait acceptable au XIIe siècle, n'est pas sans poser des difficultés dans le contexte intellectuel du XIIIe siècle marqué par le débat sur l'éternité du monde. Le terme *creatio*, étant sans équivoque, est alors préféré à *conditio* pour désigner selon la perspective chrétienne la production des êtres *ex nihilo*. Pourtant, notre terme avec son sens de création apparaît chez des auteurs comme Bonaventure et Thomas d'Aquin dans des expressions que nous pouvons qualifier de traditionnelles; ce dernier, qui n'use pas du terme dans son traité de la création de la *Somme théologique* — fait significatif — y recourt en d'autres endroits, notamment dans la IIa-IIae, q. 5, a. 1, ad 2 *(in statu primae conditionis hominis vel angeli non erat obscuritas culpae vel poenae)*, le *De malo*, q. 3, a. 1, ad 9 *(aliter loquendum est de homine secundum statum naturae conditae et aliter secundum statum naturae corruptae)*, le *Super Iob 1,20*, p. 14, lin. 791; *3,1*, p. 20, lin. 7-8; *4,19*, p. 32, lin. 465-466; *31,15*, p. 176, lin. 174-176 (cf. P. MICHAUD-QUANTIN ,« Condicio-conditio, Notes de lexicographie médiévale », *Mélanges M.-D. CHENU*, Paris, 1967, p. 399-417, en particulier p. 405-408).

le souligne P. Michaud-Quantin[1], est dépeinte sans complaisance; il suffit d'évoquer par exemple les centaines de manuscrits qui nous ont conservé le *De miseria (vilitate) humanae condicionis* du futur Innocent III. En fait, nous aurions tort de fixer exclusivement notre attention sur le mot *condicio* et sa signification dans le *Super Iob* pour dégager la vision thomasienne de la condition de l'homme; il y faut un regard plus large. De plus, lorsque notre auteur parle de la fragilité humaine, il rend compte du contenu même du texte sacré.

Cela ne signifie pourtant pas que la thématique de la faiblesse humaine doive être esquivée. Thomas en dégage deux lignes structurantes : l'une concerne les misères de l'existence humaine telles la souffrance et la mort, l'autre ressortit au domaine moral.

L'homme, né de la femme, vit peu de temps et est rempli d'un grand nombre de misères *(Jb 14,1)*

Ce que Thomas dit à propos de Jb 14,1 : *Homo natus de muliere, brevi vivens tempore, repletur multis miseriis*, peut constituer le point de départ de notre investigation : la fragilité de la condition humaine y est exposée d'abord quant à l'origine de l'homme qui est né d'une femme, c'est-à-dire comme d'un être fragile[2]; selon le commentaire de Jb 1,21a, la femme représente la terre d'où l'homme est sorti[3]; ensuite quant à la courte durée de l'existence, enfin eu égard aux épreuves et aux misères qui interviennent[4]; à cause d'elles, la condition humaine est comparée,

1. Cf. « Condicio-conditio », p. 413.

2. Lorsque Thomas parle de la femme comme d'un être fragile, il est tributaire de la vision de son époque et de celles qui l'ont précédé (cf. C.-J. PINTO DE OLIVEIRA, « Homme et femme dans l'anthropologie de Thomas d'Aquin », dans P. BUEHLER, *Humain à l'image de Dieu : la théologie et les sciences humaines face au problème de l'anthropologie*, Genève, 1989, p. 165-190); nous renvoyons dans ce sens à ce qu'affirme Grégoire le Grand sur Jb 14,1a : *In sacro eloquio mulier aut pro sexu ponitur aut pro infirmitate. Pro sexu quippe sicut scriptum est :« "Misit Deus filium suum factum ex muliere, factum sub lege ». Pro infirmitate uero sicut per quemdam sapientem dicitur : « Melior est iniquitas uiri, quam benefaciens mulier ». Vir etenim fortis quilibet et discretus uocatur, mulier uero mens infirma uel indiscreta accipitur* (cf. *Moralia*, lib. XI, 49, 65 / *PL* 75, 982 D).

3. Cf. *Super Iob 1,21*, p. 14, lin. 790-794 : *Nudus egressus sum de utero matris meae*, scilicet terrae quae est communis mater omnium, *nudus revertar illuc*, idest in terram.

4. Cf. *Super Iob 14,1*, p. 89, lin. 435-440 : *Ubi primo exponit [Iob] fragilitatem humanae condicionis : et quantum ad originem cum dicit* Homo natus de muliere, *quasi de re fragili, et quantum ad durationem cum dicit* brevi vivens tempore, *et quantum ad condicionem cum dicit* repletur multis miseriis. Albert dans le commentaire de ce même verset rend également compte de la fragilité de la condition humaine sans toutefois user du terme *condicio*; davantage que Thomas, il est redevable à l'interprétation de Grégoire qu'il cite explicitement au sujet de l'expression *brevi vivens tempore* (cf. *Moralia*, lib. XI, 49, 66 / *PL* 75, 983 B) : Homo natus de muliere, *et ideo mollis et tener. Mulier enim a molliendo dicitur, propter quod de filiis Dei dicitur Io I, (13) : « Qui non ex sanguinibus, neque ex voluntate carnis, neque ex voluntate viri ». Carnem ponit pro muliere. Iob XV, (14) : « Quid est homo, ut immaculatus sit, et iustus appareat natus de muliere? »* Brevi vivens tempore. *Iac. IV, (15) : « Quae est enim vita vestra? vapor est ad modicum parens. » Gregorius : « Quanto angustiatur ad vitam, tanto dilatatur ad miseriam. » Et hoc est, quod sequitur* : repletur multis miseriis, *omnia enim praesentia miseriae quaedam sunt. Apc III, (17) : « Nescis, quia miser es, et miserabilis, et pauper, et nudus, et caecus. »* (*Commentarii in Iob 14,1*, col. 179-180).

selon l'interprétation de Jb 13,25a, à une feuille qui tombe facilement et que le vent emporte[1].

L'examen de ces données, récurrentes dans l'*Expositio*, nous conduira à nous interroger, à la fin de ce paragraphe, sur la corruptibilité de l'homme.

Ceux qui habitent des maisons d'argile et qui ont un fondement terrestre (Jb 4,19)

La condition de l'homme est telle que son corps est composé de matière terrestre : c'est le sens que Thomas donne à Jb 4,19a : *Quanto magis hi qui habitant domos luteas*[2]. Le corps humain est dit être d'argile, parce qu'il est fait de terre et d'eau, éléments plus lourds que le feu et l'air, comme on le constate à son mouvement : la Genèse affirme en effet que « Dieu forma l'homme du limon de la terre » (Gn 2,7)[3]. Ces éléments inférieurs abondent en lui selon leur substance, car si tel n'était pas le cas, l'équilibre du mixte ne pourrait se réaliser. Les éléments supérieurs prédominent, quant à eux, selon l'énergie (*virtus*), parce que la vie réside principalement dans le chaud et l'humide, relevant respectivement du feu et de l'air. Si ces derniers, dont la vertu active est plus grande, abondaient en quantité dans la composition du corps humain, ils attireraient tout le reste à eux : cela empêcherait alors l'égalité du mélange qui est nécessaire, dans la composition de l'homme, à la bonté du sens du toucher, lequel est le fondement des autres sens. Cela s'explique par le fait que l'organe de n'importe quel sens ne doit pas avoir en acte les contraires que perçoit le sens, mais il faut qu'il les ait en puissance seulement. Cette condition peut être remplie soit parce que l'organe ne porte en lui rien qui appartienne au genre des contraires — à la façon dont la pupille ne comporte elle-même aucune couleur de manière à être en puissance à toutes les couleurs —, ce qui ne saurait intervenir dans l'organe du toucher puisqu'il est composé des éléments dont le toucher perçoit les qualités; soit parce que l'organe est intermédiaire entre les contraires et comme tel en puissance aux extrêmes : c'est le cas du toucher[4].

1. Cf. *Super Iob 13,25*, p. 88, lin. 373-378 : *Comparatur autem humana condicio folio quod vento rapitur, quia et in se ipso homo fragilis est et infirmus sicut folium quod de facili cadit, et nihilominus decursu temporis et varietate fortunae ducitur ut folium vento.*

2. Dans le commentaire de Jb 4,17-21, Thomas dégage trois arguments qui tendraient à montrer, selon l'opinion d'Eliphaz, que les adversités de ce monde n'arrivent à quelqu'un qu'à cause de ses péchés : le premier est pris de la comparaison avec Dieu; si celui-ci en effet punit l'homme sans qu'il y ait péché, il s'en suit que l'homme est plus juste que Dieu, ce qui est impossible. Le deuxième argument concerne les anges : dans la mesure où ils peuvent défaillir, à combien plus forte raison « ceux qui habitent des maisons d'argile », c'est-à-dire les hommes. La fragilité de la condition humaine constitue le troisième argument qui s'appuie sur notre verset 19 (cf. *Super Iob 4,17-21*, p. 31-33, lin. 380-572).

3. Cf. *Super Iob 4,19*, p. 32, lin. 465-472; cf. également *Super Iob 10,9*, p. 70, lin. 212-219.

4. Cf. Ia, q. 91, a. 1, c. et ad 3.

L'homme présente ainsi par son corps un partage commun, avec l'univers, des diverses natures qui le composent. On retrouve en effet en son corps les quatre éléments qui constituent les corps terrestres, et, selon une similitude des corps célestes, il se tient à distance des contraires par l'extrême équilibre de sa complexion. Thomas le désigne alors, dans la *Prima pars*, q. 91, a.1, comme *minor mundus*[1], un terme qui n'apparaît pas toutefois dans le *Super Iob*.

Le corps humain fait d'argile, poursuit notre auteur en approfondissant le sens du verset 19, est la maison de l'âme, parce que celle-ci est sous un certain rapport dans le corps comme l'homme en sa maison ou le marin dans son bateau; or elle est telle en tant qu'elle meut le corps[2]. Pour cette raison, certains ont alors affirmé que l'âme était unie accidentellement au corps : Thomas, s'appuyant sur Grégoire de Nysse (Némésius d'Emèse)[3], attribue dès le début de sa carrière cette position à Platon[4], bien qu'il ne s'y réfère pas explicitement dans notre texte[1].

1. Cf. Ia, q. 91, a. 1, c. : *Homo dicitur* minor mundus, *quia omnes creaturae mundi quodammodo inveniuntur in eo.* Dans le sens où l'homme est composé en quelque sorte à partir de toutes choses, il a en lui, précise S. Thomas à cet endroit, du genre des substances spirituelles une âme raisonnable. Le thème de l'homme microcosme apparaît 17 fois dans l'œuvre du frère dominicain : cf. 2 *Sent.*, d. 1, q. 2, a. 3, sc. et sol.; d. 14, q. 1, a. 1, arg. 2; d. 17, q. 3, a. 1, arg. 5 et ad 5; 3 *Sent.*, d. 2, q. 1, a. 1, sol. 1; 4 *Sent.*, d. 48, q. 2, a. 1, sc. 3 et sol.; *De ver.*, q. 5, a. 8, sc. arg. 7; q. 24, a. 5, sc; q. 27, a. 3, arg. 23 et ad 23; *De pot.*, q. 3, a. 18, sc. 3; q. 5, a. 8, arg. 8 et ad 8; *Qdlb.* IV, q. 2, a. 3; *In Phys.*, VIII, lect. 4, n° 3; *Ad Rom.* 1,20, lect. 7, n° 120 (éd. Marietti); *Super ad Rom.* 8,22, lect. 4, n° 673; *Sum. theol.*, Ia, q. 91, a. 1, c.; Ia, q. 96, a. 2, c.; Ia-IIae, q. 17, a. 8, arg. 2. Concernant le traitement de ce thème chez Thomas et ses devanciers, on se réfèrera notamment à M. F. MANZANEDO, « El hombre como "Microcosmos" según santo Tomás », *Ang.* 56 (1979) 69-92; E.- H. WÉBER, *La personne humaine au XIIIe siècle*, « Bibliothèque thomiste 46 », Paris, 1991, p. 61-73.

2. Cf. *Super Iob 4,19*, p. 32, lin. 472-475; *10,8*, p. 70, lin. 164-177 : *Et quia supra dixerat se esse opus manuum Dei, ut ex hoc ostenderet quod bonum Deo videri non potest ut eum opprimat propter se, quasi in oppressione eius delectatus, quod supposuerat manifestat, unde subdit* Manus tuae fecerunt me. *Et ne aliquis credat, secundum Manichaeorum haeresim, hominis animam a Deo factam corpus vero a contrario auctore formatum, subiungit* et plasmaverunt me totum in circuitu. In circuitu *dicit quia corpus videtur esse animae in circuitu sicut vestimentum vestito vel sicut domus habitatori;* totum *dicit ut ad singula corporis membra referatur;* plasmaverunt *dicit ut alludat ei quod homo ex limo terrae dicitur esse formatus.*

3. Cf. *De natura hominis*, cap. 3 / traduction de Burgundio de Pise, éd. critique avec une introduction sur l'anthropologie de Némésius par G. VERBEKE et J. R. MONCHO, Leiden-Brill, 1975, p. 51-52, lin. 32-34 : *Plato quidem [...] non vult animal ex anima et corpore esse, sed animam corpore utentem et velut indutam corpus.*

4. Cf. 2 *Sent.*, d. 1, q. 2, a. 4, ad 3 : *Ad tertium dicendum, quod propter hanc obiectionem Plato posuit, ut Gregorius Nyssenus narrat, quod anima est in corpore sicut motor in mobili, ut nauta in navi, et non sicut forma in materia, unde dicebat quod homo non est aliquid ex anima et corpore, sed quod homo est anima utens corpore.* Par ailleurs, on verra également 2 *Sent.*, d. 17, q. 2, a. 2, sol; 3 *Sent.*, d. 2, q. 1, a. 3, qla 2; d. 5, q. 3, a. 2, sol.; d. 22, q. 1, a. 1, sol.; 4 *Sent.*, d. 44, q. 1, a. 1, sol. 1; *De spiritualibus creaturis*, a. 2, c. et a. 3, c.; *De pot.*, q. 3, a. 10, c.; *Quaest. disp. de anima*, a. 1 et 11, c.; 2 *CG*, cap. 57 et 68; *Sent. L. de anim.*, I, cap. 8, 279 s.; II, cap. 2 , 154 s.; *Sum theol.*, Ia, q. 76, a. 1 et 3, c.; *De unit. intell.*, cap. 1, 89 s.; cap. 3, 260 s. Dans l'ensemble de ces textes, apparaît la comparaison du pilote et de son navire, dans laquelle le dualisme platonicien de l'âme et du corps semble avoir trouvé son expression. C'est là une image dont se serait servi Platon et qu'Aristote aurait connu et rapporté dans son traité *De l'âme* (I, 1, 413 a 8-9). En réalité, note A. Mansion, on ne la trouve pas chez Platon et Aristote ne l'attribue point à ce dernier, ce qui nous est

Selon cette opinion, discutée assez amplement dans le deuxième livre du *Contra Gentiles* (cf. chap. 57), l'union de l'âme au corps s'effectue par une sorte de contact virtuel propre au moteur spirituel d'une réalité matérielle. Or ce contact constitue l'unité d'une action exercée et reçue, laquelle n'est pas pure et simple[2]. Dans le cas de l'homme, on aboutit non point à un être un purement et simplement, mais à un composé accidentel. Afin d'éviter cela, Platon considéra que l'homme est une âme se servant d'un corps, comme d'un vêtement, plutôt qu'un composé d'âme et de corps.

Notre auteur réprouve une telle position dans son commentaire de Jb 4,19b : *qui terrenum habent fundamentum :*

> Par là on donne à entendre que l'âme humaine est unie au corps comme la forme à la matière : la matière est en effet dite fondement de la forme en ce qu'elle est la première partie dans la génération comme le fondement dans la construction d'une maison. En s'exprimant de cette manière, on attribue à l'homme ce qui appartient à l'âme, non que l'âme soit l'homme, comme l'ont avancé certains disant que l'âme est revêtue d'un corps, mais

confirmé par les commentateurs anciens du Stagirite (cf. « L'immortalité de l'âme et de l'intellect d'après Aristote », *RPL* 51 (1953) 444-472, en particulier p. 456-460). Si la comparaison est présente chez Plotin, elle ne renvoie pas à Platon. Quand Thomas place la comparaison sous l'égide de Platon, il prend appui sur l'autorité de Grégoire de Nysse (Némésius d'Emèse). D'après Mansion, il semble que le frère dominicain, à partir de ce qu'affirme le *De natura hominis* de Némésius et de ce qu'il a lu dans le *De anima* d'Aristote, soit lui-même responsable de cette attribution à Platon (cf. « L'immortalité de l'âme », p. 460-465). A travers le nom de Platon, Thomas prend pour cible le dualisme traditionnel qui assure que l'homme, c'est son âme (substance) revêtue d'un corps (lui aussi substance) — d'où la théorie pythagoricienne de la métempsycose —. Il l'oppose, par exemple en 2 *Sent.*, d. 17, q. 2, a. 2, sol., à la position d'Aristote confirmée par Avicenne et selon laquelle l'âme (substance) confère son être substantiel et spécifique au corps qui ne possède pas d'être autre que celui de l'âme : *Quorumdam antiquorum opinio fuit animas esse extra corpora a principio creatas : cujus erroris occasio fuit quod animam corpori uniri posuerunt quasi accidentaliter, sicut nautam navi, vel sicut hominem indumento, ut de Platone Gregorius Nyssenus narrat : unde dicebat hominem esse animam corpore indutam; ideo etiam, secundum Pythagoricos, de corpore in corpus transibat. Hoc autem Aristoteles reprobat, I* De anima, *et II* De anima, *ostendens animam, cum det esse substantiale et specificum tali corpori, habere essentialem habitudinem ad corpus, intantum quod anima quae dat esse uni corpori, aliud perficere non possit. Similiter Avicenna,* Tract. de anima, *part. LI, cap. 4, istum errorem reprobat satis efficaci ratione, supposita animae immaterialitate.* La conjonction du *De anima* d'Aristote et de celui d'Avicenne lu en compagnie d'Albert dissimule, souligne E.-H. Wéber, les redoutables difficultés qui sont latentes dans la doctrine hylémorphique appliquée à l'âme intellective. Le principal indice en est l'adoption trop peu critique du thème avicennien d'immatérialité de l'âme entendue comme antérieure à son intellectivité. Avant d'être ultérieurement soumis à un réexamen, le thème d'immatérialité est opposé à la théorie de la métempsycose; c'est la raison principale pour laquelle Thomas a recours à la position avicennienne (cf. *La personne humaine au XIIIe siècle*, p. 147).

1. Cf. *Super Iob 4,19*, p. 32, lin. 475-478 : *Fuerunt autem aliqui qui propter hoc dixerunt quod anima non unitur corpori nisi accidentaliter sicut homo vestimento aut nauta navi.*

2. Cf. 2 *CG*, cap. 56 : *Substantia intellectualis potest corpori uniri per contactum virtutis. Quae autem uniuntur secundum talem contactum, non sunt unum simpliciter. Sunt enim unum in agendo, et patiendo, quod non est esse unum simpliciter. Sic enim dicitur esse unum quomodo et ens. Esse autem agens non significat esse simpliciter. Unde nec esse unum in agendo est esse unum simpliciter.*

parce que l'âme est la partie principale de l'homme : or on appelle toute chose habituellement par ce qui est principal en elle[1].

Dans le cadre de la génération, en effet, l'organisation du corps précède l'introduction de l'âme rationnelle[2] : il y a dans l'embryon, d'après la thèse de Thomas, un processus évolutif selon lequel une première forme se corrompt — lorsque le composé est arrivé à un certain développement organique — pour laisser place à une forme supérieure; celle-ci, à son tour, cédera la place à une autre forme plus parfaite, jusqu'au moment où l'embryon aura atteint le stade final de son développement. Les formes précédentes sont transitoires et la vie au sein de la mère est en fait une série de générations et de corruptions par lesquelles l'embryon acquiert le degré de perfection organique qui le rend apte à recevoir, directement de Dieu, l'âme rationnelle. Précisons qu'à chaque étape de l'évolution embryonnaire, y compris l'étape finale, il n'y a qu'une seule forme substantielle, les formes antérieures disparaissant dès que la nouvelle forme est introduite. Or la formalité imparfaite qui est évincée par l'avènement de la forme parfaite est dite se corrompre en ce sens qu'elle cesse d'être réalité singulière subsistante, mais sa nature spécifique ou détermination essentielle demeure en passant dans la forme parfaite qui l'assume et l'intègre. Cette perspective engage un schéma élaboré de la causalité qui comprend une double instance : d'une part l'agent principal qui seul confère la forme parfaite et ultime, d'autre part l'agent subalterne qui prépare seulement la matérialité en vue de la forme ultime; les dispositions formelles préparantes atténuent ainsi la résistance du principe matériel[3]. Thomas insiste sur ce dernier point

1. Cf. *Super Iob* 4,19, p. 32, lin. 480-490 : ... *per quod datur intelligi quod anima humana unitur corpori etiam ut forma materiae : dicitur enim materia fundamentum formae eo quod est prima pars in generatione sicut fundamentum in constitutione domus. Utitur autem tali modo loquendi, ut id quod est animae attribuat homini, non ideo quod anima sit homo, ut quidam posuerunt dicentes hominem nihil aliud esse quam animam indutam corpore, sed quia anima est principalior pars hominis : unumquodque autem consuevit appellari id quod est in eo principalius.*

2. Cf. 4 *CG*, cap. 44.

3. Cf. *De pot.*, q. 3, a. 9, ad 9 : *Et sic oportet quod huiusmodi generatio non sit simplex, sed* continens in se plures generationes et corruptiones. *Non enim potest esse quod una et eadam forma substantialis gradatim educatur in actum, ut ostensum est. Sic ergo per virtutem formativam, quae a principio est in semine, abiecta forma spermatis, inducitur alia forma; qua abiecta, iterum inducatur alia : et sic primo inducatur anima vegetabilis; deinde, ea abiecta, inducatur anima sensibilis et vegetabilis simul; qua abiecta, inducatur* non per virtutem praedictam sed a creante, anima quae simul est rationalis, sensibilis et vegetabilis. *Et sic dicendum est secundum hanc opinionem quod embrio, antequam habeat animam rationalem, vivit et habet animam,* qua abiecta, *inducitur anima rationalis. Et sic* non sequitur duas animas esse in eodem corpore, *nec animam rationalem traduci cum semine* (cf. également Ia, q. 118, a. 2, ad 2; *Quaest. disp. de anima*, a. 11, ad 1; *De spir. creat.*, a. 3, ad 13). Il est à noter qu'Albert le Grand soutient sur ce point une thèse différente de celle de Thomas : selon lui, il n'y a pas succession de formes dans le développement embryonnaire parce que l'âme intellective est donnée à l'embryon dès le premier instant de sa conception, avec toutes ses puissances opérationnelles complètes (cf. *De anima*, III, tr. 5, cap. 4 / BORGNET, t. 5, p. 420). Bonaventure, pour sa part, adopte une position intermédiaire : au début l'embryon vit grâce à l'âme de la mère, mais ultérieurement il reçoit l'âme

dans l'exposition de Jb 10, 10-12 qui concerne la propagation de l'homme :

> Il faut considérer, dit-il, que [Job] attribue toutes les œuvres de la nature à Dieu, non pour exclure l'opération de la nature, mais de la manière qu'on attribue à l'agent principal les choses accomplies par les causes secondes, comme à l'artisan l'action de la scie : cela même en effet que la nature opère, elle le tient de Dieu qui l'a faite pour cela[1].

Ainsi dans la génération humaine, intervient d'abord la libération de la semence, ensuite la formation de la masse corporelle dans le sein de la femme, d'où ces mots que Job adresse à Dieu :

> *Nonne sicut lac mulsisti et sicut caseum me coagulasti?* (Jb 10,10).

Comme le lait, la semence est le superflu de la nourriture[2] et elle se trouve en rapport avec la matière que procure la femme dans la génération comme le coagulant dans la formation du caillé[3]. Puis, on a la division des organes dont la consistance et la vigueur viennent des nerfs et des os[4], le tout étant entouré par la peau et les chairs; Job dit à ce sujet :

> *Pelle et carnibus vestiti me, ossibus et nervis compegisti me* (Jb 10,11).

Enfin, vient l'animation du foetus, principalement quant à l'âme rationnelle qui est infusée après l'organisation[5]; en même temps que l'âme sont infusés divinement à l'homme des germes de vertus[6], les uns communs à tous, d'autres spécialement à certains, selon qu'ils sont disposés à telle vertu ou à telle autre; dans ce sens Job affirmera au chapitre 31 (v. 18) :

rationnelle, douée de toutes les puissances opératives, par un acte de création directe. Il n'y a donc pas succession de formes dans l'embryon, mais un processus d'apparitions progressives d'opérations. Au sujet de cette question de la succession des formes, nous renvoyons à B. C. BAZAN, « La corporalité selon S. Thomas », *RPL* 81 (1983) 369-409, en particulier 390-392; E.-H. WÉBER, *La personne humaine au XIIIe siècle*, p. 161-167.

1. Cf. *Super Iob 10,11-12*, p. 71, lin. 236-242 : *Ubi considerandum est quod omnia naturae opera Deo attribuit non ut excludat naturae operationem sed eo modo quo principali agenti attribuuntur ea quae per causas secundas aguntur, ut artifici operatio serrae : hoc enim ipsum quod natura operatur a Deo habet, qui ad hoc eam instituit.*

2. Thomas emprunte ce parallèle à Aristote (*De gen. animal.*, I, 18 / 725 b 3 et 726 a 26) auquel il se réfère explicitement en 2 *Sent.*, d. 30, q. 2, a. 2 sc.

3. Cf. *De gen. animal.*, II, 4 (739 b 20).

4. On rencontre par ailleurs cette donnée dans le *Super Isaiam 3,1;* elle intervient déjà dans les *Topiques* d'Aristote, III, 1 (116 b 21).

5. Thomas reprend notamment cela dans la *Summa theologiae* (cf. IIIa, q. 33, a. 2, arg. 3) où il se réfère au *De gen. animal.* d'Aristote (II, 3 / 736 a 35) : *Ubicumque est prius et posterius, oportet esse plura instantia. Sed secundum Philosophum, in libro* De generatio animalium, *in generatione hominis requiritur prius et posterius : prius enim est vivum, et postea animal, et postea homo. Ergo non potuit animatio Christi perfici in primo instanti conceptionis.*

6. Cf. à ce sujet 3 *Sent.*, d. 33, q. 1, a. 2, qla 1 où Thomas se réfère à Aristote (*Ethic.*, VI, 2 / 1144 b 2) et à Tullius (*Tuscul.*, III, 1 et *De finibus*, III, 6).

Quia ab infantia mea crevit mecum miseratio, et de utero matris meae egressa est mecum.

En tout dernier lieu, doit être mentionnée la conservation de la vie tant dans le sein maternel qu'en dehors de lui, d'après ce qu'exprime le verset 12 :

Vitam et misericordiam tribuisti mihi, et visitatio tua custodivit spiritum meum.

Cette conservation s'opère en partie par des principes naturels, en partie par d'autres bienfaits que Dieu ajoute à la nature, qu'ils regardent l'âme, le corps ou des biens extérieurs[1].

Signifiant ainsi la dépendance radicale de l'homme à l'égard de son Créateur, le théologien dominicain souligne — nous venons de le voir dans l'exposition de Jb 4,19b — que l'âme rationnelle infusée par Dieu est la partie principale de l'être humain. Elle assume le rôle de principe de toutes les fonctions vitales : la structure de ses puissances d'opération rend compte, non seulement des activités spirituelles, mais aussi des activités animales les plus élémentaires. Elle assume également la corporalité comme une des perfections qu'elle confère à l'être humain. De ce fait, l'âme qui est forme substantielle s'affirme comme acte premier du composé au niveau de l'essence, et son corrélat, le corps, est établi comme matière première purement déterminable[2]. C'est dans ce sens que Thomas reprend et interprète la définition aristotélicienne de l'âme comme forme du corps[3]. Cette interprétation est toute entière structurée par la thèse de l'unicité de la forme substantielle[4] que notre auteur tient, selon B. Bazán, dès le début de sa carrière[5] et que l'on retrouve donc dans le *Super Iob*, où

1. Cf. *Super Iob 10,10-12*, p. 70-71, lin. 234-274.

2. Cf. E. GILSON, *Le thomisme*, Paris, 61972, p. 241-254 ; N.A. LUYTEN, « L'homme dans la conception de S. Thomas », ds *L'anthropologie de saint Thomas*, 8 conférences publiées par N. A. LUYTEN OP, Fribourg, 1974, p. 35-53.

3. Cf. Ia, q. 76, a. 1, c. Thomas se réfère au *De anima* , II, 12 (414 a 12).

4. Concernant la thèse thomasienne de l'unicité de la forme substantielle et le pluralisme des formes ou mieux , selon B. Bazán, le dualisme de substances caractérisant l'époque pré-thomiste, mentionnons R. ZAVALLONI, *Richard de Mediavilla et la controverse sur la pluralité des formes*, Textes inédits et études critiques, « Philosophes médiévaux 2 », Louvain, 1951 (les pages 261 à 272 sont consacrées à S. Thomas); D. A. CALLUS, « The Origins of the Problem of the Unity of Form », *The Thomist* 24 (1961) 256-285 ; B. BAZAN, « Pluralisme de formes ou dualisme de substances, La pensée pré-thomiste touchant la nature de l'âme », *RPL* 67 (1969) 31-73 ; « La corporalité selon S. Thomas », *RPL* 81 (1983) 369-409, en particulier 394-400 ; E.-H. WEBER, *La personne humaine au XIIIe siècle*, p. 17-119 (période pré-thomiste), p. 120-198 (Albert et Thomas) ; J.-P. TORRELL, *Initiation à saint Thomas d'Aquin*, p. 273-278.

5. B. Bazán se démarque par là de la position tenue par M.-D. Roland-Gosselin (cf. *Le « De ente et essentia »*, Paris, 1948, p. 104-112), et à sa suite par R. Zavalloni (cf. *Richard de Mediavilla*, p. 261-267). Ces derniers, en effet, estiment que Thomas n'est pas parvenu immédiatement à tirer toutes les conséquences découlant de sa doctrine de l'unicité de la forme substantielle ; ils attirent l'attention sur le traitement qu'il fait du problème du principe d'individuation au début de sa carrière et sur les contradictions entre les solutions qu'il donne et les exigences de sa thèse. Il semble que Thomas attribua d'abord le rôle de principe d'individuation à la matière avec la forme de corporéité (cf. 1 *Sent.*,

cependant elle ne fait pas l'objet d'un traitement spécial. Sans nous attarder ici au contenu de cette thèse, il importe toutefois pour notre propos de rappeler les exigences métaphysiques auxquelles Thomas a voulu répondre par sa doctrine de l'unicité, afin de dégager davantage les lignes de force de son anthropologie.

C'est d'abord l'unité substantielle du composé qui exige l'unicité de la forme, car une chose possède l'être et l'unité par un seul principe; celui-ci étant la forme, la multiplication des formes substantielles dans un composé conduirait immanquablement à multiplier son être et, par conséquent, à ruiner son unité[1]. La première forme qui actualise la matière première constitue avec elle un composé substantiel; or toute forme qui survient à un tel composé ne peut être qu'une forme accidentelle, ce qui explique l'impossibilité d'une pluralité de formes substantielles[2]. Ensuite le processus de génération et de corruption nécessite l'unicité de la forme substantielle pour ne pas être réduit à un processus d'altérations accidentelles : pour qu'il y ait une véritable génération, il faut une *resolutio usque ad materiam primam*, c'est-à-dire que la matière perde sa forme unique chaque fois qu'elle en reçoit une

d. 8, q. 5, a. 2, sol.), puis successivement à la *materia signata* (cf. *De ente et essentia*, cap. 2), à la forme de corporéité avec les dimensions indéterminées (cf. 2 *Sent.*, d. 12, q. 1, a. 4, sol.), enfin aux dimensions indéterminées (cf. *Super Boet. de Trin.*, q. 4, a. 3, ad 6) qui ne réapparaissent plus après le *Contra Gentiles*; cela coïnciderait avec l'affermissement de la doctrine de l'unicité de la forme substantielle. En d'autres termes, selon cette perspective, le corps garde une certaine autonomie par rapport à l'âme, dans la mesure où il possède une détermination (la corporéité ou les dimensions indéterminées) qui ne lui vient pas de l'âme rationnelle. B. Bazán répond avec pertinence que déjà dans la distinction 12 du deuxième livre des *Sentences* (cf. q. 1, a. 4, sol.) on trouve le premier exposé de principe qui exige l'unicité de la forme substantielle. Un peu plus loin, dans la distinction 18 (cf. q. 1, a. 2, sol.), ce même principe est exposé : Thomas y affirme explicitement que, grâce à la forme substantielle unique, le composé possède toutes ses déterminations, depuis les plus spécifiques jusqu'à la plus générique (y compris la corporalité), et que la différence entre le genre et l'espèce prédiqués d'un individu n'est qu'une distinction de raison, toutes deux ayant comme principe une même forme substantielle. De cet enseignement découle un corollaire qui est énoncé en 2 *Sent.*, d. 31, q. 2, a. 1, sol. et d'après lequel l'union entre la forme et la matière est une union immédiate; si tel n'était pas le cas, il ne s'agirait pas d'une union essentielle, et ce principe de l'union sans intermédiaire est appliqué aussi au composé humain. « Si, dans les écrits du premier séjour parisien, affirme Bazán, on voit apparaître des expressions qui obscurcissent la doctrine de l'unicité de la forme (forme de corporéité, dimensions indéterminées), le fait me semble devoir être attribué à des hésitations de langage plutôt qu'à une insuffisante compréhension de la doctrine. C'est pourquoi nous ne pensons pas qu'il y a évolution doctrinale chez Thomas, mais progrès dans la maîtrise du langage par lequel il exprime une intuition centrale de sa pensée » (cf. « La corporalité selon S. Thomas », p. 398).

1. Cf. 2 *CG*, cap. 58 : *Ab eodem aliquid habet esse, et unitatem; unum enim consequitur ad ens. Cum igitur a forma unaquaeque res habeat esse, a forma etiam habebit unitatem. Si igitur ponantur in homine plures animae sicut diversae formae, homo non erit unum ens, sed plura : nec ad unitatem hominis ordo formarum sufficiet quia esse unum secundum ordinem non est esse unum simpliciter, cum unitas ordinis sit minima unitatem;* cf. aussi Ia, q. 76, a. 3, c. et 4, c.; *Quaest. disp. de anima*, a. 11, c.; *Qdlb.*, I, q. 4, a. 6.

2. Cf. 2 *CG*, cap. 58 : *Omne enim quod advenit alicui post esse completum, advenit ei accidentaliter, cum sit extra essentiam ejus. Quaelibet autem forma substantialis facit ens completum in genere substantiae : facit enim ens actu, et hoc aliquid. Quidquid igitur post primam formam substantialem advenit rei, accidentaliter adveniet;* cf. également *De spir. creat.*, a. 3, c.; Ia, q. 76, a. 4, c.

autre[1]. Puis l'unicité de la forme est aussi une exigence de l'unité de la définition : les parties de la définition (le genre et l'espèce) ne forment une unité et ne peuvent être prédiquées essentiellement du sujet, que si elles expriment une même nature et un seul acte; en d'autres termes, si la forme dont découlent la notion du genre et celle de l'espèce n'est pas la même, la prédication essentielle est impossible et l'on n'a alors qu'une prédication accidentelle[2]. Enfin l'unité opérative du composé appelle l'unicité de la forme qui se manifeste par la solidarité de toutes les opérations de l'individu : ainsi, lorsque l'une des opérations de l'âme est très intense, elle empêche les autres, ce qui ne peut s'expliquer que si le principe de toutes les opérations est unique[3].

Ces données mettent en lumière l'équilibre foncier de l'homme composé d'une nature spirituelle et d'une chair terrestre[4]. Thomas ne laisse pas de rendre compte de cet équilibre en soulignant conjointement l'unité du composé humain et la primauté du spirituel, ce qu'il fait par exemple au sujet de Jb 2,1 :

> Comme il y a un triple bien pour l'homme, à savoir de l'âme, du corps et des choses extérieures, ils sont ordonnés entre eux de sorte que le corps est pour l'âme, les choses extérieures pour le corps et pour l'âme. De même qu'est perverse par conséquent l'intention de celui qui ordonne les biens de l'âme à la prospérité des biens extérieurs, de même lorsqu'il ordonne les biens de l'âme au bien-être du corps[5].

1. Cf. *De spir. creat.*, a. 3, arg. 3.

2. Cf. Ia, q. 76, a. 3, c. : *Quae enim sumuntur a diversis formis, praedicantur ad invicem vel per accidens, si formae non sint ad invicem ordinatae, puta cum dicimus quod album est dulce : vel, si formae sint ordinatae ad invicem, erit praedicatio per se, in secundo modo dicendi* per se, *quia subiectum ponitur in definitione praedicati. Sicut superficies praeambula est ad colorem : si ergo dicamus quod corpus superficiatum est coloratum, erit secundus modus praedicationis per se. Si ergo alia forma sit a qua aliquid dicitur animal, et a qua aliquid dicitur homo, sequeretur quod vel unum horum non possit praedicari de altero nisi per accidens, si istae duae formae ad invicem ordinem non habent; vel quod sit ibi praedicatio in secundo modo dicendi* per se, *si una animarum sit ad aliam praeambula. Utrumque autem horum est manifeste falsum : quia* animal *per se de homine praedicatur, non per accidens;* homo *autem non ponitur in definitione animalis, sed e converso. Ergo oportet eandem formam esse per quam aliquid est animal, et per quam aliquid est homo : alioquin homo non vere esset id quod est animal, ut sic* animal *per se de homine praedicetur.*

3. Cf. 2 *CG*, cap. 58 : *Diversae vires quae non radicantur in uno principio non impediunt se invicem in agendo, nisi forte earum actiones essent contrariae, quod in proposito non contingit. Videmus autem quod diversae actiones animae impediunt se : cum enim una est intensa, altera remittitur. Oportet igitur quod istae actiones, et vires quae sunt earum proxima principia, reducantur in unum principium. Hoc autem principium non potest esse corpus : tum quia aliqua actio est in qua non communicat corpus, scilicet intelligere; tum quia si principium harum virium, et actionum esset corpus, in quantum huiusmodi, inveniretur in omnibus corporibus : quod patet esse falsum. Et sic relinquitur quod sit principium earum forma aliqua una, per quam hoc corpus est tale corpus, quae est anima. Relinquitur igitur quod omnes actiones animae quae sunt in nobis, ab ipsa una procedunt : et sic non sunt in nobis plures animae;* cf. également Ia, q. 76, a. 3, c.; *De spir. creat.*, a. 3; *De pot.*, q. 3, a. 9, ad 9 et passim.

4. Cf. *Super Iob 1,7*, p. 9, lin. 384-385.

5. Cf. p. 16, lin. 1-9 : *Cum triplex sit hominis bonum, scilicet animae, corporis et exteriorum rerum, hoc modo ad invicem ordinantur ut corpus sit propter animam, res vero exteriores et propter corpus et propter animam. Sicut igitur est perversa intentio si quis bona animae*

Cela ne signifie pas qu'il y ait ici un spiritualisme naïf, car si notre auteur fait valoir le rôle formateur et donc décisif de l'esprit, il donne également tout son poids au fait que l'esprit accomplit ce rôle dans une structure matérielle en s'identifiant dans l'être unique de la personne humaine à cette portion de matière qu'est le corps[1].

Puisque, dans l'homme, l'esprit est associé à la matière, il assume nécessairement par et dans cette association tout ce que comporte la condition matérielle, c'est-à-dire extériorité, opposition, incompatibilité et autres caractéristiques à incidence négative. C'est ce que notre auteur veut exprimer à propos de Jb 4,19 : les hommes « qui habitent des maisons d'argile et qui ont un fondement terrestre » sont de condition infirme et ils se différencient des anges qui habitent, quant à eux, spirituellement en Dieu et qui sont incorporels (cf. Jb 4,18)[2]; comme tels, « ils seront mangés comme par une mite », ce qui amène à conclure à la malheureuse destinée humaine : on peut comprendre, par là, affirme le frère dominicain, la mort corporelle que l'homme subit nécessairement à cause de son fondement terrestre. Deux façons de mourir sont alors envisagées : d'une part, celle qui est naturelle, car de même que la mite naît du vêtement qu'elle ronge, de même la mort naturelle provient de causes intérieures au corps; d'autre part, la mort violente comme l'indique le verset 20 : « Du matin au soir, on les abattra ». Cette mort est comparée à l'abattage des arbres qui procède d'une cause extérieure; à la différence de la mort naturelle, elle ne peut être prévue par quelques signes, c'est pourquoi il est dit « du matin jusqu'au soir », car l'homme ne sait pas s'il parviendra jusqu'au soir[3].

La brièveté d'une existence
remplie de misères et conduisant à la mort

Dans sa lecture de Jb 7,5-10, Thomas prête une attention spéciale aux éléments de fragilité qui marquent l'existence humaine, en son déroulement et en son terme : la souffrance et la mort[4]. Elles ne permettent pas d'assigner à l'homme une fin qui serait félicité terrestre, comme le montre ici Job selon sa propre condition. Il évoque dans ce sens d'une part l'infirmité corporelle dont il souffre et qui ne peut le rendre pleinement heureux en cette vie, c'est pourquoi il dit :

ordinet ad prosperitatem exteriorum bonorum, ita est perversa intentio si quis bona animae ordinet ad corporis salutem.

1. Cf. N.A. Luyten, « L'homme dans la conception de S. Thomas », p. 46-48.

2. Cf. *Super Iob 4,19*, p. 32-33, lin. 490-499 : *Haec autem duo quae de hominis infirmitate dicit videntur contraponi his quae supra de angelorum excellentia dixerat : nam hoc quod dicit* qui habitant domos luteas *videtur ponere contra id quod dixerat « Qui serviunt ei », quod est inhaerere ei et in ipso spiritualiter habitare; quod vero dicit* qui terrenum habent fundamentum, *ei quod dixerat « In angelis suis » : angeli enim natura incorporei sunt, secundum illud Psalmi « Qui facit angelos suos spiritus ».*

3. Cf. *Super Iob 4,19-20*, p. 33, lin. 500-517.

4. cf. p. 47-49, lin. 97-241.

> *Induta est caro mea putredine et sordibus pulveris, cutis mea aruit et contracta est* (cf. Jb7,5)[1].

D'autre part, compte tenu de son âge avancé, il n'a que peu de temps à vivre et il ne peut attendre une grande félicité :

> La vie de l'homme est en effet de quelque manière semblable à un tissu : de même que celui qui tisse une toile fait se succéder les fils pour achever sa toile qu'il coupe quand elle est terminée, de même pour que la vie de l'homme arrive à son terme les jours s'ajoutent aux jours; or une fois achevée, elle est enlevée. [Job] dit toutefois que les jours de l'homme passent plus vite que la toile que l'on coupe parce que dans le tissage le tisserand se repose parfois, tandis que le temps de l'existence humaine s'écoule sans interruption[2].

De ce fait, l'homme, selon le commentaire de Jb 14,7-12, apparaît de condition moindre que les autres créatures qui, après leur disparition, se renouvellent, tels les arbres. Or la vie de l'arbre, comme aussi celle de l'homme, peut cesser de deux manières : par la violence lorsqu'on le coupe ou naturellement quand sa racine vieillit en terre; dans les deux cas, il a une aptitude naturelle à se renouveler et il peut retrouver une vie aussi parfaite qu'auparavant[3]. Cela, par contre, n'intervient pas dans le cadre de la vie humaine, d'où ces mots de Job :

> *Homo vero cum mortuus fuerit et nudatus atque consumptus, ubi, quaeso est?* (cf. Jb 14,10).

En mourant, l'homme perd successivement trois choses : d'abord, son âme est séparée du corps; puis il est dépouillé, après un temps, des vêtements et des ornements qui couvrent son corps; la constitution de son corps, enfin, se dissout et il ne reste de l'homme rien qui soit sensible. Pour ceux qui s'en tiennent à ce niveau sensible et corporel, l'être humain apparaît donc comme réduit au néant[4].

Thomas engage alors une discussion, dans l'exposition du chapitre 7 en particulier, sur la possibilité d'un retour à l'état de la vie passée, ce

1. Cf. *Super Iob 7,5*, p. 47, lin. 107-121 : Induta est caro mea putredine, *quasi dicat : undique corpus meum circumdatum est putredine ulcerum sicut corpus circumdatur vestimento. Et quia vulnera a principio curata ad sanitatem perveniunt, ostendit ulcera sua fuisse neglecta, unde dicit* et sordibus pulveris *: non enim erant debito modo curata quia ad litteram in sterquilinio sedebat, ut supra dictum est. Expectatur autem sanitas aliquando etiam si ulcera sint neglecta, quando natura est fortis, sed in Iob vigor naturae defecerat, unde dicit* cutis mea aruit et contracta est, *quia scilicet humor naturalis iam consumptus est vel propter senectutem vel propter infirmitatem, unde non videtur locus ut in hac vita ulterius felicitatem expectem.*

2. Cf. *Super Iob* 7,6, p. 47, lin. 126-134 : *Vita enim hominis quantum ad aliquid similis est texturae : sicuti enim ille qui texit telam fila filis adiungit ut ad perfectionem telae perveniat, qua perfecta eam succidit, sic ac hoc quod vita hominis perficiatur dies diebus adduntur, cum autem fuerit perfecta tollitur. Ideo tamen dicit quod velocius transeunt dies hominis quam tela succidatur quia in opere telae textor interdum quiescit, sed tempus vitae hominis absque quiete continuo labitur.*

3. Cf. *Super Iob 14,7-9*, p. 91-92, lin.67-84.

4. Cf. *Super Iob 14,10*, p. 92, lin. 87-99.

qui irait dans le sens d'une félicité exclusivement terrestre : certains ont en effet avancé qu'après la mort, suivie de très nombreux cycles d'années, l'homme reviendrait à la vie qui était la sienne et accomplirait les mêmes actions que jadis[1] ; Platon, par exemple, enseignerait à nouveau à Athènes dans les temps futurs. Selon cette position — identifiée dans la *Somme contre les Gentils* avec celle de certains *antiqui Gentiles*[2] —, les choses inférieures sont disposées d'après le mouvement des corps célestes; lorsque revient donc la même constellation après une longue période, les mêmes choses réapparaissent identiques à elles-mêmes.

Le Maître d'Aquin récuse cette thèse sur la base de Jb 7,9 notamment :

> *Sicut consumitur nubes et pertransit, sic qui descendit ad inferos non ascendet.*

Cette comparaison signifie que l'homme après la mort ne subsistera pas en l'état de la vie terrestre; c'est pourquoi il est dit descendre aux enfers soit selon l'âme car avant la mort du Christ tous les défunts y descendaient, soit selon la chair parce qu'il est placé sous terre[3]. Afin de préciser son interprétation, notre auteur s'appuie sur le *De generatione* d'Aristote[4] :

> Tant dans les corps corruptibles que dans les incorruptibles apparaît un mouvement circulaire; mais il y a cette différence que le mouvement circulaire dans les corps célestes recommence identiquement le même, comme c'est le même soleil qui descend et qui revient à son lever, et cela parce que la substance ne se corrompt pas en un tel mouvement; le lieu seulement change. Par contre dans le mouvement des choses engendrées et corruptibles il n'y a pas retour du même identiquement, mais seulement identité d'espèce. Il ressort en effet que selon le mouvement circulaire

1. Comme telle, cette thèse intervient à plusieurs reprises dans le *Super Iob* : *7,6-10*, p. 46-47, lin. 137-226; *14,12*, p. 92, lin. 122-135; *16,23*, p. 105, lin. 308-317; *19,25*, p. 116, lin. 282-294.

2. Cf. 4 *CG*, cap. 82, où Thomas s'appuie sur le *De civ. Dei* de S. Augustin (cf. lib. XII, cap. 13 / *PL* 41,361) et sur le Stagirite (cf. *De generatione*) : *Excluditur error quorumdam antiquorum Gentilium, qui credebant eadem temporum, temporaliumque rerum volumina repeti; verbigratia sicut in isto saeculo Plato philosophus in urbe Atheniensi, et in eadem schola, quae Academica dicta est, discipulos docuit; ita per innumerabilia retro saecula multis quidem prolixis intervallis, sed tamen certis et idem Plato, et eadem civitas, et eadem schola, iidemque discipuli repetiti, et per innumerabilia demum saecula repetendi sunt, ut Augustinus introducit in decimo secundo* De civ. Dei. *Ad quod, ut ipse ibidem dicit, quidam referre volunt illud quod dicitur (Eccl. 1,9) : "Quid est quod fuit? Ipsum quod futurum est. Quid est quod factum est? Ipsum quod faciendum est. Nihil sub sole novum; nec valet quisquam dicere : Ecce hoc recens est, jam enim praecessit in saeculis quae fuerunt ante nos". Quod quidem non sic intelligendum est quod eadem numero per generationes varis repetantur, sed similia specie, ut Augustinus ibidem solvit : et Aristoteles in fine* De generatione *hoc ipsum docuit contra praedictam sectam loquens.* Cette position n'est pas sans rejoindre celle des Juifs et des Sarrasins, comme nous le verrons dans la suite de notre étude à propos de la résurrection : *Manifestum est autem ex his quod Iob hic resurrectionem quam fides asserit non negat, sed reditum ad vitam carnalem quem Iudaei ponunt et quidam philosophi etiam posuerunt* (cf. *Super Iob 7,10*, p. 48, lin. 227-230; *19,26*, p. 117, lin. 302-307).

3. Cf. p. 48, lin. 178-187.

4. Cf. lib. II, 2 (338b 2).

annuel du soleil, se fait une circulation dans la disposition de l'air : car les nuées que l'on a en hiver sont par la suite absorbées en été, et au retour de l'hiver reviennent des nuées non pas cependant les mêmes mais de semblables selon l'espèce, parce que les nuées qu'il y eut auparavant sont totalement détruites. Il en est de même chez les hommes : au cours des générations ne reviennent pas les mêmes hommes qui existèrent par le passé, selon une identité de sujet, mais seulement selon l'espèce[1].

Ce n'est pas là, note Thomas, une façon de nier la résurrection affirmée par la foi, mais d'écarter une théorie qui s'y oppose. De plus il n'y a pas contradiction avec ce que nous rapporte l'Ecriture au sujet de ceux qui furent ressuscités à la vie présente : une chose est ce qui se produit miraculeusement, autre chose ce qui a lieu selon le cours de la nature, comme l'entend ici Job[2]. Cette dernière remarque nous enjoint d'approfondir avec le théologien dominicain le problème du caractère naturel de la souffrance et de la mort, ce qui permettra de préciser si ces éléments de fragilité sont en l'homme d'ordre structurel. Par là, nous nous efforcerons de mûrir l'intelligence de la question posée par Job au sujet de la cause de son adversité.

La souffrance et la mort sont-elles naturelles à l'homme?

Si, dans l'*Expositio*, Thomas décrit la fragilité de l'homme marqué par la corruption corporelle — faisant droit ainsi à la lettre même du texte sacré —, il n'est pas, à partir de là, sans faire transparaître le contenu de sa réflexion concernant la corruptibilité humaine. Cette réflexion, entreprise dès le début de sa carrière et nourrie par la suite[3], est élaborée au plan proprement théologique, comme nous allons le voir dans le *Super Iob* et dans d'autres œuvres où notre auteur propose un exposé synthétique sur la question.

Toute réalité corruptible, affirme-t-il dans la *Somme de théologie*, peut être envisagée selon un double point de vue : d'une part, celui de la nature universelle, d'autre part celui de la nature particulière[4]. Celle-ci est la vertu active propre à chaque chose et contribuant à la

1. Cf. *Super Iob 7,9*, p. 48, lin. 187-206 : *Sicut enim Philosophus docet in II De generatione, tam in corporibus corruptibilibus quam in corporibus incorruptibilibus quidam circularis motus apparet; sed haec est differentia quia in corporibus caelestibus secundum circulationem reiteratur idem numero, sicut idem sol numero qui occidit redit ad ortum, et hoc ideo quia substantia non corrumpitur in tali mutatione sed solum locus mutatur; in motu vero generabilium et corruptibilium non redit idem numero sed idem specie. Patet enim quod secundum circularem motum solis annuum, circulatio quaedam fit in dispositione aeris : nam in hieme sunt nubes, et postmodum in aestate consumuntur, et iterum redeunte hieme redeunt nubes, non tamen eaedem numero sed eaedem specie quia illae nubes quae prius fuerunt omnino dispereunt. Et similiter est in hominibus : non enim iidem homines per generationes redeunt qui prius fuerunt secundum numerum sed solum secundum speciem.*

2. Cf. *Super Iob 7,10*, p. 48-49, lin. 227-234.

3. Cf. 2 *Sent.*, d. 30, q. 1, a. 1 ; 3 *Sent.*, d. 16, q. 1, a. 1 ; 4 *sent.*, Prol. ; 4 *Sent.*, d. 4, q. 2, a. 1, qla 3 ; 4 *Sent.*, d. 36, q. 1, a. 1, ad 2 ; 4 *CG*, cap. 52 ; *Comp. theol.*, cap. 193 ; Ia-IIae, q. 85, a. 5-6 ; IIa-IIae, q. 164, a. 1 ; *De malo*, q. 5, a. 4-5 ; *Super ad Rom. 5,12*, lect. 3, n° 406-420, spécialement n° 416 ; *Super ad Hebr. 9,27*, lect. 5, n° 473-475.

4. Cf. Ia-IIae, q. 85, a. 6, c. où S. Thomas pose la question *Utrum mors et alii defectus sint naturales homini?*

conserver. A ce niveau, la corruption et la privation sont contre nature, puisqu'il y a une vertu qui cherche l'existence et la conservation de l'être à qui elle appartient[1]. La nature universelle, au contraire, est la vertu active qui réside en quelque principe universel de la nature, par exemple dans l'un des corps célestes ou dans l'une des substances supérieures[2]; cette vertu cherche le bien et la conservation de l'univers, ce qui exige alternance de génération et de corruption dans les choses. De ce point de vue, la corruption et les privations sont naturelles aux choses, non point certes selon l'inclination de la forme qui est principe d'existence et de perfection, mais selon celle de la matière, laquelle est attribuée à telle forme suivant une certaine proportion distributive que règlent les agents de l'univers. Bien que toute forme s'efforce d'exister perpétuellement, aucune cependant dans l'ordre des réalités corruptibles ne peut obtenir la perpétuité de son être.

Il est une exception, celle de l'âme rationnelle, qui n'est pas comme les autres formes soumise entièrement à la matière corporelle et qui a en propre une activité immatérielle. De ce fait, la non-corruption est plus naturelle à l'homme, en raison de sa forme, qu'elle ne l'est aux autres réalités corruptibles. Pourtant, parce que cette forme a elle-même une matière composée d'éléments contraires, l'inclination de cette dernière conduit à la corruptibilité du tout. Ainsi l'homme est naturellement corruptible selon la nature de la matière laissée à elle-même, mais non pas d'après celle de la forme. Celle-ci, par son incorruptibilité, est bien proportionnée à sa fin qui est la béatitude perpétuelle — nous y reviendrons dans la suite de notre étude —, tandis que le corps humain, qui est corruptible selon sa nature, est d'une certaine manière proportionné à sa forme.

Thomas approfondit ces données en considérant le statut de la matière : d'une part, elle peut convenir à la forme, répondant alors au choix de l'agent; d'autre part, elle peut répugner à la forme ainsi qu'à la fin — ce qui résulte de la nécessité de la matière et comme tel n'est ni visé ni choisi par l'agent —. Afin d'illustrer cela, notre auteur a recours à un exemple sans cesse repris : un artisan qui fait une scie se procure du fer parce que c'est la matière qui convient à la forme et à la fin de la scie en raison de sa dureté. Il se trouve cependant dans le fer d'autres propriétés qui ne possèdent d'aptitude ni à la forme ni à la fin, comme le fait d'être cassant ou attaquable par la rouille ou autres inconvénients de ce type qui nuisent à la fin; aussi l'agent ne les choisit-il pas, mais les rejetterait plutôt, s'il le pouvait. On est ici en

1. Thomas s'appuie ici sur le *De caelo*, II, 6 (288b 14).

2. A propos des substances supérieures (cf. Ia-IIae, q. 85, a. 6, c.), notre auteur évoque Dieu qui est *natura naturans*, selon l'expression de certains. Parmi eux, on trouve Averroès (*In De caelo*, lib. I, comm. 2 / V, 3 A; *In Phys*, lib. II, com. 11 / IV, 52 C); la formule apparaît aussi chez Bonaventure (3 *Sent.*, d. 8, dub. 2 / Quar. III, 197).

présence d'accidents individuels pour lesquels, affirme Aristote[1], il ne faut pas chercher de cause finale mais une cause matérielle, car ils proviennent d'une disposition de la matière, non d'une intention de l'agent.

Cela implique donc une double condition du corps humain : selon son aptitude à la forme, il est nécessaire qu'il soit de bonne complexion afin d'être l'organe le plus convenable du toucher et des autres facultés de sensation et de mouvement. Comme l'âme humaine est intellective en puissance, elle est unie à un corps pour recevoir grâce aux sens — le premier étant celui du toucher — des espèces intelligibles par lesquelles elle devient intelligente en acte. Quant à ce qui résulte de la nécessité de la matière, le corps est corruptible; c'est toutefois d'une manière spéciale que cette corruption s'oppose à la convenance de la forme qu'est l'âme intellectuelle, car les autres formes sont corruptibles au moins accidentellement, tandis que l'âme humaine ne l'est ni de soi ni accidentellement. Si dans la nature avait pu se trouver un corps composé d'éléments qui fût incorruptible, c'est sans nul doute un corps tel qui eût convenu à l'âme selon sa nature.

Dieu, pourtant, à qui tout est soumis, suppléa, en créant l'homme, au défaut de la nature et octroya au corps par le don de la justice originelle une certaine incorruptibilité[2]. L'homme fut ainsi préservé de

1. Cf. *De animal.* XIX (= *De gener. animal.* V), 1 (778 a 30-b 10) cité par Thomas en *De malo*, q. 5, a. 5, resp.

2. Cf. Ia, q. 85, a. 6, c. : *Sed Deus, cui subiacet omnis natura, in ipsa institutione hominis supplevit defectum naturae, et dono iustitiae originalis dedit corpori incorruptibilitatem quandam.* L'expression *quaedam incorruptibilitas* mérite d'être soulignée; Thomas en précise le sens dans la Ia, q. 97, a. 1, c. où il indique que quelque chose peut être qualifié d'incorruptible à trois titres : d'abord, du côté de la matière, s'il n'a pas de matière comme l'ange, ou s'il a une matière en puissance à une seule forme, comme les corps célestes : il y a ici une incorruptibilité par nature; ensuite, du côté de la forme, du fait qu'à une chose corruptible par nature est attachée une certaine disposition qui l'empêche absolument de se corrompre : il s'agit d'une incorruptibilité selon la gloire car, affirme S. Augustin, « Dieu a fait l'âme d'une nature si puissante que sa béatitude fait rejaillir sur le corps plénitude de santé et vigueur d'incorruption »; enfin, du côté de la cause efficiente, et c'est de cette façon que l'homme dans l'état d'innocence aurait été incorruptible et immortel : *Non enim corpus eius erat indissolubile per aliquem immortalitatis vigorem in eo existentem; sed inerat animae vis quaedam supernaturaliter divinitus data, per quam poterat corpus ab omni corruptione praeservare, quandiu ipsa Deo subiecta mansisset. Quod rationabiliter factum est. Quia enim anima rationalis excedit proportionem corporalis materiae, ut supra dictum est* (cf. Ia, q. 76, a. 1); *conveniens fuit ut in principio ei virtus daretur, per quam corpus conservare posset supra naturam corporalis materiae.* La force surnaturelle donnée à l'âme, par laquelle elle pouvait préserver le corps de la corruption, était un don accompagnant la grâce; il permettait à l'homme le plein et libre exercice de sa vie spirituelle. Le rejaillissement de la grâce parfaite sur le corps se serait finalement traduit par sa glorification, non par son maintien indéfini dans la condition terrestre. Thomas parle dans ce sens d'un « transfert à la vie spirituelle » (cf. Ia, q. 97, a. 4, c. : ... *homo translatus fuisset ad spiritualem vitam*... qui eût remplacé la mort que nous connaissons. La condition humaine eût été, comme elle l'est aujourd'hui, une condition de devenir, de marche vers la vie éternelle, de progression spirituelle dans la foi et dans la grâce. Seuls y auraient manqué le péché et la douleur (cf. THOMAS D'AQUIN, *Somme théologique*, t. 1, Paris, 1990, p. 821, note 1 et p. 824, note 4; cf. par ailleurs J.-H. NICOLAS, *Synthèse dogmatique*, De l'univers à la Trinité / Complément, Fribourg-Paris, 1993, p. 374).

la mort jusqu'à ce qu'il se rendît indigne d'un tel bienfait en péchant[1].

C'est la solution théologique que retient Thomas — sans la développer toutefois — dans le commentaire de Jb 19,25 : *Scio quod redemptor meus vivit,* un verset qui lui permet de placer la référence au péché originel sur l'arrière-fond de l'œuvre salvifique opérée par le Christ[2] :

> Ici il faut considérer que l'homme qui avait été constitué par Dieu immortel encourut la mort à cause du péché, selon l'épître aux Romains (5,12) « Par un seul homme le péché entra dans le monde, et par le péché la mort »[3]; de

1. Ce développement est synthétisé dans la IIa-IIae, q. 164, a. 1, ad 1, question dans laquelle notre auteur traite de la peine due au premier péché : *Naturale dicitur quod ex principiis naturae causatur. Naturae autem per se principia sunt forma et materia. Forma autem hominis est anima rationalis, quae de se est immortalis. Et ideo mors non est naturalis homini ex parte suae formae. Materia autem hominis est corpus tale quod est ex contrariis compositum : ad quod sequitur ex necessitate corruptibilitas. Et quantum ad hoc, mors est homini naturalis. Haec tamen conditio in materia humani corporis est consequens ex necessitate materiae : quia oportebat corpus humanum esse organum tactus, et per consequens medium inter tangibilia; et hoc non poterat esse nisi esset ex contrariis compositum, ut patet per Philosophum, in II* De anima. *Non autem est conditio secundum quam materia adaptetur formae : quia, si esset possibile, cum forma sit incorruptibilis, potius oporteret materiam incorruptibilem esse. Sicut quod serra sit ferrea, competit formae et actioni ipsius, ut per duritiem sit apta ad secandum : sed quod sit potens rubiginem contrahere, consequitur ex necessitate talis materiae, et non secundum electionem agentis; nam si artifex posset, faceret ex ferro serram quae rubiginem non posset contrahere. Deus autem, qui est conditor hominis, omnipotens est. Unde ademit suo beneficio ab homine primitus institutio necessitatem moriendi ex tali materia consequentem. Quod tamen beneficium subtractum est per peccatum primorum parentum. Et sic mors et est naturalis, propter conditionem materiae : et est poenalis, propter amissionem divini beneficii praeservantis a morte.*

2. Cette perspective se retrouve en particulier dans le quatrième livre du *Contra Gentiles* où la question du péché originel intervient dans le cadre du traitement de l'incarnation (cf. cap. 50-52).

3. Rm 5,12 constitue l'argment scripturaire en plusieurs lieux parallèles, par exemple en Ia-IIae, q. 85, a. 5, sc. et en IIa-IIae, q. 164, a. 1, sc. Voici ce que Thomas écrit à propos de Rm 5,12 : *Consequenter tangit ingressum mortis in mundum, cum dicit* et per peccatum mors, *scilicet in hunc mundum intravit, secundum illud Sap. 1 : "Iniustitia mortis est acquisitio". Videtur autem mors non sit ex peccato, sed magis ex natura, utpote proveniens ex necessitate materiae. Est enim corpus humanum ex contrariis compositum. Unde est naturaliter corruptibile. Dicendum est autem quod natura humana dupliciter potest considerari. Uno modo secundum principia intrinseca, et sic mors est "Remediis fortuitorum", quod mors natura est hominis, non poena. Alio modo potest considerari natura hominis secundum quod per divinam providentiam fuit ei per iustitiam originalem provisum. Quae quidem iustitia erat quaedam rectitudo, ut mens hominis esset sub Deo, et inferiores vires essent sub mente, et corpus sub anima, et omnia exteriora sub homine : ita scilicet, quod quamdiu mens hominis Deo subderetur, vires inferiores subderentur rationi, et corpus animae, indeficienter ab ea vitam recipiens, et exteriora homini, ut scilicet omnia servirent, et nullum ex eis nocumentum sentiret. Hoc autem providentia divina disposuit propter dignitatem animae rationalis, quae cum naturaliter sit incorruptibilis, debebatur sibi incorruptibile corpus. Sed quia corpus quod est ex contrariis compositum, oportebat esse organum sensus, et tale corpus secundum naturam suam incorruptibile esse non potest, supplevit potentia divina quod deerat naturae humanae, dans animae virtutem continendi corpus incorruptibiliter, sicut faber, si posset, daret ferro, ex quo cultellum fabricat, virtutem ut rubiginem nullam contraheret. Sic ergo postquam mens hominis per peccatum est a Deo aversa, amisit virtutem continendi inferiores vires, et etiam corpus et exteriora, et sic incurrit mortem naturalem a causis intrinsecis, et violentam ab exterioribus nocumentis* (cf. lect. 3, n° 416).

ce péché, le genre humain devait être racheté par le Christ, ce que Job voyait d'avance par son esprit de foi[1].

Par la justice originelle, non seulement les facultés inférieures de l'âme étaient soumises à l'*imperium rationis*, à l'abri de tout désordre, mais aussi le corps tout entier se trouvait dépendant de l'âme, sans aucun défaut, ce qui permettait à l'homme de tendre sans entrave aucune vers sa fin ultime[2]. Or, cette justice ayant été supprimée par le péché d'Adam, les passions ne furent plus soumises à la raison de même que le corps à l'âme : une telle suppression, comme d'ailleurs celle de la grâce, a raison de peine, laquelle se traduit par la mort pour tout le genre humain. Job, selon Thomas, ne veut pas dire autre chose, quand par les mots *Unum est quod locutus sum : innocentem et impium ipse (Deus) consumit* (Jb 9,22), il conteste la thèse de ses amis soutenant que les adversités proviennent des péchés personnels : « Non seulement aux pécheurs mais aussi aux innocents Dieu envoie la mort qui est cependant la plus grande des peines présentes »[3].

Le terme « peine » revêt un sens précis : il renvoie à un type de mal, le *malum poenae*, distingué, déjà par S. Augustin[4], du *malum culpae*. Le mal est une privation du bien, lequel consiste principalement et par soi en une perfection et en un acte. Or l'acte est de deux sortes : l'acte premier et l'acte second; celui-là est la forme et l'intégrité de la chose même, tandis que celui-ci concerne l'opération. On ne saisit bien cette

1. Cf. p. 116, lin. 253-260 : *Ubi considerandum est quod homo qui immortalis fuerat constitutus a Deo mortem per peccatum incurrit, secundum illud Rom. V,12 « Per unum hominem peccatum in hunc mundum intravit, et per peccatum mors », a quo quidem peccato per Christum redimendum erat genus humanum, quod Iob per spiritum fidei praevidebat.* La référence au péché originel comme cause de la mort apparait également dans le *Super Iob 10,21*, p. 73, lin. 444-448; *14,13*, p. 93, lin. 151-153.

2. Cf. 2 *Sent.*, d. 30, q. 1, a. 1, sol. : *Finis autem ad quem homo ordinatus est, est ultra facultatem naturae creatae, scilicet beatitudo, quae est in visione Dei consistit; soli enim Deo hoc connaturale est, ut ex dictis, dist. XXIII, patet. Unde oportuit naturam humanam taliter institui ut non solum haberet illud quod sibi ex principiis naturalibus debebatur, sed etiam aliquid ultra, per quod facile in finem perveniret. Et quia ultimo fini amore inhaerere non poterat, nec ad ipsum tenendum pervenire nisi per supremam partem suam, quae est mens et intellectus, seu ratio, in qua imago Dei insignata est; ideo, ut illa pars libere in Deum tenderet, subjectae sunt sibi vires inferiores, ut nihil in eis accidere posset quod mentem retineret et impediret ab itinere in Deum; pari ratione corpus hoc modo dispositum est ut nulla passio in eo accidere posset per quam mentis contemplatio impediretur.* Thomas ne reprend pas explicitement cette ligne téléologique dans les lieux parallèles, postérieurs au *Commentaire des Sentences*, en particulier la *Summa theologiae* (cf. Ia-IIae, q. 85, a. 5, c.; IIa-IIae, q. 164, a. 1, c.) et le *De malo* (cf. q. 5, a. 4, resp.).

3. Cf. *Super Iob 9,22*, p. 64, lin. 508-521 : *Postquam beatus Iob ostendit non esse suae intentionis ut cum Deo contendat, proponit illud de quo cum adversariis ei disputatio erat. Dixerat enim Eliphaz quod poenae a Deo non nisi pro peccatis immituntur, contra quod in superiori responsione Iob locutus fuerat; et quia Baldath sententiam Eliphaz asserere conatus fuerat, Iob iterato sententiam suam repetit dicens* Unum est quod locutus sum : innocentem et impium ipse consumit, *quasi dicat : non solum peccatoribus sed etiam innocentibus mors a Deo immituntur, quae tamen est maxima poenarum praesentium, et sic non est verum quod vos dicitis, quod solum pro peccatis propriis homo puniatur a Deo.*

4. Cf. *De libero arbitrio*, lib. I, cap. 1, n. 1 (*PL* 32, 1221-1222; *CCSL* 29, 212; *CSEL* 74,3) : *Duabus enim modis appellare malum solemus : uno, cum male quemque fecisse dicimus, alio, cum mali aliquid esse perpessum.* Thomas se réfère à ce passage en *De malo*, q. 1, a. 4, resp.

distinction que si l'on se souvient que l'être est évolutif et qu'il réalise sa fin par l'action ; l'être en acte d'existence, mais non opérant, n'est pas pleinement lui-même, il est encore en puissance à soi, non à soi constitué. L'action le porte à un acte ultérieur, à un acte second, qui sera provisoire s'il s'agit d'une action quelconque, qui sera définitif s'il s'agit de l'activité parfaite et suprême qu'est la contemplation de Dieu dans la vision béatifique. Compte tenu de cela, le mal intervient selon une double perspective : d'une part, il peut consister en la soustraction de la forme ou de quelque élément requis pour l'intégrité de l'être ; d'autre part, il peut être marqué par la soustraction de l'action qui convient à l'être, que cette action se trouve tout à fait absente ou qu'elle manque des modalités et de l'orientation qui lui sont dues. Dans les créatures raisonnables, le premier mal aura le caractère d'une peine, le deuxième celui d'une faute. Trois éléments doivent être retenus qui constituent la notion de peine : d'abord elle a une relation à une faute, d'une manière qu'il faut préciser avec la tradition de la foi, insiste Thomas dans le *De malo*[1] : elle tient en effet que la créature raisonnable n'aurait pu subir aucun dommage, ni quant à l'âme, ni quant au corps, ni quant à quelque bien extérieur, si le péché n'avait précédé, ou dans la personne, ou du moins dans la nature. La peine répugne ensuite à la volonté : celle-ci a une inclination pour son bien propre et elle ne peut accepter spontanément d'en être privée. Enfin, les événements qui arrivent contre la volonté ne viennent pas du principe intrinsèque, qui est la volonté, mais d'un principe extrinsèque, dont l'effet est nommé passion ; c'est ce en quoi consiste également la peine[2].

Le Maître dominicain approfondit encore ces données par une distinction entre la *poena quasi taxata pro peccato* et la *poena concomitans* : la première est en quelque sorte proportionnée au péché, tandis que la seconde lui est consécutive[3]. Par exemple lorsqu'un juge

1. Cf. q. 1, a. 4, resp. Il faut noter l'importance de cet appel thomasien à la tradition de la foi, que l'on trouve en filigrane dans le *Super Iob 14,13*, p. 93, lin. 151-153 : *Videtur enim Deus homini esse iratus quando beneficium vitae ei subtrahit, et praecipue cum credamus mortem ex peccato primi hominis provenisse.* Notre auteur n'entend pas s'engager dans une réflexion déductive sur le mal, mais manifester l'inévidence d'un mystère, en le scrutant dans la foi (on verra à se sujet L. SENTIS, *S. Thomas d'Aquin et le mal*, Foi chrétienne et théodicée, Paris, 1992, p. 197-202).

2. Thomas dégage à partir de là une triple différence entre la faute et la peine : *Primo quidem quia culpa est malum ipsius actionis, poena autem est malum agentis. Sed haec duo mala aliter ordinantur in naturalibus et voluntariis. Nam in naturalibus ex malo agentis sequitur malum actionis, sicut ex tibia curva sequitur claudicatio; in voluntariis autem e converso, ex malo actionis quod est culpa, sequitur malum agentis quod est poena, divina providentia culpam per poenam ordinante. Secundo modo differt poena a culpa per hoc quod est secundum voluntatem et contra voluntatem esse, ut patet per auctoritatem Augustini supra inductam. Tertio vero per hoc quod culpa est in agendo, poena vero in patiendo, ut patet per Augustinum in I De libero arbitrio, ubi culpam nominat malum quod agimus, poenam vero malum quod patimur* (cf. *De malo*, q. 1, a. 4, resp.).

3. Cf. *De malo*, q. 5, a. 4, resp. La manière de comprendre la *poena concomitans* comme consécutive au péché est proposée par L. SENTIS, *S. Thomas d'Aquin et le mal*, p. 201.

fait priver quelqu'un de la vue pour un forfait, surviennent des incommodités qui résultent de cette cécité, comme le fait de devoir mendier. Or ces inconvénients, se répartissant de manière inégale chez les hommes, ne ressortissent pas à une injustice du juge, parce qu'ils ne sont pas infligés pour le péché, mais sont une conséquence accidentelle par rapport à son intention. Il y a pourtant une différence entre Dieu et le juge humain : Dieu connaît tous les événements futurs, d'où il paraîtrait injuste de sa part que des misères inégales arrivent à des personnes qui sont également coupables. Thomas envisage alors la solution de la préexistence des âmes enseignées par Origène : selon lui, les âmes, avant d'être unies à leur corps, ont eu des mérites différents, et des maux plus ou moins grands, répondant à cette diversité, en ont résulté dans les corps humains auxquels elles sont unies. Notre auteur rejette cette thèse comme étant contraire à l'Ecriture; S. Paul ne dit-il pas en parlant de Jacob et d'Esaü :

> Alors qu'ils n'étaient pas encore nés et n'avaient fait ni bien ni mal (Rm 9,11).

Elle n'est pas davantage conforme à la raison, puisque l'âme qui est forme du corps ne saurait être créée avant lui.

En fait les peines consécutives au péché originel sont ordonnées par Dieu selon sa sagesse pour le bien de l'homme. A la suite d'Aristote[1], Thomas les considère comme des remèdes, ce qu'il souligne particulièrement dans l'exposition de Jb 9,16-18 :

> Ce que [Job] obtient par son adjuration, il l'indique lorsqu'il dit *Et quand il (Dieu) m'aura exaucé, moi qui l'invoque, je ne crois pas qu'il aura entendu ma voix.* Il arrive en effet parfois que Dieu n'exauce pas l'homme selon son vœu mais pour son profit : de même qu'un médecin n'écoute pas, selon son vœu, un malade lui demandant qu'on lui enlève un médicament amer — si le médecin ne le lui enlève pas parce qu'il sait qu'il lui est salutaire, il l'exauce cependant pour son profit car ainsi il donne au malade la santé qu'il désire au plus haut point —, de même Dieu ne soustrait pas les tribulations à l'homme qui est éprouvé, bien qu'il l'en prie, parce qu'il sait qu'elles disposent au salut final; et ainsi, bien que Dieu exauce véritablement, l'homme aux prises avec l'adversité ne croit pourtant pas être exaucé. Et il montre pour quelle raison il ne le croit pas, en affirmant *Dans la tempête il m'écrasera;* ce qu'il a dit selon son habitude métaphoriquement, il l'expose en ajoutant *et il multipliera mes blessures même sans raison* : c'est écraser [quelqu'un] que de multiplier ses blessures, c'est-à-dire ses tribulations, *dans la tempête,* c'est-à-dire dans une obscurité terrible, *sans raison,* à savoir manifeste et perceptible à l'homme affligé; si ce dernier percevait le motif

1. Cf. *Ethique à Nicomaque*, II, 2 / 1104 b (trad. Tricot, p. 95) : *Si les vertus concernent les actions et les passions, et si toute passion et toute action s'accompagnent logiquement de plaisir ou de peine, pour cette raison encore la vertu aura rapport aux plaisirs et aux peines. Une autre indication résulte de ce fait que les sanctions se font par ces moyens : car le châtiment est une sorte de cure, et il est de la nature de la cure d'obéir à la loi des opposés.* Thomas renvoie explicitement à ce passage en 4 *Sent.*, d. 15, q. 1, a. 1, qla 3, sol. 3.

pour lequel Dieu l'éprouve et que les afflictions sont utiles à son salut, il est certain qu'il se croirait exaucé, mais parce qu'il ne le comprend pas, il ne croit pas l'être. D'où il est non seulement affligé extérieurement mais aussi intérieurement, comme le malade, qui ne saurait pas que par un médicament amer il recouvrera la santé, souffre non seulement dans le goût mais aussi en son esprit; il ajoute dans ce sens *il ne concédera aucun répit à mon esprit* : l'esprit se trouve au repos, bien que la chair soit affligée à cause de l'espérance de la fin, selon ce qu'enseigne le Seigneur en Matth. V,11 « Bienheureux serez-vous quand les hommes vous auront maudits », et il ajoute ensuite « Réjouissez-vous, car votre récompense sera grande dans les cieux »; ainsi tant que je suis affligé extérieurement et intérieurement, je n'ai nul repos; *il me remplira d'amertumes*, précisément au dedans et au dehors[1].

Envisager l'épreuve comme un moyen en vue d'une fin suscite des interrogations — sur lesquelles nous reviendrons —, mais cela traduit en tout cas la fragilité de la condition humaine, comme le dit S. Thomas dans le *De malo* :

> Le fait même que telle soit la condition de l'homme qu'il soit aidé ou pour éviter le péché ou pour avancer dans la vertu par des maux ou incommodités de cet ordre, cela appartient à la faiblesse de la nature humaine, qui découle du péché du premier père; de même, que le corps humain soit ainsi fait qu'il ait besoin pour guérir d'opérations chirurgicales, cela relève de sa faiblesse. Et c'est pourquoi tous ces maux ressortissent au péché originel comme la peine qui l'accompagne[2].

Ex fragilitate condicionis humanae nullus homo est immunis a peccato *(cf. Super Iob 6,1, p. 41, lin. 13-14)*

L'*Expositio* développe la thématique de la fragilité morale surtout dans le cadre de la thèse défendue par Eliphaz au sujet de la rétribution des actes humains :

> il n'est aucune condition humaine — affirme Thomas à partir du discours d'Eliphaz au chapitre 5 — qui ne soit marquée par l'inclination au péché[3].

1. Cf. p. 63, lin. 409-445; cf. également *Super Iob 7,21*, p. 52, lin. 524-537 : *Notandum est etiam quod Iob in verbis praemissis tres rationes tetigit quare aliquis in hac vita flagellatur a Deo : prima est ut cohibeatur eius malitia ne aliis nocere possit, et hanc rationem tetigit cum dixit « Numquid mare sum ego aut cetus quia circumdedisti me carcere? »; secunda est ad hominis probationem ut virtus eius manifestetur, et hanc tetigit cum dixit « Visitas eum diluculo et subito probas illum »; tertia est in poenam peccatorum, et hoc tetigit cum dixit « Peccavi, quid faciam tibi, o custos hominum » etc.*.

2. Cf. q. 5, a. 4, resp. : *Hoc ipsum quod homo talis conditionis est ut ei subveniatur, vel ad vitandum peccatum, vel ad profectum virtutis, per huiusmodi incommoda sive defectus, ad infirmitatem humanae naturae pertinet, quae ex peccato primi parentis derivatur; sicut quod corpus hominis sit sic dispositum quod ad eum sanandum indigeat sectione, ad eius infirmitatem pertinet. Et ideo omnes isti defectus respondent peccato originali ut poena concomitans.*

3. Cf. *Super Iob 5,2*, p. 35, lin. 6-7 : *Non enim est aliqua condicio hominum cui non adsit pronitas ad aliquod peccatum.*

On peut distinguer deux conditions chez les hommes : d'une part celle des puissants et des arrogants qui facilement se mettent en colère; celle-ci étant l'appétit de vengeance pour une offense passée[1], plus quelqu'un est arrogant, plus se sent-il offensé pour la moindre chose et se met-il alors plus facilement en colère : c'est le sens du verset 2a : *Virum stultum interfecit iracundia.* L'homme orgueilleux et arrogant est appelé sot, car par la superbe surtout il franchit les bornes de la raison. Or la sottise accompagne la colère : comme l'enseigne Aristote dans l'*Ethique*[2], celui qui est en colère use de la raison en cherchant à venger l'offense, mais il le fait de manière perverse quand il excède dans la mesure raisonnable, un excès qui est sottise. Il y a d'autre part la condition des pusillanimes et des envieux, selon le verset 2b : *et parvulum occidit invidia.* L'envie n'est point autre que la tristesse de la prospérité d'un autre en tant qu'il l'estime être un obstacle à la sienne propre. Or c'est de la petitesse d'âme que de ne pas s'estimer capable de prospérer comme les autres[3].

La propension au péché, telle qu'elle est illustrée ici et pourrait l'être par d'autres exemples, fait l'objet d'une analyse plus poussée dans le commentaire du chapitre 4[4] : le péché corrompt en effet la justice en l'homme extérieurement et intérieurement. La corruption est extérieure lorsqu'intervient la tentation qui abat l'homme subitement; certes une tentation peut aussi être intérieure : elle l'attaque alors progressivement s'il néglige de réagir dès le début. La justice de l'homme est également corrompue par ce qui se trouve en lui de même que les mites détruisent le vêtement dont elles proviennent : c'est le cas des mauvaises pensées et de ce que Thomas appelle la *corruptio fomitis* qui permet de rendre compte plus précisément de ce en quoi consiste la *pronitas ad aliquod peccatum* [5].

Thomas a recours à diverses expressions pour cerner la notion de *corruptio fomitis* ou de *fomes peccati*[6] : dans la *Tertia pars*, q. 15, a. 2 —

1. Thomas attribue cette définition de la colère à plusieurs auteurs : d'abord à Aristote (*De anima* I, 2 / 403 a 30 cité en Ia, q. 20, a. 1, ad 2; *Rhet.* II, 2 / 1378 b 4 cit. en Ia-IIae, q. 46, a. 1, c.), puis à Augustin (*Confess.* II, 6 / *PL* 32, 681 cit. en Ia-IIae, q. 46, a. 2, sc.), enfin au Damascène (*De fide orth.* II, 16 / *PG* 94, 932 cit. en 3 *Sent.*, d. 15, q. 2, a. 2, qla 2, arg. 3).

2. La mention de l'*Ethique* n'apparait pas dans le *Super Iob* (cf. p. 35, lin. 20-21), mais notamment dans la Ia-IIae, q. 46, a. 4, ad 3 : *Sicut dicitur in VII* Ethic. *(VI, 1 / 1149 b 1), « ira audit aliqualiter rationem », sicut nuntiantem quod iniuriatum est ei : « sed non perfecte audit », quia non observat regulam rationis in rependendo vindictam. Ad iram ergo requiritur aliquis actus rationis; et additur impedimentum rationis. Unde Philosophus dicit, in libro* De problemat., *quod illi qui sunt multum ebrii, tanquam nihil habentes de iudicio rationis, non irascuntur : sed quando sunt parum ebrii, irascuntur, tanquam habentes iudicium rationis, sed impeditum.*

3. Cf. *Super Iob 5,1-2*, p. 35, lin. 1-34.

4. Cf. *Super Iob 4,19-21*, p. 33, lin. 517-572. Thomas avait interprété préalablement les versets 19 et 20 comme se rapportant à la mort corporelle (cf. p. 33, lin. 500-517); il corrige cela en disant que l'on rejoint davantage l'*intentio litterae* en y voyant le péché.

5. Cf. *Super Iob 4,19-20*, p. 33, lin. 522-539.

6. L'expression est classique à l'époque de Thomas, puisqu'elle apparaît déjà, note A. Blaise (cf. *Dictionnaire latin-français*, p. 358), chez le Pseudo-Cyprien : *Peccandi fomitem administrat.*

où il est question du foyer de péché dans le Christ —, il parle notamment d'*inclinatio sensualis appetitus in id quod est contra rationem* et de *resistentia sensibilis appetitus*[1]; cette inclination de l'appétit sensible vers ce qui est contraire à la raison est assimilée au même endroit à la *concupiscentia*[2]. Avant de comporter une acception péjorative, cette dernière revêt un sens neutre : elle est l'appétit d'un plaisir se trouvant dans le bien d'ordre sensible et relevant donc de l'âme et du corps, car le sens est la faculté d'un organe corporel de telle sorte que le bien sensible est celui de tout le composé humain[3]. Le frère dominicain distingue alors à la suite d'Aristote la concupiscence naturelle qui nous est commune avec les animaux, comme le boire ou le manger et la concupiscence non naturelle qui n'appartient qu'à l'homme, car c'est uniquement la raison affranchie de la nature qui juge de la bonté et de la convenance des biens sensibles[4]. Lorsqu'elle ne se trouve plus sous l'*imperium rationis*, la concupiscence est désordonnée et en ce sens seulement elle est identifiée au foyer de péché[5].

Un tel désordre dans la concupiscence ne peut être considéré indépendamment du péché originel : celui-ci est la concupiscence accompagnée de la privation de la justice originelle, en sorte toutefois que cette privation constitue ce qui est formel dans le péché originel et la concupiscence ce qui est matériel. En se détournant du bien immuable — ce qui est comme l'élément formel —, l'homme perdit le don de la justice originelle par laquelle sa volonté demeurait soumise à Dieu; ce mouvement désordonné de la volonté l'orienta vers un bien passager en dehors de l'ordre convenable vers la fin requise : les puissances inférieures qui devaient s'élever vers la raison furent alors

1. Cf. corp. et ad 1.

2. cf. IIIa, q. 15, a. 2, arg. 2 : *Sicut Damascenus dicit, in III libro,* beneplacito divinae voluntatis permittebatur caro Christi pati et operari quae propria. *Sed proprium est carni ut concupiscat delectabilia sibi. Cum ergo nihil aliud sit fomes quam concupiscentia, ut dicitur in Glossa,* Rom. 7 *[8], videtur quod in Christo fuerit fomes peccati.* Dans l'ad 2, Thomas définit le *fomes peccati* comme *concupiscentia delectabilium praeter ordinem rationis.* Cf. également 2 *Sent.*, d. 30, q. 1, a. 3, sc.

3. Cf. Ia-IIae, q. 30, a. 1, c. Quand Thomas définit la *concupiscientia* comme un *appetitus delectabilis,* il se réfère à la *Rhétorique* d'Aristote (cf. I, XI, 5 / 1370 a 19).

4. Cf. Ia-IIae, q. 30, a. 3, c. : *Primae ergo concupiscentiae naturales, communes sunt et hominibus et aliis animalibus : quia utrisque est aliquid conveniens et delectabile secundum naturam. Et in his etiam omnes homines conveniunt : unde et Philosophus, in III* Ethic., *vocat eas communes et necessarias. Sed secundae concupiscentiae (non naturales) sunt propriae hominum, quorum proprium est excogitare aliquid ut bonum et conveniens, praeter id quod natura requirit. Unde et in I* Rhetoric., *Philosophus dicit primas concupiscentias esse irrationales, secundas vero cum ratione. Et quia diversi diversimode ratiocinantur, ideo etiam secundae dicuntur, in III* Ethic., *propriae et appositae, scilicet supra naturales.*

5. Thomas précise que le foyer de péché est une concupiscence désordonnée habituelle et non actuelle, car il ne constitue pas un véritable mouvement de péché : *Fomes nihil aliud est quam inordinata concupiscentia sensibilis appetitus, habitualis tamen : quia actualis concupiscentia est motus peccati. Dicitur autem concupiscentia sensualitatis esse inordinata, inquantum repugnat rationi : quod quidem fit inquantum inclinat ad malum, vel difficultatem facit ad bonum. Et ideo ad ipsam rationem fomitis pertinet quod inclinet ad malum, vel difficultatem facit in bono* (cf. IIIa, q. 27, a. 3, c.).

rabaissées vers les réalités inférieures. Or on donne le nom de *concupiscentia* à la *conversio ad bonum commutabile* qui représente comme l'aspect matériel du péché originel[1].

A la suite de Bède, Thomas parle d'une blessure de concupiscence en tant que le concupiscible — l'une des puissances de l'âme pouvant être le siège des vertus, précisément de la tempérance — est frustré de son adaptation à des plaisirs modérés par la raison. Par ailleurs, il y a une blessure touchant l'irascible qui est la faiblesse, une autre, la malice qui frappe la volonté, une dernière infligée à la raison et qui est l'ignorance[2].

Thomas n'en reste pas à une simple énumération de ces blessures mais il l'explique en affirmant la diminution de l'inclination à la vertu (*inclinatio ad virtutem*), laquelle est un bien de nature : il est dans la nature d'un être raisonnable, considéré dans son développement, de se conformer à la raison, d'imprimer la marque de la raison jusque dans son agir sensible et son comportement total; ce n'est certes pas naturel comme une chose donnée toute faite, mais comme une chose que la nature demande, dont on ne peut se détourner, mais non sans déchoir, sans dévier de la fin qui doit être atteinte. Cette inclination naturelle à la vertu était confortée et transfigurée par la justice originelle. Ce que demandait alors la raison, parfaitement soumise à Dieu qui l'appelle à la vision béatifique, c'était d'exercer l'ensemble des vertus qui y conduisent. Adam n'était pas confirmé en grâce et les enfants qui seraient nés dans l'état d'innocence ne l'auraient pas été non plus; ils auraient eu à persévérer volontairement dans le bien, à exercer toutes les vertus selon l'ordination que donnait à toutes leurs puissances le lien d'intégrité. Ce dernier ayant été rompu par la perte de la justice originelle, les puissances furent destituées de leur ordre naturel à une vertu proportionnée au destin réel de l'homme : la perte de cet ordre fut pour chacune d'elles une blessure.

1. Cf. *De malo*, q. 4, a. 2, resp.; Ia-IIae, q. 82, a. 3, c.; q. 83, a. 2, ad 4; 2 *Sent.*, d. 30, q. 1, a. 3, sol. : *Sicut autem peccatum actuale consistit in deordinatione actus, ita etiam peccatum originale consistit in deordinatione naturae. Unde oportet quod ipsae vires deordinatae, vel deordinatio virium sint sicut materiale in peccato originali, et ipsa deordinatio a fine sit ibi sicut formale. Illa autem pars quae per se nata est conjungi fini est ipsa voluntas, quae habet ordinem finis omnibus aliis partibus imponere; et ideo destitutio ipsius voluntatis ab illa rectitudine ad finem quam habuit in institutione naturae, in peccato originali formale est : et hoc est privatio originalis justitiae. Vires autem appetitus sensibilis sunt natae recipere ordinem ad finem ab ipsa voluntate, secundum quod sibi subjectae sunt; et ideo subtractio illius vinculi quod quodammodo sub potestate voluntatis rectae detinebantur, materiale in peccato est. Ex hac autem subtractione sequitur quod unaquaeque vis in suum objectum inordinate tendat, concupiscendo illud; et ideo concupiscentia qua habiles sumus ad male concupiscendum peccatum originale dicitur, quasi materiale et formale in actibus moralibus sicut in rebus artificialibus, in quibus materia de toto praedicatur, ut possit dici : cultellus est ferrum; et similiter de peccato praedicari potest illud quod est materiale in ipso; et per hunc modum peccatum originale concupiscentia dicitur.* Nous renvoyons à ce sujet à M.-M. LABOURDETTE, *Le péché originel et les origines de l'homme*, « Sagesse et cultures », Paris, 1953, p. 79-84.

2. Cf. Ia-IIae, q. 85, a. 3, sc. et c.

Outre le *bonum naturae humanae* dont il est ici question, deux autres doivent être considérés : d'une part le don de la justice originelle qui fut, en la personne du premier homme, accordé à l'humanité entière. Il n'est pas naturel à l'homme en ce sens qu'il trouverait son principe dans la nature humaine, mais il vient d'un don gratuit de Dieu; c'est donc la nature au sens historique et existentiel, telle qu'elle est sortie des mains de Dieu. Or ce *bonum naturae humanae* fut non seulement atteint et diminué par le péché originel, mais il fut totalement supprimé : il pouvait l'être parce qu'il n'appartenait pas à la nature au sens métaphysique. D'autre part, le bien naturel de l'homme, en son sens fondamental, comporte les principes constitutifs de la nature elle-même avec les propriétés inaliénables qui en découlent, à savoir notamment les puissances de l'âme. Ce bien ne fut nullement touché par le péché : ainsi rien de ce que réclame la nature spécifique de l'homme, en sa définition métaphysique, ne lui manque[1]. Par là, le Maître d'Aquin concilie, en cherchant un sens supérieur où elles s'accordent, deux assertions apparemment opposées qu'il cite dans la *Prima secundae*, q. 85, a. 1[2]; l'une, caractéristique de la tendance pessimiste de la théologie latine, est attribuée à Bède :

Homo expoliatur gratuitis et vulneratur in naturalibus[3].

L'autre, d'origine grecque, se lit dans le Pseudo-Denys à propos des anges pécheurs et elle est appliquée par Thomas au cas de l'homme déchu :

Bona naturalia in daemonibus manent integra post peccatum[4].

Notre auteur ne dit pas autre chose dans le *Super Iob* au sujet du verset *Quis potest facere mundum de immundo conceptum semine? Nonne tu qui solus es?* (Jb14,4) :

> La semence de l'homme est impure non pas selon la nature mais selon l'infection de la concupiscence; cependant l'homme, conçu de cette semence impure, se trouve parfois pur par les vertus. De même que l'on rend chaud ce qui est froid grâce à ce qui est chaud par soi, de même celui qui est pur par soi rend pur ce qui est impur, c'est pourquoi [Job] introduit *si ce n'est toi seul,* à savoir vraiment et par toi-même tu es pur. La pureté sans tache en effet se trouve parfaitement en Dieu seul, chez qui ni potentialité ni une quelconque limite ne peut exister, d'où tout ce qui est pur et net de quelque manière tient de Dieu cette pureté et cette netteté[5].

1. Cf. Ia-IIae, q. 85, a. 1, c. avec les explications que donne le Père Labourdette dans *Le péché originel et les origines de l'homme*, p. 87-95.
2. Cf. M.-M. Labourdette, *Le péché originel et les origines de l'homme*, p. 86-87.
3. Cf. sed contra.
4. Cf. arg. 1 citant *De div. nom.*, cap. 4, § 23 (*PG* 3, 725).
5. Cf. *Super Iob 14,4,* p. 89, lin. 477-489 : *Semen quidem hominis immundum est non secundum naturam sed secundum concupiscentiae infectionem; de hoc tamen immundo semine homo conceptus interdum mundus invenitur per virtutes. Sicuti autem de frigido facere calidum est eius quod per se calidum est, ita de immundo facere mundum est eius qui per se*

Le frère dominicain précise que Dieu, en ornant l'homme de vertus par lesquelles il se garde pur des souillures du péché, manifeste sa sollicitude à son égard; il le fait encore en lui donnant des lois et des préceptes de vie et en rétribuant ses actes[1].

Ainsi Thomas ne perd jamais de vue que la perfection métaphysique de l'homme est ordonnée à une fin surnaturelle, en laquelle seule il peut trouver son épanouissement plénier; certes le péché est venu contrer de façon radicale en tout être humain la *promotio in bono*, mais Dieu n'abandonne pas pour autant sa créature : il lui offre le salut qu'elle est appelée à accueillir dans une adhésion libre et lui ouvre pleinement le chemin de la béatitude.

Or Job, dans *l'Expositio*, est présenté à la fois comme celui qui reconnaît sa fragilité foncière, conséquence du péché, et qui demande à Dieu de l'épargner en s'appuyant radicalement sur lui; S. Thomas apporte trois raisons, prises de l'infirmité humaine, pour lesquelles Job doit être épargné : d'abord, l'homme est impuissant à satisfaire parfaitement pour ses péchés, car par ses propres forces il ne peut rien accomplir qui soit digne en compensation de l'offense faite à Dieu[2] :

> *Que ferais-je pour toi, ô gardien des hommes?* C'est comme s'il disait : si tu as une si grande sollicitude à l'égard des hommes comme étant leur gardien que tu requiers la raison de chacun de leurs actes, mes forces ne sont pas suffisantes pour faire quelque chose qui m'obtiendrait de toi le pardon de mes péchés. S'il fallait attendre ceci, jamais tu ne m'épargnerais; et donc malgré cela, épargne-moi[3].

Thomas souligne ensuite à propos de Jb 7,20 que l'homme ne saurait, après la corruption de sa nature, persévérer sans la grâce de Dieu :

> L'Ecriture Sainte dit habituellement que Dieu endurcit ou aveugle quelqu'un en ce qu'il n'accorde pas sa grâce qui nous adoucit et qui nous éclaire; et d'après cela, Job dit *Pourquoi m'as-tu mis contre toi*, c'est-à-dire pourquoi ne m'as-tu pas donné la grâce de persévérer afin que je ne sois pas opposé à toi à cause du péché? Quiconque pèche est en effet contraire à Dieu, tandis

mundus est, et ideo subdit Nonne tu qui solus es, *scilicet vere et per te ipsum mundus? Puritas enim et munditia in solo Deo perfecte invenitur, in quo nec potentialitas nec defectus aliquis esse potest, unde quicquid quocumque modo mundum vel purum est, a Deo munditiam et puritatem habet.*

1. Cf. *Super Iob 14,4*, p. 89, lin. 460-475.

2. Cf. *Super Iob 7,20*, p. 51, lin. 446-451 : *Et subiungit (Iob) ad hoc tres rationes quare parcere debeat sumptas ex hominis infirmitate, quarum prima sumitur ex impotentia satisfaciendi. Homo enim nihil condignum facere potest propriis viribus ad recompensandum offensam quam contra Deum commisit.* On reconnaît ici la notion de *satisfactio condigna* dont notre auteur présente plus en détails les caractéristiques par exemple en *De ver.* q. 28. a. 2; 4 *CG*, cap. 54; *Comp. theol.*, cap. 199-200; IIIa, q. 1, a. 2, ad 2. On en trouve l'écho déjà chez Anselme : *Non ergo satisfacis, si non reddis aliquid majus, quam sit id pro quo peccatum facere non debueras* (*Cur Deus homo*, I, 21 / *SC* 91, p. 326).

3. Cf. *Super Iob 7,20*, p. 51, lin. 452-458 : Quid faciam tibi, o custos hominum? *quasi dicat : si tantam sollicitudinem de hominibus habes quasi custos eorum ut de singulis eorum actibus rationem requiras, non suppetunt meae vires ad faciendum aliquid propter quod peccata remittas, unde si hoc expectatur numquam mihi parceres; et ideo hoc non obstante mihi parcas.*

qu'il répugne aux commandements de Dieu, soit transmis dans la Loi écrite soit présents naturellement à la raison de l'homme. Il faut savoir que la raison est plus forte que toutes les autres puissances de l'âme, et la preuve en est qu'elle leur commande et en use en vue de sa fin ; il arrive cependant que la raison soit parfois absorbée légèrement par la concupiscence ou la colère ou d'autres passions des parties inférieures, et ainsi l'homme pèche ; mais les forces inférieures ne peuvent tenir la raison liée au point qu'elle ne puisse jamais plus correspondre à sa nature par laquelle elle tend aux biens spirituels comme à sa propre fin. Un certain combat de l'homme contre lui-même a donc lieu, lorsque la raison lui résiste parce qu'elle a péché, absorbée par la concupiscence et la colère ; parce qu'à cause du péché passé a été ajoutée aux forces inférieures une propension à des actes semblables par le fait de l'habitude, la raison ne peut utiliser librement ces forces inférieures pour les ordonner aux biens supérieurs et les soustraire aux choses inférieures. Ainsi l'homme, alors qu'il devient opposé à Dieu à cause du péché, en est lui-même accablé et c'est ce que [Job] affirme *et pourquoi suis-je à charge à moi-même?* En cela, il apparaît que le péché a aussitôt sa peine ; et après cette peine, il semble plus facile que l'homme doive être épargné[1].

La troisième raison, enfin, est prise de l'incapacité qu'a l'homme de se purifier de son péché. Il appartient à Dieu seul de le remettre, ce que Job lui demande :

Cur non tollis peccatum meum? Et quare non aufers iniquitatem meam? (Jb 7,21).

Il faut remarquer, note Thomas, que ces questions, Job ne les pose pas comme pour s'enquérir témérairement des jugements divins mais afin de détruire la fausseté de la position que ses adversaires s'efforçaient de soutenir, à savoir qu'en cette vie seulement devaient être attendus de Dieu les biens et les maux pour les actions humaines : si l'on admet cela, est ébranlée toute l'économie des jugements divins par lesquels Dieu punit les hommes en cette vie à cause de leurs péchés ou les leur remet, selon qu'il les préordonne à une vie future en les prédestinant ou en les réprouvant. Or s'il n'y avait pas de vie future, mais seulement une vie présente, il n'y aurait aucun motif pour lequel Dieu différerait d'épargner ceux qu'il a l'intention d'épargner ou de les justifier et de les rémunérer[2].

On perçoit assez bien, à la lecture de ce passage, combien, au regard du théologien dominicain, la fragilité de la condition humaine, selon les divers aspects de sa configuration que nous nous sommes essayé à dégager, n'est pas close sur elle-même. Thomas explique cela, dans son commentaire, par la référence au dynamisme de la fin ultime à laquelle tout homme est appelé : cet enseignement majeur de l'*Expositio* mérite que nous lui accordions toute sa place maintenant.

1. Cf. *Super Iob 7,20*, p. 51-52, lin. 462-492.
2. Cf.*Super Iob 7,21*, p. 52, lin. 501-514.

Praesens vita hominis non habet in se ultimum finem

(cf. Super Iob 7,1, *p. 46, lin. 21-22)*

Militia est vita hominis super terram, et sicut dies mercennarii dies eius (cf. Jb 7,1) : selon Thomas, ces paroles de Job dévoilent fondamentalement le contenu de sa position concernant l'existence humaine. A la différence de S. Grégoire qui interprète ce verset dans le sens où la vie de l'homme sur terre est une tentation[1], le Maître d'Aquin voit ici une comparaison de l'existence présente avec la condition des soldats qui en combattant tendent à la victoire et avec celle du mercenaire qui aspire au moment de son salaire : cela signifie que cette vie n'a pas en elle-même sa fin ultime, mais qu'elle est en rapport avec sa fin comme le mouvement avec le repos et la route avec son terme[2]. Ainsi la Providence ordonne l'homme, aux prises avec les peines du temps présent, à une rétribution dans une autre vie :

> Par ces deux exemples, on nous donne à comprendre que la vie présente est soumise à la providence divine : car les soldats combattent sous l'ordre d'un chef, et les mercenaires attendent leur salaire d'un patron[3]. Dans ces deux exemples apparaît suffisamment la fausseté de la position défendue par Eliphaz. Il est manifeste en effet que le chef d'armée n'épargne pas à ses vaillants soldats périls et travaux, mais selon que l'exige la profession militaire il les expose parfois à des travaux et des dangers plus grands;

1. Cf. *Moralia*, lib. VIII, cap. 6 (*PL* 75, 805 B-C) : *Hoc in loco translatione veteri nequaquam militia vita hominis, sed tentatio vocatur. Sed si utriusque verbi sensus aspicitur, diversum quidem est quod exterius resonat, sed unum eumdemque concorditer intellectum format. Quid enim nisi pugna contra malignos spiritus, nomine tentationis exprimitur? Et quid appellatione militiae, nisi contra hostes exercitium designatur? Tentatio itaque ipsa militia est, quia dum contra malignorum spirituum insidias vigilat, in bellorum procinctu procul dubio exsudat. Notandum vero, quod haec eadem vita hominis non tentationem habere dicitur, sed ipsa tentatio esse perhibetur.* Hugues de Saint-Cher propose une interprétation similaire (cf. *Super librum Iob 7,1*, fol. 406 r°).

2. Cf. *Super Iob 7,1*, p. 46, lin. 11-23.

3. L'interprétation de ce verset n'est pas sans rappeler ce qu'affirme Thomas en d'autres endroits au sujet de la providence divine; s'appuyant sur le livre Lambda de la *Métaphysique* (cf. XII, 10 / 1075 a 11), il se réfère à la comparaison de l'armée dont les parties sont ordonnées les unes aux autres ainsi qu'au bien du chef — cet ordre-ci étant premier —, pour signifier que les réalités créées sont ordonnées à un principe extérieur qui n'est autre que la Providence : *Haec autem corruptibilia posuerunt [quidam] vel omnino absque gubernatore temere agi vel a contrario principio gubernari. Quam positionem Philosophus in XI (= XII) Metaphysicae repellit per similitudinem exercitus, in quo invenimus duplicem ordinem, unum quo exercitus partes ordinantur ad invicem, alium quo ordinantur ad bonum exterius, scilicet bonum ducis; et ordo ille quo partes exercitus ordinantur ad invicem, est propter illum ordinem quo totus exercitus ordinatur ad ducem; unde si non esset ordo ad ducem non esset ordo partium exercitus ad invicem. Quamcumque ergo multitudinem invenimus ordinatam ad invicem, oportet eam ordinari ad exterius principium. Partes autem universi corruptibiles et incorruptibiles sunt ad invicem ordinatae non per accidens sed per se : videmus enim ex corporibus caelestibus utilitates provenientes in corporibus corruptibilibus vel semper vel in maiori parte secundum eundem modum. Unde oportet omnia corruptibilia et incorruptibilia esse in uno ordine providentiae principii exterioris quod est extra universum : unde Philosophus concludit quod necesse est ponere in universo unum dominatum et non plures* (cf. *De ver.*, q. 5, a. 4, resp.); on trouve également ces données en 1 *Sent.*, d. 39, q. 2, a. 1, sol.; 3 *CG*, cap. 64; *In metaph.*, lib. XII, lect. 12, n° 2630-2631.

pourtant après la victoire il honore davantage les plus courageux. De même encore le père de famille confie de plus gros travaux aux meilleurs mercenaires, et quand vient le moment de la paie, il les gratifie davantage. La providence divine ne soustrait donc pas davantage aux bons les adversités et les labeurs de la vie présente, mais elle les rémunère davantage à la fin[1].

Pour parler de la fin ultime de l'homme, Thomas a fort peu recours dans son commentaire au terme *beatitudo* mais il préfère les expressions *felicitas* et *alia vita*[2]. De même que dans le *Contra Gentiles*, il est davantage tributaire de l'influence aristotélicienne qu'il ne l'est dans la *Summa theologiae*[3] où avec S. Augustin il approfondit la notion chrétienne de béatitude[4]; outre cette explication, il faut considérer l'orientation propre de chacune de ces œuvres. Par ailleurs plutôt que de développer une réflexion sur la vision de Dieu comme ce en quoi consiste la félicité de l'homme, le frère dominicain s'attache surtout à montrer dans le *Super Iob* qu'en l'autre vie, vers laquelle tend chacun de nous, aura lieu la rétribution.

Comme nous l'avons vu ci-dessus avec le commentaire de Jb 7,17-18, l'homme possède une secrète aptitude à rejoindre cette autre vie dans laquelle il demeurera éternellement — ce qui rend compte de la condescendance divine à son égard —. Dans la *Somme contre les Gentils*, Thomas va dans le même sens en affirmant un régime providentiel spécial de Dieu à l'égard des créatures intellectuelles en raison de la perfection de leur nature et de la dignité de leur fin[5]. Or

1. Cf. *Super Iob 7,1*, p. 46, lin. 37-53. L'exemple du combat revient en Jb 14,14 et celui du mercenaire en Jb 14,6; Thomas reprend à leur propos ce qu'il disait dans son commentaire du chapitre 7, en insistant sur le fait que le temps de la rétribution est celui proprement de l'autre vie, dans laquelle nous entrerons pleinement par la résurrection : *Dictum est autem supra quod vita hominis super terram est sicut dies mercennarii desiderantis tempus mercedis; tempus autem retributionis hominis non est in hac vita, ut amici Iob opinabantur, sed in illa vita ad quam homo resurgendo reparatur : dicit ergo* ut quiescat, *idest ut moriatur, non tamen in perpetuum sed* donec veniat optata dies eius, *sicut mercennarii dies est optata in qua mercedem recipit, ubi primo Iob suam intentionem aperuit : non enim sic negat adversitates praesentes <esse punitiones> quasi Deus hominum actus non remuneret vel puniat, sed quia tempus retributionis proprie est in alia vita* (cf. *Super Iob 14,6*, p. 91, lin. 49-61; cf. aussi *14,14*, p. 93, lin. 175-195).

2. L'*Index Thomisticus* identifie trois emplois du lemme *beatitudo* dont deux sont du vocabulaire thomasien. Dans les deux cas, Thomas use du terme pour parler de la béatitude terrestre (cf. *Super Iob 7,1*, p. 46, lin. 3; *7,6*, p. 47, lin.144). Le lemme *felicitas*, quant à lui, apparaît 12 fois dont 11 relèvent du vocabulaire thomasien.

3. *Beatitudo* apparaît 160 fois (148 du vocabulaire thomasien) dans le *Contra Gentiles*, alors que la seule *Prima Secundae* l'utilise 723 fois (668 du vocabulaire thomasien).

4. Cf. M.-A. Vannier, « Du bonheur à la béatitude d'après S. Augustin et S. Thomas », *Vie spirituelle* 698 (1992) 45-58, ici p. 49.

5. Cf. 3 *CG*, cap. 111 : *Manifestum est quod divina providentia ad omnia se extendit. Oportet tamen aliquam rationem providentiae specialem observari circa intellectuales et rationales naturas prae aliis creaturis : praecellunt enim alias creaturas et in perfectione naturae, et in dignitate finis. In perfectione quidem naturae, quia sola creatura rationalis habet dominium sui actus, libere se agens ad operationem; ceterae vero creaturae ad opera propria magis aguntur quam agant, ut ex supradictis (cap. 110) patet. In dignitate autem finis, quia sola creatura intellectualis ad ipsum finem ultimum universi sua operatione pertingit, scilicet*

l'homme désire naturellement cette fin, un désir ayant son fondement et son explication dans le fait que chacun de nous est créé à l'image de Dieu et comme tel est *capax perpetuitatis*. L'espérance des biens éternels permettra le plein déploiement du désir en question : Thomas y accorde une importance toute particulière dans son *Expositio* en s'attachant au thème de l'espérance de la résurrection.

L'homme est capax perpetuitatis

L'expression *capax perpetuitatis*, signifiant la finalisation de l'homme, recouvre chez S. Thomas d'autres expressions telles que *capax summi boni* (cf. Ia, q. 93, a. 2, ad 3), *capax perfecti boni* (cf. Ia-IIae, q. 5, a. 1, c.), *capax visionis divinae essentiae* (cf. Ia-IIae, q. 5, a. 1, c.), *capax vitae aeternae* (cf. IIa-IIae, q. 25, a. 3, ad 2); à cette liste non exhaustive, il faut ajouter *capax Dei* qui apparaît une dizaine de fois surtout dans un contexte christologique[1]. Notre auteur emprunte cette dernière expression à S. Augustin :

> L'âme est naturellement capable de la grâce; comme le dit S. Augustin : « du seul fait qu'elle est à l'image de Dieu, elle est capable de Dieu par grâce »[2].

Une relation étroite est ici établie entre cette capacité et le fait d'être à l'image de Dieu, comme Thomas le souligne encore fortement ailleurs :

> L'homme est en puissance à la science des bienheureux qui consiste en la vision de Dieu, et il est ordonné à elle comme à sa fin; il est en effet une créature rationnelle capable de cette connaissance bienheureuse parce qu'elle est à l'image de Dieu[3].

La *ratio imaginis* requiert une similitude spécifique ou au moins une similitude portant sur un accident propre à l'espèce, sur la figure ou la

cognoscendo et amando Deum; aliae vero creaturae ad finem ultimum pertingere non possunt nisi per aliqualem similitudinis ipsius participationem.

1. Cf. notamment IIIa, q. 4, a. 1, ad 2; q. 6, a. 2, c.; *De ver.*, q. 22, ad 5.

2. Cf. Ia-IIae, q. 113, a. 10, c. : *Naturaliter anima est gratiae capax : "eo enim quod facta est ad imaginem Dei, capax est Dei per gratiam", ut Augustinus dicit.* Cette citation vient du *De Trinitate* (XIV, 8,11 : *BA* 16, p. 374); la tournure est cependant différente : *Eo quippe ipso imago ejus est, quo ejus capax est, ejusque particeps esse potest; quod tamen magnum bonum, nisi per hoc quod imago ejus est, esse non potest* (« Car ce qui fait qu'elle est image, c'est qu'elle est capacité de Dieu, qu'elle peut participer à Dieu. Un si grand bien n'est possible, que parce qu'elle est image de Dieu »).

3. Cf. IIIa, q. 9, a. 2, c. : *Homo autem est in potentia ad scientiam beatorum, quae in visione Dei consistit, et ad eam ordinatur sicut ad finem : est enim creatura rationalis capax illius beatae cognitionis, inquantum est ad imaginem Dei;* l'ad 3 va dans le même sens : *Visio seu scientia beata est quodammodo supra naturam animae rationalis : inquantum scilicet propria virtute ad eam pervenire non potest. Alio vero modo est secundum naturam ipsius : inquantum scilicet per naturam suam est capax eius, prout scilicet ad imaginem Dei facta est.* Le Père Jean-Pierre Torrell a fort bien mis en lumière le lien entre la capacité de la vie éternelle et l'image de Dieu : cf. *Saint Thomas d'Aquin, maître spirituel*, Initiation 2, « Vestigia 19 », Paris-Fribourg, 1996, chap. III et IV (à paraître). Nous lui sommes très redevable pour les considérations qui vont suivre.

forme extérieure de l'objet spécialement. Les créatures raisonnables seront seules image de Dieu parce qu'elles l'imitent non seulement par l'être et la vie, mais également par l'intellection; de ce fait, elles touchent en quelque sorte à la représentation spécifique[1]. Ainsi l'image de Dieu en l'homme se vérifiera fondamentalement en ce qu'il a une aptitude naturelle à connaître et à aimer Dieu, aptitude qui réside dans la nature même de l'âme spirituelle — dans la *mens* précisément — laquelle est commune à tous les hommes; ce premier degré qui en appelle deux autres — celui de l'image par conformité de grâce et celui concernant la conformité de gloire[2] — manifeste la supériorité de la *similitudo imaginis* sur la *similitudo vestigii* qui ne rappelle que confusément le prototype[3]. L'homme participe lui aussi, avec l'ensemble de

1. Cf. Ia, q. 93, a. 2, c. et a. 6, c.

2. Thomas veut suggérer un caractère évolutif de l'image en mettant en œuvre une gradation de conformité ascendante qui ouvre à une croissance indéfinie : *Imago Dei tripliciter potest considerari in homine. Uno quidem modo, secundum homo habet aptitudinem naturalem ad intelligendum et amandum Deum : et haec aptitudo consistit in ipsa natura mentis, quae est communis omnibus hominibus. Alio modo, secundum quod homo actu vel habitu Deum cognoscit et amat, sed tamen imperfecte : et haec est imago per conformitatem gratiae. Tertio modo, secundum quod homo Deum actu cognoscit et amat perfecte : et sic attenditur imago secundum similitudinem gloriae. Unde super illud Psalmi 4, [7], "Signatum est super nos lumen vultus tui, Domine", glossa distinguit triplicem imaginem : scilicet creationis, recreationis et similitudinis. Prima ergo imago invenitur in omnibus hominibus; secunda in iustis tantum; tertia vero solum in beatis* (cf. Ia, q. 93, a. 4, c.; l'étude de L. B. Geiger, « L'homme image de Dieu, A propos de *Summa theologiae*, Ia, 93, 4 », *RFNS* 66 (1974) 511-532). A. Solignac (cf. art. « Image et ressemblance », *DS*, t. 7, 1971, col. 1434-1451, ici 1448) souligne que les trois moments de l'image correspondent aux trois lumières de l'esprit que sont le *lumen naturale*, le *lumen gratiae*, et le *lumen gloriae* : la première est une participation à la vérité incréée (cf. *De ver.*, q. 11, a. 1, resp.; Ia, q. 84, a. 5; q. 88, a. 3, ad 1), la deuxième, une participation à la nature divine elle-même (cf. Ia-IIae, q. 110, a. 3) et la troisième établit l'intellect dans une certaine déiformité (cf. Ia, q. 12, a. 6, c. et a. 5, c.). Il semble que Thomas ne soit pas parvenu tout de suite à cette formulation définitive. G. Lafont (cf. *Structures et méthode dans la Somme théologique de saint Thomas d'Aquin*, Paris, 1961, p. 271) en trouve un premier exemple dans le *De pot.* q. 9, a. 9 qui part du vestige du Créateur reconnaissable au ternaire « substance-forme-ordre », pour s'élever ensuite à l'image spécifique qu'est la créature spirituelle en exercice de connaissance et d'amour de soi, et aboutir enfin à la créature graciée rendue conforme à Dieu par sa connaissance et son amour de Dieu. Ailleurs (cf. 3 *Sent.*, d. 10, q. 2, a. 2, qla 1; IIIa, q. 23, a. 3), le frère dominicain propose le même type de gradation, mais en termes de filiation adoptive : le premier degré est celui de l'assimilation extérieure de tout être créé à Dieu — il n'y a pas encore ici vraiment filiation —, le deuxième, l'assimilation spécifique de la créature spirituelle qui est une espèce de filiation au niveau de la nature, le troisième consiste en l'assimilation unitive par la grâce et la charité; ce n'est que dans ce dernier cas que l'on parlera proprement de filiation adoptive, car elle donne droit à l'héritage des fils de Dieu, la béatitude.

3. Thomas, prenant appui à la fois sur la Bible et sur le principe aristotélicien selon lequel tout effet est à la ressemblance de sa cause, conclut qu'on trouve des *vestigia Trinitatis* dans la création tout entière : *Invenitur etiam in aliis rebus divinae Trinitatis similitudo, prout quaelibet res in sua substantia una est, et specie quadam formatur, et ordinem aliquem habet. Sicut autem ex dictis patet, conceptio intellectus in esse intelligibili est sicut informatio speciei in esse naturali, amor autem est sicut inclinatio vel ordo in re naturali; unde et species naturalium rerum a remotis repraesentat Filium, ordo autem Spiritum Sanctum. Et ideo, propter remotam repraesentationem et obscuram in irrationalibus rebus, dicitur in eis esse Trinitatis vestigium, non imago, secundum illud Iob XI (7) : « Numquid vestigia Dei comprehendes, et usque ad perfectum Omnipotentem reperies? »* (cf. 4 *CG*,

la création, à cette ressemblance par mode de vestige en sa condition corporelle, mais, étant doué d'intelligence et de volonté, on trouve chez lui un verbe conçu et un amour qui procède : en cela, précise Thomas, il est une image proprement dite de la Trinité[1].

Ce sont ici les grandes lignes de l'enseignement de la *Summa theologiae*[2] dont notre auteur donne un très bon résumé dans le Prologue de la *Prima Secundae* :

> L'homme étant fait à l'image de Dieu — et par là il faut entendre, selon Jean Damascène, qu'il est doué d'intelligence, de libre arbitre et d'un pouvoir d'action autonome[3] —, nous devons après avoir traité de l'Exemplaire, qui est Dieu, et des êtres qui ont procédé de sa puissance conformément à sa volonté, aborder maintenant ce qui concerne son image, c'est-à-dire l'homme, selon qu'il est, lui aussi, le principe de ses propres actes parce qu'il possède le libre arbitre et la maîtrise de ses actes[4].

Ces données constituent le point d'aboutissement d'une réflexion entreprise dès le *Commentaire des Sentences*[5]; grâce à une relecture approfondie des œuvres de S. Augustin, en particulier du *De Trinitate*, Thomas fut en constant progrès sur lui-même[6]. C'est à partir du *De veritate* que Thomas développe l'analogie de proportionnalité propre au plan de l'activité de la *mens* et des termes qu'elle produit[7].

cap. 26; *De pot.*, q. 9, a. 9; Ia, q. 45, a. 6 et 7; *Super Iob 11,7*, p. 76, lin. 106-114). On verra à ce sujet B. MONTAGNES, « La Parole de Dieu et la création », *RT* 54 (1954) 222-230.

1. Cf. Ia, q. 93, a. 6, c. : *Cum increata Trinitas distinguatur secundum processionem Verbi a dicente, et Amoris ab utroque, ut supra habitum est; in creatura rationali, in qua invenitur processio verbi secundum intellectum, et processio amoris secundum voluntatem, potest dici imago Trinitatis increatae per quandam repraesentationem speciei;* Thomas est également très explicite en Ia, q. 45, a. 7, c.

2. Le Père Pinckaers montre bien la valeur structurante du thème de l'image dans la *Somme* : cf. « Le thème de l'image de Dieu en l'homme et l'anthropologie », dans P. BUEHLER, éd., *Humain à l'image de Dieu*, Genève, 1989, p. 147-163.

3. Ce texte du Damascène est déjà cité dans le contexte de l'étude de l'image de Dieu, dans la *Prima Pars*, q. 93, a. 5, arg. 2.

4. *Quia, sicut Damascenus dicit, homo factus ad imaginem Dei dicitur, secundum quod per imaginem significatur* intellectuale et arbitrio liberum et per se potestativum; *postquam praedictum est de exemplari, scilicet de Deo, et de his quae processerunt ex divina potestate secundum eius voluntatem; restat ut consideremus de eius imagine, idest de homine, secundum quod et ipse est suorum operum principium, quasi liberum arbitrium habens et suorum operum potestatem.* A ce sujet, nous renvoyons à D. MONGILLO, « La Concezione dell'Uomo nel Prologo de la Ia IIae », dans *De Homine : Studia hodiernae anthropologiae, Acta VII Congressus thomistici internationalis*, t. 2, Rome, 1972, p. 227-231.

5. Cr. 1 *Sent.*, d. 3, q. 2-5; 2 *Sent.*, d. 16.

6. Des textes majeurs ponctuent l'évolution de la pensée thomasienne : cf. *De ver.*, q. 10, a. 1, 3, 7, surtout; 4 *CG*, cap. 26; *De pot.*, q. 9, a. 9.

7. Cf. *De ver.*, q. 10, a. 7, resp. : *In cognitione qua mens nostra cognoscit seipsam est repraesentatio Trinitatis increatae secundum analogiam, in quantum hoc modo mens cognoscens seipsam verbum sui gignit et ex utroque procedit amor.* D. J. Merriell a fort bien montré que l'étape du *De veritate* est décisive dans le progrès de Thomas : *Under the influence of Augustine's own words in the* De Trinitate, *Thomas in the* De veritate *made a significant advance in his teaching on the image of the Trinity. In the latter work he did not deny that the image is rooted in the faculties of the mind and even in the very essence of man's intellective soul, but he came to see that the image as the imitation of the divine Trinity has its principal existence at the active level of memory, understanding, and will. He showed with great exegetical skill that Augustine preferred to consider the triad as acts, because it is only in*

Qu'en est-il du thème de l'image de Dieu dans le *Super Iob?* L'*Index Thomisticus* ne retient que deux occurrences du lemme *imago*, apparaissant chacune dans une citation littérale. Est-ce à dire que le thème n'a pas retenu l'attention de notre auteur[1] ? Il faut reconnaître que l'exégèse littérale du texte sacré ne le lui permettait guère ; nous ne pensons pas toutefois que la théologie de l'image ne transparaît point de quelque manière dans l'*Expositio*. Le commentaire de Jb 14, 20-22 en sera une illustration, bénéficiant de l'éclairage des données apportées ci-dessus qui n'avaient que l'apparence du détour[2]. Thomas y évoque deux propriétés par lesquelles l'homme surpasse toutes les créatures inférieures : la puissance opérative[3] et la connaissance intellectuelle.

our act of understanding that our mind conceives an inner word. In the De veritate *Thomas first showed some awareness that the most proper analogy for the Trinity is found in man's inner processions of word and love, which reflect the divine processions of the Word from the Father, and of the Holy Spirit as the mutual Love of the Father and the Son. Nevertheless, Thomas still preferred to hold onto traditionally favored triad of* memoria, intelligentia, *and* voluntas, *and devoted his energy to refining the analysis of its ontological status in the soul* (cf. *To the Image of the Trinity*, A Study in the Development of Aquinas'Teaching, « Studies and Texts 96 », Toronto, 1990, p. 230-240). J. Pelikan souligne également l'influence prépondérante d'Augustin (cf. « *Imago Dei*, An Explication of *Summa theologiae*, Part 1, Question 93 », dans A. Parel, éd., *Calgary Aquinas Study*, Toronto, 1978, p. 29-48). M.-J. S. de Laugier de Beaurecueil estime que Thomas aurait progressivement délaissé Augustin au profit d'Aristote et du Pseudo-Denys, ce à quoi nous ne souscrivons pas, préférant l'interprétation de D. J. Merriell : cf. « L'homme image de Dieu selon saint Thomas d'Aquin », *Etudes et Recherches* 8 (1952) 45-82 ; 9 (1955) 37-96. De Beaurecueil est suivi par H.-D. Gardeil (cf. Appendice II, « L'image de Dieu », dans Saint Thomas d'Aquin, *Les origines de l'homme (Ia, questions 90-102)*, « Revue des Jeunes », Paris, 1963, p. 380-421).

1. Dans une œuvre contemporaine du *Super Iob* telle que le *Contra Gentiles*, on trouve 69 occurrences du terme *imago*, dont 39 sont du vocabulaire proprement thomasien, ce qui est proportionnellement moins important que dans la *Somme* : la seule *Prima Pars* comporte en effet 400 occurrences dont 266 appartiennent au vocabulaire du théologien dominicain. Cela s'explique en partie par le type d'approche du *Contra Gentiles* en ses trois premiers livres qui concernent les vérités accessibles à la raison ; or l'image de Dieu est une donnée qui ressortit proprement à la révélation judéo-chrétienne. C'est donc à dessein que le thème a plus de relief dans le quatrième livre (cf. chap. 26). Par ailleurs, il faut noter que Thomas, dans les textes qui appartiennent à la période d'Orvieto, reprend l'acquis du *De veritate*. Ce point de vue nous est confirmé par D. J. Merriell : *Between* De veritate, *question 10, and the* Summa *Thomas occasionally made reference to the notion of the image of God, but for the most part these references are incidental and brief, offering no information in the development of his doctrine* (cf. *To the Image of the Trinity*, p. 153).

2. Cf. *Super Iob 14,20-22*, p. 94-95, lin. 276-335.

3. La réflexion thomasienne concernant les puissances opératives de l'âme est marquée dans un premier temps par l'influence d'Avicenne, puis par celle de Denys : celui-ci devient l'autorité majeure avec le ternaire « essence-puissance-opération » déjà remarqué par Albert le Grand. Cette distribution qui, d'origine grecque, s'affranchit du psychologisme phénoméniste cher aux Latins pour discerner la cause de l'activité et de son efficace chez l'agent créé vient justifier la distinction réelle des puissances ; de plus — c'est un trait propre à Thomas —, elle vient justifier la distinction au titre d'effets si réellement émanés de leur origine qu'ils sont — toute idée de consubstantialité ou de coessentialité étant exclue — expressément qualifiés d'accidents relevant de la qualité de la deuxième espèce (cf. 2 *CG*, cap. 8 ; Ia, q. 77, a. 1, ad 5). Sur les traces d'Albert, Thomas tire donc un grand parti du ternaire dionysien. Il y subordonne d'abord l'idée avicennienne d'émanation de la puissance à partir de l'essence de l'âme, ce qui le porte à dire, en dépassant la lettre aussi bien de Denys que d'Avicenne, que la puissance opérative est intermédiaire entre l'essence et l'opération parce que, comme celle-ci émane de la

L'être humain possède la maîtrise de ses actes par le libre arbitre qui n'appartient à aucune autre créature corporelle. Etant ainsi plus puissant que chacune d'elle, il en use pour lui-même : les créatures inférieures, qui ne se meuvent pas soi-mêmes, n'ont en effet valeur que d'instruments entre les mains de l'agent principal qu'est l'homme[1]. Celui-ci excelle également par la connaissance intellectuelle qui, tout en étant dans l'esprit, laisse transparaître des traces dans le corps et principalement sur la face qui est très différente de celles des autres créatures. Or par ces deux choses, l'homme paraît ne pas être destiné à la corruption et est soumis à la Providence selon un régime spécial[2]. D'une part, à partir du verset 20a : *Roborasti eum paululum ut in perpetuum pertransiret?*, Thomas affirme qu'il ne convient pas que la force accordée à l'homme le soit pour un peu de temps seulement. Il serait insensé de fabriquer un instrument très solide pour ne s'en servir que l'espace d'un instant et le rejeter définitivement ensuite. Autrement dit, alors que la puissance des créatures irrationnelles est déterminée à des effets finis, celle du libre arbitre s'étend à des actions infinies, ce qui plaide en faveur de l'immortalité de l'âme humaine. D'autre part, la connaissance intellectuelle, comme le montre Aristote notamment, est le fait d'une substance incorruptible.

La *virtus operativa* et la *cognitio intellectiva* sont des propriétés constitutives de l'homme créé à l'image de Dieu, selon l'affirmation du Prologue de la *Prima secundae*. Les éléments de la théologie de l'image sont donc présents ici et sont rattachés à la considération de la capacité de l'homme à la perpétuité et à sa fin ultime; cela nous est d'autant plus confirmé par le contexte immédiat de notre passage dans lequel Thomas présente les raisons probables de la résurrection

puissance, de même la puissance flue ou sort effectivement de l'essence. Il montre en se référant à Denys que la notion de puissance opérative désigne un principe causal fondamental, car diffusé par la cause première, reçu chez l'agent créé par mode d'ajout réel à sa propre essence et obtenu à partir de l'essence propre à son objet d'opération (cf. E.-H. WÉBER, *La personne humaine au XIIIe siècle*, p. 232-233).

1. Cf. 3 *CG*, cap. 112.

2. Dans la *Summa contra Gentiles* (cf. lib. 3, cap. 111), Thomas indique que les créatures rationnelles jouissent d'un régime providentiel spécial en vertu de la perfection de leur nature et de la dignité de leur fin, ce qui recouvre le contenu de notre texte du *Super Iob* : *Ex his quidem quae supra (capp. 64 sqq.) determinata sunt, manifestum est quod divina providentia ad omnia se extendit. Oportet tamen aliquam rationem providentiae specialem observari circa intellectuales et rationales naturas, prae aliis creaturis. Praecellunt enim alias creaturas et in perfectione naturae, et in dignitate finis. In perfectione quidem naturae, quia sola creatura rationalis habet dominium sui actus, libere se agens ad operandum; ceterae vero creaturae ad opera propria magis aguntur quam agant; ut ex supra (cap. 47) dictis patet. In dignitate autem finis, quia sola creatura intellectualis ad ipsum finem ultimum universi sua operatione pertingit, scilicet cognoscendo et amando Deum : aliae vero creaturae ad finem ultimum pertingere non possunt nisi per aliqualem similitudinis ipsius participationem.* Dans ce texte, transparaît le sens de la dignité de l'homme, un thème que Thomas n'aborde pas pour lui-même, fait remarquer le Père Pinckaers, mais qui ne fait pas moins l'objet d'une attention importante de sa part (cf. « La dignité de l'homme selon saint Thomas d'Aquin », dans A. HOLDEREGGER, R. IMBACH, R. SUAREZ DE MIGUEL, éd., *De dignitate hominis*, Mélanges offerts à C.-J. PNTO DE OLIVEIRA, « Etudes d'éthique chrétienne 22 », Fribourg, 1990, p. 89-106).

future : l'une d'elles est prise des propriétés de l'homme, et l'autre, de la comparaison avec les créatures inférieures qui sont totalement consumées sans espoir de réparation.

Si Thomas affirme, en se basant sur la doctrine de la création et sa théorie de la participation de l'être, l'aptitude de l'homme à rejoindre sa fin ultime, il n'insiste pas moins — dans l'ensemble de ses œuvres — sur le fait qu'elle ne trouvera point son actualisation dans les seules forces humaines, mais bien plutôt dans le don de la grâce, de manière imparfaite, et dans celui de la gloire, parfaitement[1] :

> La vision ou science bienheureuse est d'une certaine manière au-dessus de la nature de l'âme rationnelle, en tant que celle-ci ne peut y parvenir par sa propre vertu. D'une autre façon, elle est conforme à sa nature, en tant qu'elle en est capable par nature, ayant été créée à l'image de Dieu[2].

Le commentaire de Jb 14, 21 laisse deviner toute l'attention que notre auteur porte à l'ouverture radicale de l'homme à Dieu. Il y évoque un point de vue formulé préalablement par Baldad[3] et selon lequel l'homme ne disparaît pas à jamais puisqu'il peut se survivre en ses enfants; à cela Job répond par ces mots :

> *Sive nobiles fuerint filii eius sive ignobiles, non intelliget [homo].*

Thomas expose ainsi ce verset :

> L'homme par son intelligence saisit le bien éternel, d'où il le désire naturellement; or le bien qui se trouve dans la succession des enfants ne peut satisfaire l'appétit intellectuel, si l'homme par sa mort est totalement consumé de sorte qu'il ne demeure pas perpétuellement; car l'appétit intellectuel ne trouve son repos que dans le bien intellectuel. Le bien présent dans la succession des enfants, l'homme n'en a pas l'intelligence ni pendant qu'il vit ni après sa mort, s'il cesse d'exister à cause d'elle. L'appétit intellectuel ne tend donc pas à l'éternité de ce bien mais au bien ou au mal qui se trouvent en lui-même[4].

1. Cf. C. E. O'Neill, « L'homme ouvert à Dieu (*Capax Dei*) », dans N. A. Luyten, éd., *L'anthropologie de saint Thomas*, Fribourg, 1974, p. 64-65.

2. Cf. IIIa, q. 9, a. 2, ad 3. Dans la Ia, q. 12, a. 4, Thomas rend compte ainsi de l'incapacité de l'intellect créé à voir l'essence divine par ses facultés naturelles : *Impossibile est quod aliquis imtellectus creatus per sua naturalia essentiam videat. Cognitio enim contingit secundum quod cognitum est in cognoscente. Cognitum autem est in cognoscente secundum modum cognoscentis. Unde cuiuslibet cognoscentis cognitio est secundum modum suae naturae. Si igitur modus essendi alicuius rei cognitae excedat modum naturae cognoscentis, oportet quod cognitio illius rei sit supra naturam illius cognoscentis. [...]. Relinquitur ergo quod cognoscere ipsum esse subsistens, sit connaturale soli intellectui divino, et quod sit supra facultatem naturalem cuiuslibet intellectus creati : quia nulla creatura est suum esse, sed habet esse participatum. Non igitur potest intellectus creatus Deum per essentiam videre, nisi inquantum Deus per suam gratiam se intellectui creato coniungit, ut intelligibile ab ipso.* Cf. également 4 *Sent.*, d. 49, q. 2, a. 6; 3 *CG*, cap. 52; Ia-IIae, q. 5, a. 5, c.; q. 109, a. 5, c.; q. 114, a. 2, c.

3. Cf. Jb 8,9 : *Haec est laetitia viae eius ut rursum alii de terra germinentur.*

4. Cf. *Super Iob 14,21*, p. 95, lin. 318-330 : *Homo per intellectum capit aeternum bonum, unde et naturaliter ipsum desiderat; bonum autem quod est in successione filiorum non potest satiare appetitum intellectualem, si homo totaliter per mortem consumatur ut in perpetuum*

Thomas établit une relation entre la saisie par l'intelligence du bien éternel et le désir naturel que l'homme en a. Comment rendre compte de cela? Si le frère dominicain n'est guère explicite à ce sujet dans son commentaire scripturaire, il l'est davantage dans la *Summa theologiae* : il y souligne que la perfection de l'intelligence se mesure à la connaissance de l'essence d'une chose. Si un intellect connaît dans son essence un certain effet, mais qu'il ne puisse par cet effet parvenir à la connaissance de la cause dans son essence même, il n'atteint pas purement et simplement le *quid est* de cette cause; cependant, il sait qu'elle existe et il a alors le désir de savoir ce qu'elle est. Si donc l'intellect humain, connaissant l'essence d'un effet créé, ne connaît de Dieu rien d'autre que son existence, il n'est pas assez parfait pour atteindre véritablement à la cause première, mais il garde le désir naturel de la découvrir[1].

L'homme désire naturellement le bien éternel

Sans pouvoir nous attarder sur la question du désir naturel de voir Dieu et encore moins sur ses prolongements dans la tradition thomiste, nous voudrions toutefois souligner que le commentaire du livre de Job est avec le troisième livre du *Contra Gentiles* un témoin de la place accordée par notre auteur au *desiderium naturale*. Dans le *Commentaire des Sentences*, Thomas ne parle pas encore du désir naturel à l'endroit où l'argumentation qui repose sur lui serait la mieux venue, c'est-à-dire lorsqu'est posée la question : *Utrum intellectus humanus possit pervenire ad videndum Deum per essentiam?*[2]; cela ne signifie pas cependant, au regard de certains textes, qu'il ne soit point présent à l'état de germe[3].

Il reçoit sa pleine consistance dans le cadre des chapitres 1 à 63 du troisième livre de la *Somme contre les Gentils* consacrés à l'étude de la félicité[4]. Quand Thomas s'interroge dans les chapitres 37 à 50 sur ce

non sit, quia appetitus intellectualis non quiescit nisi in bono intellecto; bonum autem quod est in successione filiorum non intelligit homo neque dum vivit neque post mortem si totaliter desinat esse per mortem. Non ergo ad aeternitatem huius boni tendit appetitus intellectivus hominis sed ad bonum vel malum quod in se ipso habet.

1. Cf. Ia-IIae, q. 3, a. 8, c.

2. Cf. 4 *Sent.*, d. 49, q. 2, a. 1. Cette indication est donnée par le Père Pinckaers dans « Le désir naturel de voir Dieu », *Nova et Vetera* 51 (1976) 256-273, p. 259 en particulier.

3. Cf. 4 *Sent.*, d. 49, q. 1, a. 1, qla 1, sol. 1 : *Beatitudo, cum sit naturaliter ab omnibus hominibus desiderata, nominat ultimum humanae vitae finem;* cf. qla 4, sol. 4. Thomas se demande dans cet article 1 si la béatitude consiste dans les biens du corps.

4. Dans les 25 premiers chapitres, Thomas entreprend une analyse de la finalité qui inspire et détermine toute action, en toute créature comme en Dieu. Tout être agit en effet en vue d'une fin, plus précisément en vue du bien et non du mal; il tend ainsi spontanément vers Dieu, vers l'assimilation au souverain Bien. Cette intentionnalité est universelle. Elle s'exerce d'une manière spéciale chez les être intelligents, capables de connaître et d'assumer cette finalité, qui devient en eux spirituelle et les ordonne à Dieu comme à la fin de leur connaissance et de leur amour. Cette étude de la finalité conduit à montrer au chapitre 25 que la fin de toute substance intellectuelle réside dans la connaissance de Dieu. La question de la finalité de l'agir prépare celle, plus concrète, du

qu'est le connaissance béatifiante, il entreprend une induction sur un mode négatif[1] : le bonheur humain ne peut consister dans la connaissance commune de Dieu qui reste confuse et incertaine (cf. chap. 38), ni dans la connaissance par démonstration, comme est celle du théologien (cf. chap. 39), ni dans la connaissance que procure la foi ici-bas, qui est pourtant supérieure (cf. chap. 40). Notre auteur écarte ensuite toutes les hypothèses selon lesquelles l'homme pourrait parvenir au bonheur en cette vie, dans une connaissance plus élevée de Dieu : il critique, comme déjà dans le *Commentaire des Sentences*[2], la position d'Avempace, d'Alexandre d'Aphrodise et d'Averroès qui plaçaient la félicité dans la connaissance des substances séparées (cf. chap. 41-44); par ailleurs, il écarte Themistius (cf. chap. 45) et la fausse interprétation d'un texte de S. Augustin (cf. chap. 46). Ainsi tout ce que l'homme acquiert ici-bas de connaissance sur Dieu, se réduit à des raisonnements sur la cause des faits constatés par les sens — vagues notions abstraites, bien distantes de la vision intuitive de l'Essence divine (cf. chap. 47) —. Or la suprême félicité de la créature rationnelle ne peut consister que dans cette vision de Dieu, laquelle n'est pas le fait de cette vie (cf. chap. 48). Pourtant on objectera, souligne le Maître d'Aquin[3], que la félicité, étant un bien de la nature intellectuelle, ne convient, dans sa perfection et sa vérité, qu'à ceux qui jouissent de la perfection de cette nature, à savoir les substances séparées. Or chez les hommes, qui ne peuvent atteindre à une intelligence plénière de la vérité qu'après tout un mouvement de recherche, la félicité est imparfaite selon le mode d'une certaine participation. Thomas crédite Aristote de cette position : dans le premier livre de l'*Ethique*, le Stagirite se demande si les infortunes nuisent au bonheur; après avoir montré comment le bonheur se trouve dans les activités vertueuses dont la durée paraît on ne peut plus longue en cette vie, il conclut en déclarant bienheureux ceux qui possèdent cette perfection ici-bas

bonheur ou de la félicité, qui va occuper les chapitres 26 à 63. Cette étude est un itinéraire, une ascension vers Dieu, mettant en œuvre le désir du bonheur, naturel en tout homme, sous sa forme la plus élevée, le désir de connaître la vérité. La démarche comporte deux étapes : la première, couvrant les chapitres 27 à 36, s'interroge sur la véritable félicité de l'homme ainsi que sur le bien et l'activité en lesquels elle consiste. La réflexion aboutit à l'affirmation selon laquelle la félicité humaine réside dans la contemplation de Dieu. La seconde étape comporte deux questions : d'abord, quelle est cette connaissance béatifiante à la différence des autres connaissances de Dieu accessibles à l'homme et aux anges (cf. chap. 37-50)? Vient ensuite la question de la possibilité de voir Dieu, des moyens et des modalités de cette vision (cf. chap. 51 à 63). Cf. S. PINCKAERS, « La voie spirituelle du bonheur selon saint Thomas », dans C.-J- PINTO DE OLIVEIRA, éd., *Ordo sapientiae et amoris*, Fribourg, 1993, p. 267-284, p. 269-273 en particulier; cf. également J.-P. TORRELL, *Saint Thomas d'Aquin, maître spirituel*, chap. IV (à paraître).

1. Cf. J. LAPORTA, *La Destinée de la nature humaine selon saint Thomas d'Aquin*, « Etudes de philosophie médiévale 55 », Paris, 1965, p. 55-61 ; S. PINCKAERS, « La voie spirituelle du bonheur selon saint Thomas », p. 271.
2. Cf. 4 *Sent.*, d. 49, q. 2, a. 1, sol.
3. Cf. 3 *CG*, cap. 48.

d'une façon qui cependant n'est pas absolue. Le frère dominicain corrige Aristote en insistant, comme dans le *Super Iob*, sur le fait que la félicité parfaite de l'homme n'intervient point dans la vie présente; il s'appuie pour cela sur l'argument du désir naturel, en des termes qui constituent un véritable leitmotiv non seulement dans le *Contra Gentiles* mais aussi dans d'autres œuvres :

> Il est impossible qu'un désir naturel soit vain : *la nature ne fait rien en vain.* Et ce désir naturel serait vain qui ne pourrait être satisfait. Le désir naturel de l'homme est donc susceptible d'être comblé. Il ne peut l'être en cette vie, on l'a montré. Il le sera donc après cette vie. La félicité ultime de l'homme est donc après cette vie[1].

Un bel écho de cet enseignement apparaît dans le commentaire de Jb 7,2-4 :

> Il est manifeste que, la fin ultime ayant été atteinte, toute chose est au repos, d'où nécessairement quand la volonté humaine aura atteint sa fin ultime, elle se reposera et ne sera plus sollicitée par d'autres désirs; or nous expérimentons le contraire dans la vie présente, car toujours l'homme, comme insatisfait du présent, désire les choses futures : il est donc manifeste qu'il n'y a pas en cette vie de fin ultime, mais qu'elle est ordonnée à une autre fin comme le combat à la victoire et les jours du mercenaire au salaire. Or il faut savoir qu'en cette vie, les choses présentes ne suffisent pas, mais le désir tend vers les choses futures pour deux raisons : d'une part à cause des afflictions de la vie présente, et pour cela [Job] donne l'exemple de l'esclave désirant l'ombre en disant *Comme l'esclave,* affligé par la chaleur, *désire l'ombre,* qui le rafraîchit; d'autre part à cause du défaut du bien parfait et définitif qui ne se trouve pas ici-bas, d'où il donne l'exemple du mercenaire en disant *et comme le mercenaire attend la fin de son travail* — le bien parfait est en effet la fin de l'homme —, *ainsi moi aussi j'ai eu des mois creux,* c'est-à-dire que j'ai songé au fait que les mois passés furent creux pour moi, n'ayant pas obtenu en eux la perfection définitive; *et les nuits,* destinées au repos contre les afflictions, *je les ai comptées comme laborieuses,* c'est-à-dire que je les considérais comme laborieuses parce qu'elles me retardaient dans la poursuite de la fin. Il expose comment il eut des mois creux et des nuits laborieuses en disant *Si je dors,* c'est-à-dire quand est venu le temps de dormir la nuit, *je dis : Quand me lèverai-je?,* désirant le jour : *Et de nouveau,* le jour étant là, *j'attendrai le soir,* ainsi toujours tendu vers le futur par le désir. Et ceci est commun à tout homme vivant sur la terre, mais les hommes perçoivent cela plus ou moins selon qu'ils sont plus ou moins affectés par les joies ou les tristesses : car celui qui est dans la joie désire moins le futur, davantage par contre celui qui est dans la tristesse; donc pour montrer la véhémence de son désir, Job ajoute *et je serai rempli de douleurs jusqu'aux*

1. Cf. 3 *CG,* cap. 48 : *Impossibile est naturale desiderium esse inane :* natura enim nihil facit frustra. *Esset autem inane desiderium naturae si numquam posset impleri. Est igitur implebile desiderium naturale hominis. Non autem in hac vita, ut ostensum est. Oportet igitur quod impleatur post hanc vitam. Est igitur felicitas ultima hominis post hanc vitam.* Cf. par ailleurs, 3 *CG,* cap. 50-51 ; Ia, q. 12, a. 1, c.

ténèbres; à cause d'elles, le temps présent m'est en dégoût et je désire davantage le futur[1].

Le désir en question, inné et nécessaire, est celui même qui porte l'intelligence vers la vérité et la volonté vers le bien par l'amour[2]. Il ne fait qu'un avec l'être même de l'homme et il est tel que son intellect ne peut s'arrêter avant d'être comblé par la connaissance en lui-même de l'Etre qui est la source de son être et de tout être, pas plus que son amour ne peut être comblé avant d'atteindre le Bien qui est à la source de tous les biens. Il ne s'agit pas encore du désir de la vision divine comme telle, mais il est de telle nature qu'il s'étend à tout ce qui peut le combler et reste insatisfait aussi longtemps qu'il ne l'a pas atteint. Quand, par la révélation, son Bien lui sera connu sous son vrai nom, ce désir de nature se doublera d'un désir libre conforté par la grâce qui lui permettra d'atteindre enfin son terme. Thomas parle de ce désir conscient dans la *Prima secundae* (q. 5, a. 8, c.) où il distingue entre la béatitude sous sa raison commune de bien et la béatitude selon que l'on sait en quoi elle consiste[3]. On est loin d'une pure non-répugnance au surnaturel, comme l'ont défendu certains thomistes, en particulier Sylvestre de Ferrare. Celui-ci s'inscrit en faux contre l'interprétation cajétanienne selon laquelle le désir de voir Dieu n'est naturel qu'à l'homme surnaturalisé[4]. En parlant de ce désir comme étant élicite, libre, conditionnel ou inefficace, il le qualifie de telle sorte qu'il n'a plus la nécessité qu'attribue Thomas à un désir de nature et l'on perd ainsi toute la force de son argumentation. Ce désir n'est donc plus que le signe qu'existe probablement en l'homme une puissance obédientielle à une élévation surnaturelle[5].

1. Cf. *Super Iob 7,2-4*, p. 46-47, lin. 54-96.

2. Nous empruntons ces explications concernant le désir naturel à J.-P. TORRELL, *Saint Thomas d'Aquin, maître spirituel*, chap. IV (à paraître).

3. *Beatitudo dupliciter potest considerari. Uno modo, secundum communem rationem beatitudinis. Et sic necesse est quod omnis homo beatitudinem velit. Ratio autem beatitudinis communis est ut sit bonum perfectum, sicut dictum est. Cum autem bonum sit obiectum voluntatis, perfectum bonum est alicuius, quod totaliter eius voluntati satisfacit. Unde appetere beatitudinem nihil aliud est quam appetere ut voluntas satietur. Quod quilibet vult. Alio modo possumus loqui de beatitudine secundum specialem rationem, quantum ad id in quo beatitudo consistit. Et sic non omnes cognoscunt beatitudinem : quia nesciunt cui rei communis ratio beatitudinis conveniat. Et per consequens, quantum ad hoc, non omnes eam volunt.*

4. Cf. *In Iam*, q. 12, a. 1, n° V-X, Léon., t. 4, Rome, 1888, p. 115-116. Selon Cajetan, le désir en question est en fait surnaturel.

5. Cf. *In 3 CG, cap. 51*, Léon., t. 14, Rome, 1926, p. 141-143. A. Gardeil, qui se rallie à la position de Sylvestre de Ferrare, donne un résumé clair des positions des commentateurs thomistes (cf. *La structure de l'âme et l'expérience mystique*, t. I, Paris, 1927, p. 268-307); on verra aussi L. CHARLIER, « Puisance passive et désir naturel », *Ephemerides Theologicae Lovanienses* 7 (1930) 5-28; 639-662; M.-M. LABOURDETTE, *Cours de théologie morale*, La fin dernière de la vie humaine (Prima secundae, q. 1-5*)*, Scriptum polycopié à l'usage des étudiants, Toulouse, 1961, p. 84-91; S. PINCKAERS, « Le désir naturel de voir Dieu », p. 261-264. La discussion concernant le désir naturel de voir Dieu a connu son plus récent avatar dans la polémique soulevée par les écrits de H. de Lubac, *Surnaturel : Etudes historiques*, « Théologie 8 », Paris, 1946; *Augustinisme et théologie moderne*, « Théologie 63 » et *Le mystère du surnaturel*, « Théologie 64 », Paris, 1965; il faut ajouter à cela les réflexions postérieures de l'Auteur dans *Mémoire sur l'occasion de mes écrits*, Namur, 1989.

Le désir naturel, avec l'exigence qu'il comporte à l'égard de Dieu, de la vision et de la grâce, ne peut s'expliquer, selon le Maître d'Aquin, qu'en tenant compte de son rapport avec l'amour d'amitié principalement, qui est sa cause, et avec l'espérance qui en est le développement. De cet amour d'amitié envers Dieu procède un désir naturel de le connaître en lui-même et de l'atteindre comme la cause du bonheur et de la vérité. Le désir, constitué à partir de l'amour, devient une espérance lorsque l'homme a reçu à la question de la possibilité d'atteindre à la vision une réponse positive qui ne peut venir que de Dieu : ce sont les promesses révélant l'initiative divine d'appeler l'homme à cette vision et de lui procurer les moyens d'y accéder par la foi. Ce désir ne disparaît nullement quand se forment en l'homme les vertus théologales, mais au contraire il se déploie, se fortifie et s'avive sous leur action. Dans son *Expositio*, Thomas met en lumière cette perspective quand il souligne et décrit l'espérance qu'a Job des biens qui demeurent éternellement, spécialement de la résurrection au dernier jour.

L'espérance de la résurrection

L'espérance de Job est, au regard du Maître d'Aquin, le lieu où se déploie la vérité de la providence divine à l'égard de l'homme : Dieu lui donne, dans la vie présente, d'accomplir le mouvement naturel qui l'attire à lui, selon l'espérance théologale s'enracinant dans la foi et mue par la charité. Cet accomplissement trouvera son plus haut degré de réalisation dans la vie bienheureuse à laquelle l'homme aura plein accès par la résurrection de la chair.

Cela transparaît de manière spéciale dans le commentaire du chapitre 19 où notre auteur dégage à la fois l'objet de l'espérance de Job qu'est la résurrection au dernier jour ainsi que son importance dans la tension vers la fin ultime[1].

In carne mea videbo Deum (Jb 19,26)

Le commentaire de Jb 19,25-27, dont il vaut la peine de faire une lecture suivie, retiendra notre attention, car Thomas y propose un condensé théologique sur le mystère de la résurrection[2] :

1. Le commentaire du chapitre 14, comme nous l'avons déjà vu en partie, est un autre lieu où Thomas aborde le thème de la résurrection (cf. *Super Iob 14,13-22*, p. 92-95, lin. 136-335). Au sujet du thème de la résurrection dans le *Super Iob*, on pourra se reporter, pour une première approche, à deux études de R. COGGI : « Dolore, Providenzza, Risurrezione nel libro di Giobbe, Validità di un'intuizione esegetica di S. Tommaso », *Sacra Doctrina* 27 (1982) 215-310, en particulier p. 258-264 ; « La prova morale dell'immortalità dell'anima nel commento di S. Tommaso al libro di Giobbe », *Sacra Doctrina* 35 (1990) 612-619.

2. J. Lévêque note que ces trois versets suscitèrent des commentaires abondants dans la tradition judéo-chrétienne et sont encore objet d'intérêt de la part des exégètes

Scio enim quod redemptor meus vivit, et in novissimo die de terra surrectus sum (v. 25). Et rursum circumdabor pelle mea et in carne mea videbo Deum (v. 26), quem visurus sum ego ipse et oculi mei conspecturi sunt et non alius. Reposita est haec spes mea in sinu meo (v. 27)[1].

Une première question se pose au sujet de l'identité du *redemptor* (*goël*) que certains exégètes contemporains estiment être en quelque sorte un ange assumant le rôle de défenseur de l'innocence de Job devant Dieu ; d'autres, par contre, considèrent qu'il s'agit du Seigneur lui-même. Le verbe hébreu *qwm* (se dresser) du verset 25b a en effet souvent pour sujet le Dieu des théophanies et il en est de même pour le verbe *ga'al* (racheter) qui se rapporte au Seigneur en bon nombre de passages (cf. par exemple Ex 6,6 ; Is 43,1). De plus, il faut noter que le terme *goël* faisait partie du vocabulaire religieux d'Israël au moment où le livre de Job fut composé[2]. Thomas d'Aquin pour sa part — et avec lui Grégoire le Grand[3] — tient pleinement la seconde position, et va jusqu'à affirmer que Job, de manière anticipée par la foi, voyait dans son *redemptor* le Christ[4]. La certitude de la foi, sanctionnée par le verbe *scio*, assure à son niveau selon l'être intentionnel le lien de Job avec le Christ, Tête de tous les hommes[5] : par la foi, lui et tous les justes de l'Ancienne Alliance bénéficièrent déjà des fruits de l'œuvre rédemptrice du Christ, étant donné « qu'après le péché du premier homme, la grâce ne fut donnée à personne que par la foi explicite ou implicite au

contemporains (cf. *Job et son Dieu*, Essai d'exégèse et de théologie biblique, t. 2, Paris, 1970, p. 468).

1. « Je sais que mon rédempteur est vivant et au dernier jour je ressusciterai de la terre. Et de nouveau, je revêtirai ma peau et dans ma chair je verrai Dieu ; je le verrai moi-même et mes yeux le contempleront et non un autre. Cette espérance repose en mon sein ». Le texte massorétique, par contre, apparaît quelque peu différent ; N. C. Habel, par exemple, donne à partir de ce texte la traduction suivante : *I, I know my redeemer lives and afterward he will rise on the dust. After, that is, my skin is peeled off! But from my flesh I would behold Eloah; I, I would behold him. My eyes would see him, not another's — my heart heaves in my breast* (cf. *The Book of Job*, « Old Testament Library », London, 1985, p. 290-291).

2. Parmi les tenants de la première position, on trouve N. C. HABEL, *The book of Job*, p. 305-307. J. Lévêque, par contre, défend la seconde exégèse (cf. *Job et son Dieu*, t. II, p. 478-479). D'autres auteurs pourraient être cités, mais selon notre propos — qui n'est pas la comparaison entre l'exégèse médiévale et l'exégèse contemporaine de Job — nous nous en tenons à ces deux exemples.

3. Cf. *Moral.*, lib. XIV, cap. 54 (*PL* 75, 1074 C /*SC* 212, p. 422-424) : Scio enim quod Redemptor meus vivit. *Qui enim ait conditor, sed Redemptor, aperte eum denuntiat qui, postquam omnia creavit ut nos de captivitate redimeret, inter nos incarnatus apparuit, suaque passione nos a perpetua morte liberavit.*

4. Cf. *Super Iob 19,25*, p. 126, lin. 253-260.

5. La foi de Job est également objet d'insistance chez Grégoire le Grand : *Et notandum quanta fide se in virtute eius divinitatis astringat, de quo per Paulum dicitur : "Quia etsi crucifixus est ex infirmitate, sed vivit ex virtute Dei". Ait namque : "Scio enim quod Redemptor meus vivit". Ac si apertis vocibus dicat : Infidelis quisque illum flagellatum, derisum, palmis caesum, corona spinea coronatum, sputis illitum, crucifixum, mortuum noverit; ego illum post mortem vivere certa fide credo, libera voce profiteor quia Redemptor meus vivit qui inter impiorum manus occubuit. Sed quid, beate Iob, per resurrectionem illius etiam de tuae carnis resurrectione confidis, aperta, quaeso, voce profitere* (*Moral.*, lib. XIV, cap. 54 / *PL* 75, 1074 C et D — 1075 A ; *SC* 212, p. 424).

médiateur »[1]. Nous sommes en effet justifiés non seulement par l'action du Christ selon qu'il a mérité et satisfait pour nous, mais aussi par notre opération selon que nous apportons l'adhésion de notre foi.

Le genre humain, destiné à la vie éternelle, encourut la mort à cause du péché : il en fut racheté par le Christ qui mourut pour nous tous. Cependant, la mort ne retint pas le Christ captif, car de par la vie divine en lui, son humanité fut restaurée à la vie lors de la résurrection[2]. Selon la puissance divine, son âme retrouva le corps qu'elle avait quittée, car la divinité ne fut séparée ni de l'âme ni du corps du Christ à la mort[3]. Thomas précise que si le verbe *vivit* est au présent et non au futur, c'est afin de signifier que la vie divine du Christ n'a ni commencement ni fin.

Sur la base de l'analyse textuelle de Job, notre auteur continue son explication théologique et en vient à traiter de la causalité de la résurrection du Christ :

> *Vita Christi resurgentis ad omnes homines diffundetur in resurrectione communi*[4].

Cela veut dire que la résurrection du Christ est cause efficiente de la nôtre, car « son humanité, selon laquelle il est ressuscité, est d'une certaine manière l'instrument de sa divinité et agit par sa vertu; celle-ci atteint par sa présence tous les lieux et tous les temps et pareil contact virtuel suffit pour qu'il y ait véritable efficience »[5].

Dans le commentaire du verset 25b, S. Thomas aborde la question du moment de notre résurrection. L'exposition littérale connaît ici et à propos des versets 26-27 l'émergence de *quaestiones* qui sont caractéristiques de l'exégèse universitaire[6].

1. Cf. *De ver.*, q. 29, a. 7, ad 7 : *Gratia enim personalis nulli unquam post peccatum primi hominis data fuit, nisi per fidem mediatoris explicitam vel implicitam.* Cf. IIIa, q. 52, a. 5, ad 2 : *Sancti Patres, dum adhuc viverent, liberati fuerunt per fidem Christi ab omni peccato tam originali quam actuali et reatu poenae actualium peccatorum : non tamen a reatu poenae originalis peccati per quem excludebantur a gloria, nondum solutum pretium redemptionis humanae.*

2. Cf. *Super Iob 19,25*, p. 116, lin. 260-266 : *Redemit autem nos Christus de peccato per mortem, pro nobis moriendo; non autem sic mortuus est quod eum mors absorberet, quia etsi mortuus sit secundum humanitatem mori tamen non potuit secundum divinitatem; ex vita autem divinitatis etiam humanitas est reparata ad vitam resurgendo.*

3. Cf. IIIa, q. 53, a. 4, c.; *Super I Cor.*, cap. 15, lect. 2, n° 913 (éd. Marietti).

4. Cf. *Super Iob 19,25*, p. 116, lin. 268-270.

5. Nous nous référons à un texte de la *Summa theologiae* (cf. IIIa, q. 56, a. 1, ad 3) très souvent cité à propos de la causalité de la résurrection du Christ; il éclaire directement notre passage du *Super Iob* : *Resurrectio Christi est causa efficiens, inquantum humanitas Christi, secundum quam resurrexit, est quodammodo instrumentum divinitatis ipsius, et operatur in virtute eius. [...]. Quae quidem virtus divina praesentialiter attingit omnia loca et tempora. Et talis contactus virtualis sufficit ad rationem huius efficientiae.* A ce texte, nous pouvons adjoindre notamment *Super I Cor.*, cap. 15, lect. 2, n° 913-915 (éd. Marietti). On aura noté que dans le *Super Iob*, Thomas a recours au participe présent *resurgentis* qui renvoie, à n'en point douter, à la résurrection *in fieri.* Cela signifie que le mystère historique de la résurrection du Christ a une signification sotériologique actuelle.

6. B. C. Bazan définit ainsi la *quaestio* : « Elle est une méthode d'enseignement liée à un texte comme à sa source, suscitée par l'affrontement d'opinions divergentes autour d'un

Le Maître d'Aquin commence par rapporter l'erreur de ceux pour qui après un certain nombre d'années, au moment où les étoiles retrouveront leur position antérieure, les morts reviendront à la vie présente : les tenants de cette théorie, des *antiqui gentiles*, posent que le ciel est en mouvement et que cet état du monde durera toujours[1].

Le commentaire du verset 26a : *rursum circumdabor pelle mea*, précise ce qu'est la résurrection : l'homme retrouvera son corps, il sera à nouveau revêtu de sa peau[2]. En d'autres termes, on ne saurait admettre, affirme Thomas, que les hommes au moment de leur résurrection prendront un corps céleste, et non terrestre, comme le pensent certains hérétiques modernes assimilables à des néodualistes cathares[3]. L'âme retrouvera bien son corps et non un corps, car telle âme est créée pour tel corps et cette âme pour ce corps. Cela se comprend par le fait que l'âme humaine n'est individuelle et particulière que comme forme d'une matière; elle est individualisée par celle-ci et garde à jamais dans son être cette individualité. On observe une constance de l'individualité à travers le flux des éléments matériels qui s'y succèdent.

> L'être que l'âme a acquis dans son corps, elle le garde même après son corps et c'est à la participation de cet être que le corps est amené par la résurrection, puisque l'*esse* du corps n'est autre que celui de l'âme dans le corps[4].

L'âme intellective, principe pensant et source immédiate d'actes spirituels, s'identifie alors dans l'être unique de la personne humaine à cette portion de matière qu'est le corps. Cela implique que, même élevée à la vision béatifique, elle est dans un état d'incomplétude tant qu'elle demeure séparée de son corps. Elle est totalement destinée à

passage controversé, qui oblige le maître à résoudre le problème par l'application de la dialectique à l'évaluation des opinions en présence, acte dans lequel il se confirme comme autorité et comme principe actif dans le processus d'acquisition de la vérité. Ainsi les quatre éléments constitutifs de la *quaestio* sont : le texte, la dissonance d'opinions fondées sur le sens du texte, la méthode dialectique, le maître en acte d'enseignement régulier » (cf. « Les questions disputées, principalement dans les Facultés de théologie », dans B. C. BÁZAN, J. W. WIPPEL, G. FRANSEN, D. JACQUART, *Les questions disputées et les questions quolibétiques dans les Facultés de théologie, de droit et de médecine*, « Typologie des sources du Moyen Age occidental, fasc. 44-45 », Turnhout, 1985, p. 29).

1. Cf. *Super Iob 19,25*, p. 116, lin. 285-294. Ils sont déjà identifiés par S. Augustin dans le *De civitate Dei*, lib. XII, cap. 13 (*PL* 41, 361).

2. Cf. *Super Iob 19,26*, p. 117, lin. 297-302 : Et rursum circumdabor pelle mea, *quod signanter dicit quia supra dixerat solam pellem circa ossa remansisse; ex ipso autem modo loquendi rationem resurrectionis assignat, ne scilicet anima a proprio indumento semper remaneat denudata.*

3. La position de ces *haeretici moderni* est repoussée en 4 *Sent.*, d. 44, q. 1, a. 1, qla 1. Elle l'est aussi dans l'*Expositio in Symbolum Apostolorum* (cf. a. 11, n° 1004 / éd. Marietti) et dans le *Comp. theol.*, I, cap. 153 : *Non enim resumet anima in resurrectione corpus caeleste, vel aereum, vel corpus alicujus alterius animalis, ut quidam fabulantur : sed corpus humanum ex carnibus et ossibus compositum organicum eisdem organis, ex quibus nunc consistit.*

4. Cette remarque, empruntée au Père M.-J. Nicolas, est une citation implicite de 4 *Sent.*, d. 44, q. 1, qla 2, ad 1 (cf. « Le corps humain et sa résurrection », *RT* 79 (1979) 533-545, ici p. 540).

informer ce corps qui lui manque et elle ne subsiste que référée à lui. La résurrection au dernier jour permettra à l'homme de retrouver son intégrité structurelle, renouvelée qu'elle sera dans l'état de gloire par la puissance de Dieu, comme l'affirme Thomas à propos de Jb 14,15 :

> Ce que [Job] dit *Tu m'appelleras et je te répondrai* peut se rapporter à la réparation du corps et ce qu'il ajoute *à l'œuvre de tes mains, tu tendras ta droite* peut être référé à l'âme qui désire naturellement être unie à son corps, auquel Dieu tendra sa droite secourable quand il obtiendra par la vertu divine ce qu'il ne peut par la sienne propre[1].

L'homme verra alors Dieu dans sa chair (cf. Jb 19,26b), non pas dans le sens où l'âme retrouvera son corps selon les mêmes conditions qu'auparavant — il aurait dans ce cas besoin par exemple de nourriture —, mais où ce corps tout en étant le même substantiellement sera incorruptible de par un don de Dieu. C'est à l'occasion du commentaire du verset 26b que Thomas met en relief ce point de la théologie de la résurrection, repoussant ainsi l'explication apportée par les juifs — et parmi eux les pharisiens —, par les sarrasins et les *antiqui gentiles* mentionnés préalablement : leur perspective est celle d'un simple retour à la vie charnelle[2].

S. Thomas, dans le prolongement du verset *in carne mea videbo Deum* et sur la base du verset suivant *quem visurus sum ego ipse*, insiste sur le fait que l'homme tout entier verra Dieu et pas seulement l'âme, comme le pensait Porphyre[3]. Ainsi le corps participera à la vision de Dieu

1. Cf. p. 93, lin. 212-218. Thomas donne une autre interprétation de ce verset 15 dans laquelle il insiste sur le fait que l'homme ressuscitera par la puissance divine : *Et ne aliquis crederet quod naturali virtute homo in statum alterius vitae immutaretur, hoc excludit subdens* Vocabis me et ego respondebo tibi, *quasi dicat : futura immutatio ex virtute tuae vocis sive ex tuo imperio procedet, secundum illud Ioh. V (28) « Omnes qui in monumentis sunt audient vocem Filii Dei, et qui audierint vivent »; vocare enim ad imperium pertinet, sed respondere ad oboedientiam qua creatura Creatori oboedit. Sed quia mortui ad imperium Dei non solum resurgent ad vitam sed in quendam altiorem statum immutabuntur, et hoc virtute divina, propter hoc subdit* operi manuum tuarum porriges dexteram, *quasi dicat : homo resurgens non erit opus naturae sed opus tuae virtutis, cui quidem operi adiutricem dexteram tuam porriges dum per auxilium tuae gratiae in gloriam novitatis exaltabitur* (cf. p. 93, lin. 196-212).

2. Cf. *Super Iob 19,26*, p. 117, lin. 302-314. Notre auteur manifeste également son désaccord à l'égard d'une telle position par exemple dans l'*Expositio in Symbolum Apostolorum* (cf. a. 11, n° 1005 / éd. Marietti).

3. Remarquons que notre auteur, à propos de ce verset, ne fait pas allusion à l'erreur condamnée le 13 janvier 1241 par l'évêque de Paris Guillaume d'Auvergne et selon laquelle il est impossible à un intellect créé de voir l'essence divine (cf. *Chartularium Universitatis Parisiensis*, éd. H. DENIFLE et E. CHÂTELAIN, t. I, n° 128, p. 170). Il n'y a pas davantage d'allusion en d'autres endroits de l'*Expositio*, par exemple dans le commentaire de Jb 28,21 : *Abscondita est ab oculis omnium viventium*, où l'on aurait pu retrouver quelque chose de la réfutation faite déjà par Grégoire de la position des négateurs de la *visio ipsius naturae* (cf. *Moralia*, lib. XVIII, cap. 54 / *PL* 76, 91-95; *Super Iob 28,21*, p. 154, lin. 249-258). Thomas évoque par contre cette condamnation en d'autres de ses œuvres : cf. *De ver.*, q. 8, a. 1; Ia, q. 12, a. 1; *Super Ioan. 1,18*, n° 212 (éd. Marietti). Concernant l'historique de la condamnation de 1241, on verra H.-F. DONDAINE, « L'objet et le "medium" de la vision béatifique chez les théologiens du XIIIe siècle », *RTAM* 19 (1952) 60-130, p. 88-

selon un mode qui lui sera propre. L'homme verra Dieu de ses yeux de chair — *oculi conspecturi sunt* — non certes directement, mais par une continuité immédiate entre ce que ses yeux et son esprit verront de Dieu : cela signifie d'une part que les yeux de son corps verront, non pas l'essence divine, mais le Verbe fait chair et la gloire de Dieu resplendissant sur les créatures; d'autre part son intelligence verra si clairement Dieu que, dans ce que l'homme verra corporellement, Dieu lui-même sera perçu[1]. De plus, c'est l'homme pris individuellement et non selon l'espèce qui contemplera Dieu dans la vie bienheureuse[2].

Le commentaire de ces quelques versets ne dépasse-t-il pas largement le contenu du texte scripturaire? En d'autres termes, le texte biblique, dans sa littéralité même, supporte-t-il une telle interprétation? La réponse est affirmative au regard de la version du Jb 19,25-27 proposée par la Vulgate, laquelle donnera le ton à toute l'exégèse latine. S. Jérôme écrivait à propos de ce passage :

> *Resurrectionem corporum sic prophetat, ut nullus de ea vel manifestius vel cautius scripserit*[3].

S. Grégoire ira, quant à lui, dans le même sens et dira au sujet du verset 26b :

> « Et dans ma chair je verrai Dieu ». La résurrection, la peau et la chair, les voilà affirmées en termes exprès. Que reste-t-il donc qui puisse plonger notre esprit dans le doute? Si donc un tel saint, sans attendre la manifestation de la résurrection du Seigneur, a cru que la chair retrouvera intégralement sa nature, quelle sera la culpabilité de notre hésitation, si nous ne croyons pas, nous, à la véritable résurrection de la chair, même après l'exemple du Rédempteur?[4].

Thomas s'inscrit dans la ligne de l'exégèse latine, tout en travaillant sur son propre registre interprétatif. Toutefois, rejoint-il de quelque manière l'exégèse que l'on peut faire à partir du texte hébreu? Pour en juger tant soit peu, considérons l'interprétation que donne un auteur contemporain tel que Norman C. Habel des versets 26b-27 : ils exprimeraient non pas l'idée d'une résurrection universelle, mais la radicale espérance qu'a Job de voir Dieu face à face afin de défendre

97 en particulier; S. Tugwell, *Albert & Thomas Selected Writings*, New York-Mahwah, 1988, p. 39-95.

1. Cf. *Super Iob 19,27*, p. 117, lin. 326-330 : Et oculi mei conspecturi sunt, *non quia oculi corporis divinam essentiam sunt visuri sed oculi corporis videbunt Deum hominem factum; videbunt etiam gloriam Dei in creatura refulgentem.*
2. Cf. *Super Iob 19,27*, p. 117, lin. 331-337.
3. Cf. *Epist.* 53 (*PL* 23, 381).
4. Et in carne mea videbo Deum. *Ecce resurrectionem, ecce pellem, ecce carnem apertis fatetur vocibus. Quid ergo remanet unde possit mens nostra dubitare? Si itaque iste vir sanctus ante effectum resurrectionis dominicae reducendam carnem in integrum statum credidit, quis erit reatus nostrae dubitationis, si vera carnis resurrectio nec post exemplum creditur Redemptoris?* (cf. *Moralia in Iob*, lib. XIV, cap. 56 / *PL* 75, 1080 A; *SC* 212, p. 440-441).

sa cause devant lui[1]. Selon Jean Lévêque, cette vision lui sera accordée de son vivant. Toute l'espérance de la rencontre avec Dieu tient en ces deux mots : *« ehèzeh » èlôah* (*Je verrai Eloah*). Il attend de Dieu seul sa réhabilitation, tout en ne sachant pas ce que la mort fera de lui et ce que deviendra sa relation renouvelée avec Dieu. Cette ignorance rend l'espérance de Job plus indigente et plus intense à la fois[2].

L'espérance de Job est également soulignée fortement par Thomas d'Aquin, non seulement dans le commentaire des versets 25-27, mais aussi dans toute l'*Expositio;* certes son contenu y est accentué de façon différente, puisqu'elle a pour objet, non une réhabilitation avant la mort, mais la résurrection de la chair et la vie éternelle.

Reposita est haec spes mea in sinu meo (Jb 19,27)

Après avoir dégagé à propos de Jb 19,25-27b la cause de la résurrection, le moment où elle intervient, son mode, la gloire des ressuscités et leur identité, Thomas rend compte, avec le verset 27c, de l'espérance de Job :

> *Reposita est haec spes mea in sinu meo.*

Le commentaire de ce passage et d'autres à l'intérieur de l'*Expositio* révèlent quelque chose de la théologie thomasienne de l'espérance et nous montre — c'est peut-être là l'intérêt premier — comment cette théologie est exposée dans une œuvre qui ne vise pas d'abord la synthèse[3].

a) L'objet de l'espérance de Job

Le frère dominicain souligne qu'il ne s'agit point d'une espérance portant sur les biens terrestres — ceux qu'avaient en vue les amis de Job —, mais sur les biens futurs de la résurrection. Quand Job affirmait au verset 10 « Il m'a détruit de toute part, et je péris, et comme l'arbre que l'on arrache, je suis sans espoir », il parlait de la prospérité temporelle à reconquérir; il a montré à diverses reprises en concluant à des incompatibilités qu'il ne devait pas s'attacher à cette espoir. Cela n'était pas une manière de désespérer de Dieu, mais de placer au contraire en lui une espérance plus haute relative à des biens futurs[4]. Par là, estime Thomas, Job donne toute sa consistance au fait que les réalités humaines sont soumises à la providence divine[5].

1. *Whenever it happens Job would like to be present in person, for his own « eyes » to see God. He is not proposing the idea of a universel resurrection, but the radical hope that he will see his divine adversary face to face, in person « from his flesh », even if that seeing is a postmortem event* (cf. *The Book of Job*, p. 309).

2. Cf. *Job et son Dieu*, t. 2, p. 488-489.

3. Pour un très bref aperçu du thème de l'espérance dans le *Super Iob*, nous renvoyons à l'étude de J. I. SARANYANA, « Entre la tristeza y la esperanza : Santo Tomás comenta el libro de Job », *Scripta theologica* VI, 1 (1974) 329-361, en particulier p. 351-361.

4. Cf. *Super Iob 19,23*, p. 116, lin. 215-225.

5. Cf. *Super Iob 19,27*, p. 117, lin. 350-366.

Job, assailli par l'amertume, trouve sa consolation en espérant être placé auprès de Dieu qui lui enseigne lui-même cette espérance[1]. Il ne demandait pas d'être délivré de l'adversité, mais d'être conduit sur les hauteurs spirituelles où l'on s'approche de Dieu par la connaissance et l'amour, sans subir aucun assaut du mal. Si cela trouve déjà une réalisation dans l'état de voie, c'est pourtant de manière imparfaite; il faudra attendre l'état de la félicité ultime pour que la réalisation soit portée à son acmé. Ces données, empruntées au commentaire du chapitre 17[2], de même que celles qui précèdent, mettent en lumière l'objet de l'espérance qui est double : d'une part, le bien que l'on veut obtenir qui est futur et élevé (*bonum futurum arduum*), mais qu'il est possible d'atteindre[3]; d'autre part, le secours qui permet d'obtenir ce bien. Le premier a raison de cause finale et le second, de cause efficiente[4]. Or l'espérance, en tant que vertu théologale, regarde la béatitude comme sa fin ultime et le secours divin comme la cause première qui conduit à la vie éternelle[5]. En d'autres termes, l'*arduum* auquel l'homme ne peut parvenir que par le secours divin, c'est Dieu lui-même en tant qu'il est notre béatitude. Il est donc nécessaire qu'à notre nature vienne s'ajouter un don gratuit qui est l'habitus faisant de l'espérance une vertu théologale[6].

1. Cf. *Super Iob 17,4*, p. 107, lin. 72-76 : *Hanc autem spiritualem consolationem ipsius Iob amici eius verbosi non intelligebant, et ideo subdit* Cor eorum longe fecisti a disciplina, *scilicet tua spirituali, per quam doces spiritualia bona contemptis temporalibus sperare.*

2. Cf. *Super Iob 17,2-3*, p. 106-107, lin. 25-71.

3. Cf. IIa-IIae, q. 17, a. 6, c. : *Obiectum enim spei est bonum futurum arduum possibile haberi.* Le Père Gauthier note, dans son étude sur la magnanimité, que le terme *arduum* n'est pas synonyme de « difficile », mais que chez Albert le Grand et chez Alexandre de Halès, il signifie « élevé », et chez Bonaventure, il a pour synonyme « grand », « excellent » (*magnum, excellens*). Ce même registre de signification se retrouve chez Pierre de Tarentaise, Gilles de Rome et Richard de Mediavilla. Chez S. Thomas, le mot *arduum* apparaît très souvent lié au terme « difficile » (*arduum vel difficile*), ce qui, au premier abord, pourrait donner à penser que pour lui les deux mots sont synonymes. Il romprait alors avec l'usage de ses contemporains. Cependant, il ne manque pas de textes qui, tout en joignant les deux termes, en distinguent expressément la valeur. *Arduum* est en effet non seulement rapproché d'autres concepts, mais également substitués par eux, ce qui implique identité de sens : l'*arduum* c'est le grand (*magnum*) par opposition au petit (*parvum*), le haut (*altum*), l'élevé (*elevatum*), l'éminent, le supérieur, l'excellent (*excellens*). Il provoque en nous une puissance qu'il domine sans l'écraser. Il jouit d'une certaine valeur, ne se laisse pas atteindre facilement et n'est pas circonscrit en des causes nécessaires. Cette dernière note d'indétermination, corrélative d'un certain risque, est caractéristique d'un objet de la puissance de l'irascible (cf. *Magnanimité*, L'idéal de la grandeur dans la philosophie païenne et dans la théologie chrétienne, « Bibliothèque thomiste 28 », Paris, 1951, p. 321-327).

4. Le Père Pinckaers fait remarquer que dans la *Quaestio disputata de spe* — ce qui n'est pas le cas dans la *Secunda secundae* (cf. q. 17-18) — Thomas applique à l'espérance la distinction « objet formel-objet matériel »; le premier correspond à l'appui sur le secours divin et le deuxième correspond principalement à la béatitude éternelle, et secondairement à tous les autres biens qui peuvent aider à obtenir cette béatitude (cf. « La nature vertueuse de l'espérance », *RT* 58 (1958) 405-442, 623-644, ici p. 631-637).

5. Cf. IIa-IIae, q. 17, a. 4, c.; a. 2, c.; a. 7, c.

6. Cf. 3 *Sent.*, d. 26, q. 2, a. 2, resp. : *Quia est aliquod arduum quod excedit facultatem naturae ad quod homo per gratiam potest pervenire, scilicet ipse Deus, inquantum est nostra beatitudo; ideo oportet quod ex aliquo dono gratuito naturae supperaddito fiat inclinatio in*

Si, à propos de l'objet de l'espérance, nous avons surtout dégagé jusqu'ici son premier aspect très présent dans l'*Expositio*, le deuxième n'en est pas pour autant absent, comme en témoigne le commentaire de Jb 17,2 : *Non peccavi, et in amaritudinibus moratur oculus meus* :

> [Job] dit que son regard s'attarde, car, bien que dans les amertumes il se soit humilié en cousant un sac sur sa peau, cependant ces amertumes persistent. Il les attribue à son œil à cause des pleurs dont il a parlé préalablement « Mon visage est gonflé par les pleurs » et encore « Mon œil pleure vers Dieu »; dans les amertumes en effet son œil pleurait tout en portant son attention sur la seule aide divine[1].

La façon dont notre auteur décrit l'attitude de Job dévoile les deux éléments constitutifs de toute espérance : l'attente et la confiance[2]. La première est une démarche active, un élan, une *protensio*[3], alors que la deuxième anime l'attente active quand elle est sûre de pouvoir atteindre l'objet espéré[4]. Dans le cas de la vertu théologale, l'attente n'est plus seulement une mise en œuvre de toutes les puissances naturelles, elle est appui sur un autre, pour conquérir l'objet révélé qui est Dieu et dont la libéralité souveraine offre à l'homme ce qui lui manque pour se dépasser et monter jusqu'à lui[5]. La confiance devient

illud arduum. Et illud donum est habitus spei. Et quia habet objectum ipsum Deum, ideo oportet quod sit virtus theologica (cf. à sujet J.-G. BOUGEROL, *La théologie de l'espérance aux* XII*e et* XIII*e siècles*, t. 1, Paris, 1985, p. 284-286; Ch.-A. BERNARD, *Théologie de l'espérance selon saint Thomas d'Aquin*, « Bibliothèque thomiste 34 », Paris, 1961, p. 47-49).

1. Cf. p. 106, lin. 41-48 : *Dicit [Iob] autem* moratur, *quia quamvis inter amaritudines se humiliaverit saccum consuens super cutem suam, adhuc tamen amaritudines perseverant; attribuit autem amaritudines oculo propter fletum, de quo supra dixerat « Facies mea intumuit a fletu », et iterum « Ad Deum stillat oculus meus », quia sic oculus eius flebat inter amaritudines quod ad solum divinum auxilium intendebat.*

2. Ces deux éléments sont déjà présents chez Anselme de Laon et Guillaume de Champeaux, Pierre Abélard et Pierre Lombard (cf. J.-G. BOUGEROL, *La théologie de l'espérance*, t. 1, p. 279).

3. Cf. 3 *Sent.*, d. 26, q. 1, a. 3, arg. 1 : *Spes enim importat expectationem. Sed omnis appetitus motus videtur esse expectatio, quae nihil aliud dicit quam protensionem in aliquod bonum. Ergo spes non distinguitur ab aliis passionibus quae ad appetitum pertinent.* Le Père Bougerol fait remarquer (cf. *La théologie de l'espérance*, t. 1, p. 279 et note 52, p. 391) que S. Thomas reprend ici la définition qu'il a lue dans la question parallèle de S. Bonaventure (cf. 3 *Sent.*, d. 26, a. 1, q. 3, ad 4 / III, 562 b) : *Exspectatio spei consistit in quadam protensione ad bona aeterna, quae quidem consurgit ex confidentia que anima innititur ipsi Deo ex tota virtute sua.* Bonaventure l'avait lui-même empruntée à S. Albert le Grand (cf. 3 *Sent.*, d. 26, a. 2, ad qu. 1 / éd. Borgnet, t. 28, 496 a).

4. Cf. 3 *Sent.*, d. 26, q. 1, a. 3, ad 5 : *Cum arduum sive difficile sit proprium objectum irascibilis, differentiae facientes oppositiones in passionibus irascibilis sunt difficile facultatem superans, vel non superans; et utrumque vel est bonum vel malum. Fiducia ergo seu confidentia, importat motum irascibilis in id quod aestimatur ut facultatem non excedens, quod quidem specialiter circa bona importat spes, circa mala autem audacia, nisi quod audacia excessum importat quandoque, unde in malum quandoque accipitur.*

5. Cf. 3 *Sent.*, q. 2, a. 2, resp. : *In secunda definitione spei quam Magister ponit, exprimitur tota ratio spei secundum quod est virtus theologica. « Expectatio » enim, ut ex dictis patet, proprie loquendo dicit extensionem appetitus in aliquod arduum; « certa » autem dicit completionem praedictae extensionis et quasi determinationem; et in hoc completur ratio spei absolute. Objectum autem quod facit spem esse theologicam virtutem est « futura beatitudo ». Illud autem unde est facultas perveniendi in finem istum, est « gratia et merita », sive accipiatur gratia pro divina liberalitate, sive pro dono gratuito.*

certitude que la conquête de la béatitude est chose désormais possible. Cette certitude s'appuie sur ce que la foi théologale nous dit de la vérité des promesses divines; par la foi, nous savons en effet que Dieu nous appelle à une béatitude qui dépasse nos potentialités et qui n'est autre que lui-même. L'espérance théologale applique cette proposition universelle à nous-mêmes et elle devient notre certitude, parce que la libéralité divine nous a ordonnés à cette fin[1]. La certitude en question est exprimée avec force dans le commentaire de Jb 19,27 :

> [Job] dit très bien *Cette espérance repose en mon sein*, afin de montrer qu'il ne l'avait pas seulement dans les paroles, mais qu'elle était cachée dans son cœur, non point hésitante, mais très assurée, non point vile, mais très précieuse pour ainsi dire : ce qui est caché dans le sein existe en effet secrètement, est conservé fermement et est considéré comme précieux[2].

Pour signifier l'attente assurée de la béatitude, le Maître d'Aquin s'exprime, dans le *Super Iob*, en terme de tension vers la fin ultime, ce qui est le propre de l'espérance : par la considération de cette notion de tension, on pourra mieux apprécier la manière dont le théologien dominicain envisage l'espérance de Job. L'exposition du chapitre 9 (v. 25-26) sera particulièrement éclairante :

> Il faut remarquer qu'à l'égard de la prospérité de ce monde les hommes se comportent de diverses façons : certains y mettent leur fin, n'espérant rien d'autre qu'elle — vers quoi semblait dévier l'opinion de ceux qui plaçaient toutes récompenses et toutes peines en cette vie —; or de telles gens ne passent pas au-delà de la prospérité de ce monde, mais la prospérité de ce monde s'éloigne d'eux quand ils la perdent. D'autres par contre, au nombre de qui se trouve Job, ne mettent pas leur fin dans la prospérité de ce monde, mais tendent vers une autre fin et de tels hommes dépassent eux-mêmes la prospérité de ce monde plutôt qu'ils ne sont dépassés par elle[3].

Parvenu à ce stade de notre réflexion, il importe de nous interroger sur la fonction originale de l'espérance dans la tension vers la fin ultime, car en effet cette vertu n'est pas l'unique élément de notre vie surnaturelle en tendance vers la gloire. S'insérant dans un organisme

1. Cf. 3 *Sent.*, d. 26, q. 1, a. 4, resp.; q. 2, a. 3, qla 1, sol. 1. : *Spes est aliquid distinctum a fide et caritate, quia fides facit cognitionem de fine, inquantum ostendit finem bonum esse, et sic insurgit motus caritatis; inquantum vero ostendit finem esse possibilem, sic insurgit motus spei; quia fides est fundamentum omnium virtutum, praecedens omnes quantum ad naturalem ordinem actuum.*

2. Cf. p. 117, lin. 343-349 : *Signanter autem dicit* Reposita est in sinu meo, *ad ostendendum quod hanc spem non solum habebat in verbis sed in corde absconditam, non dubiam sed firmissimam, non quasi vilem sed quasi pretiosissimam : quod enim in sinu absconditur in occulto habetur et firmiter conservatur et carum reputatur.*

3. Cf. *Super Iob 9,25*, p. 65, lin. 586-597 : *Considerandum est quod ad prosperitatem huius mundi aliqui diversimode se habent : quidam enim ipsam pro fine habent nihil ultra ipsam sperantes — ad quod videbatur declinare illorum opinio qui omnia praemia et poenas in hac vita constituebant —, tales autem non pertranseunt prosperitatem huius mundi, sed prosperitas huius mundi fugit ab eis quando eam amittunt; quidam vero, de quorum numero fuit Iob, in prosperitate huius mundi finem non ponunt sed ad alium finem tendunt, et tales prosperitatem huius mundi magis ipsi pertranseunt quam pertranseantur ab ea.*

spirituel, elle s'articule avec la foi et la charité. Comme nous l'avons vu, la foi, substance des choses que l'on espère, présente non seulement à l'espérance son objet, mais en tant que conviction des réalités invisibles, elle l'assure aussi de la possibilité de son atteinte. Qu'en est-il alors du lien de l'espérance avec la charité et quelle place revient à chacune d'entre elles?

L'espérance et la charité constituent deux moments de l'opération volontaire : l'un qui est jouisssance, l'autre tension vers l'objet aimé. Comme il y a délectation et saisie de Dieu dans la béatitude, ainsi trouve-t-on, dans l'ordre de la grâce, la charité qui est amour et l'espérance qui est tension vers la vision de Dieu[1]. L'espérance, dans sa fonction propre, est à la béatitude comme le mouvement au repos, et à la charité comme la recherche à l'union, selon ce qu'affirme S. Thomas dans la *Prima secundae* :

> La volonté est ordonnée à la fin quant au mouvement de l'intention tendant vers la fin comme quelque chose dont l'atteinte est possible : ceci concerne l'espérance; et quant à une certaine union spirituelle par laquelle elle est transformée de quelque manière en cette fin : ce qui se fait par la charité. Car l'appétit de chaque chose est mû naturellement et tend vers la fin qui lui est connaturelle : et ce mouvement provient d'une certaine conformité de la chose avec sa fin[2].

Au mouvement vers la fin s'ajoute donc la conformité à la fin par amour[3]. Par là, on perçoit mieux la différence entre l'espérance et la charité : à celle-ci, il appartient de posséder déjà son terme substantiellement et d'opérer la transformation spirituelle qui s'achèvera dans la gloire. Son acte propre, qui est la fruition, est le plus élevé de la volonté et pour cette raison sa dignité est inamissible. A l'espérance, par contre, il revient de tendre vers la possession définitive; le mouvement qui lui correspond est ce que notre auteur appelle l'*intentio*[4].

1. Cf. Ia-IIae, q. 4, a. 3, ad 2 : *Sicut ad voluntatem pertinet spes et amor, quia eiusdem est amare aliquid et tendere in illud non habitum; ita etiam ad voluntatem pertinet et comprehensio et delectatio, quia eiusdem est habere aliquid et quiescere in illo.* Dans la Ia, q. 12, a. 7, ad 1, Thomas affirme dans le même sens que la compréhension est l'un des trois dons faits à l'âme dans la gloire et qu'elle répond à l'espérance comme la vision à la foi et la délectation à la charité.

2. Cf. Ia-IIae, q. 62, a. 3, c. : *Voluntas ordinatur in illum finem et quantum ad motum intentionis, in ipsum tendentem sicut in id quod est possibile consequi, quod pertinet ad spem : et quantum ad unionem quandam spiritualem, per quam quodammodo transformatur in illum finem, quod fit per caritatem. Appetitus enim uniuscuiusque rei naturaliter movetur et tendit in finem sibi connaturalem : et iste motus provenit ex quadam conformitate rei ad suum finem.*

3. Cf. Ia-IIae, q. 62, a. 3, ad 3 : *Ad appetitum duo pertinent : scilicet motus in finem; et conformatio ad finem per amorem. Et sic oportet quod in appetitu humano duae virtutes theologicae ponantur, scilicet spes et caritas.*

4. Cf. 3 *Sent.*, d. 26, q. 2, a. 1, ad 1 : *Spes dicitur in ordine ad bonum; et propter hoc importat motum appetitus in bonum tendentis, et sic habet quamdam similitudinem cum electione et intentione boni quae requiruntur in omni virtute.*

b) Pour tendre vers Dieu

Dans le commentaire de Jb 9,25-26, Thomas retient trois choses nécessaires à ceux qui tendent vers leur fin, laissant entrevoir par là les exigences de l'itinéraire de l'homme espérant en son Dieu :

> D'abord qu'ils ne mettent leur cœur en rien d'autre qui puisse les retarder de leur fin, mais qu'ils se hâtent à l'atteindre, et pour cela [Job] pose en premier lieu l'exemple du coureur qui tend au terme de sa course parce qu'il ne prend pas de retard en chemin, d'où il affirme *Mes jours sont plus rapides que le coureur*, en quoi il démontre l'instabilité de la fortune présente et son intention de tendre vers autre chose ; *ils se sont enfuis*, comme pour dire qu'il n'a pas trouvé le repos du cœur dans les choses de ce monde, d'où il introduit *et ils n'ont pas vu le bien*, c'est-à-dire vers lequel mon intention se portait et qui est le vrai bien : pour cette raison, je ne pense pas avoir été rémunéré en justice ; que si vous estimez que la prospérité présente est une rémunération, je suis puni en étant innocent lorsqu'elle est supprimée[1]

Le Maître d'Aquin n'a de cesse de revenir sur les données de ce passage qui dessinent l'horizon de la condition humaine : le vrai bien de l'homme est le bonheur spirituel, tandis que la prospérité terrestre doit être comptée parmi les biens les plus petits, lesquels doivent être ordonnés à la vraie félicité, car, si tel n'est pas le cas, ils lui seront un obstacle[2]. Ce que le frère dominicain dit au sujet de Jb 27,8-23 intervient à la fois comme une confirmation et un développement de cela :

> ... [Job] en arrive à son propos principal dans lequel il montre qu'il n'est pas contraire à la providence divine que des mauvais connaissent pour un temps la prospérité en ce monde et que des justes soient affligés temporairement ; auparavant, il avait manifesté cela à partir des récompenses et des peines futures réservées aux bons et aux mauvais après cette vie, maintenant il le montre à partir de la fragilité des biens temporels que les mauvais possèdent en cette vie et de la grandeur des biens spirituels qui sont accordés aux bons[3].

Job affirme d'abord, selon Thomas, l'inutilité des biens temporels pour les pécheurs en l'absence des biens de l'âme. Il montre ensuite qu'ils sont privés d'un double espoir : d'une part, celui qu'ont les justes d'être exaucés par Dieu au temps de la nécessité ; d'autre part, lorsque la consolation temporelle fait défaut en raison de la tribulation, les justes ont l'espoir de jouir de la délectation divine et de se plaire en sa

1. Cf. *Super Iob 9,25*, p. 65, lin. 599-612.
2. Cf. *Super Iob 8,11-12*, p. 55, lin.186-198 : *Ubi considerandum est quod adhaesionem hominis ad Deum hoc modo intellexit [Baldad] esse causam prosperitatis mundanae sicut humor est causa viriditatis herbae, et hoc ideo quia bonum hominis aestimabat esse prosperitatem terrenam; bonum autem hominis manifestum est <esse> ex hoc quod homo Deo inhaeret, et ideo credidit quod ex quo Deo non inhaeret eius prosperitas terrena deficiat : quod quidem verum est de felicitate spirituali quae est verum hominis bonum, non autem de prosperitate terrena quae inter minima bona computatur utpote organice deserviens ad veram hominis felicitatem.*
3. Cf *Super Iob 27,8*, p. 148, lin. 84-95.

louange[1]. Thomas s'attarde sur la caducité de la part revenant aux mauvais en ce monde : Dieu ayant tout créé et gouvernant tout, tous reçoivent de lui quelque chose comme en héritage de leur père; les mauvais ont pour part les biens de ce monde et les bons, les biens spirituels. Quatre sortes de biens de ce monde sont mentionnés à l'occasion des versets 11 à 23 : la descendance pouvant être interrompue, les richesses naturelles ou artificielles dont il faudra se départir, les demeures spacieuses dont on ne peut jouir que fort peu de temps, le bien-être personnel détérioré par la maladie ou la persécution, lesquelles peuvent conduire à la mort[2].

Ces indications ne sont pas sans rapport avec la démarche ascendante négative selon laquelle le théologien dominicain procède, dans le *Contra Gentiles* et la *Summa theologiae* spécialement, pour rendre compte de ce en quoi consiste le vrai bonheur de l'homme[3]. Si notre auteur n'innove pas ici complètement, étant redevable aux réflexions morales de l'Antiquité — en particulier l'*Ethique* d'Aristote — et à sa lecture d'Augustin, la mise en forme qu'il propose, toute polarisée par les exigences de sa téléologie, offre l'avantage de la synthèse rigoureuse[4]. Les données du *Super Iob* gagneront en consistance par le rappel des lignes structurantes de cette synthèse.

Ce ne sont pas d'abord les biens extérieurs qui font le bonheur de l'homme : les richesses, en effet, sont destinées à son service et non le contraire; elles ne peuvent donc être sa fin. L'honneur est le signe et le témoignage d'une excellence qui se trouve déjà dans la personne honorée; il ne la crée pas, mais la suppose. De ce point de vue, la béatitude est l'excellence suprême, mais non point l'honneur qui lui est rendu. Ce n'est pas davantage la gloire et la renommée qui constituent le bonheur plénier. La reconnaissance de nos mérites par les autres n'ajoute rien à notre valeur; il en va tout autrement de la connaissance que Dieu en a, car c'est elle qui est la cause de notre vraie béatitude. Cela ne peut être non plus le pouvoir : plus qu'une fin, le pouvoir est en réalité un principe d'action et il arrive d'ailleurs qu'on en use mal; c'est dans ce cas un malheur et non un bonheur. Thomas résume cela en donnant quatre raisons pour lesquelles le bonheur ne peut consister en ces biens : premièrement, la béatitude, souverain bien, ne souffre le mélange d'aucun mal; or, les biens en question peuvent se rencontrer chez les bons et les mauvais; deuxièmement, que l'on

1. Cf. *Super Iob 27,9-10*, p. 148, lin. 107-126.

2. Cf. p. 149-150, lin. 166-252.

3. Des éléments des cette démarche transparaissent déjà dans le *Commentaire des Sentences* (cf. en particulier 4 *Sent.*, d. 49, q. 1, a. 1; a. 3, qla 4, ad 3 et 4); Thomas est encore dépendant de la structure imposée par le Lombard. La version du *Contra Gentiles* (cf. 3 *CG*, cap. 27-36) est plus explicite, celle de la *Summa theologiae* plus ramassée, mais peut-être plus rigoureuse (cf. Ia-IIae, q. 2, a. 1-7).

4. Cf. *Ethique à Nicomaque*, I, 2-3; pour ce qui est de l'influence d'Augustin sur Thomas, nous renvoyons à l'étude de M.-A. Vannier mentionnée préalablement : « Du bonheur à la béatitude d'après S. Augustin et S. Thomas », *Vie spirituelle* 698 (1992) 45-58.

obtienne ces biens, beaucoup d'autres qui sont nécessaires feront encore défaut, par exemple la sagesse et la santé; troisièmement, ils peuvent être nuisibles et ils font alors le malheur de celui qui les possède; quatrièmement, la fin suppose que l'homme se dirige vers la béatitude par des principes qui lui sont intérieurs, puisqu'il s'y oriente naturellement; or, les biens dont on parle sont l'effet de causes extérieures, et le plus souvent du hasard : ils ne peuvent en conséquence constituer la béatitude[1].

Thomas, reprenant le même type de dialectique négative, écarte ensuite les biens intérieurs : ceux du corps servent à entretenir la vie, la santé, mais ils ne constituent pas le bien en soi; la vie elle-même n'est pas faite pour être gardée, mais pour être employée à atteindre la véritable fin que nous cherchons. Les voluptés corporelles ne sont pas retenues, car elles sont liées à la perception sensible et résultent de biens qui leur sont inférieurs; de plus, elles font suite à la possession du bien dont on jouit et ne constituent donc pas ce bien[2].

Il reste enfin à examiner les biens de l'âme : au sens où le mot « bien » a été pris jusqu'à présent, c'est-à-dire comme « la chose même que nous désirons obtenir », la réponse ne peut être que négative. L'âme est une réalité en puissance, tant au savoir qu'à la vertu, et comme telle elle exige de passer à l'acte afin de trouver sa perfection; or ce qui est en puissance ne saurait avoir raison de fin ultime; il est donc impossible que l'âme soit la fin dernière d'elle-même. Il n'est pas davantage possible que ce soit quelque autre bien de l'âme car la béatitude doit être telle qu'elle ait un caractère absolument parfait et comblant pour être capable de rassasier le désir de nature qui lui fait face. Il apparaît qu'aucun bien participé inhérent à la nature de l'âme n'est dans ce cas. Pourtant le mot « bien » peut aussi désigner sa possession ou son usage par l'âme, et, en ce sens, la béatitude est quelque chose de l'âme :

> La réalité même qui est désirée comme fin, affirme le Maître d'Aquin, est ce en quoi la béatitude consiste; c'est elle qui rend bienheureux. La béatitude elle-même c'est la possession de cette réalité. On peut donc conclure : la béatitude est quelque chose de l'âme, mais ce en quoi elle consiste est quelque chose hors de l'âme[3].

Ce parcours dialectique signifie le refus d'ériger la contingence des biens particuliers en fin ultime ou de la choisir contre la fin ultime. Selon Thomas, la perception de cette contingence, comme la mesure du mérite des choix dont les biens particuliers sont objet, supposent

1. Cf. Ia-IIae, q. 2, a. 4, c.
2. Cf. 3 *CG*, cap. 32-33; Ia-IIae, q. 2, a. 5-6.
3. Cf. Ia-IIae, q. 2, a. 7, c. : *Res ergo ipsa quae appetitur ut finis, est id in quo beatitudo consistit, et quod beatum facit : sed huius rei adeptio vocatur beatitudo. Unde dicendum est quod beatitudo est aliquid animae; sed id in quo consistit beatitudo, est aliquid extra animam*; cf. également l'*ad tertium* du même article 7.

que l'on ait posé Dieu comme fin ultime, au sommet et à la source de la hiérarchie des biens. Pour cette raison, la moralité de la conduite humaine ne se limite pas à une ascèse de la volonté refusant d'adhérer au contingent pour lui-même, le choisissant et le pratiquant, dans le respect de l'unique nécessaire dont la seule connaissance possible ne serait que négative[1]. C'est dans cette perspective qu'il faut comprendre l'importance de la pratique des vertus, comme étant, selon le commentaire de Jb 9,25-26, la deuxième condition pour tendre vers Dieu, notre fin ultime :

> Il est requis pour tendre vers une fin que l'on acquiert ce par quoi l'on peut parvenir à la fin, comme celui qui veut être guéri doit avoir les médicaments par lesquels il est guéri; de manière semblable, celui qui veut parvenir au vrai bien doit rechercher les vertus par lesquelles il peut l'obtenir, d'où [Job] ajoute *comme des bateaux chargés de fruits, ils ont passé,* en quoi il démontre deux choses : et la précarité de la fortune présente, parce que les bateaux chargés de fruits se hâtent dans le but qu'on les vende de peur qu'ils ne se gâtent à la longue, et l'application de celui qui tend vers la fin, comme s'il disait : mes jours n'ont pas passé en vain, mais j'ai rassemblé les vertus par lesquelles je rejoins ma fin[2].

Cela vaut d'abord des vertus théologales parce que, ayant Dieu pour motif formel et objet essentiel, elles portent directement vers la fin; la prééminence revient à la charité, car dans l'ordre de la perfection, elle précède aussi bien la foi que l'espérance : ces dernières sont formées par la charité et acquièrent ainsi leur perfection de vertu[3]. Etant précisément la vertu qui rattache à la fin ultime, il lui revient d'ordonner toutes les vertus à cette fin[4]. La charité exerce ce rôle à l'égard des vertus morales qui sont réalisatrices du bien ordonné à la fin ultime surnaturelle et qui, comme telles, ont parfaitement raison de

1. A. Wohlman note que c'est là un point sur lequel diffèrent fortement Thomas et Maïmonide. Elle reconnaît pourtant que la description que propose le théologien dominicain de l'homme partagé entre le bien conforme à la fin humaine et les biens qui s'y opposent ressemble au partage entre le bien selon la raison et le bien selon l'imagination que l'on trouve chez le philosophe juif (cf. *Thomas d'Aquin et Maïmonide*, p. 263-264).

2. Cf. *Super Iob 9,26*, p. 65, lin. 612-625 : *Requiritur quod tendens in aliquem finem acquirat sibi illa per quae possit ad finem pervenire, sicuti qui vult sanari oportet quod acquirat medicinas quibus sanetur; similiter qui vult ad verum bonum pervenire oportet conquirat virtutes quibus illud consequi possit, unde subdit* pertransierunt quasi naves poma portantes, *in quo etiam duo demonstrat : et labilitatem praesentis fortunae, quia naves poma portantes ad vendendum festinant ne per moram putrescant, et studium tendendi in finem, quasi dicat : dies mei non pertransierunt vacui, sed virtutes congregavi cum quibus tendo ad finem consequendum.*

3. Cf. Ia-IIae, q. 62, a. 4, c.

4. Cf. IIa-IIae, q. 23, a. 8, c. : *In moralibus forma actus attenditur principaliter ex parte finis : cuius ratio est quia principium moralium actuum est voluntas, cuius obiectum et quasi forma est finis. Semper autem forma actus consequitur formam agentis. Unde oportet quod in moralibus id quod dat actui ordinem ad finem, det ei et formam. Manifestum est autem [...] quod per caritatem ordinantur actus omnium aliarum virtutum ad ultimum finem. Et secundum hoc ipsa dat formam actibus omnium aliarum virtutum. Et pro tanto dicitur esse forma virtutum : nam et ipsae virtutes dicuntur in ordine ad actus formatos.*

vertu. Elles ne peuvent être acquises par des actes humains, mais doivent être infusées par Dieu. A chaque vertu naturelle correspond donc une vertu infuse qui la conduit à son épanouissement. Or c'est par la grâce, laquelle ne va pas sans charité, que le mouvement vertueux est repris et perfectionné[1].

Pour tendre vers sa fin, l'homme doit ainsi posséder la charité qui est le principe de toutes les œuvres bonnes pouvant être ordonnées à cette fin et, avec elle, les vertus morales qui lui permettent d'accomplir tous les genres d'œuvres bonnes; la première vertu concerne la fin alors que les autres regardent les moyens d'y parvenir[2].

Après la considération des obstacles qu'il faut éviter pour rejoindre la béatitude et des vertus qui structurent la démarche de l'homme vers elle, Thomas en arrive dans son commentaire de Jb 9,26 au troisième et dernier point :

> Il reste l'obtention de la fin, d'où [Job] affirme *comme l'aigle volant vers sa proie*, en quoi sont désignées les deux choses dites préalablement : l'aigle vole d'autant plus rapidement qu'il est pressé par la faim, et la nourriture est la fin où il se restaure[3].

Or quelque chose de cette fin ultime est déjà l'apanage de l'homme dans la vie présente, car dans la mesure où il évite le mal par l'accomplissement des bonnes œuvres, il parvient à la participation de la sagesse divine. Puisque la crainte de Dieu est sagesse et que l'abandon du mal est intelligence, les justes qui craignent Dieu et s'éloignent du mal, possèdent la sagesse et l'intelligence; celles-ci sont à préférer à tous les autres biens terrestres que les mauvais veulent posséder :

> En cela, affirme Thomas au sujet de Jb 28,28, il est manifeste que l'économie de la providence divine est sauvegardée selon qu'aux justes sont donnés les biens spirituels comme meilleurs, aux mauvais, les biens temporels comme caducs[4].

Conclusion : la perspective eschatologique du « Super Iob »

Le parcours que nous venons d'effectuer témoigne de l'importance qu'accorde Thomas, dans le *Super Iob*, à la perspective eschatologique dégagée sur la base d'une réflexion téléologique. A n'en point douter,

1. Cf. Ia-IIae, q. 65, a. 2, .c
2. Cf. Ia-IIae, q. 65, a. 3, c. et ad 1.
3. Cf. *Super Iob 9,26*, p. 65, lin. 625-629 : *Restat consecutio finis, unde dicit* sicut aquila volans ad escam, *in quo etiam duo praedicta designantur : nam aquila velocis volatus est praecipue cum a fame impellitur, et escam habet pro fine quo reficitur.*
4. Cf. *Super Iob 28,28*, p. 155, lin. 361-365 : *Et sic manifestum est quod in hoc salvatur ratio providentiae divinae quod iustis dantur bona spiritualia tamquam meliora, malis autem bona temporalia tamquam caduca;* on verra également les lignes qui précèdent : cf. lin. 346-361.

c'est un trait saillant de sa personnalité théologique et spirituelle si fortement marquée par une tension vers la vision de Dieu.

Il nous apparaît que le séjour à Orvieto constitue un moment particulièrement privilégié d'investigation et d'approfondissement de cette perspective : on est en droit de le penser au regard de la teneur des textes eux-mêmes qui furent identifiés et présentés préalablement. Si l'*Expositio* et la *Summa contra Gentiles* sont une illustration manifeste de la thématique téléologique et eschatologique, elles ne sont pourtant pas les seules de cette période; on peut en effet prendre l'exemple de l'Office du *Corpus Christi* dans lequel on trouve un déplacement, en quelque mesure, de la théologie eucharistique de S. Thomas vers l'eschatologie — un déplacement dont il n'y a, selon le Père Gy, guère d'équivalent chez les théologiens contemporains —. L'antienne *O sacrum convivium*, révélant un dynamisme interne, est très éclairante : la célébration eucharistique, pleine du mémorial de la Passion, est tournée vers l'accomplissement eschatologique puisqu'elle est le gage, le *pignus*, de la gloire future[1]. Pierre-Marie Gy retient également l'exemple de la finale, inattendue du point de vue liturgique, de l'hymne *Sacris solemniis* :

> Comme tu nous visites, nous t'honorons / Par tes sentiers conduis-nous où nous tendons (*duc nos quo tendimus*) / à la lumière que tu habites[2].

Le commentaire de Job a la particularité de situer la thématique eschatologique dans le cadre d'un questionnement sur la rétribution des actes humains : notre auteur brise le cercle de l'apparente injustice de ce monde en développant une théologie de l'espérance ouverte à une rétribution dans la vie future. Quand il s'agit alors de rendre compte de l'épreuve des justes, Thomas souligne que si Dieu ne la soustrait pas, bien qu'il en soit prié, c'est parce qu'elle peut les disposer à l'obtention du salut final[3]. Avant la question de la permission divine de l'adversité du juste, c'est le dynamisme exercé par la fin ultime qui retient prioritairement l'attention du Maître d'Aquin; allant dans le même sens, il dira dans la *Somme théologique* :

> Dieu exerce sa providence à l'égard des hommes justes d'une manière plus excellente qu'envers les impies, en ce qu'il ne permet pas qu'il arrive contre eux quelque chose qui compromette finalement leur salut : car, comme dit l'Apôtre, « pour ceux qui aiment Dieu, tout coopère à leur bien » (Rm 8,28)[4].

1. *O sacrum convivum in quo Christus sumitur, recolitur memoria passionis eius, mens impletur gratia et futurae gloriae nobis pignus datur* (cf. « La relation au Christ dans l'Eucharistie selon S. Bonaventure et S. Thomas d'Aquin », dans *Sacrements de Jésus-Christ*, J. DORÉ, éd., Paris, 1983, p. 69-106, ici p. 93; J.-P. TORRELL, *Initiation*, p. 198).

2. Cf. « La relation au Christ dans l'Eucharistie selon S. Bonaventure et S. Thomas d'Aquin », p. 93.

3. Cf. *Super Iob 9,16*, p. 63, lin. 409-422.

4. Cf. Ia, q. 22, a. 2, ad 4 : *Hominum autem iustorum quodam excellentiori modo Deus habet providentiam quam impiorum, inquantum non permittit contra eos evenire aliquid,*

L'*Expositio* est par là représentative d'une certaine attitude religieuse, consciente de la responsabilité de l'homme et inséparablement ouverte à l'intervention du don de la vie surnaturelle par lequel Dieu aide l'homme à le rejoindre.

Différente, par contre, est l'attitude d'un autre lecteur du livre de Job, Maïmonide : d'après lui, l'homme doit être fidèle à la transcendance de Dieu selon les ressources inscrites dans sa nature rationnelle[1]. L'erreur de Job, et en conséquence la cause de sa souffrance, fut de ne pas être conscient des illusions et des limites de sa propre compréhension en face des décisions de la sagesse transcendante de Dieu. En cela, il montra qu'il n'était pas lui-même un sage, ou tout ou moins qu'il n'était pas encore parvenu à la sagesse. Le philosophe juif remarque que ce trait est absent du portrait qui est dressé de Job :

> Ce qu'il y a de plus étonnant et de plus remarquable dans ce récit, c'est qu'on n'attribue point à Job la science et qu'on ne l'appelle pas un homme sage, ou intelligent, ou savant; car, au contraire, on ne lui attribue que d'excellentes mœurs et la droiture dans les actions. En effet, s'il avait été un sage, sa situation n'aurait eu pour lui rien d'obscur[2].

Il lui manqua de considérer ses épreuves à la lumière d'une raison soumise à la sagesse divine. Or un des rôles de la raison, pour ne pas dire le plus important aux yeux de Maïmonide, est de purifier les représentations de la tradition religieuse en vue d'une adhésion plus authentique à la volonté de Dieu : c'est ici que se trouve le message du livre de Job. Il importe dans ce sens d'abandonner un regard lié à l'imagination et aux apparences afin de faire confiance à la manière dont Dieu voit les choses. Le sage est celui qui, observant les réalités du monde physique et le jeu de la causalité qui s'y trouve, est capable d'y reconnaître l'ordre des choses voulu par Dieu et de s'y soumettre par l'exercice de sa raison. Cette compréhension nouvelle des choses fut donnée à Job dès l'instant où il perçut et accepta la transcendance du regard que Dieu porte sur le monde et sur l'homme :

> L'idée de la Providence de Dieu n'est pas la même que celle de la nôtre, et l'idée du gouvernement dont les créatures sont l'objet de la part de Dieu n'est pas la même que celle du gouvernement que nous exerçons; ces deux (choses respectives) ne rentrent pas sous une même définition, comme on le croit par égarement, et n'ont rien de commun que le seul nom, de même que notre action et celle de Dieu ne se ressemblent point et ne rentrent pas sous une même définition. De même que les œuvres de la nature diffèrent de l'art,

quod finaliter impediat salutem eorum : nam « diligentibus Deum omnia cooperantur in bonum », ut dicitur Rom. 8 [28].

1. A. Wohlman expose de manière suggestive les points constitutifs de l'attitude religieuse selon Thomas et Maïmonide (cf. *Thomas d'Aquin et Maïmonide*, p. 250-266).

2. Cf. *Guide des égarés*, III, chap. 22, p. 163; *Dux neutrorum*, lib. III, cap. 23, fol. 84 v° : *Quod autem magis mirum est in hac ratione qua non dixit de Iob quod erat vir sapiens et intelligens : sed commendavit eum Scriptura in bonis moribus et in operibus rectis. Et si fuisset sapiens non fuisset eius ratio dubia.*

de même le gouvernement divin, la providence divine, l'intention divine, dont ces choses physiques sont l'objet, diffèrent de notre gouvernement humain, de notre prévoyance et de notre intention à l'égard des choses qui en sont l'objet[1].

Pénétré de cette compréhension, l'homme supportera plus aisément l'adversité :

> Les malheurs ne lui feront plus douter de Dieu, et (il ne se demandera plus) si Dieu en a connaissance ou non, s'il a soin (de l'homme) ou s'il l'abandonne ; au contraire, ils lui inspireront plus d'amour, comme il est dit à la fin de cette révélation : « C'est pourquoi je rejette tout cela et je me repens dans la poussière et dans la cendre »[2].

Ainsi Maïmonide, comme Thomas, n'admet pas la possibilité de cette injustice fondamentale qu'est le malheur du juste ; pourtant, il considère autrement que le frère dominicain la façon dont s'ordonnent l'action humaine et sa rétribution sous le regard de la providence divine : l'homme est soumis comme toutes les autres créatures à l'ensemble des lois naturelles, mais il est seul à pouvoir choisir entre le bien et le mal dans un acte dont il a l'initiative. Ce faisant, il s'insère dans un ordre dont Dieu a le secret et qu'il lui appartient de reconnaître par la raison[3] ; le philosophe juif est par là attentif à la façon dont l'homme appréhende l'ordre de la providence divine dans les réalités humaines. Thomas, pour sa part, n'ignore pas cela et il dégage diverses étapes par lesquelles passe Job, le juste affligé, afin de rendre compte de la recherche entreprise par l'homme au sujet de la vérité de la Providence. Or cette recherche, dont nous allons traiter maintenant, ne peut être saisie qu'au sein de sa réflexion téléologique et eschatologique, laquelle constitue un véritable cadre herméneutique.

1. Cf. *Guide des égarés*, III, chap. 23, p. 185-186 ; *Dux neutrorum*, lib. III, cap. 24, fol. 86 v°.

2. Cf. *Guide des égarés*, III, chap. 23, p. 186 ; *Dux neutrorum*, lib. III, cap. 24, fol. 86 v° : *Cum vero istud sciverit homo, omnis adversitas fit ei levis : et occasio quae acciderit non adiiciet quaerere adversus Creatorem, utrum sciat an non sciat : et utrum regat an postponat : sed adiicit amorem in ipsum sicut dixit in roboratione huius prophetiae. Idcirco abominatus sum et confortat sum in pulvere et cinere.*

3. Cette position se comprend bien à partir de la doctrine de l'épanchement divin que Maïmonide expose notamment dans le chapitre 17 du troisième livre du *Guide* : « Je crois que la Providence dépend de l'Intelligence à laquelle elle est intimement liée. En effet, la Providence ne peut émaner que d'un être intelligent et particulièrement de celui qui est une Intelligence parfaite au suprême degré de perfection ; d'où il s'ensuit que celui-là seul auquel il s'attache quelque chose de cet épanchement (de l'Intelligence divine) participera de la Providence suivant la mesure selon laquelle il participe de l'Intelligence » (cf. p. 135).

TROISIÈME PARTIE

JOB, LE JUSTE AFFLIGÉ, RECHERCHE LA VERITÉ DE LA PROVIDENCE DIVINE

Au terme de son commentaire du chapitre 39, Thomas nous fournit une véritable clé d'interprétation du livre sacré, en distinguant trois sortes de discours de Job :

> Il faut en effet considérer que si les paroles adressées précédemment par le Seigneur à Job ne furent pas exprimées par un son extérieur, mais inspirées intérieurement, Job apparaît s'être exprimé dans ce livre de trois façons : d'abord comme faisant montre d'une réaction de sa sensibilité dans la première plainte quand il dit « Que périsse le jour », ensuite exprimant la délibération de la raison humaine tandis qu'il disputait avec ses amis, enfin selon l'inspiration divine alors qu'il prononça des paroles au nom du Seigneur; et parce que la raison humaine doit être dirigée selon l'inspiration divine, après les paroles du Seigneur, il reprend les paroles qu'il avait dites selon la raison humaine[1].

Ces trois sortes de discours correspondent à trois étapes par lesquelles passe le juste affligé, depuis l'origine du bouleversement de sa sensibilité jusqu'à sa totale *conversio ad Deum* où il cède à l'inspiration divine[2]. Par là, Thomas veut mettre en lumière — et c'est une des originalités de son commentaire — l'itinéraire de ce juste affligé, représentant tous les hommes[3], qui recherche la vérité de la

1. Cf. *Super Iob 39,35*, p. 212, lin. 368-379 : *Est autem considerandum quod si praedicta locutio Domini ad Iob non fuit per exteriorem sonum prolata sed interius inspirata, Iob tripliciter in hoc libro invenitur fuisse locutus : primo quidem quasi repraesentans affectum sensualitatis in prima conquestione cum dixit "Pereat dies", secundo exprimens deliberationem rationis humanae dum contra amicos disputaret, tertio secundum inspirationem divinam dum ex persona Domini verba induxit; et quia humana ratio dirigi debet secundum inspirationem divinam, post verba Domini, verba quae secundum rationem humanam dixerat reprehendit.*

2. Cf. Léon., t. XXVI, Introduction, p. 29*.

3. Cf. *Super Iob 38,21*, p. 204, lin. 415-419 : *Et tu quidem hoc non potuisti quia antequam nascereris non eras, sed nec alius homo hoc praenoscere potuit propter debilitatem cognitionis humanae : loquitur enim Deus ad Iob in persona omnium hominum.*

providence divine. On découvrira à travers cette interprétation des propos de Job un approfondissement de l'enseignement du théologien dominicain sur la condition de l'homme devant Dieu. Nous nous attacherons à montrer ce que cet enseignement doit à la maturation de la réflexion thomasienne présente dans la production théologique antérieure et contemporaine et le relief spécial qu'il a dans le *Super Iob* par rapport à d'autres œuvres.

CHAPITRE V

PEREAT DIES IN QUA NATUS SUM

(Jb 3,3) : Job est entraîné par sa sensibilité

Thomas, achevant de commenter le chapitre 3, résume le contenu de la plainte de Job et y voit trois lignes de force : l'ampleur du malheur enduré par Job, le dégoût qu'il a de sa vie ainsi que son innocence, laquelle ne connaît point d'altération malgré l'adversité[1]. C'est autour de ces trois aspects que nous allons approfondir l'interprétation thomasienne du chapitre 3.

L'ampleur de l'adversité de Job

Ce que rapporte Thomas de l'adversité de Job, quant à son ampleur, constitue en quelque sorte le cadre de sa réflexion sur l'attitude de juste devant l'épreuve. L'amertume de l'âme, souligne-t-il dans ce sens, naît du malheur qui consiste en deux choses : d'une part dans la perte des biens ou d'une personne, d'autre part dans les déshonneurs. C'est l'interprétation qu'il donne de Jb 3,25 *timor quem timebam evenit mihi, et quod verebar accidit* : plus en effet est-on prudent, plus songe-t-on dans un état de prospérité à ce qui peut arriver au temps de l'adversité; or Job qui possédait cette vertu endurait donc un grand malheur quand ce qu'il avait craint lui arriva. De plus, jouissant par le passé de l'estime d'autrui, il fut couvert par la suite de nombreux opprobres[2].

A partir de là, nous nous proposons de considérer d'autres lieux de l'*Expositio* où le Maître d'Aquin s'attache à l'épreuve du juste. Peut-être serait-on tenté de les esquiver en raison de leur orientation par trop descriptive; on aurait tort de succomber à une telle tentation, car ils nous dévoilent une interprétation soucieuse de la cohérence interne du

1. Cf. *Super Iob 3,26*, p. 26, lin. 555-560.
2. Cf. *Super Iob 3,25*, p. 26, lin. 515-534.

texte sacré, laquelle constitue le point d'appui de la théologie biblique élaborée par notre auteur. Ce souci se manifeste dans l'articulation des données scripturaires les unes avec les autres, comme on peut l'observer dans le commentaire du chapitre 30 notamment, éclairé par celui des chapitres 1 et 2.

Le verset *Redactus sum in nihilum : abstulit quasi ventus desiderium meum, et velut nubes pertransiit salus mea* (Jb 30,15) signifie qu'il ne reste à Job rien de sa prospérité passée qui consistait en des biens extérieurs qu'on lui ravit et en des biens ressortissant à sa personne[1]. Thomas note que dans le récit de l'adversité de Job l'ordre suivi est l'inverse de celui qui intervient dans le récit de sa prospérité : le texte sacré rapporte d'abord la perte de la subsistance, puis la disparition de la descendance, enfin l'affliction de la personne. Il y a ainsi une croissance de l'épreuve, car celui qu'une trop grande adversité opprime ne ressent pas celle qui est moindre, mais l'inverse est vrai. Pour que de chacune des adversités Job en ressente donc une affliction appropriée et soit de la sorte davantage provoqué à l'impatience et au blasphème, Satan l'afflige progressivement[2].

Lorsque le diable dit à Dieu « Etends un peu ta main, et touche à tout ce qu'il possède, qu'il ne te maudisse en face » (Jb 1,11), il veut montrer que Job n'est juste que par dissimulation : il ne sert Dieu que par attrait pour la prospérité temporelle et une fois celle-ci retirée, il cesse de le craindre. Dans une grande adversité, souligne le frère dominicain, le cœur des justes se laisse parfois émouvoir, tandis que les justes d'apparence seulement sont troublés par une légère contrariété, car ils n'ont aucune racine de vertu[3]. Or Job, après avoir perdu les biens extérieurs, demeura ferme dans la vertu[4].

On en arrive alors à la deuxième intervention de Satan visant cette fois-ci la personne même de Job et signifiée en particulier par le verset 4 du chapitre 2 : *Pellem pro pelle, et cuncta quae habet homo dabit pro anima sua* :

> Il faut considérer, affirme Thomas, que Job avait été affligé d'une double manière, à savoir dans la perte de ses possessions et de ses enfants. Satan veut dire que Job avait supporté patiemment l'une et l'autre épreuve pour le bien de son corps, et ceci n'était pas d'une grande vertu mais était humain et habituel chez les hommes; c'est ce qu'il dit *l'homme*, comme quiconque même sans vertu, donnera facilement *peau pour peau*, c'est-à-dire une autre chair à la place de la sienne : l'homme sans vertu supporte en effet que toute autre personne, même ses proches, soit affligée dans son corps plutôt que lui; de même tout homme donnera les biens extérieurs qu'il possède *pour son âme*, c'est-à-dire pour la conservation de sa vie : les biens extérieurs sont requis pour la conservation de la vie; ils permettent de se procurer la

1. Cf. *Super Iob 30,15*, p. 162, lin. 168-180.
2. Cf. *Super Iob 1,12*, p. 12, lin. 611-629.
3. Cf. *Super Iob 1,11*, p. 11, lin. 525-552.
4. Cf. *Super Iob 2,1*, p. 16, lin. 13-21.

subsistance, l'habillement et d'autres choses par lesquelles la vie de l'homme se conserve commodément[1].

Il est à remarquer qu'Albert le Grand adopte une interprétation un peu différente de l'expression *pellem pro pelle* puisqu'il y voit la protection d'un membre plus important par un moins important, et même le sacrifice de celui-ci au profit de celui-là, par exemple lorsqu'un coup est porté au visage, la main sert à protéger l'œil; ainsi Job renonça facilement à tout ce qu'il possédait pour ne pas perdre sa vie[2].

Et comme on pourrait dire à Satan, poursuit Thomas, « d'où peut-on prouver que Job supporta patiemment la perte de ses enfants et de ses biens parce qu'il craignait pour sa peau et pour sa vie », il affirme, répondant en quelque sorte à cette question : *du reste*, c'est-à-dire si on ne le croit pas sur une simple parole, *étends ta main*, en d'autres termes mets en œuvre ta puissance, *et touche à ses os et à sa chair*, c'est-à-dire afflige-le dans son corps, non seulement au-dehors, ce que pourrait signifier toucher à sa chair, mais aussi en profondeur, ce que signifie toucher à ses os, afin qu'il soit atteint jusqu'à l'intime de lui-même; *et alors tu verras*, autrement tous pourront s'en rendre compte, *qu'il te maudira en face*...[3].

1. Cf. *Super Iob 2,4*, p. 17, lin. 82-99 : *Considerandum est autem quod Iob dupliciter afflictus fuerat, scilicet in amissione possessionum et in amissione natorum. Intendit igitur Satan dicere quod utramque afflictionem Iob patienter toleraverat pro corporis sui salute, et hoc non erat magnae virtutis sed erat humanum et apud homines consuetum; et hoc est quod dicit* homo, *quasi quicumque etiam non virtuosus, dabit de facili* pellem pro pelle, *idest carnem alienam pro carne sua : sustinet enim homo non virtuosus ut quicumque alii etiam quantumcumque coniuncti potius corpore affligantur quam ipse; et similiter homo quicumque dabit cuncta exteriora quae possidet* pro anima sua, *idest pro vita sua conservanda : exteriora enim bona ad conservationem vitae quaeruntur, ut sint in subsidium victus et vestitus et aliorum huiusmodi quibus vita hominis commode conservatur.*

2. Cf. *Commentarii in Iob 2,4*, col. 43 : Pellem pro pelle; *dicere intendit [Satan], quod, sicut pellis durior pro pelle teneriori exponitur, ut manus pro oculo, si ictus contra oculum veniat, ita homo minus cara pro carioribus exponit, quasi dicat : cuncta, quae habuit Iob, facile contempsit, ne murmurans contra te vitam perderet, et non pro te, sed pro se ipso hoc fecit. Et hoc est, quod sequitur :* et, *id est* cuncta, quae habet homo *in exterioribus*, dabit, *hoc est, contemnet facile*, pro anima sua, *supple redimenda, hoc est, animali vita. Vitam enim plus amat quam divitias, et est, ac si dicat, quod contra perditas divitias non murmuravit, ideo fuit, ne murmurans vitam perderet. Prv. XIII, (8) : "Redemptio animae viri propriae divitiae".* J. Lévêque (cf. *Job et son Dieu*, t. 1, p. 197) note que cette interprétation n'est pas sans rejoindre celle du *Targum* : « membre pour membre, on donne un peu pour beaucoup sauver »; le *Targum* est lui-même suivi par Rashi (Rabboni Shelomoh Yishaki, 1040-1105 : cf. son commentaire hébreu de Job dans la *Biblia Hebraica rabbinica* de J. BUXTORF, Basel, 1618-1619). Un commentateur contemporain tel que P. Dhorme juge très favorablement cette explication : « Il faut remarquer, en effet, que dans la phrase suivante, Satan dira : "Tout ce qui est à l'homme, il le donne pour sa vie". Et plus loin (v. 5) il demande à Dieu de toucher Job dans son os et dans sa chair. L'os et la chair, qui sont vraiment l'être intime de l'homme, s'opposent à la peau qui est la partie extérieure et superficielle. "Peau pour peau", c'est-à-dire : la plaie n'était qu'une égratignure, Dieu n'a fait qu'effleurer le patient. Quoi d'étonnant si l'effet n'est pas perceptible? Et ainsi l'expression s'oppose à "vie pour vie". Si la plaie avait été profonde, si Dieu s'était attaqué à l'os et à la chair de Job, l'attitude du juste aurait été différente » (cf. *Le livre de Job*, « Etudes bibliques », Paris, 1926, p. 15).

3. Cf. *Super Iob 2,5*, p. 17, lin. 100-112 : *Et quia posset aliquis dicere ad Satan « unde potest probari quod Iob amissionem natorum et possessionum patienter tulerit timens pelli suae et*

Après en avoir reçu le pouvoir de Dieu, Satan procède à son exécution comme l'indique le verset 7 : *Egressus igitur Satan a facie Domini percussit Iob ulcere pessimo a planta pedis usque ad verticem eius.* Job, soumis à une telle épreuve, ne bénéficia d'aucun remède ni d'aucun soin palliatif; il ne fut pas davantage réconforté par la beauté du lieu où il se trouvait, ni par la douceur d'un lieu de repos, ni par quelque bonne odeur :

> *Qui testa saniem radebat, sedens in sterquilinio* (Jb 2,8).

Le Maître d'Aquin propose au sujet de ce verset deux interprétations, privilégiant toutefois la deuxième : ou bien Job, s'estimant frappé par le Seigneur, s'affligeait lui-même spontanément et s'humiliait pour en obtenir plus facilement la miséricorde; ou bien, après avoir tout perdu, il ne pouvait trouver quelque secours que ce soit; il apparaît ainsi que Satan usa de tout le pouvoir qui lui fut accordé[1].

Dans ce sens, notre auteur donne toute leur consistance aux paroles que Job adresse à Dieu au chapitre 30 (vv. 20-22), soulignant qu'à la différence d'autres justes qui dans la tribulation ont l'espoir de jouir de la délectation divine, il se considère comme abandonné de Dieu lui-même[2]; autrefois, par contre, il percevait la familiarité divine dans la prière et la contemplation et Dieu l'aidait à bien agir[3] :

> *Je crierai vers toi,* c'est-à-dire demandant continuellement d'être libéré de cette adversité, *et tu ne m'exauceras pas,* à savoir de sitôt; *je me tiens là,* autrement dit persévérant dans la prière, *et tu ne me regardes pas,* c'est-à-dire pour me délivrer de l'adversité; et si je m'arrêtais seulement à la condition temporelle, je te tiendrais pour un ennemi cruel et dur, d'où il ajoute *Tu t'es changé pour moi en bourreau,* c'est-à-dire compte tenu, semble-t-il, des fléaux extérieurs, tandis que tu n'épargnes pas celui qui t'en supplie, *et d'une main cruelle tu t'opposes à moi,* en d'autres termes en m'affligeant fortement. Et selon ce qui apparaît extérieurement, il semble que tu m'aies accordé la prospérité antérieure en vue de mon malheur, c'est pourquoi il affirme *Tu m'as élevé,* à savoir au temps de la prospérité, *et me plaçant comme au-dessus du vent,* autrement dit dans une condition très haute, cependant instable à la

vitae suae? » quasi huic quaestioni respondens subdit alioquin, *scilicet si verbo simplici non creditur,* mitte manum tuam, *idest exerce virtutem tuam,* et tange os eius et carnem, *idest affligas eum in corpore, non solum in superficie, quod posset significari per tactum carnis, sed etiam in profundum, quod significatur per tactum ossis, ut scilicet tactus usque ad intima perveniat;* et tunc videbis, *idest manifeste ab omnibus conspici poterit,* quod in faciem benedixerit tibi....

1. Cf. *Super Iob 2,7-8*, p. 17, lin. 124-146.

2. Cf. *Super Iob 30,20-22*, p. 162, lin. 213-215; *27,9-10*, p. 148, lin. 107-126.

3. Cf. *Super Iob 29,4-5*, p. 156, lin. 43-51 : *Seriatim exponit bona status praeteriti, et incipit quasi a praecipuo a familiaritate divina quam in oratione et contemplatione percipiebat, unde dicit* quando secreto Deus erat in tabernaculo meo, *idest Dei praesentiam sentiebam dum secreto in tabernaculo meo orabam et meditabar, quod pertinet ad contemplationem; quantum vero ad actionem subdit* quando erat Omnipotens mecum, *quasi scilicet mihi cooperans ad bene agendum.*

manière du vent, *tu m'as écrasé fortement*, c'est-à-dire que tu m'as blessé gravement en me projetant de haut sur le sol[1].

Si Job est assailli par l'amertume, il ne succombe pas pour autant, précise Thomas, au désespoir, parce qu'il sait que son existence est destinée à la vie bienheureuse[2].

Ces différents passages de l'*Expositio* nous permettent d'aborder plus aisément ce qui constitue l'objet principal de ce paragraphe, l'attitude de Job devant l'épreuve.

Job, affecté par la tristesse selon la partie inférieure de son âme, a sa vie en dégoût

Thomas n'est pas sans avoir renouvelé — comme nous l'avons déjà évoqué[3] — l'interprétation du verset qui ouvre la longue plainte de Job :

> *Pereat dies in qua natus sum, et nox in qua dictum est : conceptus est homo* (Jb 3,3).

Grégoire le Grand, se référant au sens mystique, voit dans le jour de la naissance de Job le temps de la mortalité et de la mutabilité, par contraste avec celui de l'éternité; il note que Job ne dit pas *Pereat dies in qua conditus sum*, mais *in qua natus sum*, car l'homme fut créé dans le temps de la justice, tandis qu'il est né dans celui de la faute[4].

1. Cf. *Super Iob 30,20-22*, p. 162-163, lin. 215-231 : Clamabo ad te, *scilicet continue petens liberari ab hac adversitate*, et non exaudies me, *scilicet tam cito;* sto, *idest persevero in orando*, et non respicis me, *scilicet ab adversitate liberando; et ita si considerarem tantum temporalem statum reputarem te crudelem et durum hostem, unde subdit* Mutatus es mihi in crudelem, *secundum scilicet quod videtur ex exterioribus flagellis dum nec deprecanti parcis*, et in duritia manus tuae adversaris mihi, *scilicet graviter me affligendo. Et secundum quod ex exterioribus apparet, videtur quod in malum meum mihi pristinam prosperitatem concesseris, unde subdit* Elevasti me, *scilicet tempore prosperitatis*, et quasi super ventum ponens, *idest in altissimo statu, instabili tamen ad modum venti*, elisisti me valide, *idest graviter me laesisti quasi de alto in terram proiciens.* Le commentaire d'Albert sur ces mêmes versets est proche de celui de Thomas; voici ce qu'il dit par exemple du verset 22 : *Et ostendit, quam amarus est casus per felicitatem pristinam, a qua cecidit :* Elevasti me, *sanitate sc. divitiis et potentatu*, et quasi super ventum ponens. *Temporalia enim ventus sunt. Is XL, (7) : "Exsiccatum est foenum et cecidit flos, quia spiritus Domini sufflavit in eo". Iac. IV, (15) : "Quae est enim vita nostra? vapor est ad modicum parens, et deinceps exterminabitur". Supra (VII,7) : "Memento mei, Deus, quia ventus vita mea".* elisisti me valide, *quanto enim altior status, tanto profundior casus; taliter enim cadens in casu alliditur et colliditur. II Mach. IX, (7) : "Contingit illum impetu euntem de curru cadere, et gravi corporis collisione membra vexari"* (cf. *Commentarii in Iob 30,22*, col. 348).
2. Cf. *Super Iob 30,23-24*, p. 163, lin. 231-248.
3. Cf. notre première partie, chap. I.
4. Cf. *Moral.*, lib. IV, cap. 1 (*PL* 75, 639 D-640 A) : *Quid debet enim per diem nativitatis, nisi omne tempus nostrae mortalitatis intelligi? quod quandiu nos in hac nostrae mutabilitatis corruptione retinet, aeternitatis nobis incommutabilitas non apparet. Qui igitur diem jam aeternitatis videt, aegre diem suae mortalitatis sustinet. Et notandum quia non ait, Pereat dies in qua conditus : sed,* Pereat dies in qua natus sum. *In die quippe justitiae homo est conditus, sed jam in tempore culpae natus. Adam enim conditus, sed Cain primus natus est. Quid est ergo diei nativitatis maledicere, nisi aperte dicere : Dies mutabilitatis pereat, et lumen aeternitatis erumpat.*

Prolongeant cette interprétation par le sens moral, Grégoire affirme que Job souhaite que périssent la convoitise qui entraîna l'homme dans la faute ainsi que la faiblesse de son esprit[1]. Hugues de Saint-Cher, faisant sienne la lecture grégorienne, synthétise cela en disant que le jour dont Job désire la disparition est à la fois celui du démon, celui de la mutabilité, celui de la prospérité terrestre et de la convoitise du péché[2]. S. Albert, pour sa part, ne s'éloigne guère de cette interprétation, puisqu'il considère le jour de la naissance de Job et la nuit de sa conception comme pris en charge par le démon pour y exercer sa malice[3]; pourtant, il apporte des éléments nouveaux à l'interprétation grégorienne, comme nous le verrons par la suite.

Selon Thomas, lorsque Job maudit son jour, il le dénonce comme mauvais à cause de l'adversité qui y est intervenu~~e~~[4] :

> Il faut savoir que, bien qu'être et vivre soit désirable en soi, cependant être et vivre dans le malheur de cette manière doit être fui; il arrive pourtant que l'on supporte volontiers de se trouver dans la détresse en vue d'une fin; d'où une vie misérable qui n'est pas ordonnée à quelque fin bonne ne saurait en aucun cas être choisie d'après ce qu'affirme le Seigneur en Mt XXVI, 24 : « Il aurait mieux valu que cet homme ne fût pas né ». Or seule la raison appréhende le bien que l'on attend d'une épreuve; la puissance sensitive, par contre, ne le perçoit pas. Il en est de même du goût qui perçoit l'amertume d'un remède, mais la raison seule se plaît dans la fin qu'est la santé; si quelqu'un voulait donc exprimer ce que ressent son goût, il déclarerait que le médicament est mauvais, bien que sa raison jugeât qu'il est bon compte tenu de la fin; ainsi le malheur que le bienheureux Job supportait, pouvait, selon sa raison, sembler utile en quelque chose, mais la partie inférieure de son âme, qui était affectée par la tristesse, rejetait totalement l'adversité, d'où la vie même placée sous le signe d'une telle adversité lui était odieuse. Quand quelque chose d'odieux nous advient, nous avons en abomination

1. Cf. *Moral.*, lib. IV, cap. 13 (*PL* 75, 651 A) : Pereat dies in qua natus sum, et nox in qua dictum est, Conceptus est homo *: id est, pereat delectatio, quae in culpam hominem rapuit, pereat incauta mentis infirmitas, quae usque ad tenebras pravi consensus excaecavit. Homo enim dum blandimenta delectationis caute non perspicit, etiam in noctem nequissimae perpetrationis ruit. Solerter ergo vigilandum est, ut cum blandiri culpa inchoat, ad quantum interitum mens trahatur, agnoscat.*

2. Cf. *Postilla super librum Iob 3,3*, fol. 400 v°- 401 r°.

3. Cf. *Commentarii in Iob 3,3*, col. 55-56 : *Dies naturaliter est principium vitae nascentis ex utero ad lucem, et haec vita secundum totam periodum, in quam potestatem accipit Satan, ut malitiam suae voluntatis exerceat in rebus, liberis, persona et amicis, quos in adversarios convertit, non potest optari, nisi ut pereat; si enim peribit, tristitias et infelicitates non ingeret; si autem procedet de mane in meridiem et de meridie in vesperam, multis afflictionibus vitam consumet; et ideo optandum non est, nisi ut pereat. Nec maledicitur dies, in quantum singularis est, sed in quantum est principium totius vitae decursus in afflictionibus Satan.* Albert indique que son interprétation est proche de celle de Grégoire à cette différence près : *Expositio Gregorii ab hac non differt, nisi quod ille processum dicit in peccatis, nos autem in afflictionibus Satanae* (cf. col. 56).

4. Cf. *Super Iob 3,1*, p. 21, lin. 45-78. Avant de donner son interprétation du verset 1b : *et maledixit diei suo*, Thomas, redevable qu'il est à S. Grégoire (cf. *Moral.*, lib. IV, cap. 1 / *PL* 75, 638 C-639 A), donne les diverses significations du verbe maledicere. Plus directement que Thomas toutefois, Albert se réfère à Grégoire quand il commente Jb 3,1b (cf. *Commentarii in Iob*, col. 55).

tout ce par quoi nous y sommes parvenus; c'est pourquoi Job, selon la partie inférieure de son âme dont il s'appliquait maintenant à exprimer la souffrance, avait en haine sa naissance et sa conception par lesquelles il était venu à la vie, et par conséquent le jour de sa naissance et la nuit de sa conception, d'après cette façon de parler où, à partir de ce qui se passe dans le temps, on lui attribue quelque chose de bon ou de mauvais. Ainsi donc, parce que selon sa partie sensitive Job répugnait à une vie soumise à l'adversité, il désirait n'être jamais né, ni n'avoir été conçu; c'est ce qu'il affirme *Que périsse le jour où je suis né*, comme s'il disait « je n'aurais jamais dû naître! » *et la nuit au cours de laquelle il fut dit*, c'est-à-dire où il put vraiment être dit *un homme fut conçu*, comme s'il disait « si seulement je n'avais jamais été conçu! ». Il ordonne convenablement les choses, parce que la naissance n'ayant pas eu lieu, la conception n'en est pas supprimée pour autant, mais c'est le contraire; il attribue également convenablement la conception à la nuit et la naissance au jour, parce que selon les astrologues la naissance durant le jour est plus louable, l'astre principal, à savoir le soleil, se trouvant au-dessus de la terre, et que la conception, quant à elle, est plus fréquente la nuit. La même façon de parler se trouve en Jér. XX,14 : « Maudit soit le jour où je suis né, que le jour où ma mère me mit au monde ne soit pas béni »[1].

Si, au regard de l'interprétation thomasienne du verset 3, Job est entraîné par sa sensibilité, sa raison n'en domine pas moins la partie inférieure de son âme, comme l'affirme notre auteur à propos du verset 1a *Post haec autem aperuit Iob os suum* :

Ainsi donc Job, à cause des adversités rapportées précédemment, éprouva de la tristesse, autrement la vertu de patience n'aurait pas eu de place en lui, mais sa raison ne dévia pas de la rectitude à cause de la tristesse, elle la

1. Cf. *Super Iob 3,3*, p. 21, lin. 81-125 : *Sciendum est autem quod licet esse et vivere secundum se sit appetibile, tamen esse et vivere in miseria est fugiendum secundum quod huiusmodi, licet interdum esse in miseria libenter sustineatur propter aliquem finem; unde illa misera vita quae non ordinatur ad aliquem finem bonum nullo modo est eligenda, secundum quod Dominus dicit Matth. XXVI,24 « Melius erat ei si natus non fuisset homo ille ». Bonum autem quod ex aliqua miseria expectatur sola ratio apprehendit, vis autem sensitiva non percipit, sicut amaritudinem medicinae gustus percipit, sed sola ratio in fine sanitatis delectatur; si quis igitur passionem sui gustus vellet exprimere denuntiaret medicinam esse malam, quamvis ratio iudicaret eam esse bonam propter finem; sic igitur miseria quam beatus Iob sustinebat rationi quidem poterat videri quantum ad aliquid utilis esse, sed inferior pars animae quae ex ea tristitia afficiebatur adversitatem totaliter repudiebat, unde et ipsum vivere sub tali adversitate odiosum ei erat. Quando autem est nobis aliquid odiosum, omnia abominamur per quae in illud devenimus; et ideo Iob secundum inferiorem partem animae, cuius passionem nunc exprimere intendebat, et nativitatem et conceptionem suam ex quibus in hanc vitam devenerat odio habebat, et per consequens diem nativitatis et noctem conceptionis, secundum illum loquendi modum quo ex his quae in tempore aguntur aliquid ascribitur tempori bonum vel malum. Sic igitur Iob quia secundum partem sensibilem vitam sub adversitate repudiebat, volebat se numquam natum vel conceptum fuisse, et hoc est quod dicit* Pereat dies in qua natus sum, *ac si diceret "numquam natus fuissem!",* et nox in qua dictum est, *idest vere dici potuit* conceptus est homo, *idest "utinam numquam conceptus fuissem!" Et congrue ordinat, quia nativitate sublata conceptio non aufertur sed e converso; congruenter etiam conceptionem nocti ascribit et nativitatem diei, quia secundum astrologos nativitas diurna est laudabilior, principaliori sidere existente super terram, idest sole, conceptio autem nocturna est frequentior. Similis modus loquendi habetur Ier. XX,14 : « Maledicta dies in qua natus sum, dies in qua peperit me mater non sit benedicta ».*

dominait bien plutôt. Pour en donner la preuve, il est dit *Après cela, Job ouvrit la bouche. Après cela*, c'est-à-dire à la suite de sept jours de silence; à partir de là, il devient manifeste que les paroles qui suivent sont prononcées selon la raison, laquelle n'est pas troublée par la tristesse; si en effet elles avaient été dites sous le coup du trouble de l'esprit, il les auraient prononcées avant, quand sa tristesse était plus intense : toute tristesse s'apaise avec le temps alors qu'au début elle est ressentie davantage; il semble s'être tû aussi longtemps, afin qu'on ne juge pas qu'il ait parlé, alors que son esprit était troublé. Or cela est mis en évidence par ces mots *il ouvrit la bouche;* quand quelqu'un parle sous l'empire de la passion, il n'ouvre pas lui-même la bouche, mais il est poussé à parler sous l'influence de la passion : nous ne sommes pas maîtres de nos actes par la passion, mais par la seule raison[1].

Bien que le Maître d'Aquin envisage de manière différente que Grégoire l'*intentio auctoris* du livre sacré, il n'ignore pas pour autant — on le voit ici fort bien[2] — le thème de la patience de Job entendue comme vertu morale ordonnée au bien en tant qu'elle maintient le bien de la raison contre l'assaut de la passion de tristesse[3]. Il explicite le thème à l'aide d'éléments empruntés à sa réflexion sur la moralité des passions et part pour cela de la position défendue repectivement par les stoïciens et les péripatéticiens mentionnnée non seulement dans le commentaire de Jb 3,1 mais aussi dans celui de Jb 1,20 et de Jb 6,5-12[4]. Les premiers estiment que la tristesse n'intervient pas chez le sage qui est parfait en vertus, car comme toute passion elle est mauvaise[5]. Cette conception s'explique par le fait qu'ils ne distinguent

1. Cf. *Super Iob 3,1*, p. 20, lin. 16-35 : *Sic igitur Iob ex praenarratis adversitatibus tristitiam quidem sensit, alias patientiae virtus in eo locum non haberet, sed propter tristitiam ratio a rectitudine non declinavit quin potius tristitiae dominabatur. Ad hoc igitur ostendendum dicitur* Post haec aperuit Iob os suum. *Dicit autem* Post haec, *idest post septem taciturnitatis dies; ex quo manifestum fit quod verba quae sequuntur sunt secundum rationem prolata per tristitiam non perturbatam; si enim ex perturbatione mentis dicta fuissent, prius ea protulisset quando vis tristitiae vehementior erat : tristitia enim quaelibet longitudine temporis mitigatur et in principio magis sentitur; unde propter hoc tandiu tacuisse videtur ne perturbata mente loqui iudicaretur. Quod etiam ostenditur per hoc quod dicitur* aperuit os suum; *cum enim aliquis loquitur ex impetu passionis, non ipse aperit os suum sed agitur passione ad loquendum : non enim per passionem nostri actus domini sumus sed per solam rationem.*

2. Outre ce passage de l'*Expositio*, on peut mentionner *Super Iob 1,20*, p. 13, lin. 732 s.; *6,10*, p. 43, lin. 117 s.

3. Dans la IIa-IIae, q. 136, a. 1, c., Thomas donne une définition de la vertu de patience qui recouvre ce qu'il en dit dans le *Super Iob* : *Virtutes morales ordinantur ad bonum inquantum conservant bonum rationis contra impetus passionum. Inter alias autem passiones, tristitia efficax est ad impediendum bonum rationis : secundum illud II Ad Cor. 7,10 : « Saeculi tristitia mortem operatur »; et Eccli. 30,25 : « Multos occidit tristitia, et non est utilitas in illa ». Unde necesse est habere aliquam virtutem per quam bonum rationis conservetur contra tristitiam, ne scilicet ratio tristitiae succumbat. Hoc autem facit patientia. Unde Augustinus dicit, in libro* De patientia, *quod « patientia hominis est qua mala aequo animo toleramus », idest sine perturbatione tristitiae, « ne animo iniquo bona deseramus per quae ad meliora perveniamus ». Unde manifestum est patientiam esse virtutem.*

4. Cf. *Super Iob 3,1*, p. 20, lin. 1-15; *1,20*, p. 13-14, lin. 732-749; *6,5-12*, p. 41-43, lin.63-168.

5. Il n'est pas aisé d'identifier les *Stoici* dont parle régulièrement Thomas : on compte en effet au moins 48 exposés, répartis sur l'ensemble de l'œuvre thomasienne, qui sont

pas le sens de l'intelligence, ni par suite l'appétit sensible de l'appétit intellectuel[1]. Ils ne peuvent donc distinguer les passions de l'âme selon qu'elles se trouvent dans l'appétit sensible et les mouvements simples de la volonté ayant leur siège dans l'appétit intellectuel. Ils appellent alors volonté tout mouvement rationnel de la partie affective et passion, tout mouvement sortant des limites de la raison. Les seconds, par contre, désignent par le mot passion tout mouvement de l'appétit sensible[2]. En vertu de l'unité de la forme substantielle du composé humain, une passion devient volontaire par participation et sera bonne ou mauvaise selon qu'elle est soumise ou non aux facultés supérieures, l'intelligence et la volonté; or lorsqu'elle est bonne, une passion est orientée vers l'épanouissement harmonieux de la vie humaine. Ainsi Thomas admet, avec les péripatétitiens, que le sage puisse s'attrister, dans la mesure où sa tristesse est modérée par la raison. On se méprendrait si l'on comprenait le gouvernement de la raison comme absolu : pour le Maître d'Aquin, c'est la force d'entraînement de la

placés sous leur patronage. Le Maître d'Aquin ne cherche pas à distinguer les stoïciens entre eux, ni même les étapes du mouvement : il ne rend donc pas compte des différences de doctrine entre les représentants de l'ancien stoïcisme (Zénon, Cléanthe, Chrysippe), ceux du moyen stoïcisme (Panétius et Posidonius) et ceux de l'époque impériale (Sénèque, Marc-Aurèle, Epictète). Une seule fois, on trouve la précision *aliqui stoicorum* (cf. Ia-IIae, q. 34, a. 2, c.); partout ailleurs, il donne un exposé global du stoïcisme. Notre auteur nomme comme sources de sa documentation sur les *stoici* Cicéron et Sénèque en premier lieu, puis Boèce (cf. 3 *CG*, cap. 84), Macrobe seul ou avec Plotin (*De ver.*, q. 26, a. 8, arg. 2 et ad 2), Némésius d'Emèse (cf. 3 *CG*, cap. 73), sans oublier Augustin (cf. *De ver.*, q. 26, a. 8, ad 2; Ia-IIae, q. 59, a. 2 et 3; IIIa, q. 15, a. 6, ad 2) qui est passé par la philosophie du Portique à une étape de sa vie et qui en a une bonne connaissance. On serait incomplet si l'on n'ajoutait pas que l'essentiel de cette documentation provient de manuels et de florilèges éthiques qui sont coutumiers de Sénèque et des auteurs latins classiques (cf. M. Spanneut, « Influences stoïciennes sur la pensée morale de S. Thomas d'Aquin », dans *The Ethics of St. Thomas Aquinas*, Proceedings of the Third Symposium on St. Thomas Aquinas" Philosophy, « Studi tomistici 25 », 1984, p. 50-79, ici p. 54-56). Les *stoici* font partie, comme l'affirme G. Verbeke, de l'influence consciente de la philosophie du Portique sur Thomas; à ce niveau, interviennent des sources indirectes — dont nous avons mentionné les principales ci-dessus — et des sources directes. Sénèque, qui fut très tôt assimilé par le christianisme, apparaît comme l'une des seules sources directes du stoïcisme de Thomas; il dit par exemple à son sujet quand il aborde la passion de colère en lien avec la vertu de force : *Seneca autem fuit sectator stoicorum et directe contra Aristotelem verba praemissa proponit* (cf. IIa-IIae, q. 123, a. 10, ad 2). On trouve 78 citations de Sénèque inégalement réparties, notamment 13 dans les *Sentences*, aucune dans le *Contra Gentiles*, dans la *Prima pars* et la *Tertia pars*, une seule dans la *Prima secundae* et sous le nom de Boèce, 53 dans la *Secunda secundae*, deux dans le *De malo*. Quatre citations de Sénèque transitent par le *De civitate Dei* d'Augustin (cf. lib. VI, cap. 10-11). A côté de cette influence consciente, il faut considérer une influence inconsciente, plus importante que la première : elle est marquée par des auteurs tels que Cicéron et le pseudo-Andronicus de Rhodes (cf. G. Verbeke, « Saint Thomas et le stoïcisme », dans P. Wilpert, éd., *Miscellanea Mediaevalia*, t. 1, Antike und Orient im Mittelalter, Berlin, 1962, p. 48-68; *The Presence of Stoicism in Medieval Thought*, Baltimore, 1983, p. 1-19 en particulier; M. Spanneut, art. cit., p. 50-56).

1. G. Verbeke fait remarquer que cette explication est le fait de l'interprétation thomasienne elle-même (cf. « Saint Thomas et le stoïcisme » dans P. Wilpert, *Miscellanea Mediaevalia*, t. 1, Antike und Orient im Mittelalter, Berlin, 1962, p. 48-68, ici p. 55-56.

2. Thomas indique que le chef des péripatéticiens est Aristote (cf. *Sent. Lib. Eth.*, lib. 1, lect. 16 / éd. léon., t. XLVII, p. 59, lin. 137-139).

vertu, sous l'action de la charité en particulier, qui fait entrer cette force élémentaire facilement divergente qu'est la tristesse dans le mouvement de construction de l'être moral[1].

Alors que dans des œuvres antérieures et postérieures au *Super Iob* Thomas indique, à la suite de S. Augustin[2], que la divergence entre les stoïciens et les péripatéticiens ne concerne pas la réalité des choses mais qu'elle est d'abord d'ordre terminologique[3], ici il prend nettement parti pour la position péripatéticienne, affirmant qu'elle concorde avec la vérité[4]. Le commentaire de Jb 6,5-6 justifie cette prise de position :

> On pourrait dire [à Job] : ta douleur a une cause, mais tu ne devrais pas pour cette raison t'épancher en paroles amères. Contre cela, Job répond par ce que l'on trouve chez les autres animaux. L'homme leur est en effet semblable par sa nature sensible, d'où ce qui résulte de cette nature sensible est présent en l'homme comme dans les autres animaux; or ce qui est naturel ne peut être évité totalement. Il se trouve que les autres animaux expriment leur affliction intérieure par la bouche, et c'est ce qu'il signifie quand il dit *L'onagre braira-t-il quand il aura eu de l'herbe? Ou le bœuf mugira-t-il quand il se trouvera devant une mangeoire pleine?*, comme s'il disait « non ». L'onagre brait et le bœuf mugit lorsque leur manque la nourriture nécessaire, en quoi il apparaît naturel que les animaux expriment leur douleur intérieure par la voix. De plus on pourrait dire qu'il est naturel que la douleur s'exprime par la voix, mais qu'il n'appartient pas au sage pour certaines raisons de concevoir de la tristesse dans son cœur, comme le posèrent les stoïciens. Mais Job montre que ceci est contraire à la nature sensitive : car un sens ne peut pas ne pas rejeter ce qui lui est nuisible ou ce qui ne lui convient pas, d'où il affirme *Ou pourra-t-on manger ce qui est fade parce que ne comportant pas de sel?*, comme s'il disait « non », car ces choses insipides ne conviennent assurément pas à la délectation du goût; et de manière semblable, le cœur de l'homme ne peut accepter volontiers ce qui n'est pas délectable, et beaucoup moins ce qui est amère et nocif, d'où il ajoute *Ou peut-on goûter ce qui une fois goûté cause la mort?*, comme s'il disait

1. Cf. A. Plé, « Introduction et notes » à *Thomas d'Aquin, Somme théologique, Les passions (Ia-IIae, qq. 22-48)*, t. 2, Paris, 1984, p. 182, note 3; J.-P. Torrell, art. « S. Thomas d'Aquin », *Dictionnaire de philosophie morale*, P. U. F. (à paraître); S. Pinckaers, « Les passions et la morale », *RSPT* 74 (1990) 379-391, 381-384 en particulier; E. Gilson, *Le thomisme*, Paris, 61972, p. 335-351; H.-D. Noble, art. « Passions », *DTC*, t. 11, 1932, col. 2211-2241, 2221-2241 en particulier.

2. Cf. *De civ. Dei*, lib. IX, 4 (*PL* 41, 258; *BA* 34, 352-353).

3. Cf. *De ver.*, q. 26, a. 8, ad 2 : *Secundum Augustinum IX De civitate Dei, circa hoc fuit contentio inter stoicos et peripateticos, quae tamen magis videbatur esse secundum vocem quam secundum rem. Nam stoici dicebant huiusmodi passiones nullo modo esse in animo sapientis; sapientem autem eum dicebant qui perfectus est in virtutibus, quasi habens animi purgati virtutem. Peripatetici vero dicunt has passiones animi « etiam in sapientem cadere, sed moderatas rationique subiectas ». Probat autem Augustinus ex cuiusdam stoici confessione, quod etiam stoici volebant huiusmodi affectus sed subitos in anima sapientis esse, sine hoc tamen quod approbentur vel quod eis consentiatur; quos quidem passiones non dicebant, sed « animi visa vel phantasia ». Unde patet quod secundum rem stoici nihil aliud quam peripatetici dicebant, sed erat tantummodo in verbis dissonantia, quia quod peripatetici passiones nominabant, stoici aliter appellabant.* Par ailleurs, on verra Ia-IIae, q. 24, a. 2, c.; q. 59, a. 2, c.; IIa-IIae, q. 123, a. 10, c.; *De malo*, q. 12, a. 1, resp.

4. Cf. *Super Iob 3,1*, p. 20, lin. 5-7.

« non »; de même que cela est impossible pour les sens extérieurs, de même est-il impossible que ce qui est appréhendé par les sens intérieurs comme nocif, ne soit reçu sans tristesse[1].

Quand le théologien dominicain opte pour l'opinion péripatéticienne, il se réfère explicitement à une double autorité : d'une part l'Ecriture qui place la tristesse dans le Christ, lequel possède la plénitude de toute vertu et de toute sagesse[2]; d'autre part, le *De civitate Dei* de S. Augustin[3]. C'est à lui que Thomas doit la mise en parallèle des deux positions philosophiques que l'on rencontre à partir du *De veritate* et jusque dans les œuvres les plus tardives[4]. Dans le *Commentaire des Sentences*, ces textes du *De civitate Dei* n'interviennent pas aux endroits où il est question des passions[5], peut-être parce que Thomas n'est pas à ce moment aussi familier avec les écrits de l'évêque d'Hippone qu'il ne le sera par la suite[6]. Toutefois, selon Mark D. Jordan qui apporte une explication plus probante encore, la discussion sur les passions dans les *Sentences* subit l'influence du *De bono* d'Albert le Grand, dans lequel les passages en question d'Augustin ne jouent pas un rôle de premier

1. Cf. *Super Iob 6,5-6*, p. 41-42, lin. 63-94 : *Posset autem aliquis dicere : causam quidem doloris habes sed ex ea in verba doloris prorumpere non deberes. Contra quae respondet Iob ex his quae in aliis animalibus inveniuntur. Homo enim aliis animalibus similis est in natura sensitiva, unde ea quae naturam sensitivam consequuntur naturaliter adsunt homini sicut et aliis animalibus; quod autem naturale est non potest totaliter vitari; invenitur autem in aliis animalibus quod afflictionem cordis ore exprimunt, et hoc significat dicens* Numquid rugiet onager cum habuerit herbam? Aut mugiet bos cum ante praesepe plenum steterit?, *quasi dicat "non"; rugit autem onager et mugit bos cum necessario victu caruerint, in quo apparet naturale esse animalibus quod interiorem afflictionem exprimant voce. Rursus aliquis dicere posset naturale esse quod dolor conceptus voce exprimatur, sed ad sapientem non pertinere quod ex quibuscumque causis tristitiam corde concipiat, ut Stoici posuerunt. Sed hoc ostendit Iob esse contra naturam sensitivam : nam sensus non potest non refugere id quod est nocivum vel inconveniens, et ideo dicit* Aut poterit comedi insulsum quod non est sale conditum?, *quasi dicat "non", quia videlicet huiusmodi insipida non conveniunt ad delectationem gustus; et similiter ea quae non sunt delectabilia non potest cor hominis libenter acceptare, et multo minus illa quae sunt amara et noxia, unde subdit* Aut potest aliquis gustare quod gustatum affert mortem?, *quasi dicat "non"; et sicut hoc est impossibile in sensu exteriori, ita impossibile est quod ea quae per sensus interiores apprehenduntur ut noxia, sine tristitia recipiantur;* cf. également *Super Iob 3,1*, p. 20, lin. 7-12.

2. Cf. *Super Iob 3,1*, p. 20, lin. 12-15.

3. Cf. *Super Iob 3,1*, p. 14, lin. 743-749 : ... *sapientem in amissionibus exteriorum bonorum moderate tristari concedebant, ita scilicet quod per tristitiam ratio non absorberetur ut a rectitudine declinaret. Et haec sententia verior est et ecclesiasticae doctrinae concordat, ut patet per Augustinum in libro De civitate Dei.* Thomas se réfère précisément au *De civ. Dei* , lib. XIV, cap. 9 (*PL* 41, 413; *BA* 35, 385-389); lib. IX, cap. 4 (*PL* 41, 258; *BA* 34, 351-353).

4. Cf. *De ver.*, q. 26, a. 8, ad 2 et ad 7 qui renvoie à *De civ. Dei*, lib. IX, cap. 4 (*PL* 41, 258; *BA* 34, 351-353); cf. Ia-IIae, q. 24, a. 2; *Sent.Lib.Eth.*, lib. 1, lect. 16 (éd. léon., t. XLVII, p. 59); *De malo*, q. 12, a. 1, resp. M. D. Jordan note que l'on ne trouve dans tout le *Commentaire des Sentences* aucune mention explicite des stoïciens (cf. « Aquinas's Construction of a Moral Account of the Passions », *FZPT* 33 (1986) 71-97, ici p. 75, n. 15). En fait, les *Stoici* apparaissent en 2 *Sent.*, d. 42, q. 2, a. 5, sol., certes non pas à propos des passions, mais de l'égalité des péchés entre eux.

5. Cf. 3 *Sent.*, d. 15, q. 2; d. 26, q. 1; d. 33, q. 1, a. 1, qla 4 et sol. 4; 2 *Sent.*, d. 36, q. 1, a. 2; 4 *Sent.*, d. 15, q. 2, a. 1, qla 1, ad 4; d. 50, q. 2, a. 4, qla 3, ad 3.

6. Cela ne signifie pas cependant que les écrits augustiniens n'aient pas leur place dans le *Commentaire des Sentences* (cf. Ch. H. LOHR, *St. Thomas Aquinas, Scriptum super Sententiis : An Index of Authorities Cited*, London, 1980, p. 216-217).

plan[1]. A deux reprises seulement, S. Albert se réfère au *De civitate Dei*, sans pourtant le nommer explicitement : une première fois, il place sous l'autorité d'Augustin et de Boèce, la division quadripartite des passions sans cesse reprise par les auteurs médiévaux et à partir de laquelle il propose une étude synthétique des réactions affectives à l'égard de l'objet de l'appétit selon ses divers aspects; une deuxième fois, il cite l'évêque d'Hippone quand il définit la crainte[2]. Dans son exposé, Albert s'appuie prioritairement sur Aristote, Grégoire de Nysse (Némésius d'Emèse) et son *De natura hominis* ainsi que sur Jean Damascène[3], auxquels Thomas renverra lui-même constamment dans sa théologie des passions[4]. En guise d'illustration, retenons l'exemple du Damascène dont la partie du *De fide orthodoxa* traitant des passions est une compilation du *De natura hominis* — les auteurs de ces deux œuvres étant d'ailleurs le plus souvent cités ensemble par S. Albert et

1. Cf. « Aquinas's Construction of a Moral Account of the Passions », p. 75. Le *De bono* fut rédigé avant 1246, alors qu'Albert était à Paris (cf. Albertus Magnus, *De bono*, éd. C. FECKES, *Opera omnia*, t. XXVIII, Münster-Aschendorff, 1951, p. XII; J. A. WEISHEIPL, « Albert der Grosse Leben und Werk » dans M. ENTRICH, éd., Albertus Magnus, Sein Leben und seine Bedeutung, Graz-Wien-Köln, 1982, p. 9-60, 18-26 en particulier). C'est à l'intérieur du tractatus 3 du De bono, consacré à la vertu de tempérance, qu'est présenté un véritable traité des passions (cf. précisément la question 5) constituant, selon P. Michaud-Quantin, une originalité propre à Albert : « Aucun auteur contemporain, dit-il, ne donne en effet une étude psychologique détaillée des mouvements qui agitent la partie sensible de l'âme » (cf. *La psychologie de l'activité chez Albert le Grand*, « Bibliothèque thomiste 36 », Paris, 1966, p. 98-99). La question 5 comporte sept articles : les quatre premiers traitent du phénomène affectif des passions (*passiones innatae*) et les trois derniers des passions (souffrances) endurées par un martyr (*passiones illatae*). Outre l'influence du *De bono* sur S. Thomas, il ne faut point oublier celle du *Commentaire des Sentences* (cf. 3 *Sent.*, d. 15) et celle du *Commentaire de l'Ethique* (cf. lib. 1, lect. 16, en particulier).

2. Cf. *De bono*, tract. 3, q. 5, a. 2 (éd. C. FECKES, p. 197, lin. 83-85) : *Divisio Boethii et Augustini (*De civ. Dei, *lib. XIV, cap. 7-9 /* PL *41, 410-413) est, quod naturales passiones sunt quattuor, scilicet gaudium, spes, tristitia et timor.* Cf. *De bono*, tract. 3, q. 5, a. 2 (éd. FECKES, p. 201, lin. 75-81) : *Timor enim, ut dicit Augustinus (*De civ. Dei, *lib. XIV, cap. 7 /* PL *41, 410), est fuga mali, et sive fugiat malum poenae sive malum culpae, dividitur in bonum timorem et malum et timorem naturalem. Timor autem malus vitium est, et timor bonus est donum spiritus sancti; timor autem naturalis non est nisi naturalis fuga poenae exspectatae in futurum.*

3. S. Albert le Grand signale clairement la priorité accordée aux autorités de Grégoire de Nysse, de Jean Damascène et d'Aristote : *Consequenter quaeritur de passionibus. Cum enim fortitudo tota consistat in passionibus illatis, temperentia autem cum suis partibus in passionibus innatis, videtur utile determinare de passionibus, praecipue quia sancti, scilicet Gregorius Nixenus et Iohannes Damascenus, determinant de illis* (cf. tract. 3, q. 5, Prol. / p. 195, lin. 1-4); *Secundo quaeritur, quot sunt genera passionum. Inveniuntur autem tres auctores distinxisse passiones, scilicet Aristoteles in VIII Ethicorum, qui totus non pervenit ad nos, sed excepta eius vidimus et Gregorius Nixenus et Iohannes Damascenus. Et omnes concordant in distinguendo sic, quod passionum hominis quaedam sunt animales, quaedam corporales* (cf. tract. 3, q. 5, a. 2 / p. 197, lin. 30-37).

4. C'est sur un passage de l'*Ethique à Nicomaque*, notamment, que Thomas, à la suite de S. Albert, s'appuie quand il affirme l'a-moralité des passions prises en elles-mêmes; il le fait tant au début qu'à la fin de sa carrière : *Secundum peccata aliquis vituperatur. Sed secundum passiones neque laudamur, neque vituperamur, ut in II* Ethic, *cap. 5, dicitur; non enim vituperatur qui simpliciter irascitur, sed qui aliter quam debet. Ergo passio non potest esse peccatum* (cf. 2 *Sent.*, d. 36, q. 1, a. 2, sc. 2; Ia-IIae, q. 24, a. 1, arg. 3 et ad 3).

S. Thomas —[1]. Quand ceux-ci placent les passions dans l'appétit sensible plutôt que dans l'appétit intellectuel, ils prennent appui sur plusieurs définitions du Damascène :

> *Passio est motus appetitivae virtutis in imaginatione boni vel mali;*
> *passio est motus irrationalis animae per suspicionem boni vel mali;*
> *passio est motus ex alio in aliud*[2].

Si ces définitions ne sont pas présentes telles quelles dans le *Super Iob*, elles ne structurent pas moins l'approche qu'a notre auteur des passions lorsqu'il considère la tristesse de Job comme un mouvement de la partie irrationnelle de son âme.

L'*Expositio* s'inscrit, du point de vue des sources, dans la continuité du *De veritate* et fait intervenir comme lui le *De civitate Dei* qui représente, d'après M. D. Jordan, le seul changement significatif dans la structure des citations utilisées[3]. L'identification des sources proposée par Jordan qui, outre les auteurs signalés jusqu'ici, retient également les noms de Boèce et du Pseudo-Denys, nous paraît devoir être complétée au moins dans le cas du *Super Iob* par la mention des *Moralia* dont la présence serait ici implicite. Grégoire le Grand, à propos de Jb 1,20, évoque en effet une double position concernant l'attitude devant l'épreuve et prône l'équilibre entre les deux :

1. Némésius, dans son exposé sur les passions, se réfère prioritairement à Aristote, de même que Jean Damascène, bien que de manière implicite. Pourtant, aussi bien le *De natura hominis* que le *De fide orthodoxa* ne sont pas sans comporter des vues néoplatoniciennes et stoïciennes (cf. M. D. JORDAN, « Aquinas's Construction of a Moral Account of the Passions », p. 78). Au sujet de la présence de Némésius chez S. Thomas et des rapports avec le Damascène et Aristote, nous renvoyons à l'étude de E. DOBLER, *Nemesius von Emesa und die Psychologie des menschlichen aktes bei Thomas von Aquin*, Freiburg, 1950; pour la présence du Damascène chez Thomas, cf. O. LOTTIN, « La psychologie de l'acte humain chez Jean Damascène et les théologiens du XIIIe siècle occidental », dans *Psychologie et morale aux XIIe et XIIIe siècles*, I, Gembloux, [2]1957, p. 393-424, 414-423 en particulier.

2. Cf. *De fide orth.*, lib. II, cap. 22 (*PG* 94, 940 D); cap. 36 (version de Burgundio de Pise / éd. E. M. BUYTAERT, New York-Louvain-Paderborn, 1955, p. 132-133); cf. *De natura hominis*, cap. 16 (*PG* 40, 673 B); cap. 15 (trad. de Burgundio de Pise / éd. critique avec une introduction sur l'anthropologie de Némésius par G. VERBEKE et J. R. MONCHO, Louvain, 1975, p. 94). Albert, sur la base de ces définitions, indique P. Michaud-Quantin (cf. *La psychologie de l'activité*, p. 92, note 5), propose une formule qui peut être considérée comme sa propre définition de la passion au sens psychologique : *Primae duae diffinitiones dantur tantum de passione, secundum quod est species qualitatis illata in sensibilem partem animae et non inferens* (cf. *De bono*, tract. 3, q. 5, a. 1, Prol. et sol. / p. 195, lin. 11-17 et p. 196, lin. 27-30). Les définitions en question apparaissent chez Thomas dans les textes suivants notamment : 3 *Sent.*, d. 15, q. 2, a. 1, sol. 1; *De ver.*, q. 26, a. 3, arg. 16 et sc 1.; Ia-IIae, q. 22, a. 4, sc.

3. *It would be tempting to divide these texts into periods, roughly 1255-1259 and 1266-1271, and then to look for signs of doctrinal "development" in their construction. A study of the sources in the various texts, however, prohibits such an easy arrangement. Leaving aside the Aristotle commentary, where the academic genre restricts the range of citations and prescribes certain antecedents, Thomas's* auctoritates *in these texts show remarkable continuities and suggest a constant compositional intention. [...]. Indeed, the only significant shift in the structure of the citations is the introduction of repeated references to Augustine's* De civitate Dei *beginning with the* De veritate (cf. « Aquinas's Construction of a Moral Account of the Passions », p. 74-75).

> Corrigés durement, certains jugent qu'il est d'une haute et sereine philosophie de ne pas sentir les meurtrissures et la douleur des coups; d'autres ressentent si douloureusement le choc de l'épreuve, qu'ébranlés par l'excès de la souffrance, ils se laissent aller à des intempérances de langage. Quiconque s'efforce de rester dans la vraie philosophie, doit garder la voie moyenne. L'insensibilité du cœur n'est pas la mesure d'une véritable vertu [...]. C'est en revanche manquer de vertu que d'être sensible, plus qu'il n'est nécessaire, à la douleur des coups. [...]. Le bienheureux Job, observant la règle de la vraie philosophie, s'oppose constamment à l'un et l'autre excès avec un sens admirable de la mesure[1].

La première position renvoie à celle des stoïciens que Grégoire connaît grâce à S. Ambroise et son *De officiis* surtout, lequel se trouve au point de pénétration de la doctrine du Portique dans le christianisme latin[2], et grâce à S. Augustin. La voie d'équilibre pour laquelle opte S. Grégoire et qui rappelle celle des péripatéticiens, semble être directement marquée par le sceau du *Ne quid nimis* de S. Benoît[3]. On peut penser, sans risquer l'invraisemblance, que la juste mesure défendue par Grégoire retient l'attention de Thomas qui la reprend à son compte. Ceci nous est confirmé par un autre passage des *Moralia* concernant la colère :

> Il faut veiller avec le plus grand soin à ce que la colère, dont on se sert comme l'instrument de la vertu, ne domine pas l'esprit, ni ne prenne le pas sur lui comme une maîtresse, mais que, comme une servante prête à obéir, elle ne quitte en rien sa place en arrière de la raison; car c'est alors qu'elle se dresse avec plus de fermeté contre les vices, lorsqu'elle se met avec soumission au service de la raison[4].

Or ce texte est cité littéralement par le théologien dominicain, non point dans le *Super Iob* certes, mais dans d'autres écrits, notamment le *De malo* (cf. q. 12, a. 1) où est discutée la moralité de la colère sur la base des positions stoïciennes et péripatéticiennes; Thomas invoque Grégoire précisément lorsqu'il parle de la colère comme se rapportant au jugement de la raison de façon conséquente :

1. Cf. *Moralia*, lib. II, cap. 16 (*SC* 32, p. 201-202) : *Nonnulli magnae constantiae philosophiam putant, si disciplinae asperitate correpti ictus verberum doloresque non sentiant. Nonnulli vero tam nimis percussionum flagella sentiunt, ut immoderato dolore commoti, etiam in excessum linguae dilabantur. Sed quisquis veram tenere philosophiam nititur, necesse est ut inter utraque gradiatur. Non est enim pondus verae virtutis, insensibilitas cordis [...]. Rursus virtutis custodiam deserit, qui dolorem verberum ultra quam necesse est sentit. [...]. Beatus itaque Job, quia verae philosophiae regulam tenuit, contra utraque mira se aequitatis arte servavit.*

2. Cf. *De officiis*, lib. II, cap. 5 (*PL* 16, 108).

3. R. Gillet, « Introduction et notes » à *Grégoire le Grand, Morales sur Job*, Livres 1 et 2, « Sources chrétiennes 32 », Paris, 1950, p. 17; 102; 104-106.

4. Cf. lib. V, cap. 45 (*PL* 75, 727) : *Curandum summopere est ne ira que ut instrumentum virtutis assumitur menti dominetur, nec quasi domina preeat sed velut ancilla ad obsequium parata a rationis tergo nequaquam recedat; tunc enim robustius contra vitia erigitur cum subdita rationi famulatur.*

après que la raison, dit-il, a jugé et établi le mode de vengeance, la passion s'élève alors pour l'exécution, et dans ce cas, la colère et les autres passions de ce type n'empêchent pas le jugement de la raison qui a déjà précédé, mais elles apportent plutôt leur secours à la promptitude de l'exécution, et sont en cela utiles à la vertu[1].

Sans apporter à proprement parler d'originalité, le commentaire sur Job est néanmoins, pour la période d'Orvieto, le témoin de la théologie thomasienne des passions, le *Contra Gentiles* étant beaucoup moins explicite sur le sujet[2]. Au regard des autres œuvres, il a l'intérêt de mettre en lumière, à propos des mouvements de l'appétit sensible, une perspective que l'on pourrait qualifier d'expériencielle : il nous propose en effet de suivre le comportement d'un homme affecté par la tristesse et qui, cependant, n'y succombe pas totalement. En cela, cet homme rejoint l'attitude des sages qui expriment selon la raison les mouvements des passions qu'ils ressentent[3] : la sagesse, avec le sens que lui donne ici Thomas, est donc pleinement l'apanage de Job, alors que Maïmonide — on s'en souvient — la lui refusait avant qu'il ne reconnût la transcendance du regard que Dieu porte sur le monde et sur l'homme[4].

Notre auteur rapproche Job de trois exemples de sages correpondant à trois sortes d'autorité : d'abord le Christ qui affirme à Gethsémani « Mon âme est triste à en mourir » (Mt 26,38). Il est à constater que ce qu'affirme Thomas au sujet du comportement de Job dans l'épreuve n'est pas sans similitude avec ce qu'il indique du Christ lui-même, cela nous étant confirmé par le rapprochement qui est fait ici avec lui et par un autre que nous avons signalé précédemment : en d'autres œuvres comme le *Commentaire des Sentences* ou la *Somme de théologie*, il parle, à la suite de S. Jérôme, de pro-passions, pour signifier que chez le Christ les passions commencent dans l'appétit sensible mais ne s'étendent pas au-delà[5]. On devine dans le rapprochement en question

1. Cf. *De malo*, q. 12, a. 1, resp. (traduction des moines de Fontgombault, « Collection docteur angélique IX », Nouvelles Editions Latines, Paris, 1992, p. 622); IIa-IIae, q. 158, a. 1, ad 2. La colère dont il s'agit ici est « celle provoquée par le zèle » (*ira per zelum*) distincte de « celle provoquée par le vice » (*ira per vitium*), une distinction qui est empruntée à notre passage des *Moralia* (cf. lib. V, cap. 45 / *PL* 75, 726 B) et qui, quant à elle, est mentionnée dans le *Super Iob 17,7*, p. 107, lin. 107-109; par ailleurs, on verra 3 *Sent.*, d. 15, q. 2, a. 2, qla 2, arg. 2; *De ver.*, q. 26, a. 7, arg. 4; IIa-IIae, q. 158, a. 2, c.; IIIa, q. 15, a. 9, c. et ad 1; *De decem praeceptis*, 23,28-35. Enzo Portalupi (cf. *Studi sulla presenza di Gregorio Magno in Tommaso d'Aquino*, « Dokimion 10 », Fribourg, 1991, p. 36, note 49 et p. 118, note 83) fait remarquer que ce texte fut utilisé avant Thomas par Guillaume d'Auxerre (cf. *Summa aurea*, II, 12, 8, 4), Alexandre de Halès (cf. 3 *Sent.*, 15, 6; 15, 28 b; *Summa* 3, p. 539-541 et 545; 4, p. 65), Hugues de Saint-Cher (*Postilla super librum Iob 5,2*, fol. 403 r°) et Bonaventure (cf. 3 *Sent.*, a. 2, q. 2, qla. 2, arg. 2).

2. Cf. 4 *CG*, cap. 19.

3. Cf. *Super Iob 3,1*, p. 20, lin. 36-38.

4. Voir ci-dessus, deuxième partie, chap. IV.

5. Cf. 3 *Sent.*, d. 15, expos. textus : *Dicendum, quod passio importat immutationem patientis. Non autem dicitur aliquis immutari simpliciter, quando id quod est principale in ipso, permanet immutatum : et ideo simpliciter loquendo, quando ratio non immutatur a sui aequalitate, vel aequitate, non dicitur passio, sed propassio, quasi imperfecta passio : et hoc*

l'influence de S. Grégoire disant au sujet du verset *et tonso capite corruens in terram, adoravit* (Jb 1,20) :

> N'estimons pas Job indigne de figurer le Sauveur parce que l'on dit ici qu'il se jette à terre. [...]. La Sainte Ecriture dit de la Parole de Dieu ou du Saint-Esprit « qu'ils tombent », pour exprimer leur arrivée inopinée. Ce qui fond ou tombe se porte d'un seul coup en bas. Pour le Médiateur, c'est en quelque sorte s'être jeté sur la terre que d'être venu aux nations inopinément, sans signes avant-coureurs. On dit avec justesse que se jetant à terre, il adora : parce que, quand il prit l'humilité de la chair, il infusa en ceux qui croient en lui les désirs qu'inspire l'humilité[1].

Job est ensuite rapproché de l'apôtre Paul exprimant ces mots en Rm 7,15 :

> Je ne fais pas le bien que je veux, mais le mal que je hais, je le fais[2].

Enfin, il l'est de Boèce qui, au début du *De consolatione philosophiae*, dévoila sa tristesse pour montrer comment il l'adoucit par la raison[3].

Cherchant à préciser davantage la portée de l'*imperium rationis* chez Job, Thomas, dans son commentaire du chapitre 1 (v. 21), apporte trois raisons pour lesquelles il ne devait pas succomber à la tristesse :

> D'abord eu égard à la condition de sa nature; pour cela, il est affirmé *et il dit : Nu je suis sorti du ventre de ma mère*, c'est-à-dire de la terre qui est la mère commune de tous, *nu j'y retournerai*, à savoir au sein de la terre; c'est dans ce sens qu'on lit dans l'Ecclésiastique XL,1 « Grande occupation fut départie aux hommes et un joug pesant sur les fils d'Adam depuis le jour où ils sont sortis des entrailles de leur mère jusqu'au jour de leur sépulture en la mère de tous ». On peut comprendre cela autrement selon le sens littéral : *du ventre de ma mère* signifie des entrailles de la mère qui l'engendra, et *nu j'y retournerai*, doit s'entendre d'une simple relation : personne en effet ne retourne à nouveau dans le sein de sa mère, mais il retrouve l'état qu'il avait dans le ventre de sa mère quant au fait qu'il est étranger à la société des hommes. En disant cela, il montre rationnellement que l'homme ne doit pas être absorbé par la tristesse à cause de la perte de biens extérieurs, parce que ceux-ci ne lui sont pas connaturels mais lui adviennent accidentellement; cela ressort de ce que l'homme vient en ce monde sans eux et le quitte sans eux : si les biens accidentels lui sont donc enlevés et que lui reste ce qui est substantiel, l'homme ne doit pas être écrasé par la tristesse bien qu'elle le touche. Ensuite, il montre la même chose compte tenu de l'opération divine en disant *Le Seigneur donna, le Seigneur reprit* : là doit d'abord être considérée sa vraie sentence concernant la providence divine à l'égard des réalités humaines. En disant *Le Seigneur donna*, il

modo fuit in Christo. La *Tertia pars*, q. 15, a. 4, c. mentionne explicitement S. Jérôme : *Dominus noster, ut veritatem assumpti probaret hominis, vere quidem contristatus est : sed, ne passio in animo illius dominaretur, per propassionem dicitur quod "coepit contristari"* (cf. *Super Matth. 26,37*, lib. IV / *PL* 26, 205); cf. également IIIa, q. 15, a. 6, ad 2; a. 7, ad 1.

1. Cf. *Moralia*, lib. II, cap. 35 (*SC* 32, p. 223-224).

2. Cf. *Super Iob 3,1*, p. 20, lin. 39-41. On pourra voir le commentaire de Thomas sur Rm 7,15 : cf. lect. 3, n° 562-566.

3. Cf. *Super Iob 3,1*, p. 20, lin. 41-44. Cf. *De consolatione philosophiae*, lib. I (*PL* 63, 581).

confesse que la prospérité de ce monde ne provient ni du hasard ni du destin des étoiles ni de la seule application humaine, mais de la dispensation divine; en disant *Le Seigneur reprit*, il confesse que les adversités de ce monde qui arrivent aux hommes proviennent d'un jugement de la providence divine. Or [Job] insinue que l'homme, s'il est dépouillé des biens temporels, n'a pas de juste motif de plainte à l'égard de Dieu, parce que celui qui donna gratuitement pouvait faire des largesses jusqu'à la fin ou pour un temps : d'où quand [Dieu] retire à l'homme les biens temporels avant la fin, il ne peut se plaindre. Enfin, [Job] montre la même chose par rapport au bon plaisir de la volonté divine en disant *comme il plut au Seigneur, cela arriva;* c'est le propre des amis de vouloir et de ne pas vouloir la même chose[1] : d'où si par le bon plaisir divin il arrive qu'une personne soit dépouillée de ses biens temporels, dans la mesure où elle aime Dieu, elle doit conformer sa volonté à la volonté divine, afin que par cette considération elle ne soit pas absorbée par la tristesse[2].

A partir de la lettre du texte sacré, Thomas conclut — fort de son approche du comportement de Job dans l'adversité — à son innocence et à sa sagesse :

En tout cela Job ne pécha pas par ses lèvres, c'est-à-dire, affirme le frère dominicain en exposant la fin du chapitre 1 (v. 22), qu'il n'exprima point de mouvement d'impatience par ses paroles, *et il ne dit rien d'insensé contre Dieu*, c'est-à-dire qu'il ne blasphéma pas contre la providence divine : la sottise est

1. Dans la *Secunda secundae*, q. 29, a. 3, c., Thomas attribue cette phrase à Cicéron (cf. *De amicitia*, IV, 552). Elle provient en fait de Salluste (cf. *Bellum Catil.*, cap. 20).

2. Cf. *Super Iob 1,21*, p. 14-15, lin. 791-837 : *Primo quidem ex condicione naturae, unde dicitur* et dixit : Nudus egressus sum de utero matris meae, *scilicet terrae quae est communis mater omnium*, nudus revertar illuc, *idest in terram; et secundum hunc modum dicitur Eccli. XL,1 « Occupatio magna creata est hominibus, et iugum grave super filios Adam a die exitus de ventre matris eorum usque in diem sepulturae in matrem omnium ». Potest et aliter intelligi, ut quod dicitur* de utero matris meae *accipiatur ad litteram de utero mulieris quae genuit eum, quod autem dicitur* nudus revertar illuc *intelligitur quod haec dictio* illuc *facit simplicem relationem : non enim aliquis iterato in ventrem matris revertitur, sed revertitur in illum statum quem habuit in utero matris quantum ad aliquid, scilicet quantum ad hoc quod est alienum esse a conversatione humana. Hoc igitur dicens rationabiliter ostendit quod propter amissionem exteriorum bonorum non debet homo tristitia absorberi, quia exteriora bona non sunt ei connaturalia sed accidentaliter adveniunt, quod ex hoc patet quia homo sine eis in hunc mundum venit et sine eis recedit : unde accidentalibus bonis sublatis, si substantiale remaneat, non debet homo tristitia superari etsi eum tristitia tangat. Secundo ostendit idem ex divina operatione dicens* Dominus dedit, Dominus abstulit : *ubi primo consideranda est vera eius sententia de providentia divina circa res humanas. In hoc enim quod dixit* Dominus dedit, *confessus est prosperitatem mundanam hominibus advenire non casualiter neque ex fato stellarum nec ex solo humano studio sed ex dispensatione divina; in hoc vero quod dicit* Dominus abstulit, *confitetur etiam adversitates mundanas in hominibus divinae providentiae iudicio provenire. Hoc autem inducit quod non habet homo iustam querelam de Deo si temporalibus bonis spolietur, quia qui gratis dedit potuit vel usque ad finem vel ad tempus largiri : unde cum ante finem homini temporalia aufert, homo conqueri non potest. Tertio ostendit idem ex beneplacito divinae voluntatis dicens* sicut Domino placuit ita factum est; *est autem amicorum idem velle et nolle : unde si ex beneplacito divino procedit quod aliquis bonis temporalibus spolietur, si Deum amat, debet voluntatem suam voluntati divinae conformare, ut hac consideratione tristitia non absorbeatur.*

en effet opposée à la sagesse qui est proprement la connaissance des choses divines[1].

Le Maître d'Aquin accorde sa pleine attention à la thématique de l'innocence de Job présente à toute l'*Expositio* et à laquelle il faut nous arrêter maintenant : en investiguant cette thématique, nous serons mieux à même d'apprécier l'itinéraire de Job que dégage notre auteur.

Nonne dissimulavi ? Nonne silui ? Nonne quievi ? Et venit super me indignatio

(Jb 3,26) : le thème de l'innocence de Job

Le thème de l'innocence de Job trouve un relief particulier dans le commentaire du verset 26 du chapitre 3 :

> On endure habituellement un malheur et une amertume par sa propre faute, mais Job rejette cela en disant *N'ai-je pas dissimulé?* Il faut savoir que l'on fait une offense de deux manières, par quoi l'on mérite une peine de la part de Dieu : d'une première façon, quand à cause des injures qui sont faites à soi-même on est poussé à la vengeance outre mesure, selon ce qu'affirme le Psaume VII,5 « Si j'ai rendu le mal à ceux qui m'en ont fait, que je succombe avec raison aux mains de mes ennemis présomptueux »; Job repousse cela de lui en disant *N'ai-je pas dissimulé?*, c'est-à-dire les injures qui m'ont été faites; d'une deuxième manière, quand soi-même, le premier, on offense un autre soit par des paroles, et Job rejette cela en affirmant *Ne me suis-je pas tû?*, comme s'il disait : je n'ai proféré à l'égard de personne des paroles blessantes et injurieuses; soit par des actes, ce qu'il repousse ainsi *Ne suis-je pas demeuré dans la paix?*, comme le dit Isaïe LVII,20 « Les impies sont comme une mer en furie qui ne peut se calmer ». Et bien que je sois innocent, cependant l'indignation est venue sur moi, c'est-à-dire la peine de la part de Dieu — la colère divine ne s'entend pas en effet d'un trouble de l'âme mais d'une punition —, en quoi Job reconnaît que les adversités de ce monde n'interviennent pas indépendamment de l'assentiment de Dieu[2].

1. Cf. *Super Iob 1,22*, p. 15, lin. 863-868. Notons que la manière qu'a Thomas de définir ici la sagesse est empruntée à Augustin (cf. *De Trin.*, lib. XIV, cap. 1 / *PL* 42, 1037; *BA* 16, 349); il se réfère explicitement à l'évêque d'Hippone par exemple en IIa-IIae, q. 45, a. 1, arg. 2.

2. Cf. *Super Iob 3,26*, p. 26, lin. 535-554 : *Solet autem aliquis miseriam et amaritudinem pati sed ex propria culpa, sed hoc removet Iob dicens* Nonne dissimulavi? *Et sciendum est quod aliquis offendit unde poenam meretur a Deo dupliciter : uno modo quando ex iniuriis sibi illatis ultra modum provocatur ad vindictam, secundum quod dicitur in Psalmo "Si reddidi retribuentibus mihi mala, decidam merito ab inimicis meis inanis", scilicet iniurias mihi factas; alio modo dum ipse alium primitus offendit vel verbis, et hoc removet dicens* Nonne silui?, *quasi dicat : nulli contumeliosa aut iniuriosa verba protuli; vel factis, et hoc removet a se dicens* Nonne quievi?, *"impii enim quasi mare fervens quod quiescere non potest" Is. LVII,20. Et quamvis innocens sim tamen* venit super me indignatio, *idest poena a Deo — ira enim in Deo non accipitur pro commotione animi sed pro punitione —, in quo recognoscit adversitates huius mundi non absque divino nutu provenire.*

Dès l'abord de l'*Expositio*, à propos du verset *et erat vir ille simplex et rectus ac timens Deum ac recedens a malo* (Jb 1,1b), notre auteur synthétise les composantes de la perfection de Job : celui-ci n'a péché ni contre le prochain, ni contre Dieu ni contre soi-même. Etant simple et droit, il n'agissait point par ruse à l'égard des autres et il ne trompait personne; il craignait Dieu et étant éloigné du mal, il ne forniquait pas[1].

Ces lignes de force trouvent leur affinement dans l'interprétation de la protestation d'innocence de Job rapportée au chapitre 31, dans laquelle le frère dominicain apporte des données de théologie morale[2] : Job commence par s'affirmer libre du péché de luxure, qui est plein d'écueils de sorte que sans se prémunir dès le début on ne peut guère s'en départir par la suite. Thomas apporte alors trois motifs pour lesquels Job évita ce péché : d'abord, la luxure éloigne l'homme de Dieu, car le plaisir charnel fait obstacle aux actes spirituels permettant seuls d'accéder à Dieu[3] :

> *Quelle part Dieu aurait-il en effet avec moi d'en haut?*, comme s'il disait : Dieu a autant de part en moi que mon esprit est porté vers les réalités supérieures; si mon esprit se rabaisse par la luxure vers le plaisir charnel, Dieu n'aura aucune part en moi d'en haut. Or il arrive parfois que même les luxurieux pensent un moment à Dieu spirituellement, mais bientôt l'attrait du plaisir les fait revenir vers les choses les plus basses, d'où la part de Dieu ne peut être ferme en eux comme l'est un héritage; pour cela, il ajoute *et l'héritage*, à savoir sa ferme possession, *le Tout-Puissant d'en haut*, c'est-à-dire qui habite dans les hauteurs, ne pourra l'avoir en moi qui suis tombé dans les choses inférieures; d'où il faut que son héritage se trouve en ceux qui gagnent les cîmes, c'est-à-dire les réalités spirituelles, non point en ceux qui descendent vers les choses charnelles[4].

1. Cf. *Super Iob 1,1*, p. 5, lin. 20-43.

2. Notons que la lecture qu'effectue Albert le Grand de ce chapitre rejoint celle de Thomas; on peut en juger déjà à partir de l'*expositio textus* (cf. col. 351) : *In hoc loco ostendit beatus Iob, quam innocenter passus est, et hoc per operationem boni et per abstinentiam a malo. Dividitur autem capitulum illud in duas partes. In quarum prima innocentiam ostendit, in secunda appetit, ut hoc scribatur et in iudicio proponatur ibi (XXXI, 35)* : Quis mihi tribuat auditorem. *Prima pars dividitur in tres. In prima ostendit qualis fuit in munditia mentis et castitate corporis; in secunda, qualis fuit in iustitia et pietate, quae pars iustitiae est, et usu divitiarum ibi (XXXI, 13)* : Si contempsi iudicium; *in tertia, qualis fuit ad alios sc. amicos et inimicos ibi (XXXI, 29)* : Si gavisus sum ad ruinam eius.

3. Cette remarque est guidée par ce qu'affirment d'une part Aristote (cf. *Eth.*, lib. VII, cap. 11 / 1152 b 16), d'autre part Augustin (cf. *Solil.*, lib. I, cap. 10 /*PL* 32, 878; *BA* 5, 61); Thomas se réfère explicitement au premier dans la *Prima secundae*, q. 37, a. 1, ad 2 et au deuxième dans la *Secunda secundae*, q. 180, a. 2, ad 3.

4. Cf. *Super Iob 31,2*, p. 165, lin. 29-44 : Quam enim partem haberet Deus desuper in me?, *quasi dicat : intantum in me Deus partem habet inquantum ad superiora mea mens rapitur; si vero per luxuriam mens mea ad carnalem delectationem eiciatur, nullam partem in me Deus desuper habebit. Contingit autem quandoque quod etiam luxuriosi ad horam aliquid de Deo spiritualiter cogitant, sed mox per delectationis concupiscentiam ad ima revocantur, unde pars Dei in eis firma esse non potest quasi hereditas, unde subdit* et hereditatem, *idest firmam possessionem, in me scilicet ad inferiora prolapso, habere non poterit* Omnipotens de excelsis, *idest qui in excelsis habitat; unde oportet quod hereditas eius sit in his qui sublimia petunt, scilicet spiritualia, non autem in his qui ad carnalia descendunt.*

Ensuite, la luxure inflige à l'homme un double dommage : à cause d'elle, d'une part, il encourt un péril pour sa personne et pour ses biens, comme le dit Job « N'est-ce pas la perdition pour l'impie? » (Jb 31,3a); d'autre part, il en vient à abandonner les bonnes œuvres. Enfin le troisième motif, constituant comme le support des deux premiers, relève de la problématique de fond de l'*Expositio*, puisqu'il est envisagé du côté de la providence divine qui connaît tous les actes humains :

> *Lui-même ne considère-t-il pas mes voies*, à savoir le progrès de mes œuvres pour le récompenser? Il connaît non seulement ce progrès dans sa totalité, mais aussi chacune de ses parties, d'où il ajoute *et ne compte-t-il pas mes démarches?*, c'est-à-dire qu'il soumet à son jugement toutes les choses, mêmes les plus petites, qui semblent être répréhensibles dans mes actes, et ainsi je ne resterai pas impuni[1].

La suite du chapitre 31 traite, selon le Maître d'Aquin, des péchés d'injustice dans lesquels Job ne tomba point. Celui-ci est en effet pur de toute tromperie, ce que Thomas prouve à partir du verset 6 :

> On peut savoir si quelqu'un marche sans tromperie en examinant la droite justice dont le trompeur s'écarte, d'où il affirme *qu'il me pèse dans une juste balance*, c'est-à-dire Dieu pour que par sa justice on discerne si j'ai marché dans la fausseté. Comme la fausseté consiste principalement dans l'intention du cœur, ne peut en juger que celui pour qui cette intention est manifeste, à savoir Dieu; il ajoute donc *et que Dieu connaisse ma simplicité*, qui est opposée à la duplicité. Il dit *que Dieu connaisse*, non comme s'il allait la connaître pour la première fois mais comme s'il la faisait connaître pour la première fois aux autres, ou parce qu'il la connaît de toute éternité dans sa justice[2].

Après avoir écarté de lui la tromperie en général, Job affirme ne pas avoir commis certains péchés particuliers par lesquels on convoite astucieusement le bien d'autrui, à savoir le vol et l'adultère; ne connaissant pas un égarement du cœur, c'est-à-dire un obscurcissement de la raison par la passion, Job ne convoita pas la femme d'autrui, car il eût agi alors contre l'institution de Dieu qui unit l'homme et la femme par le mariage[3]. Il se disculpe également de ne pas avoir donné toute sa consistance à l'exigence de la justice dans sa

1. Cf. *Super Iob 31,4*, p. 165, lin. 59-66 : Nonne ipse considerat vias meas, *idest processum meorum operum ad remunerandum? Nec solum totalem processum ipse cognoscit sed et singulas partes illius processus, unde subdit* et cunctos gressus meos dimunerat?, *idest omnia etiam modica quae in actibus meis reprehensibilia videntur suo iudicio examinat, et ita non transirem pro eis impunitus.*

2. Cf. *Super Iob 31,6*, p. 166, lin. 81-92 : *Quod autem aliquis absque dolo ambulet considerari potest ex inspectione rectitudinis iustitiae a qua dolosus declinat, unde subdit* appendat me in statera iusta, *scilicet Deus, ut ex eius iustitia discernatur an ego in dolo processerim. Cum autem dolus praecipue in intentione cordis consistat, ille solus potest de dolo iudicare cui patet cordis intentio, scilicet Deus, unde subdit* et sciat Deus simplicitatem meam, *quae scilicet duplicitati dolositatis opponitur; dicit autem* sciat Deus, *non quasi de novo cognosciturus sed quasi de novo alios scire facturus, vel quia in ratione suae iustitiae hoc ab aeterno cognovit.*

3. Cf. *Super Iob 31,7-12*, p. 166-167, lin. 93-155.

relation avec ses serviteurs; selon le Maître d'Aquin, une telle exigence repose sur l'égalité foncière entre les hommes :

> Tous les hommes sont naturellement de même condition, d'où il affirme *Celui qui créa [mon serviteur] ne me fit-il pas dans le sein?*, comme s'il disait : j'ai avec mes serviteurs la même âme créée par Dieu; mon corps également fut formé par la même puissance divine, d'où il introduit *et un seul ne me forma-t-il pas dans le sein?*, c'est-à-dire Dieu qui le forma; il est donc manifeste que Dieu va s'enquérir de la façon dont je traite [mon serviteur][1].

Par ailleurs, Job ne manqua pas de miséricorde à l'égard des autres :

> Il cédait à l'autorité divine qui lui interdisait d'opprimer les orphelins; pour cette raison il dit *et son poids*, c'est-à-dire l'autorité divine qui protège les orphelins, je ne pus le porter, sans m'incliner[2].

Il n'y avait pas non plus chez lui d'affection désordonnée des richesses, ni de cupidité.

Avec les versets 26 à 28, Thomas considère en Job l'absence de superstition, plus précisément d'idolâtrie qui en est une espèce. Apportant des éléments de compréhension à la fois éthique et théologique de l'idolâtrie — lesquels sont plus amplement exposés dans le troisième livre du *Contra Gentiles* ainsi que dans la *Summa theologiae*[3] —, il la présente comme une attitude volontaire de rejet de la subordination de l'homme à Dieu et de transfert de l'hommage souverain dû au Créateur; comme telle, elle vient bouleverser radicalement l'ordre éthique :

> S'il est injuste de témoigner à un homme ce qui est dû à un autre, il paraît on ne peut plus injuste que le culte dû à Dieu soit rendu à une créature; et parce qu'il est impossible que l'homme rende un culte de latrie à la fois à Dieu et à une créature, il introduit pour cette raison *c'est une négation du Dieu Très-Haut* : bien que le nom de Dieu soit attribué à certaines créatures par participation, cependant le culte de latrie n'est dû qu'au Dieu Très-Haut, qui serait nié comme étant le Très-Haut si un tel culte était rendu également à d'autres[4].

1. Cf. *Super Iob 31,15*, p. 167, lin. 175-182 : *Naturaliter est eadem condicio omnium hominum, unde subdit* Numquid non in utero fecit me qui et illum operatus est?, *quasi dicat : eandem animam cum servis meis habeo a Deo creatam; corpus etiam meum eadem divina virtute formatum est, unde subdit* et formavit me in vulva unus?, *scilicet Deus qui et illum formavit, et ideo manifestum est quod cura est Deo qualiter illum tractem.*
2. Cf. *Super Iob 31, 23*, p. 168, lin. 259-263 : *Auctoritati divinae cedebat ex qua prohibetur pupillorum oppressio, unde subdit* et pondus eius, *idest auctoritatem Dei protegentis pupillos,* ferre non potui, *quin scilicet ei me inclinarem.*
3. Cf. 3 *CG*, cap. 120; IIa-IIae, q. 94 (avec les notes très éclairantes de l'édition du Cerf, proposées par le Père C.-J. Pinto de Oliveira).
4. Cf. *Super Iob 31,26-28*, p. 168-169, lin. 293-302 : *Si enim iniquum est ut id quod est uni homini debitum alteri exhibeatur, maxime videtur esse iniquum ut cultus Deo debitus exhibeatur creaturae; et quia impossibile est quod homo simul Deo et creaturae exhibeat latriam, ideo subdit* et negatio contra Deum altissimum : *etsi enim quibusdam creaturis nomen Dei per participationem attribuatur soli tamen Deo altissimo latriae cultus debetur, qui negatur altissimus si etiam aliis talis cultus exhibeatur.*

Après avoir abordé ce qui ressortit à la justice, Job en vient, selon Thomas, à ce qui appartient à la perfection de sa vertu lorsqu'il exclut la haine des ennemis qui se manifeste surtout par la joie lors de la ruine totale d'autrui :

> L'homme désire naturellement ce dont il se réjouit et il exprime son désir intérieur par des paroles; il s'en suit donc que si quelqu'un se réjouit des maux d'autrui, il les désire et par conséquent il lui souhaite le mal en le maudissant[1].

En outre, il montre la perfection de sa vertu dans la surabondance des bienfaits qu'il accordait à son prochain et dans l'exigence de vérité sur son comportement[2].

Cette protestation d'innocence conduit Job à en appeler au témoignage de Dieu. Thomas profite de ce passage pour souligner la radicale dépendance de l'homme à l'égard du jugement de la providence divine, une dépendance dont l'affirmation sera portée à son acmé dans le commentaire des chapitres 38 à 42 que nous étudierons par la suite :

> *Qui me procurera un avocat*, c'est-à-dire qui interpellera Dieu avec moi? Et il montre la raison pour laquelle il veut être aidé en disant *pour que le Tout-Puissant écoute mon désir;* et il expose quel est son désir en ajoutant *et écrive un libelle*, qui m'accuse ou me recommande sur ce que j'ai dit préalablement, *lui qui juge*, à savoir tous les actes humains, intérieurs et extérieurs. Et si par le témoignage de ce libelle, c'est-à-dire par la manifestation certaine de la vérité, j'apparais coupable, je veux en porter la peine, d'où il introduit *Que je le porte sur mes épaules;* si, après que la vérité a été manifestée, j'apparais recommandable, je recevrai la couronne de la récompense; il affirme donc *et je m'en servirai comme d'une couronne*, par quoi il donne à comprendre son désir : être réservé au jugement juste de Dieu, après avoir été condamné injustement par ses amis[3].

Le commentaire du chapitre 31, dont il nous paraissait important de restituer la teneur en suivant le texte de près afin d'expliciter l'interprétation de Jb 3,26, montre combien S. Thomas, comme déjà l'avait fait S. Grégoire[4], sauvegarde l'innocence de Job. Albert, pour sa

1. Cf. *Super Iob 31,29-30*, p. 169, lin. 314-318 : *Naturaliter enim homo desiderat ea de quibus gaudet et desiderium interius explicat verbis; consequens igitur est ut si aliquis de malis alicuius gaudeat, quod ea desiderat et per consequens quod malicendo ei malum imprecetur.*

2. Cf. *Super Iob 31,31-33*, p. 169, lin. 332-342.

3. Cf. *Super Iob 31,35-36*, p. 169-170, lin. 360-376 : Quis mihi tribuat adiutorem, *qui scilicet mecum interpellet ad Deum? Et ad quid adiuvari velit ostendit subdens* ut desiderium meum audiat Omnipotens*; et quod sit suum desiderium exponit subdens* et librum scribat, *scilicet meae accusationis vel commendationis super praemissis*, ipse qui iudicat, *scilicet omnes actus humanos, scilicet interiores et exteriores. Et si quidem per huius libri testimonium, idest per certam veritatis manifestationem, ego culpabilis appaream, volo portare poenam, unde subdit* In humero meo portem illum*; si vero manifestata veritate commendabilis appaream, exinde praemii coronam accipiam, unde subdit* et circumdem illum quasi coronam mihi, *per quod dat intelligere suum desiderium esse ut qui iniuste condemnabatur ab amicis iusto Dei iudicio reservetur.*

4. Cf. *Moralia*, Praefatio, 7 (*SC* 32, p. 129-130) : *Cum igitur omnia virtutum mandata perficeret, unum ei deerat, ut etiam flagellatus agere gratias sciret. Notum erat, quia servire Deo*

part, tout en restant dans la ligne de ses devanciers, adopte pourtant, sous l'influence de Maïmonide[1], une interprétation quelque peu différente : la plainte de Job n'est pas le fruit de sa malice, mais de sa justice, elle ne provient pas de sa colère mais du désir d'enseigner; elle donne ainsi matière à toute la discussion qui va se dérouler entre Job et ses amis[2]. Selon Albert, si Job se lamente, c'est parce qu'il considère ne pas être jugé selon les critères de la justice humaine qui concorde avec l'*ordo divinae iustitiae*. Or, ce n'est qu'à la suite de la détermination divine, qu'il prendra conscience de la dissemblance de ces deux ordres[3]. Une telle lecture suscite des réserves importantes de la part de Denys le Chartreux qui y voit une atteinte à la sagesse et à la vertu de Job : soutenant la position en question, ce dernier aurait alors le même point de vue que ses trois amis pour qui une peine est la conséquence d'une faute; si Job est innocent, comme il l'affirme, comment rendre compte de sa souffrance? Ne remet-elle pas en cause l'exercice de la justice divine?[4] Répondant à cette critique, R. Coggi souligne avec raison que l'interprétation albertinienne a l'avantage d'exprimer, mieux que celles qui la précédèrent, la conviction d'un homme de l'Ancien

inter dona noverat : sed dignum fuerat, ut districtio severitatis inquireret, utrum devotus Deo et inter flagella permaneret. Poena quippe interrogat, si quietus quis veraciter amat. Quem hostis quidem ut deficeret petiit, sed ut proficeret accepit. Fieri Dominus benigne permisit, quod diabolus inique postulavit. Nam cum idcirco illum expetisset hostis ut consumeret, tentando egit ut ejus merita augeret. Scriptum quippe est : In omnibus his non peccavit Job labiis suis. *Et quidem quaedam verba responsionum illius imperitis lectoribus aspera resonant : quia sanctorum dicta pie intelligere, sicut dicuntur, ignorant; et quia animum dolentis et justi in semetipsis assumere nesciunt, ideo doloris verba bene interpretari non possunt. Mentem quippe patientis bene pensare novit condescensio passionis.*

1. Cf. *Guide des égarés*, III, chap. 23, p. 185-186; *Dux neutrorum*, lib. III, cap. 24, fol. 86 v° (nous avons cité ce texte dans la conclusion de notre chapitre IV).

2. Cf. *Commentarii in Iob 3,1*, col. 55 : *Maledictio Iob non est malitia, sed iustitia : nec irae commotio, sed doctrina. Et hoc est secundum omnem expositionem et litteralem et mysticam*; cf. également col. 54.

3. Cf. *Commentarii in Iob 3,1*, col. 51 : *Quia ex determinatione Domini cognovit postea Iob, quod ordo iustitiae divinae penitus dissimilis est ordini iustitiae humanae; homo enim ex luto factus vilior est, quam quod Deus respiciat ipsum ad ordinem iustitiae humanae. Ideo rediens ad intellectum verum in fine dicit (Iob XLII, 5) : "Auditu auris audivi te", quasi praedicatum ex ordine iustitiae humanae (Iob XLII, 5) : "Nunc autem oculus meus videt te", ac si dicat : ex tua determinatione rediens ad intellectum, cognovi gubernationem tuam dissimilem esse humanae.*

4. Cf. *Enarratio in librum Job*, cap. 3, art. XI, in *Opera omnia*, t. IV, Monstrolii, 1897, p. 352 : *Oritur difficultas circa verbum Alberti, quo ait, quod Job postea, scilicet sanitate adepta vel circiter, rediens ad verum intellectum, Deo docente cognovit, quod ordo divinae justitiae penitus dissimilis est ordini justitiae humanae; et ideo homo non debeat judicari a Deo secundum humanae aequitatis processum : cujus oppositum in principio suae plagationis putavit Job, ut ex verbis inductis Alberti consequitur. Istud non videtur firmiter dictum, quod scilicet vir tantae perfectionis ac sapientiae antequam praefato modo affligeretur, nescierit ordinem, processum et modum divinae justitiae dissimilem esse modo et ordini justitiae humanae, atque humanam justitiam in infinitum deficere a divina. Praeterea, processus et ordo humanae justitiae est, ut nulli infligatur poena nisi pro culpa. Si ergo Job primo putavit se judicari debere a Deo secundum humanam justitiam, fuisset ejusdem opinionis, imo erroris, cujus et sui amici id aestimantes, secundum Thomam, vel saltem cujus et Eliphaz id aestimans, secundum Albertum hunc ipsum. Hoc enim vel omnes tres, vel Eliphaz sensit, quod homines judicarentur a Deo secundum processum humanae justitiae, ita videlicet, quod Deus nulli infligeret poenam nisi pro culpa : quod erroneum fuit : nec Job illius fuit erroris, sicut patet ex his quae ex expositione primi capituli dicta sunt circa verba Job.*

Testament telle que la dévoile l'exégèse moderne, sur la base des progrès de la critique historique et des diverses méthodes d'investigation des textes[1].

Quel motif permet, d'après Grégoire et Thomas, de rendre compte de l'innocence de Job? Selon le premier, « dire que Job a lâché pied, c'est prétendre que Dieu qui le loue a succombé, alors que, justement, les dons faits à Job témoignent de sa complète innocence. Tout le monde sait qu'une faute mérite un châtiment, non une récompense. Quand un homme est digne de recevoir le double de ce qu'il a perdu, il montre, par son salaire, que ses paroles furent vertus, et non pas fautes »[2]. Le second, proposant une accentuation un peu différente, estime que la vertu de Job est mise en lumière afin que soit assuré le fait qu'il n'est point éprouvé en raison de ses fautes[3]. Ce motif est tout entier commandé par la perspective téléologique et eschatologique de l'*Expositio* : Job, bouleversé dans sa sensibilité, ne faillit point, ayant la conviction qu'une autre vie est promise à l'homme et qu'il y est ordonné par la providence divine. C'est à partir de cette conviction, que Job entreprend une recherche, dans la discussion avec ses amis, sur la cause de son adversité.

1. Cf. R. Coggi, « Il significato del libro di Giobbe secondo S. Alberto Magno », *Sacra Doctrina* 95 (1981) 105-122, ici p. 120-121. Sans pouvoir entrer dans une étude de l'exégèse moderne et contemporaine sur ce point, nous renvoyons en particulier à N. C. Habel, *The Book of Job*, p. 98-112.

2. cf. *Moralia*, Praefatio, 8 (*SC* 32, p. 130) : *Si ergo excessisse Job dicitur, laudator illius succubuisse perhibetur : quamvis eum nulltenus deliquisse etiam dona testantur. Quis enim nesciat, quod culpis non praemia, sed poenae debeantur? Qui ergo duplicia recipere quae amiserat meruit, ex remuneratione edocuit, quia nequaquam vitium, sed virtus fuit omne quod dixit.*

3. Cf. *Super Iob 1,1*, p. 5, lin. 17-20; *31,1*, p. 165, lin. 1-4.

CHAPITRE VI

JOB DISPUTE RATIONNELLEMENT AVEC SES AMIS SUR LA CAUSE DE SON ADVERSITÉ AU REGARD DE LA VERITÉ DE LA PROVIDENCE

Deux points retiendront notre attention dans ce qui constitue la deuxième étape du cheminement de Job : d'une part, le type de discussion auquel répond l'enchaînement des dialogues de Job avec ses amis; d'autre part, l'attitude de Job qui, tout au long de cette discussion, exprime la délibération de sa raison.

Une « disputatio» autour du « quomodo sit »

Dans le Prologue de son *Commentaire des psaumes,* Thomas souligne que le mode de l'Ecriture Sainte est multiple : s'il est narratif dans les Livres historiques, remémoratif, exhortatif et prescriptif dans la Loi, les Prophètes et les Livres sapientiaux, déprécatif ou laudatif dans les Psaumes, il est disputatif dans le Livre de Job et chez S. Paul[1]. Il cherche à en rendre compte par l'emprunt d'éléments au schème de la *quaestio disputata.* On peut ici s'interroger sur la valeur structurante de ce schème dans l'*Expositio.* La réponse paraît moins aisée que dans le cas du Commentaire albertinien où les discours successifs du livre de Job, comme le note B. Smalley et à sa suite A. Jutras, sont expliqués par les articulations de la question disputée[2].

1. Cf. *Proemium in Psalm.*, éd. Vivès, t. 18, p. 228.

2. Cf. *The Study of the Bible in the Middle Ages,* Oxford, [3]1983, p. 302 : *St Albert learnt from Maimonides to read the book of Job as a philosophical providence and human suffering. He suggests this view in his prologue, together with the older one : the book shows us that the sufferings of the rightnous will end in consolation, and are necessary to teach them wisdom in this life; it exhorts us to patience. He honours the special character of the book by quoting from pagan and philosophers more frequently than in his other commentaries, and he follows Maimonides in differentiating the arguments of the four friends. One has the impression of an experiment in exegesis, less attractive than it might have been because the argument between Job and his friends has been ruthlessly, tediously forced into the framework of a scholastic*

Ainsi dans les chapitres 3 à 42, a lieu d'une part la discussion qui a pour but de faire progresser, par les procédés de la dialectique, la recherche de la solution concernant le problème de la Providence : elle comprend les trois cycles de discours de Job et de ses trois amis de même que l'intervention d'Eliud. Le discours de Dieu, d'autre part, représente la *determinatio magistralis* (cf. chap. 38 à 42)[1]. Dans les trois cycles de discours, les interlocuteurs tiennent tour à tour les rôles d'*opponens* et de *respondens*, comme cela est manifeste au début du chapitre sixième, par exemple :

> *Dividitur responsio [Iob] in duo. In prima parte redarguitur opponens, in secunda respondetur obiectis. [...]. Prima pars dividitur in quatuor secundum quatuor redargutiones opponentis*[2].

S. Albert attache même une signification technique à l'expression *respondens* que l'on trouve au commencement de la plupart des chapitres du livre sacré, selon la version de la Vulgate :

> « *Respondens autem Eliphaz Themanites* ». *Responsio vocatur in contrarium disputatio, quia Aristoteles dicit quod instantiae electorum sophisticorum aliquando solutiones sunt*[3].

Les paroles d'Eliud comportent déjà les accents d'une détermination, car c'est le propre du maître de réfuter *usque ad particularia*[4].

disputation, which God eventually "determines" in favour of Job; cf. A. JUTRAS, « Le "Commentarium in Iob" d'Albert le Grand et la disputatio », *Etudes et Recherches* 9 (1955) 9-30.

1. Cf. *Commentarii in Iob 3,1*, col. 53-54 : *Dividitur ergo pars ista (cap. 3-42) in partes duas, in quarum prima ponitur disputatio, in secunda determinatio, infra (XXXVIII, 1) :* Respondens autem Dominus Iob de turbine dixit. *Adhuc prima pars, quae est de disputatione, dividitur in duas, in quarum prima disputatio ponitur inter quatuor, in secunda inducitur opinio posterior infra (Iob XXXII, 1) ibi :* Omiserunt autem tres viri isti. *Adhuc prior harum dividitur in duas, in quarum prima quatuor disputant, in secunda uno cedente, Sophar sc., Iob superat infra sc. (XXVII, 1) :* Addidit quoque Iob. *Prima harum adhuc in duas dividitur, in quarum prima ponitur disputatio inter quatuor de intentione proposita, in secunda disputatio ponitur inter duos sc. Eliphaz et Baldach, et tertius cedit infra (XXI, 1) :* Respondens autem Iob dixit : Audite quaeso. *Adhuc prior pars in duas partes dividitur secundum duos circulos quatuor disputantium, primus concluditur ad XII, cap. (1) infra ibi :* Respondens autem Iob dixit : ergo vos soli homines. *Secundus concluditur ad XXI :* Respondens autem Iob dixit : Audite quaeso. *In omnibus autem his disputationibus Iob disputat ad singulos, et singuli ad ipsum. Prima harum in duas dividitur, in quarum prima demonstratur verba querelae Iob de operibus Satanae : in secunda exordium disputationis infra IV, (1) ibi :* Respondens autem Eliphaz.

2. Cf. *Commentarii in Iob 6,1*, col. 97.

3. Cf. *Commentarii in Iob 4,1*, col. 68. Pour la citation *ad sensum* d'Aristote : cf. *Analyt. priora*, 2, 28 (I 117) et *De soph. elenchis*, cap. 18 (I 296).

4. Cf. *Commentarii in Iob 37,24*, col. 439-440 : *Sic ergo ab Eliu omnes aliorum positiones usque ad particularia deductae sunt. In rhetoricis enim disputationibus, quae sunt ex adiunctis, ex communibus principiis non fit fides, nisi usque ad ultima per circumstantias et signa deducantur. Hoc igitur est determinatio disputationis, et omnes supponunt, quod ex respectu ad inferiora et temporalia merita regimen sit humane vitae, licet Eliphaz in communi dicat, quod bonis bona et malis mala retribuuntur, Baldach autem addat, quod, si aliquando secus fit, quod bonis sc. fiunt mala et malis bona, quod hoc utrisque recompensatur in praemio retributionis finalis; Sophar autem licet idem dicat, sed addat hoc, si secus fit aliquando et raro, quod hoc fit secundum altitudinem consilii et voluntatis divinae, cuius causa non est quaerenda. Haec autem principia communia, quae tres hi supponunt, Eliu coniungit et ad*

Cependant, Dieu seul peut proposer la vérité sur la question controversée et répondre aux positions contraires émises par les amis de Job[1].

Dans le Commentaire thomasien, le schème scolaire de la *quaestio disputata* — comme l'a déjà remarqué A. Dondaine — paraît être davantage un motif d'accompagnement qu'une charpente organique et structurante[2]. Quand notre auteur s'y réfère, il veut avant tout éclairer certains aspects ou moments de la discussion.

Ainsi, au chapitre 34, Eliud considère que Job à cause de son manque de sagesse et d'intelligence est indigne de discuter avec lui. Or dans une *disputatio*, précise le frère dominicain, une part revient à l'*opponens* et une autre au *respondens*. Le premier doit être d'un esprit pénétrant pour trouver des arguments rationnels qui serviront la démonstrabilité de son propos et il est requis du second qu'il soit sage afin de bien juger de ce qu'il entend[3]. Ces données sont retenues pour signifier le type d'échange qu'aurait souhaité Eliud avec Job : d'une part son caractère dialogique, impliquant la présence d'au moins deux intervenants, d'autre part son but qui est la démonstration de la vérité touchant une question soulevée ou proposée (*ad propositum ostendendum*)[4]. Ce caractère dialogique est également mis en relief dans le commentaire du chapitre 13 où Job manifeste son désir de discuter avec Dieu : il lui offre le choix d'être ou l'*opponens* ou le *respondens;* il dit alors à Dieu :

> Appelle-moi et je te répondrai, ou je parlerai et tu me répondras (Jb 13,22)[5].

Or dans un premier temps, il attribue à Dieu la place de l'*opponens*, lui demandant de lui montrer les péchés pour lesquels il est si fortement affligé :

particularia deducit per circumstantias et adiuncta; Iob autem solus negat hoc, quod respiciendo ad merita hominum provideat et gubernet Deus humanam vitam, sed regimen suum dissimile sit omni regimini humano et ad nihil temporale respiciat gubernando vitam humanam.

1. Cf. *Commentarii in Iob 37,24*, col. 440 : *Hanc autem disputationem solus Deus determinare potest, et ideo inducitur ut determinans eam; Commentarii in Iob 38,1*, col. 440 : *Hic inducit iudex quaestionem de regimine humanae vitae determinans. Determinat autem pro beato Iob et contra amicos, sc. quod ad nihil humanorum operum respiciens providet Deus humanis et regit humanam vitam, sed regimen suum dissimile est omni regimini humano; Commentarii in Iob 41,25*, col. 503 : *Determinato ergo per verba Domini, quod nemo a sorde mundus sit, quod quasi pro melio et argumento inductum est, quod regimen providentiae divinae simili sit regimini providentiae humanae (nihil restat determinandum, nisi utrum regimen providentiae divinae simile sit regimini providentiae humanae), quod Iob negavit et quatuor amici asseruerunt, tunc enim responsum est et praemissis, quas induxerunt amici quatuor, et conclusioni, quam probare intenderunt. Et in hoc tota erit determinata disputatio.*

2. Cf. Léon., t. XXVI, Introduction, p. 28*.

3. Cf. *Super Iob 34,34*, p. 184, lin. 387-399.

4. Au sujet des éléments constitutifs de la *disputatio*, nous renvoyons à B. C. BAZÁN « Les questions disputées, principalement dans les Facultés de théologie », p. 31-40 en particulier.

5. Cf. *Super Iob 13,22*, p. 87, lin. 307-313.

Combien grandes sont mes iniquités et mes péchés, mes crimes et mes délits, montre-les moi (Jb 13,23).

Job en vient à dire cela car ses amis, se chargeant en quelque sorte de la cause de Dieu et parlant en son nom, lui reprochaient d'être puni pour ses propres péchés[1]. Dans un deuxième temps, Job, après avoir laissé parler le Seigneur comme en se taisant, prend à son tour le rôle de l'objectant, cherchant les causes de son épreuve : au travers de cette recherche, il veut démontrer la justesse de sa position[2]. Il le fait dans l'échange prolongé qu'il a avec ses amis, car c'est de la discussion que peut jaillir la vérité (*ex mutua disputatione veritas elucescit*)[3]. Thomas voit trois obstacles à la recherche de la vérité dans une discussion[4] : d'abord le fait de ne pas vouloir entendre ce qu'avance l'adversaire; ensuite répondre à ce que l'on entend par des clameurs et avec mépris : la contention ici ne sert de rien, car, comme l'affirme S. Ambroise, « elle attaque la vérité en s'appuyant sur la clameur »[5]; enfin ne pas chercher tant la vérité que la victoire et la louange, ce qui arrive dans les litiges ou les sophismes[6]. Dans ce sens Job affirme :

Prêtez l'oreille et voyez si je mens. Répondez, je vous prie, sans contention, parlez et jugez en toute justice. Et vous ne trouverez pas l'iniquité sur ma langue et la sottise ne résonnera pas au fond de ma gorge (Jb 6,28b-30).

Avec l'intervention divine, cette discussion sera portée à son terme — elle ne le fut pas avec celle d'Eliud jugée inconvenante par Thomas — : notre auteur présente alors Dieu comme étant le *determinator quaestionis* qui en vertu de son autorité détermine la *disputatio de providentia*[7].

Si l'on ne trouve pas chez le Maître d'Aquin l'application systématique d'une construction scolaire qui risquerait de voiler la cohérence interne du livre sacré, il faut cependant ne pas miminiser la référence à la *quaestio disputata* dans ce qui concerne le niveau d'exercice de la discussion. Une des indications les plus éclairantes de l'*Expositio*, nous permettant d'identifier ce niveau, réside dans l'affirmation selon laquelle Job exprime la délibération de sa raison dans la discussion avec ses amis[8]; par ailleurs, nous avons vu que, pour Thomas, toute la discussion est centrée sur le *qualiter* du gouvernement de la providence divine à l'égard des réalités humaines[9] : c'est

1. Cf. *Super Iob 13,23*, p. 87-88, lin. 316-335.
2. Cf. *Super Iob 13,24*, p. 88, lin. 351-353.
3. Cf. *Super Iob 6,28*, p. 44, lin. 301-305.
4. Cf. *Super Iob 6,28-30*, p. 44-45, lin. 307-325.
5. Cette citation est communément attribuée à S. Ambroise par les scolastiques. On la trouve en particulier chez S. Albert (cf. 1 *Sent.*, Prol.) et chez S. Bonaventure (cf. 1 *Sent.*, Prol., dub. 7); elle intervient également dans la *Glossa ordinaria* (cf. *Super Rom.* 1,29).
6. Cf. *De soph. elench.*, I, cap. 11 (171 b 18).
7. Cf. *Super Iob 38,1*, p. 199, lin. 1-17.
8. Cf. *Super Iob 39,35*, p. 212, lin. 373-375.
9. Cf. *Super Iob 1,1*, p. 5, lin. 1-4 (voir ci-dessus, la première partie, chap. II).

une vérité que Job, le juste éprouvé, va rechercher et manifester, bénéficiant de l'inspiration divine par le don de la foi et de la sagesse[1].

Cela n'est pas sans correspondre à l'un des deux types de disputes théologiques que notre auteur décrit fort bien dans le quatrième *Quodlibet* daté vraisemblablement de Pâques 1271[2] : le premier a pour but de faire justice des doutes de ceux qui n'admettent pas le fait qu'une assertion donnée est vérité de foi (*an ita sit*). Il faut ici donner la première place aux « autorités » qu'admettent ceux avec lesquels on dispute : avec les juifs on invoquera l'Ancien Testament, avec les manichéens, le Nouveau Testament, avec les Grecs, les deux Testaments et les Pères de l'Eglise grecque, mais non les Pères latins; toutefois, si ceux avec qui on dispute n'acceptent aucune autorité révélée, on aura recours pour les confondre aux arguments de raison. Le second type — duquel paraît relever prioritairement la discussion du livre de Job — est la *disputatio magistralis* qui s'attache, non point à repousser l'erreur, mais à introduire les auditeurs dans l'intelligence de la vérité. Puisqu'ils croient déjà cette vérité, il n'y a pas lieu de faire appel aux « autorités », mais aux raisons qui peuvent faire découvrir la racine de la vérité et faire savoir comment est vrai ce qu'affirme la foi (*quomodo sit*)[3].

Cette manière d'envisager le niveau d'exercice de la discussion pourrait expliquer le nombre relativement restreint de textes scripturaires dans l'*Expositio* si on la compare à d'autres postilles médiévales sur Job, y compris le commentaire de S. Albert[4] : quand il s'agit d'exprimer le *quid sit ou le quomodo sit*, et non pas l'appartenance d'une vérité donnée à la révélation, l'autorité de l'Ecriture n'est plus seule suffisante; la raison intervient, mettant en œuvre toutes ses ressources pour conduire le croyant à une intelligence aussi parfaite que possible de ce qu'il tient dans l'obscurité de la foi. Ainsi Thomas, dans son commentaire, porte une attention spéciale à l'affirmation de la raison théologique dont il met en lumière le déploiement à partir des différents discours de Job et de ses interlocuteurs, et de la détermination divine.

1. Cf. *Super Iob 13,19*, p. 87, lin. 290-292 : *Certus autem erat Iob quod veritatem loquebatur sibi a Deo per donum fidei et sapientiae inspiratam.*

2. Cf. J.-P. TORRELL, *Initiation à saint Thomas d'Aquin*, p. 306.

3. Voici ce que dit précisément Thomas au sujet de la *disputatio magistralis* : *Quaedam vero disputatio est magistralis in scholis non ad removendum errorem, sed ad instruendum auditores ut inducantur ad intellectum veritatis quam intendit : et tunc oportet rationibus inniti investigantibus veritatis radicem, et facientibus scire quomodo sit verum quod dicitur : alioquin si nudis auctoritatibus magister quaestionem determinet, certificabitur quidem auditor quod ita est, sed nihil scientiae vel intellectus acquiret et vacuus abscedet* (cf. *Qdlb*, IV, q. 9, a. 3, resp.).

4. Nous faisons nôtre le point de vue émis par A. Dondaine (cf. Léon., t. XXVI, Introduction, p. 30*).

Iob invenitur fuisse locutus exprimens deliberationem rationis humanae dum contra amicos disputaret

(cf. Super Iob 39,35, p. 212, lin. 370-375)

Lorsque Thomas décrit l'attitude de Job dans l'ensemble des dialogues, il dégage deux aspects inséparables l'un de l'autre qu'il synthétise au terme de l'exposition du chapitre 39 : d'une part Job exprime la vérité de la providence divine à l'égard des réalités humaines, et dans le cadre de cette expression, il défend la vérité et réfute les erreurs de ses amis ; d'autre part, il scrute cette vérité en soumettant son intelligence à Dieu dans la foi. Comme nous allons nous efforcer de le montrer, notre auteur traduit par là au fil de son commentaire quelque chose de la genèse de l'attitude théologique : la théologie est non seulement provoquée par les exigences de la communication de la foi, mais aussi et peut-être d'abord par une requête de la foi elle-même[1]. Job est présenté dans ce sens comme un croyant qui cherche à réfléchir et à raisonner ce qu'il croit et à en rendre compte.

Job était certain que la vérité qu'il disait lui était inspirée de Dieu par le don de la foi et de la sagesse

(cf. *Super Iob13,19*, p. 87, lin. 290-292)

Dans son commentaire du chapitre 13 — sur lequel nous allons porter spécialement notre attention —, Thomas souligne que Job s'attache à détruire les erreurs dogmatiques (*falsa dogmata*) de ses amis[2] : ils errent en effet au sujet de la foi, par laquelle on honore Dieu, estimant qu'en cette vie seulement se trouve la rétribution des mérites et des peines. Compte tenu de leur thèse, ils usent alors de mensonges afin de défendre la justice divine : si Job est éprouvé, c'est, selon eux, en raison de quelque impiété. Dans ce sens, Job affirme au verset 4 :

> *Prius vos ostendens fabricatores mendacii et cultores perversorum dogmatum*[3].

Avant d'en venir à la réfutation de leurs erreurs, Job commence par corriger leur démarche inconvenante que le Maître d'Aquin présente comme étant un gauchissement radical de celle prévalant dans la science ou doctrine sacrée : selon lui, les trois amis cherchent à manifester les dogmes qu'ils proposent, par le recours à des arguments sans valeur[4]. Notre auteur illustre ce procédé en se référant au chapitre 15 de la première lettre aux Corinthiens, sans cesse repris

1. Cf. J.-P. Torrell, *La théologie catholique*, « Que sais-je? 1269 », Paris, 1994, p. 13-18.
2. Cf. *Super Iob 13,13*, p. 86, lin. 184-187.
3. Cf. *Super Iob 13,4*, p. 84, lin. 32-41 ; *13,7*, p. 84-85, lin. 61-88.
4. Cf. *Super Iob 13,5-6*, p. 84, lin. 47-60.

quand il s'agit de traiter de la démarche argumentative de la science sacrée[1] :

> Il faut considérer que celui qui pour montrer la justice et la bonté de Dieu se sert du mensonge, non seulement accomplit une chose dont Dieu n'a pas besoin, mais aussi par là même s'oppose à lui : puisque Dieu est la vérité et que tout mensonge est contraire à la vérité, quiconque use du mensonge pour manifester la grandeur de Dieu agit de ce fait contre Dieu. Et ceci est énoncé clairement par l'Apôtre dans la [première] lettre aux Corinthiens (15,15) où il affirme : « Nous sommes trouvés de faux témoins de Dieu puisque nous témoignons contre Dieu qu'il a ressuscité le Christ, alors qu'il ne l'a pas ressuscité si les morts ne ressuscitent pas »; dire donc que Dieu a ressuscité un mort, si ce n'est pas vrai, c'est l'offenser, bien que la puissance divine semble manifestée, parce que c'est contre la vérité de Dieu. Ainsi ceux qui mentent pour défendre Dieu non seulement ne reçoivent aucune récompense, ce qui voudrait dire sinon qu'ils lui plaisent, mais méritent une peine comme ils agissent contre lui, d'où [Job] introduit *Lui-même vous reprendra d'avoir frauduleusement pris son parti;* et il dit *frauduleusement*, car bien qu'ils parussent extérieurement défendre la cause de Dieu, comme connaissant sa justice, cependant en leur conscience ils ignoraient par quelle justice Job était puni; ainsi dans leur cœur ils faisaient frauduleusement acception de Dieu en s'efforçant de défendre faussement sa justice[2].

Face à la démarche des trois interlocuteurs, Thomas insistera sur la fonction apologétique des discours de Job et ce dès son commentaire du chapitre 6 :

> *Intendebat enim et circa divina et circa humana defendere et probare veritatem*[3].

Une telle insistance ne peut manquer de dévoiler une conviction profonde du théologien dominicain qui va jusqu'à affirmer à propos, cette fois-ci, de l'intervention d'Eliud :

1. Cf. 1 *Sent.*, Prol. q. 1, a. 5, ad 4 : *Argumenta tolluntur ad probationem articulorum fidei; sed ad defensionem fidei et inventionem veritatis in quaestionibus ex principiis fidei, oportet argumentis uti : sic etiam Apostolus facit, I Cor. XV (16) : « Si Christus resurrexit, ergo et mortui resurgent »;* cf. également *De ver.*, q. 14, a. 2, ad 9; Ia, q. 1, a. 8, c.

2. Cf. *Super Iob 13,10*, p. 85, lin. 128-153 : *Considerandum est quod ille qui ad ostendendam Dei iustitiam vel bonitatem mendacio utitur non solum rem agit qua Deus non indiget, sed etiam hoc ipso contra Deum vadit : cum enim Deus veritas sit, omne autem mendacium veritati contrarietur, quicumque mendacio utitur ad Dei magnificentiam ostendendam hoc ipso contra Deum agit. Et hoc manifeste patet per Apostolum Cor., ubi dicit "invenimur autem et falsi testes Dei, quoniam testimonium diximus adversus Deum quod suscitaverit Christum, quem non suscitavit si mortui non resurgunt"; dicere ergo quod Deus mortuum suscitavit, si verum non sit, contra Deum est quamvis videatur divinae virtutis ostensivum, quia est contra Dei veritatem. Sic igitur qui ad Deum defendendum mendacium assumunt non solum praemium non accipiunt quasi ei placentes, sed etiam poenam merentur quasi contra Deum agentes, et ideo subdit* Ipse vos arguet quoniam in abscondito faciem eius accipitis*; et dicit* in abscondito *quia licet viderentur exterius causam Dei agere quasi Dei iustitiam cognoscentes, tamen in conscientiis eorum hoc erat quod nesciebant qua iustitia Iob punitus esset, et sic quantum ad cordis eorum absconditum faciem Dei accipiebant dum eius iustitiam falso defendere nitebantur.* On aura remarqué l'utilisation fréquente du verbe *ostendere* qui n'est pas sans évoquer la fonction ostensive de la théologie.

3. Cf. *Super Iob 6,30*, p. 45, lin. 324-325.

> *Defensio veritatis pertinet ad omnes et unusquisque debet ibi ponere quasi pro parte sua quod potest*[1].

Au chapitre 13, cette fonction trouve son expression dans la figure d'une discussion de Job avec Dieu, comme le rapporte le verset 22 : *Voca me et respondebo tibi, aut certe loquar et tu responde mihi* :

> Il dit cela en énigme pour montrer qu'il est prêt à l'une et l'autre chose, soit à défendre la vérité qu'il professe, soit à réfuter ce qui est dit contre la vérité[2].

Il n'est pas interdit de déceler ici l'empreinte de la première lettre de Pierre (3,15) qui constitue, pour les auteurs médiévaux et déjà pour les Pères, le fondement de l'entreprise théologique, en sa fonction apologétique spécialement :

> *Parati semper ad satisfactionem omni poscenti vos rationem de ea quae in vobis est fide et spe*[3].

Si Job désire donc disputer avec Dieu, ce n'est point pour désapprouver ses jugements, mais afin de détruire les erreurs de ses amis qui l'estimaient injuste devant Dieu[4]. Ainsi quand il dit « Auparavant je vous montrerai que vous êtes des artisans de mensonge » ne doit pas s'entendre dans le sens où il va d'abord contrecarrer leur position pour disputer ensuite avec Dieu, mais en entreprenant cette discussion, sa première intention est la réfutation des erreurs[5].

Si la discussion avec Dieu constitue pour Thomas le lieu de la réfutation de l'erreur, elle est inséparablement — et peut-être d'abord — celui de l'affirmation et de la manifestation de la vérité. A plusieurs reprises dans son commentaire du chapitre 13, le frère dominicain le souligne, par exemple lorsqu'il interprète les paroles par lesquelles Job rend attentifs ses auditeurs avant d'entreprendre sa *disputatio* :

> *Si fuero iudicatus, scio quod iustus inveniar* (Jb 13,18).

Il ne s'agit point là, estime-t-il, de son innocence, mais bien plutôt de la vérité de la doctrine dont on discute comme en un jugement : quand, en effet, on montre dans une discussion que ce que l'on affirme

1. Cf. *Super Iob 32,17*, p. 173, lin. 158-159.

2. Cf. *Super Iob 13,22*, p. 87, lin. 313-316 : *Hoc autem dicit aenigmate ostendendo paratum se esse ad utrumque, sive ad defendendam veritatem quam profitetur sive ad impugnandum quod contra veritatem diceretur.*

3. Thomas cite ce texte dès le Prologue de son *Commentaire des Sentences*, à l'endroit où il s'interroge sur le *modus artificialis* de la science sacrée (cf. 1 *Sent.*, Prol. q. 1, a. 5, sc. 1).

4. Cf. *Super Iob 13,3*, p. 84, lin. 28-32. Dans la *Summa theologiae*, Thomas interprétera ce verset 3 dans le même sens : *Contentio ibi sumitur communiter pro disputatione. Dixerat enim Iob 13,3 : « Ad Omnipotentem loquar, et disputare cum Deo cupio » : non tamen intendens neque veritatem impugnare, sed exquirere; neque circa hanc inquisitionem aliqua inordinatione vel animi vel vocis uti* (cf. IIa-IIae, q. 38, a. 1, ad 4).

5. Cf. *Super Iob 13,4*, p. 85, lin. 41-46.

est vrai, on ressemble à celui qui est trouvé juste dans un jugement[1]. Un autre exemple éclairant nous est fourni dans l'*expositio* du verset 19c : *Quare tacens consumor*, lequel envisage le motif de la discussion :

> L'homme en effet se consume peu à peu au cours de la vie présente, et surtout lorsqu'il est soumis à l'infirmité comme l'était Job ; il disparaît en se taisant celui qui ne laisse aucun vestige de sa sagesse par sa doctrine : pour ne pas souffrir de cela, Job décida de ne pas taire la vérité, afin que consumé de corps il survive dans sa doctrine[2].

Nous pensons pouvoir reconnaître dans l'ensemble des textes que nous venons de présenter les lignes de force du « discours de la méthode » du *Contra Gentiles* (cf. lib. I, cap. 1-9), de quelques années antérieur au *Super Iob*. Thomas y entend faire œuvre de sagesse, laquelle a pour objet la vérité divine qui est vérité par antonomase ; il a soin de préciser qu'il s'agit de la vérité professée par la foi catholique[3]. Parce qu'elle a ainsi pour objet la vérité de foi et qu'elle se meut tout entière à l'intérieur de la foi, cette sagesse — qui est un autre nom de la théologie[4] — peut être une anticipation de la vraie béatitude et un acheminement vers la vie éternelle[5]. L'attention portée à la sagesse comme contemplation de la vérité dans la *Somme contre les Gentils* n'est pas moins grande dans l'*Expositio ;* nous l'avions déjà

1. Cf. *Super Iob 13,18*, p. 87, lin. 251-260. Thomas précise que l'innocence de Job intervient dans le verset 15b : *vias meas in conspectu eius arguam.*

2. Cf. *Super Iob 13,19*, p. 87, lin. 267-275 : *Homo enim per decursum praesentis vitae paulatim consumitur, et praecipue cum est infirmitati subiectus sicut erat Iob; tacens autem consumitur qui sic praesentem vitam decurrit quod tamen suae sapientiae per doctrinam nullum vestigium relinquit : ne ergo Iob hoc pateretur, disposuit non tacere de veritate ut consumptus corpore post mortem viveret in sua doctrina.* Comme en d'autres endroits de l'*Expositio*, Thomas, cherchant à cerner au mieux le sens littéral du texte, propose une autre interprétation qui vient dans le cas présent compléter la première : *Vel potest hoc ad aliam intentionem referri : cum enim aliquis dolorem quem in corde patitur exterius exprimit, quodammodo eius animus mitigatur, sed tacendo interius magis a dolore angustatur et quodammodo sua taciturnitate consumitur* (cf. lin. 275-280).

3. Cf. 1 *CG*, cap. 2.

4. Cf. R.-A. Gauthier, « Introduction » à *Saint Thomas d'Aquin, Somme contre les Gentils*, p. 146. L'*Index Thomisticus* ne mentionne pour le *Contra Gentiles* qu'une occurrence du lemme *theologia* se trouvant dans une référence ; par ailleurs, le lemme *theologus* apparaît trois fois, dont une seule sous la plume de Thomas lui-même, précisément en 2 *CG*, cap. 4 (les deux autres occurrences se trouvent respectivement dans une référence et dans une citation littérale). Dans le chapitre 4 du deuxième livre, notre auteur désigne la théologie par l'expression *doctrina fidei.*

5. Cf. 1 *CG*, cap. 2 : *Inter omnia vero studia hominum, sapientiae studium est perfectius, sublimius et utilius et jucundius. Perfectius quidem, quia, in quantum homo sapientiae studio dat se, in tantum verae beatitudinis jam aliquam partem habet. Unde Sapiens (Eccles. XIV, 22) dicit : "Beatus vir qui in sapientia morabitur". Sublimius autem est, quia per ipsum homo ad divinam similitudinem praecipue accedit, qui omnia in sapientia fecit. Unde quia similitudo causa est dilectionis, sapientiae studium praecipue Deo per amicitiam conjungit; propter quod (Sap. VII, 11) dicitur quod « sapientia est infinitus thesaurus hominibus; quo usi sunt, facti sunt participes amicitiae Dei ». Utilius autem est, quia per ipsam sapientiam ad immortalitatis regnum pervenitur : « Concupiscentia autem sapientiae deducet ad regnum perpetuum (Sap. VI, 21). Jucundius autem est, quia "non habet amaritudinem conversatio illius, nec taedium convictus illius, sed laetitiam et gaudium » (Sap. VIII, 16).*

souligné avec notamment le commentaire du chapitre 28[1], et l'on en a une illustration manifeste dans celui du chapitre 13 (v. 18) que nous venons de mentionner : la doctrine dont il y est question — pouvant s'entendre tant au sens objectif du mot, un corps de doctrines, qu'au sens actif, l'action d'enseigner — est l'expression de la sagesse de l'homme représenté par Job. En fait, ce dernier apparaîtra aux yeux de Thomas comme l'exemple même du sage, ce qu'il mettait déjà en relief dans son commentaire du chapitre 3 (v. 1), bien que ce fût selon une autre modalité.

Dans le « discours de la méthode » du *Contra Gentiles*, le Maître d'Aquin s'applique à définir l'*officium sapientis*[2] :

> Le double office du sage est parfaitement exposé par la Sagesse, dans les paroles que nous avons citées plus haut : dire la vérité divine [...] après l'avoir méditée, tel est le sens de ce verset : « Ma bouche méditera la vérité »; combattre l'erreur qui s'oppose à la vérité, tel est le sens de cet autre verset : « et mes lèvres maudiront l'impie ». Ce dernier verset désigne l'erreur qui s'oppose à la vérité divine, qui est contraire à la religion — laquelle reçoit aussi le nom de piété —; ce qui explique que l'erreur contraire reçoive le nom d'impiété[3].

1. On peut y ajouter le commentaire de Jb 12,12 (cf. p. 81, lin. 183-185).

2. Le P. Gauthier (cf. « Introduction », p. 143) note que le terme *officium* (*kathékon*) revêt un sens technique, celui de devoir, dans la philosophie de Panétius, le fondateur du moyen stoïcisme. Il fut acclimaté dans la philosophie et la théologie latines par Cicéron et Ambroise. Dans la langue de S. Thomas, le sens du mot s'est affaibli, et l'*officium* ne se distingue guère de l'*opus* (*ergon*) qui est le mot d'Aristote pour désigner la tâche de l'homme ou du sage (cf. *Eth. Nic.*, I, 1097 b 24 / *Aristoteles Latinus*, XXVI, p. 150, 18). Pour le théologien dominicain, c'est faire son métier que de remplir son devoir et d'accomplir sa tâche. On verra au sujet de 1 *CG*, cap. 1-9, R. GUINDON, « La théologie de saint Thomas d'Aquin dans le rayonnement du Prologue de saint Jean », *Revue de l'Université d'Ottawa* 29 (1931) 121*-142*, 123*-131 en particulier.

3. Cf. 1 *CG*, cap. 1 : *Convenienter ex ore Sapientiae duplex sapientis officium in verbis propositis demonstratur : scilicet veritatem divinam, [...], meditam eloqui, quod tangit cum dicit, "Veritatem meditabitur guttur meum"; et errorem contra veritatem impugnare, quod tangit cum dicit, "et labia mea detestabuntur impium", per quod falsitas contra divinam veritatem designatur, quae religioni contraria est, quae etiam pietas nominatur, unde et falsitas contraria ei impietatis sibi nomen assumit.* Thomas assume lui-même ce double office du sage dans le cadre du *Contra Gentiles* : *Assumpta igitur ex divina pietate fiducia sapientis officium prosequendi, quamvis proprias vires excedat, propositum nostrae intentionis est veritatem, quam fides catholica profitetur, pro nostro modulo manifestare, errores eliminando contrarios. Ut enim verbis Hilarii utar (*De Trin.*, I, 37) : "ego hoc vel praecipium vitae meae officium debere me Deo conscius sum, ut eum omnis sermo meus et sensus loquatur"* (1 *CG*, cap. 2). Le regroupement sous deux tâches de la fonction assignée à la théologie dans la *Summa contra Gentiles* représente une simplification par rapport au *Super Boetium de Trinitate* (cf. q. 2, a. 3, resp.) où elle est développée sous une forme tripartite : *Sic ergo in sacra doctrina philosophia possumus tripliciter uti : primo ad demonstrandum ea quae sunt praeambula fidei [...]; secundo ad notificandum per aliquas similitudines ea quae sunt fidei [...]; tertio ad resistendum his quae contra fidem dicuntur, sive ostendendo ea esse falsa, sive ostendendo ea non esse necessaria.* Le Père Chenu indique que la formulation du *Super Boetium* marque un progrès depuis la formule fruste de Guillaume d'Auxerre sur le triple rôle des *rationes fidei* (cf. *Summa aurea*, lib. I, Prol., éd. J. RIBAILLER, « Spicilegium bonaventurianum 16 », Paris-Grottaferrata, 1980, p. 15-16, lin. 15-29), transformé maintenant par les principes qui le commandent (cf. *La théologie comme science au XIIIe siècle*, « Bibliothèque thomiste 33 », Paris, 1957, p. 89). Un auteur comme Bonaventure,

L'affirmation de cette double tâche du sage n'est pas propre à S. Thomas, mais elle est également présente chez ses devanciers et ses contemporains, appuyée qu'elle est sur le *De sophisticis Elenchis* d'Aristote que le Moyen Age lit à partir d'une traduction de Boèce :

> *Est autem [...] in unoquoque opus scientis non mentiri quidem eum de quibus novit, mentientem autem manifestare posse*[1].

Cet adage sera d'abord mis en évidence par les maîtres ès arts, dont Pierre d'Irlande qui souligne que le Stagirite fut le premier à s'acquitter de la double tâche du sage[2], puis sera recueilli par les théologiens; ainsi Albert le Grand, dans le Prologue de son *Commentaire aux Sentences*, revendique le métier de sage pour le théologien[3]. Bien que le texte d'Aristote n'apparaisse pas explicitement dans l'introduction au *Contra Gentiles*[4] — ni d'ailleurs dans le *Super Iob*[5] —, nous ne pouvons nous empêcher de penser toutefois qu'il est très présent à la mémoire du Maître d'Aquin qui le cite régulièrement dans

tout en reprenant dans son *Commentaire sur les Sentences*, le schéma apologétique de Guillaume d'Auxerre, propose déjà une formulation plus fine qu'il vaut la peine de restituer intégralement : *Modus inquisitivus valet primo ad confundendum adversarios. Unde Augustinus primo de Trinitate : Adversus garrulos ratiocinatores elatiores quam capaciores rationibus catholicis et similitudinibus congruis ad defensionem et assertionem fidei est utendum. Secundo valet ad fovendum infirmos. Sicut enim Deus caritatem infirmorum fovet per beneficia temporalia, sic fidem infirmorum fovet per argumenta probabilia. Si enim infirmi viderent, rationes ad fidei probabilitatem deficere et ad oppositum abundare, nullus persisteret. Tertio valet ad delectandum perfectos. Miro enim modo anima delectatur in intelligendo quod perfecta fide credit. Unde Bernardus : "Nihil libentius intelligimus, quam quod iam fide credimus* (cf. 1 *Sent.*, Proem., q. 2, concl., resp.).

1. Cf. 165 a 24-27 / *Aristoteles Latinus*, VI, p. 6, lin. 19-22.

2. Cf. *Expositio et quaestiones in Aristotelis librum longitudine et brevitate vitae*, lect. 1 (cf. M. DUNNE, éd., « Philosophes médiévaux 30 », Louvain-La-Neuve, 1993, p. 73, lin. 19-21 : *Illa pars secunda diuiditur secundum duplex opus sapientis : est enim duplex opus sapientis non mentiri de quibus nouit et manifestare mencientem;* cf. lect. 2 (p. 86, lin. 4-6) : *Que diuiditur in duas partes, sicut dictum est, secundum duplex opus sapientis : primo remouet mendacium et consequenter ostendit ueritatem. Et prius est exstirpare uicium quam inferri uirtutem.* Concernant l'influence possible de Pierre d'Irlande sur Thomas, qui aurait été son élève, nous renvoyons aux remarques de J.-P. TORRELL, *Initiation*, p. 9-11.

3. Cf. 1 *Sent.*, Prol. (éd. Borgnet, t. 25, p. 10b) : *In hac parte ex causis moventibus etiam alias hujus operis causas concludit. Et habet sex partes : in quarum prima repetit breviter causas moventes duas, scilicet eversionem haereticorum, et exaltationem lucernae veritatis, quae sumitur secundum duplex opus sapientis determinatum a Philosopho, quod et non mentiri eum de quibus novit, et mentientem manifestare posse.*

4. Le Père Gauthier souligne que deux manuscrits ajoutent à la fin de 1 *CG*, cap. 1, les mots suivants : *Haec autem duo officia sapientis philosophus ponit in I Elenchorum, scilicet non mentiri de quibus novit et mentientem manifestare posse.* Plutôt que de voir ici, comme le P. Constant Suermondt (cf. Léon., t. XIII, p. 6* a), une première rédaction de Thomas, il faut peut-être songer à l'addition d'un glossateur qui se sera étonné que le frère dominicain n'ait pas cité un texte si connu et qui rejoignait si bien son propos (cf. « Introduction », p. 148-149).

5. Le commentaire de Jb 13,7 pourrait nous autoriser à déceler quelque chose de l'affirmation aristotélicienne : *Non autem convenienti medio utitur qui veritatem per mendacia defendit, et ideo dicit* Numquid Deus indiget mendacio vestro, *quasi dicat : numquid necessarium est quod ad defendendum divinam iustitiam mendacia assumantur? Quod enim non potest nisi per mendacia defendi impossibile est esse verum. Cum autem aliquis contra manifestam veritatem mentiri nititur, cogitur aliquas dolosas et fraudulentas vias adinvenire ut mendacium aliqua frade coloret* (cf. p. 84-85, lin. 70-79).

ses autres œuvres. Outre le Philosophe, c'est S. Paul qui constitue le point d'appui des développements relatifs au métier du sage, précisément la Lettre à Tite (1,9) que le Moyen Age connaît selon la version de la *Vetus latina* et celle de la Vulgate qui remplace le verbe *revincere* par *arguere* :

> *Adplectentem id quod secundum doctrinam est fidelis verbi ut potens sit exhortari in doctrinam sanam et contradicentes revincere*[1].

Thomas renvoie à ce passage dans l'ensemble de son œuvre, que ce soit explicitement ou implicitement, selon la *Vetus latina* ou d'après la Vulgate[2] : s'il ne fait pas mention de Tite 1,9, comme des *Réfutations des sophismes*, dans le « discours-programme » de la *Somme contre les Gentils* et dans le commentaire du livre de Job — à la différence de celui d'Albert[3] —, il ne peut manquer pourtant de s'en inspirer.

1. *Vetus latina*, Die Reste der altlateinischen Bibel, Epistulae ad Titum, Philemonem, Hebraeos, t. 25, 2, hg. von H. J. FREDE, Freiburg, 1983, p. 867-871. Albert le Grand qui avait cité Tt 1,9 au début de son *Commentaire des Sentences* (cf. 1 *Sent.*, d. 1, a. 4 et 5 / éd. Borgnet, p. 19 a et b), le reprend dans le Prologue de sa *Somme de théologie* (cf. éd. de Cologne, t. 34, 1, p. 2, lin. 11-15). Bonaventure, qui n'y fait qu'une allusion au début de son *Commentaire des Sentences* (cf. 1 *Sent.*, Proem., q. 2, concl.), le cite intégralement d'après S. Jérôme dans les *Determinationes quaestionum Fratrum Minorum* (Pars I, opusc. XIII, q. 3 /éd. Quaracchi, t. 8, p. 339 b) : *Veritas enim fidei et vitae sanctitas non aliunde quam ex Scripturarum fonte hauritur; sine quibus impossibile est, quemquam salvari. Haereticorum etiam versutiis, qui in Scripturis sanctis occasionem erroris per falsas interpretationes assumunt, oportet per ipsarum diligentem investigationem diligentius obviare et fideles contra illorum fraudes et latentes decipulas praemunire. Unde Hieronymus : "Sancta rusticitas solum sibi prodest, et quantum ex vitae merito Ecclesiam Christi aedificat, tantum nocet, si resistentibus non resistat, et non* potens sit exhortari in doctrina sana et eos qui contradicunt arguere.

2. R.-A. Gauthier (cf. « Introduction », p. 149) identifie un certain nombre de références dans lesquelles Thomas renvoie à Tite 1,9 : cf. 1 *Sent.*, Prol., q. 1, a. 5, sc. 2; Ia, q. 1, a. 8, sc.; IIa-IIae, q. 10, a. 7, ad 3; IIa-IIae, q. 188, a. 5, c. (selon la Vulgate); *Super Boeth. de Trin.*, q. 2, a. 1, sc. 2; *Qdlb* IV, q. 9, a. 3, sc.; Ia-IIae, q. 111, a. 4, ad 4; IIa-IIae, q. 9, a. 1, ad 2 (selon la *Vetus latina*). Dans sa leçon inaugurale, *Rigans montes de superioribus suis*, Thomas applique Tite 1,9 à la triple fonction du docteur : *Omnes igitur doctores sacrae scripturae esse debent alti per vitae eminentiam, ut sint idonei ad efficaciter praedicantum [...]. Debent esse illuminati, ut idonee doceant legendo [...]. Muniti, ut errores confutent disputando. [...]. Et de his tribus officiis, scilicet praedicandi, legendi et disputandi, dicitur, Tit. I,9* : Ut sit potens exhortari, *quantum ad praedicationem*, in doctrina sana, *quantum ad lectionem*, et contradicentes revincere, *quantum ad disputationem* (cf. *Opuscula theologica* I, Turin, 1954, n° 1213; au sujet du *Principium*, nous renvoyons à R. GUINDON, « La théologie de saint Thomas d'Aquin dans le rayonnement du Prologue de saint Jean », *Revue de l'Université d'Ottawa* 29 (1958) 5*-23*, 8*-10* en particulier; A. LOBATO-CASADO, « Santo Tomás, Magister in Sacra Teologia. El "Principium" de su Magisterio », *Communio* (Sevilla) 21 (1988) 49-70; J.-P. TORRELL, *Initiation*, p. 73-78). Dans son commentaire de Tite 1,9, notre auteur, mettant bien en relief la double tâche d'enseignement de la doctrine vraie et de la réfutation des erreurs, adjoint le passage emprunté au *De sophisticis elenchis* : *Officium autem praelati est sicut pastoris. [...]. Pastor vero duo habet facere, scilicet pascere gregem, [...] item arcere lupum. Sic et episcopus pascere debet per doctrinam veram. [...]. Et ideo dicit "ut sit potens exhortari in doctrina". [...]. Item ut custodiant contra haereticos. Et ideo dicit "et eos qui contradicunt arguere", id est, convincere. Et hoc per studium sacrae scripturae. II Tim. III,16 : "Omnis scriptura divinitus inspirata utilis est ad docendum, ad arguendum". Iob VI,10 : "Nec contradicam sermonibus sanctis". Et haec duo secundum Philosophum pertinent ad opus sapientis, scilicet non mentiri de quibus novit, quantum ad primum; et mentientem manifestare posse, quantum ad secundum* (cf. *In ep. ad Titum 1,9*, lect. 3 /éd. Marietti, n° 24).

3. Cf. *Commentarii in Iob 11,1*, col 154.

Or le double office du sage, tel que le définit le *Contra Gentiles* — ainsi que d'autres écrits[1] —, transparaît nettement dans ce que S. Thomas nous dit des discours de Job. Outre les passages de l'*Expositio* signalés ci-dessus, il en est un qui exprime de manière remarquable toute la force de l'affirmation de la vérité; Thomas, s'interrogeant sur la convenance de la discussion de Job avec Dieu, a ces mots :

> Il faut considérer que la vérité ne varie pas avec la diversité des personnes, d'où quand quelqu'un dit la vérité, il ne peut être vaincu, quel que soit celui avec qui il discute; or Job était certain que la vérité qu'il disait lui était inspirée de Dieu par le don de la foi et de la sagesse[2].

Ce texte appelle deux remarques de première importance : d'une part, comme dans la *Somme contre les Gentils*, la vérité dont il est question est vérité de foi, ce qui situe les discours de Job sur un registre pouvant être qualifié de théologique[3]. D'autre part, la fonction d'énonciation et de manifestation de la vérité de foi, si nettement mise en relief ici, se déploie dans le commentaire de ces discours comme étant le fondement de la fonction apologétique de la démarche de Job; plus précisément, celui-ci, d'après Thomas, repousse les erreurs de ses amis en exposant la vérité de la Providence à l'égard des réalités humaines, ce que l'on peut constater à partir de l'étude que nous avons effectuée de cet exposé dans notre deuxième partie : à titre d'exemple, on se reportera au commentaire de la réponse de Job à la première intervention d'Eliphaz; Job, voulant montrer que la consolation liée exclusivement à une félicité terrestre est inopérante, entreprend un long discours dans lequel il affirme que la vie présente est ordonnée à une autre vie[4].

Il apparaît alors que dans le *Super Iob* le frère dominicain présente en quelque sorte — bien que ce soit de manière diffuse — une « défense et illustration » du propos qu'il s'est fixé dans le *Contra Gentiles*, un propos qui est fondamentalement celui de la démarche théologique :

1. On retrouve en filigrane l'enseignement du *Contra Gentiles* dans la *Prima pars*, q. 1, a. 8, c. où Thomas distingue deux fonctions principales à l'intérieur de l'activité discursive de la théologie, sa fonction explicative et sa fonction apologétique.

2. Cf. *Super Iob 13,19*, p. 87, lin. 287-292 : *Considerandum est quod veritas ex diversitate personarum non variatur, unde cum aliquis veritatem loquitur vinci non potest cum quocumque disputet; certus autem erat Iob quod veritatem loquebatur sibi a Deo per donum fidei et sapientiae inspiratam.*

3. Dans le commentaire de Jb 42,7, Thomas parle explicitement de la vérité de foi dont Job ne s'est pas écarté : Quoniam non locuti estis coram me rectum, *idest fidelia dogmata,* sicut servus meus Iob, *qui scilicet a veritate fidei non recessit* (cf. p. 228, lin. 63-65).

4. Cf. *Super Iob 7,1*, p. 46, lin. 1-10 (cf. notre deuxième partie, chap. IV).

Dans l'étude attentive que nous ferons de telle vérité, nous montrerons donc à la fois quelles erreurs cette vérité exclut, et comment la vérité établie par voie démonstrative s'accorde avec la foi de la religion chrétienne[1].

Dans son œuvre de synthèse comme dans son commentaire scripturaire, Thomas ne centre pas son attention sur l'erreur elle-même, mais sur la vérité définie face à elle. Comme le dit fort bien le Père R.-A. Gauthier, « sa technique ne vaut que parce que, théologien, il ne se soucie pas de *persuader* un infidèle vivant pour le convertir — ce qui suppose qu'on s'adapte à lui et qu'on part de ce qu'il pense — mais bien de confondre, *convincere*, un infidèle peut-être mort depuis des siècles, non pour le bénéfice de cet infidèle, mais pour le bénéfice du théologien dont la contemplation de la vérité de foi ne sera parfaite que si elle inclut la vue de la fausseté de l'erreur opposée »[2]. Cela expliquerait le fait que l'*Expositio* ne mentionne pas les erreurs de *moderni*[3], mais celles d'auteurs plus anciens dont la réfutation permet un approfondissement de la théologie de la Providence : par exemple lorsque Thomas, à partir de l'interprétation défectueuse que fait Eliphaz des paroles de Job, évoque la position selon laquelle la providence divine ne connaît ni ne gouverne les réalités inférieures — en particulier humaines —, il veut arriver, sur la base de l'identification de cette erreur, à l'affirmation de l'universalité de la Providence[4]. Il met par ailleurs en relief cette perspective en montrant que Job, dans la confrontation avec ses trois interlocuteurs, pénètre toujours plus avant dans la recherche de la cause de son adversité et de celle des justes en ce monde au regard de la vérité de la providence divine[5].

Cette recherche structure tout le processus de manifestation et de défense de la vérité :

Si, comme mes amis le supposent, il n'y a pas d'autre vie que la vie présente, qui est perdue par les hommes soit par corruption soit par

1. Cf. 1 *CG*, cap. 2 : *Simul autem veritatem aliquam investigantes ostendemus qui errores per eam excludantur : et quomodo demonstrativa veritas, fidei christianae religionis concordet.*

2. Cf. « Introduction », p. 162. A. Patfoort donne au terme *convincere* dans le *Contra Gentiles* un autre sens que le P. Gauthier auquel nous donnons notre préférence; il y voit le sens moderne de « convaincre » , de « persuader » et non pas de « convaincre d'erreur quiconque a erré » (cf. « Emplois médiévaux du verbe "convincere" » *RT* 94 (1994) 273-284, 279-282 en particulier; *Saint Thomas d'Aquin, Les clés d'une théologie*, Paris, 1983, p. 114). On trouve dans l'*Expositio* plusieurs emplois de *convincere* : cf. *Super Iob 32,15*, p. 173, lin. 151-153 (« Quando autem homo efficaci ratione convincitur, non ipse a se aufert eloquium sed potius ei ab alio aufertur »); *38,3*, p. 199-200, lin. 76-77; *39,33*, p. 212, lin. 341-343.

3. La seule allusion à la position de *moderni* — assimilables à des néodulalistes cathares — se trouve dans le commentaire de *Jb 19,26*, p. 117, lin. 295-297 (voir ci-dessus, deuxième partie, chap. IV).

4. Cf. *Super Iob 22,12-13*, p. 129, lin. 110- 124 (nous renvoyons à l'étude que nous avons faite de ce passage dans notre chapitre III).

5. A plusieurs reprises, Thomas indique l'intention qu'a Job dans la discussion avec ses amis : cf. *Super Iob 9,23*, p. 64, lin. 523-527; *9,34*, p. 66, lin. 727-728; *13,24*, p. 88, lin. 351-353 : *Deinde quasi tacente eo cui partes opponentis dederat, ipse partes obicientis assumit et inquirit de causis suae punitionis.*

interruption brutale, il semble irrationnel que Dieu prête une attention si stricte aux actes humains qu'il punit l'homme même pour des péchés minimes et des négligences. Et parce que ce qui vient d'être dit ouvre grandement la voie à la recherche de la vérité, [Job] y insiste davantage afin de la manifester[1].

Or l'*inquisitio veritatis* entreprise par Job s'effectue dans la totale dépendance de Dieu par la foi et revêt ainsi les caractéristiques de la démarche théologique, ce que Thomas exprime en des termes que nous allons devoir analyser dans la suite :

> Parce que Sophar avait proposé l'excellence divine afin de reprocher à Job de tenter une discussion avec Dieu, il introduit : *Cependant je parlerai au Tout-Puissant*, comme s'il disait : bien que je ne comprenne pas moins que vous l'excellence de la sagesse et de la puissance divines à partir de la diversité de ses effets, cela ne modifie pas toutefois rationnellement mon propos de vouloir m'adresser à Dieu, ouvrant mon cœur à celui qui scrute et juge les cœurs, et recherchant la vérité auprès de celui qui est le docteur de toute la vérité[2].

Job scrute ce qui concerne la Providence en soumettant son intelligence à la vérité divine (cf. *Super Iob 9,35*, p. 67, lin. 755-758)

C'est au commentaire du chapitre 33 qu'il faut se référer pour trouver la justification fondamentale de la recherche qu'entreprend Job de la vérité de la providence divine : Eliud, comme Job, veut manifester la vérité en prenant appui sur Dieu lui-même car, dit-il, « l'Esprit de Dieu me fit et le souffle du Tout-Puissant me donna la vie » (Jb 33,4). Dieu, expose Thomas, meut sa créature et la perfectionne en des œuvres de vie, dont la principale est l'intelligence de la vérité (*intelligentia veritatis*)[3]. Parmi les diverses facultés de l'homme, son intelligence tient le rôle de premier moteur en même temps que de fin des autres facultés : elle meut l'appétit en lui proposant son objet, et l'appétit intellectuel meut l'appétit sensible sous ses deux formes, l'irascible et le concupiscible; aussi l'être humain n'obéit-il à ses désirs sensibles que sur l'ordre de sa volonté. Quant à l'appétit sensible, à partir du consentement de la volonté, il meut le corps. Or la fin de l'intelligence

1. Cf. *Super Iob 13,28*, p. 89, lin. 424-435 : *Si, ut amici mei suspicantur, non est alia vita nisi praesens quam homo amittit vel per modum putredinis vel per modum succisionis, irrationabile videretur quod Deus tanta districtione de actibus hominum curam haberet ut etiam pro minimis peccatis et neglegentiis hominem puniret. Et quia hoc quod ultimo dictum est magnam viam praestat ad inquisitionem veritatis, circa hanc manifestandam magis insistit.*

2. Cf. *Super Iob 13,3*, p. 84, lin. 19-28 : *Quia Sophar excellentiam divinam proposuerat ad arguendum Iob de eo quod cum Deo disputare moliretur, subiungit* Sed tamen ad Omnipotentem loquar, *quasi dicat : quamvis intelligam ex diversis eius effectibus excellentiam divinae sapientiae et virtutis non minus quam vos, tamen per hoc rationabiliter a meo proposito non mutor quin Deum alloqui velim, motus cordis mei aperiendo ei qui est cordium scrutator et iudex, et ab eo qui totius veritatis est doctor veritatem exquirendo.*

3. Cf. *Super Iob 33,4*, p. 174, lin. 27-33.

— qui est celle de toutes les activités humaines — est le vrai et sa fin ultime est le *primum verum*, c'est-à-dire Dieu. Notre auteur affirme alors dans le *Contra Gentiles* que « connaître la vérité première qui est Dieu est la fin de tout l'homme, de toutes ses opérations et de tous ses désirs »[1]. Le *Super Iob*, dans la ligne du *Contra Gentiles*, situe la recherche de la vérité dans le cadre de sa théologie de la fin ultime de l'homme : si toutes les créatures sont ordonnées à Dieu comme à leur fin dernière et y atteignent dans la mesure où elles participent à sa ressemblance, les substances intellectuelles — fussent-elles les moindres comme l'intellect humain — y tendent par leur opération propre qui consiste à atteindre à la substance divine par la connaissance de quelque chose d'elle-même, ce qui est une union plus intime avec Dieu que de lui ressembler. Cela fait dire au frère dominicain, à propos du verset 6 : *Ecce et me sicut et te fecit Deus, et de eodem luto ego quoque formatus sum*, que Job et Eliud peuvent du côté de leur Créateur nourrir le même espoir de rechercher la vérité, et qu'à tous deux, du côté de la matière, s'attache le même empêchement, car à cause de leur constitution corporelle leur intelligence se trouve obscurcie[2].

Job exprime nettement son intention de découvrir la vérité divine quand il affirme :

> *Atque utinam sic iudicaretur vir cum Deo quomodo iudicatur filius hominis cum collega suo!* (Jb 16,22).

L'homme est en effet jugé devant un autre quand les deux sont ensemble et qu'ils échangent leurs raisons; or Job désire être en présence de Dieu et connaître les raisons des œuvres et des jugements divins, ce en quoi consiste la félicité humaine. Il trouve consolation en se fondant sur cet espoir, et non pas sur les vaines paroles de ses amis qui lui promettent le recouvrement de sa prospérité temporelle[3]. Afin de contrer le désir qu'a Job de vouloir discuter avec Dieu — car c'est une grande présomption de provoquer quelqu'un de plus grand que soi à la discussion —, Eliud lui dit :

> *Respondebo tibi quod maior sit Deus homine* (Jb 33,12b).

Notre auteur traite de cette difficulté en des termes qui éclaire très directement la façon dont il envisage la recherche de Job :

> En cela [Eliud] reprendrait Job à juste titre s'il avait voulu disputer avec Dieu pour le contredire comme d'égal à égal; or Job voulait disputer avec Dieu afin d'apprendre comme le disciple de son maître, d'où il avait dit plus haut XXIII,34 « A pleine bouche je le supplierai afin de savoir ce qu'il me répondra ». Cependant, Eliud interprétait cela comme si Job l'avait dit en

1. Cf. 3 *CG*, cap. 25 : *Est igitur ultimus finis totius hominis et omnium operationum et desideriorum ejus cognoscere primum verum, quod est Deus.*
2. Cf. *Super Iob 33,6*, p. 174, lin. 39-47.
3. Cf. *Super Iob 16,22*, p. 104, lin. 291-301.

contestant contre Dieu, se plaignant de ne pas avoir obtenu de réponse; pour cela, il ajoute *Tu contestes contre lui parce qu'il n'a pas répondu à toutes tes paroles;* il veut conclure en se référant à des paroles prononcées par Job précédemment, en particulier XIX,7 « Voici que je crierai sous le coup de la violence et personne ne m'entendra, je pousserai des cris retentissants et il n'y aura personne pour me juger ». De telles paroles, et s'il y en a d'autres semblables prononcées plus haut, ne furent pas dites par manière de contestation, mais parce qu'il désirait connaître les raisons de la sagesse divine[1].

Quand Thomas parle de Dieu comme d'un Maître qui enseigne son disciple — expression qu'il faut rattacher à celle de *Doctor totius veritatis* rencontrée préalablement —, il veut signifier qu'il est la cause de toute la connaissance humaine[2]. Se faisant l'écho d'un enseignement dispensé dans le *De veritate* (cf. q. 11) en particulier[3], il explicite cela à plusieurs reprises dans son commentaire, spécialement celui de Jb 38,36 : *Quis posuit in visceribus hominis sapientiam?* :

> les entrailles de l'homme sont ici les puissances intimes de son âme, l'*intellectus* et la *ratio*, dans lesquelles Dieu plaça la sagesse en donnant à l'homme la lumière de la raison; il plaça en effet naturellement dans sa raison certaines semences de sagesse et de science. Ces *seminaria scientiae et sapientiae* sont les premières conceptions de l'intellect qui nous sont immédiatement connues grâce à la lumière de l'intellect agent, par le moyen des espèces abstraites des objets sensibles, soit qu'il s'agisse de principes complexes tels que les axiomes, soit qu'il s'agisse de notions simples comme celles d'être ou d'un. Or quand l'esprit est conduit, à partir de ces notions universelles, à connaître en acte des choses particulières qui n'étaient connues auparavant que dans l'universel et comme en puissance, il y a acquisition de la science[4].

Si notre auteur fait pleinement droit à la causalité propre de la raison en affirmant l'enchaînement ordonné des causes de l'univers, il insiste sur la reconnaissance de Dieu comme cause primordiale de la science. Il tient que Dieu seul est celui qui enseigne intérieurement et principalement, tandis que l'homme peut à proprement parler être

1. Cf. *Super Iob 33,13*, p. 175, lin. 114-130 : *Et in hoc quidem iuste Iob argueret si cum Deo disputare voluisset ad contradicendum quasi de pari; Iob autem cum Deo disputare volebat quasi ad addiscendum sicut discipulus cum magistro, unde supra XXIII,4 dixit "Os meum replebo increpationibus ut sciam verba quae mihi respondeat"; quod tamen Eliud interpretabatur quasi hoc Iob contentiose contra Deum dixerit, conquerendo quod ei non responderet, unde subdit* Adversus eum contendis quod non ad omnia verba responderit tibi; *quod quidem ex praedictis verbis Iob colligere voluit, et ex hoc quod etiam supra XIX,7 dixerat "Ecce clamabo vim patiens et nemo exaudiet, vociferabor et non est qui iudicet"; quae quidem verba et si qua similia superius dicta sunt, non per modum contentionis dicebantur, sed quia desiderabat rationes divinae sapientiae cognoscere.*

2. Cf. *Super Iob 26,4*, lin. 40-45.

3. Nous renvoyons en particulier à l'article 1 de cette question intitulée *De magistro* ainsi qu'aux indications fournies par B. Jollès, « Introduction, traduction et notes » à *Saint Thomas d'Aquin, Questions disputées sur la vérité, Question XI : Le maître (De magistro)*, Paris, 1983.

4. Cf. *Super Iob 38,36*, p. 206, lin. 612-627.

appelé maître, enseignant la vérité et illuminant l'esprit, non pas en tant qu'il infuse la lumière de la raison, mais en y apportant son aide; de la sorte, il conduit la raison à la perfection de la science par ce qu'il lui propose de l'extérieur[1]. En tant que cause de la science, précise Thomas en exposant Jb 12,17, Dieu connaît les principes des sciences spéculatives et leurs conclusions ainsi que leurs rapports mutuels, sans toutefois acquérir par les principes la connaissance des conclusions; il connaît tout selon une connaissance simple et absolue[2].

A propos de l'enseignement dispensé par Dieu à l'égard de Job, Thomas ne considère pas seulement, pensons-nous, l'infusion de la lumière naturelle, mais aussi celle de la foi, comme on peut en avoir la confirmation à partir de l'*expositio* de Jb 13,19 étudiée préalablement[3]. C'est plus précisément à une articulation des deux niveaux de la communication divine que renvoie notre auteur quand il affirme que « Job savait que la recherche de la raison ne peut parvenir au terme de la vérité sans que Dieu ne l'enseigne »[4]. Si la vérité de foi dépasse en effet la capacité de la raison, les principes innés naturellement à la raison ne peuvent contredire cependant cette vérité :

> Cela même que le maître inculque à l'esprit de son disciple, la science du maître l'inclut, à moins que cet enseignement ne soit marqué par la feinte, ce qui ne saurait être dit de Dieu. Or la connaissance des principes qui nous sont naturellement connus nous est donnée par Dieu, puisque Dieu est l'auteur de notre nature. Ces principes sont donc inclus également dans la sagesse divine. Par conséquent, tout ce qui contredit ces principes contredit la sagesse divine. Or cela ne peut pas se réaliser en Dieu. Tout ce que la

1. Cf. *De ver.*, q. 11, a. 1, c.; ad 8 et ad 9. Parmi les auteurs chrétiens auxquels S. Thomas se réfère dans la question 11, Augustin, qui est l'auteur d'un dialogue intitulé également *De magistro*, occupe une place de premier plan; si le Maître d'Aquin exprime son désaccord avec l'évêque d'Hippone au sujet de sa théorie de l'illumination divine de tout acte de connaissance, il ne s'appuie pas moins sur ses écrits pour confirmer ses thèses (cf. notamment, a. 1, sc. 6; a. 3, sc. 5, a. 3, c.). Par ailleurs, il a le souci de dégager Augustin des interprétations abusives : c'est le cas en particulier du *De magistro*, cap. 14, 46 (*PL* 32, 1220); cf. également *In epist. Ioh. ad Parth.*, tr. 3 (*PL* 35, 2004) qu'il cite dans l'article 1 (cf. arg. 8). La doctrine du *De veritate* reparaît dans le *Contra Gentiles* (cf. 2 *CG*, cap. 75) de manière plus ramassée : *In eo enim qui docetur est principium activum ad scientiam, scilicet intellectus, et ea quae naturaliter intelliguntur, scilicet prima principia; et ideo scientia acquiritur dupliciter; et sine doctrina per inventionem, et per doctrinam. Docens igitur hoc modo incipit docere sicut inveniens incipit invenire, offerendo scilicet considerationi disculpi principia ab eo nota; quia omnis disciplina et omnis scientia ex praeexistenti fit cognitione, et illa principia in conclusiones deducendo, et proponendo exempla sensibilia ex quibus in anima discipuli formentur phantasmata necessaria ad intelligendum. Et quia exterior operatio docentis nihil operaretur nisi adesset principium intrinsecum scientiae, quod inest nobis divinitus, ideo apud theologos dicitur quod homo docet ministerium exhibendo, Deus autem interius operando.* Cette doctrine constitue une explicitation de ce qu'affirme Thomas dans le *Super Iob*.

2. Cf. *Super Iob 12,17*, p. 82, lin. 256-272.

3. Cf. *Super Iob 13,19*, p. 87, lin. 290-292 (ce passage est présenté aux pages 210-219).

4. Cf. *Super Iob 10,2*, p. 68, lin. 56-58 : *Sciebat enim [Iob] quod rationis investigatio ad veritatis terminum pervenire non potest nisi divinitus doceatur.*

révélation divine nous demande de croire ne peut donc être contraire à la connaissance naturelle[1].

Ce dernier texte emprunté à la *Somme contre les Gentils* en appelle un autre qui pourra être mis en perspective avec celui du *Super Iob* que nous venons de citer : Thomas y manifeste l'importance d'une démarche de la raison éclairée par la foi en soulevant la question de la révélation des vérités divines accessibles à la raison (*Quod veritas divinorum ad quam naturalis ratio pertingit convenienter hominibus credenda proponitur*)[2]. La recherche de la raison livrée à elle-même se trouverait devant trois inconvénients : d'abord peu d'hommes parviendraient à la connaissance de Dieu; ce qui est le fruit d'une recherche studieuse de la vérité serait en effet interdit à la plupart des hommes à cause d'un manque d'intelligence, des nécessités de la vie matérielle et de la paresse. Ensuite, les hommes qui arriveraient à découvrir la vérité divine le feraient après un temps considérable, à cause de la profondeur de cette vérité que l'on ne peut saisir par la voie de la raison que si l'intelligence s'en est rendue capable par un long exercice; par ailleurs, le Maître d'Aquin invoque la multitude des connaissances préalables qui sont nécessaires et les passions de la jeunesse empêchant l'âme de connaître une si profonde vérité. Enfin, à la recherche de la raison humaine se mêle le plus souvent de nombreuses erreurs à cause de la faiblesse de notre intelligence à juger (*debilitas intellectus in judicando*) et de l'entremêlement des images (*permixtio phantasmatum*). Cette triade — *pauci, post longum tempus, cum admixtione multorum errorum* — apparaissant pour la première fois dans le *Contra Gentiles* et reprise par la suite non sans quelques modifications[3], est une refonte des cinq inconvénients qu'il mentionnait dans des écrits antérieurs et qu'il empruntait à Maïmonide[4] : la difficulté du sujet traité, sa subtilité et sa profondeur;

1. Cf. 1 *CG*, cap. 7 : *Illud idem, quod indicitur in animam discipuli a docente, doctoris scientia continet, nisi doceat ficte; quod de Deo nefas est dicere. Principiorum autem naturaliter notorum cognitio nobis divinitus est indita, quum ipse Deus sit auctor nostrae naturae. Haec ergo principia etiam divina sapientia continet. Quidquid igitur principiis hujusmodi contrarium est, est divinae sapientiae contrarium; non igitur a Deo esse potest. Ea igitur quae, ex revelatione divina, per fidem tenentur, non possunt naturali cognitioni esse contraria.*

2. Cf. 1 *CG*, cap. 4.

3. On retrouve cet enseignement dans la *Summa theologiae* : cf. Ia, q. 1, a. 1, c.; IIa-IIae, q. 2, a. 4, c. (voir le commentaire de M.-M. Labourdette, *Cours de théologie morale*, la foi (Secunda secundae, q. 1-16), Scriptum polycopié à l'usage des étudiants, Toulouse, 1959-1960, p. 100-101) où l'on observe une modification dans l'ordre des trois arguments (*post multum tempus — pauci — cum admixtione multorum errorum*). Par ailleurs, il n'y a pas mention dans la *Somme* du mélange des images.

4. Cf. 3 *Sent.*, d. 24, q. 1, a. 3, qla 1, sol. 1 : *Sicut autem est in gratia perficiente affectum quod praesupponit naturam, quia eam perficit; ita et fidei substernitur naturalis cognitio quam fides praesupponit et ratio probare potest; sicut Deum esse et Deum esse unum, incorporeum, intelligentem et alia hujusmodi. Et ad hoc etiam sufficienter fides inclinat, ut qui rationem ad hoc habere non potest, fide eis assentiat : quod quidem necessarium fit propter quinque, ut dicit Rabbi Moyses (in prima parte, cap. 33)*; cf. également *Super Boet. de Trin.*, q. 3, a. 1, resp.; *De ver.*, q. 14, a. 10, resp. P. Synave effectue une analyse minutieuse de ces textes les

l'incapacité de l'esprit des hommes en général à aborder une telle étude, car le pouvoir de connaître n'est, chez l'homme, qu'en puissance et il n'est pas assuré de passer à l'acte; la longueur des études préparatoires, l'ennui et le découragement qui menacent un si long effort; la faiblesse ou l'inadaptation des dispositions naturelles; l'occupation qu'entraînent les besoins du corps et de la vie quotidienne. Si notre auteur, dans la *Somme contre les Gentils*, ne renvoie pas explicitement au philosophe juif, il ne lui est pas moins redevable, bien que cela soit dans le sens d'un prolongement et même d'une correction de sa pensée : ainsi son troisième argument, qui concerne plus spécialement notre propos, s'appuie sur la deuxième des cinq raisons invoquées par Maïmonide[1]; Thomas n'y parle plus, comme il le faisait auparavant, de la faiblesse de l'intelligence en ses débuts, mais en son jugement[2]. Comme le fait remarquer A. Wohlman, cette vue des capacités de l'homme laissé à lui-même dans sa recherche intellectuelle ne rejoint pas celle du philosophe juif pour qui la connaissance de la vérité est un accomplissement des ressources inscrites dans la nature de l'intelligence et n'appelle pas la révélation divine[3]; la question posée par le *Guide des égarés* est l'enseignement de la métaphysique et les destinataires de cet enseignement qui, pour y être introduits, doivent être sages, c'est-à-dire qu'ils doivent posséder les connaissances dans lesquelles on puise les notions préliminaires de la spéculation, et intelligents, dans le sens où ils doivent saisir un sujet par la plus petite indication[4]. Pour appuyer sa thèse, Thomas fait,

comparant avec le chapitre 33 du *Dux neutrorum* : cf. « La révélation des vérités divines naturelles d'après saint Thomas d'Aquin », dans J. I. DIENSTAG, éd., *Studies in Maimonides and St. Thomas Aquinas*, Ktav, 1975, p. 290-333. A. Wohlman reprend les conclusions du travail de P. Synave dans *Thomas d'Aquin et Maïmonide*, p. 194-198.

1. Cf. *Dux neutrorum*, lib. I, cap. 33, fol. 12 v° : *Secunda causa est brevitas intellectus humani in initio suo : quoniam non acquirit homo ultimam perfectionem in initio, sed perfectio est ineo potentia, et est in initio suo diminuta, sicut dictum est : "Pullus onagri homo factus est" [Jb 11,12]. Et non sequitur de necessitate ut omne quod in potentia in aliquo, exeat de potentia ad actum; sed possibile est ut remaneat in imperfectione sua, vel propter impedimenta extrinseca, vel propter defectum disciplinae et exercitii, per quae procedat de potentia ad actum. Et propter hoc dictum est quod "non multi sapientes" [Jb 32,9], quoniam ea quae impediunt acquirere perfectionem sunt multa, et quae inducunt dubitationes innumerabilia. Et ex quo sic est : quomodo poterit homo esse paratus praeparatione completa addiscere et exercere animam suam, donec vacabit ei [ut] quod est in eo in potentia exeat de potentia ad actum.*

2. Cf. en particulier *De ver.*, q. 14, a. 10, resp. : *Secunda causa est debilitas humani intellectus in sui principio.*

3. Cf. *Thomas d'Aquin et Maïmonide*, p. 197-198; on verra également P. SYNAVE, « La révélation des vérités naturelles d'après saint Thomas d'Aquin », p. 309-310.

4. Cf. *Dux neutrorum*, lib. I, cap. 32, fol. 12 r° et v°. Maïmonide souligne le danger de commencer l'étude de cette science sans dispositions intellectuelles appropriées et sans préparation. C'est l'Ecriture, se trouvant en quelque sorte en-deça de la métaphysique, qui servira de première étude; elle sera ainsi apprise par les enfants, par les femmes et par la généralité des hommes, qui ne sont pas capables de comprendre les choses dans leur réalité : *Scias quod incipere in ista sapientia, scilicet spirituali, multum nocet : et similiter expositio similitudinum quae inveniuntur in libris prophetarum, in hoc siquidem sunt pleni dictis prophetiae; sed necesse est ut exerceantur parvuli et doceantur illi qui sunt brevis intellectus secundum potentiam suae apprehensionis. Si quis autem illorum ostenderit se*

quant à lui, appel à l'expérience[1] : beaucoup laissent dans le doute les vérités les plus certaines et ceux que l'on désigne du nom de sages enseignent les doctrines les plus opposées, ce qu'il confirme dans son commentaire de Jb 12,20a :

> Les philosophes excellent dans la considération de la vérité, et à leur sujet il dit *[Dieu] change les lèvres des hommes véridiques*, c'est-à-dire de ceux qui s'attachent à affirmer la vérité : parfois en effet Dieu obscurcit leur esprit en leur soustrayant sa grâce, afin qu'ils ne puissent trouver la vérité, ni par conséquent s'exprimer, selon ces mots de la lettre aux Romains (1,22) : « En se disant sages, ils sont devenus fous »[2].

L'expression de la *Somme contre les Gentils* : *debilitas intellectus nostri in judicando*, apparaît dans l'*Expositio* sous la forme *debilitas cognitionis humana* : Job en effet ne pouvait savoir le moment où il allait naître, puisqu'il n'existait pas encore, ni même un autre homme à cause de la faiblesse de sa connaissance[3]. Pour cette raison, Thomas, reprenant ce qu'il affirmait déjà dans son *Commentaire des Sentences*, insiste dans le *Super Iob* sur la nécessité d'un maître qui ne peut être que Dieu lui-même[4].

Il est un passage de l'*Expositio* que nous considérons volontiers comme la synthèse de ce qui a été dégagé jusqu'ici de la démarche de Job ; il s'agit de la finale du commentaire du chapitre neuvième :

> Et parce que, comme il a été dit, [Job] veut scruter la raison pour laquelle les innocents sont punis en ce monde, il montre par conséquent ce qui pourrait l'en empêcher et selon quelle intention il veut le faire. Or il pourrait en être empêché pour deux motifs, d'abord à cause de la souffrance qu'il endurait : en effet les hommes dont l'esprit est occupé par la tristesse ne peuvent scruter de manière subtile, et quant à cela il affirme *Qu'il écarte de moi son fouet;* ensuite à cause de la crainte qu'il avait pour Dieu : les hommes omettent parfois de scruter les réalités divines à cause de leur

provectum in intellectu suo, aptum isti gradui alto, qui est gradus speculationis probabilis et probationum intelligibilium verarum, deducent eum paulatim donec attingat perfectionem suam, vel per auxilium doctoris, vel ex virtute animae suae. Sed si tantum inciperit in ista scientia spirituali studere, non solum proveniet inde labor in opinionibus et credulitatibus, verum etiam proveniet ad incredulitatem manifestam. Et hoc est causa propter quam lex loquitur lingua hominis, hoc est quia praesto sunt ut incipiatur ab eis, et addiscant ea pueri, et populus, et mulieres. Et non est in potentia eorum ut intelligant verba secundum veritatem suam, et idcirco abundant in eis receptio in omni opinione vera et cogitatione et arbitrio, secundum quod ostendit assimillatoria super essentia creatoris, non in appraehendendo veritatem substantiae ipsius (cf. *Dux neutrorum*, lib. I, cap. 32, fol. 12 r°).

1. Cf.1 *CG*, cap. 4.
2. Cf. *Super Iob 12,20*, p. 82-83, lin. 313-320.
3. Cf. *Super Iob 38,21*, p. 204, lin. 412-417. On trouve une formulation sensiblement identique dans d'autres œuvres. Ainsi le *Super Boet. de Trin.* parlera de l'*imbecillitas intellectus humani a principio* (cf. q. 3, a. 1, resp.); la *Secunda secundae* (cf. q. 2, a. 4, c.) dira quant à elle : *Ratio enim humana in rebus divinis est multum deficiens.*
4. Thomas s'exprime en ces termes dans les *Sentences* : *Quia quamvis intellectus hominis naturaliter sit ordinatus ad divina cognoscenda, non tamen potest in actum exire per seipsum. Et quia non cuilibet potest adesse doctor paratus, ideo Deus lumen fidei providit quod mentem ad hujusmodi elevet* (cf. 3 *Sent.*, d. 24, q. 1, a. 3, qla 1, sol. 1).

respect pour Dieu, et à ce propos il ajoute *et que sa crainte ne m'effraie pas*, comme s'il disait : qu'il accorde à mon esprit de trouver du repos loin de l'affliction que j'endure, et qu'il ne m'impute pas à irrévérence si je dispute des choses divines ; ainsi je pourrai les scruter, d'où ce qui suit *Je parlerai et je ne le craindrai pas*, comme si je ne le craignais pas ; *et je peux en effet répondre sous la crainte*, c'est-à-dire tandis que la crainte me retient. Or il faut savoir que parfois le respect de Dieu ne retient pas ceux qui le craignent de scruter les choses divines, quand précisément elles sont pénétrées avec le désir de connaître la vérité, non qu'ils comprennent l'incompréhensible, mais toujours en soumettant leur intelligence à la vérité divine ; ils sont retenus par la crainte de Dieu de scruter les réalités divines comme voulant les comprendre et ne réglant pas leur intelligence sur la vérité divine. Ainsi donc, par ces paroles, Job veut montrer qu'il scrute ce qui concerne la providence divine tout en soumettant son intelligence à la vérité divine et non pas pour l'attaquer, ce qui serait contraire au respect qu'inspire la crainte de Dieu[1].

La fin que poursuit Job dans sa recherche c'est la connaissance du Dieu vivant et de son action providentielle. Cette fin est celle que Thomas assigne, en d'autres textes, à la théologie : il y parle précisément de Dieu comme du sujet de la science sacrée[2]. En elle, tout est

1. Cf. *Super Iob 9,34-35*, p. 66-67, lin. 727-759. S. Albert n'a pas en vue sur ce passage du texte sacré la recherche de la vérité de la providence divine : Auferat a me virgam suam, *qua sc. percussit me. Thr. III, (1) : "Ego vir videns paupertatem meam in virga indignationis eius". Is XXVII, (7) : "Numquid iuxta plagam percutientis se percussit eum?"* et pavor eius, *de futura sc. percussione,* non me terreat. *Ps LIV, (6) : "Timor et tremor venerunt super me, et contexerunt me tenebrae". Hebr. ult. XII, (21) : "Ita quod terribile erat, quod videbatur, quod primus Moyses dixit : exterritus sum, et tremebundus".* Loquar, *asserens sc. positionem meam, quod ordine sc. iustitiae humanae vita humana non regitur,* et non timebo eum, *adversarium sc. contradicentem. Is LVIII, (1) : "Clama, ne cesses!" Eccli IV, (33) : "Pro iustitia agonizare pro anima tua et usque ad mortem decerta pro iustitia".* Neque enim possum metuens respondere, *ipsa enim plaga contrariatur verbis meis. Iob XVI, (9) : "Rugae meae testimonium dicunt contra me, et suscitatur falsiloquus adversus faciem meam, contradicens mihi."* (cf. *Commentarii in Iob 9,34-35*, col. 142-143).

2. Cf. 1 *Sent.*, Prol., q. 1, a. 4, sol. : *Subjecti cognitio principaliter intenditur in scientia. Unde, quia ista scientia principaliter est ad cognitionem Dei, posuerunt Deum esse subjectum ejus;* cf. également Ia, q. 1, a. 7, c. Il n'y a pas lieu, dans le cadre de notre étude de l'*Expositio*, d'apporter davantage de précisions sur la théologie comme science ; nous préférons renvoyer à des travaux existants : cf. M.-D. CHENU, *La théologie comme science au XIIIe siècle*, « Bibliothèque thomiste 33 », Paris, [3]1957, p. 67- 92 en particulier ; Y.-M. CONGAR, art. « Théologie », *DTC* , t. 15 / 1, 1946, col. 374-392 ; « Tradition et *Sacra Doctrina* chez S. Thomas d'Aquin », dans J. BETZ et H. FRIES, éd., *Eglise et Tradition*, Le Puy, 1963, p. 157-194 ; J.-F. COURTINE, « Philosophie et Théologie, Remarques sur la situation aristotélicienne de la détermination thomiste de la "theologia" (S. Th., Ia, q. 1, a. 1 et 5) », *RPL* 84 (1986) 315-344 ; M.-R. GAGNEBET, « La nature de la théologie spéculative », *RT* 44 (1938) 1-39 ; 213-255 ; 645-674 ; ID., « Dieu sujet de la théologie selon saint Thomas d'Aquin », dans *Problemi scelti di Teologia contemporanea*, Roma, 1954, p. 41-55 ; H.-D. GARDEIL, « Traduction française, notes, appendices » à *S. Thomas d'Aquin, Somme théologique, La théologie, Ia prol. et q. 1*, « Revue des Jeunes », Paris, 1968 ; M. F. JOHNSON, « The Sapiential Character of the First Article of the *Summa theologiae* », dans *Philosophy and the God of Abraham, Essays in Memory of James A. Weisheipl OP*, ed. by R. J. LONG (PMS 12), Toronto, 1991, p. 85-98 ; T. C. O'BRIEN, « *Sacra Doctrina* Revisited : The Context of Medieval Education », *The Thomist* 41 (1977) 475-509 ; A. PATFOORT, *Saint Thomas d'Aquin, Les clefs d'une théologie*, Paris, 1984 ; ID., « Theologia », *Sacra Doctrina* n.s. 34 (1989) 74-92 ; E. SCHILLEBEECKX, *Approches théologiques 1, Révélation et théologie*, Bruxelles-Paris, 1965,

envisagé *sub ratione Dei*, qu'il y soit question de Dieu lui-même, ou du rapport à Dieu comme principe et fin. Or à la différence des autres sciences qui, selon l'épistémologie aristotélicienne, supposent connue la nature de leur sujet, la théologie n'a pas accès au *quid est* de Dieu. Elle ne peut donc, pour traiter de ce qui se rapporte à lui, utiliser une définition — car c'est à partir de la définition du sujet que procède toute science —, mais elle a recours aux effets que Dieu produit dans l'ordre de la nature et de la grâce[1]. Il faut avoir en vue ce procédé, qui consiste à remonter des effets à la cause, pour cerner l'approche thomasienne de la démarche de Job.

Ainsi, dans son commentaire du chapitre 12 (v. 11-13)[2], notre auteur souligne la valeur de l'expérience (*experimentum*) dans la connaissance des choses divines : le propos de Job, indique-t-il, est de montrer que les hommes peuvent connaître la grandeur de Dieu par l'expérience qu'ils ont de la puissance et de la sagesse divines dans les réalités humaines. Il veut d'abord manifester comment à partir de l'expérience ils parviennent à la connaissance des choses, lorsqu'il dit :

> L'oreille ne discerne-t-elle pas les paroles, et le palais du mangeur, les saveurs ? (Jb 12,11).

A partir de ce verset, le frère dominicain affirme l'origine sensible de l'expérience dans l'ouïe et le goût servant de paradigme pour ce qui se passe dans la connaissance contemplative et pratique[3] : l'ouïe, qui est le plus discipliné des sens[4], vaut en effet spécialement pour les sciences contemplatives; par le jugement du goût, appréciant les aliments — nécessaires qu'ils sont à la vie de l'homme —, est signifiée l'expérience que l'on a des choses de la vie active. Après avoir traité de la valeur de l'expérience, Job en vient ensuite à ce que lés hommes peuvent expérimenter de Dieu en ajoutant :

> Auprès de lui se trouvent la sagesse et la force, lui-même possède le conseil et l'intelligence (Jb 12,13).

Ces quatre choses sont attribuées à Dieu à partir de l'expérience qu'en ont les hommes : d'abord il s'agit de connaître les choses cachées, ce qui appartient à l'intelligence; ensuite par ce que l'on comprend, il faut trouver dans l'action les voies accordées à la fin, ce qui concerne le conseil; en troisième lieu, au sujet de ce que l'on a trouvé on doit en avoir un jugement droit, ce qui touche à la sagesse. Enfin après avoir jugé que certaines choses doivent se faire, on les exécute puissamment,

p. 79-219; J.-P. TORRELL, *La théologie catholique*, « Que sais-je 1269 », Paris, 1994, p. 51-72 en particulier; ID., « Théologie et sainteté », *RT* 71 (1971) 205-221.

1. Cf. Ia, q. 1, a. 7, ad 1.
2. Cf. p. 81, lin. 163-203.
3. En des termes similaires, Thomas dira dans la *Prima pars*, q. 54, a. 5, ad 2 : *Est enim in nobis experientia, dum singularia per sensum cognoscimus.*
4. Le Maître d'Aquin s'appuie ici sur le *De sensu et sensato* (437 a 12) auquel il renvoie explicitement dans le *De veritate* (cf. q. 7, a. 1, resp.).

ce qui relève de la force. Or les hommes expérimentent la puissance divine dans les réalités humaines lorsque certains disparaissent totalement par la mort ou dans une complète abjection, bien qu'ils aient beaucoup de protecteurs; puisque l'homme ne peut rien y faire, il apparaît donc qu'une cause supérieure intervient. C'est ce que Job exprime par ces mots :

> S'il détruit, il n'y a personne pour reconstruire (Jb 12,14).

L'expérience de la force de Dieu est également repérable dans les réalités naturelles, la pluie et la sécheresse en particulier :

> S'il retient les eaux, tout sera sécheresse, et s'il les lâche, elles couvriront la terre (Jb 12,15).

Par là, Job veut dire que les causes naturelles ne sont pas soustraites à la disposition divine qui les ordonne jusqu'à leurs propres effets. Que Dieu possède la sagesse, Job le montre en affirmant :

> Lui-même sait qui trompe et qui est trompé (Jb 12,16).

En d'autres termes, Dieu discerne d'un jugement juste les égarements, par lesquels on s'écarte de la vérité, d'avec la juste connaissance de la vérité. Auprès de Dieu, se trouve également le conseil, car, dans les choses pratiques, il connaît et les fins et ce qui leur est ordonné, sans toutefois conclure des moyens en vue des fins, comme nous le faisons. La profondeur du conseil chez les hommes peut se mesurer de deux façons : d'une part, quand par la finesse de son conseil, quelqu'un amène ses adversaires, même s'ils sont très habiles, à un échec inévitable, tous leurs moyens leur faisant défaut; or Job dit à propos de Dieu :

> Il amène les conseillers à une fin stupide (Jb 12,17),

car par la profondeur de son conseil il les empêche, dans les voies qu'ils ont trouvées, de parvenir à leur fin. D'autre part, l'homme de conseil peut faire en sorte que ses adversaires ignorent ce que doit être leur agir. Dans ce sens, Job affirme que « Dieu frappe les juges de stupeur » : ceux-ci sont des sages qui se sont égarés et que Dieu mène à leur perte par les voies qu'ils ont choisies; ainsi, Dieu affermit sa vérité et ses œuvres de sorte qu'elles ne peuvent être ébranlées. Après avoir mis en lumière la force, la sagesse et la prudence de Dieu, Job en arrive à son intelligence : Thomas précise qu'il faut entendre ici sa connaissance des choses cachées, celles surtout qui sont dans le cœur de l'homme. Les secrets des cœurs lui sont connus comme étant ses propres effets, d'où ces mots :

> Il change le cœur des chefs des peuples de la terre. (Jb 12,24)[1].

1. Cf. *Super Iob 12,14-25*, p. 81-83, lin. 204-399.

Selon Thomas, Job paraît envisager les réalités humaines ainsi que les réalités naturelles, non point en elles-mêmes — ce qui est la démarche propre à la philosophie —, mais selon leur rapport à Dieu qui soumet toutes choses à la disposition et au gouvernement de sa providence, comme nous l'avons mis en évidence dans la deuxième partie de notre étude; la considération de Dieu est ici première : c'est de cette façon que l'on procède dans le cadre de la doctrine de foi, souligne notre auteur au deuxième livre du *Contra Gentiles*[1]. La *doctrina fidei* comporte la connaissance des effets créés en tant qu'ils reflètent une certaine ressemblance avec Dieu. Or la considération des créatures est non seulement nécessaire à l'édification de la vérité, mais aussi à la réfutation des erreurs : il arrive que les erreurs, qui ont pour objet les créatures, éloignent de la vérité de la foi, parce qu'elles sont en contradiction avec la connaissance vraie de Dieu[2]. Le Maître d'Aquin apporte plusieurs raisons qui justifient une telle considération dans ce qu'il appelle l'*instructio fidei* : d'abord, en méditant sur les réalités créées, on peut contempler la sagesse divine qui est pour ainsi dire diffusée en elles par une certaine communication de sa ressemblance. Le regard porté sur la création provoque ensuite l'émerveillement de l'homme devant la toute-puissance divine, et, par suite, éveille en son cœur la révérence à l'égard de Dieu. Puis, cette considération enflamme le cœur de l'amour de la bonté divine, car tout ce que les diverses créatures reçoivent de bonté et de perfection en partage, est universellement concentré en Dieu comme en la source de toute bonté. Enfin, elle établit l'homme dans une certaine ressemblance de la perfection divine. Dieu, en effet, en se connaissant soi-même, voit dans son essence toutes choses; ainsi, puisque la foi instruit l'homme principalement sur Dieu, et lui donne aussi, par la lumière de la révélation divine, la connaissance des créatures, il en résulte pour lui une certaine ressemblance avec la sagesse divine[3].

Ces indications, marquées par les exigences de la synthèse propres à la *Somme contre les Gentils*, sous-tendent l'*Expositio*, mais elles seraient incomplètes si l'on n'y adjoignait pas une affirmation sur laquelle notre auteur ne cessera de revenir et que l'on trouve formulée notamment dans le commentaire de Jb 36,24-26[4] :

> [Eliud] commence par montrer que l'homme ne peut pénétrer les voies de Dieu, c'est-à-dire ses œuvres, en disant *Souviens-toi que tu ignores son œuvre que les hommes chantèrent*, à savoir les sages, qu'il appelle hommes[5] à cause de leur force d'âme; il dit *qu'ils chantèrent*, en raison de l'antique coutume des sages qui exprimaient métriquement les choses divines et celles ressortissant à la philosophie. Aussi sages que sont certains hommes, ils ne

1. Cf. 2 *CG*, cap. 4.
2. Cf. 2 *CG*, cap. 3.
3. Cf. 2 *CG*, cap. 2.
4. Cf. p. 191, lin. 258-293.
5. Thomas emploie ici le mot *vir* (cf. *Super Iob 36,24*, p. 191, lin. 261-262).

peuvent parvenir à la connaissance et à la description de l'essence divine, mais toute connaissance et tout discours de l'homme sur Dieu s'effectue à partir de ses œuvres, que cependant ni Job ni aucun autre homme ne peut connaître parfaitement, d'où il ajoute *Tous les hommes le voient*, à savoir par ses œuvres : en effet personne ne manque à ce point de sagesse qu'il ne perçoive quelque chose des œuvres divines. De plus, personne n'est sage à ce point que sa connaissance ne soit fortement dépassée par l'excellence de la clarté divine, d'où il introduit *chacun l'aperçoit de loin*, c'est-à-dire que la connaissance de l'homme est très éloignée de la parfaite compréhension de l'essence de Dieu, tant parce que l'homme ne peut la connaître que par ses œuvres, lesquelles sont infiniment distantes de l'excellence de son essence, que parce que l'homme ne peut connaître ses œuvres parfaitement. De là, il conclut que Dieu dépasse par son excellence la connaissance humaine et il affirme donc *Voici que Dieu qui est grand l'emporte sur notre science*[1] : le fait que Dieu ne puisse être connu parfaitement par nous ne provient pas d'une limite qui se trouverait chez lui, comme cela arrive quand il s'agit du mouvement et du temps, mais s'explique par son excellence. On pourrait dire alors : bien que nous ne puissions connaître de Dieu ce qu'il est, nous pouvons cependant savoir qu'il est, ce qui concerne sa durée ; mais il montre que cela aussi dépasse la connaissance de l'homme en ajoutant *le nombre de ses années ne peut être estimé*, car l'éternité de sa durée ne peut être saisie par l'intellect humain.

C'est donc sur fond d'apophatisme que se déroule, d'après Thomas, la recherche qu'entreprend Job de la vérité de la providence divine et de son action dans les réalités humaines — celles marquées par l'épreuve spécialement —. L'intervention de Dieu lui-même, à partir du chapitre 38, apparaîtra comme une réponse à l'ignorance de l'homme.

1. Cf. *Super Iob 36,26*, p. 191, lin. 282-293 : Ecce Deus magnus vincens scientiam nostram : *quod enim a nobis perfecte Deus cognosci non possit non contingit propter defectum ipsius, sicut contingit de motu et tempore, sed propter eius excellentiam. Posset autem aliquis dicere quod quamvis de Deo non possimus cognoscere quid sit, possumus tamen cognoscere de Deo an est, quod pertinet ad eius durationem; sed quod hoc etiam excedat hominis cognitionem ostendit subdens* numerus annorum eius inaestimabilis, *quia videlicet aeternitas durationis ipsius humano intellectu comprehendi non potest.*

CHAPITRE VII

JOB CÈDE A L'INSPIRATION DIVINE

Après le bouleversement de sa sensibilité et sa discussion sur la vérité de la providence divine, nous en arrivons à ce qui constitue la troisième étape de l'itinéraire de Job, dans laquelle il cède à l'inspiration divine. Afin de cerner la signification donnée par notre auteur à cette étape de la conversion totale à Dieu, il nous faut considérer l'interprétation de la théophanie selon laquelle Dieu vient déterminer l'ensemble de la discussion[1].

Dieu, « determinator quaestionis »

La parole que Dieu adresse à Job à partir du chapitre 38 constitue le sommet de sa manifestation. Thomas, s'appuyant sur le discours d'Eliud au chapitre 33, affirme que Dieu a parlé de trois manières à Job[2] : d'abord , par la lumière de la raison naturelle, comme il le fait pour tous les hommes; puisque la raison naturelle demeure en l'homme sans changement, Eliud a ces mots :

> *Semel loquitur Deus et secundo id ipsum non repetit* (Jb 33,14).

Ensuite, Dieu le convainc par des songes :

> *per somnium in visione nocturna* (Jb 33,15).

Il peut s'agir ici soit des songes intervenant communément chez les hommes et dont Eliud pensait qu'ils venaient de Dieu, soit d'une révélation prophétique. A propos de cette révélation, le théologien

1. La théophanie, jusqu'à la période moderne, n'a peut-être pas suscité auprès des exégètes et des prédicateurs tout l'intérêt que l'on pouvait attendre. Un exégète contemporain, Othmar Keel, a souligné son importance dans une excellente étude : cf. *Dieu répond à Job*, Job 38-41, Introduction et traduction de l'allemand par F. SMYTH, « Lectio divina, commentaires 2 », Paris, 1993.

2. Cf. *Super Iob 33,14-22*, p. 175-177, lin. 131-247.

dominicain invoque, comme il le faisait dans le *De veritate* (cf. q. 12, a. 13, resp.), Nb 12,6 :

> *Si quis fuerit inter vos propheta Domini, per somnium aut in visione loquar ad eum*[1].

Par là, il veut distinguer deux degrés de la prophétie — le songe et la vision à l'état de veille — en fonction de la disposition de celui qui prophétise : la prophétie qui se produit à l'état de veille est d'un degré plus parfait que celle qui a lieu dans un songe, à la fois parce que l'intellect est dans de meilleures dispositions pour juger et parce que l'abstraction du sensible n'a pas une cause physique mais résulte d'une parfaite concentration des puissances intérieures sur les choses que Dieu manifeste. Le commentaire des versets 15-16 s'arrête sur ce qu'est un songe[2] :

> [Eliud] expose le mode et l'ordre des songes, premièrement en évoquant la cause naturelle par les mots *Lorsque le sommeil envahit les hommes*, ce qui se produit parce que, les sens externes étant immobilisés, des émanations montent à la source de la sensation[3]. Deuxièmement, il évoque une disposition du côté de la volonté humaine lorsqu'il affirme *et qu'ils dorment sur leur couche*, car les hommes voient des songes hautement ordonnés et significatifs quand ils dorment dans le calme : chez les malades, par contre, à cause de leur inquiétude, interviennent des songes incohérents, ce que dit pertinemment Daniel II,28 « Le songe que tu as eu et dans ta tête les visions, quand tu étais couché, voici leur sens : tu as ô roi commencé à penser sur ta couche [à ce qui devait arriver après ces choses et celui qui révèle les mystères te l'a fait savoir] ». Troisièmement, il traite de l'opération divine chez celui qui dort : les sens extérieurs étant donc immobilisés dans le sommeil et l'homme étant au repos sur sa couche, il lui est donné divinement une certaine faculté de percevoir l'instruction venant de Dieu parce que son esprit n'est pas occupé par des choses extérieures, d'où il introduit *il ouvre alors les oreilles des hommes*; et par les oreilles est assez convenablement exprimée la puissance qu'a l'homme de percevoir dans les songes l'instruction divine, car il parle de cet enseignement comme d'une parole; l'instruction divine ne se fait pas par la vue des choses elles-mêmes mais par des signes comme c'est aussi le cas du langage[4]. La faculté d'écouter est accordée en vue de l'enseignement divin, d'où il ajoute *et les éduquant, il leur enseigne la discipline;* la discipline est ici prise dans le sens des choses qui devront être accomplies ou évitées par l'homme, et non pour la

1. Il est à noter que dans la *Secunda secundae*, q. 174, a. 3, traitant des divers degrés de la prophétie, on ne retrouve pas la mention de Nb 12,6.

2. Cf. p. 176, lin. 162-192.

3. Ces données réapparaissent dans la *Prima pars*, q. 84, a. 8, ad 2 où Thomas s'appuie sur le *De somno* d'Aristote (cf. cap. 3 / 456 b 17).

4. Nous reproduisons le texte latin de ce passage important pour saisir en quoi consiste l'inspiration divine; nous en reparlerons à propos du commentaire de Jb 38,1 : *Et satis convenienter vim perceptivam divinae instructionis in somniis vocat aures, quia de huiusmodi instructione loquitur sicut de locutione quadam, eo quod non fit per inspectionem ipsarum rerum sed per signa quaedam sicut et locutio* (cf. *Super Iob 33,16*, p. 176, lin. 182-186).

connaissance des sciences spéculatives qui ne sont habituellement pas révélées dans un songe[1].

Enfin, Dieu a parlé à Job au travers de la maladie corporelle qui contribue à la correction de l'homme, ce qu'il avait exprimé au chapitre 30 (v. 16) :

Nunc in memet ipso marcescit anima mea, et possident me dies afflictionis.

Qu'en est-il alors du mode de la réponse de Dieu dans la théophanie par rapport à ses autres interventions? Thomas s'en explique dans son commentaire de Jb 38,1 : *Respondens autem Dominus Iob de turbine.* Pour ce faire, il s'arrête à l'expression *de turbine* laquelle peut être comprise en deux sens : d'une part, selon le sens littéral — entendons le sens littéral propre —, la voix de Dieu fut formée miraculeusement dans l'air avec un certain tourbillon, comme ce fut le cas au Mont Sinaï dans la manifestation de Dieu à Moïse (cf. Ex 20,18), ou comme la voix qui se fit entendre au Christ et qui retentit à la façon d'un coup de tonnerre (cf. Jn 12,29). D'autre part, selon le sens métaphorique, la réponse du Seigneur fut une inspiration intérieure divinement faite à Job[2]. Cette inspiration — nous l'avons vu ci-dessus avec l'*expositio* de Jb 33,16 — est appelée parole (*locutio*) à l'image de la parole extérieure. Elle est, comme elle, communication de celui qui parle à celui qui

1. A titre d'exemple de l'intervention divine dans un songe et dans des visions à l'état de veille, Thomas cite Jb 7,14 : *Terrebis me per somnia et per visiones horrore concuties* (cf. *Super Iob 33,22*, p. 177, lin. 240-241). Le commentaire de ce verset comporte des données similaires à celles que présente l'*expositio* du chapitre 33 : *Homines enim sapientes quando solitarii sunt et a tumultibus hominum et negotiorum semoti, tunc magis secum loqui possunt secundum rationem aliquid cogitando. Sed ista remedia eum iuvare non poterant, quia tempore quo his remediis uti debebat aderant sibi alia impedimenta quibus perturbabatur, scilicet somnia terribilia et visiones horribiles, et hoc est quod subdit* terrebis me per somnia, *quae scilicet apparent vigilanti ab usu exteriorum sensuum alienato,* horrore concuties. *Solent enim nocturna phantasmata conformia esse diurnis cogitationibus, unde quia Iob in die quae maeroris sunt cogitabat, similibus phantasmatibus perturbabatur in nocte; infirmitas etiam corporis ad hoc operatur ut perturbata phantasmata dormientibus appareant* (cf. p. 49-50, lin. 304-320).

2. S. Grégoire mettait déjà en lumière le mode extérieur et intérieur de la réponse divine : *Haec igitur dicta sunt ut quibus modis loquatur Deus hominibus demonstraretur. Cum vero beato Iob respondisse Dominus de turbine dicitur, utrum per semetipsum, an ei per angelum sit locutus ambigitur. Potuerunt quippe per angelum commotiones aeris fieri, et haec ei quae subjuncta sunt per eum verba mandari. Rursumque potuit et exterius angelus in turbine aerem excutere, et tamen interius per semetipsum Dominus vim suae sententiae cordi ejus sine verbis insonare, ut credatur quod dicta dominica quae sequuntur ipse jam per verba protulit, qui, repletus Deo, haec sine verbis audivit. Itaque dicitur :* Quis est iste involvens sententias sermonibus imperitis? (cf. *Moralia*, lib. XXVIII, cap. 1 / *PL* 76, 451-452). S. Albert le Grand, voyant comme Thomas dans l'intervention divine une *determinatio magistralis* à toute la dispute, interprète le verset 1 dans le sens où le Seigneur, au milieu du conflit de la discussion — lequel est signifié par la tempête —, répond en faveur de Job aux arguments allégués et à ceux qui les ont allégués; on notera que, comme telle, cette interprétation n'apparaît pas chez l'Aquinate : Respondens autem Dominus Iob, *hoc est pro Iob allegatis et allegantibus,* de turbine, *hoc est de conflictu huius disputationis, ne in errore sc. manerent,* dixit. *Is XIX, (14) de hoc turbine dicitur : "Dominus miscuit in medio eius spiritum vertiginis, et errare fecerunt Aegyptum in omni opere suo". Ps (CVI,40) : "Effusa est contentio super principes, et errare fecit eos in invio et non in via"* (cf. *Commentarii in Iob 38,1*, col. 442).

écoute. De plus — notre auteur précise cette première analogie —, dans un cas comme dans l'autre, ce n'est pas la réalité que l'on veut faire connaître qui est présentée à l'esprit de l'auditeur, mais un signe de cette réalité; ainsi, par la *locutio interior*, Dieu ne présente pas directement son essence au regard, mais un certain signe de son essence, qui est comme une représentation de sa sagesse[1]. Dans la ligne du *Super Iob*, le frère dominicain dira, en commentant Jn 5,37, que Dieu peut se manifester soit *sensibiliter*, soit *intelligibiliter*. Il fait remarquer par manière de complément que, dans le premier cas, ni la voix corporelle ni la forme ne sont celles de Dieu, comme elles le seraient d'un être animé quelconque; elles lui appartiennent seulement *effective*, c'est-à-dire comme le résultat de son action, en tant qu'elles sont produites par lui. Puisqu'il est esprit, Dieu n'émet pas de voix perceptible par les sens, ni ne peut être représenté[2].

Thomas pénètre davantage encore le sens métaphorique de notre verset :

> Il est dit que le Seigneur lui répondit du milieu de la tempête soit en raison du trouble qu'il endurait encore, soit également à cause de l'obscurité de la tempête, parce qu'en cette vie nous ne pouvons percevoir clairement l'inspiration divine, mais avec une certaine obscurité des similitudes sensibles, comme l'affirme Denys dans le chapitre I de la Hiérarchie céleste[3].

1. Les éléments apportés par Thomas dans son commentaire de Jb 33,16 sont l'écho de ce qu'il affirmait dans le *De veritate* (cf. q. 18, a. 3, resp.) : *Dicitur autem ipsa interna inspiratio locutio quaedam ad similitudinem exterioris locutionis; sicut enim in exteriori locutione proferimus ad audientem non ipsam rem quam notificare cupimus, sed signum illius rei, scilicet vocem significativam; ita Deus interius inspirando non exhibet essentiam suam ad videndum, sed aliquod suae essentiae signum, quod est aliqua spiritualis similitudo suae sapientiae.* Quelque chose de cet enseignement réapparaît notamment dans la IIa-IIae, q. 5, a. 1, ad 3. Ces textes firent l'objet de diverses études : cf. J.-P. TORRELL, « Le traité de la prophétie de S. Thomas d'Aquin et la théologie de la révélation », *Studi tomistici* 37 (1990) 171-195, p. 190-195 en particulier; « Révélation et expérience, Chronique de théologie fondamentale », *RT* 78 (1978) 430-463, en particulier p. 458-463; « Révélation et expérience (bis) », *FZPT* 27 (1980) 383-400; A. BLANCO, « Word and Truth in Divine Revelation », *Studi tomistici* 37 (1990) 27-48, spécialement p. 32-34; par ailleurs, on verra du même auteur « La revelación como *locutio Dei* », *Scripta theol.* 13 (1981) 9-61.

2. Cf. lect. 7 (éd. Marietti, n° 820) : ... *Deus testificatur alicui dupliciter, scilicet sensibiliter et intelligibiliter. Sensibiliter quidem, sicut per vocem sensibilem tantum; et hoc modo testificatus fuit Moysi in monte Sinaï; Deut. IV, (12) : "Vocem ejus audistis, et formam penitus non vidistis". Item per sensibilem speciem, sicut apparuit Abrahae Gen. XXVI, et Is. VI, (1) : "Vidi Dominum sedentem supra solium excelsum et elevatum". Sed tamen in istis visionibus nec vox corporalis nec figura Dei est sicut cujusdam animalis, sed effective, inquantum a Deo formatur : nam cum Deus sit spiritus, neque vocem sensibilem de se emittit, nec figurari potest. Intelligibiliter autem testificatur inspirando in cordibus aliquorum quod credere debeant et tenere; Ps. LXXXIV, (9) : "Audiam quod loquatur in me Dominus Deus"; Osee II, (4) : "Ducam eam in solitudinem, et ibi loquar ad cor ejus".*

3. Cf. p. 199, lin. 29-35 : ... *et sic dicitur Dominus ei* de turbine *respondisse tum propter turbationem quam adhuc patiebatur, tum etiam propter turbinis obscuritatem, quia scilicet divinam inspirationem in hac vita non possumus clare percipere sed cum quadam obumbratione sensibilium similitudinum, ut Dionysius dicit I cap. Caelestis hierarchiae.* Pour le texte du Pseudo-Denys : cf. précisément § 2 / *PG* 3,121.

La citation littérale de ce texte dionysien, récurrente dans l'ensemble des écrits thomasiens[1], comporte quelques variantes, mais elle apparaît le plus souvent sous la forme suivante :

> *Impossibile est aliter nobis lucere divinum radium nisi varietate sacrorum velaminum circumvelatum*[2] ;

les voiles sacrés, dont il est ici question, désignent, selon notre auteur, les figures imaginaires, les formes sensibles, les formes corporelles sous lesquelles les réalités spirituelles sont révélées[3]. Il recourt ainsi au passage de la *Hiérarchie* chaque fois qu'il veut transposer à la connaissance surnaturelle, et tout spécialement à la révélation prophétique, la thèse aristotélicienne selon laquelle les *phantasmata* sont l'objet *in quo* de toute connaissance humaine[4].

Ces explications, concernant l'inspiration divine dans la personne de Job, ne disent pas encore suffisamment en quoi elle consiste; on peut pour cela se reporter à un enseignement dispensé avant celui du *Super Iob*, le *De veritate* (cf. q. 12, a. 1, ad 3) dans lequel le Maître d'Aquin indique que la parole par laquelle Dieu s'adresse intérieurement au

1. S.-Th. Bonino a identifié la plupart de citations et des références explicites au texte du Pseudo-Denys (il ne mentionne pas le *Super Iob*) : cf. *Quaestiones disputatae De veritate, Saint Thomas d'Aquin, Question 12 : La prophétie*, Présentation, traduction et notes, Mémoire de licence dactyl., Fribourg, 1989, Annexe III, p. 164-168. Du même Auteur, on verra également « "Les voiles sacrés" : A propos d'une citation de Denys », *Studi tomistici* 45 (1992) 158-171.

2. Thomas connaît deux tradutions latines du texte de la *Hiérarchie*, l'une effectuée par Jean Scot Erigène *(Etenim neque possibile est aliter lucere nobis divinum radium nisi varietate sacrorum velaminum anagogice circumvelatum)* et l'autre par Jean Sarrazin *(Etenim neque possibile aliter nobis supersplendere thearchicum radium nisi varietate sanctorum velaminum sursumactive circumvelatum)* : cf. *Dion.* 733. Il se réfère prioritairement à celle de Jean Scot, même si la citation n'est pas toujours littérale; il laisse tomber le plus souvent le terme *anagogice.* A Jean Sarrazin, il emprunte parfois le préfixe *super*, par exemple en 4 *Sent.*, d. 50, q. 1, a. 1, resp. : *Cum anima nostra in statu viae maxime ad corpus accedat, utpote actus eius existens, non habet respectum ad res intelligibiles nisi aliquo modo contingendo corpus; et propter hoc anima in statu huius viae non recipit influentiam a superioribus substantiis, nisi ut cognoscet sub speciebus a sensibus acceptis; unde Dionysius dicit, cap. 1 Cael. Hier. quod "non est possibile nobis in hac vita aliter superlucere divinum radium nisi cum varietate sensibilium formarum" : et ideo etiam in hac vita quando anima magis a corpore abstrahitur, tanto magis a substantiis spiritualibus influxum cognitionis recipit.*

3. Cf. *De ver.*, q. 12, a. 12, arg. 9; q. 19, a. 1, arg. 2; *De malo*, q. 16, a. 8, arg. 4.

4. Thomas exprime fort bien la thèse aristotélicienne par exemple en *De ver.*, q. 19, a. 1, resp : *Quandiu habet coniunctum corpori in statu huius viae non cognoscit etiam illa quorum species in ipsa reservantur nisi inspiciendo ad phantasmata. Et propter hoc etiam nec revelationes ei aliquae divinitus fiunt nisi sub speciebus phantasmatum.* A l'arrière-fond de cet enseignement, on trouve l'affirmation du *De anima* (cf. III, cap. 6) : *Nequaquam sine fantasmate intelligit anima.* Notons par ailleurs que le rôle exercé par l'image est non seulement d'être objet *in quo* mais aussi *a quo* de la connaissance, comme le suggère la terminologie de S. Thomas lui-même : *Finis autem potentiae intellectivae non est cognoscere phantasmata, sed cognoscere species intelligibiles, quas apprehendit a phantasmatibus et in phantasmatibus, secundum statum praesentis vitae* (cf. IIIa, q. 11, a. 2, ad 1). On verra à ce sujet : S.-Th. BONINO, *Quaestiones disputatae De veritate, Saint Thomas d'Aquin, Question 12*, p. 134-135 en particulier; « Le rôle de l'image dans la connaissance prophétique d'après saint Thomas », *RT* 89 (1989) 533-568.

prophète n'est rien d'autre que l'illumination de son esprit[1]. Or Thomas ne réserve pas cette illumination aux seuls prophètes pris au sens strict, mais il l'étend également aux sages et aux apôtres. Ainsi, par le don de ce que notre auteur appelle souvent le *lumen intelligibile*[2], Job, placé au nombre des sages, bénéficie d'une surélévation spéciale de son esprit qui le met à hauteur de la révélation divine[3]. La lumière intelligible n'est toutefois pas seule à devoir être considérée, il faut encore prendre en compte la foi avec laquelle elle s'articule et qui permet à Job d'accueillir le contenu de la révélation qui lui est faite[4]. L'articulation des deux plans ne doit pas faire oublier leur distinction, car la connaissance de foi est donnée par mode d'habitus et relève du surnaturel *quoad essentiam*, alors que le *lumen intelligibile* se trouve dans le prophète selon le mode d'une certaine passion ou d'une impression passagère (*per modum cuiusdam passionis vel impressionis transeuntis*) et n'est par conséquent que du surnaturel *quoad modum*[5].

A partir de là, on est mieux à même de cerner la façon dont le Maître d'Aquin envisage la réponse de Dieu à Job : il s'agit de l'expérience d'une Parole de Dieu portée par la conscience de Job et se déployant en elle; elle bénéficie du don spécial de la lumière intelligible et elle est vécue fondamentalement sous le régime de la foi. Or une telle expérience transparaît dans la réponse donnée par Job au Seigneur dans le chapitre 39 (v. 33-34) et à propos de laquelle Thomas dit qu'il parle devant Dieu et selon sa conscience[6]. L'*inspiratio interior* — dont il est question dans l'*expositio* du chapitre 38 — se manifestant donc dans le cheminement d'une conscience, on peut effectivement voir dans la théophanie une véritable étape de l'itinéraire de Job vers Dieu[7].

1. Cf. *De ver.*, q. 12, a. 1, ad 3 : *Post perceptionem divinae locutionis qua prophetam alloquitur interius, quae nihil aliud est quam mentis illustratio, ...*; dans le même sens, cf. q. 12, a. 7, ad 4 sc. : *Locutio qua Deus prophetis locutus esse dicitur in Scripturis, non solum attenditur quantum ad species rerum impressas, sed etiam quantum ad lumen inditum quo mens prophetae de aliquo certificatur.*

2. Thomas emploie également l'expression *lumen propheticum.*

3. Nous sortirions par trop des limites de notre propos si nous proposions une analyse du mode de connaissance prophétique; nous préférons renvoyer aux explications données par le Père Torrell dans « Le traité de la prophétie de S. Thomas d'Aquin et la théologie de la révélation », p. 185-190.

4. Cf. *De ver.*, q. 12, a. 1, ad 4 sc. : *Intellectus alio modo perficitur prophetia et fide : prophetia enim perficit intellectum secundum se, unde oportet ut ea ad quae propheta est perfectus dono prophetiae possit distincte inspicere; sed fides perficit intellectum in ordine ad affectum, — actus enim fidei est intellectus imperati a voluntate —, unde per fidem intellectus nihil aliud habet nisi ut sit paratus ad assentiendum his quae Deus credi mandat. Et hinc est quod fides assimilatur auditui, sed prophetia visioni; et sic non oportet quod habens habitum fidei distincte cognoscat omnia credibilia, sicut oporteret de habente habitum prophetiae quod omnia prophetabilia distincte agnosceret;* dans le même sens, cf. *De ver.*, q. 12, a. 1, ad 7; IIa-IIae, q. 171, a. 3, ad 2.

5. Cf. *De ver.*, q. 12, a. 1, resp.; IIa-IIae, q. 171, a. 2, c.

6. Cf. *Super Iob 39,33-34*, p. 212, lin. 343-349.

7. Dans ce sens, Thomas considère à propos du verset 3 la disposition morale requise de la part de Job pour accueillir une telle Parole de Dieu : *Excitat [Dominus] Iob ad attendendum cum dicit* Accinge sicut vir lumbos tuos, *quod metaphorice dicitur : homines enim solent lumbos praecingere ad hoc quod sint prompti ad iter vel ad quamlibet actionem,*

Dans le commentaire du verset 1, qui peut être considéré comme une introduction aux explications qu'il donnera de l'ensemble de la théophanie, S. Thomas s'interroge non seulement sur le mode de la réponse divine, mais aussi sur son motif; celui-ci tient en une phrase de première importance :

> Parce que la sagesse humaine n'est pas suffisante pour saisir la vérité de la providence divine, il fut nécessaire que la discussion précédente fût déterminée par l'autorité divine[1].

Thomas fait remarquer dans ce sens que le discours de Dieu, rapporté dans les chapitres 38 et 39 et concernant les merveilles de la création mises devant les yeux de Job, a pour but de le convaincre de son ignorance. Nous nous arrêterons à ce point avant de considérer la détermination finale de la dispute dévoilant la cause de l'adversité de Job, car il donne son orientation à toute l'interprétation que propose le Maître d'Aquin de l'intervention divine.

Interrogatio Dei non est ut addiscat sed ut hominem de sua ignorantia convincat (cf. Super Iob 38,3, p. 199-200, lin. 76-77)

Dans sa détermination, Dieu commence par reprendre Job de ce qu'il semblait parler de manière présomptueuse tandis qu'il le provoquait à la discussion (cf. Jb 13,22). Le Seigneur choisit alors le parti de l'interroger :

> *Interrogabo te et responde mihi* (Jb 38,3).

Le commentaire de ce verset, qui sous-tend l'interprétation du discours couvrant les chapitres 38 et 39, constitue une ligne de force de la pensée théologique de Thomas dans l'*Expositio* :

> Dieu interroge non pas pour apprendre mais afin de convaincre l'homme de son ignorance[2].

Or Dieu, précise notre auteur, interroge Job au sujet des effets qui sont à la portée des sens humains; lorsque l'homme apparaît les ignorer, il est beaucoup plus convaincu de ne pas avoir la

unde volebat Dominus eum esse promptum ad considerandum quae ei dicebantur, remotis quibuslibet impedimentis, unde signanter de praecinctione lumborum facit mentionem, quia per lumbos voluptas carnalis intelligitur quae praecipue impedit spiritualem auditum, secundum illud Is XXVIII, (9) "Quem docebit scientiam, et quem intelligere faciet auditum? Ablactatos a lacte, avulsos ab uberibus" (cf. *Super Iob 38,3*, p. 199, lin. 56-67). Cette affirmation, apparaissant également dans le commentaire du chapitre 31 (cf. *Super Iob 31,2*, p. 164, lin.24-34), s'appuie à la fois sur l'enseignement d'Aristote (cf. *Ethic*, VII, 11 / 1152 b 18) et de S. Augustin (cf. *Solil.*, lib. I, cap. 10 / *PL* 32, 878); Thomas mentionne explicitement ses sources dans la *Summa theologiae*, la première en Ia-IIae, q. 37, a. 1, ad 2 et la deuxième en IIa-IIae, q. 180, a. 2, ad 3.

1. Cf. *Super Iob 38,1*, p.199, lin. 5-8 : *Quia humana sapientia non sufficit ad veritatem divinae providentiae comprehendendam, necessarium fuit ut praedicta disputatio divina auctoritate determinaretur.*

2. Cf. *Super Iob 38,3*, p. 199-200, lin. 76-77.

connaissance des choses plus élevées. Ainsi le Seigneur passe successivement en revue avec Job les principales parties du monde — la terre, la mer et le ciel —, les merveilles de ses œuvres dans chacune de ces parties et les propriétés des animaux : à intervalle régulier, Thomas fait remarquer que si ces créatures disposées et ordonnées à leur fin par Dieu ne sont point connues parfaitement de l'homme, celui-ci ne saurait en aucun cas comprendre la vérité de la Providence[1]. Job, comme d'ailleurs aucun autre homme, n'est donc capable par sa sagesse et son pouvoir de disputer avec Dieu[2].

Cet enseignement du théologien dominicain, marqué par un parallélisme permanent entre l'ordre ontologique et l'ordre de la connaissance et du langage, considère la participation des étants à l'Etre même subsistant comme fondement de la connaissance que nous avons de Dieu; or cette connaissance ne saurait nullement être compréhensive, parce qu'elle est liée aux perfections connues dans les créatures qui sont infiniment distantes de l'essence divine et aux limites propres de notre intellect humain qui empêchent même une connaissance parfaite des effets créés. Ce dernier point, qui fait l'objet d'une attention toute spéciale de la part de Thomas dans son commentaire de la théophanie, ne l'est pas moins dans l'*expositio* de Jb 36,24-26 — nous l'avons vu — et de Jb 11,7-9, deux références auxquelles renvoie le Maître d'Aquin en 1 *CG*, cap. 3 où il dispense la même doctrine[3].

Thomas introduit son commentaire de Jb 11,7-9 en se référant à Rm 1,20 : *Invisibilia Dei per ea quae facta sunt intellecta conspiciuntur*[4], un verset dont E. Zum Brunn[5] dit qu'il apparaît tout au long de la carrière du frère dominicain et qu'il constitue le point d'appui de son élaboration de l'affirmation de l'*esse* divin[6]. Alors que pour les Pères grecs et latins, Rm 1,20 signifiait le retour ou la remontée du monde sensible

1. Cf. *Super Iob 38,12*, p. 202, lin. 253-256 : *Et ex his omnibus datur intelligi quod tua ratio deficit a comprehensione divinorum operum, unde patet quod tu non es idoneus ad disputandum cum Deo;* cf. *Super Iob 38,18*, p. 203, lin. 373-375; *38,35*, p. 206, lin. 608-611; *39,31*, p. 212, lin. 326-332.

2. Notre auteur synthétise au début de son commentaire du chapitre 40 le sens de l'intervention divine dans les deux chapitres précédents : *In praecedentibus Dominus per commemorationem mirabilium quae apparent in eius effectibus demonstravit suam sapientiam et virtutem, ut ex hoc manifestum sit quod nullus homo nec sapientia nec potestate potest cum Deo contendere* (cf. *Super Iob 40,1*, p. 213, lin. 2-6).

3. *Idem manifeste apparet ex defectu, quem in rebus cognoscendis quotidie experimur. Rerum enim sensibilium plurimas proprietates ignoramus, earumque proprietatum, quas sensu apprehendimus, rationem perfecte in pluribus invenire non possumus. Multo igitur amplius illius excellentissimae substantiae, transcendentis, omnia intelligibilia humana ratio investigare non sufficit. Huic etiam consonat dictum Philosophi, qui asserit* Metaph. *II quod "intellectus noster sic se habet ad prima entium, quae sunt manifestissima in natura, sicut oculus vespertilionis ad solem". Huic etiam veritati sacra Scriptura testimonium perhibet. Dicitur enim Iob XI: "Forsitan vestigia Dei comprehendes, et usque ad perfectum omnipotentem reperies?"* Et Iob XXXVI : *"Ecce Deus magnus vincens scientiam nostram".*

4. Cf. *Super Iob 11,6*, p. 73, lin. 51-54.

5. Cf. « La "métaphysique de l'Exode" selon Thomas d'Aquin », dans *Dieu et l'être*, Exégèse d'Exode 3,14 et de Coran 20,11-24, Paris, 1978, p. 245-269, 262 en particulier.

6. Cf. 1 *Sent.*, d. 3, q. 1, a. 3 (le Lombard citait Rm 1,20); *De ver.*, q. 10, a. 12, sc.; *Super Boet. de Trin.*, q. 1, a. 2, sc.; 1 *CG*, cap. 12; 2 *CG*, cap. 2; Ia, q. 2, a. 2, sc.

au monde intelligible, notre auteur — orientant dans un autre sens cette interprétation traditionnelle dès le *Commentaire des Sentences*[1] — insiste sur l'impossibilité de parvenir à la connaissance naturelle de Dieu autrement qu'en raisonnant à partir de l'expérience sensible. C'est là un présupposé de la doctrine présente dans la suite de l'*expositio* de Jb 11 :

> Et parce que [Sophar] avait supposé que dans la sagesse divine se trouve quelque chose de secret qui n'avait pas encore été montré à Job, afin que cela ne puisse être nié, il le confirme par ce qui suit en disant *Peut-être comprendras-tu les traces de Dieu*[2]. [...]. Les traces de Dieu sont des signes rencontrés dans les créatures, par lesquels Dieu peut être connu de quelque manière. Mais puisque l'esprit humain ne peut connaître totalement et parfaitement les créatures, beaucoup moins pourra-t-il avoir une connaissance parfaite du Créateur lui-même; d'où il interroge [Job] par ces mots *et découvriras-tu parfaitement le Tout-Puissant?*, comme s'il disait : si tu ne peux connaître parfaitement les créatures, encore beaucoup moins le Créateur; et il affirme pertinemment *découvriras-tu*, car la raison procède par une certaine recherche des effets à la cause que nous disons avoir trouvée lorsqu'elle est connue par ses effets[3]. Il n'est pas étonnant que le Créateur ne soit pas connu parfaitement si les créatures ne le sont pas, car même si elles étaient connues parfaitement, le Créateur ne le serait pas : la cause peut être parfaitement connue par ses effets quand ils sont adéquats à la vertu de la cause[4], ce qui ne saurait être dit de Dieu; il ajoute donc *Il est plus élevé que les cieux, qu'y feras-tu? Il est plus profond que l'enfer, d'où le connaîtras-tu? Plus longue que la terre est sa mesure et plus large que la mer.* Ceci est dit de manière métaphorique : on ne doit pas comprendre que Dieu qui est incorporel soit mesurable matériellement, mais [Sophar] décrit la grandeur de sa puissance sous l'image de la grandeur corporelle; car aussi grandes que soient les choses corporelles en hauteur, en profondeur, en longueur et en largeur, elles demeurent cependant en deçà de la grandeur de la puissance divine qui peut faire de plus grandes choses encore, d'où il a nommé à juste titre en premier lieu le *Tout-Puissant*. Il a donc montré par là

1. Cf. 1 *Sent.*, d. 3, q. 1, a. 3, sol. : *Ad hoc autem quod aliquis ex creaturis in Deum deveniat, duo requiruntur : scilicet quod ipsum Deum possit aliquo modo capere, et ideo brutis non convenit talis processus cognitionis; secundo requiritur quod cognitio divina in eis incipiat a creaturis et terminetur ad Creatorem; et ideo angelis non convenit Deum cognoscere per creaturas, neque beatis hominibus, qui a Creatoris cognitione procedunt in creaturas. Sed convenit iste processus hominibus, secundum statum viae, bonis et malis.*

2. Cf. *Super Iob 11,7*, p. 76, lin. 103-106.

3. Cf. *Super Iob 11,7*, p. 76, lin. 112-124 : *Vestigia ergo Dei sunt signa quaedam in creaturis inventa, ex quibus per eas Deus aliquatenus cognosci potest. Sed cum humana mens nec ipsas creaturas totaliter et perfecte cognoscere possit, multo minus et de ipso creatore perfectam notitiam habere potest, et ideo interrogando subdit* et usque ad perfectum Omnipotentem reperies?, *quasi dicat : si creaturas perfecte cognoscere non potes, multo minus nec creatorem; et signanter dicit* reperies *quia per quandam inquisitionem ratio ab effectibus procedit ad causam, quam dum per effectus cognoscit eam dicimur invenire.* Dans la dernière affirmation, on reconnaît l'allusion à la démonstration *a posteriori* ou *quia*; sans permettre le même type de connaissance que celle relevant de la démonstration *a priori* ou *propter quid*, elle donne cependant une connaissance rigoureuse dans la mesure où les termes sont convertibles.

4. Le Maître d'Aquin affirme également cela dans le *Super Boet. de Trin.*, q. 1, a. 2 et en 3 *CG*, cap. 49.

qu'on ne peut le trouver parfaitement dans les créatures, car si on les connaissait même parfaitement, par elles, on ne pourrait connaître adéquatement sa puissance : quel *medium* peut donc être pris pour connaître la puissance divine qui excède toute créature? Il veut exprimer cela quand il affirme *qu'y feras-tu?* et *d'où le connaîtras-tu?*[1].

L'interprétation de ces différents passages du livre de Job — qu'il importait pour notre propos de restituer le plus fidèlement possible — vise fondamentalement à souligner le fait que l'homme ne connaît point le *quid est* de Dieu auquel d'ailleurs il n'a pas davantage accès par la connaissance de grâce[2]. Si cette dernière permet certes de connaître Dieu par des effets plus étendus et révèle de lui des données auxquelles la raison seule ne pourrait parvenir, elle ne change rien cependant à la structure de cette connaissance dans le cadre de la vie présente[3].

La déclaration d'apophatisme rencontrée dans l'*Expositio*, déterminée en quelque sorte par la lettre même du texte sacré, est le fruit d'une réflexion entreprise par le frère dominicain dès le début de sa carrière avec l'aide d'auteurs tels que le Pseudo-Denys, Jean Damascène[4] et Maïmonide également[5]. Sans qu'il renvoie explicitement à leur ensei-

1. Cf. *Super Iob 11,8-9*, p. 76-77, lin. 125-149. Dans son commentaire de Jb 37,20, Thomas paraît accentuer encore ce qu'il dit à propos du chapitre 11 : *Haec quae de effectibus eius locutus sum nullus sufficienter narrare potest prout convenit ei, secundum excellentiam scilicet suae virtutis. Et si quis in tantam praesumptionem erigeretur ut sufficienter de Deo loqui se aestimaret, ex hoc ipso sibi periculum immineret, unde subdit* Etiam si locutus fuerit homo, *scilicet quasi volens divinos effectus comprehendere,* devorabitur, *quasi absorptus a magnitudine materiae de qua loquitur* (cf. p. 106-107, lin. 296-305).

2. Dans la ligne augustinienne, certains théologiens, dont Bonaventure, admettent pour les saints qui sont encore dans la vie présente une certaine connaissance du *quid est* de Dieu (cf. H.-F. DONDAINE, « Cognoscere de Deo *quid est* », *RTAM* 22 (1955) 72-78).

3. A ce sujet, nous renvoyons à la remarquable étude de Jean-Pierre Torrell et nous nous y référons spécialement dans les pages qui suivent : cf. *Saint Thomas d'Aquin maître spirituel*, Initiation 2, « Vestigia 19 », Paris-Fribourg, 1996, chap. II (à paraître).

4. Puisque nous considérerons à plusieurs reprises la présence du Pseudo-Denys chez Thomas, nous mentionnons de préférence ici un exemple de référence au Damascène : *Alia omnia nomina dicunt esse secundum aliam rationem determinatam; sicut sapiens dicit aliquid esse; sed hoc nomen* qui est *dicit esse absolutum et non determinatum per aliquid additum; et ideo dicit Damascenus, quod non significat quid est Deus, sed significat quoddam pelagus substantiae infinitum, quasi non determinatum* (cf. 1 *Sent.*, d. 8, a. 1, a. 2, ad 4). Le texte de Jean Damascène selon la version de Burgundio de Pise est la suivante : *Totum enim in seipso comprehendes habet esse, velut quoddam substantiae infinitum et indeterminatum* (éd. E. M. BUYTAERT, Louvain, 1955, p. 49).

5. En 1 *Sent.*, d. 35, q. 1, a. 4 où, s'agissant de savoir si le terme de science est appliqué à Dieu de façon univoque, le théologien dominicain résume la position de certains philosophes qui ont refusé l'univocité en disant que « Dieu existe mais non par son essence, savant mais non par sa science, parce que l'essence n'est pas en lui différente de l'*esse* ». Bien que Maïmonide ne soit pas cité, c'est à lui pourtant que Thomas se réfère (cf. *Guide des égarés*, I, chap. 57, p. 232); en arrière-fond, il y a également l'enseignement d'Avicenne (cf. *Metaph.*, lib. VIII, cap. 5) dont le philosophe juif reprend l'expression. Notre auteur poursuit la discussion et expose la position de certains auteurs (*quidam*) — dont fait partie Maïmonide (cf. en particulier *Guide des égarés*, I, chap. 52, p. 200-201) — estimant qu'entre Dieu et la créature il ne peut y avoir que pure équivocité. Afin de réfuter cette thèse, il introduit la doctrine de l'analogie : *Quidam dicunt, quod, quidquid de Deo et creatura dicitur, per puram aequivocationem dicitur. Sed hoc etiam non potest esse;*

gnement dans le *Super Iob*, Thomas ne peut pas ne pas le prendre en compte de quelque façon. S'appuyant sur le Pseudo-Aréopagite en particulier, n'écrivait-il pas à la même époque un texte qui exprime fort bien la teneur de sa réflexion guidant le commentaire des versets présenté ci-dessus :

> La substance séparée connaît par elle-même que Dieu existe, qu'il est cause de tout, au-dessus de tout, séparé non seulement de tout ce qui est mais également de tout ce que peut concevoir une intelligence créée. Nous pouvons nous aussi obtenir quelque chose de cette connaissance de Dieu, car par ses effets, nous savons que Dieu existe et qu'il est la cause des êtres, au-dessus et séparé d'eux. C'est le sommet de notre connaissance de Dieu en cette vie; pour cette raison, Denys affirme (*Théologie mystique*, I, 3) que nous sommes unis à Dieu comme à un inconnu. Cela vient que nous connaissons de lui ce qu'il n'est pas, ce qu'il est nous demeurant totalement inconnu. C'est pourquoi, pour signifier l'ignorance de cette sublime connaissance, on dit de Moïse qu'*il s'approcha de la nuée obscure en laquelle Dieu résidait*[1].

Le commentaire de Jb 36,26 paraît ne pas comporter exactement la même pensée puisqu'il affirme que le *an est* de Dieu, comme son *quid est*, dépasse la connaissance de l'homme. Thomas s'en explique — on s'en souvient — en affirmant que le *an est* concerne l'éternité divine. Or si Dieu est éternel, il lui est absolument impossible d'être en puissance à l'égard de quoi que ce soit. Par conséquent, il n'y a pas non plus en lui de matière — puisqu'elle se définit par le fait d'être en puissance — et l'on doit alors écarter de lui toute composition. Ne composant avec rien d'autre, Dieu est donc sa propre essence et il est son être même[2]. Afin de clarifier l'interprétation de nos deux textes, il nous faut à partir de là recourir au chapitre 12 du premier livre du *Contra Gentiles* : le

quia in his quae sunt pure aequivoca per casum et fortunam, ex uno non cognoscitur alterum, ut quando idem nomen duobus hominibus convenit. Cum igitur per scientiam nostram deveniatur in cognitionem divinae scientiae, non potest esse quod sit omnino aequivocum. Et ideo dicendum, quod scientia analogice dicitur de Deo et creatura, et similiter omnia hujusmodi.

1. Ce texte est trop important pour que nous ne reproduisions pas intégralement le latin : *Cognoscit tamen substantia separata per suam substantiam de Deo quia est, et quod est omnium causa, et eminens omnibus, et remotus ab omnibus non solum quae sunt, sed etiam quae mente creata concipi possunt. Ad quam etiam cognitionem de Deo nos utcumque pertingere possumus; per effectus de Deo enim cognoscimus quia est, et quod causa aliorum est, aliis supereminens et ab omnibus remotus. Et hoc est ultimum et perfectissimum nostrae cognitionis in hac vita, unde Dionysius dicit in libro* De mystica theol. *quod Deo quasi ignoto conjungimur. Quod quidem contingit dum de Deo quid non sit cognoscimus, quid vero sit, penitus manet ignotum. Unde et ad hujus sublimissimae cognitionis ignorantiam demonstrandam, de Moyse dicitur (Ex XX, 21) quod* accessit ad caliginem in qua erat Deus (cf. 3 *CG*, cap. 49). Cf. le beau commentaire qu'en fait le Père Torrell dans *Saint Thomas d'Aquin, maître spirituel*, « L'Au-delà de tout », chap. II (à paraître).

2. Cf. 1 *CG*, cap. 15 : *Est igitur [Deus] carens principio et fine, totum esse suum simul habens; in quo ratio aeternitas consistit. [...]. Si Deus aliquando non fuit et postmodum fuit, ab aliquo eductus est de non esse in esse; non autem a seipso, quia quod non est non potest aliquid agere. Si autem ab alio, illud est prius eo. Ostensum est autem Deum esse primam causam; non igitur esse incipit; unde nec esse desinet, quia quod semper fuit habet virtutem semper essendi. Est igitur aeternus.*

Maître d'Aquin y souligne que lorsque nous disons connaître l'être de Dieu, nous ne connaissons nullement ce par quoi Dieu subsiste en lui-même, son intensité d'être, son *actus essendi* divin, mais seulement la vérité de la proposition qui énonce cet être; or nous savons que la proposition que nous formons pour affirmer l'être de Dieu est vraie, à cause de la connaissance que nous avons de ses effets. Par cette connaissance *ex effectibus* peut non seulement être fondée la vérité de nos propositions, mais par elle également est rendue possible la saisie conceptuelle de ce qu'elles énoncent[1]. Thomas prolongera cela en parlant, dans le *De potentia* et dans la *Summa theologiae*, d'un double mode d'être : le premier signifie l'acte d'être et le second, la composition de la proposition, que l'on découvre en unissant le prédicat au sujet. Alors que selon le premier mode nous ne pouvons pas plus connaître l'être de Dieu que son essence, nous le pouvons par contre selon le second[2].

Si Thomas affirme à propos du *quid est* qu'il nous demeure totalement inconnu (*penitus manet ignotum*) — cette formule apparaît chez Proclus et lui est explicitement attribuée dans le *Super librum De causis*[3] —, il ne dit pas comme Denys que Dieu nous est *totalement*

1. *Nec hoc debet movere, quod in Deo idem est essentia et esse [...]. Nam hoc intelligitur de esse, quo Deus in seipso subsistit, quod nobis quale sit ignotum est, sicut ejus essentia; non autem intelligitur de esse, quod significat compositionem intellectus. Sic enim esse Deum sub demonstratione cadit, dum ex rationibus demonstrativis mens nostra inducitur hujusmodi propositionem de Deo formare, qua exprimat Deum esse.*

2. Cf. *De potentia*, q. 7, a. 2, ad 1; Ia, q. 3, a. 4, ad 2. T.-D. Humbrecht, dans une très bonne étude sur la théologie négative chez S. Thomas, note avec E. Gilson (cf. *Le thomisme*, p. 59 et note 33) que le Maître d'Aquin semble dénoncer la confusion qu'Alexandre de Halès fait entre "est" comme copule du jugement et "est" comme signifiant l'existence (*Summa theologica*, lib. I, n. 25, IV /éd. Quaracchi, 1929, t. I, p. 42). T.-D. Humbrecht (cf. « La théologie négative chez saint Thomas d'Aquin » *RT* 94 (1994) 71-99, p. 82, note 53 spécialement) signale également un passage de l'*itinerarium mentis in Deum* de S. Bonaventure qui conjugue la formule biblique "Je suis celui qui suis" et la notion proposée par Avicenne de l'être comme premier objet intellectivement connu (cf. *Liber de philosophia prima*, I, cap. 5 / éd. S. VAN RIET, *Avicenna latinus*, Louvain-Leiden, 1977, p. 31); ce texte rapproche être et acte : « Par être *(esse)* on désigne l'Acte d'être *(Ipsum purum actum entis)*, car l'être *(esse)* est ce qui échoit en premier à notre pensée et cela même qu'est l'Acte pur » (cf. chap. V, 3 / Paris, Vrin, p. 85). On a montré, explique E. Wéber, que le Maître franciscain utilise ici le *Rudimentum doctrinae* de son confrère Guibert de Tournai. Il semble assuré que cette théorie amorce l'onto-théologisme que vingt ans plus tard systématisera Henri de Gand. Pourtant, d'autres textes de Bonaventure, empruntés au même *Itinerarium*, viennent la restreindre ou la corriger. C'est en effet seulement au cinquième degré de l'*Itinéraire* qu'apparaît la thèse de la connaissance immédiate de Dieu-Etre rendue possible par la lumière noétique de la grâce (cf. « L'herméneutique christologique d'Exode 3,14 chez quelques maîtres parisiens du XIIIe siècle », dans A. DE LIBERA et E. ZUM BRUNN, éd., *Celui qui est*, Interprétations juives et chrétiennes d'Exode 3,14, Paris, 1986, p. 47-101, 73-74 en particulier).

3. Causa prima superior est narratione *(cf. Prop. 6). Per* narrationem *autem oportet "affirmationem" intelligi, quia quidquid de Deo affirmamus non convenit ei secundum quod a nobis significatur; nomina enim a nobis imposita significant per modum quo nos intelligimus, quem quidem modum esse divinum transcendit. Unde Dionysius dicit II° capitulo* Caelestis Hierarchiae *quod "negationes in divinis sunt verae, affirmationes vero incompactae vel inconvenientes". Hanc etiam propositionem Proclus ponit cxxiii*[am] *sui libri, sub his verbis : "Omne quod ens ipsum quidem propter supersubstantialem unionem indicibile est et incognoscibile omnibus secundis, a participantibus autem capabile est et cognoscibile : propter*

inconnu (*omnino ignoto*)[1], mais que nous lui sommes unis comme à un inconnu (*tanquam ignotum; quasi ignoto*)[2]. La célèbre flexion qu'il fait subir au texte du Pseudo-Aréopagite, bien que ne représentant pas une atteinte à l'autorité considérable que ce dernier avait auprès des médiévaux, manifeste néanmoins une autre orientation de pensée qui traverse également notre *Expositio*, en particulier celle de Jb 37,21-24 :

> Pour qu'on ne croie pas que la connaissance de la vérité divine serait pour toujours soustraite à l'homme, [Eliud], afin d'exclure cela, dit *Et maintenant*, à savoir dans le temps présent, *ils ne voient pas*, c'est-à-dire les hommes, *la lumière*, à savoir la clarté de la connaissance divine : à l'ami de Dieu, cependant, il est annoncé qu'il peut parfois y atteindre, comme on le dit plus haut (cf. 36,33 et 37,2); et à cela, il apporte une comparaison lorsqu'il affirme *Subitement l'air s'est chargé de nuées*, à cause du rassemblement des vapeurs venant du sud, et l'atmosphère en est devenue ténébreuse; mais ensuite ces ténèbres passent, les nuées s'étant dissipées, d'où il introduit *et le vent qui passe*, à savoir l'aquilon, *les chassera*, comme s'il disait : de cette manière, bien que maintenant les ténèbres nous enveloppent, cependant la mort qui survient, étant comme le vent qui passe, mettra en fuite ces ténèbres[3].

Cela ne signifie pas toutefois que l'intellect de l'homme dans la vie bienheureuse puisse parvenir à une connaissance parfaite de l'essence divine telle qu'elle est connaissable. Un objet quelconque est en effet connaissable dans la mesure où il est un être en acte. Dieu, dont l'être est infini, est donc infiniment connaissable. Or nul intellect créé ne peut connaître Dieu infiniment. Puisque la lumière de gloire, qui est créée, dans quelque intellect créé qu'elle soit reçue, ne peut jamais y être infinie, il est par conséquent impossible que cet intellect ait une connaissance infinie de Dieu et par suite compréhensive[4]. Par contre, l'homme aura une saisie de Dieu, dans le sens d'une connaissance aboutie par opposition à la phase de recherche : il s'agit du terme sur

quod solum primum penitus ignotum *tamquam amethectum ens*" (cf. *Super librum De causis*, prop. 6, éd. H.-D. SAFFREY, Fribourg-Louvain, 1954, p. 43-44). Le passage de la *Somme contre les Gentils* est étudié par A. PEGIS, « Penitus manet ignotum », *MS* 27 (1965) 212-226.

1. La formulation de Denys, selon la version de Jean Sarrazin, est précisément la suivante : *Omnino autem ignoto [...] secundum melius unitus et eo quod nihil cognoscit super mentem cognoscens* (cf. *Dion.* 578).

2. T.-D. HUMBRECHT fait remarquer que la modification du texte dionysien permet à Thomas, comme nous le verrons par la suite, un nouveau traitement des trois voies (cf. « La théologie négative chez saint Thomas d'Aquin », p. 91, note 92). Cette modification intervient avant le *Contra Gentiles*, puisqu'on la trouve dans le *Super Boet. de Trin.*, q. 1, a. 2, ad 1, lequel propose un enseignement de même tonalité que celui de 3 *CG*, cap. 49 : *Secundum hoc dicimur in fine nostrae cognitionis Deum tamquam ignotum cognoscere, quia tunc maxime mens in cognitione profecisse invenitur, quando cognoscit eius essentiam esse supra omne quod apprehendere potest in statu viae; et sic quamvis maneat ignotum quid est, scitur tamen quia est.*

3. Cf. *Super Iob 37,21*, p. 197, lin. 315-330.

4. Cf. 3 *CG*, cap. 55; également, *De ver.*, q. 2, a. 2, ad 5 et ad 6; q. 8, a. 2, resp.; q. 20, a. 5, resp.; Ia, q. 12, a. 7, c.

lequel débouche l'espérance[1]. Avant de s'attacher à ce en quoi consiste la connaissance humaine de la vérité divine, Thomas veut souligner, dans le cadre de sa théologie de la Providence et de sa réflexion téléologique, qu'elle constitue la rétribution des actes de l'homme bon :

> Il faut considérer que les choses sensibles sont des signes des réalités intelligibles, d'où par les effets sensibles nous parvenons à leur connaissance. Or parmi tous les effets sensibles, le plus spirituel est la lumière; elle est donc plus efficace pour nous conduire à la connaissance des réalités intelligibles, en tant que la vue, dont la connaissance est perfectionnée par la lumière, favorise beaucoup la connaissance intellectuelle. Lors donc que cette lumière sensible de par la puissance de Dieu est cachée aux hommes ou communiquée, il nous est donné d'apprendre qu'auprès de lui se trouve une lumière plus excellente, à savoir spirituelle, que Dieu réserve aux hommes en récompense de leurs vertus; c'est pourquoi [Eliud] affirme *Il annonce à son sujet,* c'est-à-dire à propos de la lumière signifiée par des choses corporelles, à son ami, lequel est vertueux et que Dieu aime, *qu'elle est sa possession,* c'est-à-dire que la lumière spirituelle est le trésor que Dieu réserve à ses amis en récompense, *et qu'il peut l'obtenir,* en la méritant par les œuvres vertueuses et en se préparant à la posséder[2].

Si l'homme dans la gloire a accès à la connaissance de la vérité divine, qu'en est-il dans la condition de la vie présente? Thomas aborde la question dans la suite de son commentaire de Jb 37,21-24 :

> Il arrive parfois que dans un endroit ténébreux se trouve quelque chose de lumineux, comme la partie septentrionale est dite ténébreuse à cause de son éloignement du soleil et cependant dans les régions du nord, on trouve beaucoup d'or qui est plus étincelant que les autres métaux : cela vient du fait que la chaleur se retire sous l'effet de l'air froid ambiant dans les entrailles de la terre pour opérer plus efficacement la naissance de l'or[3]. C'est ce qu'affirme [Eliud] *De l'aquilon viendra l'or,* comme s'il disait : dans la région de l'aquilon, l'or abonde davantage. Et de même que dans les ténèbres nordiques on trouve l'étincellement de l'or, de même aussi parmi les

1. Cet enseignement est fondé sur le double sens du terme *comprehendere* : l'un strict et propre exprime l'inclusion de l'objet dans le sujet qui comprend; l'autre, plus large, signifie atteindre un bien vers lequel on tend et on se dirige (cf. Ia, q. 12, a. 7, ad 1).

2. Cf. *Super Iob 37, 33,* p. 193, lin. 15-34, spécialement 23-34 : *Quia igitur ista lux sensibilis ex potestate Dei hominibus occultatur et communicatur, datur per hoc intelligi quod apud ipsum sit quaedam excellentior lux, scilicet spiritualis, quam Deus in praemium virtutis hominibus reservat, unde subdit* Annuntiat de ea, *scilicet luce per corporalem significata,* amico suo, *scilicet virtuoso, quem Deus amat,* quod possessio eius sit, *idest quod illa lux spiritualis sit thesaurus quem Deus amicis suis reservat in praemium,* et ad eam possit ascendere, *scilicet per opera virtutum ipsam promerendo et ad eam possidendam se praeparando* (cf. lin. 23-34).

3. Cf. *Super Iob 37,22,* p. 197, lin. 331-338. Albert le Grand donne de ce verset une explication très proche de celle de l'Aquinate; c'est un des lieux où l'on pourrait voir une relation entre le commentaire de S. Albert et celui de Thomas (cf. *Commentarii in Iob 37,22,* col. 438).

ténèbres de l'ignorance de cette vie on trouve un reflet, bien qu'obscur, de la connaissance divine[1].

Ce texte laisse transparaître l'appropriation de la thématique dionysienne de la ténèbre qui est effectuée dès le *Commentaire des Sentences* dans un des passages les plus apophatiques de toute l'œuvre thomasienne :

> Quand nous allons à Dieu par la voie de la négation, nous nions d'abord de lui les réalités corporelles, et ensuite même les intellectuelles selon qu'elles se trouvent dans les créatures, comme la bonté et la sagesse ; il ne reste plus alors dans notre intellect que son existence et rien d'autre ; aussi notre intellect se trouve-t-il dans une certaine confusion. Enfin, cet être même, tel qu'il se trouve dans les créatures, nous le nions également de lui ; il reste alors dans une certaine ténèbre d'ignorance, selon laquelle, comme il convient à l'état de voie, nous sommes unis à Dieu de manière optimale, comme le dit Denys, celle-ci est une certaine nuée dans laquelle Dieu est dit habiter[2].

On aurait tort de voir ici une reprise pure et simple de la doctrine du Pseudo-Aréopagite, car s'il place Dieu au-delà de l'être et conclut à son inconnaissance absolue, Thomas s'engage pour sa part sur une autre voie signifiée par l'incise *secundum quod est in creaturis* : selon lui, l'*ipsum esse* qui doit être dépassé est celui qui est relatif au mode d'être des créatures ; il ne s'agit donc pas de dépasser l'être en Dieu, mais de dépasser en Dieu l'être des créatures[3]. Notre auteur établit ainsi le statut d'une connaissance transcendante dont le mode est au-delà des concepts et des mots de notre langage, quoiqu'elle atteigne à un contenu de vérité. C'est à l'analogie qu'il recourt comme d'un instrument qui vient régler en quelque sorte cette connaissance et qui maintient à la fois l'ouverture positive de l'esprit *capax Dei* face à l'amplitude de la *ratio significata* et la nécessité de la négation à l'égard des limites qui affectent les *modi significandi* — distinction sur laquelle nous reviendrons —. L'analogie permet alors l'élaboration d'une structure du langage sur Dieu, fondée sur la doctrine de la création d'après

1. Cf. *Super Iob 37,22*, p. 197, lin. 340-344 : ... *in regione aquilonari aurum magis abundat. Et sicut in tenebris septentrionis invenitur fulgor auri, ita etiam inter tenebras ignorantiae huius vitae invenitur aliqua licet obscura refulgentia divinae cognitionis.*

2. Cf. 1 *Sent.*, d. 8, q. 1, a. 1, ad 4 : *Quando in Deum procedimus per viam remotionis, primo negamus ab eo corporalia; et secundo etiam intellectualia, secundum quod inveniuntur in creaturis, ut bonitas et sapientia; et tunc remanet tantum in intellectu nostro, quia est, et nihil amplius : unde est sicut in quadam confusione. Ad ultimum autem etiam hoc ipsum esse, secundum quod est in creaturis, ab ipso removemus; et tunc remanet in quadam tenebra ignorantiae, secundum quam ignorantiam, quantum ad statum viae pertinet, optime Deo conjungimur, ut dicit Dionysius (cf.* De div. nom., *lib. VII, § 3), et haec est quaedam caligo, in qua Deus habitare dicitur.*

3. Avec T.-D. Humbrecht, nous estimons qu'il y a dans ce texte plus un hommage à la lettre de Denys qu'à la substance de sa doctrine. « Si l'expression est ténébreuse, la pensée est claire, et les textes circonvoisins de l'*Ecrit sur les Sentences* le confirment. L'apophatisme de Thomas est ici résiduel » (cf. « La théologie négative chez saint Thomas d'Aquin », p. 79).

laquelle les êtres créés participent, chacun selon sa mesure d'être, à la perfection essentielle dont Dieu est à la fois la réalisation éminente et la source.

Plutôt que de présenter une théorie de l'analogie[1], le Maître d'Aquin la met régulièrement en œuvre dans le *Super Iob*, comme en témoignent les textes étudiés jusqu'ici ; on en fournira, pour les besoins de notre exposé, une illustration supplémentaire qui est empruntée au commentaire de Jb 40,5 : le Seigneur reprend Job d'avoir fait valoir sa justice dans la discussion avec ses amis, ce qui impliquait à leurs yeux une dérogation à la justice même de Dieu. Or quand il s'agit de deux personnes égales, il n'est pas répréhensible que l'une d'elle se disculpe de la faute qui lui est imposée, bien que l'autre demeure coupable dans l'opinion de ceux qui imposent une telle faute. Cela ne peut être le cas lorsqu'il y a une distance aussi grande que celle entre Dieu et l'homme qui doit plutôt souffrir une faute qui lui est injustement imputée que de l'attribuer injustement à Dieu. C'est pourquoi le Seigneur, afin de convaincre Job, lui propose son excellence sur les hommes qui, à partir de ses effets, apparaît en trois choses[2] :

> D'abord quant à la beauté lorsqu'il affirme *entoure-toi de beauté*, comme s'il disait : si tu es aussi puissant en tes effets que Dieu, attribue-toi sa beauté, d'où il dit à juste titre *entoure-toi* : Dieu n'a pas une beauté qui l'entoure comme surajoutée à son essence, la beauté est son essence même, par laquelle on entend la clarté même ou la vérité, la pureté ou la simplicité, et la perfection de son essence ; mais l'homme ne peut avoir de beauté si ce n'est celle qui l'entoure, participant en quelque sorte à la beauté même venant de Dieu, comme surajoutée à son essence. Ensuite, il aborde la grandeur divine quand il introduit *et élève-toi très haut* : la sublimité divine ne se trouve pas dans un lieu, car Dieu n'est pas enfermé dans un lieu, mais dans sa perfection et sa puissance, parce que tout ce qui est dit à son sujet lui convient à un degré suprême ; cette sublimité convient à Dieu essentiellement, d'où il ne s'y élève pas, mais il y demeure immobile ; l'homme par contre selon sa nature est d'une condition infime, c'est pourquoi il ne pourrait parvenir à cette sublimité divine s'il ne s'élevait pas au-dessus de soi, pour cette raison, il dit très bien *élève-toi très haut*. Enfin, il traite de sa gloire quand il affirme *et sois glorieux* : la gloire suppose en effet la connaissance de la bonté de quelqu'un, d'où Ambroise dit que la gloire est « une notoriété éclatante accompagnée de louange » ; or la bonté de Dieu est infinie, bonté dont la connaissance n'est parfaite qu'en Dieu ; c'est pourquoi il n'y a de gloire qu'en Dieu seul selon qu'il se connaît lui-même, gloire à laquelle l'homme peut parvenir seulement en participant à la connaissance divine, d'après Jér. IX,24 « En ceci, que se glorifie celui qui se glorifie : avoir de l'intelligence et me connaître », et il dit donc pertinemment *sois glorieux*, parce que l'homme n'a pas essentiellement cette gloire[3].

1. Voir à ce sujet B. Montagnes, *La doctrine de l'analogie de l'être d'après S. Thomas d'Aquin*, « Philosophes médiévaux 6 », Paris-Louvain, 1963.
2. Cf. *Super Iob 40,3-5*, p. 213-214, lin. 17-73.
3. Cf. *Super Iob 40,5*, p. 214, lin. 73-105.

Le théologien dominicain fait ici valoir la *via eminentiae* qui représente le sommet des trois voies, alors que chez Denys la série culmine par la négation; certes, si l'ordre selon lequel elles sont présentées dans les différentes œuvres thomasiennes peut varier, cela tient aux contextes et non pas à une décision arbitraire de l'auteur ou à son inadvertance[1]. A ce sommet, les créatures ne sont pas ramenées au premier principe comme elles peuvent l'être à leur cause propre et univoque, mais bien à une cause universelle et transcendante. L'éminence présupposant le passage par la causalité et la négation, les trois voies ne sont pas autonomes, mais elles se déterminent à partir de leur commun point focal qu'est l'écart de Dieu et des créatures. Cet écart intervient à la fois comme dépendance selon la causalité et la participation, transcendance selon l'éminence de la cause en regard de ses effets, et comme prise de conscience de cette transcendance selon le processus de la négation. Celle-ci, précisément, ouvre le passage de la perfection créée à la perfection incréée, obligeant ainsi à distinguer le mode d'être et le mode de signifier; de plus, elle creuse la distance de la vérité de l'affirmation de l'éminence et de l'impossibilité d'une connaissance compréhensive des attributs qui la composent : ainsi l'éminence, à son terme, s'accompagne d'une nouvelle négation, car le sommet de notre connaissance de Dieu ici-bas c'est de savoir que nous ignorons le mode des perfections dont nous affirmons l'existence. Il ne s'agit pas de compromettre par là la transcendance de Dieu, mais de mettre en évidence son mystère inaccessible à propos de chaque nouvel attribut[2].

Si le *Super Iob* ne mentionne pas les trois voies — à la différence par exemple du commentaire sur Rm 1,19-20 qui constitue un des exposés les plus explicites qu'en ait fait Thomas[3] —, il ne traduit pas moins ce qui est impliqué par leur mise en œuvre; c'est le cas spécialement de notre commentaire de Jb 37,21-24 :

> *Redoutable est la louange pour Dieu* : si rien de la lumière divine ne resplendissait en nous, nous ne pourrions aucunement le louer; de plus, si la vérité divine resplendissait de manière manifeste comme en plein midi, nous le louerions sans inquiétude; mais parce qu'ici-bas brille en nous quelque chose de la lumière divine avec une certaine obscurité, nous le louons avec crainte, comme c'est avec crainte que l'homme fait ce qu'il sait ne pouvoir accomplir parfaitement, d'où il introduit *Nous ne pouvons le trouver dignement*, c'est-à-dire que nous ne parvenons pas par notre recherche à le connaître tel qu'il est. Or cela provient de son excellence, c'est pourquoi il

1. Pour l'état de la question, nous renvoyons à l'étude soignée de M. B. Ewbank, « Diverse Orderings of Dionysius's *Triplex Via* by St. Thomas Aquinas », *MS* 52 (1990) 82-109; l'auteur fait un relevé des triades et identifie précisément les œuvres où elles se trouvent (cf. p. 109).

2. T.-D. Humbrecht (cf. « La théologie négative chez saint Thomas d'Aquin », p. 92) renvoie à C. Geffre, « Théologie naturelle et révélation dans la connaissance de Dieu un », *Cahiers de l'actualité religieuse* 16 (1961), p. 316.

3. Cf. *Super ad Romanos 1,19-20*, lect. 6, n° 114-115.

affirme *il est grand par sa force,* parce que sa puissance dépasse infiniment tous ses effets, d'où il ne peut être trouvé dignement à partir d'eux. Et pour que l'on ne croie pas qu'à cause de la grandeur de sa puissance il userait de la seule violence dans le gouvernement des hommes, il ajoute *et par son jugement,* c'est-à-dire il est grand car « ses jugements sont incompréhensibles » (cf. Rm 11,33); ceci ne vient pas d'un manque de justice, d'où il dit *et par sa justice,* c'est-à-dire il est grand[1]. A cause de sa grandeur, nous ne pouvons ni y penser par l'esprit, ni par la bouche en parler suffisamment, c'est pourquoi il affirme *et il ne peut être raconté,* à savoir dignement par l'homme. C'est la raison pour laquelle sa louange est redoutable, d'où il ajoute *De là vient que les hommes le craindront,* c'est-à-dire quelque forts qu'ils soient à cause de la grandeur de leur force, *et ils n'oseront pas le contempler,* comme présumant le connaître pleinement, *ceux qui se croient sages* : et il le dit pertinemment parce que la sagesse de l'homme, quelque grande qu'elle paraisse à soi ou aux autres, n'est pour ainsi dire rien en comparaison de la sagesse divine[2].

Ce qui demeure inaccessible à l'homme c'est précisément ce que Thomas appelle en d'autres œuvres[3] le *modus significandi* qu'il faut distinguer de la *ratio* ou *res significata* : par cette distinction introduite dès le *Commentaire des Sentences* sous l'influence fort probable d'Albert le Grand[4], notre auteur peut rendre compte des possibilités du discours analogique sur Dieu. Quelles sont-elles?

Les perfections par lesquelles nous connaissons Dieu et qui procèdent de lui dans les créatures, sont connues de notre intellect telles qu'elles sont dans les créatures et c'est de la façon dont il les appréhende qu'il les signifie par des noms. Thomas distingue alors les perfections mêmes signifiées par ces noms (*ratio significata*) et le mode par lequel elles sont signifiées (*modus significandi*). Quant à ce que signifient ces noms, ils conviennent à Dieu en propre (*proprie*), plus proprement (*magis proprie*) encore qu'aux créatures elles-mêmes, car elles lui conviennent en priorité (*per prius dicuntur*). Par contre, selon le *modus significandi*, ces mêmes noms ne s'appliquent plus proprement à Dieu, car leur mode de signification est celui qui convient aux créatures seulement[5].

Ainsi les perfections d'être, de bonté, de vérité peuvent être affirmées de Dieu, car elles désignent de manière absolue une certaine perfection, sans y inclure de défaut du point de vue de la *ratio significata*,

1. Cf. *Super Iob 37,22-23*; p. 197, lin. 344-364.
2. Cf. *Super Iob 23-24*, p. 197, lin. 364-374 : *Et propter suam magnitudinem nec mente cogitare nec ore sufficienter de eo loqui possumus, unde subdit* et enarrari non potest, *scilicet digne ab homine. Et haec est causa quare est eius laudatio formidolosa, unde subdit* Ideo timebunt eum viri, *scilicet quantumcumque fortes, propter fortitudinis magnitudinem,* et non audebunt contemplari, *quasi praesumentes ad plenum cognoscere,* omnes qui sibi videntur esse sapientes : *et hoc signanter dicit quia sapientia hominis, quantacumque eis vel aliis videatur, divinae sapientiae comparata quasi nihil est.* Il faut accorder son poids au dernier *quasi*.
3. Cf. par exemple 1 *CG*, cap. 30; Ia, q. 13, a. 3, c.; a. 6, c.; a. 12, ad 1.
4. Cf. 1 *Sent.*, d. 35, q. 1, a. 1, ad 2.
5. Cf. Ia, q. 13, a. 3, c.

mais non pas de celui du *modus significandi*. Or à cause du mode suréminent d'existence des perfections en Dieu et du mode très imparfait de la connaissance que nous en avons, les noms auxquels nous avons recours pour le désigner doivent nécessairement comporter une négation. Parce que celle-ci, selon Thomas, est fondée sur une affirmation, ce sont donc les perfections d'être qui fondent la connaissance des noms divins. Dans ce sens, notre auteur va jusqu'à dire que « si l'intellect humain ne pouvait connaître affirmativement quelque chose de Dieu, il ne pourrait rien nier de lui »[1]. Par conséquent, la causalité efficiente rend possible la connaissance des noms divins, en même temps qu'elle rend nécessaire la connaissance négative. La connaissance que l'homme a de Dieu est donc à la fois une connaissance et une connaissance négative[2].

Les textes de l'*Expositio* dont nous venons de dégager l'enseignement théologique témoignent d'un sens aigu de la transcendance de Dieu qui oblige à considérer la place de la *via negationis* : aux yeux du Maître d'Aquin, ce sens se déploie graduellement dans l'itinéraire de sagesse accompli par Job, pour être porté à son plus haut degré d'expression dans le discours du Seigneur. On se souvient que pour Maïmonide également c'est la fidélité à la transcendance divine qui constitue toute l'exigence de la démarche de Job, une exigence à laquelle il se soumettra progressivement. Fréquentant le *Guide des égarés*, Thomas ne pouvait pas ne pas être marqué par la perspective du philosophe juif. Pourtant, on se méprendrait notablement si l'on oubliait qu'il y a aussi entre eux une différence doctrinale d'importance qui les sépare : comme le souligne fort bien Avital Wohlman, la doctrine de l'analogie permettait au théologien chrétien de s'engager sur un chemin où l'équivocité du philosophe juif le retenait de s'avancer[3]. Par la distinction entre la *ratio significata* et le *modus significandi*, Thomas se donnait le moyen de tenir sur Dieu un discours valide, tout en respectant le mystère de sa transcendance.

1. Cf. *De pot.*, q. 7, a. 5, resp. : *Intellectus negationis semper fundatur in aliqua affirmatione : quod ex hoc patet quia omnis negativa per affirmativam probatur;* unde nisi intellectus humanus aliquid de Deo affirmative cognosceret, nihil de Deo posset negare. *Non autem cognosceret si nihil quod de Deo dicit verificaretur affirmative. Et ideo, secundum sententiam Dionysii (cap. XII* De divinis nominibus*), dicendum est, quod huiusmodi nomina significant divinam substantiam, quamvis deficienter et imperfecte.* Le Père Torrell (cf. *Saint Thomas d'Aquin maître, spirituel,* « L'Au-delà de tout », chap. II) note que Thomas est ici proche de son Maître Albert : *Omnis negatio fundatur supra aliquam affirmationem; unde ubi non est vere affirmatio, neque erit etiam vere negatio, quamvis verius sit in Deo negatio quam affirmatio* (cf. *Super Dion. Myst. Theol*, cap. V / éd. col., p. 475, lin. 22-25).

2. Cf. T.-D. HUMBRECHT, « La théologie négative chez saint Thomas d'Aquin », p. 77.

3. Cf. *Thomas d'Aquin et Maïmonide*, p. 105-164; en particulier p. 156-157. Par ailleurs, on verra D. B. BURRELL, *Knowing the Unknowable God : Ibn Sina, Maimonides, Aquinas*, Notre Dame, Ind., 1986; I. FRANK, « Maimonides and Aquinas on Man's Knowledge of God : A Twentieth Century Perspective », *Review of Metaphysics* 38 (1985) 591-616; N. A. STUBBENS, « Naming God : Moses Maimonides and Thomas Aquinas », *The Thomist* 54 (1990) 229-267.

Alors que le frère dominicain fait porter la négation sur le mode dont il s'agit de dépasser la limite pour en saisir la signification ouverte à la mesure des modes supérieurs, et, en particulier, à celle du mode dont la plénitude est au-delà de toute limite, pour Maïmonide, par contre, le point d'application de cette négation est la *ratio significata* elle-même. D'après ce dernier, il n'y a pas de notion commune à Dieu et aux créatures à l'intérieur de laquelle on pourrait discerner une hiérarchie de réalisation selon une plus ou moins grande perfection. Dieu, dans sa transcendance, est radicalement autre. Ce serait ainsi un piège du langage que d'unifier chaque attribut sous un seul terme universel en pensant pouvoir appliquer à Dieu les termes qui sont dits des créatures :

> Ceux qui croient qu'il y a des attributs essentiels qui s'appliquent au Créateur, à savoir qu'il a l'existence, la vie, la puissance, la science, et la volonté, devraient comprendre que ces choses ne sauraient être attribuées, dans le même sens, à lui et à nous avec la seule différence que ces attributs (de Dieu) seraient plus grands, ou plus parfaits, ou plus durables, ou plus stables que les nôtres, de manière que son existence serait plus stable que la nôtre, sa vie plus durable que la nôtre, sa science plus parfaite que la nôtre, et sa volonté plus étendue que la nôtre, et qu'une même définition embrasserait les deux choses [...]. Il n'en est nullement ainsi : car le comparatif s'emploie seulement (lorsqu'on fait une comparaison) entre les choses auxquelles l'adjectif en question s'applique comme nom commun, et, cela étant ainsi, il faut qu'il y ait similitude (entre ces choses)[1].

La seule manière de saisir la perfection divine est alors de nier la limitation connotée par les mots de notre langage :

> C'est ainsi que les attributs négatifs te rapprochent de la connaissance de Dieu et de sa perfection; mais il faut tâcher surtout que chaque nouvelle négation que tu ajoutes soit démontrée, et il ne faut pas te contenter de la prononcer seulement; car, à mesure qu'il te sera manifesté par une démonstration qu'une chose qu'on croyait exister en Dieu doit être niée de lui, tu te seras indubitablement rapproché de lui d'un degré de plus. C'est de cette manière que certains hommes se trouvent très rapprochés de lui, tandis que d'autres en sont extrêmement éloignés; mais non pas qu'il y ait là un rapprochement local, de sorte qu'on puisse (matériellement) se rapprocher et s'éloigner de lui, comme le croient ceux qui sont privés de vue. Comprends bien cela, sache-le, et tu t'en trouveras heureux. Tu connais maintenant la voie dans laquelle il faut marcher pour te rapprocher de Dieu, et il dépend de ta volonté d'y marcher[2].

1. Cf. *Guides des égarés*, I, chap. 56, p. 228; *Dux neutrorum*, lib. I, cap. 55, fol. 21 r°.

2. Cf. *Guide des égarés*, I, chap. 60, p. 260-261; *Dux neutrorum*, lib. I, cap. 59, fol. 23 v°. : *Sic ergo negationes applicabunt te cognitioni Creatoris. Et idcirco pone finem amoris tui in intelligendo : ut addas remotionem alicuius ab eo per probationem non nomine solo. Remotio autem cuiuslibet rei a Creatore quae non est in ipso cum tibi probata fuerit : faciet te appropinquare ipsi per unum gradum sine dubio. Et secundum hunc modum aliqui homines appropinquauerunt ei multum aliis existentibus in fine elongationis, non quod ipsi sit appropinquatio, vel elongatio secundum locum, ut stulti putant. Intellige istud et scias et*

C'est au progrès dans cette connaissance que Job doit accéder, lequel consiste à purifier l'imagination, à préciser les concepts et à acquérir une notion claire et distincte de ce qui est nié de Dieu. Maïmonide lui-même avait conscience de n'être encore qu'au milieu de ce chemin :

> S'il se trouvait une personne pour laquelle il fût démontré qu'il est impossible (d'admettre) à l'égard de Dieu, beaucoup de choses qui, selon nous, pourraient exister en lui, ou émaner de lui — et à plus forte raison, si nous allions jusqu'à croire cela nécessaire — cette personne serait indubitablement plus parfaite que nous[1].

Au regard du philosophe juif, la révélation du Seigneur faite à Job est le point de départ de son avancée dans une telle connaissance intellectuelle. Elle ouvre devant lui le champ immense de l'activité spécifiquement humaine qui consiste à élargir les limites de la connaissance et à percevoir ainsi la transcendance de Dieu qui ne ressemble en rien à ce qui est[2].

Si, pour le théologien chrétien, Job est l'homme qui rencontre le mystère de la transcendance divine, il est aussi celui à qui la foi, lieu d'accueil de la révélation, découvre quelque chose de la vérité de la Providence à l'égard des réalités humaines. Par-delà l'inconnaissance, Job est ainsi introduit dans une connaissance à laquelle il est ordonné comme à sa fin par la providence divine elle-même. On mesurera encore davantage la force de cet enseignement dans l'interprétation donnée par notre auteur de la réponse de Job au discours de Dieu rapporté dans les chapitres 40 et 41.

Dieu apporte la détermination finale à la dispute : « Agit de malitia Satan quae fuit principium adversitatis Iob et est principium damnationis humanae » (cf. Super Iob 40,10, p. 216, lin. 275-279)

Avant d'entrer de plain-pied dans l'étude de Jb 40,10-41,25 décrivant la malice du diable sous la figure de Béhémoth et de Léviathan, Thomas d'Aquin s'attache à justifier une telle figuration et dessine déjà les lignes interprétatives qui vont structurer son commentaire. Si les démons, souligne notre auteur, sont décrits sous la figure d'animaux extraordinaires et pour ainsi dire monstrueux, cela vient du fait qu'ils exercent, par leur malice, un pouvoir supérieur à celui des hommes; cette supériorité sur les hommes se constate d'abord chez les anges qui sont demeurés dans leur dignité et qui leur apparaissent dans une clarté plus brillante[3]. Le frère dominicain propose alors une identification précise de Béhémoth et de Léviathan, en s'appuyant sur une

proficies in eo. Iam ostendi tibi viam per quam si ambulaueris appropinquabis multum Creatori : et nunc incede per eam secundum voluntatem tuam.

1. Cf. *Guide des égarés*, I, chap. 59, p.250; *Dux neutrorum*, lib. I, cap. 58, fol. 22 v°.

2. Cf. A. Wohlman, *Maïmonide et Thomas d'Aquin*, Un dialogue impossible, avec une préface de Y. Leibovitz, « Dokimion 16 », Fribourg, 1995, p. 75.

3. Cf. *Super Iob 40,10*, p. 215-216, lin. 239-246.

étymologie que l'on trouve déjà chez Grégoire le Grand[1] et Isidore de Séville[2] :

> Parmi tous les animaux de la terre excelle l'éléphant par sa grosseur et sa puissance, et parmi les animaux aquatiques excelle la baleine : le Seigneur décrit donc le diable sous la figure de l'éléphant et de la baleine, si bien que ce nom de Béhémoth, qui signifie « animal », se réfère à l'éléphant ; celui-ci, parmi les autres animaux de la terre — ceux qui sont appelés plus communément animaux —, tient le premier rang à cause de la grosseur de son corps. Le nom de Léviathan, qui signifie « leur surcroît » (*addimentum eorum*), se réfère aux grands cétacés[3] qui ont un surcroît de grandeur par rapport à tout genre d'animaux[4].

L'ensemble des versets qui va être commenté relève, selon notre auteur, du sens métaphorique :

> Parce que les propriétés de ces animaux sont en effet décrits comme figure d'autre chose, il est manifeste à partir de là que, les propriétés de la figure ayant été posées, la vérité est introduite[5].

Or cette vérité, qui sera progressivement mise en lumière, concerne l'action maléfique du diable sur les hommes, en particulier sur Job ; elle est exposée dans un texte synthétique qui ouvre le commentaire et qui constitue le pivot de l'interprétation thomasienne :

> Et se termine assez convenablement la discussion de Job, qui porte sur son adversité, car il est signalé plus haut (cf. Jb 1,12) que Satan fut le principe de son adversité ; ainsi tandis que les amis de Job s'efforçaient de référer à Job lui-même la cause de son adversité pensant qu'il avait été puni à cause de ses péchés, le Seigneur, après avoir repris Job pour son langage

1. Grégoire le Grand dit au sujet de Béhémoth : *Quem sub Behemoth nomine nisi antiquum hostem insinuat, qui interpretatus ex Hebraea voce, in Latina animal sonat?* (cf. *Moralia*, lib. XXXII, cap. 12 / *PL* 76, 644 C) ; au sujet de Léviathan, cf. lib. XXXIII, cap. 9 / *PL* 76, 682 C.

2. Cf. *Etymol.*, lib. VIII, cap. 11 / *PL* 82, 317 A ; cap. 11 / *PL* 82, 317 B.

3. Dans son commentaire de Jb 40,20, Thomas se réfère explicitement à Isidore qui identifie cet animal avec la baleine : *Ut Isidorius dicit (cf.* Etymol., *lib. XII, cap. 6 /* PL *82, 451 B), hoc animal dicitur balena a "balyn", quod est emittere, quia altius ceteris animalibus emittit aquas* (cf. p. 219, lin. 518-520).

4. Cf. *Super Iob 40,10*, p. 216, lin. 246-257. S. Albert reprend cette même étymologie, mais, à la différence de Grégoire et de Thomas, il ne considère pas directement Béhémoth comme la figure du diable, mais comme représentant la nature corrompue de l'homme, laquelle est cause de sa perversité : *Ostenso, quod homo non potest esse mundus, et ideo iniuste murmurat de verbere ex brutali natura, quae est in homine, demonstrat causam immunditiae. Perversitatis enim causa est, ut dicit Avicenna, quod, cum intellectus rectus sit de se, coniungitur imaginativo et sensibili, quae strepitu et multiplicitate delectabilium sensibilium pervertunt eligentiam intellectus. Imaginativum autem et sensitivum animalia sunt, sicut dicit Apostolus, I ad Cor. II, (14) : "Animalis homo non percipit ea, quae sunt spiritus Dei"; ubi dicit Glossa "quod animalis vita est, qui dissoluta lascivia fertur in delectabilia quinque sensuum, quam intra metas suas spiritus rector non continet". Et illam naturam sic corruptam et infectam, quae causa perversitatis est, hic vocat Vehemoth, quia Vehemoth interpretatur animal* (cf. *Commentarii in Iob 40,10*, col. 475-476 ; *40,20*, col. 485).

5. Cf. *Super Iob 40,10*, p. 216, lin. 261-264 : *Quod proprietates horum animalium in figuram alterius describantur manifestum est ex hoc quod, proprietatibus positis ad figuram pertinentibus, subditur veritas.*

désordonné, apportant en quelque sorte la détermination finale à la dispute, traite de la malice de Satan qui fut le principe de l'adversité de Job et qui est la cause de la damnation humaine, selon la Sagesse I « Par la haine du diable la mort entra dans le monde entier »[1].

Prenant appui sur ce texte-clé, nous nous efforcerons de rendre compte de la cohérence interne du commentaire de Thomas autour de deux points : d'une part la malice de Satan[2], d'autre part l'intervention du diable comme cause de l'épreuve de Job au regard du gouvernement de la providence divine; nous devrons aborder spécialement ici la question de la permission divine du mal sur laquelle le Maître d'Aquin revient à plusieurs reprises dans son *Expositio*.

La malice de Satan

Avant de traiter de ce qu'enseigne le théologien dominicain au sujet de la malice de Satan, il faut considérer ce sur quoi est fondé son enseignement : le fait que, selon l'Eglise catholique, le diable et les démons furent déchus de leur dignité angélique par le péché[3] : notre auteur propose dans son commentaire quelques éléments d'analyse du péché de l'ange, en particulier lorsqu'il interprète Jb 4,18 qu'il invoque d'ailleurs dans l'*expositio* de Jb 40,10 et que l'on retrouve comme argument scripturaire en d'autres œuvres où il est question de ce péché[4] :

> Voici que ceux qui le servent ne sont pas stables, et dans ses anges il a trouvé la dépravation.

a) Ecce qui serviunt ei non sunt stabiles,
et in angelis suis reperit pravitatem (Jb 4,18)

Dans son commentaire de Jb 4,18, Thomas part de la doctrine de la foi catholique d'après laquelle tous les anges furent créés bons; or certains d'entre eux par leur propre faute s'écartèrent de leur rectitude

1. Cf. *Super Iob 40,10*, p. 216, lin. 269-281 : *Et satis convenienter in descriptione diaboli terminatur disputatio Iob, quae est de adversitate ipsius, quia etiam supra commemoratur Satan fuisse principium adversitatis ipsius; et sic dum amici Iob causam adversitatis eius ad ipsum Iob referre niterentur putantes eum propter sua peccata fuisse punitum, Dominus, postquam Iob redarguerat de inordinata locutione, quasi finalem determinationem disputationi adhibens, agit de malitia Satan quae fuit principium adversitatis Iob et est principium damnationis humanae, secundum illud Sap. I "Invidia diaboli mors introivit in orbem terrarum".* Le texte de la Sagesse auquel se réfère Thomas est en fait emprunté au chapitre 2 (v. 24).

2. Cherchant à qualifier l'exposé démonologique du *Super Iob*, A. Quiros Herruzo fait remarquer qu'il se situe davantage sur un plan pratique que théorique (cf. « Demonologia en la "Expositio super Iob" de Santo Tomás de Aquino », *Excerpta e dissertationibus in Sacra Theologia*, XII, Pamplona, Eunsa, 1987, p. 281-367, ici p. 329).

3. Cf. *Super Iob 40,10*, p. 215, lin. 224-229. A deux autres endroits de son *Expositio*, Thomas mentionne la doctrine de la foi catholique concernant le péché de l'ange : cf. *Super Iob 1,6*, p. 7-8, lin. 241-265; *4,18*, p. 31-32, lin. 411-416.

4. Cf. 2 *Sent.*, d. 5, q. 1, a. 1, sc. 1; Ia, q. 63, a. 1, sc.

et les autres parvinrent à une gloire plus grande[1]. Il explicite cet enseignement en entreprenant, dans son interprétation de Jb 40,10, une discussion concernant la création de Satan[2] : le verset « Voici Béhémoth que je fis avec toi » peut s'entendre au sens littéral propre, car le sixième jour les animaux de la terre furent produits en même temps que l'homme; s'il se réfère au diable, selon le sens métaphorique, il ne semble pas que ce dernier fût créé en même temps que l'être humain, parce que l'on croit — ce dont traite Augustin dans son exégèse de Gn 1,1 à laquelle Thomas paraît avoir recours ici[3] — que Satan et les autres anges furent créés au commencement quand Dieu fit le ciel et la terre. En fait, cette difficulté peut être levée si l'on considère que l'énumération des jours de la création ne désigne point une succession de temps mais divers genres de réalités produites; c'est la position de S. Augustin[4] — cité cette fois nommément — que le Maître d'Aquin présente plus en détails en d'autres de ses œuvres[5]. Notre auteur envisage également, selon l'exposition d'autres auteurs, une création des anges précédant dans la durée la création de l'homme. Dans le *Commentaire des Sentences*, il renvoie à Grégoire le Grand et à d'autres Pères (*alii sancti*)[6] dont il dit que la position est la plus commune et qu'elle semble davantage rendre compte de la lettre du texte de la Genèse; l'interprétation augustinienne, quant à elle, lui paraît plus raisonnable et constitue une meilleure défense de l'Ecriture

1. Cf. *Super Iob 4,18*, p. 32, lin. 412-416. Cet enseignement de la foi catholique, qui est celui du quatrième concile du Latran, est consigné en I *Decretal.*, tit. 1, cap. 1 (éd. FRIEDBERG, II, 5) : *Diabolus enim et alii daemones a Deo quidem natura creati sunt boni; sed ipsi per se facti sunt mali.*

2. Cf. *Super Iob 40,10*, p. 216, lin. 282-311.

3. Cf. *De Gen ad litt.*, lib. I, cap. 1 (*PL* 34,247; *BA* 48, 84 et 86) : In principio fecit Deus caelum et terram. *Utrum in principio temporis, an quia primo omnium, an in principio, quod est verbum Dei unigenitus filius? [...]. Et quid significetur nomine caeli et terrae? Utrum spiritalis corporalisque creatura caeli et terrae vocabulum acceperit, an tantummodo corporalis, ut in hoc libro de spiritali tacuisse intellegatur atque ita dixisse caelum et terram, ut omnem creaturam corpoream, superiorem atque inferiorem, significare voluerit? An utriusque informis materia dicta est caelum et terra, spiritalis videlicet vita, sicut esse potest in se, non conversa ad creatorem — tali enim conversione formatur atque perficitur; si autem non convertatur, informis est — corporalis autem, si possit intellegi per privationem omnis corporeae qualitatis, quae adparet in materia formata, cum iam sunt species corporum sive visu sive alio quolibet sensu corporis perceptibiles? An caelum intellegendum est creatura spiritalis ab exordio, quo facta est, perfecta illa et beata semper, terra vero corporalis materies adhuc inperfecta?.*

4. Cf. *De Gen. ad litt.*, lib. IV, cap. 26 (*PL* 34, 314; *BA* 48, 344-347) et cap. 33 (*PL* 34, 318; *BA* 48, 358-363); *De civ. Dei*, lib. XI, cap. 9 (*BA* 35, 56-63).

5. Cf. 2 *Sent.*, d. 12, q. 1, a. 2, sol. : *Augustinus enim vult, V* Super Genes. *et XI* De civitate Dei, *in ipso creationis principio quasdam res per species suas distinctas fuisse in natura propria, ut elementa, corpora caelestia et substantias spirituales; alia vero in rationibus seminalibus tantum, ut animalia, plantas et homines, quae omnia postmodum in naturis propriis producta sunt in illo opere quo post senarium illorum dierum Deus naturam prius conditam administrat; [...]; nec in distinctione rerum attendendum esse ordinem temporis, sed naturae et doctrinae;* cf. également 2 *Sent.*, d. 12, q. 1, a. 3, sol.; *De ver.*, q. 8, a. 16, resp.; Ia, q. 74, a. 2, c.

6. Cf. *Moralia*, lib. XXXII, cap. 12 (*PL* 76, 644-645); parmi les *alii sancti*, on peut mentionner Basile, *In Hexaèm.*, II (PG 29, 49; *SC* 26,179); Ambroise, *In Hexaèm.*, lib. I, cap. 10 (*PL* 14, 155).

contre l'*irrisio infidelium* : il affirme alors que cette interprétation lui plaît davantage, ce qu'il ne dit pas dans le *Super Iob*, ni plus tard dans la *Summa theologiae*[1]. Les autres auteurs dont Thomas rapporte l'exposition pourraient aussi être ceux qui situent la création des anges avant celle du monde corporel : parmi eux se trouvent S. Jérôme et S. Grégoire de Naziance auxquels il se réfère explicitement en 2 *Sent.*, d. 2, q.1 a. 3, sol[2]. Qu'il s'agisse de ces derniers ou des précédents, la thèse défendue est celle d'une succession temporelle et dans ce cas, le verset 10 peut être compris d'une double manière : d'une part, l'expression *que je fis avec toi* veut dire que l'ange mauvais ressemble à l'homme quant à la nature intellectuelle[3]. Quelque trace de cette ressemblance apparaît d'ailleurs chez l'éléphant, comme l'affirme Aristote dans le livre VIII des *Animaux* — que Thomas cite d'après la nouvelle traduction de Guillaume de Moerbeke — :

> Le plus domesticable des animaux sauvages est l'éléphant ; il est formé à beaucoup de choses et il les comprend, puisque de fait on lui apprend à se prosterner devant les rois[4] ;

1. Cf. 2 *Sent.*, d. 12, q. 1, a. 2, sol.

2. Cf. Jérôme, *Super Epist. ad Titum*, I, 2 (*PL* 26, 594) ; Grégoire de Naziance, Orat. 38 *In Theoph.* (*PG* 36, 320). Dans la *Somme de théologie* (Ia, q. 61, a. 3, arg. 1), Thomas mentionne également Jean Damascène comme rapportant la position de Grégoire de Naziance (cf. *De fide orth.*, lib. II, cap. 3 / *PG* 94, 873 ; Bt 74).

3. Cette interprétation était déjà celle de Bonaventure dans le *Commentaire des Sentences* : *Ad illud quod obiicitur primo de Iob, dicendum, quod* tecum *non dicit ibi associationem quantum ad simultatem durationis, sed dicit conformitatem in participatione rationis, quasi diceret :* Feci tecum, *id est tibi similem* (cf. 2 *Sent.*, d. 18, a. 2, q. 2, ad 1) ; le frère franciscain s'appuie sur Grégoire le Grand, comme Thomas le fera également — nous venons de le voir — (cf. 2 *Sent.*, d. 12, a. 1, q. 2, ad 3). Notre auteur a pu lire cette même interprétation chez son Maître Albert le Grand également : *Homo factus est cum Angelo quoad corpus in prima materia elementorum, et quoad animam in similitudine : quia Angelus ad imaginem Dei in tribus potentiis creatus est, sicut homo* (cf. 2 *Sent.*, d. 12, a. 1, ad 5).

4. Bien que se référant à la nouvelle traduction de Moerbeke, Thomas utilise encore dans le *Super Iob* la désignation générique *De animalibus* venant de la version arabo-latine de Michel Scot. Il est pourtant une exception sur les huit renvois formels aux traités zoologiques du Stagirite (cf. *Super Iob 27,3*, p. 147, lin. 35-36 ; *40,10*, p. 216, lin. 307 ; *40,11*, p. 217, lin. 330-331 ; *40,12*, p. 217, lin. 344 ; *40,16*, p. 218, lin. 425-426 ; *40,18*, p. 218, lin. 452-453 ; *40,19*, p. 219, lin. 496 ; *41,13*, p. 224, lin. 203-204), celle du commentaire de Jb 27,3 où l'on rencontre la désignation nouvelle de Moerbeke avec toutefois la traduction de Michel Scot : *Respiratio enim praecipue fit per nares, nam respiratio quae fit per os non est adeo congrua, ut Aristoteles dicit in libro De historiis animalium* (cf. p. 147, lin. 34-36) ; la version ancienne apparaît également en *Super Iob 40,19*, p. 219, lin. 496-499, où elle est citée par l'intermédiaire du *Liber de natura rerum* de Thomas de Cantimpré. Thomas emprunte précisément le texte qui nous occupe au *De historia animalium*, lib. IX (selon Bekker) / lib. VIII (selon l'ordre des versions médiévales), cap. 46 (630 b 18). La traduction du *De historia animalium* daterait de 1262-1263 selon F. Bossier (cf. « Méthode de traduction et problèmes de chronologie », dans J. Brams et W. Vanhamel, éd., *Guillaume de Moerbeke*, Recueil d'études à l'occasion du 700ème anniversaire de sa mort (1286), Leuven, 1989, p. 257-294, 290-291 en particulier) que reprend R.-A. Gauthier (cf. « Introduction » à *Saint Thomas d'Aquin, Somme contre les Gentils*, p. 85-86). Un premier bloc de traductions (*De la génération des animaux, Du mouvement des animaux, Des parties des animaux* et *De la marche des animaux*) aurait par contre été fait avant le 23 décembre 1260 ; on peut l'affirmer grâce à la note du ms. *Florence Laur. Fesul. 168*, se trouvant après le traité *De la*

or cela n'est pas dit, précise le frère dominicain, parce qu'il aurait une intelligence, mais à cause de la bonté de son estimative naturelle. D'autre part, *que je fis avec toi* signifie que le diable fut créé de manière semblable à l'homme, afin d'exclure l'erreur de ceux qui, considérant sa malice, estimèrent qu'il n'était pas une créature du Dieu bon.

L'erreur en question est attribuée aux Manichéens[1] dans le chapitre 107 du troisième livre du *Contra Gentiles* : Thomas y expose, davantage encore que dans le *Super Iob* et qu'en d'autres œuvres[2], sa réflexion concernant la substance intellectuelle, laquelle n'est pas mauvaise selon sa nature. Un être tend en effet au but vers lequel l'incline sa nature, non pas accidentellement, mais par soi. Or si la substance intellectuelle était mauvaise par nature, elle tendrait naturellement au mal par soi; cela est impossible car, comme l'affirme Thomas, « tout être tend par soi au bien, et rien ne tend au mal si ce n'est par accident »[3]. Le frère dominicain, considérant le caractère accidentel du mal, envisage le fait que tout ce qui existe est soit cause soit causé. Or le mal ne peut être cause, si ce n'est accidentellement, et tout ce qui est *per accidens* doit être ramené à ce qui est *per se;* il faudra donc chercher dans la substance intellectuelle quelque chose qui soit antérieur à sa malice et par quoi elle est cause. Puisque ce qui est premier en tout être est sa nature et son essence, ce type de substance n'est pas mauvaise selon sa nature. Il en va de même pour ce qui est causé, car tout agent agit en vue du bien; le mal ne peut donc être l'effet de quelque cause, si ce n'est par accident. Or ce qui est causé *per accidens* seulement ne peut être *secundum naturam*, parce que toute nature a un mode déterminé de procéder dans l'être. Notre auteur confirme encore sa thèse, en constatant l'impossibilité pour un être d'être privé universellement (*universaliter*) de toute participation au bien. Comme c'est une même chose que d'être désirable et d'être bon, si un être était dénué de toute bonté, il n'aurait rien en lui de désirable, alors qu'en chacun son être est objet d'appétition. Si l'on dit par conséquent qu'un être est mauvais par nature, il ne s'agit pas en quelque sorte d'un mal absolu (*quasi simpliciter malum*), mais d'un mal particulier à cet être ou l'affectant sur tel ou tel point (*malum huic, vel quantum ad hoc*). Thomas donne ici l'exemple du poison qui n'est pas un mal absolu, mais un mal pour celui à qui il nuit; ainsi ce qui est

marche des animaux : *Explicit completa anno domini 1260 decimo kalendas Ianuarii Thebis* (cf. R.-A. GAUTHIER, p. 85).

1. L'erreur des Manichéens est mentionnée par S. Grégoire dans le passage consacré à Jb 40,10 : Ecce Behemoth, quem feci tecum. *Ut dum homo eum qui in ratione secum factus est, periisse considerat, vicinum sibi casum superbiae ex ipsa propinqui sui perditione pertimescat. In his autem verbis solerter intuendum est quod aperte voce dominica nefarium Manichaei dogma reprehenditur, qui dum duo principia loquitur, tenebrarum gentem non factam asserere conatur* (cf. *Moralia*, lib. XXXII, cap. 12 / *PL* 76, 646 B).

2. Cf. 2 *Sent.*, d. 3, q. 2, a. 1, sol.; Ia, q. 63, a. 4; *De malo*, q. 16, a. 2; *In Ioan. 8,44*, lect. 6, n° 1246; *De substantiis separatis*, cap. 19.

3. Cf. 3 *CG*, cap. 107 : *Omnia per se tendunt ad bonum, et nihil tendit ad malum nisi per accidens;* Thomas énonçait déjà cela dans le chapitre 4 de ce même livre.

poison pour l'un est aliment pour l'autre. Cela s'explique par le fait qu'un bien particulier propre à l'un est contraire au bien particulier propre à l'autre. Un être qui tend par nature au bien absolu, et non à un bien particulier, ne saurait donc être considéré comme mauvais par nature. Or tel est tout intellect, car son bien est dans son opération dont l'objet est l'universel et l'être pur et simple. Il est donc impossible, conclut le Maître d'Aquin, qu'un intellect soit mauvais selon sa nature, non seulement *simpliciter*, mais aussi *secundum quid*.

Cet ensemble de raisons peut être placé sous l'égide d'une raison formulée dans le chapitre 107 du livre III du *Contra Gentiles* ainsi que dans le commentaire de Jb 1,6 : *Quadam autem die cum venissent filii Dei ut assisterent coram Domino, affuit inter eos etiam Satan* :

> ... parmi les esprits incorporels, certains sont bons qui ont gardé leur pureté première et jouissent de la gloire divine. Dans l'Ecriture, ils sont parfois appelés anges, c'est-à-dire messagers, parce qu'ils annoncent aux hommes les secrets divins; d'autres fois, ils sont dits fils de Dieu, en tant qu'ils sont assimilés à Dieu par la participation de sa gloire. D'autres esprits incorporels sont mauvais non par nature ou par la création (*non per naturam aut per creationem*), mais par leur propre faute (*per propriam culpam*). Dieu est en effet l'auteur de chaque nature et le souverain bien ne peut être cause que de ce qui est bon[1] ;

Thomas rend compte de cela en se référant dans la *Somme contre les Gentils* à l'axiome *omne agens agit sibi simile*[2].

Ces esprits mauvais, que l'Ecriture appelle démons, ont pour chef le diable : la signification de ce nom, que l'on trouve dans l'*Etymologie* d'Isidore de Séville ainsi que dans les *Distinctiones* d'Alain de Lille et que reprend à son compte notre auteur, manifeste bien la chute de l'ange, puisqu'il veut dire *deorsum cadens*[3]. C'est au commentaire de Jb 4,18 qu'il nous faut revenir maintenant pour découvrir, même si c'est de manière allusive, quelque chose de l'enseignement de Thomas sur le péché de l'ange. Il paraît étonnant, souligne-t-il, que les anges soient tombés de leur état de droiture et ce pour deux motifs dont l'un ressortit à la vie contemplative et l'autre à la vie active :

1. Cf. *Super Iob 1,6*, p. 8, lin. 242-253.

2. *Nihil potest esse quin a primo ente esse habeat, et quod primum ens est summum bonum. Cum autem omne agens, inquantum hujusmodi, agat sibi simile, oportet quod ea quae a primo ente sunt, bona sint.*

3. Thomas ne reprend pas telle quelle l'expression d'Isidore qui est *deorsum fluens* : *Diabolus Hebraice dicitur* deorsum fluens, *quia quietus in coeli culmine stare contempsit, sed superbiae pondere deorsum corruens cecidit* (cf. *Etymol.*, lib. VIII, cap. 11 / *PL 82*, 316 A). Alain emploie pour sa part l'expression *deorsum ruens* (cf. *Distinctiones* s.v. diabolus / *PL* 210, 766 C). Thomas note que le diable est aussi appelé Satan qui signifie l'adversaire (cf. *Super Iob 1,6*, p. 8, lin. 253-256); on trouve également cette information chez Isidore (cf. *Etymol.*, lib. VIII, cap. 11 / *PL* 82, 316 B) : *Satanas in Latinum sonat* adversarius, *sive* transgressor; *ipse enim est adversarius, qui est veritatis inimicus, et semper sanctorum virtutibus contraire nititur; ipse et transgressor, quia praevaricator effectus in veritate qua conditus est non stetit; idem, et tentator, quia tentandam justorum innocentiam postulat, sicut in Job scribitur.*

Eu égard à leur vie contemplative, il semble qu'il doit y avoir chez les anges la stabilité. Il est clair que la cause de la mutabilité est la puissance et que la cause de l'immutabilité, l'acte : une chose est en puissance lorsqu'elle est disposée à être ou à ne pas être, mais selon qu'elle est davantage perfectionnée par l'acte, elle est plus ferme dans la stabilité; ce qui par contre est acte par soi, est tout à fait immuable[1]. Or il faut savoir ceci : de même que la matière est comparée à la forme comme la puissance à l'acte, de même la volonté l'est-elle à l'égard du bien. Celui donc qui est le bien même, c'est-à-dire Dieu, est tout à fait immuable; les volontés des autres natures qui ne sont pas le bien même sont à ce bien comme la puissance à l'acte, c'est pourquoi plus elles y adhèrent, plus elles sont stables dans le bien. Puisque les anges, parmi les autres créatures, paraissent adhérer davantage à Dieu et lui être plus proches — ils le contemplent en effet plus subtilement —, ils sont plus stables, ce qui pourtant ne fut pas le cas[2]. [...]. Eu égard à leur vie active, il semble qu'il ne peut y avoir chez les anges aucune dépravation ou, s'il y en a, elle est des plus réduites. Plus en effet la règle est proche de la première rectitude, moins elle dévie : Dieu en qui se trouve la première rectitude, dirigeant par sa providence toutes choses, dispose les créatures inférieures par les supérieures; c'est pourquoi chez les créatures supérieures, qui sont appelées anges, comme envoyés de Dieu afin de diriger les autres, il semble n'y avoir que très peu ou point de dépravation[3].

Bien que ce texte ne fournisse pas directement un enseignement sur le péché de l'ange, et plus précisément sur sa peccabilité, il comporte cependant — à y regarder de plus près — les éléments sur lesquels Thomas appuie sa réflexion quand il aborde pour elle-même en d'autres œuvres la question qui nous occupe. L'une des raisons de la peccabilité de l'ange, que l'on peut dégager de ce passage de l'*Expositio*[4], se prend du fait qu'il est au souverain bien comme la puissance à l'acte. Notre auteur est ici influencé par Aristote auquel il renvoyait d'ailleurs dans le *Commentaire des Sentences* et qui affirme au livre neuvième de la *Métaphysique* que dans les choses qui sont toujours en acte, il ne peut y avoir de mal[5]. Il s'est expliqué assez

1. Cf. *Super Iob 4,18*, p. 32, lin. 419-426.

2. Cf. *Super Iob 4,18*, p. 32, lin. 426-437 : *Sciendum est autem quod sicut materia comparatur ad formam ut potentia ad actum, ita voluntas ad bonum; id igitur quod est ipsum bonum comparantur ad ipsum ut potentia ad actum, unde quanto magis inhaerent ei tanto magis stabiliuntur in bono; et ideo cum angeli inter ceteras creaturas magis et propinquius Deo videantur inhaerere utpote ipsum subtilius contemplantes, stabiliores inter ceteras creaturas videntur, et tamen non fuerunt stabiles.*

3. Cf. *Super Iob 4,18*, p. 32, lin. 440-449 : *Ex vi vero activa videtur quod in angelis vel nihil vel minimum de pravitate esse possit : quanto enim regula propinquior est primae rectitudini minus habet de obliquitate; Deus autem in quo est prima rectitudo, sua providentia dirigens universa, inferiores creaturas per superiores disponit; unde in superioribus creaturis quae dicuntur angeli, quasi a Deo missi ad alia dirigenda, minimum videtur esse vel nihil de pravitate.*

4. Cette raison dans le *Super Iob* fut mise en évidence par Philippe de la Trinité (cf. « Peccabilité, nature et surnature », dans C. JOURNET, J. MARITAIN et PHILIPPE DE LA TRINITE, *Le péché de l'ange*, Peccabilité, nature et surnature, « Bibliothèque de théologie historique », Paris, 1961, p. 89-236, p. 216 en particulier).

5. Cf. 2 *Sent.*, d. 5, q. 1, a. 1, arg. 1 : *Videtur quod in angelis non potuit esse peccatum. Sicut enim dicitur in IX* Metaph., *cap. 10, in his quae semper sunt actu, non potest esse malum.*

amplement sur ce point dans le *De veritate* (cf. q. 24, a. 7, resp.) : une nature rationnelle qui est ordonnée au bien absolu par des actions diverses, ne peut naturellement au travers de ces actions demeurer dans le bien si ne se trouve en elle naturellement et immuablement la *ratio* du bien parfait et universel. Or cela ne peut valoir que dans le cas de la nature divine, car Dieu seul est acte pur, ne recevant le mélange d'aucune puissance; de ce fait il est la bonté absolue. Par contre, puisque toute créature comporte dans sa nature un mélange de puissance, elle est un bien particulier; ce mélange de puissance, explique Thomas, provient du fait qu'elle est créée *ex nihilo*. Cela implique que, parmi les natures rationnelles, Dieu seul possède un libre arbitre naturellement impeccable et confirmé dans le bien; les créatures, quant à elles, parce qu'elles ont un libre arbitre qui est *ex nihilo*[1] et constituent des biens particuliers, peuvent pécher; le frère dominicain précise, avec le Pseudo-Denys[2], que c'est sur ce *bonum particulare* que se fonde la *ratio mali*.

Par ailleurs, le commentaire de Jb 4,18, de même que celui de Jb 40,10, comportent des éléments que l'on trouve agencés dans une synthèse théologique approfondie, celle de la *Summa contra Gentiles*. En 3 *CG*, cap. 109, en effet, est proposée une solution au problème de la peccabilité de l'ange, laquelle apparaît liée à son statut de créature appelée à accepter une finalité d'une nature plus haute que la sienne et à régler son action sur une volonté supérieure à la sienne. Cela se comprend bien à la lumière de la réflexion téléologique que développe notre auteur tant dans le *Contra Gentiles* que dans le *Super Iob*. Parce que cette réflexion, au début de la carrière du théologien dominicain, n'est pas aussi affinée qu'elle le sera par la suite et n'intervient pas autant à titre de valeur structurante dans la recherche sur la peccabilité de l'ange, la solution proposée alors est d'une configuration un peu différente de celle de la *Somme contre les Gentils* : ainsi, dans le *Commentaire des Sentences*, Thomas, mettant l'accent sur la notion de *consideratio*, estime que chez les anges le jugement de l'intellect peut être lié par le fait qu'en considérant une chose il se retire de la considération d'une autre chose; si cette erreur de l'intellect dans la recherche du vrai est coupable, c'est qu'elle comporte une participation de la volonté. Sans renoncer ultérieurement dans son analyse à

Unde Avicenna dicit quod supra sphaeram lunae non est malum. Sed adhuc minus est de possibilitate in angelo quam in corpore caelesti. Ergo in angelis nullo modo potest esse peccatum.

1. S. Thomas place cette affirmation sous l'autorité du Damascène (cf. *De fide orth.*, lib. II, cap. 27 / *PG* 94, 960 C; *Burgundionis versio*, E. M. Buytaert, éd., p.152) et de Grégoire de Nysse (Némésius d'Emèse, *De nat. hom.*, cap. 41 / *PG* 40, 776 A-B; *Burgundionis versio*, G. Verbeke et J. R. Moncho, éd., p. 117).

2. Cf. *De div. nom.*, 179, § 20 (*PG* 3, 721 A; *Dion.* 259).

la place de ce défaut de considération, Thomas s'interrogera davantage encore sur la défaillance du libre arbitre[1].

En 3 *CG*, cap. 109, il éclaire le problème posé en soulignant que l'ordre des causes finales est parallèle à celui des causes efficientes : la fin seconde est dépendante de la fin principale comme l'agent second l'est de l'agent premier. Or dans les causes efficientes, les défectuosités interviennent lorsque l'agent second échappe à l'ordre de l'agent premier; de la même façon, quand la fin seconde n'est plus contenue à l'intérieur de l'ordre de la cause finale principale, il y a péché dans la volonté dont l'objet est le bien et la fin.

Thomas approfondit sa réflexion autour du *bonum proprium*, le bien propre au sujet que toute volonté veut par nature, à savoir la perfection de l'être même. Dans le cas de Dieu, ce bien est la fin dernière qui ne rentre sous l'ordre d'aucune autre fin, mais embrasse toutes les autres fins; c'est pourquoi on ne saurait trouver de péché de la volonté chez celui dont l'être est la bonté souveraine, laquelle est la fin dernière de tout être. Il n'en est pas de même par contre pour les créatures dotées d'une volonté dont le bien propre est nécessairement contenu sous l'ordre d'un autre bien : chez elles, on pourra rencontrer le péché si l'on considère leur nature. Certes, en chacune, son inclination de volonté la porte à vouloir et à aimer sa propre perfection au point que tout vouloir contraire sera exclu; il ne lui est toutefois pas naturel d'ordonner sa perfection à une autre fin jusqu'à ne plus s'y soustraire, parce que la fin supérieure n'est pas celle de sa

1. Notre auteur, dans le *Commentaire des Sentences* comme en d'autres textes — le *Super Iob* en particulier — prend appui sur la foi des catholiques, reconnaissant la difficulté de préciser comment les anges ont péché; ce texte mérite d'être cité intégralement : *Apud omnes catholicos certum est angelos peccasse, et daemones effectos esse. Quomodo autem peccaverunt, difficile est videre; quia non potest esse peccatum in voluntate, nisi sit aliquo modo deceptio in ratione; unde omnis malus est quodammodo ignorans, ut in III* Ethic., *cap. 1, dicit Philosophus : quod qualiter sit videndum est ad propositae quaestionis intellectum. Ipse enim distinguit in VII* Ethic., *cap. 3, operandorum duplicem cognitionem, scilicet universalem et particularem : et quia operationes sunt singularia, ideo aliquem recte in universali opinantem, circa singularia peccare contingit. Singularia enim contingit cognoscere dupliciter : scilicet in habitu et in actu. Contingit ergo aliquem peccantem rectam existimationem etiam de singulari operabili in habitu habere, non tamen in actu; quia in nobis habitus passione ligatur, ne in actum exeat circa considerationem particularis operandi, sicut ebrietate, ita et ira et concupiscentia; adeo ut si verba pronuntiet, sensum mente non teneat, inquantum judicium rationis vehementia passionis absorbetur : unde dicitur in VI* Ethic, *cap. 5 vel 4, quod delectatio corrumpit existimationem prudentiae. Sed quamvis hoc modo in angelis judicium intellectus ligari non possit, eo quod tales passiones in eis non sunt, potest tamen ligari inquantum considerando unum retrahitur a consideratione alterius; eo quod ejus intellectus simul plurium non est, nisi sicut in verbo omnia contemplatur. Contingit autem aliquid esse eligendum secundum unam conditionem rei consideratam, quod tamen eligendum non est, omnibus conditionibus concurrentibus consideratis; et ita potuit in angelis error electionis esse et peccatum* (cf. 2 *Sent.*, d. 5, q. 1, a. 1, sol.). Un auteur tel que Laurent Sentis a bien remarqué les différences entre l'enseignement du *Commentaire des Sentences* et celui de la *Summa contra Gentiles* (cf. *Saint Thomas d'Aquin et le mal*, Foi chrétienne et théodicée, « Théologie historique 92 », Paris, 1992, p. 43-45; 95-114). Bien que nous ne retenions pas toutes les conclusions de son analyse du mal chez le théologien dominicain, comme nous le montrerons par la suite, nous le faisons pourtant à propos de la question de la peccabilité de l'ange.

nature, mais celle d'une nature supérieure. Cet engagement de sa propre perfection dans l'ordre de la fin supérieure est laissée à son libre arbitre.

Dans la volonté de la substance séparée, le péché fut donc possible du fait qu'elle n'ordonna pas son bien propre et sa perfection vers la fin dernière, et s'attacha à son *bonum proprium* comme à sa fin. Une perspective théologique semblable est repérable dans un passage de l'*expositio* de Jb 40,10 qui pourrait passer inaperçu, mais que nous considérons comme des plus significatifs; Thomas y affirme que le diable par le péché se détourna des biens suprêmes et intelligibles, tandis qu'il désirait la domination sur les créatures inférieures et terrestres[1].

Afin d'affiner encore son analyse, il a recours dans le *Contra Gentiles*, comme dans son commentaire de Jb 4,18, à la notion de *regula* qu'il ne cessera de mettre en œuvre dans sa réflexion sur le péché : on en jugera en particulier à partir de l'enseignement de la *Prima pars* et du *De malo* sur le péché de l'ange[2]. Le péché n'est pas autre chose qu'un désordre qui s'introduit dans l'action et la fait dévier de son but : il lui enlève la rectitude qu'elle devrait avoir pour atteindre sa fin. Il y a donc une règle d'action qui s'impose à toutes les œuvres, quelles qu'elles soient, en proportion de la fin ou de l'effet qu'elles doivent atteindre ou réaliser. Or, pour que l'agent agisse suivant sa règle d'action d'une manière indéfectible, il faut que cette règle lui soit connaturelle, qu'elle s'identifie à sa nature ou qu'elle découle des principes essentiels de cette nature. Thomas donne l'exemple de l'artisan taillant le bois, mais qui n'a pas en lui-même, à titre de vertu connaturelle, le pouvoir de le tailler correctement; ne s'identifiant donc pas aux loix mêmes de son art, il doit user de règles ou de techniques extérieures desquelles il risquera toujours de s'écarter. Dans ce sens, aucune volonté créée n'est sa règle à elle-même, car d'une part elle appartient à un sujet limité et particulier, et d'autre part sa règle est le bien comme tel, le bien universel et sans limite. Si cette règle lui était connaturelle, cela voudrait dire que la volonté elle-même ou le sujet en lequel elle s'enracine s'identifie avec le bien absolu. Or, seule la volonté divine, s'identifiant avec le bien absolu, est sa règle à elle-même et celle des volontés créées. Celles-ci, ayant une règle extérieure à elles-mêmes, peuvent donc défaillir. Ainsi l'ange voulut tout régler d'après lui-même en qui il mit sa fin, sans plus régler sa

1. Cf. *Super Iob 40,10*, p. 215, lin. 229-238 : *Et sicut homo per peccatum decidit a dignitate rationis et contra rationem agens irrationabilibus comparatur, ita etiam diabolus per peccatum avertens se a supremis et intelligibilibus bonis, dum principatum super inferiora et terrena appetiit, animalibus brutis comparatur, in quorum effigie frequenter daemones apparent hominibus, Deo id providente ut tales figuras corporum sinantur assumere per quas eorum condicio designetur.*

2. Cf. Ia, q. 63, a. 1 (on verra le commentaire qu'en fait C. HÉRIS, « Notes et appendices » à *Saint Thomas d'Aquin, Somme théologique, Les anges*, Ia, questions 50-64, « Revue des Jeunes », Paris-Tournai-Rome, 1953, p. 454-461); *De malo*, q. 16, a. 2.

volonté sur un être supérieur, Dieu : tel est le péché d'orgueil qui fut son premier péché[1].

C'est en fonction du péché d'orgueil que Thomas interprète les propriétés de Béhémoth et de Léviathan comme figures du diable et du déploiement de son action maléfique; voici ce qu'il dit quand il achève d'expliquer ce qui concerne Léviathan spécialement :

> Comme il a été dit, toutes ces propriétés semblent se rapporter à deux choses, dont l'une réside en ceci que lui-même ne peut être blessé par un autre, et à ce propos [le Seigneur] affirme en exposant *Celui qui fut fait pour ne craindre personne*, c'est-à-dire que le diable, en vertu de la condition de sa nature qu'il tient de Dieu, a ceci qu'il ne craint ni l'homme ni quelque créature corporelle; une autre est que Léviathan possède la faculté d'accomplir de grandes et puissantes actions, et exposant cela il ajoute *voit tout ce qui est sublime*, c'est-à-dire que l'intention du diable est de s'attaquer à tout ce qui est sublime. Et parce que ces choses paraissent concerner l'orgueil, il montre en conséquence que le diable est orgueilleux non seulement en soi, mais qu'il dépasse tout le monde en orgueil et qu'il est la source de l'orgueil pour d'autres, d'où il introduit *lui-même est roi sur tous les fils de l'orgueil*, c'est-à-dire sur ceux qui sont soumis à l'orgueil, tous ceux qui suivent son commandement[2].

Dans le but de souligner encore davantage la place du péché d'orgueil et de ses implications, Thomas note la présence d'une inclusion dans le discours de Dieu[3] : le Seigneur, en Jb 40,6-9, commence en effet par manifester l'action qu'il exerce sur les hommes mauvais dont toute la malice est enracinée dans l'orgueil[4], et il termine son récit par les orgueilleux, comme nous venons de le voir. Par là, il veut montrer que ce qui était le plus à craindre pour Job était que le

1. Cf. 3 *CG*, cap. 109 : *Potuit igitur in voluntate substantiae separatae esse peccatum ex hoc quod proprium bonum et perfectionem in ultimum finem non ordinavit, sed inhaesit proprio bono ut fini; et, quia ex fine necesse est ut regulae actionis sumantur, necesse est ut ex seipsa, in qua finem constituit, alia regulariter disponeret et ut ejus voluntas ab alio superiori non regularetur; hoc autem soli Deo debetur. Et secundum hoc intelligendum est quod appetit Dei aequalitatem; non quidem ut bonum suum esset divino bono aequale; hoc enim in intellectu ejus cadere non poterat, et hoc appetendo, appeteret se non esse, quum distinctio specierum secundum diverso gradus rerum provenit, ut ex supradictis (cap. 97; lib. II, cap. 95) apparet. Velle autem alios regulare, et voluntatem suam a superiori non regulare est velle praeesse, et quodammodo non subjici, quod est peccatum superbiae; unde convenienter dicitur quod primum peccatum daemonis fuit superbia.* Au sujet du premier péché de l'ange, cf. également 2 *Sent.*, d. 5, q. 1, a. 3; d. 22, q. 1, a. 1; Ia, q. 63, a. 2; *De malo*, q. 16, a. 2, ad 4; *In Ioan. 8,44*, lect. 6, n° 1242.

2. Cf. *Super Iob 41,24-25*, p. 227, lin. 431-448.

3. Cf. *Super Iob 41,25*, p. 227, lin. 448-457.

4. Cf. *Super Iob 40,6*, p. 214, lin. 129-142 : *Deinde diffusius ostendit [Dominus] effectus divinae iustitiae quod exercet in malos, et primo hoc prosequitur quantum ad homines. Sciendum est autem quod omnis malitia hominum a superbia initium habet, secundum illud Eccli. X (15) "Initium omnis peccati superbia"; inter cuncta etiam vitia Deus maxime superbiam detestatur, unde dicitur Iac. IV (6) quod "Deus superbis resistit", et hoc ideo quia superbi quasi Deo rebellant dum ei humiliter subdi non volunt, et ex hoc in omnia peccata incidunt divinis praeceptis contemptis — unde et terreni principes maxime detestantur rebelles —, et ideo Dominus specialiter commemorat effectum suae potentiae quem contra superbos exercet.*

démon, qui l'avait réclamé pour le tenter, ne s'efforçât de l'amener à l'orgueil, ce qui n'arriva pas car Job demeura fidèle à Dieu qui seul peut vaincre la malice du diable, l'homme n'y parvenant point par sa propre force. Le Maître d'Aquin, dans le cadre de son exposé démonologique, revient avec insistance sur ce dernier point qu'il nous faut aborder maintenant.

b) « Homo non potest ullo modo sua virtute diabolum superare »
(cf. Super Iob 40,27, p. 221, lin. 653-654)

Thomas fait ressortir les différents traits de la malice immense de Satan à partir des propriétés et de l'agir de Béhémoth et de Léviathan. On en trouve une illustration significative dans le commentaire de Jb 41,9-12 qui concerne les opérations de la tête de Léviathan[1] :

> La première et principale partie de la tête est le cerveau dont la commotion provoque l'éternuement de l'animal[2]; pour cette raison, décrivant l'éternuement de Léviathan, [le Seigneur] affirme *Son éternuement est la splendeur du feu*, parce qu'à cause de l'éternuement de Léviathan se produit une si forte agitation des eaux qu'est provoquée une certaine clarté des eaux mises en mouvement à la ressemblance de la splendeur du feu; on peut également rapporter cela au fait que, la tête ou les yeux étant mus fortement, il nous semble que jaillit une certaine étincelle de feu; ainsi, puisque la commotion de la tête de Léviathan est beaucoup plus forte à cause de son éternuement, il s'en suit une clarté beaucoup plus grande. Par là, on veut dire que par le mouvement de la tête du diable, c'est-à-dire par ses tentations, jaillit une étincelle de feu, à savoir de colère ou de convoitise ou également de vaine gloire. Parmi les autres parties de la tête se trouvent principalement les yeux, d'où il introduit *et ses yeux sont comme les paupières de l'aurore*: l'œil est en effet transparent en raison de sa légèreté[3]; or la baleine possède de gros yeux selon la grandeur de sa tête et de tout son corps; c'est pourquoi dans leur regard apparaît une certaine clarté diffuse semblable à la clarté de l'aurore par laquelle est désignée la prospérité temporelle que le diable promet à l'homme. En troisième lieu, il décrit l'action ou l'effet de sa gueule quand il dit *De sa gueule sortent des lampes comme de torches de pin allumées*, où il faut considérer que le pin est un bois qui, une fois allumé, émet une odeur suave; on dit de la baleine que « lorsqu'elle a très faim, elle fait sortir de sa gueule une vapeur odoriférante comme l'odeur de l'ambre; les poissons délectés par cela entrent dans sa gueule et ils sont ainsi dévorés par elle ». Les vapeurs émises par la gueule de la baleine sont donc dites des lampes à cause de l'énorme chaleur qui sort de son intérieur, elles sont comparées à une torche de pin allumée à cause de l'exhalaison, comme il a été dit; or par ceci on veut dire que le diable excite les hommes à la convoitise du péché par l'ostentation de quelque bien comme par une exhalaison. En quatrième lieu, est posée

1. Cf. p. 223-224, lin. 138-199.
2. Une telle explication se trouve chez Avicenne (cf. *Canon. medic.*, lib. III, fen. 5, tr. 2, cap. 13 / éd. Venetiis 1555, fol. 244 r°).
3. Thomas donne à ce sujet des précisions dans la *Sentencia Libri De sensu et sensato* (commencé à Rome et achevé à Paris en 1269) : cf. tr. I *De sensu exteriori*, cap. 2 (473 a 26-30) / éd. léon. , t. XLV,2, p. 17-18, lin. 63-130.

> l'action de ses naseaux : cet animal a des poumons et respire comme un dauphin[1], et pour exprimer cela il introduit *De ses naseaux*, qui sont les principaux instruments de respiration, *sort*, à savoir par expiration, *une fumée*, c'est-à-dire de l'air brûlant à cause de la grande quantité de chaleur nécessaire à cet animal pour mouvoir une telle masse; c'est pourquoi il ajoute à juste titre *comme des marmites d'eau bouillante* : l'air qui est émis par la respiration est en effet contenu dans les poumons, où il chauffe par la chaleur du cœur qui est jointe aux poumons, de même que l'eau s'échauffe dans la marmite et bouillonne quand le feu y est mis. Et parce que l'animal respire non seulement par les naseaux mais aussi par la gueule en disant *Son haleine*, à savoir ce qu'elle exhale de la gueule, *allume des braises*, c'est-à-dire qu'elle est si chaude et si forte qu'elle suffirait à allumer des braises : il se réfère à la ressemblance de ceux qui en soufflant allument des braises, d'où il ajoute *et une flamme sort de sa gueule*, parce qu'il y a une vapeur si chaude et si ardente qui sort de sa gueule qu'elle peut être comparée à juste titre à une flamme. Or par tout ceci on veut dire que le diable par sa suggestion cachée ou manifeste allume en l'homme le feu de la convoitise perverse[2].

Dans ce texte, Satan apparaît comme la cause du péché de l'homme à la manière de celui qui dispose, de celui qui persuade intérieurement ou extérieurement, ou même à la manière de celui qui commande[3]. Il ne peut l'être à la manière de celui qui accomplit (*per modum perficientis*), car de même que dans la production des formes, la cause réalisatrice est celle dont l'action est suivie directement de la forme, de même dans la production des actes, la cause réalisatrice est celle dont l'action incline directement l'agent à agir. Or, puisque le péché n'est pas une forme, mais un acte, ce qui peut mouvoir directement la volonté à l'acte du péché, peut en être par soi la cause. La volonté est inclinée à quelque chose d'une double manière : d'une part, de l'extérieur, quand elle est mue par un objet qui a été saisi par l'intelligence, et c'est en ce sens qu'il y a motion par le conseil, la suggestion ou la persuasion. D'autre part, la volonté est mue de l'intérieur par celui qui produit l'acte même de volonté. Il faut ici remarquer que l'objet proposé à la volonté ne la meut pas de façon nécessaire, bien que parfois l'intelligence donne son assentiment de façon nécessaire à la vérité proposée. L'intelligence, aussi bien que la volonté, tend en effet vers ce à quoi elle est naturellement ordonnée, car le propre de la nature est d'être déterminée à une fin unique. Ainsi la volonté n'est mue à rien de manière nécessaire qui n'ait ou ne semble avoir un lien nécessaire avec la béatitude, laquelle est voulue naturellement. Quand un bien

1. Cf. *De part. animal.*, lib. III, cap. 6 (669 a 8).

2. Cf. *Super Iob 41,12*, p. 224, lin. 196-199 : *Per haec autem omnia designatur quod diabolus sua occulta vel manifesta suggestione perversae cupiditatis ignem in homine accendit.*

3. Nous éclairons notre texte à l'aide du la *Summa theologiae* (cf. Ia-IIae, q. 75, a. 3; q. 80, a. 1 et 3) et du *De malo* (cf. q. 3, a. 3) qui, bien que postérieurs au *Super Iob*, en sont dans le prolongement et représentent l'enseignement le plus achevé sur la question qui nous occupe.

particulier, qui ne saurait avoir de lien nécessaire avec la béatitude, est présenté à l'homme comme un bien, si grand soit-il, la volonté ne tend pas alors vers lui de façon nécessaire. Qu'en est-il du bien parfait qui est Dieu? Il a certes un lien nécessaire avec la béatitude de l'homme, puisque sans lui nous ne pouvons être heureux, mais la nécessité de ce lien n'apparaît pas de manière évidente en cette vie, parce que nous n'avons pas la vision de Dieu *per essentiam;* pour cette raison, la volonté de l'homme dans l'état de *viator* n'adhère pas à Dieu de façon nécessaire[1].

Par là, il est alors manifeste qu'aucune persuasion ne peut pousser nécessairement l'homme à agir. Il reste donc que la cause réalisatrice et propre de l'acte volontaire est seulement celle qui agit de l'intérieur : il s'agit de la volonté elle-même comme cause seconde et de Dieu comme cause première. Cela se comprend si l'on sait que l'*actus voluntatis* n'est rien d'autre qu'une certaine inclination de la volonté vers l'objet voulu (*inclinatio quaedam voluntatis in volitum*), comme l'appétit est une inclination de la nature vers un objet. Or cette inclination de la nature vient de la forme naturelle et de celui qui lui a donné cette forme. Ainsi, le mouvement de la volonté procède directement de la volonté, et de Dieu qui en est la cause : lui seul agit dans la volonté et peut l'incliner à tout ce qu'il veut. Cependant, Dieu n'étant pas cause du péché, il revient directement à la volonté de l'être.

Si, comme l'affirme Thomas, « le diable est cause du péché non pas au sens propre mais à la manière de quelqu'un qui persuade », une telle persuasion n'est-elle qu'extérieure? Notre auteur admet qu'il puisse y avoir une persuasion intérieure du diable dans le sens où, cherchant à obscurcir la raison de l'homme pour le faire consentir au péché, il agit sur l'appétit sensible et sur l'imagination[2]; en les agitant l'un et l'autre, il peut faire que des formes imaginaires se présentent à l'imagination et que l'appétit sensible soit excité à quelque passion. Cela ne signifie pas toutefois qu'il ait accès au plus intime de l'homme.

On saisit mieux dans ce cadre doctrinal ce que recouvre la *suggestio occulta vel manifesta diaboli* dont parle le frère dominicain dans son commentaire de Jb 41,9-12 spécialement[3]. Préférant le *modus sug-*

1. Ces indications peuvent être complétées par ce qu'enseigne Thomas dans la question 6 du *De malo* (art. unicus) : précisant sa position concernant le libre choix qu'a l'homme de ses actes face à Dieu, comme béatitude, il distingue l'ordre de la spécification par l'objet où le Bien parfait est déterminant, et l'ordre de l'exercice où la volonté reste libre dans sa considération du Bien souverain.

2. Cf. Ia-IIae, q. 80, a.2; *De malo*, q. 3, a. 4.

3. On trouve également la mention du *modus suggestionis* dans l'*expositio* de Jb 41,13 (cf. p. 224, lin. 214-224) : *Est autem manifestum quod hoc animal cum sit magni corporis multo indiget cibo, et ideo cum in aliqua parte maris fuerit cetus absorbet multitudinem piscium ibi existentium, ut quasi mare in conspectu eius remaneat piscibus vacuum, et hoc est quod subdit* et faciem eius praecedet egestas, *quia scilicet attrahit ad se pisces, ut supra dictum est, et mare remanet a piscibus vacuum ante eum; per quod significatur quod egestas virtutum in hominibus causatur ante faciem diaboli, idest per suggestionem ipsius.*

gestionis — qu'il trouve notamment chez Grégoire le Grand[1] — au *modus disponentis vel persuadentis interius aut exterius* dont il fera mention dans le *De malo*, il veut souligner que Satan agit sur les hommes avant tout de l'extérieur, leur présentant des objets désirables.

Lorsque les hommes succombent à la suggestion du diable, ils lui sont rattachés tels des membres à leur tête; ils le sont toutefois dans la mesure où ils l'acceptent par leur libre arbitre, comme nous l'enseigne l'*expositio* de Jb 40,18 :

> Pour la même raison selon laquelle cet animal recherche les lieux humides et ombragés, il boit également beaucoup d'eau, d'où Aristote affirme dans le livre VII des Animaux « qu'un éléphant a bu quatorze mesures macédoniennes d'eau en une fois, et de nouveau le soir huit autres »; et pour décrire sa grande quantité de boisson, [le Seigneur] dit donc *Il absorbera un cours d'eau et il ne s'en étonnera pas*, parce qu'il a l'habitude de beaucoup boire, et de nouveau après avoir bu beaucoup il attend une autre quantité de boisson, c'est pourquoi il ajoute *il présume que dans sa gueule coulerait le Jourdain*, qui est un fleuve connu dans la région où ces choses sont dites. Et cela est affirmé de l'éléphant de manière hyperbolique; selon qu'il s'agit du diable dont ces choses sont dites en figure, il y est fait référence à sa présomption par laquelle il compte s'incorporer facilement par consentement tous les hommes instables, même s'ils ont quelque connaissance de Dieu; afin de signifier cela, il fait mention spéciale du Jourdain, qui est un fleuve se trouvant sur la terre où l'on avait la vraie connaissance de Dieu : le glaive du diable porte au plus haut point son effet sur ces trois types d'hommes, à savoir les orgueilleux, les voluptueux et les instables ou ceux qui sont occupés par les soucis du siècle; ils peuvent être désignés par le terme de fleuve[2].

Si le diable paraît être la tête des mauvais, ce n'est donc pas, comme dans le cas du Christ — nous le verrons par la suite —, selon un influx intérieur rejoignant tous ses membres, mais selon un gouvernement extérieur. De même qu'il appartient à celui qui gouverne de conduire ses sujets à sa propre fin, de même celle de Satan est d'éloigner la créature rationnelle de Dieu. C'est pourquoi, dès le début, il chercha à détourner l'homme de l'obéissance au précepte divin : or une telle aversion loin de Dieu a raison de fin lorsqu'elle est désirée par le libre arbitre.

C'est dans son interprétation des écailles de Léviathan que Thomas transpose avec le plus de relief la comparaison de la tête et du corps à celle du diable et des méchants — ce qui fut déjà exploité par Augustin[3] — :

1. Cf. *In Evang.*, lib. I, hom. 16 (*PL* 76, 1135). On doit mentionner également le Lombard (cf. 2 *Sent.*, d. 21, cap. 6 / QR I, 407) et Hugues de Saint-Victor (cf. *De sacram.*, lib. I, p. 7, cap. 9 / *PL* 176, 290).
2. Cf. p. 218, lin. 450-474.
3. Cf. notamment *Enarr. in Psalm. 139,5* (*PL* 37, 1807).

[le Seigneur] poursuit avec la disposition de son corps, qu'il décrit par référence aux poissons qui ont des écailles, d'où selon la grandeur de son corps il doit avoir de très grandes écailles semblables à des boucliers; pour cette raison, il dit *Son corps est comme des boucliers soudés*, qui sont continus, car les boucliers de bois sont réunis par un assemblage; or le diable est en rapport avec tous les mauvais comme la tête par rapport au corps, d'où les pécheurs qui défendent les autres dans la malice sont comme les boucliers du corps du diable. Il montre en conséquence que ses écailles sont non seulement grandes mais aussi serrées comme celles des poissons ayant de nombreuses écailles, et c'est ce qu'il affirme *composé d'écailles se serrant*, par quoi est désignée la multitude des mauvais. Et leur concorde perverse dans le mal est mise en évidence quand il dit *L'une est jointe à l'autre*, parce que de même que sur le corps d'un poisson n'importe quelle écaille n'est pas jointe à une autre mais une écaille à une autre de façon ordonnée, de même également dans la multitude des mauvais tous ne concordent pas socialement avec tous, mais certains avec certains. Aussi longtemps qu'un poisson est vivant et vigoureux et que ses écailles sont solides, elles adhèrent l'une à l'autre et strictement à la peau du corps si bien que l'air ne peut passer entre elles; quand le poisson est mort ou malade ou qu'en quelque circonstance ses écailles se dessèchent, alors peu à peu la conjonction des écailles dont on a parlé se relâche à tel point que les écailles elles-mêmes se courbent et même quelque chose de plus gros peut passer entre elles : afin de montrer la vigueur des écailles de Léviathan, il introduit *et même un souffle ne passe pas par elles*, c'est-à-dire par les interstices des écailles; par là il donne à entendre que les méchants ne se séparent pas de leur attachement à la malice sous l'effet de quelque persuasion spirituelle ou d'une inspiration intérieure. C'est pourquoi pour mettre en évidence leur accord obstiné dans la malice il ajoute *L'une adhérera à l'autre*, par mutuelle faveur et accord, *et se tenant elles ne se sépareront nullement*, à cause de leur accord obstiné dans le mal, de même que les écailles de Léviathan ne peuvent être séparées les unes des autres par la puissance humaine[1].

Une telle interprétation comporte indubitablement des accents grégoriens bien assurés[2]; il est remarquable à cet égard de trouver

1. Cf. *Super Iob 41,6-8*, p. 223, lin. 92-132; cf. en particulier *41,6*, p. 223, lin. 98-101 : *Comparatur autem diabolus ad omnes malos sicut caput ad corpus, unde peccatores qui alios in malitia defendunt sunt quasi scuta corporis diaboli.* Dans le même sens, le théologien dominicain disait dans son commentaire de Jb 1,9 : *Solet autem perversorum hominum, quorum princeps est Satan et eorum hic personam gerit, talis esse consuetudo ut, sanctorum vitam quia reprehendere non possunt, non ex recta intentione eos agere calumnientur, secundum illud Eccli. XI,33 "Bona in mala convertens insidiatur et in electis imponet maculam"* (cf. p. 10, lin. 480-486).

2. Cf. *Moralia*, lib. XXXIII, cap. 28 (*PL* 76, 705) : *Corpus ergo Leviathan istius, id est omnes iniqui, quia per obstinationem duri sunt, sed per vitam fragiles, scutis fusilibus comparantur;* cf. cap. 29 (*PL* 76, 706) : *Fertur quia draconis corpus squamis tegitur, ne citius jaculatione penetretur. Ita corpus omne diaboli, id est multitudo reproborum, cum de iniquitate sua corripitur, quibus valet tergiversationibus se excusare conatur, et quasi quasdam defensionis squamas objicit, ne transfigi sagitta veritatis possit;* cf. cap. 31 (*PL* 76, 709) : *Quia membra Leviathan istius, id est iniquos omnes, quos Dei sermo squamarum compactionibus comparat, ad defensionem suam per culpam concordat, bene dicitur : "Una alteri adhaerebunt, et tenentes se nequaquam separabuntur". Tenentes enim se separari nequeunt, quia eo ad defensionem suam vicissim constricti sunt, quo se sibi omnia similes esse meminerunt. Descripto itaque ejus corpore, ad caput sermo reducitur, et quid per semetipsum extremae persecutionis tempore*

dans un écrit contemporain du *Super Iob*, la *Catena aurea* sur Matthieu, la mention de Grégoire présentant Satan comme tête des mauvais[1].

La finale du commentaire de Jb 41,6-8 nous oriente vers ce qui constitue la pointe de l'interprétation du passage relatif à Béhémoth et Léviathan; Thomas nous fournit l'essentiel de cette interprétation lorsqu'il expose les versets 27 et 28 du chapitre 40 :

> *Pose ta main sur lui*, sous-entendu « si tu peux », comme s'il disait : d'aucune façon par ta puissance, tu ne peux poser ta main sur [Léviathan] pour te le soumettre. Mais bien qu'il ne puisse être vaincu par l'homme[2], il l'est cependant par la puissance divine, d'où il introduit *Souviens-toi de la guerre*, c'est-à-dire par laquelle je lutte contre lui, *et ne dis plus un mot*, à savoir contre moi, tandis que tu vois qu'il est vaincu par ma puissance, lui que tu ne peux vaincre par ta force. Et au sujet de la domination par laquelle il est vaincu par Dieu, il est dit *Voici que son attente le décevra*, ce qui est manifeste si cela se réfère à la baleine : tandis que la baleine poursuit les poissons espérant leur capture, elle heurte quelque rivage d'où à cause de la petite quantité d'eau elle ne peut se dégager, déçue par l'espoir qu'elle avait de capturer les poissons, et apparaissant ainsi au-dessus de l'eau elle est précipitée vers la mort, et c'est ce qui est introduit *et il sera précipité aux yeux de tous*, parce que partout où les hommes voient [la baleine], ils accourent pour la tuer. Cela signifie que l'attente qu'a le diable de la subversion des saints sera déçue, et lui-même avec tous ceux qui le suivent, sous les yeux des saints, sera précipité en enfer au jour du jugement[3].

antiquus hostis exerceat nuntiatur. Nous avons constaté qu'Albert le Grand, dont l'interprétation de Jb 41,6-8 est dans la tonalité de celle des *Moralia*, ne reprend pas toutefois à son compte l'application de la relation de la tête et des membres à celle du diable et des mauvais (cf. *Commentarii in Iob 41,6-8*, col. 506-508).

1. Cf. *Glossa continua* (*Catena aurea*) *super Matthaeum 4,5* (éd. Marietti, p. 60, n° 3) : *Gregorius in Evang. (hom. 16). Sed ecce dum dicitur Deus homo in sanctam civitatem a diabolo assumptus, humanae aures audire expavescunt; iniquorum tamen omnium diabolus caput est. Quid autem mirum si se ab illo permisit in montem duci, qui se permisit a membris illius crucifigi?.*

2. Dans son *expositio* des versets qui précèdent (cf. *Super Iob 40,20-26*, p. 219-221, lin. 509-652), Thomas revient constamment sur le fait que l'homme ne peut vaincre Satan; il le confirmera très nettement dans son commentaire de Jb 41,17-18 : *Sic igitur ostenso qualiter se habeat [Leviathan] ad impugnationem Dei, ostendit qualiter se habeat ad impugnationem creaturae, et primo qualiter se habeat ad impugnationem hominis. Impugnat autem homo et de propinquo et a remotis : de propinquo quidem munitus gladio et hasta ad percussionem, et thorace ad sui munitionem, et quantum ad hoc dicit* Cum apprehenderit eum, *scilicet Leviathan,* gladius, *scilicet hominis,* subsistere non poterit, *scilicet gladius, quin frangatur propter duritionem corporis eius,* neque hasta, *scilicet munitur pectus, subsistere poterit contra Leviathan. Et huius rationem assignat subdens* Reputabit enim ferrum quasi paleas, *quia scilicet sicut homo non potest laedi a paleis et de facili eas frangit, ita Leviathan non potest laedi a ferro gladii vel hastae, sed de facili huiusmodi frangit; et similiter reputabit* aes, *scilicet thoracis,* quasi lignum putridum, *quod scilicet resistere non potest percussioni. Per hoc autem significatur quod nulla virtus humana efficax est ad diabolum laedendum vel ad resistendum ei, sed omnis virtus humana pro nihilo a diabolo reputatur* (cf. p. 225-226, lin. 309-331).

3. Cf. *Super Iob 40,27-28*, p. 221, lin. 653-677 : Pone manum tuam super eum, *subaudi "si potes", quasi dicat : nullo modo tua virtute potes manum tuam ponere super eum ut eum tibi subicias. Sed quamvis non possit ab homine superari, superatur tamen virtute divina, unde subdit* Memento belli, *quo scilicet ego contra eum pugno,* nec ultra addas loqui, *scilicet contra me, dum scilicet vides eum mea virtute superari quem tua virtute superare non potes. Et*

Cet enseignement, qui n'est pas sans être l'écho de celui des *Moralia*[1], doit être considéré, pour l'apprécier selon sa cohérence propre, dans le cadre de la théologie de la Providence mise en lumière dans l'*Expositio*[2] : la victoire finale de Dieu sur Satan et ses membres s'inscrit en effet dans l'accomplissement plénier du dessein divin d'ordination de l'homme à sa fin ultime et avec lui des autres réalités créées. Thomas y voit une réponse de Dieu à la question de l'épreuve du juste formulée par Job, ce qu'il faut comprendre à partir de ce qu'il affirmait dans son commentaire de Jb 10,22 : si une autre vie n'est pas admise, dans laquelle intervient la rétribution, on ne saurait d'aucune manière rendre compte de la cause de la tribulation des justes[3].

Au sommet de son commentaire scripturaire, le frère dominicain fait converger les lignes de force de sa théologie de la Providence et de sa réflexion téléologique dans un autre passage à l'allure dramatique, qui met en relief les peines et les récompenses dues aux anges et aux hommes :

> Enfin est mis en évidence l'effet final de l'action divine, celle de frapper : quelle que semble être la résistance de [Léviathan] aux fléaux divins, il faut cependant qu'il soit finalement vaincu par eux, d'où il introduit *Quand il aura été enlevé,* à savoir de son lieu par la puissance divine, *les anges craindront,* s'étonnant de la puissance de Dieu; or dans cet étonnement beaucoup d'effets de la puissance divine leur seront connus, c'est pourquoi il ajoute *et terrifiés ils seront purifiés* : comme l'affirme en effet Denys dans le chapitre VI des Noms divins, les anges sont, dit-on, purifiés non pas d'une impureté, mais de l'ignorance[4]. Mais parce que toute créature corporelle est peu de chose en comparaison des saints anges, il ne semble pas que cela soit d'abord affirmé pour signifier que les anges du ciel s'étonneront beaucoup de la mort de quelque baleine corporelle, à moins que peut-être nous

de superatione qua superatur a Deo subditur Ecce spes eius frustrabitur eum, *quod quidem si referatur ad cetum manifestum est : dum enim cetus persequitur pisces sperans eorum capturam, impigit ad aliquod litus unde propter parvitatem aquae se eruere non potest, frustratus spe sua quam habebat de piscium captura, et sic super aquam apparens praecipitatur in mortem, et hoc est quod subditur* et videntibus cunctis praecipitabitur, *quia undique homines eum videntes concurrunt ad eum occidendum. Per quod significatur quod spes diaboli quam habet de subversione sanctorum frustrabitur, et ipse cum omnibus suis sequacibus, sanctis videntibus, in die iudicii praecipitabitur in infernum.*

1. Cf. lib. XXXIII, cap. 20 (*PL* 76, 697-698) : *Cunctis enim videntibus praecipitabitur, quia aeterno tunc judice terribiliter apparente, astantibus legionibus angelorum, assistente cuncto ministerio coelestium potestatum, atque electis omnibus ad hoc spectaculum deductis, ista bellua crudelis et fortis in medium captiva deducitur, et cum suo corpore, id est cum reprobis omnibus, aeternis gehennae incendiis mancipatur. [...].* Et videntibus cunctis praecipitabitur, *quia visa mors ejus tunc gaudium exhibet, cujus tolerata vita nunc justis quotidie in cruciatibus bellum movet.*

2. S. Ausín souligne la perspective eschatologique de ce texte, sanctionnée en particulier par le passage du présent au futur des verbes *frustratur, praecipitatur / frustrabitur, praecipitabitur* (cf. « La providencia divina en el libro de Job », p. 541-542).

3. Cf. p. 74, lin. 501-506 (ce texte fut étudié dans notre deuxième partie, chap. IV).

4. Il s'agit plutôt de la *Hiérarchie céleste* (cf. cap. 7, § 2 et 3 / *PG* 3, 207 B et 209 D; *Dion.* 845 et 859) à laquelle se réfère Thomas en *De ver.*, q. 9, a. 3, resp.; on trouve également ces données dans la *Hiérarchie ecclésiastique* (cf. cap. 6, pars 3, § 6 / *PG* 3,537 B; *Dion.* 1404), texte que cite notre auteur dans la *Prima pars*, q. 106, a. 2, ad 1.

comprenions par saints anges des hommes; mais il est préférable de référer d'abord cela au Léviathan spirituel, à savoir le diable, qui fut supprimé par la puissance divine quand il tomba du ciel à cause du péché : les anges qui admirent la majesté de Dieu furent alors purifiés, étant séparés de la compagnie de [Satan]. De manière semblable également, au jour du jugement, lorsque le diable avec tous ses membres sera précipité en enfer, les anges et tous les saints admireront la puissance divine et seront purifiés dorénavant par leur totale séparation d'avec les méchants, et cela est signifié en Apocalypse XII,10, où, après que le diable a été rejeté, une grande voix se fait entendre dans le ciel disant « Maintenant est accompli le salut et le pouvoir et le règne de notre Dieu »[1].

Thomas n'oublie pas que la victoire de Dieu est remportée dans le Christ, et qu'en lui l'œuvre de salut est accomplie pour tous les hommes; désormais, ils ont accès à cette victoire dans le Christ, vrai Dieu et vrai homme. Notre auteur expose cela selon le sens mystique, précisément typologique — nous l'avons vu préalablement[2] — quand il rencontre le passage traitant de la chasse faite à Béhémoth; plutôt que de gloser ce texte important et risquer d'en perdre la teneur, nous préférons en proposer la traduction intégrale :

> « Il en est quelques-uns cependant qui ne sont pas vaincus par le diable, mais qui obtiennent plutôt contre lui la victoire, ce qui convient principalement au Christ, dont il est dit en Apocalypse V,5 « Voici que le lion de la tribu de Judas remporta la victoire »; en conséquence il convient à d'autres de vaincre par la grâce du Christ, selon I Corinthiens XV,57 « Gloire soit rendue à Dieu qui nous donna la victoire par notre Seigneur Jésus-Christ ». Et il décrit cette victoire sous l'image de la chasse à l'éléphant, en disant *Sous ses yeux il le prendra comme avec un hameçon*, à savoir le chasseur, qui désigne le Christ et les siens. Il est, dit-on, une manière de chasser les éléphants qui consiste à utiliser une fosse souterraine se trouvant sur leur route et dans laquelle l'éléphant tombe par surprise; le chasseur, en s'en approchant, le frappe et le pique; or un second chasseur vient, frappe le premier chasseur et l'écarte pour qu'il ne frappe pas l'éléphant et lui donne de l'orge à manger; quand il l'a fait trois ou quatre fois, [l'éléphant] se met à aimer celui qui le libère et lui obéissant par la suite il s'apprivoise; ainsi [les éléphants] sont pris par la nourriture qu'on leur offre comme des poissons par un appât. Il y a une autre façon de chasser les éléphants, comme dit Aristote dans le livre VIII des Animaux, où il affirme que « les chasseurs montent des éléphants domestiques et poursuivent des éléphants sauvages et les piquent avec certains instruments[3] »; et à cela peut se rapporter ce qui

1. Cf. *Super Iob 41,16*, p. 225, lin. 281-308. On remarquera l'attention avec laquelle Thomas examine à la fois le sens littéral propre et le sens littéral figuré, privilégiant ce dernier.

2. Voir ci-dessus, première partie, chap. I.

3. Cf. *De hist. animal.*, lib. IX, cap. 1 (610 a 24), selon, dans le cas présent, la traduction de Michel Scot. Thomas de Cantimpré, s'appuyant sur cette même traduction, donne des indications précises sur la manière de chasser l'éléphant : *Est et alia elephantum venatio secundum Aristotelem : homines venatores domesticos elephantes inequitant queruntque silvestres in inferioribus Indie desertis. Quos cum invenerint, precipiunt elephantibus domesticis persequi et silvestres percutere, quoadusque obediant et defatigati stando quiescant.*

est ajouté et *à l'aide de pieux il perforera ses naseaux*, où ils ont une chair plus sensible, et ils sont donc davantage touchés par les chasseurs. Cela désigne mystiquement le fait que le Christ vainquit le diable, lui montrant une nature faible de telle sorte qu'il était pris par lui comme par un hameçon ; il exerça par la suite contre lui son pouvoir, selon l'enseignement de la lettre aux Colossiens II,15 « Dépouillant les principautés et les puissances, il les livra résolument »[1].

Là encore le Maître d'Aquin est redevable à Grégoire le Grand[2], spécialement lorsqu'il opère un rapprochement entre l'hameçon et le Christ[3]. Cette interprétation de Jb 40,19 laisse transparaître quelque chose de la doctrine du Christ-Tête et des siens qui constituent son corps. A la différence du corps des mauvais, celui des bons est traversé par un influx intérieur qui est la grâce dérivant de la tête vers les membres, une tête dans laquelle se trouve la plénitude de toute grâce et de toute vertu, comme le souligne Thomas dans son commentaire de Jb 1,8[4].

L'enseignement dispensé dans le commentaire de ces différents versets éclaire en profondeur le problème posé dès le Prologue de l'*Expositio* : le fait que des justes soient affligés sans raison paraît mettre totalement en cause le fondement de la providence divine. Abordant un tel problème dans une réflexion mûrie au fil du commentaire selon les diverses articulations et composantes que nous nous sommes essayé à cerner jusqu'ici, Thomas considère précisément une question qui ne cesse de déployer ses virtualités dans l'ensemble

Tunc venatores elephantes silvestres ascendunt et percutiunt eosque pungunt cum instrumentis que assimilantur peltis et movent eos ad hoc, ut homines timeant. Ligantur autem pedes ipsorum anteriores, quousque mansuescant. Mansuescunt autem citius omnibus animalibus nec est ita domesticum animal et obediens hominibus inter omnia animalia agrestia (cf. *Liber de natura rerum*, lib. IV, cap. 33 / W. DE GRUYTER, éd., Berlin-NewYork, 1973, p. 127-128, lin. 57-65).

1. Cf. *Super Iob 40,19*, p. 218-219, lin. 475-508.

2. Cf. *Moralia in Job*, lib. XXXIII, cap. 7 (*PL* 76, 680) : *Quis nesciat quod in hamo esca ostenditur, aculeus occultatur ? Esca enim provocat, ut aculeus pungat. Dominus itaque noster ad humani generis redemptionem veniens, velut quemdam de se in necem diaboli hamum fecit. Assumpsit enim corpus, ut in eo Behemoth iste quasi escam suam mortem carnis appeteret. Quam mortem dum in illo injuste appetit, nos quos quasi juste tenebat amisit. In hamo ergo ejus incarnationis captus est, quia dum in illo appetit escam corporis, transfixus est aculeo divinitatis. Ibi quippe inerat humanitas quae ad se devoratorem duceret, ibi divinitas quae perforaret, ibi aperta infirmitas quae provocaret, ibi occulta virtus quae raptoris faucem transfigeret. In hamo igitur captus est, quia inde interiit unde devoravit.*

3. L'image est en fait déjà présente chez Augustin : cf. *In Ioh. evang. tract. VIII* (*CCSL* 36, p. 366, n° 1, lin. 18-21) ; *Enarr. in Ps 91,6* (*CCSL* 39, p. 1285, n° 8, lin. 20-21) ; *Enarr. in Ps 100,5* (*CCSL* 39, p. 1414, n° 9, lin. 25-26) ; *Enarr. in Ps 139,9* (*CCSL* 40, p. 2020, n° 12, lin. 33-36).

4. Cf. p. 10, lin. 440-453 : *Convenienter postquam dixerat* Numquid considerasti servum meum Iob, *subditur* quod non sit similis ei in terra?, *quia nihil in terrenis spiritualibus aequari potest. Quamvis et possit aliter intelligi : nam in unoquoque sancto est aliqua virtutis praeminentia quantum ad aliquem specialem usum, propter quod de singulis confessorum in Ecclesia canitur "Non est inventus similis illi qui conservaret legem Excelsi", nisi quod in Christo omnia secundum perfectissimam excellentiam fuerunt; et secundum hunc modum intelligi potest quod nullus in terra habitantium similis erat Iob, inquantum Iob praeminebat quantum ad aliquem usum virtutis.*

du *Super Iob* : comment rendre compte théologiquement du gouvernement de la providence divine dans l'épreuve de Job dont Satan est la cause ?

Le gouvernement de la providence divine et la mise à l'épreuve de Job par Satan

L'affirmation que nous avons rencontrée dans le commentaire de Jb 40,10 selon laquelle Satan est la cause de l'adversité de Job a des antécédents dignes d'être remarqués pour notre propos, en particulier l'*expositio* de Jb 16,12-15 : Thomas y précise que Job a compris que son affliction lui a été infligée par le diable, mais avec la permission de Dieu[1]. Il y a à cela quatre signes : premièrement, Job fut privé de sa grande prospérité subitement; or cela n'intervint pas par hasard, mais selon la seule ordination divine (*ex sola divina ordinatione*) — ce sur quoi nous reviendrons —. Deuxièmement, il s'effondra totalement. Le troisième signe se trouve dans le fait que Job fut écrasé extérieurement et intérieurement non seulement par une seule adversité, mais par plusieurs à la fois. Quatrièmement, il ne lui était pas possible de résister à une telle tribulation et Thomas de conclure que tout cela peut être compris ou de Dieu qui en quelque sorte enchaîna Job, ou mieux de l'inique auprès de qui il fut enchaîné[2].

Ce texte met en présence les éléments fondamentaux concernant le questionnement relatif à l'adversité de Job : les termes de « cause » et de « permission » renvoient en effet respectivement à l'intervention du diable et au gouvernement de la Providence. En d'autres lieux, notre auteur s'explique davantage sur le contenu théologique qu'il donne à ces termes, et que nous allons dégager à partir de l'exégèse des textes eux-mêmes, comparés, comme très souvent dans notre étude, à ceux d'autres œuvres; nous privilégierons ainsi une mise en lumière de ces textes dans le cadre du développement de la pensée thomasienne — afin d'en saisir le mieux possible le contenu — à une approche spéculative de la question de la permission divine du mal[3].

C'est en particulier autour du verset *Ipse est principium viarum Dei* (Jb 40,14a) que Thomas apporte les précisions théologiques attendues. Le sujet *ipse* désigne Satan qui est au commencement des œuvres de

1. Cf. *Super Iob 16,12*, p. 102, lin. 142-143 : *Intellexit enim Iob afflictiones suas sibi per diabolum quidem sed Deo permittente irrogatas.*

2. Cf. *Super Iob 16,13-15*, p. 102-103, lin. 143-198.

3. Dans la ligne de l'approche spéculative, beaucoup d'études pourraient être mentionnées qui considèrent les acquis de la tradition thomiste et s'y inscrivent à leur tour. Nous ne renvoyons ici qu'à quelques-unes : J. MARITAIN, *Court traité de l'existence et des existants*, Paris, 1947, réédité en 1964, p. 139-192; « Saint Thomas d'Aquin et le problème du mal », *De Bergson à Thomas d'Aquin*, Paris, 1947, p. 269-301; *Dieu et la permission du mal*, Paris, 1963; C. JOURNET, *Le mal*, Essai théologique, Saint-Maurice (Suisse), ^{3}1988, en particulier p. 61-133 et 159-199; J.-H. NICOLAS, « La permission du péché », *RT* 60 (1960) 5-38, 185-207, 509-547; *L'amour de Dieu et la peine des hommes*, Paris, 1969; G. BAVAUD, « Comment Dieu permet-il et connaît-il le péché ? », *RT* 61 (1961) 226-240.

Dieu. Le frère dominicain propose alors une double signification de l'expression *viae Dei*, correspondant à deux interprétations du verset : d'une part les « voies de Dieu » peuvent se référer aux œuvres de la création, et dans ce cas on veut dire que Satan fut créé parmi les premières créatures ou que — c'est l'interprétation de S. Grégoire[1] — il fut la plus excellente de toutes les créatures. D'autre part, les « voies de Dieu » peuvent également désigner les œuvres de la Providence[2]; tout en donnant toute sa place à la lecture traditionnelle de Jb 40,14, notre auteur ne dissimile pas sa préférence pour la deuxième signification des *viae Dei* qui convient davantage au propos en question :

> Il faut considérer qu'une seule œuvre, dit-il, s'accorde proprement à la bonté de Dieu, à savoir accomplir le bien et faire miséricorde; le fait qu'il punisse et qu'il fasse intervenir des adversités, cela arrive à cause de la malice de la créature rationnelle, qui d'abord se trouva dans le diable, et par sa suggestion s'étendit aux hommes, d'où il affirme à juste titre que *lui-même est au commencement des voies de Dieu*, c'est-à-dire que Dieu se sert de diverses voies en accomplissant le bien et en punissant[3].

Thomas affirme alors dans son commentaire de Jb 40,14b ce qui nous intéresse au premier chef :

> Et pour que l'on ne croie pas qu'il est au commencement de voies de Dieu de telle sorte qu'il a pouvoir de nuire, il exclut cela en disant *Celui qui le fit*, c'est-à-dire Dieu, *attachera son glaive*, à savoir son opération nocive; or la volonté de nuire relève du diable lui-même, pour cette raison il est dit son glaive, mais l'effet de cette action nuisible n'intervient que par la volonté ou la permission de Dieu[4].

Une telle formulation n'est pas strictement thomasienne, mais elle comporte en filigrane celle de la *glossa ordinaria* sur Gn 3,1 qui est tirée d'Augustin[5] et que cite d'ailleurs littéralement le frère dominicain en exposant Jb 1,12 :

1. Cf. *Moralia*, lib. XXXII, cap. 23 (*PL* 76, 664) : *Quid enim vias Dei, nisi ejus actiones accipimus? De quibus per prophetam dicit : "Non enim sunt viae meae sicut viae vestrae" (Is 55,8). Et principium viarum Dei Behemoth dicitur quia nimirum cum cuncta creans ageret, hunc primum condidit, quem reliquis angelis eminentiorem fecit.* On trouve le même enseignement dans *In Evang.*, II, Hom. 34 (*PL* 76, 1250), auquel se réfère d'ailleurs Thomas dans la *Prima pars*, q. 63, a. 7, sc. Il est à noter que l'interprétation d'Hugues de Saint-Cher est tout à fait dans la ligne de celle de Grégoire (cf. *Postilla super librum Iob 40,14*, fol. 456 r°).
2. Cf. *Super Iob 40,14*, p. 217, lin. 386-394.
3. Cf. *Super Iob 40,14*, p. 217-218, lin. 395-403.
4. Cf. *Super Iob 40,14*, p. 218, lin. 403-410 : *Et ne credatur sic esse principium viarum Dei quod per se ipsum sit potens ad nocendum, hoc excludit subdens* Qui fecit eum, *scilicet Deus*, applicabit gladium eius, *idest noxiam operationem ipsius; voluntas autem nocendi est diabolo a se ipso, propter quod dicitur gladius eius, sed effectum nocendi non habet nisi ex voluntate vel permissione divina.*
5. Cf. *De Gen. ad litt.*, lib. XI, cap. 3 (*PL* 34, 431) : *Nec sane debemus opinari quod serpentem sibi, per quem tentaret persuaderetque peccatum, diabolus elegerit; sed cum esset in illo propter perversam et invidiam voluntatem decipiendi cupiditas, nonnisi per illud animal potuit, per quod posse permissus est. Nocendi enim voluntas potest esse a suo quoque animo*

Voluntas nocendi inest cuilibet malo ex se ipso sed potestas non nisi a Deo[1].

Ainsi, parce que Satan a l'initiative et la volonté du mal, il est cause de l'adversité de Job, dans la mesure toutefois où il reçoit de Dieu la *potestas nocendi*, car rien n'échappe au gouvernement de la Providence. C'est dans ce sens que Thomas traduit le *nisi a Deo* en termes de *voluntas vel permissio divina*. Cette traduction, pour bien la comprendre, doit être éclairée par la doctrine du *Commentaire des Sentences* dont elle porte l'empreinte tout en annonçant déjà l'enseignement ultérieur.

En 1 *Sent.*, d. 47, q. 1, a. 1, notre auteur, s'interrogeant sur l'accomplissement toujours efficace de la volonté divine en regard du péché, distingue la volonté antécédente (*voluntas antecedens*) de la volonté conséquente (*voluntas consequens*); alors que la première qui est une volonté de salut universel n'est pas toujours accomplie — elle rencontre en effet l'obstacle du péché —, la deuxième, prenant en compte la prescience des œuvres, l'est par contre toujours. Cela ne signifie pas que Dieu détermine par avance ce qui va se passer, mais cela veut dire que tel événement est connu et voulu par lui. Thomas précise que quelque chose, à savoir le péché entendu comme un acte privé de son ordination vers la fin légitime, a lieu en dehors de la volonté conséquente, mais non pas malgré elle (*praeter voluntatem sed non contra*). Or une chose est en dehors de la volonté et non pas malgré elle, lorsque la volonté ne se porte ni sur elle, ni sur ce qui lui est opposé : c'est le cas du péché que Dieu ne veut pas et qu'il ne veut pas empêcher si quelqu'un veut le faire. La *voluntas consequens* apparaît alors comme une permission par rapport au péché[2].

Bien que Thomas ne reprenne pas dans le *Super Iob* la distinction entre la volonté antécédente et la volonté conséquente, c'est à cette dernière qu'il fait encore référence, pensons-nous, lorsqu'il parle de *voluntas vel permissio* à l'égard de l'effet de l'action nuisible du diable. Dans la *Prima pars*, il ne mettra plus au centre de sa réflexion la distinction en question et il affirmera la nécessité pour la volonté divine de s'accomplir toujours : puisque la volonté de Dieu est cause universelle de toutes choses, il est donc impossible qu'elle n'obtienne pas son effet. Ainsi, ce qui semble s'écarter d'elle dans un certain ordre y retombe dans un autre. Le pécheur, par exemple, s'éloigne de la volonté divine en faisant le mal, mais il rentre dans l'ordre de cette volonté par le châtiment que lui inflige la justice[3]. Au sujet du *malum*

prava; non est autem potestas nisi a Deo, et hoc abdita altaque justitia, quoniam non est iniquitas apud Deum.

1. Cf. *Super Iob 1,12*, p. 11, lin. 572-574.

2. Cf. 1 *Sent.*, d. 47, q. 1, a. 2, sol.

3. Cf. Ia, q. 19, a. 6, c. Thomas n'abandonne pas toutefois purement et simplement la distinction entre la *voluntas antecedens* et la *voluntas consequens*, puisqu'on la retrouve notamment dans l'*ad primum* du même article. Un auteur tel que Laurent Sentis ne souligne pas suffisamment la continuité doctrinale qu'il peut y avoir entre la *Somme* et les

culpae, le Maître d'Aquin préférera dire que Dieu ne le veut d'aucune manière; quant au *malum naturae* et au *malum poenae*, Dieu veut chacun indirectement, en voulant quelque bien auquel est joint un tel mal[1]. A l'endroit de ces différents niveaux du mal, il ne renoncera point à parler de « permission divine ». Quand il s'agit du mal de faute, Dieu en le permettant ne le veut ni ne l'autorise, mais il n'empêche pas celui qui en est la seule cause, l'être rationnel dans son libre arbitre, de le commettre, ceci en raison du bien qu'il veut en tirer. On risquerait de se méprendre si l'on ne reconnaissait pas la place que donne encore le théologien dominicain à la catégorie de la « permission » dans la *Somme de théologie*[2] : si elle n'a pas le relief qu'elle avait dans les œuvres précédentes, le *super Iob* en particulier, elle n'en est pas moins une manière de rendre compte du gouvernement de la providence divine[3].

Corrélativement à la permission de l'action maléfique de Satan, Thomas considère celle de l'adversité de Job et cite pour cela Tobie 11,12 :

> *Dominus ei tentationem evenire permisit ut posteris daretur exemplum patientiae eius sicut et sancti Iob*[4].

œuvres antérieures, même si toutefois il n'a pas tort de faire remarquer que « au cours de son itinéraire, Thomas a purifié la notion de volonté divine de tout anthropomorphisme » (cf. *Saint Thomas d'Aquin et le mal*, p. 126).

1. Cf, Ia, q. 19, a. 9, c. : *Malum autem quod coniungitur alicui bono, est privatio alterius boni. Nunquam igitur appeteretur malum, nec per accidens, nisi bonum cui coniungitur malum, magis appeteretur quam bonum quod privatur per malum. Nullum autem bonum Deus magis vult quam suam bonitatem : vult tamen aliquod bonum magis quam aliud quoddam bonum. Unde malum culpae, quod privat ordinem ad bonum divinum, Deus nullo modo vult. Sed malum naturalis defectus, vel malum poenae vult, volendo aliquod bonum, cui coniungitur tale malum : sicut, volendo iustitiam, vult poenam; et volendo ordinem naturae servari, vult quaedam naturaliter corrumpi.*

2. Cf. Ia, q. 19, a. 9, ad 3 : Thomas y souligne que l'on ne doit pas dire que Dieu veut le mal, ni qu'il ne le veut pas, mais qu'il veut le permettre, ce qui est un bien; on rencontre l'expression *vult permittere malum fieri* en 1 *Sent.*, d. 46, q. 1, a. 4, sol. Cf. également Ia, q. 22, a. 2, ad 2 où le théologien dominicain s'appuie sur Augustin : *Deus omnipotens nullo modo sineret aliquod malum esse in operibus suis, nisi usque adeo esset omnipotens et bonus, ut bene faceret etiam de malo* (cf. *Enchir*, cap. 11 / *PL* 40, 236; *BA* 9, 119).

3. A la différence de ce que pense Laurent Sentis, nous ne sommes pas sûr que Thomas ait voulu se dégager de la notion de "permission du mal" qui n'était qu'un lieu commun de l'augustinisme scolaire. Certes, notre auteur est redevable à ce courant théologique, mais, comme bien souvent, il fait davantage que reprendre purement et simplement une notion ou des éléments doctrinaux; il les intègre non sans renouvellement dans la cohérence propre de sa réflexion : c'est le cas, selon nous, de la permission divine du mal, même s'il ne faut pas cependant en majorer l'importance dans l'enseignement thomasien. Nous reconnaissons volontiers avec Laurent Sentis (cf. *Saint Thomas d'Aquin et le mal*, p. 126-129) qu'elle n'est pas sans équivoques : si l'on définit en effet le péché comme *privatio boni debiti*, ce qui veut dire qu'à la racine du mal, il y a une absence, comment concevoir qu'une absence soit l'objet d'un empêchement ou d'un non-empêchement? Il est préférable d'affirmer, avec Jean-Miguel Garrigues (*Dieu sans idée du mal*, La liberté de l'homme au cœur de Dieu, Paris, 1982, p. 72-74), que Dieu, en tant que source de ce qui est, est totalement étranger au mal moral.

4. Cf. *Super Iob 1,12*, p. 11, lin. 573-580; la permission de l'épreuve des justes est bien exprimée dans le commentaire de Jb 8,6 : *Deus enim quasi dormire videtur cum iustos affligi*

A partir de là, notre auteur dégage en quelque sorte le motif de la permission de l'épreuve de Job : manifester à tous sa vertu[1]. Dieu ordonne en effet non seulement la vie des justes à leur bien, mais il la rend également visible aux autres. Or ceux qui la voient ne la perçoivent pas de la même manière : les bons la prennent en exemple et par elle font des progrès, tandis que les mauvais, si l'exemple des saints n'a pas contribué de quelque façon à leur conversion, détournent leur regard de leur vie soit que l'envie les tourmente, soit qu'ils s'efforcent de la ruiner par de faux jugements. Thomas fonde cela sur 2 Co 2,15-16 :

> *Christi odor bonus sumus Deo, et in his qui salvi fiunt et in his qui pereunt : aliis quidem odor mortis in mortem, aliis autem odor vitae in vitam.*

Dieu veut donc que la vie des saints soit connue des élus pour le progrès de leur salut et des méchants pour combler leur damnation[2].

Faut-il alors conclure que, selon le Maître d'Aquin, l'adversité de Job est un moyen permettant d'atteindre une fin bonne? Si cela ne doit pas être exclu, il faut cependant examiner de plus près sa position : à la suite de S. Augustin[3], le frère dominicain ne cessera de tenir ce qu'il affirme dans son commentaire de Jb 1,21 :

> Le bon plaisir de Dieu n'est pas que l'on souffre l'adversité sans qu'en provienne un bien : ainsi, bien qu'elle soit par elle-même amère et engendre la tristesse, cependant en considérant son utilité qui fait qu'elle plaît à Dieu, l'adversité doit être agréable, comme on le dit des apôtres : « Ils allaient tout joyeux d'avoir eu à souffrir le mépris pour le Christ » (Ac 5,41). On est en effet heureux de prendre une médecine amère dans l'espoir de guérir, bien qu'elle soit pénible pour les sens. Et parce que la joie est matière d'action de grâces, [Job] conclut [...] dans l'action de grâces en disant *Que le nom du Seigneur soit béni!* Le nom du Seigneur est béni par les hommes en tant qu'ils ont connaissance de sa bonté, c'est-à-dire qu'il dispose bien toutes choses et qu'il ne fait rien de manière injuste[4].

permittit, evigilare autem quando eos defendit, secundum illud (Ps 43,23) "Exsurge, quare obdormis, Domine?" (cf. p. 54, lin. 105-108).

1. Cf. *Super Iob 1,12*, p. 11, lin. 575-577 : *Patet igitur ex praedictis hanc fuisse causam adversitatis beati Iob ut eius virtus omnibus fieret manifesta;* cf. également p. 12, lin. 698-601. Au terme du commentaire du chapitre 7, Thomas donnera, par manière de précision, trois raisons pour lesquelles Job fut affligé : d'abord, il fut empêché de commettre du mal aux autres; ensuite, sa vertu fut manifeste aux yeux de tous; l'adversité fut enfin une manière d'expier les péchés qu'il aurait pu commettre (cf. p. 52, lin. 527-537).

2. Cf. *Super Iob 1,8*, p. 10, lin. 458-479; Thomas synthétise cet enseignement un peu plus loin et en fait une application au cas de Job : *Et quia, sicut dictum est, Dominus sanctorum virtutem vult omnibus esse notam, et bonis et malis, placuit sibi ut sicut bona facta eius omnes conspexerant ita etiam recta eius intentio omnibus fieret manifesta : et ideo voluit Iob prosperitate terrena privare, ut eo in Dei timore perseverante manifestum fieret quod ex recta intentione et non propter temporalia Deum timebat* (cf. *Super Iob 1,12*, p. 11, lin. 553-560).

3. Nous renvoyons en particulier au texte de l'*Enchiridion* que nous avons cité ci-dessus (cf. cap. 11 / *PL* 40, 236; *BA* 9, 119).

4. Cf. *Super Iob 1,21*, p. 15, lin. 847-861. Notre auteur n'affirmera pas autre chose quelques années plus tard quand il s'interrogera sur les assauts lancés par les démons sur les hommes : *Circa impugnationem daemonum duo considerare : scilicet ipsam*

Cette dernière remarque est de première importance : elle manifeste que notre auteur n'a pas d'abord en vue l'épreuve comme moyen de rejoindre une fin, mais bien davantage la fin elle-même à laquelle on est ordonné selon le dessein de la providence divine. Cherchant, dans son labeur théologique, à rendre compte des exigences de ce dessein sur l'homme, il considère *post factum* la convenance de l'adversité de Job, selon que cette convenance est tout entière commandée par la fin[1]. C'est ce qu'il veut dire en continuant d'exposer Jb 1,12 :

> Il faut éviter de croire que ce sont les paroles de Satan qui ont amené Dieu à permettre l'affliction de Job, mais par une disposition éternelle, il ordonna cela pour que soit manifestée la vertu de Job contre toutes les calomnies des impies[2].

Or une telle ordination est traversée par la bonté divine portée souverainement à se communiquer : c'est sur ce fondement qu'il faut envisager, selon l'enseignement de l'*Expositio*, la permission divine de l'adversité de Job. Thomas en donne une expression très achevée en commentant les trois premiers versets du chapitre 41 :

> Après que le Seigneur eut passé en revue la puissance de Léviathan quant au fait qu'il ne peut être vaincu par l'homme mais seulement par Dieu, maintenant il rapporte son pouvoir en ce que lui-même peut agir contre d'autres. Et parce qu'il « n'est pas de pouvoir qui ne vienne de Dieu », comme il est dit en Romains XIII,1, on pourrait attribuer à Dieu la cruauté qui donna tant de pouvoir à une créature si nocive, et pour exclure cela il dit *Je ne suis pas cruel en quelque sorte de le susciter*, c'est-à-dire de lui permettre d'être élevé par la puissance qui lui est donnée; et ceci paraît répondre à ce que Job avait affirmé plus haut (XXX,21) « Tu t'es changé pour moi en bourreau ». Le fait que cela ne doive pas être assigné à sa cruauté, il le montre pour trois raisons : d'abord à cause de la puissance de Dieu lui-

impugnationem, et impugnationis ordinem. Impugnatio quidem ipsa ex daemonum malitia procedit, qui propter invidiam profectum hominum impedire nituntur; et propter superbiam divinae potestatis similitudinem usurpant, deputando sibi ministros determinatos ad hominum impugnationem, sicut et angeli Deo ministrant in determinatis officiis ad hominum salutem. Sed ordo impugnationis ipsius est a Deo, qui ordinate novit malis uti, ad bona ea ordinando. Sed ex parte angelorum, tam ipsa custodia quam ordo custodiae reducitur ad Deum, sicut ad primum auctorem (cf. Ia, q. 114, a. 1, c.).

1. C'est là un point que ne prend pas en compte Laurent Sentis quand il affirme que « parler de permission à propos du mal physique n'est guère satisfaisant. Si on donne au mot permission le sens de non-empêchement, on sera conduit à demander si Dieu peut empêcher le mal physique. Et si on répond par l'affirmative, on demandera pourquoi il ne l'empêche pas et on se perdra en conjectures sur les finalités que Dieu poursuit en n'empêchant pas ces maux. On sera conduit à dire que ce mal physique est un moyen en vue d'une fin bonne et on butera sur le scandale du malheur innocent » (cf. *Saint Thomas d'Aquin et le mal*, p. 133; on verra la recension très sévère de S.-Th. Bonino qui confirme largement notre point de vue : *RT* 95 (1995) 512-518). Par contre, nous reconnaissons avec l'Auteur que penser le mal subi par l'homme comme voulu indirectement par Dieu — ce qui est, comme nous l'avons vu, un enseignement de la *Prima pars* — évite certaines équivoques.

2. Cf. *Super Iob 1,12*, p. 11-12, lin. 580-584 : *Cavendum autem est ne credatur Dominum ex verbis Satan inductum esse ad permittendum Iob affligi, sed aeterna dispositione hoc ordinavit ad manifestandam virtutem Iob contra omnes calumnias impiorum.*

même, quand il dit *Qui peut résister à mon regard*, c'est-à-dire à ma providence? Comme s'il disait : si puissant que soit Léviathan, il ne peut résister à ma providence, de telle sorte qu'il use de sa puissance seulement comme il me plaît, et ma volonté ne tend pas à la perte mais au salut des hommes. Ensuite il montre la même chose à partir de la largesse de sa bonté, selon laquelle il distribue gratuitement ses biens à tous, d'où il introduit *Et qui me donna avant pour que je lui rende?*, comme s'il disait « personne »; ainsi il est manifeste que j'aime toutes les choses que j'ai faites et auxquelles je communique gratuitement mes biens; c'est pourquoi je n'ai pas à l'égard de ce que j'ai fait un esprit de cruauté; et à la même chose se rapporte ce qu'il ajoute *Toutes les choses qui se trouvent sous le ciel sont à moi*, parce qu'elles sont créées, conservées et gouvernées par moi : or personne ne s'oppose à ses propres œuvres. Il montre enfin qu'il n'est pas cruel en permettant à Satan de s'élever en sa puissance, parce qu'il n'a aucune déférence à son égard : il semble y avoir une certaine cruauté dans le fait que quelqu'un voulant favoriser un tyran tolère patiemment les afflictions d'un grand nombre. Pour une double raison, un homme favorise un puissant : d'une part lorsqu'il craint ses menaces, mais le Seigneur exclut cela de lui en disant *Je ne l'épargnerai pas*, c'est-à-dire que je n'aurai aucune déférence à son endroit que je lui résiste comme il faut, *à cause de ses paroles puissantes*, à savoir pour ses paroles de menace qui expriment son pouvoir; d'autre part quelqu'un favorise un puissant quand il est pour ainsi dire séduit par ses flatteries, et afin d'exclure cela il ajoute *et formulées pour supplier*, comme s'il disait : bien qu'il s'exprimât avec force ou de manière suppliante, cependant je ne lui fait aucune concession, parce qu'il n'y a pas de convenance entre « la lumière et les ténèbres », comme il est dit en II Corinthiens VI,14[1].

Avec ce texte, on se trouve comme au cœur de l'interprétation thomasienne du discours de Dieu et c'est à partir de lui que l'on peut appréhender la manière dont notre auteur lit la réponse de Job.

Job répond à Dieu :« Nunc autem oculus meus videt te », idest plenius te cognosco quam prius

(cf. Super Iob 42,5, *p. 228, lin. 37-38)*

L'interprétation de la double réponse de Job, celle du chapitre 39 (v. 33-35) et celle du chapitre 42 (v. 1-6), s'inscrit dans le cadre de la

1. Cf. *Super Iob 41,1-3*, p. 222, lin. 1-47. On ne retrouve pas dans le commentaire d'Albert la structuration autour des raisons énoncées par Thomas, mais place est faite à la permission divine de l'action du diable sur Job en vue de la purification du péché, de l'exercice des vertus et de la garde de l'humilité : Non quasi crudelis suscitabo illum, *hoc est, suscitari permitto, et est responsio ad id, quod supra habitum est XXX,20-21 : "Clamabo ad te, et non exaudies me : sto, et non respicis me. Mutatus es mihi in crudelem, et in duritia manus tuae adversaris mihi". Et respondet Dominus, quod non ut crudelis, sed ut pius pater suscitat eum permissa potestate, suscitat enim eum ad peccati purgationem et virtutis exercitium et humilitatis custodiam* (cf. *Commentarii in Iob 41,1*, col. 490).

déclaration d'apophatisme rencontrée au long de l'*Expositio* pour achever de lui donner son orientation.

Après que Dieu a déterminé la discussion en convainquant Job de son ignorance devant les mystères de sa providence et le reprenant pour ses paroles imprudentes qui semblaient respirer l'orgueil parce qu'il se disait juste — ce qui paraissait déroger au jugement divin —, Job est dit poser la main sur sa bouche (cf. Jb 39,34b) : il ne veut plus énoncer de tels propos et il se repent d'avoir désiré disputer avec Dieu et d'avoir fait passer sa justice avant les jugements divins[1]. S'il ne parvient pas à saisir l'excellence de Dieu, il ne renonce pas pour autant à la confesser au verset 2 du chapitre 42 :

> *Scio quia omnia potes et nulla te latet cogitatio.*

Par ces deux paroles, qui expriment respectivement la puissance et la connaissance du Seigneur, Job reconnaît que Dieu seul pouvait écarter son adversité provoquée par le diable et que ne lui fut point cachée quelque pensée d'orgueil qu'il put avoir[2]. Cela revient, selon Thomas, à affirmer la Providence à l'égard des réalités humaines :

> [Job] s'en prend en conséquence à ceux qui nient la providence divine en disant *quel est celui qui dissimule sa réflexion, laquelle ne serait pas connue?*, c'est-à-dire qui est assez présomptueux et sot pour dire que la réflexion de l'homme peut être cachée de Dieu sans qu'il en ait connaissance?[3].

La reconnaissance de la transcendance des desseins de la Providence et de ses jugements manifeste, au regard du frère dominicain, le fait que l'apophatisme de la condition de Job recherchant la vérité n'est pas clos sur lui-même, mais qu'il s'ouvre sur la profondeur du Mystère; il en permet de même qu'il en suscite toujours davantage la pénétration :

> Et parce que « j'ai parlé de façon déraisonnable », je parlerai désormais avec sagesse, c'est pourquoi il ajoute *Ecoute et moi je parlerai*, c'est-à-dire en confessant ma faute; et parce que « j'ai parlé de ce qui dépasse ma science », désormais je n'ose pas en parler, mais seulement t'interroger à ce sujet, d'où il dit *je t'interrogerai*, c'est-à-dire en demandant, en priant, en frappant, *et réponds-moi*, à savoir en m'instruisant intérieurement. Il montre pour quelle raison il fut ainsi transformé en disant *Je t'ai entendu en prêtant l'oreille*, c'est-à-dire autrefois quand je parlais de manière déraisonnable, *or maintenant mon œil te voit*, c'est-à-dire que je te connais plus pleinement qu'auparavant, comme ce qui est vu par les yeux est connu de façon plus certaine que ce qui est entendu par l'oreille : il avait en effet progressé tant sous les coups que par la révélation divine[4].

1. Cf. *Super Iob 39,34-35*, p. 212, lin. 355-361.
2. Cf. *Super Iob 42,2*, p. 228, lin. 8-16
3. Cf. *Super Iob 42,3*, p. 228, lin. 16-21.
4. Cf. *Super Iob 42,4-5*, p. 228, lin. 27-41 : *Et quia "insipienter locutus sum", de cetero loquar sapienter, unde subdit* Audi et ego loquar, *meam scilicet culpam confitendo; et quia*

L'ensemble de ce passage comporte lui aussi des harmoniques grégoriennes : c'est le cas en particulier de la mention d'une avancée de Job dans la connaissance de Dieu au travers de l'épreuve[1]. Albert, qui n'ignore pas l'interprétation morale de S. Grégoire, est plus directement dépendant de Maïmonide, ce qui n'est pas ici le cas de Thomas : selon lui, le verset *nunc autem oculus meus videt* signifie que Job, instruit par Dieu, sait maintenant que le gouvernement de la providence divine ne ressemble pas à celui des hommes[2].

Pour le Maître d'Aquin, c'est en une connaissance renouvelée du mystère de la Providence que consiste la conversion totale de Job à Dieu : elle constitue le terme d'un itinéraire de foi dans laquelle il vécut l'expérience de son adversité et en rechercha la cause et dans laquelle il accueillit l'enseignement du Seigneur; or cette foi intègre lui valut d'être exaucé dans sa prière pour ses amis appelés à se réconcilier avec Dieu par sa médiation. Le commentaire que fera notre auteur du recouvrement de la prospérité passée de Job n'aura pour but que de confirmer sa fidélité et sa sagesse :

> Bien que Job ne mît pas son espérance dans le recouvrement de la prospérité temporelle, mais dans l'obtention de la félicité future, le Seigneur cependant lui restitua par surcroît également la prospérité temporelle, selon Matthieu VI,33 « Cherchez d'abord le royaume de Dieu et sa justice, et tout cela vous sera donné par surcroît ». Et ceci était convenable pour l'époque à cause du statut de l'Ancien Testament où les biens temporels étaient promis, afin que par la prospérité qu'il avait ainsi récupérée il fût donné aux autres un exemple de conversion à Dieu; cela convenait également à la personne de Job, dont la réputation chez quelques-uns avait été lésée à cause des

"locutus sum quae excedunt scientiam meam", de cetero de ea non audeo loqui solum de his te interrogare, unde subdit interrogabo te, *scilicet petendo, orando, pulsando,* et responde mihi, *scilicet interius instruendo. Quare autem sic mutatus sit ostendit subdens* Auditu auris audivi te, *scilicet olim cum insipienter loquerer,* nunc autem oculus meus videt te, *idest plenius te cognosco quam prius, sicut id quod videtur oculis certius cognoscitur quam quod aure auditur : profecerat enim tum ex percussione tum ex revelatione divina.*

1. Cf. *Moralia in Iob*, lib. XXXV,cap. 4 (*PL* 76, 752-753) : *His nimerum verbis aperte indicat quia quanto visus superior est auditu, tanto differt ab eo quod prius exstitit, et hoc quod postmodum per flagella profecit. Et quia interno oculo veritatis lumen magis conspexerat, humanitatis suae tenebras dijudicans plus videbat. Unde sequitur* Idcirco ipse me reprehendo. *Quanto enim quisque se minus videt, tanto sibi minus displicet; et quanto majoris gratiae lumen percipit, tanto amplius reprehensibilem se esse cognoscit.* Un auteur tel que L. A. Perotto porte une attention spéciale — peut-être exagérée — à la thématique de la souffrance comme lieu de purification de Job selon Thomas (cf. « La mistica del dolore nel *Commento* di S. Tommaso al *Libro di Giobbe* », *Studi tomistici* 60 (1995) 191-203).

2. Cf. *Commentarii in Iob 42,5*, col. 506 : Auditu auris, *hoc est auditu relationis communis per famam,* audivi Te, *primo de flagellis putans, Te humana regere secundum ordinem humanae iustitiae, et ideo me iniuste esse percussum. Iob XXXVI, (24) : "Memento, quod ignores opus eius, de quo cecinerunt viri". Iob XXVIII, (22) : "Audivimus famam eius".* nunc autem, *sc. post instructionem Tuam,* oculus meus, *intellectualis sc.* videt Te, *in limpida sc. veritate, et ideo supple modo cognosco, quod regimen Tuum dissimile est omni regimini humano, ut regendo non respicis nisi ordinem sapientiae et consilii. Unde etiam Dionysius in epistola ad Apollophanem dicit : Dedisti veritati manus et falsitatis tenebris es absolutus.* On commence de rencontrer cette affirmation sous la plume d'Albert quand il interprète Jb 3,1 (cf. col. 51), texte que nous avons identifié dans notre troisième partie, au chap. V.

nombreuses adversités qui lui étaient survenues, c'est pourquoi afin de lui restituer sa réputation, il l'amena à un état de plus grande prospérité, d'où ce qui suit *Et le Seigneur rendit aussi au double tout ce que Job avait possédé*[1].

Au regard des étapes franchies par Job, telles que nous les avons mises en lumière à partir de l'interprétation thomasienne, nous dirions volontiers que son itinéraire fut celui d'un théologien, même si notre auteur n'emploie pas le mot[2] : sa recherche le conduisit à une connaissance de la vérité divine par-delà l'inconnaissance. On ne peut s'empêcher de penser ici à l'itinéraire de Thomas lui-même affirmant au terme de sa vie :

> Tout ce que j'ai écrit me semble de la paille en comparaison de ce que j'ai vu.

Selon une lecture suggérée par S. Tugwell[3], la paille est l'expression consacrée pour distinguer, en lui donnant son poids, le grain de la réalité de l'enveloppe des mots. Le frère dominicain, pénétrant plus avant dans la réalité du Mystère, se sent détaché à l'égard des mots qui — il ne faut pas l'oublier — désignent cette réalité et y amènent[4].

Tant pour Job que pour Thomas, l'accomplissement parfait de leur démarche théologique se trouve dans la gloire où ils auront la vision de Dieu *per essentiam* et à laquelle ils sont ordonnés par la Providence. Si l'*Expositio* s'ouvrait — on s'en souvient — sur le mystère de la providence divine à l'égard des réalités humaines, elle se termine par la mention de la gloire :

> Et parce que Job avait également été frappé dans son propre corps, de longs jours lui sont accordés pour l'augmentation de sa prospérité, d'où ce qui suit *Or Job vécut après ces épreuves cent quarante ans.* Et pour que l'on saisisse que pendant tout ce temps il vécut dans la prospérité, on dit *et il vit ses fils et ses filles jusqu'à la quatrième génération.* On donne à entendre que cette prospérité dura jusqu'à la mort, d'où ce qui suit *et il mourut vieux,* ce qui concerne la durée de son existence, *et plein de jours,* ce qui a trait à la prospérité de sa vie; c'est pourquoi il dit plus haut afin de désigner son adversité « Ainsi j'eus des mois vides »; par la plénitude de jours est signifiée de la sorte son abondance et quant aux biens de la fortune et quant aux

1. Cf. *Super Iob 42,10,* p. 229, lin. 103-119.

2. Par contre, il le fera dans son *Commentaire sur S. Jean* au sujet de l'apôtre Thomas : *Cum dicit* Respondit Thomas *etc., ponitur Thomae confessio : ubi apparet quod statim factus est Thomas bonus theologus, veram fidem confitendo* (cf. *In Ioan. 20,28,* lect. 6, n° 2562).

3. Cf. *Albert & Thomas Selected Writings,* Translated, Edited, and Introduced by S. TUGWELL, O.P., Preface by L. E. BOYLE, O.P., New York-Mahwah, 1988, p. 265-267. Le Père Torrell reprend à son compte cette explication de Tugwell (cf. *Initiation,* p. 429).

4. On aura bien sûr reconnu ici l'allusion à ce qui s'est passé aux environs du 6 décembre 1273 : l'*abstractio mentis* qui était habituelle chez le théologien dominicain connut en effet une forte accentuation : cf. à ce sujet, J.-P. TORRELL, *Initiation,* p. 164-165; 423-432.

biens de la grâce, par lesquels il fut conduit à la gloire future qui dure pour les siècles des siècles. Amen[1].

***

Si, comme nous l'affirmions au début de cette partie, le commentaire thomasien propose une profonde réflexion sur la condition de l'homme devant Dieu, le parcours que nous venons d'effectuer nous a donc fait découvrir que c'est sous les traits du théologien qu'apparaît la condition de cet homme. En éclairant de cette manière l'être humain, Thomas met également en pleine lumière la vocation même du théologien appelé à la contemplation de la vérité première dans la Patrie : c'est un des enseignements majeurs de l'*Expositio*. Bien que la plupart des éléments constitutifs de la réflexion en question ne soient pas propres au *Super Iob* — nous l'avons constaté à travers les nombreuses mises en parallèle de l'*Expositio* avec d'autres œuvres, le *Contra Gentiles* plus spécialement —, leur agencement autour de l'évolution humaine et religieuse de Job, en lequel se retrouve de quelque manière tout homme, confère à cette œuvre son originalité. Dans ce sens, elle peut être considérée comme complémentaire des livres 2 et 3 de la *Somme contre les Gentils* jusqu'à constituer avec eux une sorte de diptyque.

1. Cf. *Super Iob 42,16*, p. 230, lin. 192-208 : *Et quia Iob etiam in proprio corpore fuerat flagellatus, additur ei ad prosperitatis augmentum longitudo dierum, unde sequitur* Vixit autem Iob post flagella haec centum quadraginta annis. *Et ut intelligatur toto hoc tempore in prosperitate vixisse, subdit* et vidit filios suos et filios filiorum suorum usque ad quartam generationem. *Et ista prosperitas datur intelligi durasse usque ad mortem, unde sequitur* et mortuus est senex, *quod pertinet ad diuturnitatem vitae,* et plenus dierum, *quod pertinet ad vitae prosperitatem, unde supra ad designandum suam adversitatem dixit "Sic et ego habui menses vacuos"; unde et per plenitudinem dierum designatur abundantia ipsius et quantum ad bona fortunae et quantum ad bona gratiae, quibus perductus est ad futuram gloriam quae durat per omnia saecula saeculorum. Amen.*

CONCLUSION GÉNÉRALE

Lorsque l'exégèse passe du cloître à l'école, s'instaure un nouveau rapport à l'Ecriture : d'aliment de la rumination spirituelle du moine, celle-ci devient matière d'étude et d'enseignement. Au commentaire voué prioritairement à l'édification spirituelle, se substitue une approche analytique et discursive, attentive au sens littéral et soucieuse de fonder sur la vérité même du texte l'autorité dogmatique et morale dont l'Eglise imprègne son action pastorale, spécialement sa prédication. Une telle approche trouve sa pleine manifestation dans le labeur des *magistri in sacra pagina* dont c'est la première tâche de commenter l'Ecriture et de dispenser dans ce cadre un enseignement théologique. Tel est le cas de Thomas d'Aquin et de son *Expositio super Iob ad litteram.*

Tout au long de notre étude, nous nous sommes attaché non seulement à mettre en lumière cet enseignement mais aussi à en expliciter largement le contenu, en le situant dans l'ensemble de la théologie thomasienne, afin d'en montrer la densité : notre travail, ayant bénéficié de l'apport des études peu nombreuses consacrées jusqu'ici au *Super Iob,* offre l'intérêt d'une approche à la fois historique et doctrinale visant à la synthèse. Il nous est apparu que la densité découverte dans cette œuvre est fondamentalement liée à un type d'exégèse et de structuration herméneutique destinée à féconder le travail du théologien et dans laquelle la lecture de la Bible est elle-même marquée par une précompréhension basée sur des certitudes de foi muries au sein de la réflexion théologique. Ainsi exégèse et théologie sont appelées, dans la recherche et l'enseignement du Maître d'Aquin, à se rencontrer sur le terrain de la dépendance réciproque.

L'exégèse littérale, pratiquée par Thomas sur le livre de Job, laisse peut-être une impression de sécheresse et donne à son commentaire une allure austère : elle s'ouvre néanmoins comme de l'intérieur sur une théologie de la Providence à l'égard des réalités humaines et permet au frère dominicain de dégager une vision de l'homme devant Dieu. De cette orientation de l'*Expositio* ressort l'amplitude du sens littéral. Sur la base de la définition qu'en propose notre auteur — *Sensus litteralis est qui primo per verba intenditur, sive proprie dicta sive figurate* — on découvre qu'il ne s'entend pas seulement du sens immédiat, mais qu'il inclut la totalité du contenu de la révélation. Si le texte sacré est intelligible dans sa littéralité même, celle-ci renvoie, comme au-delà d'elle-même, non point aux sens spirituels traditionnels mais au contenu dogmatique de la foi, constitutif de la vérité de la lettre. L'exégète-théologien recherche et scrute cette vérité qu'il identifie à l'*intentio auctoris*. *Sensus litteralis est quem auctor intendit*, affirme en effet Thomas sous l'influence d'Augustin, ce qui veut dire qu'il est le sens visé par Dieu, auteur principal de l'Ecriture, à travers le sens perçu par l'auteur sacré. Or l'intention de l'auteur principal, qui est inséparablement *auctor rerum*, peut aller au-delà de l'intention consciente de l'auteur humain qui lui sert d'instrument; les sens non prévus par ce dernier sont alors des « sens adaptés » qui n'appartiennent pas moins au registre sémantique de l'Ecriture.

Dans le cas du livre de Job, cette *intentio* consiste à montrer par des raisons probables que les réalités humaines sont soumises au gouvernement de la providence divine. Ce qui semble le plus remettre en cause ce gouvernement, c'est l'affliction des justes; dans le but de traiter de cette question fondamentale, est donc proposée l'épreuve d'un homme parfait en vertu dont le nom est Job. Le théologien dominicain, dans sa recherche de l'intention de l'auteur, est marqué par la lecture de quelques chapitres du *Dux neutrorum* de Maïmonide; selon le philosophe juif, le livre de Job est structuré par une discussion entre sages d'un problème où la démonstration n'est pas possible et qui expose les opinions des hommes sur la Providence. Le Prologue de l'*Expositio* comporte ainsi un énoncé des positions sur la Providence qui a son parallèle plus développé dans le troisième livre du *Guide des égarés* (cf. chap. 18).

Sans juger pour l'instant de l'influence maïmonidienne sur Thomas, retenons que l'investigation doctrinale effectuée dans notre commentaire scripturaire, laquelle est fondée sur la recherche de l'*intentio auctoris*, fait place à l'enseignement des philosophes : outre Maïmonide, nous avons trouvé mention explicite ou implicite d'un certain nombre d'auteurs dont nous avons cherché à préciser la pensée et son implication dans l'exposé thomasien; le plus souvent elle éclaire tel ou tel point plutôt qu'elle n'assure une présence continue. On se souvient par exemple que le Maître d'Aquin se réfère à la thèse d'Avicenne et à celle d'Averroès sur la science en Dieu quand il traite dans son commentaire de Jb 22,12-14 de l'extension de la Providence. Par ailleurs, l'*Expositio* comporte de nombreuses explications apportées par les sciences de la nature. Cette pratique, qui se fait jour d'abord timidement dans les commentaires scripturaires du XIIIe siècle, devient caractéristique de l'exégèse scolastique et de l'importance croissante qu'elle accorde au sens littéral. Cela peut s'expliquer par le fait que, la Bible étant considérée à la fois comme le fondement de l'Eglise et l'achèvement de toute science et de toute sagesse, il est justifié qu'on use de toutes les disciplines de l'esprit humain et de toutes les ressources des sciences profanes pour élucider les significations historiquement voulues par les auteurs inspirés.

Si, en cela, l'*Expositio* n'est pas originale, elle attire pourtant toute l'attention, au moins dans l'histoire de l'exégèse du livre de Job, par sa priorité donnée au sens littéral. L'intention que formule en effet Thomas dans son Prologue de s'en tenir à ce sens — puisque S. Grégoire avait déjà largement exploité l'explication spirituelle — doit être prise au sérieux : notre étude nous l'a confirmé, même s'il faut apporter quelques précisions. Nous avons rencontré dans le commentaire de Jb 40,19 un sens mystique susceptible de remettre en cause l'option exégétique de départ. En fait, le frère dominicain admet un tel sens dans la mesure où il est suffisamment fondé sur le sens littéral. Dans le cas de l'*Expositio*, on doit aller plus loin et affirmer que les significations d'ordre spirituel, plutôt que d'être recherchées pour elles-mêmes, font partie des développements doctrinaux appelés par l'exégèse littérale et ayant sur elle leur point d'appui. A cela, il faut ajouter que notre auteur garde toute son estime pour l'interprétation grégorienne puisqu'il l'intègre — nous l'avons constaté à maintes reprises — dans ces développements.

Le *Super Iob* ouvre une nouvelle perspective en regard de la tradition interprétative issue de Grégoire qui se prolonge jusqu'à l'époque de Thomas : on retrouve en effet la prédominance de l'interprétation spirituelle chez les maîtres universitaires mendiants de la première moitié du XIIIe siècle, en particulier Alexandre de Halès, Hugues de Saint-Cher et Guerric de Saint-Quentin. Roland de Crémone occupe une place à part, car il commenta Job en accordant une large place au sens littéral; pourtant, son commentaire, qui ne répondait peut-être pas à l'exigence de rigueur et de clarté que l'on attendait, est tombé dans l'oubli : à cet égard, nous n'avons pas trouvé d'indices qui permettraient de voir une relation entre l'œuvre de Roland et celle du Maître d'Aquin. Albert le Grand, quant à lui, nous a laissé un commentaire sur Job, postérieur à celui de Thomas : s'il ne faut pas exclure qu'il eut connaissance du travail de son disciple, il ne nous paraît pourtant pas être influencé par lui. Plutôt que de mener une véritable enquête sur l'ensemble de la tradition grégorienne — ce que d'aucuns se sont attachés à faire, laissant un champ de recherche encore ouvert —, nous avons préféré en retenir certains moments-clés afin de souligner la nouveauté d'un commentaire dans lequel l'exégèse aménage tout un espace à l'investigation et à l'enseignement théologiques.

Cette conclusion souligne déjà suffisamment la place privilégiée de l'*Expositio* dans l'histoire de l'exégèse médiévale du livre de Job en même temps qu'elle ne peut que susciter de nouvelles recherches d'une part au plan de l'exégèse de Thomas lui-même, d'autre part à celui d'études comparatives. Par ailleurs, elle a permis d'orienter notre attention vers la théologie du *Super Iob* tout entière structurée par la relation de la providence divine à l'homme et, avec lui, à la création, de même que par celle de l'homme à Dieu. C'est autour de cet axe que nous avons poursuivi notre étude.

***

La réflexion théologique de Thomas dans l'*Expositio* se développe en fonction du problème que pose l'adversité du juste qu'est Job au regard de l'affirmation de la providence de Dieu à l'égard des réalités humaines. Notre auteur traite de ce problème et y apporte une solution dans le cadre de l'approfondissement de sa conception de la Providence, entendue comme *ratio ordinis rerum in finem* : Dieu ordonne l'homme à une autre vie où s'effectuera la rétribution de ses actes ; l'accentuation porte moins ici sur le comment de cette rétribution que sur la tension vers la fin ultime. Le Maître d'Aquin y voit la preuve d'une sollicitude spéciale de Dieu pour l'homme qui n'est pourtant pas sans grande fragilité. A l'appui de cette thèse, nous avons retrouvé un ensemble d'éléments qui ressortit au plan de la téléologie et dont une expression synthétique apparaît dans l'exposition de Jb 5,8 :

> *Omnia quae in terra fiunt sunt propter finem*[1].

Au fil de son commentaire, Thomas cherche en effet à mettre en lumière le dynamisme de la causalité finale exercé par Dieu à l'égard des créatures et qui traverse la mise en œuvre de son dessein providentiel. Le Créateur donne l'être à tout ce qui existe, non par nécessité de nature, mais par son intelligence et sa volonté. Or aucune autre fin ne peut leur être assignée que la bonté divine elle-même communiquée aux créatures. Ce qui est bon dans les choses, c'est non seulement ce qui se rapporte à leur substance, mais aussi ce qui concerne l'ordre à leur fin, principalement la fin ultime qu'est la bonté de Dieu. Le bien de l'ordre de l'univers, qui fut créé par Dieu, constitue ainsi la plus haute perfection de la création. Puisque Dieu est donc cause des choses par son intelligence, de telle sorte que la raison formelle de ses effets doit préexister en lui, il est nécessaire que le plan d'ordination des choses à leur fin préexiste dans la pensée divine, ce qui n'est autre que la providence divine. Thomas introduit de la sorte dans sa téléologie, que l'on peut qualifier de transcendante, la considération d'un ordre du bien, c'est-à-dire d'une hiérarchie des biens et des fins selon un ordre de participation à Dieu qui est l'essence même de la bonté. Cette réflexion constitue un effort de saisie de la relation que le monde entretient avec la Providence. Autre, par contre, est sur ce point la doctrine de Maïmonide pour qui Dieu n'est pas la fin de l'homme et des autres créatures à titre de terme de leur

1. Cf. p. 36, lin. 140-141.

désir, mais comme celui qui assigne à chacun sa fin spécifique. Cela s'explique par le fait qu'il ne considère pas la fin comme un bien et qu'il ne rattache donc pas l'appétit naturel du bien, présent en toute créature, au terme de tout désir qu'est Dieu comme bien suprême. Il y a, selon lui, un ordre des fins que Dieu seul connaît et en lequel toute créature, dont l'être humain par son choix libre, doit s'insérer pour correspondre à la perfection inscrite dans sa nature et pour être fidèle à la volonté et la sagesse de celui qui préside à l'ordre du tout.

Sur la base de sa réflexion téléologique, Thomas expose, spécialement dans le commentaire de Jb 9 et 38, sa théologie de la Providence comme *ratio divina ordinans*. Il souligne que les réalités naturelles sont ordonnées à leur fin par une intelligence supérieure et qu'une telle ordination renvoie au dessein divin de sagesse à l'égard de toute la création. Il faut se reporter spécialement à l'interprétation du chapitre 28 pour trouver un développement sur la sagesse divine : Thomas se réfère d'ailleurs à ce passage du livre de Job quand, en d'autres œuvres, il aborde la présente thématique. En suivant l'enseignement du Maître d'Aquin, dans le commentaire de ces différents chapitres, nous sommes arrivé à une affirmation riche d'implications pour l'approche de la relation de Dieu aux créatures : la Providence dispose en effet toutes choses non seulement dans l'universalité de leur nature mais également dans leur singularité.

La *dispositio* concerne l'ordre selon lequel les choses sortent de leur principe : comme l'artisan qui agence les diverses parties de son œuvre, Dieu place les choses à différents degrés sur l'échelle des êtres. L'ordre visé prioritairement dans le cadre de la *dispositio* est donc celui des parties les unes par rapport aux autres. A la différence de l'*ars divina* qui touche à la production des choses et de la *dispositio* qui a rapport à l'ordre des réalités produites, la providence, quant à elle, signifie l'ordre à la fin. Or cet ordre est plus proche de la fin que l'ordre des parties entre elles et en constitue d'une certaine manière la cause ; c'est pourquoi, la providence peut être considérée comme cause de la *dispositio*. Celle-ci désignera alors tant l'ordre d'une chose à une autre selon qu'elles s'aident mutuellement à rejoindre leur fin ultime que celui de tout l'univers à Dieu lui-même.

Affirmer que la providence divine dispose toutes choses revient à dire qu'elle s'étend non seulement aux réalités incorruptibles mais aussi aux corruptibles. Dans l'exposé de cette thèse, à partir de Jb 22,12-14, Thomas met en corrélation la question de l'extension de la science divine et celle de l'universalité de la Providence. A celle-ci, qui est une donnée fondamentale de la révélation, est intrinsèquement liée l'omniscience divine comme étant sa condition nécessaire : un Dieu qui ne connaîtrait pas jusqu'aux plus petites déterminations de ce qui existe en ce monde ne saurait être le rémunérateur de tous biens. Si, à ce propos, notre auteur évoque dans son commentaire les positions divergentes d'Avicenne et d'Averroès, en d'autres œuvres, il exprime également son désaccord avec Maïmonide : tout en partageant la perception de l'excellence singulière de l'homme sous le regard de la Providence, il reproche au philosophe juif d'avoir limité à cet être une sollicitude qui s'étend en fait à tous les autres êtres corruptibles. Il s'en expliquera dans la *Prima pars* (cf. q. 22, a.2, c.) notamment : puisque tout agent agit en vue d'une fin, l'ordination des effets à la fin, en quoi consiste la providence, doit s'étendre aussi loin que la causalité du premier agent. Or la causalité de Dieu, qui est l'agent premier, s'étend à tous les étants, et quant à leurs éléments spécifiques et quant à leurs caractères d'individus, aussi bien à ceux des réalités incorruptibles qu'à ceux des corruptibles. Toutes choses, pour autant qu'elles participent à l'être, sont ainsi soumises à la providence divine.

Dans son commentaire de Jb 7,17 : *Quid est homo quia magnificas eum, aut quia ponis erga eum cor tuum?*, le théologien dominicain apporte des distinctions importantes : puisque les biens particuliers qui se trouvent dans le monde sont ordonnés au bien commun de l'univers, les choses sont disposées par la Providence dans leur rapport à l'univers. Or selon qu'elles participent à la perpétuité, elles ont un rapport essentiel à la perfection universelle et selon qu'elles y font défaut, leur rapport est accidentel et non pour soi. Dieu dispose et gouverne donc pour soi ce qui est perpétuel selon l'espèce et selon l'individu ; ce qui est corruptible individuellement et perpétuel selon l'espèce seule, est disposé par contre pour soi selon l'espèce, mais individuellement l'est en vue de l'espèce. Ainsi Dieu prend-t-il soin de l'homme pour son propre bien et pas seulement pour celui de l'espèce.

Le parcours que nous avons effectué, qui manifeste déjà la densité théologique du *Super Iob*, nous a permis d'arriver au cœur de l'enseignement de Thomas : la providence divine entoure l'homme d'une sollicitude spéciale malgré la fragilité de sa condition. Le terme *condicio*, avons-nous constaté, est employé prioritairement dans un contexte marquant la faiblesse de l'homme, laquelle est envisagée à un double niveau : d'une part, celui concernant les misères de l'existence humaine telles la souffrance et la mort qui sont conséquence du péché originel, d'autre part celui qui relève du domaine moral et que Thomas exprime en ces termes :

> *Ex fragilitate condicionis humanae nullus homo est immunis a peccato*[1].

Cette condition de fragilité, dont nous avons essayé de mettre en relief les composantes, n'est pas close sur elle-même, mais elle est ouverte au dynamisme de la fin ultime à laquelle tout homme est appelé : s'il est en effet objet d'une sollicitude spéciale de la part de Dieu, c'est en raison de sa capacité au bien éternel.

C'est autour du célèbre verset *Militia est vita hominis super terram, et sicut dies mercennarii dies eius* (Jb 7,1) que Thomas dévoile sa pensée

1. Cf. *Super Iob 6,1*, p. 41, lin. 13-14.

concernant l'orientation de l'existence humaine : à la différence de S. Grégoire qui interprète ce verset dans le sens où la vie de l'homme sur terre est un temps de tentation, le frère dominicain y voit une comparaison de l'existence présente avec la condition des soldats qui en combattant tendent à la victoire et avec celle du mercenaire qui aspire au moment de son salaire : cela signifie que cette vie n'a pas en elle-même sa fin ultime, mais qu'elle est en rapport avec sa fin comme le mouvement avec le repos. Par ces deux exemples, souligne Thomas, on nous donne à comprendre que la vie présente est soumise à la providence divine qui ordonne l'homme à une rétribution dans une autre vie. De même que le chef d'armée n'épargne pas à ses vaillants soldats périls et travaux et qu'il les récompense après la victoire, de même la Providence ne soustrait pas aux bons les adversités et les labeurs de la vie présente, mais elle les rémunère davantage à la fin.

Plutôt que d'employer le terme *beatitudo* pour parler de la fin ultime de l'homme, le Maître d'Aquin préfère, dans son commentaire, les expressions *felicitas* et *alia vita*. Il en est de même dans le *Contra Gentiles* où il est davantage tributaire de l'influence aristotélicienne qu'il ne le sera dans la *Summa theologiae* dans laquelle il approfondit avec S. Augustin la notion chrétienne de béatitude. Outre cette explication, il faut considérer la perspective propre à chacune de ces œuvres. Notre auteur développe moins dans le *Super Iob* une réflexion sur la vision de Dieu comme ce en quoi consiste la félicité humaine, qu'il ne cherche à montrer que l'autre vie vers laquelle nous tendons est marquée par la rétribution.

Le commentaire de Jb 7,17-18 souligne que l'homme possède une secrète aptitude à rejoindre cette autre vie dans laquelle il demeurera éternellement[1], ce sur quoi Thomas reviendra avec insistance. Dans le même sens, il affirme, dans le troisième livre de la *Somme contre les Gentils* (cf. chap. 111), un régime providentiel spécial de Dieu à l'égard des créatures intellectuelles en raison de la perfection de leur nature et de la dignité de leur fin. Or l'homme désire naturellement cette fin : ce désir a son fondement et son explication dans le fait que chacun de nous est créé à l'image de Dieu et comme tel est *capax perpetuitatis;* l'espérance des biens éternels en permettra le plein épanouissement. Signe de l'importance qu'accorde notre auteur à cette thématique, l'*Expositio* laisse transparaître toute une théologie de l'espérance qui trouve son expression la plus achevée dans l'interprétation de Jb 19,25-27 mettant en lumière l'espérance de la résurrection au dernier jour :

> *Scio enim quod redemptor meus vivit, et in novissimo die de terra surrectus sum. Et rursum circumdabor pelle mea et in carne mea videbo Deum, quem*

1. Cf. p. 50-51, lin. 357-419.

visurus sum ego ipse et oculi mei conspecturi sunt et non alius. Reposita est haec spes mea in sinu meo[1].

Cela nous a conduit à préciser davantage encore la perspective doctrinale de l'*Expositio* qui est non seulement téléologique mais aussi eschatologique. Les comparaisons répétées avec le *Contra Gentiles*, avec l'Office du *Corpus Christi* également, font apparaître que le séjour d'Orvieto représente un moment privilégié d'investigation et d'approfondissement de cette perspective. Le commentaire sur Job, dont la tonalité est plus existentielle pourrait-on dire, a la particularité de la situer dans le cadre du questionnement sur la rétribution des actes humains : Thomas brise en effet le cercle de l'apparente injustice de ce monde en développant une théologie de l'espérance ouverte à une rétribution dans la vie future. Quand il s'agit alors de rendre compte de l'adversite du juste, notre auteur enseigne que si Dieu ne la soustrait pas, bien qu'il en soit prié, c'est parce qu'elle peut le disposer à l'obtention du salut final. L'*Expositio* est ainsi représentative d'une certaine attitude religieuse consciente de la responsabilité de l'homme et inséparablement ouverte à l'intervention de la vie surnaturelle par laquelle Dieu l'aide à le rejoindre. Une telle orientation doctrinale fait que notre commentaire occupe une place privilégiée dans la maturation théologique qui aboutira au traité de la béatitude dans la *Prima secundae*.

C'est dans le cadre herméneutique constitué par sa réflexion téléologique et eschatologique que Thomas envisage les diverses étapes par lesquelles passe Job et qui renvoient à la recherche entreprise par l'homme de la vérité de la Providence. Il est attentif à la manière dont l'être humain appréhende l'ordre de la providence de Dieu. Maïmonide avait déjà cette préoccupation, quoique son explication fût différente. Selon lui, l'homme est en effet soumis comme toutes les autres créatures à l'ensemble des lois naturelles, mais il est seul à pouvoir choisir entre le bien et le mal dans un acte dont il a l'initiative; ce faisant, il s'insère dans un ordre dont Dieu a le secret et qu'il lui appartient de reconnaître par la raison.

***

Une des originalités du commentaire thomasien est la distinction de trois types de discours de Job correspondant à trois étapes par lesquelles passe le juste affligé : il est d'abord entraîné par sa sensibilité, il recherche ensuite la cause de son adversité dans la discussion avec ses amis, il cède enfin à l'inspiration divine.

Le premier discours porte précisément sur la plainte du chapitre 3 que notre auteur, à la différence des représentants de la tradition grégorienne, n'hésite pas à interpréter selon le sens littéral :

1. Pour le commentaire, voir p. 116-117, lin. 245-366.

Pereat dies in qua natus sum, et nox in qua dictum est : conceptus est homo (Jb 3,3).

Le frère dominicain y voit trois lignes de force : l'ampleur du malheur enduré par Job, le dégoût qu'il a de sa vie ainsi que son innocence qui ne connaît pas d'altération malgré l'adversité. L'intérêt de son interprétation, qui n'est pas sans faire droit à l'allure dramatique du livre sacré, concerne peut-être d'abord la façon dont est envisagée l'attitude de Job devant l'épreuve.

Lorsque Job prononce les paroles du verset 3, il est entraîné, selon Thomas, par sa sensibilité, mais sa raison domine la partie inférieure de son âme. N'ignorant pas le thème de la patience, si largement exploité par S. Grégoire, notre auteur l'explicite à l'aide d'éléments empruntés à sa réflexion sur la moralité des passions : il part pour cela de la position défendue respectivement par les stoïciens et les péripatéticiens et admet avec ceux-ci que le sage puisse s'attrister, dans la mesure où sa tristesse est modérée par la raison. Les péripatéticiens désignent en effet par le mot passion tout mouvement de l'appétit sensible. En vertu de l'unité de la forme substantielle du composé humain, une passion devient volontaire par participation et sera bonne ou mauvaise selon qu'elle est soumise ou non aux facultés supérieures; or quand elle est bonne, une passion est orientée vers l'épanouissement harmonieux de la vie humaine.

Lorsque le Maître d'Aquin opte pour l'opinion péripatéticienne, il se réfère explicitement à une double autorité : d'une part l'Ecriture qui place la tristesse dans le Christ, d'autre part le *De civitate Dei* de S. Augustin; c'est à lui que Thomas doit la mise en parallèle des deux positions philosophiques que l'on rencontre à partir du *De veritate* et jusque dans les œuvres les plus tardives. Du point de vue des sources, l'*Expositio* s'inscrit dans la continuité du *De veritate* : outre le *De civitate Dei* qui représente, par rapport au *Commentaire des Sentences*, le seul changement significatif dans la structure des citations utilisées, elle porte le sceau de l'enseignement du Damascène et de Némésius d'Emèse, d'Aristote, de Boèce, du Pseudo-Denys, sans oublier — au moins dans son cas — le sceau de la doctrine de Grégoire le Grand. Sans apporter à proprement parler d'originalité au niveau des sources, elle est néanmoins, pour la période d'Orvieto, le témoin de la théologie des passions, le *Contra Gentiles* étant beaucoup moins explicite sur le sujet. De plus, elle a l'intérêt de faire transparaître la valeur de l'expérience dans l'investigation théologique en suivant de près le comportement d'un homme affecté par la tristesse. Ce qu'affirme Thomas de Job n'est pas sans similitude avec ce qu'il indique du Christ lui-même quand en d'autres œuvres (le *Commentaire aux Sentences* ou la *Somme de théologie*), il parle, à la suite de S. Jérôme, de pro-passions, pour signifier que chez lui les passions commencent dans l'appétit sensible mais ne s'étendent pas au-delà.

Ainsi à partir de la lettre du texte sacré, le Maître d'Aquin conclut à la sagesse et à l'innocence de Job, rejoignant en cela l'interprétation de Grégoire. D'après lui, si la vertu de Job est mise en lumière, c'est afin que soit assuré le fait qu'il n'est pas éprouvé en raison de ses fautes. Bouleversé dans sa sensibilité, Job ne faillit point, ayant la conviction qu'une autre vie lui est promise et qu'il y est ordonné par la Providence. A partir de cette conviction, il entreprend une recherche sur la cause de son adversité dans la discussion avec ses amis : c'est l'objet du deuxième type de discours de Job.

Nous avons pu préciser le type de discussion auquel répond, selon Thomas, l'enchaînement des dialogues de Job : bien que, dans l'*Expositio*, le schème de la *quaestio disputata* soit plus un motif d'accompagnement qu'une charpente organique et structurante, il ne faut cependant pas minimiser son importance pour ce qui concerne le niveau d'exercice de la discussion. Deux indications nous ont aidé à l'identifier : d'une part, Thomas affirme que Job exprime la délibération de sa raison dans la discussion avec ses amis ; d'autre part, celle-ci est centrée sur le *qualiter* du gouvernement de la Providence à l'égard des réalités humaines, une vérité que Job va rechercher et manifester, bénéficiant de l'inspiration divine par le don de la foi et de la sagesse. Cela n'est pas sans correspondre à la *disputatio quomodo sit* qui introduit les auditeurs dans l'intelligence de la vérité. On pourrait expliquer par là le nombre relativement restreint des textes scripturaires dans l'*Expositio* si on la compare aux autres postilles sur Job, en particulier celle d'Albert : quand il s'agit en effet d'exprimer le *quid sit* ou le *quomodo sit*, et non pas l'appartenance d'une vérité donnée à la révélation, l'autorité de l'Ecriture n'est plus seule suffisante ; la raison intervient qui met en œuvre toutes ses ressources pour conduire le croyant à une intelligence toujours plus grande de ce qu'il tient dans l'obscurité de la foi. Thomas porte ainsi une attention spéciale à l'affirmation de la raison théologique dont il met en relief le déploiement à partir des différents discours de Job et de ses interlocuteurs, et de la détermination divine.

L'étude que nous en avons faite a permis de dégager deux aspects inséparables de l'attitude de Job : d'une part, il exprime la vérité de la providence divine à l'égard des réalités humaines, et dans ce cadre, il défend la vérité et réfute les erreurs de ses amis ; d'autre part, il scrute cette vérité en soumettant son intelligence à Dieu dans la foi. Cela rappelle le double office du sage présenté dans le « discours-programme » du *Contra Gentiles* (cf. lib. I, cap. 1) : dire la vérité divine après l'avoir méditée ; combattre l'erreur qui s'oppose à la vérité. Comme dans la *Somme contre les Gentils*, la vérité dont il est question dans l'*Expositio* est vérité de foi, ce qui place les discours de Job sur un registre théologique. En outre, la fonction d'énonciation et de manifestation de la vérité apparaît comme le fondement de la fonction apologétique de la démarche de Job. A titre d'exemple, nous renvoyons à la réponse faite par Job à la première intervention d'Eliphaz : Job, voulant montrer que la consolation liée exclusivement à une félicité terrestre est inopérante, entreprend un long discours dans lequel il affirme que la vie présente est ordonnée à une autre vie.

Dans l'*Expositio*, Thomas nous paraît alors présenter en quelque sorte une « défense et illustration » du propos qu'il s'est fixé dans le *Contra Gentiles* et qui est fondamentalement celui de la démarche théologique :

> Dans l'étude attentive que nous ferons de telle vérité, nous montrerons donc à la fois quelles erreurs cette vérité exclut, et comment la vérité établie par voie démonstrative s'accorde avec la foi de la religion chrétienne[1].

Dans son œuvre de synthèse comme dans son commentaire scripturaire, le frère dominicain ne centre pas son attention sur l'erreur elle-même, mais sur la vérité définie face à elle. S'il s'efforce de confondre un infidèle peut-être mort depuis des siècles, ce n'est pas pour le bénéfice de cet infidèle, mais pour celui du théologien dont la contemplation de la vérité de foi ne sera parfaite que dans la mesure où elle inclut la vue de la fausseté de l'erreur opposée. Cela expliquerait le fait que le *Super Iob* ne s'arrête pas aux erreurs des *moderni*, mais à celles d'auteurs plus anciens dont la réfutation permet un approfondissement de la théologie de la Providence.

Tout ce processus est sous-tendu par une recherche de foi dont la fin est la connaissance du Dieu vivant et de son action providentielle; il est à remarquer que cette fin est celle que Thomas assigne en d'autres textes à la théologie dans laquelle tout est envisagé *sub ratione Dei*. Or, le Maître d'Aquin ne cessera de souligner que la recherche théologique de Job se déroule sur fond d'apophatisme. L'intervention de Dieu, qui marque l'entrée de Job dans la troisième étape de son itinéraire, constitue une réponse à l'ignorance de l'homme :

> *Interrogatio Dei non est ut addiscat sed ut hominem de sua ignorantia convincat*[2].

L'*Expositio* témoigne d'un sens aigu de la transcendance de Dieu qui oblige à considérer la place de la *via negationis* : ce sens se déploie graduellement dans le cheminement de sagesse accompli par Job, pour être porté à sa pleine expression dans le discours du Seigneur. Pour Maïmonide également, c'est la fidélité à la transcendance divine qui représente toute l'exigence de la démarche de Job, une exigence à laquelle il se soumettra progressivement. Si Thomas connaît le *Guide des égarés* et s'en inspire pour ce qui touche au genre littéraire et à l'*intentio auctoris* du livre de Job, il ne prend pas moins des distances à son égard — nous l'avons vu à plusieurs reprises — : la doctrine de

1. Cf. 1 *CG*, cap. 2.
2. Cf. *Super Iob 38,3*, p. 199-200, lin. 76-77.

l'analogie permet en effet au théologien chrétien de s'engager sur un chemin où l'équivocité du philosophe juif le retient de s'avancer. Par la distinction entre la *ratio significata et le modus significandi*, notre auteur se donne le moyen de tenir un discours valide sur Dieu, tout en respectant le mystère de sa transcendance. Alors que ce dernier fait porter la négation sur le mode dont il s'agit de dépasser la limite pour en saisir la signification ouverte à la mesure des modes supérieurs, selon le premier, par contre, le point d'application de la négation est la *ratio significata* elle-même; la seule manière alors de saisir la perfection divine est de nier la limitation connotée par les mots de notre langage. Pour Maïmonide, l'itinéraire de Job consiste donc à purifier son imagination, à préciser les concepts et à acquérir une notion claire et distincte de ce qui est nié de Dieu. La révélation de Dieu qui lui est faite est le point de départ de son avancée dans la connaissance intellectuelle à laquelle il est appelé : elle ouvre en effet devant lui le champ immense de l'activité spécifiquement humaine qui consiste à élargir les limites de la connaissance et à percevoir ainsi la transcendance de Dieu qui ne ressemble en rien à ce qui est.

Selon Thomas, Job est non seulement l'homme qui rencontre le mystère de la transcendance divine, mais aussi celui à qui la foi, lieu d'accueil de la révélation, découvre quelque chose de la vérité de la Providence. Par-delà l'inconnaissance, il est ainsi introduit dans une connaissance à laquelle il est ordonné comme à sa fin. Après lui avoir montré son incapacité à connaître parfaitement les effets divins qui se trouvent dans la création et qui sont davantage à sa portée, Dieu lui révèle alors des choses plus élevées qui concernent la cause de son adversité :

> *Agit de malitia Satan quae fuit principium adversitatis Iob et est principium damnationis humanae*[1].

Après avoir considéré la malice du diable dont Thomas dit qu'elle ne saurait en aucun cas être vaincue par l'homme livré à ses seules forces mais par la puissance divine, nous nous sommes arrêté à la question de la mise à l'épreuve de Job par Satan au regard du gouvernement de la Providence. Notre auteur s'exprimera à ce sujet en terme de permission. Quand il s'agit du mal de faute, Dieu en le permettant ne le veut ni ne l'autorise, mais il n'empêche pas celui qui en est la seule cause, l'être rationnel dans son libre arbitre, de le commettre, ceci en raison du bien qu'il veut en tirer : tel est le cas du diable. Corrélativement à la permission de l'action maléfique de Satan, le frère dominicain traite de celle de l'adversité du juste en s'appuyant sur Tobie 11,12 :

> *Dominus ei tentationem evenire permisit ut posteris daretur exemplum patientiae eius sicut et sancti Iob.*

1. Cf. *Super Iob 40,10*, p. 216, lin. 275-279.

Il dégage à partir de là le motif de la permission de l'épreuve de Job : manifester à tous sa vertu. Dieu ordonne en effet non seulement la vie des justes à leur bien, mais il la rend également visible aux autres.

Une étude serrée des textes nous a montré que Thomas n'a pas d'abord en vue l'épreuve comme moyen de rejoindre une fin, mais bien davantage la fin elle-même à laquelle chacun de nous est ordonné par Dieu. Cherchant, dans son approche théologique, à rendre compte du dessein divin sur l'homme, il considère *post factum* la convenance de l'adversité de Job, selon que cette convenance est tout entière commandée par la fin. Une telle ordination est traversée par la bonté divine portée souverainement à se communiquer : c'est sur ce fondement qu'il faut envisager, d'après l'enseignement de l'*Expositio* — lequel ne sera pas sans être repris dans les œuvres postérieures —, la permission divine de l'épreuve du juste.

L'interprétation de la double réponse de Job à Dieu (cf. Jb 39,33-35 et 42,1-6) constitutive de son troisième type de discours s'inscrit dans le cadre de la déclaration d'apophatisme rencontrée au long de notre commentaire. Le silence de Job qui accueille les paroles du Seigneur marque, au regard de Thomas, l'accession à une connaissance plus profonde de la vérité de la Providence :

> *Nunc autem oculus meus videt te », idest plenius te cognosco quam prius*[1].

Les étapes franchies par Job, telles que nous les avons mises en lumière, ont les caractéristiques d'une démarche de sagesse théologique dont l'accomplissement parfait se trouve dans la gloire. D'un bout à l'autre de l'*Expositio*, c'est bien le dynamisme exercé par la fin ultime de l'homme qui retient toute l'attention du Maître d'Aquin. L'originalité du commentaire, par rapport à la *Summa contra Gentiles* où la présente thématique est également très importante, réside dans le fait que les éléments ressortissant au dynamisme de la fin sont considérés dans le cadre de l'évolution humaine et religieuse d'un homme, figure emblématique s'il en est. Proposant une profonde méditation sur la condition humaine, le *Super Iob* souligne à quel point ce dynamisme donne tout son sens à l'existence de l'homme devant Dieu et toute sa consistance à la recherche qu'il entreprend de la vérité.

A pénétrer l'enseignement de l'*Expositio*, on découvre quelque chose de la contemplation d'un théologien, en quête de la sagesse divine, et dont une des convictions de fond tient en ces mots :

> *Praesens vita hominis non habet in se ultimum finem*[2].

1. Cf. *Super Iob 42,25*, p. 228, lin. 37-38.
2. Cf. *Super Iob 7,1*, p. 46, lin. 21-22.

EXPLICATION DES SIGLES

AFP	Archivum fratrum praedicatorum, Rome.
AHDLMA	Archives d'histoire doctrinale et littéraire du Moyen Age, Paris.
Ang.	Angelicum, Rome.
BA	Bibliothèque augustinienne (Œuvres de saint Augustin), Paris.
BFSMAe	Bibliotheca franciscana scholastica Medii Aevi, Quaracchi et Grottaferrata.
CCCM	Corpus christianorum — continuatio mediaevalis, Turnhout.
CCSL	Corpus christianorum — series latina, Turnhout.
CSEL	Corpus scriptorum ecclesiasticorum latinorum, Vienne.
DS	Dictionnaire de spiritualité, Paris.
DTC	Dictionnaire de théologie catholique, Paris.
DTP	Divus Thomas, Piacenza.
FZPT	Freiburger Zeitschrift für Philosophie und Theologie, Fribourg (Suisse).
LTP	Laval théologique et philosophique, Québec.
MS	Medieval Studies, Toronto.
PG	Patrologia graeca (éd. J.-P. MIGNE), Paris.
PL	Patrologia latina (éd. J.-P. MIGNE), Paris.
RFNS	Rivista di filosofia neo-scolastica, Milan.
RPL	Revue philosophique de Louvain.
RSPT	Revue des sciences philosophiques et théologiques, Paris.
RT	Revue thomiste, Toulouse.
RTAM	Recherches de théologie ancienne et médiévale, Louvain.
SC	Sources chrétiennes, Paris.

BIBLIOGRAPHIE[1]

AILLET M., *Lire la Bible avec S. Thomas*, Le passage de la *littera* à la *res* dans la Somme théologique, « Studia friburgensia n. s. 80 », Fribourg, 1993.

Albert & Thomas, Selected Writings, Translated, Edited and Introduced by S. TUGWELL, Preface by L. E. BOYLE, « The Classics of Western Spirituality », New York, Mahwah, 1988.

ALBERT LE GRAND, *Commentarii in Iob*, éd. M. WEISS, Freiburg (Brisg.), 1904.

—, *Opera omnia*, éd. A. et E. BORGNET, 38 vol., Paris, 1890-1899.

—, *Opera omnia edenda curavit Institutum Alberti magni Coloniense Bernhardo Geyer praeside*, Münster / Westfalen, 1951-.

ALEXANDRE DE HALÈS, *Glossa in quatuor Libros Sententiarum Petri Lombardi*, Studio et cura PP. Collegii S. Bonaventurae, « BFSMAe 12-15 », 4 vol., Quaracchi, 1951-1957.

ALGAZEL, *Metaphysica*, éd. J. T. MUCKLE, Toronto, 1933.

ANDEREGGEN I.E.M., *La metafisica de santo Tomás en la Exposicíon sobre el « De Nominibus » de Dionisio Areopagita*, Diss. PUG, Roma, 1988.

ARIAS REYERO M., *Thomas von Aquin als Exeget*, Die Prinzipien seiner Schriftdeutung und seine Lehre von den Schriftsinnen, « Sammlung Horizonte, Neue Reihe 3 », Einsiedeln, 1971.

ARISTOTELES LATINUS, Corpus philosophorum medii aevi Academiarum consociatarum auspiciis et consilio editum, Paris-Bruges, 1961 s.

ARISTOTELIS graece, ex recensione Im. Bekkeri edidit Academia regia borussica, 5 vol., Berlin, 1831-1870.

ARISTOTE, *Ethique à Nicomaque*, Nouvelle traduction avec introduction, notes et index par J. TRICOT, « Bibliothèque des textes philosophiques », Paris, 1990.

—, *La Métaphysique*, Nouvelle édition entièrement refondue, avec commentaire par J. TRICOT, « Bibliothèque des textes philosophiques », 2 vol., Paris, 1991.

1. Cette liste comporte les ouvrages, les contributions, les articles ainsi que les traductions utilisés et indiqués dans notre étude. Les éditions des œuvres de S. Thomas ne sont pas reprises ici : elles sont mentionnées dans notre introduction, à la page 11, note 4. Les œuvres des auteurs antiques et médiévaux qui sont éditées dans la *Patrologie latine* ou *grecque* (*PL, PG*), dans le *Corpus christianorum, series latina* ou *continuatio mediaevalis* (*CCSL, CCCM*), dans le *Corpus scriptorum ecclesiasticorum latinorum* (*CSEL*) et dans les *Sources chrétiennes* (*SC*) ne sont pas indiquées dans cette liste.

AUSÍN S., « La providencia divina en el libro de Job, Estudio sobre la "Expositio in Job" de Santo Tomás de Aquino », *Scripta theologica* VIII, 2 (1976) 477-550.

—, « Santo Tomás, Magister in 'Sacra Pagina', Doctrina de la providencia y método exegético en la 'Expositio in Iob' de Santo Tomás », dans *Excerpta e dissertationibus* III, n° 3, Pamplona, Eunsa, 1977, 92 p.

AVERROÈS, *Aristotelis opera ... cum Averrois Cordubensis variis in eosdem commentariis*, Venise, 1562-1574.

AVICENNE, *Liber de philosophia prima sive scientia divina*, éd. S. VAN RIET, 3 vol., Louvain, 1977.

AVICENNE, *Opera philosophica*, Venise, 1508.

BATAILLON L.-J., « De la *lectio* à la *praedicatio*, Commentaires bibliques et sermons au XIIIe siècle », *RSPT* 70 (1986) 559-575.

—, « La diffusione manoscritta dei commenti biblici di San Tommaso d'Aquino », *Angelicum* 71 (1994) 579-590.

—, « Les instruments de travail des prédicateurs au XIIIe siècle », dans *Culture et travail intellectuel dans l'Occident médiéval*, éd. G. HASENOHR et J. LONGÈRE, Paris, 1981, p. 197-209.

BAVAUD G., « Comment Dieu permet-il et connaît-il le péché? », *RT* 61 (1961) 226-240.

BAZÁN B. C., « La corporalité selon S. Thomas », *RPL* 81 (1983) 360-409.

—, « Les questions disputées, principalement dans les facultés de théologie », dans B. C. BAZÁN, G. FRANSEN, J. F. WIPPEL, D. JACQUART, *Les questions disputées et les questions quodlibétiques dans les facultés de théologie, de droit et de médecine*, »Typologie des sources du Moyen Age occidental 44-45 », Turnhout, 1985, p. 13-49.

—, « Pluralisme de formes ou dualisme de substances, La pensée pré-thomiste touchant la nature de l'âme », *RPL* 67 (1969) 31-73.

BERNARD Ch.-A., *Théologie de l'espérance selon saint Thomas d'Aquin*, « Bibliothèque thomiste 34 », Paris, 1961.

BLANCHETTE O., « The Four Causes as Texture of the Universe », *LTP* 25 (1969) 59-87.

BLANCO A., « La revelación como *locutio Dei* », *Scripta theologica* XIII (1981) 9-61.

—, « Word and Truth in Divine Revelation », *Studi tomistici* 37 (1990) 27-48.

BONAVENTURE, *Itinéraire de l'esprit vers Dieu*, Texte de Quaracchi, Introduction, traduction et notes par H. DUMÉRY, Paris, 1967.

—, *Opera omnia*, éd. PP. Collegii s. Bonaventurae, Claras Aquas, Quaracchi, 1882-1902.

BONINO S.-Th., *Thomas d'Aquin, De la vérité, Question 2 (La science en Dieu)*, Introduction, traduction et commentaire, avec une préface de R. IMBACH, « Vestigia 17 », Fribourg-Paris, 1996.

—, *La question 2 des « Quaestiones disputatae De veritate » de Thomas d'Aquin*, Introduction, traduction et commentaire, Diss. dactyl., 2 vol., Fribourg, 1992.

—, « Le rôle de l'image dans la connaissance prophétique d'après saint Thomas », *RT* 89 (1989) 533-568.

—, « "Les voiles sacrés" : A propos d'une citation de Denys », *Studi tomistici* 45 (1992) 158-171.

—, *Quaetiones disputatae De veritate, Saint Thomas d'Aquin, Question 12 : La prophétie*, Présentation, traduction et notes, Mémoire de licence dactyl., Fribourg, 1989.

BOSSIER F., « Méthode de traduction et problèmes de chronologie », dans J. BRAMS et W. VANHAMEL, éd., *Guillaume de Moerbeke*, Recueil d'études à l'occasion du 700ème anniversaire de sa mort (1286), Leuven, 1989, p. 257-294.

BOUGEROL J.-G., *Introduction à saint Bonaventure*, Paris, 1988.

—, « Introduction générale, introduction au Prologque et notes » à *Saint Bonaventure, Breviloquium* (texte latin de Quaracchi et traduction française), « Bibliothèque bonaventurienne, Série "Textes" », Paris, 1967.

—, *La théologie de l'espérance aux XIIe et XIIIe siècles*, 2 vol., Paris, 1985.

BRUNNER P., *Probleme der Teleologie bei Maimonides, Thomas von Aquin und Spinoza*, Neuden (Lichtenst.), 1979.

BURRELL D. B., *Knowing the Unknowable God : Ibn Sina, Maimonides, Aquinas*, Notre Dame, Ind., 1986.

CALLUS D. A., « The Origins of the Problem of the Unity of Form », *The Thomist* 24 (1961) 256-285.

CESSARIO R., *Christian Satisfaction in Aquinas*, Towards a Personalist Understanding, Washington, 1982.

—, *The Godly Image : Christ and Salvation in Catholic Thought from Anselm to Aquinas*, Petersham, 1990.

CHARDONNENS D., « L'espérance de la résurrection selon Thomas d'Aquin, commentateur du livre de Job, "Dans ma chair, je verrai Dieu" (Jb 19,26) », dans *Ordo sapientiae et amoris*, Hommage au Professeur Jean-Pierre TORRELL OP à l'occasion de son 65e anniversaire, éd. C.-J. PINTO DE OLIVEIRA, « Studia friburgensia n. s. 78 », Fribourg (Suisse), 1993, p. 65-83.

CHARLIER L., « Puissance passive et désir naturel », *Ephemerides theologicae Lovanienses* 7 (1930) 5-28 ; 639-662.

CHENU M.-D., « *Antiqui, moderni*, Notes de lexicographie médiévale », *RSPT* 17 (1928) 82-94.

—, *Introduction à l'étude de saint Thomas d'Aquin*, Paris, ^{3}1974.

—, *La théologie comme science au XIIIe siècle*, « Bibliothèque thomiste 33 », Paris, 1957.

COGGI R., « Dolore, Providenza, Risurrezione nel libro di Giobbe, Validità di un'intuizione esegetica di S. Tommaso », *Sacra Doctrina* (Bologna) 27 (1982) 215-310.

—, « La prova morale dell'immortalità dell'anima nel commento di S. Tommaso al libro di Giobbe », *Sacra Doctrina* 35 (1990) 612-619.

—, « Il significato del libro di Giobbe secondo S. Alberto Magno », *Sacra Doctrina* 95 (1981) 105-122.

COLOSIO I., « Florilegio del Commento di S. Tommaso al libro di Giobbe », *Rivista di ascetica e mistica* 12 (1967) 566-572.

—, « La prima edizione del Commento di San Tommaso al libro di Giobbe », *Osservatore Romano* 4 genn. 1967, p. 5.

COLUNGA A., « El comentario de Santo Tomás sobre Job », *Ciencia tomista* 46 (1917) 45-50.

COUESNONGLE V. de, « La causalité du maximum, L'utilisation par saint Thomas d'un passage d'Aristote », *RSPT* 38 (1954) 433-444.

—, « La causalité du maximum : pourquoi saint Thomas a-t-il mal cité Aristote ? », *RSPT* 38 (1954) 658-680.

DAHAN G., *Les intellectuels chrétiens et les juifs au Moyen Age*, Paris, 1990.

DENIFLE H., « Quel livre servait de base à l'enseignement des maîtres en théologie dans l'Université de Paris ? », *RT* 2 (1894) 149-161.

DENYS LE CHARTREUX, *Opera omnia, Enarratio in librum Iob*, t. IV (p. 287-696) et t. V (p. 1-80), Monstrolii, 1897.

DHORME P., *Le livre de Job*, « Etudes bibliques », Paris, 1926.

Dionysiaca, Recueil donnant l'ensemble des traductions latines des ouvrages attribués au Denys de l'Aréopage ..., Ph. CHEVALIER, éd., 2 vol., Paris, 1937 et 1950.

DOBLER E., *Nemesius von Emesa und die Psychologie des menschlichen Aktes bei Thomas von Aquin*, Fribourg (Suisse), 1950.

DONDAINE A., « Un commentaire scripturaire de Roland de Crémone, 'Le livre de Job' », *AFP* 11 (1941) 109-137.

DONDAINE H.-F., « Cognoscere de Deo *quid est* », *RTAM* 22 (1955) 72-78.

—, *Le Corpus dionysien de l'Université de Paris au XIIIe siècle*, Rome, 1953.

—, « L'objet et le "medium" de la vision béatifique chez les théologiens du XIIIe siècle », *RTAM* 19 (1952) 60-130.

DUIN J. J., *A la recherche du commentaire de Boèce de Dacie sur la Métaphysique d'Aristote*, Paris, 1963.

—, *La doctrine de la providence dans les écrits de Siger de Brabant*, Paris, 1954.

ELDERS L., « El Comentário de Santo Tomás de Aquino sobre el Libro de Job », *Studi tomistici* 61 (1996) 37-64.

—, « Les cosmologies médiévales », *RT* 93 (1993) 97-110.

EMERY G., *La Trinité créatrice*, Trinité et création dans les commentaires aux *Sentences* de Thomas d'Aquin et de ses précurseurs Albert le Grand et Bonaventure, « Bibliothèque thomiste 47 », Paris, 1995.

—, « Le Père et l'œuvre trinitaire de création selon le Commentaire des *Sentences* de S. Thomas d'Aquin, dans *Ordo sapientiae et amoris*, Hommage au Professeur Jean-Pierre TORRELL OP à l'occasion de son 65e anniversaire, éd. C.-J. PINTO DE OLIVEIRA, « Studia friburgensia n. s. 78 », Fribourg (Suisse), 1993, p. 85-117.

EWBANK M. B., « Diverse orderings of Dionysius's *Triplex via* by St. Thomas Aquinas », *MS* 52 (1990) 82-109.

—, « Remarks on Being in St. Thomas 'Expositio de divinis nominibus' », *AHDLMA* 56 (1989) 123-149.

FABRO C., « Avicenna e la conoscenza divina dei particolari », *Bolletino filosofico* 1 (1935) 45-54.

FAUCON P., *Aspects néoplatoniciens de la doctrine de saint Thomas d'Aquin*, Diss. Univ. Strasbourg (1970), Lille-Paris, 1975.

FRANCK I., « Maimonides and Aquinas on Man's Knowledge of God : a twentieth Century Perspective », *The Review of Metaphysics* 38 (1985) 591-615.

GARDEIL H.-D., Appendice II, « L'image de Dieu », dans *Saint Thomas d'Aquin, Les origines de l'homme (Ia, Questions 90-102)*, « Revue des Jeunes », Paris, 1963, p. 380-421.

GARDET L., « La connaissance que Thomas d'Aquin peut avoir du monde islamique », dans *Aquinas and Problems of his Time*, « Mediaevalia Lovaniensia, series I / studia V », Leuven-The Hague, 1976, p. 139-149.

—, *La pensée religieuse d'Avicenne*, « Etudes de philosophie médiévale 41 », Paris, 1951.

—, « Saint Thomas et ses prédécesseurs arabes », dans *St. Thomas Aquinas 1274-1974 Commemorative Studies*, t. I, Toronto, 1974, p. 419-448.

GARRIGUES J.-M., *Dieu sans idée du mal*, La liberté de l'homme au cœur de Dieu, Paris, 1982.

GAUTHIER R.-A., « Introduction » à *Saint Thomas d'Aquin, Somme contre les Gentils*, « Philosophie européenne », Paris, 1993.

—, *Magnanimité*, L'idéal de la grandeur dans la philosophie païenne et dans la théologie chrétienne, « Bibliothèque thomiste 28 », Paris, 1951.

GEIGER L. B., « Les idées divines dans l'œuvre de S. Thomas », *St. Thomas Aquinas 1274-1974 Commemorative Studies*, I, Toronto, 1974, p. 175-209.

—, « L'homme image de Dieu, A propos de *Summa theologiae*, Ia, 93, 4 », *RFNS* 66 (1974) 511-532.

GILLET R., « Introduction et notes à *Grégoire le Grand, Morales sur Job*, Livres 1 et 2, « Sources chrétiennes 32 », Paris, 1952, p. 7-113.

GILSON E., *Le thomisme*, Introduction à la philosophie de saint Thomas d'Aquin, Paris, [6]1972.

—, *L'être et l'essence*, Paris, [2]1981.

—, « Pourquoi saint Thomas a critiqué saint Augustin, I. La critique thomiste des *Motecallemin* », *AHDLMA* 1 (1926-1927) 8-25.

GLORIEUX P., « Essai sur les commentaires scripturaires de saint Thomas et leur chronologie », *RTAM* 17 (1950) 237-266.

—, « L'enseignement au Moyen Age, Techniques et méthodes en usage à la Faculté de Théologie de Paris, au XIIIe siècle », *AHDLMA* 35 (1969) 65-186.

GUILLAUME D'AUXERRE, *Summa aurea*, éd. J. RIBAILLER, « Spicilegium bonaventurianum 16-20 », Paris-Grottaferrata, 1980.

GUINDON R., « La théologie de saint Thomas d'Aquin dans le rayonnement du Prologue de saint Jean », *Revue de l'Université d'Ottawa* 29 (1931) 121*-142*.

GY P.-M., « La relation au Christ dans l'Eucharistie selon S. Bonaventure et S. Thomas d'Aquin », dans *Sacrements de Jésus-Christ*, J. DORÉ, éd., Paris, 1983, p. 69-106.

HABEL N. C., *The Book of Job*, « Old Testament Library », London, 1985.

HANLEY T., « St. Thomas's use of al-Ghazali's Magasid al-Falasifa », *Medieval Studies* XLIV (1982) 243-270.

HAYOUN M.-R., *L'exégèse philosophique dans le judaïsme médiéval*, Tübingen, 1992.

HAYOUN M.-R., LIBERA A. de, *Averroès et l'averroïsme*, « Que sais-je ? 2631 », Paris, 1991.

HÉRIS C., « Notes et appendices » à *Saint Thomas d'Aquin, Somme théologique, Les anges*, Ia, questions 50-64, « Revue des Jeunes », Paris-Tournai-Rome, 1953, p. 454-461.

HISSETTE, *Enquête sur les 219 articles condamnés à Paris le 7 mars 1277*, Louvain-Paris, 1977.

HUGUES DE SAINT-CHER, *Postillae super totam Bibliam*, t. I, Lyon, 1645, fol. 396 r°-459 v°.

HUMBRECHT T.-D., « La théologie négative chez saint Thomas d'Aquin », *RT* 94 (1994) 71-99.

IMBACH R., « Alcune precisazioni sulla presenza di Maimonide in Tommaso d'Aquino », *Studi* n. s. 2 (1995) 48-64.

—, « L'averroïsme latin du XIIIe siècle », dans *Gli Studi di filosofia medievale fra otto e novecento*, Roma, 1991, p. 191-208.

—, « "Ut ait Rabbi Moyses", Maimonidische Philosopheme bei Thomas von Aquin und Meister Eckhardt », *Collectanea franciscana* 60 (1990) 99-115.

JEAN DAMASCÈNE, *De fide orthodoxa, Versions of Burgundio and Cerbanus*, éd. E. M. BUYTAERT, « Franciscan Institute Publications, Text Series 2 », New York-Louvain-Paderborn, 1955.

JOLLÈS B., « Introduction, traduction et notes » à *Saint Thomas d'Aquin, Questions disputées sur la vérité, Question XI : Le maître (De magistro)*, Paris, 1983.

JORDAN M. D., « Aquinas's Construction of a Moral Account of the Passions », *FZPT* 33 (1986) 71-97.

JOURNET C., *Le mal*, Essai théologique, Saint-Maurice (Suisse), [3]1988.

JUTRAS A., « Le "Commentarium in Iob" d'Albert le Grand et la disputatio », *Etudes et Recherches* 9 (1955) 9-30.

KEEL O., *Dieu répond à Job*, Job 38-41, Introduction et traduction de l'allemand par F. SMYTH, « Lectio divina, commentaires 2 », Paris, 1993.

KLUXEN W., « Literargeschichtliches zum lateinischen Moses Maimonides », *RTAM* 21 (1954) 26-30.

KOVACH F., « Divine art in Saint Thomas Aquinas », dans *Arts libéraux et philosophie au Moyen Age*, Actes du IVe Congrès international de Philosophie médiévale, Montréal-Paris, 1969, p. 663-671.

LABOURDETTE M.-M., *Cours de théologie morale*, La fin dernière de la vie humaine (Prima secundae, q. 1-5), Scriptum polycopié à l'usage des étudiants, Toulouse, 1961.

—, *Cours de théologie morale*, La foi (Secunda secundae, q. 1-16), Scriptum polycopié à l'usage des étudiants, Toulouse, 1959-1960.

—, *Le péché originel et les origines de l'homme,* « Sagesse et cultures », Paris, 1953.

LAFONT G., *Structure et méthode dans la Somme Théologique de S. Thomas d'Aquin,* Paris, 1961.

LAPORTA J., *La Destinée de la nature humaine selon saint Thomas d'Aquin,* « Etudes de philosophie médiévale 55 », Paris, 1965, p. 55-61.

LAUGIER DE BEAURECUEIL, M.-J. S., DE, « L'homme image de Dieu selon saint Thomas d'Aquin », *Etudes et Recherches* 8 (1952) 45-82; 9 (1955) 37-96.

LÉVÊQUE J., *Job et son Dieu,* Essai d'exégèse et de théologie biblique, 2 vol., Paris, 1970.

LEVINGER J., « Maimonides exegesis of the book of Job », in *Creative biblical exegesis* (Journal Study Old Testament, Suppl. 49), 1988, p. 82-85.

LIBERA A. de, *La philosophie médiévale,* « Collection Premier Cycle », Paris, 1993.

LITT T., *Les corps célestes dans l'univers de S. Thomas d'Aquin,* Louvain-Paris, 1963.

LOBATO-CASADO A., « Santo Tomás, Magister in Sacra Teologia. El "Principium" de su Magisterio », *Communio* (Sevilla) 21 (1988) 49-70.

LOHR C., *St. Thomas Aquinas, Scriptum super Sententiis : An Index of Authorities Cited,* London, 1980.

LOTTIN O., « La psychologie de l'acte humain chez Jean Damascène et les théologiens du XIIIe siècle occidental », dans *Psychologie et morale aux XIIe et XIIIe siècles,* I, Gembloux, ²1957, p. 393-424.

LUBAC H. de, *Augustinisme et théologie moderne,* « Théologie 63 », Paris, 1965.
—, *Exégèse médiévale,* Les quatre sens de l'Ecriture, « Théologie 59 », t. 4 / 2, 2, Paris, 1964.
—, *Le mystère du surnaturel,* « Théologie 64 », Paris, 1965.
—, *Mémoire sur l'occasion de mes écrits,* Namur, 1989.
—, *Surnaturel : Etudes historiques,* « Théologie 8 », Paris, 1946.

LUYTEN N. A., éd., *L'anthropologie de saint Thomas,* Fribourg, 1974.

MAÏMONIDE, *Dux seu Director dubitantium aut perplexorum,* éd. A. JUSTINIANUS, Paris, 1520 (unv. Nachdrück, Frankfurt a. M., 1964).
—, *Le Guide des égarés,* traduction et notes par S. MUNK, 3 vol., Paris, 1856-1866, nouvelle édition, Paris, 1963.

MANDONNET P., « Chronologie des écrits scripturaires de saint Thomas d'Aquin », *RT* 33 n. s. 11 (1928) 27-45; 116-155; 211-245.

MANSION A., « L'immortalité de l'âme et de l'intellect d'après Aristote », *RPL* 51 (1953) 444-472.

MANZANEDO M. F., « El hombre como "Microcosmos" según santo Tomás », *Angelicum* 56 (1979) 69-92.
—, « La antropología filosófica en el comentario tomista al libro de Job », *Angelicum* 62 (1985) 419-471.
—, « La antropología teológica en el comentario tomista al libro de Job », . *Angelicum* 64 (1987) 301-331.

MARITAIN J., *Cours traité de l'existence et des existants,* Paris, 1947, réédité en 1964.

—, *Dieu et la permission du mal,* Paris, 1963.
—, « Saint Thomas d'Aquin et le problème du mal », *De Bergson à Thomas d'Aquin,* Paris, 1947, p. 269-301.

MARMURA M. E., « Divine Omniscience and Future Contingents in Alfarabi and Avicenna », dans T. RUDAVSKY, éd., *Divine Omniscience and Omnipotence in Medieval Philosophy, Islamic, Jewish and Christian Perspectives,* « Synthese historical Library 25 », Pays-Bas, 1985, p. 81-93.

MERLE H., « Ars », dans *Bulletin de philosophie médiévale* 28 (1986) 96-133.

MERRIELL D. J., *To the Image of the Trinity,* A Study in the Development of Aquinas'Teaching, « Studies and Texts 96 », Toronto, 1990.

MEZZADRI L., « La commissione Leonina per l'edizione critica delle opere di S. Tommaso, L'*Expositio super Iob ad litteram* », *DTP* 71 (1968) 330-336.

MICHAUD-QUANTIN P., « Condicio-conditio, Notes de lexicographie médiévale », *Mélanges M.-D. CHENU,* Paris, 1967, p. 399-417.
—, *La psychologie de l'activité chez Albert le Grand,* « Bibliothèque thomiste 36 », Paris, 1966.
—, « L'Edition critique de l'*Expositio super Iob ad litteram* de saint Thomas d'Aquin », *RSPT* 50 (1966) 407-410.

MONDIN B., « Il principio "omne agens agit simile sibi" e l'analogia dei nomi divini nel pensiero di S. Tommaso d'Aquino », *DTP* 63 (1960) 336-348.

MONGILLO D., « La Concezione dell'Uomo nel Prologo de la Ia IIae », dans *De Homine : Studia hodiernae anthropologiae, Acta VII Congressus thomistici internationalis,* t. 2, Rome, 1972, p. 227-231.

MONTAGNES B., *La doctrine de l'analogie de l'être d'après S. Thomas d'Aquin,* « Philosophes médiévaux 6 », Paris-Louvain, 1963.
—, « La parole de Dieu et la création », *RT* 54 (1954) 222-230.

MURALT A. de, « La métaphysique thomiste de la causalité divine », dans *L'enjeu de la philosophie médiévale,* Etudes thomistes, scottistes, occamiennes et grégoriennes, « Studien und Texte zur Geistesgeschichte des Mittelalters 24 », Leyden, 1991, p. 331-351.

NÉMÉSIUS D'EMESE, *De natura hominis,* trad. de Burgundio de Pise, éd. critique avec une introduction sur l'anthropologie de Némésius par G. VERBEKE et J. R. MONCHO, Leiden, 1975.

NICOLAS J.-H., *L'amour de Dieu et la peine des hommes,* Paris, 1969.
—, « La permission du péché », *RT* 60 (1960) 5-38, 185-207, 509-547.
—, « L'univers ordonné à Dieu par Dieu », *RT* 91 (1991) 357-376.
—, *Synthèse dogmatique,* De l'univers à la Trinité (complément), Fribourg-Paris, 1993.

NICOLAS M.-J., « Le corps humain et sa résurrection », *RT* 79 (1979) 533-545.

NOBLE H.-D., art. « Passions », *DTC,* t. 11, 1932, col. 2211-2241.

O'NEILL C. E., « L'homme ouvert à Dieu (*Capax Dei*) », dans N. A. LUYTEN, éd., *L'anthropologie de saint Thomas,* Fribourg, 1974, p. 54-74.

Ordo sapientiae et amoris, Image et message de saint Thomas d'Aquin à travers les récentes études historiques, herméneutiques et doctrinales, Hommage au Professeur Jean-Pierre TORRELL OP à l'occasion de son 65e anniversaire, éd. C.-J. PINTO DE OLIVEIRA, « Studia friburgensia n. s. 78 », Fribourg (Suisse), 1993.

O'ROURKE F., *Pseudo-Dionysius and the Metaphysics of Aquinas*, Leiden-New York, 1992.

PANDOLFI C., « Il prologo al commento a Giobbe di San Tommaso d'Aquino », *Aquinas* 37 (1994) 597-620.

—, *San Tommaso filosofo nel Commento ai Salmi*, Interpretazione dell'essere nel modo 'esistenziale' dell'invocazione, Bologna, 1993.

PANELLA E., « La *Lex nova* tra Storia ed Ermeneutica, Le occasioni dell'esegesi di s. Tommaso d'Aquino », *Memorie Domenicane* n. s. 6 (1975) 11-106.

PATFOORT A., « Emplois médiévaux du verbe "convincere" », *RT* 94 (1994) 273-282.

—, *Saint Thomas d'Aquin, Les clés d'une théologie*, Paris, 1983.

PEGIS « Penitus manet ignotum », *MS* 27 (1965) 212-226.

PELIKAN J., « *Imago Dei*, An Explication of *Summa theologiae*, Part 1, Question 93 », dans A. PAREL, éd., *Calgary Aquinas Study*, Toronto, 1978.

PERLES J., *Die in einer Münchener Handschrift aufgefundene erste lateinische Uebersetzung des Maimonidischen « Führers »*, in FRÄNKEL-GRAETZ, *Monatsschrift für Geschichte und Wissenschaft des Judentums*, Bd. 24, Breslau, 1875.

PEROTTO L. A., « La mistica del dolore nel *Commento* di S. Tommaso al *Libro di Giobbe* », *Studi tomistici* 60 (1995) 191-203.

PHILIPPE DE LA TRINITÉ, « Peccabilité, nature et surnature », dans C. JOURNET, J. MARITAIN et PHILIPPE DE LA TRINITÉ, *Le péché de l'ange*, Peccabilité, nature et surnature, « Bibliothèque de théologie historique », Paris, 1961, p. 89-236.

PINCKAERS S., « La dignité de l'homme selon saint Thomas d'Aquin », dans A. HOLDEREGGER, R. IMBACH, R. SUAREZ DE MIGUEL, éd., *De dignitate hominis*, Mélanges offerts à C.-J. PINTO DE OLIVEIRA, « Etudes d'éthique chrétienne 22 », Fribourg, 1990, p. 89-106.

—, « La nature vertueuse de l'espérance », *RT* 58 (1958) 405-442, 623-644.

—, « La voie spirituelle du bonheur selon saint Thomas », dans *Ordo sapientiae et amoris*, p. 267-284.

—, « Le désir naturel de voir Dieu », *Nova et Vetera* 51 (1976) 256-273.

—, « Les passions et la morale », *RSPT* 74 (1990) 379-391.

—, « Le thème de l'image de Dieu en l'homme et l'anthropologie », dans P. BUEHLER, éd., *Humain à l'image de Dieu : la théologie et les sciences humaines face au problème de l'anthropologie*, Genève, 1989, p. 147-163.

PINTO DE OLIVEIRA C.-J., « Homme et femme dans l'anthropologie de Thomas d'Aquin », dans P. BUEHLER, éd., *Humain à l'image de Dieu : la théologie et les sciences humaines face au problème de l'anthropologie*, Genève, 1989, p. 165-190.

PORTALUPI E., *Studi sulla presenza di Gregorio Magno in Tommaso d'Aquino*, « Dokimion 10 », Fribourg, 1991.

QUIROS HERRUZO A., *Demonología en la 'Expositio super Iob' de Santo Tomás de Aquino*, Extracto de la Tesis Doctoral presentada en la Facultad de Teología de la Universidad de Navarra, dans *Excerpta e dissertationibus in Sacra Theologia*, XII, Pamplona, 1987, p. 281-367.

REIST Th., *Saint Bonaventure as a Biblical Commentator : a Translation and Analysis of his "Commentary on Luke, XVIII,34 — XIX,42"*, New York, 1985.

RIET S., VAN, « La Somme contre les Gentils et la polémique islamo-chrétienne », dans *Aquinas and Problems of his Time*, « Mediaevalia Lovaniensia, series I / studia V », Leuven-The Hague, 1976, p. 150-160.

ROSSI M. M., « La "divisio textus" nei commenti scritturistici di S. Tommaso d'Aquino : un procedimento solo esegetico? », *Angelicum* 71 (1994) 537-547.

RUELLO F., « Saint Thomas et Pierre Lombard, Les relations trinitaires et la structure du Commentaire des Sentences de saint Thomas d'Aquin », dans *San Tommaso, Fonti e riflessi del suo pensiero*, « Studi tomistici 1 », Rome, 1974, p. 176-209.

SALMAN D., « Algazel et les latins », *AHDLMA* (1935-1936) 103-127.

SARANYANA J. I., « Entre la tristeza y la esperanza, Santo Tomás comenta el libro de Job », *Scripta theologica* VI, 1 (1974) 329-361.

SCHENKER A., « Die Rolle der Religion bei Maimonides und Thomas von Aquin, Bedeutung der rituellen und liturgischen Teile der Tora nach dem *Führer der Unschlüssigen* und der *Theologischen Summe* », dans *Ordo Sapientiae et amoris*, « Studia friburgensia n. s. 78 », Fribourg (Suisse), 1993, p. 169-193.

SENTIS L., *S. Thomas d'Aquin et le mal*, Foi chrétienne et théodicée, Paris, 1992.

SERMONETA G., *Un glossario filosofico ebraico-italiano del XIII secolo*, Roma, 1969.

SMALLEY B., « Some thirteeth-century Commentaries in Sapiential books », *Domin. Stud.* 2 (1949) 318-355; 3 (1950) 41-77.

—, *The Gospels in the Schools c. 1100 — c. 1280*, London and Ronceverte, 1985.

—, *The Study of the Bible in the Middle Ages*, Oxford, ³1983.

SOLIGNAC A., art. « Image et ressemblance », *DS* , t. 7, 1971, col. 1434-1451.

SPANNEUT M., « Influences stoïciennes sur la pensée morale de S. Thomas d'Aquin », dans *The Ethics of St. Thomas Aquinas*, Proceedings of the Third Symposium on St. Thomas Aquinas' Philosophy, « Studi tomistici 25 », 1984, p. 50-79.

SPICQ C., *Esquisse d'une histoire de l'exégèse latine au Moyen Age*, « Bibliothèque thomiste 26 », Paris, 1944.

—, « Pourquoi le Moyen Age n'a-t-il pas davantage pratiqué l'exégèse littérale? », *RSPT* 30 (1941-42) 169-179.

STRAUSS L., *Maïmonide*, Paris, 1988.

STUBBENS N. A., « Naming God : Moses Maimonides and Thomas Aquinas », *The Thomist* 54 (1990) 229-267.

SYNAVE P., « La révélation des vérités divines naturelles d'après saint Thomas d'Aquin », dans J. I. DIENSTAG, éd., *Studies in Maimonides and St. Thomas Aquinas*, Ktav, 1975, p. 290-333.

THOMAS AQUINAS, *The Literal Exposition on Job*, A Scriptural Commentary Concerning Providence, Translator : A. DAMICO, Interpretative Essay and Notes : M. D. YAFFE, Atlanta, 1989.

THOMAS D'AQUIN, *Job, un homme pour notre temps*, Exposition littérale sur le Livre de Job, trad. de J. KREIT, Paris, 1982.

THOMAS DE CANTIMPRÉ, *Liber de natura rerum*, W. DE GRUYTER, éd., Berlin-New York, 1973.

TOMMASO D'AQUINO, *Commento al Libro di Giobbe*, A cura di L. A. PEROTTO, Bologna, 1995.

TORRELL J.-P., art. « Thomas d'Aquin », *DS*, t. 15, 1991, col. 718-773.

—, *Initiation à saint Thomas d'Aquin*, Sa personne et son œuvre, « Vestigia 13 », Fribourg-Paris, 1993.

—, « La pratique pastorale d'un théologien du XIIIe siècle : Thomas d'Aquin prédicateur », *RT* 82 (1982) 213-245.

—, *La théologie catholique*, « Que sais-je? 1269 », Paris, 1994.

—, « Le traité de la prophétie de S. Thomas d'Aquin et la théologie de la révélation », *Studi tomistici* 37 (1990) 171-195.

—, *Recherches sur la théorie de la prophétie au moyen âge*, XIIe-XIVe siècles, Etudes et textes, « Dokimion 13 », Fribourg, 1992.

—, « Révélation et expérience, Chronique de théologie fondamentale », *RT* 78 (1978) 430-463.

—, « Révélation et expérience (bis) », *FZPT* 27 (1980) 383-400.

—, *Saint Thomas d'Aquin, maître spirituel*, Initiation 2, « Vestigia 19 », Fribourg-Paris, 1996 (à paraître).

—, « Théologie et sainteté », *RT* 71 (1971) 205-221.

TORRELL J.-P., BOUTHILLIER, D., « Quand saint Thomas méditait sur le prophète Isaïe », *RT* 90 (1990) 5-47.

TOUATI C., *Prophètes, talmudistes, philosophes*, Paris, 1990.

VALKENBERG G. B. M. W., *"Did not our heart burn?" Place and Function on Holy Scripture in the Theology of St. Thomas Aquinas*, Utrecht, 1990.

VANNIER M.-A., « Du bonheur à la béatitude d'après S. Augustin et S. Thomas », *Vie spirituelle* 698 (1992) 45-58.

VERBEKE G., « Saint Thomas et le stoïcisme », dans P. WILPERT, éd., *Miscellanea Mediaevalia*, t. I, Antike und Orient im Mittelalter, Berlin, 1962, p. 48-68.

—, *The Presence of Stoicism in Medieval Thought*, Baltimore, 1983.

VERGER J., « L'exégèse de l'Université », dans *Le Moyen Age et la Bible*, éd. P. RICHÉ — G. LOBRICHON, « Bible de tous les temps 4 », Paris, 1984, p. 199-232.

VICAIRE M.-H., « Roland de Crémone ou la position de la théologie à l'Université de Toulouse », dans *Les Universités du Languedoc au XIIIe siècle*, « Cahiers de Fanjeaux 5 », Toulouse, 1970, p. 145-178.

VOSTÉ J. M., « Sanctus Albertus Magnus in librum Iob », *DTP* 36 (1933) 3-17.

WALZ A., *Saint Thomas d'Aquin*, Adaptation française par P. NOVARINA, « Philosophes médiévaux 5 », Louvain-Paris, 1962.

WASSELYNCK R., « La présence des "Moralia" de S. Grégoire le Grand dans les ouvrages de morale du XIIe siècle », *RTAM* 36 (1969) 31-45.

—, « Les compilations des "Moralia in Job" du VIIe au XIIe siècle », *RTAM* 29 (1962) 5-52.

—, « Les "Moralia in Job" dans les ouvrages de morale du haut Moyen Age latin », *RTAM* 31 (1964) 5-31.

—, « L'influence de l'exégèse de S. Grégoire le Grand sur le commentaires bibliques médiévaux », *RTAM* 32 (1965) 157-204.

—, *L'influence des "Moralia in Job" de S. Grégoire le Grand sur la théologie morale entre le VIIe siècle et le XIIe siècle*, Diss., 3 vol., Lille, 1956.

—, « Présence de S. Grégoire le Grand dans les recueils canoniques (X^e-XIIe siècles), *Mélanges de Science Religieuse* 13 (1965) 205-219.

WÉBER E.-H., *La personne humaine au XIIIe siècle*, « Bibliothèque thomiste 46 », Paris, 1991.

—, « L'herméneutique christologique d'Exode 3,14 chez quelques maîtres parisiens du XIIIe siècle », dans A. DE LIBERA et E. ZUM BRUNN, éd., *Celui qui est*, Interprétations juives et chrétiennes d'Exode 3,14, Paris, 1986, p. 47-101.

WEISHEIPL J. A., « Albert der Grosse Leben und Werke », dans M. ENTRICH, éd., *Albertus Magnus*, Sein Leben und seine Bedeutung, Graz-Wien-Köln, 1982, p. 9-60.

—, *Friar Thomas d'Aquino*, His Life, Thought and Works, with Corrigenda and Addenda, Washington, 1974, 1983.

WOHLMAN A., *Maïmonide et Thomas d'Aquin*, Un dialogue impossible, Avec une préface de Yeshayahou LEIBOVITZ, « Dokimion 16 », Fribourg, 1995.

—, *Thomas d'Aquin et Maïmonide*, Un dialogue exemplaire, Préface d'Isaïe LEIBOWITZ, Paris, 1988.

WRIGHT J. H., *The Order of the Universe in the Theology of St. Thomas Aquinas*, Roma, 1957.

YAFFE M. D., « Providence in Medieval Aristotelism : Moses Maimonides and Thomas Aquinas on the Book of Job », *Hebrew Studies* 20-21 (1979-1980) 62-74.

ZAVALLONI R., *Richard de Mediavilla et la controverse sur la pluralité des formes*, Textes inédits et études critiques, « Philosophes médiévaux 2 », Louvain, 1951.

ZERAFA P., « Il commento di San Tommaso al libro di Giobbe tra esegesi antica e esegesi contemporanea », *Angelicum* 71 (1994) 481-507.

INDEX DES NOMS

TABLE DES MATIÈRES

CHAPITRE IV

TROISIÈME PARTIE

CHAPITRE V

CHAPITRE VI

CHAPITRE VII

ACHEVÉ D'IMPRIMER
EN SEPTEMBRE 1997
PAR L'IMPRIMERIE
DE LA MANUTENTION
À MAYENNE
N° 295-97

Dépôt légal : 3e trimestre 1997